新旅游　新思想

旅游学术思想流派
（第四版）

邹统钎　等著

南开大学出版社

天　津

图书在版编目(CIP)数据

旅游学术思想流派 / 邹统钎等著. —4 版. —天津：
南开大学出版社,2022.9
（新旅游 新思想）
ISBN 978-7-310-06197-6

Ⅰ.①旅… Ⅱ.①邹… Ⅲ.①旅游理论－研究 Ⅳ.
①F590

中国版本图书馆 CIP 数据核字（2021）第 244843 号

旅游学术思想流派(第四版)
LÜYOU XUESHU SIXIANG LIUPAI (DI-SI BAN)

南开大学出版社出版发行

出版人:陈 敬

地址:天津市南开区卫津路 94 号 邮政编码:300071
营销部电话:(022)23508339 营销部传真:(022)23508542
https://nkup.nankai.edu.cn

河北文曲印刷有限公司印刷 全国各地新华书店经销
2022 年 9 月第 4 版 2022 年 9 月第 1 次印刷
230×170 毫米 16 开本 31 印张 2 插页 572 千字
定价:150.00 元

如遇图书印装质量问题,请与本社营销部联系调换,电话:(022)23508339

作者简介

邹统钎，男，1964 年生，江西省吉安人，南京大学商学院管理学博士，旅游、文化与战略学教授，博士生导师。现任北京第二外国语学院校长助理、中国文化和旅游产业研究院院长。先后赴美国夏威夷大学、昆士兰大学、伯恩茅斯大学访学。重点研究方向为文化和旅游产业发展与管理、遗产保护与旅游利用。担任世界旅游城市联合会专家委员会副主任、乌兹别克斯坦丝绸之路国际旅游大学校长特别顾问、中国国土经济学会副理事长、国家社会科学基金委员会管理科学规划专家、中国旅游景区协会专家委员会智囊团特聘专家、教育部旅游管理类专业教育指导委员会副主任委员、国务院学位委员会全国 MTA 教育指导委员会委员、中国旅游协会旅游教育分会副会长、中华人民共和国文化和旅游部行业智库专家。国家社科基金重大课题首席专家、教育部首批全国高校"黄大年式教师团队"负责人、"双万计划"旅游管理国家级一流专业负责人、国家级精品资源共享课程"旅游景区经营与管理"负责人。享受国务院政府特殊津贴，获乌兹别克斯坦共和国"旅游奉献者"徽章。曾获得"北京市高创计划领军人才""北京市长城学者""北京市级高校教学名师""北京市优秀教师"和北京市"四个一批"人才等荣誉称号。

担任陕西师范大学、中国矿业大学、福建师范大学、西安外国语大学兼职教授，陕西帅范大学、昆士兰大学博士生导师，北京旅游发展研究基地首席专家，《旅游导刊》《今日国土》副主编，《遗产旅游》(Journal of Heritage Tourism)《旅游学刊》《旅游科学》《世界遗产》编委。

　　主持过联合国教育、科学及文化组织（UNESCO）基金课题，以及国家社会科学基金艺术学重大项目（20ZD02）、国家自然科学基金课题（71673015）、国家社会科学基金课题（10BGL049）、国家科技支撑计划项目课题（2009BAH50B03）、教育部人文社会科学基金课题（09AbJG291）等。

序言：旅游矛盾论

贾法里和里奇（Jafari & Ritchie，1981）指出，就像顾客没有地理边界一样，旅游研究没有学科边界。特赖布（Tribe，1997）把旅游研究描述成"跨学科和多学科性的（Interdisciplinary and Multidisciplinary）"与"幼稚自明的（conscious of youthfulness）"。博德韦（Bodewe，1981）的话代表了许多旅游学者的心声："旅游还只是一种对已建立学科的应用，还没有足够的学说支撑其成为一门成熟的学科。"特赖布甚至认为应该放弃对把旅游作为一门学科的追求，研究领域的多元化值得颂扬。旅游仅仅是一种经济现象的观念在国外早已被抛弃了，从地理学、社会学、文化学、人类学、历史学、环境学、经济学等多学科看待旅游现象已经被越来越多的人所接受。在今天的中国，即使作为产业，旅游的创汇与经济收入远远不能同制造业相比，但它对扶贫、社区发展、文化遗产保护、弱势群体就业、平衡外汇、文化交流、生态环境改善、公民素养提升的正向影响越来越明显。无论是外国的贾法里还是中国的申葆嘉都强调旅游的综合性，然而综合就意味着困惑。

一、Place 与 Placelessness

> 渡边："我在什么地方？连我自己也不知道这里是什么地方。我辨不清方向。这里到底是什么地方？眼前有许多人走过，但却不知他们走向何方。我是在不知是什么的地方呼唤绿子。"——村上春树《挪威的森林》。

计算机时代最伟大的发明莫过于 Replace 了。全球化与交流促进了社会的进步，同时也加速了文化多样性的消失。作为旅游目的地灵魂的地格（Placeality）却在开发中蒸发。塑造旅游目的地大众脸谱的重大机制是 Replace 与 Copy+paste。当地格被旅游开发者置于旅游目的地管理的边缘，旅游目的地就像没有灵魂的躯干。开发者与规划者对旅游目的地地格的缺失负有不可推卸的责任。浙江奉化溪口有蒋介石的替身，莫斯科克里姆林宫有斯大林、普京的替身，丽江大研古镇每天有马锅头的替身穿着纳西服装骑马过街。真实在替代中消灭殆尽。

差异就是美，地格的差异是旅游发展的基础。尽管韦弗（Weaver）和劳顿（Lawton）认为那些由于现代文化的入侵而濒临灭绝的传统习俗和文化将会因为旅游者的需求重新得到保护和发扬，人们还是发现旅游发展大大加速了文化的趋同。麦金托什（McIntosh）、戈尔德纳（Goeldner）和菲戈罗拉（Figuerola）指出，旅游会改变当地居民的生活方式、对待游客的态度、文化价值观、思想与行为方式。努涅斯（Nunez）提出较弱势的社会常要被迫接受强势社会的许多文化要素，产生广泛的文化假借过程，即涵化（acculturation），双方通过"借鉴过程"使文化趋同。格林伍德（Greenwood）提出"文化商品化"概念。福驰（Fotsch）指出旅游会导致标准化、商品化、历史扭曲与乡绅化（gentrification）。

科特勒（Kotler）、海德尔（Haider）和莱恩（Rein）指出："我们生活在一个'地方战（place war）'的时代，一个地方同别的地方为经济生存而竞争。"在地方发展上，海德格尔（Heidegger）推崇"地方精神（Genius loci）"，哈维（Harvey）倡导"场所感（Sense of place）"，段义孚主张"地方（Place）"与"地方情结（Topophilia）"，麦坎内尔（MacCannell）指出现代化最后的胜利并不是一个非现代世界的现实，而在于它的人工保存与重建。雷尔夫（Relph）警告说，地方正在被摧毁，由于组织的力量与市场的渗透导致了非真实（inauthentic），甚至是无地方（placeless）。地方既是斗争的目标，也是斗争的场所。只有有抵抗的斗争，才可以制造空间的独特性与差异性。

在国内，陈传康先生强调文脉的重要性，本人主张地格（Placeality）差异是地方旅游发展的命脉。而我们的规划者、开发者对这些警示置若罔闻，勤勤恳恳地、不遗余力地制造"无地方悲剧"，大量的洋建筑不伦不类地引进中国，大量的洋景点原封不动地搬进中国，中国的旅游业正在变成了西方旅游巨头的一个连锁店！防止地方缺失是规划者义不容辞的责任，要时刻牢记地方精神原则：每一地方都有其自然和文化的历史过程，两者相适应就形成了地方特色及地方含义，目的地要体现地方个性与差异。

没有地格就无法确认身份（Identity）。一个景点没有自己独特的地格，在现代也是个赝品。我们今天的开发制造了一片又一片的难以看到阳光、极易迷失方向的"挪威森林"。回归线内就应该有立竿不见影的特质，在北极圈内就应该有极昼与极夜。见面问候在夏威夷是 Aloha，在坦桑尼亚是 Jumbo，到吉安就是"你吃了吗？"。北京的四合院、永定的土楼、川西的碉楼、珠三角的蚝壳屋、湘西的吊脚楼，因为差异才有美。地格的丧失就是地方文化主权的丧失，如果黄果树瀑布像尼亚加拉大瀑布，长江三峡像科罗拉多大峡谷，拉萨像上海，旅游业也就"寿终正寝"了。依托标准化与特许经营的福特主义应该 over 了。

二、时间与空间

时空规律是旅游研究的核心问题之一。"时空压缩（Time-Space Compression）"是当今社会的重要特点，也是当今旅游发展的一个重要前提假设。新马克思主义者戴维·哈维（David Harvey）在其《后现代的状况》（The Condition of Postmodernity）一书里提出"时空压缩"这一个重要概念。一方面是我们花费在跨越空间上的时间急剧缩短，以至于我们感到现存就是全部的存在；另一方面是空间收缩成了一个"地球村"（Global Village），使我们在经济上和生态上相互依赖。这两方面"压缩"的结果是：我们在感受和表达时空方面面临着各种新的挑战和焦虑，以及由此引起的一系列社会、文化和政治上的回应。前一个方面的"压缩"可以叫作"使时间空间化"（即"存在"），后一个方面的"压缩"可以叫作"通过时间消灭空间"（即"形成"）。

厄里（Urry）宣称，20 世纪社会理论的历史也就是时间和空间观念奇怪缺失的历史。苏贾（Soja）称此为历史决定论下空间性的失语，即时间（或历史）消解了空间。赖布菲尔（Lebfeve）指出，资本主义正是通过不断地生产和再生产空间关系与全球空间经济，才存活到 20 世纪。

中国地理学史上有两篇里程碑式的论文，这两篇文章是揭示地理时空规律的杰出代表。一篇研究人文，研究空间；另一篇研究自然，研究时间。一篇是 1935 年胡焕庸先生在《地理学报》（3 卷 2 期）发表的开拓中国人口地理学的重要论文《中国人口之分布》，并附有中国第一张人口密度图。该文指出中国人口分布存在着极端的地区不平衡，大致从黑龙江省的瑷珲到云南省的腾冲画一斜线，可以清楚标识以此线分出的东南半壁和西北半壁人口密度悬殊的情况。东南半壁虽只占土地面积的 36%，而人口却占 96%；西北半壁虽土地面积占 64%，而人口仅 4%。这个现象主要是由于地理环境和农业基础的地区差异所造成。这条东北—西南斜线被称为"胡焕庸线"。"胡焕庸线"揭示了中国人口分布的最基本地区差异。另一篇是 1973 年 6 月 19 日，我国著名气象学家竺可桢在《人民日报》上发表了《中国近五千年来气候变迁的初步研究》，划分出了中国气候的温冷及其波动幅度与波动周期。研究通过历史文献资料、物候学、树木年轮、生物学、自然地理因子等，指出了从仰韶文化到安阳殷墟暖期，在公元前 1000年、公元 400 年、公元 1200 年和公元 1700 年的小冷期，以及以 50 年至 100 年为周期的气候小循环，温度升降范围是 $0.5℃-1℃$。

像这样的经典论文在旅游学界从来没有出现。长期以来，人们缺乏对旅游的规律性探讨的意识。比如，中国旅游波动周期的研究，如 1998 年洪水、2003 年非典型性肺炎（SARS）、2008 年地震，是否存在 5 年周期？旅游目的地存在生命周期吗？旅游业是敏感性行业吗？娱乐设施环城市布局是否存在"杜能环"？旅游经济是否同中国地形一样存在三级台阶？中国旅游的功能从经济转向社会文化与环境了吗？中国旅游从观光转向度假了吗？休闲制度如何影响旅游发展？为什么京津冀旅游合作总是雷声大雨点小？大型节事活动（如奥运）如何影响旅游目的地？旅游学界"鹦鹉"太多，方法的缺乏也是旅游学科没有新观点的关键，记得当年学古地理还有碳14测年、孢粉、树木年轮、考古物候、遥感技术、微量元素分析与石英砂晶面分析等方法确定气候与水文特征，可旅游研究依然停留在思辨与简单的统计分析上。研究方法的落后与对现代技术的无知成为制约旅游研究的致命瓶颈。

三、遗产与创意

应坦桑尼亚国家旅游局长皮特·蒙戈（Peter Mwengou）邀请，2007年5月至6月我赴坦桑尼亚全面考察了它的旅游业，包括旅游资源、基础设施、服务管理与旅游教育。尤其重点考察了坦桑尼亚的自然与文化遗产，包括世界第八奇迹塞伦盖蒂（Serengeti）大草原、恩格罗恩格罗（Ngorongoro）火山口、非洲最高峰乞力马扎罗山、东非大裂谷奥德威古人类遗址、玛雅拉湖、梅鲁火山、马塞人村落、桑给巴尔等世界著名旅游胜地，见证了成千上万角马、野牛、斑马、羚羊等动物大迁徙，参观了中坦友谊的见证——坦赞铁路（TAZARA）。乘小飞机、越野车真正体验了草原猎游（Safari）的惊险与刺激，也是第一次同大量的只有在《国家地理》《大发现》《动物世界》等电视节目上才见到的大型草原动物零距离。我确实为这些世界遗产所感动，也深知遗产是旅游发展最重要基础。

历史很重要（History matters）！这是旅游界形成的共识。2007年联合国世界旅游组织尤利西斯（Ulysses）杰出学术贡献奖就是授予了遗产旅游专家法国索邦（Sorbonne）大学傲慢的巴纳德·莫鲁奇（Bernard Morucci）教授，可见遗产旅游已经成为显学。开发与保护、继承与发展是遗产旅游永恒的话题。多样性、真实性与完整性准则仍然处于遗产旅游的核心地位。联合国教科文组织（UNESCO）与世界旅游组织（UNWTO）一再强调保护优于旅游（Conservation precedes tourism），以及寻找平衡（Finding a balance）是遗产旅游发展的基本原则。当人们欢呼把徽州地区改名为黄山市带来的经济效应时，自然不清楚这是对徽文化的蔑视与践踏。我曾经提出遗产旅游可持续发展的ASES模型，即以真实的遗产（Authentic heritage）为基础，进行舞台化包装（Staged package），塑造游客体验（Experience），从而实现可持续发展（Sustainability）。在遗产保护上，主张地格是保护的核心；在保护方式上，我和李飞提出了生态博物馆、文化大舞台与景观嘉年华模式。对于遗产我们要尽可能多"延年益寿"，少"返老还童"。

中国的遗产旅游承受了过多的指责，如果旅游相关部门加强与 UNESCO（联合国教科文组织）、ICOMOS（国际古迹遗址理事会）、IUCN（世界自然保护联盟）等国际组织合作，以及同国内的教育、文化、建设与环境等部门合作，完全可以树立世界遗产旅游的典范。与人们的指责相反，旅游完全可以成为遗产保护的主力军。

旅游的基础一方面是遗产，另一方面是创意。目前越来越多的是两者的融合，在遗产的背景中创意，如印象刘三姐、印象丽江、印象西湖、大雁塔北广场、什刹海、德夯，都是在遗产的大舞台上嫁接创意文化。碧峰峡是在风景名胜区这个遗产上嫁接了野生动物园，漠河县旅游局的常彬局长在中国的北极缔造了极富创意的"中国四极论坛"，叶文智在凤凰古城嫁接了一系列文化节事活动。但是当上海大力引进迪士尼之时，如果北京也紧随其后将是件丢人的事，作为首都时刻要把文化主权放在心中。我们不但要传承过去，还要把今天的故事留下，作为遗产给予后人。我们不但要把别人的故事讲给我们本国人听，更要给外国人讲故事。

四、城市旅游与乡村旅游

多年来中国的旅游是以城市旅游为主体的，城市旅游也是改革开放后国际旅游的起点。然而在中国优秀旅游城市建设已经把红旗插遍了全国的今天，城市旅游开始走向成熟，重新定位（Reposition）与引进大型节庆事件成了城市旅游发展的新任务。

随着市民休闲的兴起，乡村旅游进入 21 世纪后就爆发了，近年乡村旅游大有盖过城市旅游的势头。2006 年起，国家旅游局先后启动了"中国乡村旅游年"（2006）、"和谐城乡游"（2007）等主题旅游促销活动，组织了农业旅游示范点评定及一系列乡村旅游标准的制定与实施。农业部通过国家旅游局还联合推进乡村旅游的"百千万工程"。乡村旅游在带动农民脱贫致富，促进城乡和谐上产生了重要影响。在北京，一些村子变成了"民俗村"，农民实现了"零距离就业""足不出户赚钱"。贵州上百万人因为旅游脱贫。我一直认为"农游合一"是新农村建设的重要机制之一，旅游对于农业就像"拱猪"中的"草花 10"，具有加倍功能。一头羊原本卖 100 元，做成烤全羊就卖 500 元；市场上一斤草莓卖 8 元，游客采摘就卖 60 元。我这些年从事乡村旅游研究最大的欣慰是看到了大都市郊区的农民确实从旅游中受益匪浅。在乡村旅游发展中不可忘记的是许多地方行政官员。江西婺源的鲍庆祥是乡村旅游的先知先觉者，1999 年就慧眼看出旅游将改变婺源，在经济十分困难的条件下，力邀我们制定了婺源旅游发展规划，缔造了"中国最美乡村"，从而建立了中国乡村旅游的典范。河北涞水野三坡的王宝义以开发旅游带动农民脱贫致富而赢得"翻身不忘共产党，致富不忘王宝义"的赞誉。贵州黔东南旅游局的张远卿在建设巴拉河乡村旅游示范区时为全世界乡村旅游扶贫与文化保护树立了一面旗帜。北京市旅游局的安金明局长推动北京市乡村旅游升级的策略足以让全国乡村旅游马首是瞻。

在乡村旅游中我倡导"分"与"家"理念，分就要有差异，要有特色，要体现地格；"家"即把乡村建设成市民的"第二个家"。在乡村旅游发展政府规制过程中，我们发现分级管理远不如分类管理重要，在乡村旅游管理中，我们应该更重视特色，而非等级。2006 年我在昆士兰大学做客座教授时，专程到黄金海岸的格里菲斯（Griffith）大学拜访了生态旅游与探险旅游学家拉尔夫·巴克利（Ralf Buckley）。我询问他有没有必要建立国家级乡村旅游标准时，他肯定地说没必要。"北京的乡村旅游没文化"是我对北京乡村民俗旅游的最深刻的批评。我一再警告切莫让新农村建设成为乡村遗产的粉碎机。由于游客经常以貌取人，我一直认为乡村建筑景观特色的塑造是乡村旅游发展的关键。

升级成为当前乡村旅游发展的主题。当中国有越来越多的"小资""BoBo"与"乐活族（LOHAS：Lifestyle of Healthy and Sustainability）"时，传统的农家乐已经无法满足现代休闲族的需求了。为此，在学习成都"五朵金花"（幸福梅林、花香农居、江家菜地、东篱菊园、荷塘月色）的基础上，我们一直致力于推动北京的民俗游开始向国际驿站、民族情园、采摘篱园、乡村酒店、养生山庄、山水人家、休闲农庄、生态渔村八大新兴业态升级。目前全国的乡村旅游正经历从"农家"升级为"庄园"的过程。在农家阶段，乡村旅游成功的关键是家有"阿庆嫂"；而在庄园阶段，成功需要现代经理人。我认为文化升级、生态升级与科技升级是乡村旅游升级的三大方向。在乡村旅游产业升级中，土地制度、外来投资、社区受益问题成为新的难题。

五、国际化与本土化

国际化（Internationalization）与本土化（Localization）就是顶天与立地问题，在当今学术界两派非常明显，一些人是鹦鹉学舌式的国际化，在国际上发表了很多论文，但没有自己的思想，甚至仅仅停留在为西方学者提供数据，缺乏主权意识；另一些人却无法了解国际旅游学术前沿理论，总是在低层次重复，缺乏新方法与新视角，对旅游本质的认识十分肤浅。坚持国际化与产学研一体化相结合是实现国际化与本土化相结合的必由之路。

每年 4500 万名出境旅游者和 140 多个出境旅游目的地国（Approved

Destination Status，ADSs）的出境旅游规模使中国成为亚洲最大的旅游客源输出国，大量的外国旅游组织纷纷争夺中国客源市场。在这种大形势下，输出导向的旅游教育国际化成为新趋势。

近年来，我们多位学者分赴南太平洋、非洲、欧洲协助当地进行目的地营销，我也应邀请指导坦桑尼亚旅游开发与目的地推广，这就是输出导向的旅游教育与研究国际化的例证。由于大力倡导国际化，北京第二外国语学院（以下简称二外）有了从英国、美国回来的海归博士做老师，有了从美国回来的海归硕士做教秘，每年派出6—8人出国长期学习与工作。所有办公室配备音响设备，随时打开英国广播公司官网就可听英语。近年来我们先后举办了非洲国家旅游部长培训班、东盟国家旅游部长培训班、葡萄牙语国家旅游部长培训班、越南全国旅游局长培训班、China-ASEAN Tourism Workshop 等；承办了国际旅游科学院双年会、第3届亚太旅游管理研究生论坛、第5届亚太旅游教育理事会与第13届亚太旅游协会联会等一系列国际顶尖旅游研讨会；聘请了世界旅游组织教育理事会主席克里斯·库珀（Chris Cooper），《旅游管理》（*Tourism Management*）主编克里斯·瑞安（Chris Ryan）等人为客座教授；邀请了《旅游研究纪事》（*Annals of Tourism Research*）主编贾法·贾法里（Jafar Jafari）和亚太旅游教育理事会（APCHRIE）主席、世界旅游组织（UNWTO）教育理事会副主席凯耶·肖恩（Kaye Chon）等人来学院讲学；派遣学生赴丹麦实习，争取到了达沃斯巅峰奖学金、港中旅维景奖学金、华盛国际（HVS）奖学金、励展奖学金、Annette and Gerd Schwandner 科学文化基金奖学金，并大力推进加入世界旅游组织教育理事会并接受 Ted-Qual 评估。

目前学院已经有了来自蒙古国、韩国、日本、越南、叙利亚、黎巴嫩、巴勒斯坦、汤加、南非、佛得角、塞拉利昂、马达加斯加、毛里求斯、津巴布韦、巴拿马、智利、乌兹别克斯坦、摩尔多瓦等30多个国家的近百名的在校留学生，并长期开办全英文授课的外国留学研究生班。

我们已经出现了一批在国内上大学、在欧美就业的著名国际旅游学者，包括乔治·华盛顿大学的于良（Larry Yu）、普渡大学的蔡利平（Liping Cai）、俄克拉荷马大学的屈海林（Hailin Qu）、萨里大学的宋海岩（Haiyan Song）、内华达大学拉斯维加斯分校（UNLV）的谷铮（Zheng Gu），以及佛罗里达国际大学（FIU）的赵金林（Jinlin Zhao）。相信今后将会有更多的中国旅游学者能与克莱尔·甘恩（Clare Gunn）、纳尔逊·格拉伯恩（Nelson Graburn），埃里克·柯恩（Eric Cohen）、理查德·巴特勒（Richard Butler）、约翰·厄里（John Urry）、约翰·康普顿（John Crompton）、布伦特·里奇（Brent Ritchie）、比尔·福克纳（Bill Faulkner）、杰弗里·沃尔（Geoffrey Wall）、唐纳德·盖茨（Donald Getz）、迈克尔·哈罗（Michael Hall）和大卫·韦弗（David Weaver）齐名。语言与研究方法是目前中国旅游学者国际化最难跨越的鸿沟。引领今后 30 年旅游学术界的必定是用西方的研究方法研究中国的旅游发展历程的人。

近年来国内一些机构花巨资为外国学术机构、外国学者提供一切费用召开国际旅游学术研讨会，而且乐此不疲。这非常可悲。国际化的根本是思想的国际化，要把中国方式输向国际，绝不能成为西方文化的掮客。中国旅游发展的经验、中国出境客源市场的需求特征是中国旅游科研与教育输出的重点。中国在 1999 年就开展了生态旅游年，联合国 2002 年才发起国际生态旅游年。当我们在学习迪士尼（Disney）、通用（Universal）、万豪（Marriott）、麦当劳（McDonald）的同时，已经创造了"宁波经验""焦作现象"与"栾川模式"。

六、男与女

在这个 Ladies first 的时代，超级女声必然比快乐男声早诞生。旅游业是个细节决定成败的行业，女多男少成为旅游产业的生存之道。这个以 Hospitality 为基础的行业为女士提供了比许多其他行业更多的成功机会，因为 Hostess 总是比 Host 更善于待客。2003 年我邀请《旅游研究纪事》主编贾法·贾法里来二外讲学时，一进教室他就惊呼：感情天下的旅游院校都是三八部队！旅游学生军团是典型的红色娘子军，男生只是其中的党代表。在二外这个特别养眼的学校本科生男女比在 1∶10 至 1∶8，研究生为 1∶8 至 1∶5。但在旅游行业管理层，男士远远多于女士。这说明即使是急需女性细腻的旅游圈，男人们也不敢给女士足够的成功空间。

对于男女的解说在"80 后"中存在明显的差别，《奋斗》中米莱说："男人主要用来对女人使坏，女人主要用来对男人好。"而向南说："我是你的丈夫，我是你的钱包，我是你生活舒适的工具，永远为你服务！"言下之意，男人是为女人服务的，是使女人快乐的工具。在旅游业中，无论男女都是为旅游者生产快乐的 Gentils Organisateurs。

近来学术界开始涌现一些杰出的女学者，其中有曾获过 Ulysses 奖，以研究旅游信息管理见长的夏威夷大学旅游学院的保利娜·谢尔登（Pauline Sheldon）教授；还有倡导用个性化代替标准化，新旅游（New tourism revolution）替代大众旅游（Mass tourism）的德国学者阿莉娜·蒲恩（Auliana Poon）博士。在我国学界，女学者在生态旅游、旅游人类学、旅游环境学、旅游服务学等领域一路领先。在政界，像娜日苏、杨胜明、顾晓园、熊玉梅、张慧光、杜一力等女局长们推动着中国旅游业从胜利走向更大的胜利。有意思的是，在国内旅游图书的出版编辑界确实是一个实实在在的"女士领先"世界：这里有通过出版引领中国学术发展方向的南开大学出版社的孙淑兰老师，中国的 *Annals of Tourism Research*——《旅游学刊》的主编宋志伟老师，带领旅游类出版社向市场化运作成功转型的旅游教育出版社唐志辉社长，还有出版了一大批反映中国本土旅游研究动态图书的中国旅游出版社的付蓉老师。

七、泊里优的盟主与怀卡托的侠客

我们习惯简称香港理工大学为泊里优，泊里优的掌门凯耶·肖恩（Kaye Chon）先生无疑是世界旅游学界的盟主之一，国际旅游科学院、亚太酒店、餐馆与机构教育理事会等重要机构秘书处都设在香港理工大学。凯耶在任何场合都要求香港理工大学做"World-class global centre of excellence in hospitality and tourism education and research"。香港理工大学的座右铭就是"Leading Asia in Hospitality and Tourism Education."，彰显亚洲霸主气概。中国内地非常缺乏凯耶·肖恩这样学贯东西、充满盟主豪气的学者。他借助中国香港这个东西方的桥梁构建了世界旅游教育与研究的帝国。香港理工大学的运行机制确实是我们学习的榜样，诸如铺天盖地地组织国际学术会议，连绵不断地在一流刊物上发表文章，广泛高层次参与国际旅游组织，深入地介入产业实践，尤其是广泛地招徕人才等。中国旅游学术研究缺乏团队（Team）成为一个不争的事实。许多旅游研究队伍，充其量就算个"团伙"，团队带头人除了自己的学生，几乎很难带领其他人。国内旅游盟主往往缺乏凯耶这样敏锐的国际学术眼光、深厚的学术理论功底、严谨的本土研究作风，以及"但开风气不为师"的学术气节。反而总以自己为上限，迷恋"一日三会、空中飞人、丛书主编、替人作序、好为人师、批量生产、专业通吃"的福特主义成功哲学。

如果说凯耶是一位显者，瑞安（Ryan）就是一位隐者。2007 年夏天，我考察了新西兰的怀卡托（Waikato）大学，一个名不见经传的大学，却有一位旅游学的大家克里斯·瑞安（Chris Ryan）教授，作为《旅游管理》（*Tourism Management*）的主编，他是一个全球公认的世界顶尖的旅游理论学者。他在世界顶尖的旅游三大刊物，《旅游研究纪事》（*Annals of Tourism Research*）、《旅行研究杂志》（*Journal of Travel Research*）和《旅游管理》（*Tourism Management*）上发表的论文数排名第二，却供职于一个特别偏远的怀卡托小镇哈密尔顿（Hamilton），距离奥克兰还有 2 小时车程。对这个经常参加国际会议的学者来说，这里的交通十分不便。圣者总是在山洞中长期修炼的，"若要成功，需要自宫"的精神是必需的。作为二外兼职教授的他每次来二外讲学都受到空前的欢迎，他对旅游学前沿的把握及对旅游研究方法的创新让青年旅游才俊顶礼膜拜。

　　总体来说，旅游学界名家众多，大师寥寥。旅游的学术创新大多来自视角的变换，像墨菲（Murphy）从社区视角、拉斯卡瑞（Ceballas-Lascurain）从生态行为视角、厄里从凝视视角来看旅游的人很少。像贾法·贾法里这样既有理论思想（尤其是他关于人们对旅游的态度的 4 个平台理论）又能够通过创立一本集成世界旅游最高智慧的杂志的显者更是凤毛麟角。中国急需像弗吉尼亚理工大学的迈克尔·奥尔森（Michael Olsen）、夏威夷大学的查克·吉（Chuck Y. Gee）、泊里优的凯耶·肖恩（Kaye Chon）这样纵横捭阖的学术盟主，更需要加利福尼亚大学戴维斯分校（UCDavis）的迪安·麦坎内尔（Dean MacCannell）、怀卡托大学的克里斯·瑞安（Chris Ryan）和得克萨斯农工大学的约翰·康普顿（John Crompton）这样开宗立说的学术侠客。

八、层次与特色

　　由于体制因素，博士点申请权配额制与一级学科申报学位点的新规则让不少旅游院校面临断臂式的转型。非常有趣，今年 5 月，一位中佛罗里达大学的华裔教授来二外访问，我们很熟悉，他递给我一张新名片，上面用中英文对照写着自己的头衔：副教授、博士生导师。我当时就挖苦他很有中国特色。在美加，一个刚毕业获得博士学位的助理教授就可以做博导，不知这在中国如此重要。在高校，"突贡""特贴""跨世纪""长江"等都要博导头衔。人们纷纷在做博导，实在不行了，像我这类无点单位的老师也开始联系在外校做博导，但所有大学都以调入为条件，最后只好跑到某个外国大学做个兼职博导，号称"洋奶妈"。

　　一些学说在自己没有被广大读者接受时只好以"非主流"（Non-main stream）自居。记得郭德纲出名以后经常戏称自己为非著名相声演员。强调层次的人必然认为高学位点是主流。看来，没有博士点的院校的老师可能就得以非博导、非主流自居了。有"90 后"倡导非主流就有"80 后"的反非主流，就像有人做"芙蓉姐姐"就有人争当"芙蓉姐夫"一般。夏威夷大学旅游学院没有博士点，依然闻名世界，不是博导的查克·吉教授是国际公认的旅游大家，他自身就没有博士学位。根据他的观点，旅游管理根本没有必要培养博士。这个学校的保利娜·谢尔登教授，不是博导，却身居国际旅游科学院（International Academy for Tourism Study）主席与世界旅游组织教育理事会副主席等要职，因其在旅游信息管理这个非主流研究领域的突出贡献而荣获 2008 年度第六届世界旅游组织 Ulysses 杰出学术贡献奖。因为吉在旅游上的杰出贡献，他的母校丹佛大学（Denver）给他授予了荣誉博士学位。据说，夏威夷大学旅游学院目前也在准备设立博士点了。

层次很重要，特色更重要。没人会认为没有博士授予权的洛桑酒店管理学院（Ecole Hoteliere Laussane）就逊色于具有博士授予权的康奈尔酒店管理学院（Cornell School of Hotel Administration）。别人总以为洛桑特色是务实的实践操作，可它实质上依赖的是一种创新与企业家精神。当前全球 16 家大型酒店集团中，就有 9 家酒店集团的总裁或董事长是洛桑酒店管理学院的毕业生。洛桑的宣传口号是"一所培养创新与创业精神的学院（Institute of Innovation and Entrepreneurship)"。没有博士点未必就要悲观，只要有特色必然能够引领行业，有特色博士点还会远吗？得克萨斯农工大学培养了众多的世界顶尖旅游学者，萨里大学、香港理工大学、詹姆斯·库克大学、卡尔加里大学和亚利桑那州立大学拥有众多世界一流学者，洛桑与康奈尔培养了众多的旅游业界精英，中国最需要就是这种特色鲜明的旅游大学。

九、走与留

在学者的职业生涯中，不断面临走与留的难题。历史上有范蠡走而三致千金，文种留而被王赐死。"树挪死，人挪活"成为职场名言。克里斯·库珀从萨里走向昆士兰，可谓一走成名，成为世界旅游组织教育理事会的主席，达到个人事业的巅峰。走更多是为了留，喊走是为了留升。游侠宜走，盟主宜留，先走后留为最上。当年哈佛要留彼得·德鲁克（Peter Drucker）时，德鲁克说不需要借哈佛之名来提升自己，相反克莱尔蒙特（Clarement）会因自己而名扬世界。地处偏僻的新西兰怀卡托大学因克里斯·瑞安而"香火极盛"。职场上的走和留就像雅典奥运会上美国射击选手埃蒙斯（Emmons）一样，射了 10.6 环，射中的却是别人的靶心，丢失了金牌却收获了爱情。

由于没有博士点，多所重点大学都是我向往而且调令在手的院校，但最终难舍定福庄这个中国旅游教研重镇，不仅因为这里需要我，更多的是一种使命。我对定福庄由段义孚称道的地方情节（Topophilia）发展为莱特（Wright）归纳的敬地情节（geopiety）。生命中总得要留点缺憾，博导可能就是我终生难圆的梦。我每每自喻为皮特·圣吉（Peter Senge）《第五项修炼》中讲的那只"釜中蛙"，水凉时不跳走，最终的命运必然是被热水烫熟。诱惑没有间断，给我印象最深的是某大学的新农村研究中心因我的乡村旅游研究颇有影响，准备聘请我做中心主任。中心成立时，副市长、社工委书记、农工委主任、教委主任、社科联主席、社科规划办主任全部出席。该校校长希望我能领衔，房子、孩子、博导都给解决，但庄主的一句"老九不能走"就把我留下来了。其实，在定福庄除了没有博士点，几乎什么都有，而其他学校往往是除了博士点几乎什么都没有。看来我这辈子就算折在定福庄了。

★　☆　★　☆　★

2005 年中国香港凤凰卫视作了一期专题节目"赌场包围中国"，指出在中国的周边地区，一张从俄罗斯、朝鲜、韩国、日本、泰国、缅甸、马来西亚到菲律宾、新加坡、印度尼西亚，并延伸至澳大利亚及欧美的庞大境外"赌博网"正在迅速形成，吸引中国游客去赌博，导致大量中国财富流到国外。这一网络每年吞噬亚洲国家约 140 亿美元（约合人民币 1100 亿元）的资金。我们国内不少旅游学者曾经参观考察过越南、马来西亚、朝鲜、俄罗斯和中国澳门地区的赌场，除了慨叹中国为什么不开放博彩业，对此没有发表任何积极有效的政策建议。政府最后不得不做出关闭边境旅游这种"把孩子和脏水一起倒掉"的决策。这反映了我国旅游学者存在集体的"高原反应"，麻木、昏沉与迟钝。当我明白多年爆炒的神秘概念"旅游卫星账户"其实同卫星一点关系都没有、生态旅游主要是一种行为而非一种产品、反刍动物的打嗝放屁产生的甲烷才是温室效应的元凶时，才发现我们的旅游研究再也不能随波逐流了。轰轰烈烈的黄金周休闲制度的改革居然不是旅游专家提出的，困扰多年的零负团费依然纵横东南亚，这难道不是我们的耻辱吗？能否在旅游研究中凸显"中国元素"成为我们这一代旅游学者的使命。

2008 年"五一"草拟于承德围场
2008 年 8 月 24 日北京奥运闭幕式后定稿于北京市朝阳区定福庄

目　录

第一章　旅游学术历程与理论体系

　　考察旅游学术历程，目的在于探究旅游研究各时期、各阶段的动向与特征，以便深入理解这个过程中各种思想、观点的因果相继和发展演进关系。旅游活动古已有之，但在理论层面上对旅游现象进行探讨，迄今却仅有100多年的时间。由于旅游是一个纷繁复杂的社会现象，涵盖了方方面面，因此很难从一个角度对旅游进行全面的诠释，学术界也从未停止对于旅游学科的研究与争论，在对旅游本质及属性的不断探究中，逐渐形成了百家争鸣、学派林立的局面。

第一节　旅游研究起源与发展历程

　　将旅游研究过程进行恰当的分期非常必要，但是由于旅游研究长期处于分散、独立的状态，思想承袭的脉络不清，不同学科的介入和发展又为旅游研究注入了新鲜血液，要做好分期确实是一个难题。在分期问题上，根据《旅游研究纪事》（*Annals of Tourism Research*）对于各学科的专辑综述文章[1][2][3][4][5]，以及国内学者对国外旅游研究历史发展过程的总结[6][7][8][9][10]，将旅游研究分为四个阶段，旨在归纳出各阶段的理论产生背景及摘要大事记。

---

① Nash Smith. Anthropology and tourism[J]. Annals of Tourism Research, 1991, 18(1): 12-25.
② Farrell Runyan. Ecology and tourism[J]. Annals of Tourism Research, 1991, 18(1): 26-40.
③ Eadington Redman. Economics and tourism[J]. Annals of Tourism research, 1991, 18(1): 41-56.
④ Mitchell Murphy. Geography and tourism[J]. Annals of Tourism Research, 1991, 18(1): 57-70.
⑤ Dann, Cohen. Sociology and tourism[J]. Annals of tourism research, 1991, 18(1): 155-169.
⑥ 申葆嘉. 国外旅游研究进展[J]. 旅游学刊, 1996（1、2）: 62-79, 48-52.
⑦ 厉新建. 旅游经济学：理论与发展[M]. 大连：东北财经大学出版社, 2002.
⑧ 保继刚, 楚义芳. 旅游地理学（修订版）[M]. 北京：高等教育出版社, 1999.
⑨ 李伟清. 旅游经济学[M]. 上海：上海交通大学出版社, 2002.
⑩ 张广海, 方百寿. 旅游管理综论[M]. 北京：经济管理出版社, 2004.

一、早期旅游时期（1890s—1950s）

旅游学的研究始于欧洲，产生于当时重要的旅游接待地——意大利。随后，意大利、德国、瑞士和奥地利等国家相继出现了一些从事旅游研究的学者，这些学者在旅游研究发展的早期和中期，分别进行了许多开创性的工作，形成了不少有意义的成果，有些成果至今仍具有影响力。如1899年意大利政府统计局博迪奥（Bodio）发表了《外国人在意大利的移动及其消耗的费用》[①]。

第一次世界大战结束后，欧洲参战各国急于恢复和发展受到战争创伤的经济，纷纷瞩目于日益增长的北美游客带来大量美元的旅游活动，旅游活动被普遍视为一种具有重要经济意义的活动，这种认识在当时深刻地影响着学术界的思想。

1923年，意大利尼切福罗发表了《在意大利的外国人流动》。1926年，意大利贝尼尼发表了《关于旅游游客的移动计算方法的改良》等论文，从统计学角度对游客人数、逗留时间和消费能力等方面进行研究，反映了人们早期对旅游现象的经济层面的认知及取得经济利益的需要。1927年，意大利罗马大学讲师马里奥蒂（Mariotti）出版《旅游经济》一书，是第一次对旅游经济进行系统化的研究。该书不仅对旅游地区的开发、旅馆业和旅游接待业进行了系统研究，而且首次提出了需要吸引中心地理论，主张将旅游分为"能动旅游"和"被动旅游"。他认为旅游活动是属于经济性质的一种社会现象。1928年出版了该书的续编，1940年出版了经过修订的同名书，最终完成了该书的理论体系。该书认为旅游的本质是经济现象，其内容涉及国内旅游状况、旅游统计、旅游接待及旅游中心等问题[②]。

随着旅游活动逐渐活跃，地理学者除了利用自己特有的关于地理环境的知识积累和区域研究的成果撰写导游材料和旅行指南之外，最有价值的工作集中于旅游的土地利用研究方面。麦克默里（McMurry）是其中的代表人物，20世纪30年代初，麦克默里发表了《游憩活动与土地利用的关系》一文，被公认为旅游地理学的开端[③]。但这一时期地理学者对旅游的研究是不自觉的，多是个别旅游地的研究。

1931年，德国学者博尔曼（Bormann）发表《旅游论》，认为"旅游论的所

---

① Bodio. Sul movimento dei forestieri in Italia e sul denaro che vi spendono[J]. Giornale degli economisti, 1899: 54-58.

② Mariotti. Lezioni di Economia Turistica[M]. 1927.

③ McMurry. The use of land for recreation[J]. Annals of the Association of American Geographers, 1930, 20(1): 7-20.

属是经济学，它的根本问题不只属于国民经济学及经营经济学领域，不能不运用各种学科的成果"[1]。1933 年，英国学者奥格威尔（Ogilvie）出版《旅游活动》，用数学统计方法科学地研究了旅游者的流动规律，并从经济的角度给旅游者下了定义[2]。1935 年，德国的格吕斯曼（Glucksmann）发表《一般旅游论》，从经济、社会等多角度对旅游的发生、基础、性质及经济和社会影响进行研究。但德国学者博尔曼认为格吕斯曼的《一般旅游论》缺乏方法论，并且认为将与之相关的学科放到旅游论中去研究必将把旅游现象的研究极端广泛起来，并且更不同意将心理学引入旅游研究，认为这样做并不符合当时旅游研究的目的[3]。

这一阶段的旅游理论尚处于探索阶段，研究视角多为经济学角度，以格吕斯曼等为代表，理论相对匮乏。早期学者论证了旅游活动是一种经济性质的现象后，旅游活动被看作一种旅游业的经营活动，就成了许多人对旅游现象根深蒂固的认识，这种看法在以后漫长的岁月中影响着几代人对旅游现象性质的认识，极大地限制了旅游研究向纵深层次发展的可能。但同时，奥格威尔等人对旅游多学科探索的呼吁和麦克默里等人对旅游地理学的开拓都为之后旅游视角的拓展和理论的深化提供了充分基础。

二、大众旅游时期（1960s 以后）

第二次世界大战正酣时，多数国家的旅游研究处于停顿和沉寂状态，在当时的中立国瑞士，旅游研究发展却出现了具有重大意义的理论突破。

1942 年，瑞士圣加伦大学的汉克泽尔教授和伯尔尼大学的克拉蒲教授出版了《旅游总论概要》，该书从经济学和社会学两个方面对旅游进行了研究。该书认为旅游现象本质是具有众多相互作用要素和方面的复合体，这个复合体是以旅游活动为中心，与国民、保健、经济、政治、社会、文化、技术等社会中的各种要素和方面相互作用的产物。在这个基础上，亨泽克尔和克雷夫提出了旅游现象多方位、多层面结构的思想，并且认为需要通过多学科进行综合研究。从这一点出发，他们还得出旅游现象不具有经济性质的结论，而认为其更接近于社会学的范围，并且进一步证明了旅游经济不应该是经济学分支的论断。

第二次世界大战结束后，随着经济的快速发展、家庭可自由支配收入的增加、人口的增长，以及可自由支配时间的增加、消费水平的提高、科学技术的提高和交通工具的更新换代，大众旅游呈现蓬勃发展的势头。

[1] Bormann, Vogt. Die Lehre vom Fremdenverkehr: ein Grundriss[M]. Verlag d. Verkehrswiss. Lehrmittelges. bei d. Dt. Reichsbahn, 1931.

[2] Ogilvie. The tourist movement: An economic study[M]. PS King & son, ltd, 1933.

[3] Glucksmann. Fremdenverkehrskunde[M]. Stampfli, 1935.

伴随着大众旅游的发展，学术界对于旅游的研究也蓬勃发展。旅游被普遍看作一种恢复和发展经济的手段。北美学术界开始了对旅游现象的研究。有更多学科加入了研究阵营。但直到 20 世纪 60 年代，还很少有人对发展旅游可以促进接待地经济发展这一点产生怀疑。在这个时期中，不仅旅游业界和政府中人士持有这种看法，在学术界也都认为旅游是一个劳动力密集型行业，对经济不发达的国家和地区及发达国家的边远地区，都可以带来显著的经济效益。

1950 年，日本学者田中喜一教授的《旅游事业论》问世，从经济的角度研究国际旅游，从而深化了旅游经济的研究。1953 年，史密斯（Smith，1953）提出了在大学中开设旅游地理学方面课程的建议。1954 年，法伯（Farber）对旅游活动中的心理现象和心理学方法进行了探索。1954 年，德国学者克拉普特出版了《旅游消费》一书，对旅游消费的动力和过程进行了专题研究。1955 年，意大利学者特罗伊西出版了专著《旅游及旅游收入的经济理论》，对旅游经济概念、旅游收入及旅游经济效益进行了比较深入的探讨。此时的日本也非常重视旅游研究工作。

20 世纪 50 年代中期，世界范围的旅游大发展，也带来了大量前所未有的问题，促使旅游研究进入了一个迅速发展的新时期。1957 年，旅游活动在欧洲和地中海地区已经有了相当大的恢复和发展，大量外来游客涌入接待地，文化差异造成的一些问题，开始为学者所注意（Tilden，1957）。1963 年，努涅斯发表了一篇关于墨西哥山村周末旅游的论文，这是人类学者真正意义上参与旅游研究。1969 年迈克尔·彼得斯出版的《国际旅游业》一书，1974 年英伯卡特与梅德里克教授合写的《旅游的过去、现在和未来》，都用作英美大学教材。

进入 20 世纪 60 年代，各国学者开始在经济学、社会学、人类学、心理学、地理学、环境和生态科学等各自的专业领域内展开了对现代旅游现象的研究。全球性旅游大发展对接待地的各种不同影响开始展现，对于经济发展水平相差悬殊的接待地，这种强烈影响的反差则表现得更为显著。由于旅游活动的迅速发展带来的关系和问题也远比过去年代复杂，旅游研究工作也开始了运用多个学科理论和方法的综合研究。这种主要起源于英语国家的新研究动向，后来被称为"旅游的影响研究（impact study of tourism）"。

在初期的影响研究中，很多学者着眼于旅游发展对接待地社会经济发展的意义及所造成的负面影响，并且表示出了他们的忧虑。虽然在这个时候旅游发展使一些接待地的国际收支平衡，就业和税收都有了增长，但是仍旧出现了对旅游可以促进接待地经济发展论点的批评。这种批评中，特别指出了旅游经济"乘数效应（multiplier effect）"低于实际情况，以及"漏损（leakage）"的存在、大量游客涌入接待地引起的物价上涨等问题，使预期的经济利益落空。

此外学者们也从心理学、社会学、人类学、地理学和环境与生态科学方面对游客大量涌入目的地进行了批评。

这个阶段，在北美和其他英语国家展开的旅游影响研究给国外旅游研究的进程开辟了一个新的领域，并为它的新发展奠定了基础；欧洲仍旧继续它传统的经济学方面的研究，但后来也注意了应用研究，并且延伸到管理和其他学科的研究。

进入 20 世纪 70 年代，旅游活动在全球范围内迅速发展，使接待地社会和环境受到了空前巨大的压力，引起了社会和学者的严重关注。由于大众旅游是在"旅游是无烟工业"的理念指导下发展起来的，因此当时的旅游开发缺乏保护环境的意识。在这种理念的指导下，开发商对旅游资源进行掠夺性开发、对旅游景区实行粗放式管理，从而破坏了旅游赖以存在的自然环境。旅游对社会文化的影响也十分突出。大众旅游给旅游地带来了如犯罪增加、游客与社区居民关系紧张、广告引导的游客畸形消费、文化的商品化等突出的社会问题。为此，在前一时期发展起来的"旅游影响研究"，这时已经成为学者们研究旅游现象的热点所在，并逐渐形成旅游经济、旅游社会文化和旅游环境与生态三个影响研究领域。

1975 年，特纳（Turner）和阿什（Ash）提出了"中心对边缘的控制理论（domination by the center over the periphery）"，即以发达国家为中心的国际化旅游输出系统对以发展中国家为边缘的旅游接待系统的控制[1]。1976 年，麦坎内尔出版了旅游社会学力作《旅游者：休闲阶层的新理论》（*The Tourist: A New Theory of the Leisure Class*）。麦坎内尔从全新的角度，深入探讨了旅游吸引物的社会学特质及其社会表现形态，系统地提出了旅游吸引物的结构差异、社会功能、旅游空间、舞台真实（staged authenticity）、文化标记，以及实现指向（signifier）和被指（signified）功能的符号象征等观点[2]。1977 年史密斯主编的《主人与客人：旅游人类学》出版，标志着英语国家学者对旅游的社会文化影响领域内的研究取得了突破性的发展，提出了"旅游人类学"的概念。这本书曾被《旅游研究纪事》的编者称为旅游社会文化影响研究的里程碑。20 世纪 70 年代末，南斯拉夫学者马思科维奇出版了《旅游经济学》一书。

这一阶段的旅游理论已出现"全面开花"的局面，在社会学、人类学、心理学、地理学和生态学等领域都取得了一定成果，如旅游社会学中麦坎内尔的舞台真实理论、旅游人类学中史密斯的主客互动、旅游经济学中的乘数效应和

---

① Turner, Ash. "The" Golden Hordes: International Tourism and the Pleasure Periphery[M]. Constable Limited, 1975.

② MacCannell. The Tourist: A New Theory of the Leisure Class[M]. New York: SchockenBooks, 1976.

漏损理论等。旅游理论在涵盖的研究领域上有了充分拓展，已在多个研究方向出现代表性理论，但其研究深度和高度还与旅游业发展需要存在一定差距，如何从不同角度探索能够真正服务旅游业深入发展及旅游价值充分挖掘的旅游研究和旅游理论成为旅游发展的重要追求。

三、可持续旅游阶段（1980s 以后）

进入 20 世纪 80 年代后，随着人类经济活动的深入推进，特别是工业化进程的快速发展，使得环境状况日益恶化，直接威胁到人类的生存和发展。经济发展、资源利用及环境保护所构成的矛盾已成为当今世界各国共同面临的重大挑战。各种环保组织，如绿色和平组织的兴起及其游说活动对许多其他组织产生影响。世界银行组织和世界旅游组织在这种影响下开始强烈要求有利于保护环境的发展。人们越来越意识到需要一种经济发展、资源利用和环境保护相互融合的协调发展方式。

可持续发展理念下的旅游研究也进行了可持续转型。这一时期产生的可持续发展理念为可持续旅游发展奠定了理论基础。20 世纪 80 年代是旅游与环境生态问题研究十分活跃的发展时期，已有更多的学者参与到这个领域中来。为了保持环境和生态质量有利于旅游的持续发展，20 世纪 80 年代后期开始有人将旅游带到自然环境的研究中去，出现了"科学旅游（Science tourism）""自然旅游（Natural tourism）"和"生态旅游（Ecotourism）"的概念（Laarman & Perdue，1989；Hill，1990；Wall，1991；Hitchcock & Brandenburgh，1990；May，1991；Johnston，1990；Boo，1990）①②③④⑤⑥。

总之，与可持续发展密切联系的旅游影响分析在 20 世纪 80 年代是一个引起浓厚兴趣的领域。在这一领域中做出令人瞩目的贡献的有：马西森和沃尔（Mathieson & Wall，1982）分析了旅游对经济、自然和社会的影响；贾法里（Jafari，1987）、墨菲（Murphy，1985）和史密斯（Smith，1989）探讨了社会

---

① Laarman, Perdue. Science tourism in Costa Rica[J]. Annals of Tourism Research, 1989, 16(2): 205-215.

② Hill. The paradox of tourism in Costa Rica. La paradoja del turismo en Costa Rica[J]. CS Quarterly, 1990, 14(1): 14-19.

③ Heath, Wall. Marketing tourism destinations: a strategic planning approach[M]. John Wiley & Sons, Inc., 1991.

④ Hitchcock, Brandenburgh. Tourism, conservation, and culture in the Kalahari Desert, Botswana[J]. Cultural Survival Quarterly, 1990, 14(2): 20-24.

⑤ May. Tourism, environment and development: Values, sustainability and stewardship[J]. Tourism Management, 1991, 12(2): 112-118.

⑥ Johnston. Save our beach dem and our land too! The problems of tourism in "America's paradise" [J]. Cultural Survival Quarterly, 1990, 14(2): 31-37.

因素；柯恩（Cohen，1978）、谢尔比和赫伯里恩（Shelby & Heberlein，1984）分别专注于自然环境的承载能力问题；经济合作与发展组织（OECD，1984）探讨了环境问题；皮尔斯（Pearce，1989）对旅游影响的多种形式提供了有用的回顾。但是近年来，可持续旅游研究的价值也遭到一些学者的质疑，如布哈里斯和迪亚曼迪斯（Buhalis & Diamantis，2001）认为可持续旅游与可持续概念的主要原则相背离，斯沃布鲁克（Swarbrooke，1999）对可持续旅游的可操作性产生了怀疑。但是，以保护环境为原则的可持续旅游研究仍在稳步推进。

与此同时，旅游领域不断出现的新业态也使学界对旅游的研究视野开始拓展。当经济发达到一定程度之后，人类的消费重点将从产品和服务向体验转移。随着人类社会从服务经济转向体验经济，旅游业随之发生了一系列深刻且富有深远意义的巨大变化。旅游者的消费经验日趋丰富，对旅游产品更加挑剔，要求享有更高层次的旅游消费。首先，全球生态环境的恶化引起人类社会对环境质量的普遍关注和对传统大众旅游方式的反思。旅游者变得具有环保意识。他们会主动避开过于商业化及遭受污染的目的地。其次，旅游者对大众旅游产品感到厌倦，开始追求一种回归自然、自我参与式的旅游活动。喜欢知性之旅，即在旅游过程中继续接受知识和文化的洗礼，在大自然的怀抱中陶冶情操、放松身心、增长知识、开阔视野。可以说，体验旅游是体验时代的产物，是人类旅游的一种新需求。

在体验旅游时代，游客的旅行模式发生了变化：以感受和经历为目的的旅游的兴起表明更多的旅游者更注重旅游过程中的个人感受，而不只是对某个旅游目的地的选择。1994年，德国学者蒲恩（Poon）提出了"新旅游"的概念，她认为"新旅游"是未来的旅游。"新旅游"的特征是灵活性、细分化和更加真实的旅游体验。她指出当今的旅游正在发生着这样的变化：大众化、非人性化的旅游转为高科技、亲密接触、更多人性关怀、关注和保护自然环境的"新旅游"。蒲恩所指的"新旅游"就是体验旅游[①]。西方理论界对体验理论设计的五种模型在这一时期已经比较成熟：层级式体验模型、类型学理论模型、"畅"理论模型、有目的行为模型、局内人和局外人理论。

旅游活动的可持续化、体验化转向也引导着旅游研究视野的拓展。学者们研究的注意力开始从旅游供给方拓展到旅游需求方，求知性旅游、观赏旅游、园艺旅游、美食旅游等都有很大的发展。研究的领域包括旅游者本质、旅游体验、旅游社会、环境、经济效应等方面，更加关注游客这个利益体。此外，旅游研究更呈现出多样化的发展趋势，随着个性化旅游的要求越来越明显，各种

---

① Poon. Competitive strategies for a "new tourism" [J]. Classic reviews in tourism, 2003: 130-142.

特种旅游的研究开始受到学者的广泛青睐，例如海滨旅游、乡村旅游、生态旅游、文化与遗产旅游、保健旅游等，此时开始各种跨学科研究，这一阶段各类专著也纷纷问世。

除此以外，旅游研究开始重视研究方法的应用，跨学科的旅游研究和旅游的交叉研究也逐渐深入。

1989 年，跨国旅游研究组织"国际旅游研究科学院（International Academy for the Tourism Studies）"在澳大利亚成立，并于次年出版了《旅游研究杂志》，标志着这一时期旅游研究的新发展。该组织的宗旨是要在跨国活动的基础上，开展多学科、多层面的旅游研究活动。随后，国际旅游研究科学院（International Academy for the Study of Tourism）编辑出版了一系列旅游研究丛书。这一系列丛书主要针对国际有关旅游的重点争论话题，涉及快速发展给社会、经济和环境带来的影响，以及旅游的现阶段发展状况和未来发展趋势。

1990 年，阿斯沃什（Ashworth）和顿布德吉（Tunbrdge）的著作《历史旅游城市》（*The Tourist-historic City*）关注了城市旅游遗产的管理①。1990 年，约翰·厄里的《旅游凝视——当代社会的休闲与旅游业》（*The Tourist Gaze: Leisure and Travel in Contemporary Societies*），将旅游业与社会科学研究更紧密地结合在一起②。1991 年，英斯基普（Inskeep）的《旅游规划：一种综合与可持续的发展途径》（*Tourism Planning: An Integrated and Sustainable Development Approach*）为可持续旅游规划提供了深入实用的指导方针③。1995 年，皮尔斯（Pearce）的《今日旅游：地理学分析》（*Tourism Today: A Geographical Analysis*）是用传统地理学方法来研究旅游现象的总结性专著④。1996 年，史密斯（Smith）的《旅游分析（第二版）》（*Tourism Analysis*）为旅游分析提供了方法论基础⑤。1998 年，穆沃夫斯（Mowforth）和曼特（Munt）的专著《旅游与可持续发展：第三世界的新旅游》（*Tourism and Sustainability: New Tourism in the Third World*）对新时代的旅游做出了总结⑥。

2001 年，贾法里（Jafari）总结出了与旅游交叉研究的农业、人类学、商业、生态学、经济学等 18 个学科门类。

---

① Ashworth, Tunbrdge. The tourist-historic city[M]. London: Belhaven Press, 1990.

② Urry. The tourist gaze: leisure and travel in contemporary society[M]. London: Sage, 1990.

③ Inskeep. Tourism planning: an integrated and sustainable development approach[M]. New York: Van Nostrand Reinhold, 1991.

④ Pearce. Tourism today: a geographical analysis[M]. Harlow: Longman, 1995.

⑤ Smith. Tourism analysis: a handbook[M]. New York: Longman, 1995.

⑥ Mowforth, Munt. Tourism and sustainability: new tourism in the third world[M]. London: Routledge, 1998.

2003 年, 布彻(Butcher)基于 "旅游道德化(the moralization of tourism)" 概念, 试图从生态环境和文化环境等方面对大众旅游提出更高要求。

这一阶段, 旅游理论更加深入现实, 与旅游实际发展需要相契合, 更加指向旅游的可持续化和旅游活动的人文关怀, 如以柯恩(Cohen)对旅游与生态可持续关系的探索, 厄里(Urry)从旅游人类学角度提出的游客凝视理论, 巴特勒(Butler)基于旅游地发展阶段提出的旅游目的地生命周期理论等。这些理论进一步深化了旅游各研究方向的理论探索, 指明了服务旅游可持续化、人文化、体验化的多层次、多学科的研究方向。

四、数字旅游时期（2000s 以后）

随着全球物联网、新一代移动宽带网络、云计算等新型信息技术的快速发展和广泛应用, 数字交通、数字营销、数字景区、OTA 等数字旅游应用日益深入, 诸如数字旅游、智慧旅游、虚拟旅游等旅游数字化概念与研究逐步兴起, 并在实践中渐渐走入人们的生活, 成为 21 世纪旅游发展的主旋律。

同时, 随着信息技术和互联网产业的飞速发展, "共享经济"（Sharing Economy）模式迅速崛起。各个领域的共享经济平台发展迅速, 与共享经济天然契合的旅游业是受其影响最早和最深刻的行业之一。共享经济与旅游业的深度融合不仅改变了游客的出行方式, 甚至更新了游客的旅游理念。为了满足更加多样化的游客需求, 旅游供给方式也在不断创新, 更加注重开发个性化、精品化的旅游产品, 试图为游客打造全新的旅游体验。

（一）旅游供给的数字化

旅游数字化的蓬勃发展正在引领旅游业优化升级, 旅游供给方式不断推陈出新。在旅游基础设施、资源等方面的数字化不仅优化了游客的出行方式、住宿方式, 而且可以使游客享受到真正的全流程服务。

在数字旅游条件下, 游客的旅行方式更加人性化、智能化, 能够实现交通供给与游客需求的精准、高效对接。比如, 基于大数据和人工智能的数字交通平台能够针对游客个性化的出行需求, 游客可以随时通过移动智能终端呼叫专车服务, 也可以与他人共享交通工具。这不仅可以盘活闲置的社会交通供给资源, 还节约了时间成本。

数字化在酒店领域的应用能够为游客打造个性化的旅游新体验。在传统旅游模式下, 游客的住宿仅限于标准化酒店。而在数字化和共享经济条件下, 游客的住宿选择增添了在线短租、家庭互换等多种新兴模式。游客可以通过 O2O 平台实现线上交易和线下消费的完美结合。

同时, 数字化的共享平台还能够为游客量身定制私人旅游线路。私人定制旅游主要有两种模式：（1）旅行顾问模式。该模式下，游客只需要向旅行顾问平台提交自己的旅行计划要求并按流程进行线上交易，待平台旅游设计师设计出满意的方案后确认线路方案，就可以按照为自己量身定制的旅行计划踏上旅程。（2）旅游地达人伴游模式。利用互联网为游客和旅游达人搭建沟通的渠道，对接旅游达人的经验技能和游客的旅游需求。这两种私人定制旅游模式将"专业化"和"个性化"完美结合，可以使游客的旅游体验实现质的飞跃。

（二）旅游体验的数字化

随着通信技术进一步发展，旅途体验分享的形式也日趋多样化。不少旅行经验或专业知识丰富的游客通过互联网平台无偿分享旅游地信息、游记、旅游攻略等旅游体验，在这类群体的推动下，一些网站开辟了专门的 UGC（User Generated Content）型旅游网站，游客可以无偿浏览这些旅游信息，并可以针对旅游的相关问题进行咨询。Couchsurfing 供游客、探险者和想要学习的人分享各自的旅行经历，Dream Scanner 为游客搭建了付费了解当地人的旅行经验的平台，Gidsy 则提供在线预订旅程、当地活动和研讨会等服务。

2020 年新冠肺炎疫情（COVID-19）的出现给旅游业带来巨大冲击，也加快了旅游数字化进程和旅游消费转型的步伐。新冠肺炎疫情发生以来，中国境内外游客数量呈现"断崖式"下跌，全球旅游业开始进入冰封期。但危机与转机并存，基于数字化的云旅游、"互联网+旅游"、智慧运营系统建设及旅游景区的数字化管理在疫情背景下能够发挥积极效应，也推动旅游业数字化转型升级，重塑旅游业态。数字化建设犹如建立一个"旅游目的地大脑"，支持旅游供给的科学决策和智能运营，还可实施实时安检、应急、安保等全流程数字化管理，从而整体上实现了科学决策和智能化运营协同。

疫情背景下的旅游研究中，数字化成为旅游文献的主要关键词之一。虚拟旅游（Virtual Tourism）[1]、VR 全景旅游（Virtual Reality-based Site Tours）[2][3]、混合现实[4]、旅游应用（Tourism Apps）[5]等都成为疫情背景下旅游

---

[1] Zhang et al. Would you enjoy virtual travel? The characteristics and causes of virtual tourists' sentiment under the influence of the COVID-19 pandemic[J]. Tourism Management. 2021.

[2] Itani, Hollebeek. Light at the end of the tunnel: Visitors' virtual reality (versus in-person) attraction site tour-related behavioral intentions during and post-COVID-19[J]. Tourism Management, 2021, 84.

[3] Gegung. International Tourism and The COVID-19 Pandemic: The Use of Virtual Reality to Increase Tourism Destination Sustainability and How Users Perceive The Authenticity of VR Experiences[J]. Jurnal Kepariwisataan Indonesia: Jurnal Penelitian Dan Pengembangan Kepariwisataan Indonesia, 2021, 15(1), 9–15. 5

[4] Bec, Moyle, Schaffer, Timms. Virtual reality and mixed reality for second chance tourism[J]. Tourism Management. 2021. 83. 10.

[5] Zhang, Leung, Bai, Li. Uncovering crowdsourcing in tourism apps: A grounded theory study[J]. Tourism Management. 2021. 87.

研究的热点，这也凸显出旅游数字化研究在疫情情境下的重要价值。

这一阶段的旅游研究有着浓厚的时代背景，是数字化发展时代的产物。旅游研究基于营销、管理、经济等领域新业态的出现，运用大数据、云计算、人工智能、AR/VR/MR、GIS、脑电及眼动技术等新兴技术，在研究方向、研究内容、研究方法上都有了一定突破，如关注新媒体情境下的数字营销、基于OTA、Airbnb 等数字平台的旅游新模式、智慧城市下的智慧旅游和智慧景区及数字背景下的旅游者行为等，如利特温等（Litvin，Goldsmith & Pan，2008）对eWOM 的分析[①]和一些学者（Xiang & Gretzel）对社交媒体在旅游信息搜索中作用的研究[②]，这些研究在发表几年内就已得到两千多的引用量。

在旅游学产生、发展的一个世纪以来，人们的旅游活动和旅游体验越来越多样化、复杂化、个性化，旅游研究议题所涉及的学科领域越来越多，其理论也越来越丰富。这表明它已经接近成熟了，虽然独立的旅游学科尚未完整地形成，但是方法论基础已经露出了它的萌芽，学科面貌已露端倪，旅游研究正面临着一个全新的发展时代。但是，西方特别是北美地区，对于旅游的研究存在重视解决问题、产生效益的应用性研究，而忽视基础理论研究的现象。目前，旅游学还是一门年轻的学科，其概念系统和理论体系还远未丰富和成熟。研究的方法也欠规范，需要深入探究以促进其不断完善。

第二节　多学科路径的旅游体系研究范例

格拉伯恩和贾法里（Graburn & Jafari，1991）认为，"没有一个单一学科可以容纳、处理或理解旅游，只有当学科边界被跨越、多学科视角被找到并形成，它才能被研究"。不同学科在旅游研究中产生了有益和多元化的融合[③]。

一、旅游学研究的"前范式"阶段

美国科学哲学家库恩（Kuhn，1962）在其所著《科学革命之结构》一书中指出，科学的发展是由于周期性科学思想的演变；而科学思想演变的动力，除

---

① Litvin, Goldsmith, Pan. Electronic word-of-mouth in hospitality and tourism management[J]. Tourism Management, 2008, 29(3): 458-468.

② Xiang, Gretzel. Role of Social Media in Online Travel Information Search[J]. Tourism Management. 2010, 179-188.

③ Graburn, Jafari. Introduction: Tourism social science[J]. Annals of tourism research, 1991, 18(1): 1-11.

科学方法之进步外，主要是由于人类世界观的改变。科学思想发展到某种程度时，就会形成一种众所共识的世界观，进而对科学上研究的主题、目的、方法等亦采取相似的取向①。库恩称此种科学思想的共识为范式（paradigm）。范式形成后对同领域的科学家具有规范作用，大家均遵从范式去思考问题、研究问题并建构理论。而他同样提出了所谓的"前范式"（pre-paradigm）时期，科学工作者分裂成为许多互相竞争的学派，每一派都声称自己有能力通过不同方式的出路解决同一问题。"前范式"阶段典型的症状包括多元化和无序的研究、随机事实搜集、缺乏基本的法则和理论假设、范例和模式的稀缺，以及对合理方法的讨论。

从第一节对旅游研究起源与发展历程的总结来看，由于旅游学是一门年轻的学科，其基础理论与方法研究相对薄弱，且研究者的专业背景不一，使旅游学总体研究上仍处于"前范式"研究阶段，有关旅游的基本概念、基本理论与基本方法的运用常常混淆，众说纷纭，莫衷一是。

但库珀（Cooper）认为，当今旅游研究趋势已经可以消除库恩的忧虑，实际上，基于下面的两个理由足可以做到这一点：

（1）最近涌现的旅游研究有着各式各样的学科背景，这使得旅游研究的范围因为这些不同学科的视角而得到拓展。

（2）随着研究的商业化进程受到重视和发展，学院派和基于旅游业的实践派等传统两派现在已经渐渐结合共同发展②。

二、贾法里—里奇（Jafari-Ritchie）基于多学科方法的旅游学框架体系

贾法里和里奇（1981）③基于超学科的方法来研究旅游学，在一篇关于旅游研究和教育的文章中，采用了多学科的研究方法，以16种有用的学科为例，构建如图1-1所示的旅游学科框架体系。

该体系中，包围在外面的各个大圆代表的是旅游相关学科，与之相对应的里面的各个小圆代表的是旅游学的研究领域。这个模型体现了旅游学的复杂性和丰富性，其实质上就是对社会学、经济学、人类学、地理学等学科基本理论和研究方法的借鉴和延伸，并试图将它们融为一体，形成旅游学科独特的理论

---

① Kuhn. The structure of scientific revolutions[M]. 1970.

② 克里斯·库珀. 旅游研究经典评论[M]. 钟林生, 谢婷, 译. 天津: 南开大学出版社, 2006.

③ Jafari, Ritchie. Toward a framework for tourism education: Problems and prospects[J]. Annals of Tourism Research, 1981, 8(1): 13-34.

框架体系。

　　该体系通常应用于旅游教育中，为大学课程的设置提供教育方案，旅游学位于模型的中心，表示其是整个框架的核心，但是在现阶段，其重点和难点是如何结合外圈这些分散的学科方法、如何从中心点（旅游学）发散性地看待其他各学科的作用，以及如何将它们整合为一种旅游的知识来重新定义和理解。

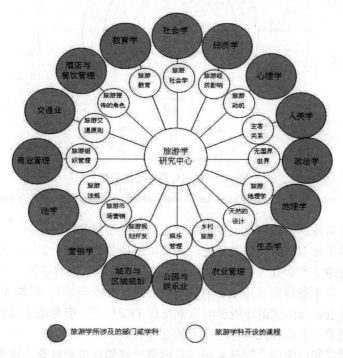

图 1-1　旅游学科框架体系

资料来源：Jafari, Ritchie. Toward a framework for tourism education: Problems and prospects[J]. Annals of Tourism Research, 1981, 8(1): 13-34.

三、特赖布（Tribe）的学院派与实践派研究框架体系

　　旅游研究历来面临着学院派与实践派的争论与矛盾，为了解决这一矛盾，与贾法里等学者把旅游当作一个学科进行分析不同，特赖布（1997）[1]的研究摒弃了单一用多学科方法来构建的理论体系，认为旅游知识是一组同心圆，为构建旅游学的理论体系做出了贡献，用传统的模型重新研究了旅游中的学科之争，如图 1-2 所示。

---

① Tribe. The indiscipline of tourism[J]. Annals of Tourism Research, 1997, 24(3): 638-657.

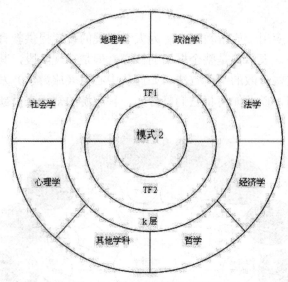

图 1-2　学科体系同心圆模型

资料来源：Tribe, J. The indiscipline of tourism[J]. Annals of Tourism Research, 1997, 24(3): 638-657.

　　外圈是对旅游知识和理论发展起作用的关键学科和分支学科。

　　中间圈层是对旅游领域的研究，其又可以被分为两层。其中，TF1 是与商业相关的旅游主题研究（如旅游营销、旅游企业战略、旅游法等），TF2 是与商业无关的旅游主题研究（环境影响、承载力、社会影响等）。但是 TF1 和 TF2 并非毫无重叠，例如旅游环境影响原来是在 TF2 层里，但是由于其直接影响了旅游业的经营，所以在此与 TF1 层也有了交集。

　　在外圈层和内圈层之间是 k 层，是抽离出来的理论和概念，首先它是各学科和对应 TF 旅游领域研究互动的平台，体现了多学科性（Multidisciplinary）。另外，这里还是一个跨学科（interdisciplinary）知识相互融合的地方，对创建新的旅游知识和研究方法做出贡献。

　　吉本斯（Gibbons，1994）把 k 层这种产生知识的过程称为"模式 1"，主要产生于一个学科领域，大多数理论及知识来源于高等学校的研究机构，可以看作学院派的研究方式。

　　模型中的核心圈层被称为"模式 2"，它代表着旅游知识产生的另一种途径。特赖布引用吉本斯等人的研究（1994：168）来支持他的观点：基于特殊应用需求而产生的知识体系，有其自身独特的理论结构、研究方法和实践模式，并不拘泥于现行的学科体系，适合研究独立于学科框架之外的特定问题。在旅游业中，它主要指的是实际产业中产生的研究，一般由政府、顾问、业界和职业团体来完成，代表实践派的研究方式，是一种超学科（extra disciplinary）的研究。

特赖布理论体系重要贡献就是认识到模式 2 的知识在高等教育机构里是学不到的，因此如何平衡学院派与实践派的矛盾、如何取长补短就成了旅游研究需要重视的一个问题。

四、维尔（Veal）的旅游研究框架结构

旅游研究具有多学科性，但是由于各个不同学科的性质不尽相同，在旅游研究体系中所起的作用也不同。维尔提出了一种简单的旅游学研究模式，他认为，在休闲和旅游活动发生的现实世界中存在着五个主要相关因素，如图 1-3 所示。

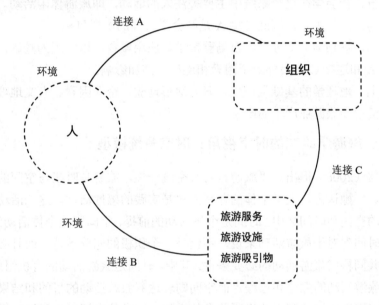

图 1-3　旅游研究的框架结构

资料来源：Veal A J. Research methods for leisure and tourism: A practical guide (2nd Ed) [M]. London, UK: Pearson Education Limited, 1997, 17.

人、组织和旅游服务/旅游设施/吸引物之间存在着三种联系过程。其中，连接 A 为市场研究和政治活动，连接 B 为市场营销、购买、销售、就业、参观访问或使用，连接 C 为规划和投资。这个旅游研究系统涉及多个学科的交叉应用[①]。具体如下：

---

① Veal A J. Research methods for leisure and tourism: a practical guide (2nd Ed) [M]. London, UK: Pearson Education Limited, 1997. 17.

第一，心理学和社会心理学主要是针对人的因素，研究旅游者对旅游目的地的旅游动机、心理满意度、旅游消费等，通常与连接 A 和连接 B 相关。

第二，政治学主要关注各个组织，也研究旅游在各种政治行为和关系中的作用，因此常常涉及连接 A。

第三，历史学和人类学的研究机会可以涵盖整个系统，以历史的观点研究当代的旅游人类学有助于了解旅游导致的文化交互现象。

第四，经济学也涉及这个系统的各个方面，主要关注旅游领域各个部门的经济影响。

第五，社会学在这个系统中主要关注人的活动，即旅游休闲活动。社会学还涉及与组织的关系，因此连接 A 是社会学关注的主要目标。

第六，规划学、管理学、市场营销学等应用学科，以组织为基础，然后通过连接 A 和连接 C 与另外两个因素相连接并施加影响。

第七，地理学的基础是环境，研究地形地貌、空间因素、人文地理等因素对旅游活动和旅游业产生的影响。

五、旅游学研究的时空视角：时空系统模型

左冰（2006）提出："旅游具有时空统一性，旅游是时间与空间的有机统一形式。"她认为，人类个体的存在方式是实践的感性活动。这一活动又存在于一定的空间和时间之中。时间是个体活动的前提，空间则是个体活动的确证。"自由时间"对于旅游活动来说，不仅是一个积极的充分条件，而且必须与空间一起共同构成旅游活动的必要条件。其中，时间是旅游活动的有机组成部分，反映了旅游活动的顺序和过程，而空间则表达着旅游活动的目的和结果。旅游者将时间嵌入式地分配于他们所置身的空间，同时其空间行为又被时间性地建构起来形成完整的旅游体验。在这一过程中，时间将旅游者在不同地点的活动内容组织成一个连贯的整体，并通过其长短节奏体现着旅游活动的空间结构。当我们考察旅游现象时，不能认为旅游仅仅是空间意义上的，或是脱离时间关系的独立事件，而是应当将其作为时间和空间的有机统一形式，从时空双重维度去了解和认识其本质，如图1-4。

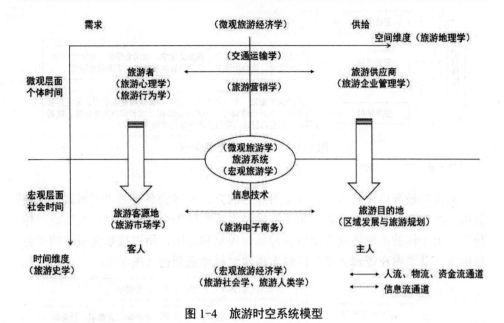

图 1-4 旅游时空系统模型

资料来源：左冰（2006）

六、"旅游现象说"的研究框架体系

"旅游现象说"的研究基于将旅游作为一种特殊的旅游现象的情况，即不同文化背景的游客在目的地的流动、逗留而引起旅游现象和关系的变化。它以目的地系统的主客关系及其社会影响为理论基础，以研究客源地与目的地之间的社会冲突、理性交换、文化传播、文化变迁、群体涵化等作为发展走向。理论支撑是社会学、人类学的发展，以及系统论等。由于旅游研究的方法论不同，在学科体系上有两种不同的架构（郑国全，2009）[①]。

从外部旅游现象系统化解释入手，揭示现象内在联系及其规律的"原理式"学科架构，其开创者和代表人物为申葆嘉先生。申先生把对旅游现象的研究分为基础理论、专业理论和应用理论三个层次，三个层次合在一起组成一个总体的旅游学研究框架。专业理论和应用理论可以视作分支学科，旅游学则是整个体系中的基础学科（图 1-5）。

---

① 郑国全. 旅游调查研究方法[M]. 天津：南开大学出版社，2009：27-28.

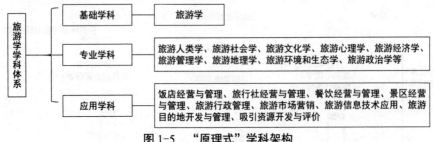

图 1-5　"原理式"学科架构

资料来源：郑国全（2009）

从内部最简单元素入手，再运用综合的方法扩展到系统的"逻辑式"学科架构，其以谢彦君等为代表。由于将旅游本质归结为个体追求"愉悦"或"体验"，由个体的旅游活动才引发各种旅游现象和影响，所以按事物发展的"自然顺序"及"内在逻辑关系"的线索搭建学科体系架构（图 1-6）。

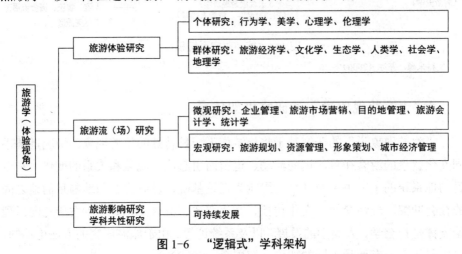

图 1-6　"逻辑式"学科架构

资料来源：郑国全（2009）

多学科介入是旅游学科不成熟的体现而非旅游现象复杂性的结果，制约旅游学科成长的主要是多学科的表层切入而非多学科介入本身，对多学科介入的超越要以多学科研究的充分发展为基础（宋子千，2015）[1]。多学科问题在旅游研究史上曾得到广泛热议，但是对于如何认识旅游研究的多学科介入特征及其对于旅游学科成长的影响、如何跨越旅游研究的多学科介入阶段等问题，还有许多值得进一步讨论的地方。旅游研究尚处于多学科介入的阶段，要超越这

---

① 宋子千. 走向科学的旅游研究：体系、方法和路径[M]. 北京：中国旅游出版社，2015：72-80.

一阶段必须以多学科研究的充分发展为基础，在深度楔入、介入学科的同时根植旅游实践，只有这样才能真正从"旅游"研究转变到"旅游学"研究，进而形成旅游学理论体系。

第三节　跨学科视角的旅游体系研究范例

奥地利学派经济学家哈耶克（F. Hayak）曾说"One who is only an economist cannot be a good economist."，一个仅仅被称为旅游学家的人绝不是一个好的旅游学家。旅游现象从诞生的第一天起就与其他学科之间有割舍不开的紧密联系，以跨学科的视角从多学科中汲取营养是旅游研究者一直秉持的立场。目前，西方学术界积极尝试探索一种基于多学科的旅游研究总体框架体系，也有众多学者立足于自身的学科背景，从不同的角度综合分析旅游的本质和变迁，这为深入了解旅游研究做出了贡献，在推动多学科综合研究方面起到导向的作用。

韦弗和奥珀曼（Weaver & Oppermann，2000）[1]指出了旅游跨学科的研究方法（如图 1-7），为旅游研究朝向独立学科发展提供了有力证明（盖尔·詹宁斯，2009）[2]。

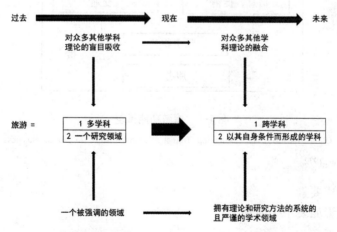

图 1-7　旅游研究发展为独立学科的演化图

资料来源：Weaver & Oppermann（2000）

---

① Weaver, David, Oppermann Martin. Tourism management[M]. Brisbane: JohnWiley & Sons, 2000.

② 盖尔·詹宁斯. 旅游研究方法[M]. 谢彦君，陈丽，译. 北京：旅游教育出版社，2007.

一、经济学视角：功能系统模型与旅游孤岛效应

（一）旅游功能系统模型

1. 甘恩（Gunn，1972）的理论框架体系[①]

甘恩（1972）最早将经济学中的供求关系模型应用于旅游研究，从结构—功能角度分析了旅游功能系统模型，提出旅游系统由需求板块和供给板块两个部分组成，其中供给板块又由交通、信息和促销、吸引物和服务等构成。这些要素之间存在强烈的相互依赖性，即该模型由五个部分组成，即旅游吸引物、服务、交通、信息与促销和旅游者。他认为，这五个部分是规划中的基本要素，旅游活动的实现至少要涉及上述五个要素，并且这五个要素相互作用形成一个有机整体——旅游功能模型。

（1）框架体系

旅游功能模型如图 1-8 所示。

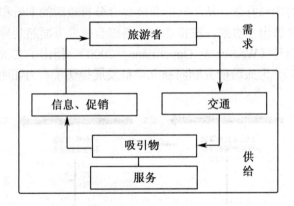

图 1-8　旅游功能模型

资料来源：Gunn. Vacationscape: Designing Tourist Regions. Austin: Bureau of Business Research [M]. University of Texas, 1972.

（2）构成要素

构成要素如表 1-1 所示。

---

① Gunn C. Vacationscape: Designing Tourist Regions. Austin: Bureau of Business Research[M]. University of Texas. 1972.

表 1-1 旅游功能模型的五要素

要素	描述
旅游者	旅游的需求方
信息和促销	对旅游系统具有重要影响
交通	旅游系统关键的一个组成部分，客源地市场和目的地之间的关键连接
吸引物	为了游客的兴趣、活动和享受，经过设计和管理，进行开发的地方
服务	旅游服务行业是整个旅游业中产生经济影响最大的部门

①旅游者（tourist）

旅游的任何组成要素都能被归纳到相关的供给方和需求方。为了满足市场的需求，一个国家、区域或社区必须能够提供各种各样的项目和服务，即承担供给方的角色。供给方与市场的匹配情况决定了最终能否达到合理的旅游开发状态。

②信息和促销（information and promotion）

至今许多旅游中介机构仍将信息与促销混淆起来。广告促销就是要吸引市场，而信息就是对吸引物等加以描述，如通过地图、导游手册、录像、杂志文章、宣传手册、互联网和旅行指南等途径进行描述。

③交通（transport）

城市与吸引物之间的交通、吸引物聚集区域之间的交通尤其需要进行专门、慎重的规划。除非交通路途也作为一种旅游吸引物，否则交通就不是一个目标，而是旅游不可避免的麻烦。因此，要强调对联合运输的考虑，考虑贯穿整个旅行的所有交通模式，以尽量减小交通方面可能产生的阻力。

④吸引物（attraction）

一个目的地的吸引物是旅游供给方最重要的组成部分，它们构成了旅游系统中的活力单元。旅游吸引物是刺激旅游的主要动力。吸引物的数量和种类是极其多样的，可以按不同的方式进行分类，如根据所有权分类、根据资源基础分类、根据旅游时间分类等。另外还有其他的分类方式，如户外吸引物与室内吸引物、主要吸引物与次要吸引物等。

⑤服务（service）

住宿设施、餐饮、交通、旅游中介和其他旅游服务行业创造了大量的就业机会、收入和税收。经济学家对该行业的评估不仅包括直接影响，还包括其产生的乘数效应。

2. 甘恩的理论框架体系的发展

（1）G-M-M 模型

在甘恩（1972）研究的基础上，米尔和莫里森（Mill and Morrison，1985）沿着功能分析的方向对旅游功能系统模型进行了修正和补充①，如图 1-9 所示。

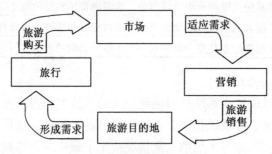

图 1-9　旅游功能系统模型

资料来源：Mill, Morrison. The Tourism System [M]. Englewood Cliffs, N J: Prentice-Hall, 1985.

在米尔和莫里森（1985）的模型里，他将甘恩模型中位于同一空间中功能互补的吸引物和服务两个要素合并成了一个要素——旅游目的地，从而构成了以市场、营销、旅游目的地和旅行四个状态量及连接这四部分的四单向流——适应需求、旅游销售、形成需求和以旅游购买为内核的旅游功能系统。因此，可 以 把 甘 恩 的 旅 游 功 能 模 型 和 米 尔、莫 里 森 提 出 的 模 型 合 称 为 Gunn-Mill-Morrison 模型，即 G-M-M 模型。

在 G-M-M 模型中，组成要素包括市场、交通、营销、旅游目的地（旅游服务和吸引物）。在系统中各组成要素相互依赖、共同作用。其中任何一个要素发生变化都将引起其他要素的变化。如果旅游者偏好发生变化，旅行成本或模式发生改变，开发了新的旅游资源，提供了新的服务，或者增加了新的促销，原来旅游系统的平衡状态就会偏移，其他要素也要发生相应的变化，模型的有效运行就依赖于这一结构。G-M-M 模型也明确指出，一个有效运行的旅游模型必然表现为人与信息的空间流动。人通过交通这一媒介从市场流向目的地（甘恩模型的右半部分、米尔和莫里森模型的左半部分），而信息则通过营销这一媒介从目的地流向市场（甘恩模型的左半部分、米尔和莫里森模型的右半部分）。上述两个过程也可以被理解为旅游者的决策过程和旅游目的地的营销过程。在营销过程中，旅游目的地通过广告、分销渠道等营销环节把产品信息传递到市场，从而鼓励旅游者到目的地的旅游行为；在决策过程中，旅游者首先做出去

① Mill, Morrison. The Tourism System[M]. Englewood Cliffs, N J: Prentice-Hall, 1985.

旅游的决定，然后再决定去哪个具体的旅游目的地、什么时候去、怎么去。模型的内在含义是，旅游有效运行的动力就在于"推"和"拉"两个作用。

（2）甘恩（2002）修正模型[①]

甘恩（2002）对其原有的模型进行了改进，虽然在甘恩（1972）所提出的旅游功能系统模型里，对供给和需求的关系也给予了强调，但对供给和需求的描述很大程度上仅停留于对旅游者、信息和促销、交通、吸引物、服务五个要素的分类，强调旅游者的决策过程和旅游目的地的营销过程及旅游者与信息的空间流动过程。相比之下，甘恩在2002年提出的模型更体现了经济学视角下旅游的本质——供给与需求的关系。甘恩（2002）认为供给和需求是两个最基本的要素，两者之间的相互匹配就构成了旅游系统的基本结构。而在供给子系统里，吸引物、促销、交通、信息和服务之间存在着相互依赖的关系，它们共同作用，以实现整个供给子系统的功能，即提供符合市场需求的旅游产品。甘恩（2002）对供给子系统的描述也很好地体现了旅游产品作为一种组合产品的特点，如图1-10所示。

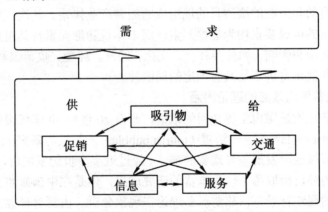

图1-10 修正后的旅游系统框架

资料来源：Gunn, Turgut Var. Tourism Planning: Basics Concepts Cases (4thed) [M]. New York: Routledge, 2002.

3. 旅游功能体系的贡献与局限

（1）贡献

旅游功能系统模型的主要特点是强调旅游系统的功能，决定旅游系统功能的系统结构和影响旅游系统结构的外部环境，并对旅游产品供给和需求进行了深入分析。主要贡献体现在以下两个方面：

① Gunn, Turgut Var. Tourism Planning: Basics Concepts Cases(4th ed) [M] . New York: Routledge, 2002.

①成功地解释了旅游活动空间相互作用的过程。旅游是一项涉及经济、社会文化和自然环境等诸多方面的复杂行为，对旅游活动的研究必须具有很强的抽象概括能力。旅游功能体系就是对旅游活动的一种抽象概括，其所包含的基本要素是旅游活动的本质组成部分，对五大要素及其空间相互作用关系的研究是旅游经济学的一个重要课题。

②旅游功能体系对旅游规划具有指导意义。目前，学术界对旅游规划的本质有一定的认同，即旅游规划是现在处理将来旅游发展过程中可能出现的情况。旅游规划最突出的特点是其综合性，这主要是由旅游活动本身的复杂性所决定的。规划的目标在于实现旅游需求与旅游供给的动态平衡，功能体系学说为规划提供了一定的理论基础。

（2）局限性

总体来讲，旅游功能体系模型的局限性主要表现为两个方面：首先，旅游功能体系模型的视角相对比较微观，考虑的仅仅是一个特定旅游目的地与市场的供求关系。但是在旅游空间结构研究中，面对的绝非一个旅游目的地，而是由无数个已有的和潜在的旅游目的地组成的旅游产业体系。其次，旅游功能体系模型中提出的构成要素均为显性元素，而未体现隐形元素及其对系统、对供给与需求的作用和影响，如外界社会、文化、经济、环境、政策因素等。因此，从研究范围和视角来讲还是具有一定的局限性。

（二）旅游孤岛效应的理论内涵

旅游孤岛理论是国内学界使用的术语，源自 20 世纪 70 年代国外学者对旅游飞地（tourist enclave）、旅游罩（tourist bubble）的关注与研究，三大理论概念均属于对区域旅游发展差异现象的描述。经过近半个世纪发展后，旅游飞地、旅游罩在国内外已经取得了较为丰富的研究成果，但是在中国旅游业发展不均衡、不充分的现实背景下，旅游孤岛理论在现象分析、内涵解释等方面更具适用性。虽然其在国内的研究历程不过数十年，但已经成了解释旅游区孤立发展现象的有效理论工具，尤其在分析旅游区与周边社区利益博弈关系方面具有重要意义。

1. 概念辨析

旅游孤岛是国内学界使用的术语，章锦河等于 2007 年首次对这一理论概念进行了系统关注。[①]从概念上来看，国内对旅游孤岛的解释，多基于某种特定空间开展，如章锦河等（2007）基于风景名胜区的旅游空间，认为旅游经济

---

① 章锦河，李佳佳，陈冬冬. 风景名胜区旅游经济的孤岛效应分析 [J]. 安徽师范大学学报（自然科学版），2007（06）：712-717.

孤岛效应表现为旅游经济与周边地区缺乏联系与互动，进而使得旅游区独立发展成为特定区域内的经济高地。田里等（2016）则认为，旅游景区孤岛是旅游景区与周边社区存在显著差异并缺少相互联系，形成孤立发展的旅游现象，旅游景区孤岛效应则是指旅游景区孤岛所产生的种种影响。[1]在国内旅游孤岛文献中，虽然对旅游孤岛概念表述各不相同，但其基本内涵较为稳定，是指旅游区与周边社区隔离而独立发展的现象。旅游孤岛的空间形态多表现为封闭型的旅游区，包括森林公园、自然保护区、风景名胜区等，发展模式以旅游驱动的独立发展为特征，隔离状态包括有形的地理边界隔离，无形的经济、社会隔离，影响效应集中在经济、社会、文化、生态和管理五大领域，具体表现为差异化发展、阻滞化隔离和对立化冲突三种状态。

2. 分析框架

旅游孤岛效应分析框架是研究旅游区与周边社区利益博弈关系的前提和基础，虽然旅游孤岛在国内的研究历程仅十余年，但目前也取得了较为丰富的研究成果，其中田里等构建起了一套旅游孤岛效应概念框架，从概念、类型、特征、成因和调控五个方面对其进行了系统性的分析，这对于研究旅游区与周边社区利益博弈关系也具有重要的指导意义。之后，田里等将构建的静态框架进行优化调整，加入演化发展、阶段表现两大动态维度，构建一个包含类型、特征、成因、演化、状态、调控在内的六位一体分析框架，并应用这一框架研究旅游区与周边社区利益博弈关系的静态表现与动态演化（图1-11）[2]。

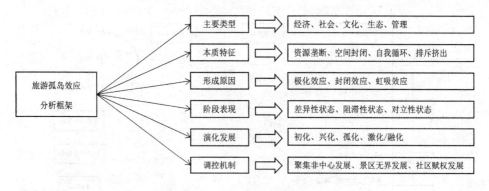

图1-11　旅游孤岛效应分析框架

资料来源：田里，宋俊楷（2020）

---

① 田里，钟晖，杨懿. 旅游景区孤岛效应理论研究[J]. 思想战线，2016，42（04）：149-152.

② 田里，宋俊楷. 旅游孤岛效应：旅游区与周边社区的利益博弈[J]. 思想战线，2020，46（06）：147-157.

3. 演化发展

旅游孤岛效应的演化是一个"初化→兴化→孤化→融化或激化"的过程，也是其从简单到复杂、从浅层向深层、从核心向边缘不断演进扩展的过程。相对应地，旅游地利益相关者之间的博弈关系也经历了"独立阶段→观望阶段→摩擦阶段→磨合阶段→和谐或难以调和阶段"的演化过程（图1-12、图1-13）。①

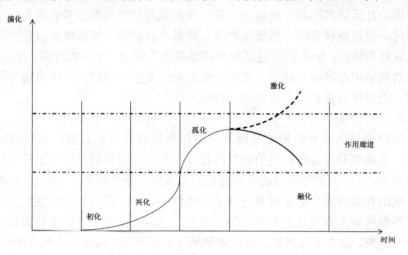

图 1-12　旅游孤岛效应演化过程图

资料来源：田里，宋俊楷（2020）

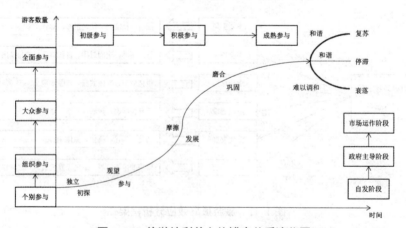

图 1-13　旅游地利益主体博弈关系演化图

资料来源：田里，宋俊楷（2020）

---

① 杨春宇，黄震方，舒小林. 旅游地利益主体博弈关系变迁的演进论解释[J]. 中国人口·资源与环境，2009，19（01）：104-109.

旅游孤岛效应的初化阶段对应着旅游区与周边社区利益博弈关系的独立阶段。在初化阶段里，旅游区处于旅游开发初期，政府、旅游企业尚未完全介入旅游开发中，旅游区空间边界未形成，旅游者数量较少，基础设施不完善。但由于旅游资源的潜在开发价值，各类生产要素开始流向旅游区内，旅游孤岛雏形开始形成，对经济、社会、文化等方面开始产生初步的积极影响，旅游区与周边社区之间的差异开始显现。

旅游孤岛效应的兴化阶段对应着旅游区与周边社区利益博弈关系的观望阶段。在兴化阶段，旅游区处于不断成长时期，表现为旅游者数量稳步增加、基础设施不断完善、旅游业态开始聚集；同时在外来开发商的介入下，旅游区的空间边界开始形成，资源垄断、排斥挤出等现象也相应出现，旅游区的极化效应不断增强，与周边社区的差异进一步加大，矛盾冲突处于酝酿潜藏状态，社区居民、地方政府等各自利益诉求的差异性又使得矛盾冲突开始累积。

旅游孤岛效应的孤化阶段对应着旅游区与周边社区利益博弈关系的摩擦阶段。在孤化阶段里，旅游区的发展开始成熟，表现为旅游者数量接近甚至超过区域最佳容量，对生态环境、社会文化等方面的负面影响不断增加；在旅游企业的强势主导下，空间边界不断固化、运营模式逐渐成熟，开始垄断旅游市场、资本收益，扩散效应消失，经济发展受阻，最终导致旅游区与周边社区呈现出对立的发展状态。社区居民与旅游企业、政府之间酝酿已久的矛盾冲突则会转化为行为对抗。

旅游孤岛效应再演化最终会进入融合阶段或激化阶段，旅游区与周边社区的利益博弈关系则也会转入磨合、和谐或难以调和阶段。旅游孤岛效应演化的结果反映出了利益博弈关系的结局，当旅游区与周边社区的隔离程度不断加深，最终导致各类矛盾冲突爆发，并引发社会公众的关注，此时地方政府、旅游企业、社区居民开始反思自身的行为，最终会选择制定约束性的制度安排来实现各方利益的均衡，从而使旅游区与周边社区进入共享发展阶段。但是，政府和旅游企业也可能采取临时性措施解决矛盾冲突，实质上未改变旅游区与社区隔离发展的基本格局，导致双方的矛盾冲突进一步激化，进入难以调和的状态。可以说，不同的演化结果会导致旅游区面临繁荣复苏或衰落凋谢的最终结局①。

二、地理学视角：地理空间模型与空间生产理论

（一）旅游地理学空间模型

1979 年，澳大利亚学者利珀（Leiper）从地理学的空间角度建立了旅游空

---

① 田里，宋俊楷. 旅游孤岛效应：旅游区与周边社区的利益博弈[J]. 思想战线，2020，46（06）：147-157.

间结构模型，即"客源地—途径地—目的地"模型，并在 1990 年进行了更正和
完善，其结构如图 1-14 所示。

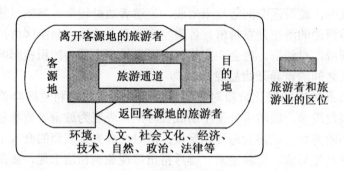

图 1-14   旅游体系模型

资料来源：Leiper, N. Tourist attraction systems[J]. Annals of tourism research, 1990, 17(3): 367-384.

1. 利珀的框架体系[①]

利珀在对旅游进行定义时抓住旅游者空间移动这一显著特征，将旅游视为
客源地与目的地及旅游通道相连的空间系统，找到了旅游行业和旅游部门的定
位，并提出了所有旅行活动都会涉及的地理因素。在利珀模型中，重点突出了
客源地、目的地和旅游通道三个空间要素。他把旅游系统描述为旅游通道连接
的客源地和目的地的组合。

2. 构成要素

旅游地理模型的五要素如表 1-2 所示。

（1）旅游者（tourists）

旅游者是该模型的主体。利珀认为，旅游实际上就是许多人所经历的生活
中最有意义的时光，包括对人生的美好体验、享受、参与和回忆，在客源地和
目的地的推拉作用下，旅游者在空间上进行流动。

（2）旅游客源地（tourist generating regions）

旅游客源地是旅游者居住及旅行的始发地，是客源产生的市场。从某种意
义上来讲，旅游客源地是刺激旅游者出游的"推力"。旅游者在旅游客源地收
集旅游信息，进行评价和旅游预订，并从客源地出游。

（3）旅游通道（transit route）

旅游通道不仅是旅游者前往旅游目的地的短暂过路区域，而且也是旅游者
途中有可能顺便访问的中转地区。此外，旅游通道同时也应该是一条信息的通

---

① Leiper. Tourist attraction systems[J]. Annals of tourism research, 1990, 17(3): 367-384.

道，一方面是市场需求信息从客源地流向目的地，另一方面是具有促销功能的目的地信息从目的地流向客源地。旅游通道的特征和效率将影响与改变旅游流的规模和方向。

（4）旅游目的地（tourist destination regions）

旅游目的地是旅游者的"活动中心"，在这里可以明显感觉到旅游带来的各种影响，旅游规划和管理战略都要在旅游目的地加以实施。目的地对旅游者的"拉力"不但可以使整个旅游系统充满活力，而且还可以为旅游客源地创造新的旅游需求。由于旅游目的地是产品创新和为游客提供旅游体验的地方，所以是非常重要的地区。

（5）旅游业（tourist industry）

它泛指为旅游者提供旅游产品的各类旅游企业和部门，旅游业存在的意义在于通过其产品满足旅游者的旅游需求。例如，旅游代理商和旅游经营商主要活动于旅游客源地，旅游景点和食宿接待行业主要活动于旅游目的地，交通运输业的活动主要发生在旅游客源地和旅游目的地的途径地区。

表 1-2　利珀旅游地理模型的五要素

要素	描述
旅游者	人方面的要素：在旅行中的人
旅游客源地	地理方面的要素：旅游者开始旅游和结束旅游的地点
旅游通道	地理方面的要素：旅游者主要旅行活动的地点
旅游目的地	地理方面的要素：旅游者主要游玩和参观的地方
旅游业	组织方面的要素：在旅游商业中的组织集合体，其在一定程度上协同营销旅游，为其提供服务、商品和设施

3. 旅游空间体系的贡献与局限

（1）贡献

利珀模型的主要贡献是把旅游功能系统投射到地理空间，在空间层面里，强调了客源地、目的地和旅游通道等空间要素的关系，深刻揭示了旅游空间结构的本质含义，为旅游空间结构研究指明了方向，为旅游地理学研究提供了基本的研究框架。该模型具有三个显著特点：

①灵活性大。可以将不同类型的旅游活动结合起来，并显示各类旅游活动所具有的共同要素。

②关联性强。模型展示了一个重要的旅游研究原理，即所有的旅游要素都是互相关联、互相影响、互相作用的。正确理解旅游各要素之间的关联性可以真正认识旅游。

③以人为本。他提出首先应有人的需求存在，否则系统也就无从谈起。旅游者并非单纯受旅游地的"吸引"或"拉动"，他们本身也有出游的主观愿望，即"推力"，这在以往研究突出供给在系统中的重要性的基础上，强调了旅游者在旅游系统中的重要性。

此外，利珀模型亦体现了供给和需求的关系，但他认为客源地的需求具有不确定性、季节性和非理性等特点，而目的地的供给是割裂的、刚性的，打破了 G-M-M 模型对供给和需求的狭隘认识。前者（旅游空间结构）正是后者（旅游供求关系）的空间表现形式。

（2）局限性

利珀模型虽然对旅游的空间研究做出了很大的贡献，但是只突出了游客自身的旅游行为，没有体现出与游客有直接联系的经营者行为；对游客的分析是行为模型，没有考虑游客的出行动机；另外只关注了环境对游客的影响，却忽略了游客对环境的反作用。

（二）空间生产理论

1974 年，现代法国思想大师昂利·列斐伏尔（Henri Lefebvre）在《空间生产》一书中提出了空间生产的概念①，扭转了空间是社会关系发展演变的静止容器或精神的产物的概念（明庆忠，2014）②。列斐伏尔注意到"空间"不应该仅仅是一个外在于现实社会历史进程的"容器"或者社会关系变革的被动载体，而是有着丰富的社会内涵的存在，是充溢着各种意识形态和社会生产关系的复杂产物。无论是生产力还是生产关系，一切都离不开空间这一物理载体的依托，空间本身就是生产的主角。他还对资本主义生产方式进行了批判，认为社会结构的差异性和不平衡事实上已经渗透到现代空间生产之中，最早建立在自然物质、自然资源禀赋差异基础上的地理学理论和资本生产规律，已经被社会空间和社会因素分异所取代。在现代空间生产中，物质空间和社会空间的不平衡性、差异性是生产积累的先决条件。当空间生产在横向上通过地理扩张追求自己的异质性生存受挫时，它就会在纵向上生产不平衡和差异，反之亦然。在横向的空间演变上，地理扩张和空间扩展表现为一种不平衡的城市空间拓展格局；在纵向的生产关系上，空间生产通过对人群的分层从内部主动寻求生产差异③。因此，后现代社会中全球性的空间布展和社会不平衡的制造，是空间

① 列斐伏尔. 空间的生产[M]. 南京：南京大学出版社，2012.

② 明庆忠，段超. 基于空间生产理论的古镇旅游景观空间重构[J]. 云南师范大学学报（哲学社会科学版），2014，46（01）：42-48.

③ 王维艳. 乡村旅游地的空间再生产权能及其空间正义实现路径——地役权视角下的多案例透析[J]. 人文地理，2018，33（05）：152-160.

生产得以存续的重要方式。列斐伏尔还构建了一套分析空间的方法论。他认为空间具有空间的实践、空间的表征和表征的空间三重属性，空间实践是指可感知的物质环境；空间的表征指的是概念化和抽象的空间；表征的空间是居住者和使用者的现实空间。空间生产过程中经济、政治、文化等要素对空间进行重塑，因此空间生产不仅是对物质空间和社会空间的生产，也是对社会关系的生产（华章、周武忠，2021）①。

苏贾、哈维、福柯等学者继承和发扬了列斐伏尔的空间生产理论，并进一步拓展了空间生产理论。例如苏贾主要围绕空间本体论进行理论研究，他一方面认为空间生产具有文本含义、符号象征、宗教信仰等意义，生产过程彰显着人的主体生产实践；另一方面，他也指出，空间本质是资本主义社会关系的再生产、资本空间化的过程，实质就是资本对利益的追寻②。哈维从城市空间结构和城市化的角度，考察了当代社会空间生产的过程和意义，他认为空间生产与社会生产是社会变化过程的一体两面，要构建新的社会形态，就必须构建一个新的"空间"③。福柯则从微观尺度对日常生活实践和规训政治进行理论分析，认为政治权力既是强制性的，同时又是生产性的。国家一方面追求更多的政治权力，另一方面又要限制过量的空间生产，这样的平衡最终诱生出了政治空间的生产机制④。

三、心理学视角：旅游动机模型与计划行为理论

（一）旅游动机模型

在游客旅游动机的形成过程中，格诺特（Gnoth，1997）提出了一个动机和期望形成过程模型⑤。在格诺特的模型中，首先是需要被激活并表现为冲动，性质上是情感的，组织着个体的思想和行为，诱发特定的行为倾向即动机。这种倾向促使个体在周围环境中寻找能使之满足的对象，动机过程在此时涉及情境参数和价值结构。价值观对动机的调节和控制有直接影响，决定着动机的性质、方向和强度。同时，格诺特把价值分为认知导向和情感导向两个维度。认

① 华章，周武忠. 基于空间生产理论的乡村旅游社区空间演化与治理研究——以无锡市鸿山街道大坊桥旅游社区为例[J]. 江苏社会科学，2021（02）：232-240.

② 爱德华·W. 苏贾. 后现代地理学[M]. 王文斌，译. 北京：商务印书馆，2004.

③ 大卫·哈维. 后现代的状况——对文化变迁之缘起的探究[M]. 阎嘉，译. 北京：商务印书馆，2003.

④ 米歇尔·福柯. 疯癫与文明：理性时代的疯癫史[M]. 刘北成，杨远婴，译. 上海：生活·读书·新知三联书店，1999.

⑤ Gnoth. Tourism motivation and expectation formation[J]. Annals of Tourism research, 1997, 24(2): 283-304.

知导向价值的"拉"因素基于对目标、经历、对象或情境的认识，具有外控性，要求有具体的经历、对象或情境，这种价值是特定对象所固有的，因而很难被替代。情感导向价值具有内控性，内控价值的"推"因素是以驱力为基础的，不要求具体的对象存在，它要求的是一类对象、情境或过程，因而具有可替代性。动机、价值和情境的各种组合解释了旅游者动机和感知的多样性。格诺特的这一模型将驱力理论和期待价值理论，即"推"和"拉"的因素结合了起来，体现了动机过程的复杂性。

古森（Goossens，2000）提出享乐旅游动机模型，又称为"倾向—刺激—反应模型"[①]，如图 1-15 所示。模型的左边表示旅游者的需求和动机，即"推"因素；模型右边表示旅游者面对的情境变量，即"拉"因素。此外，古森特别强调"推"和"拉"的联系，认为"推"和"拉"是一个动机"硬币"的两面，在旅游者的大脑中紧密融合。涉入水平指某时间点动机、唤醒或兴趣的心理状态，以对重要性、愉快价值、风险可能性等的感知为特征，涉入水平在推拉因素的结合上起中心作用。这一阶段，旅游者对相关信息进行认知和处理，引起快乐的反应。例如情绪，情绪带有动机性质，从而导致动机的产生。

目前，虽然已经有不少旅游动机的研究，但比较而言它仍是一个被忽视的领域。霍尔登（Holden）认为阻碍旅游动机研究的原因是心理学和相关学术界没能对一般动机和旅游动机的理论方法达成一致意见。由于目标群组和研究重点的不同，从旅游动机的经验性研究中很难总结出一般性的结论。鉴于旅游动机对旅游决策过程的重要性及对旅游形象、旅游行为、旅游满意度和忠诚度的影响，需进一步加强旅游动机的理论和经验研究。目前，国内旅游动机研究也已经取得了一定的成果，但旅游动机具有复杂性、动态性和难以概括性，我们不能将国外的研究成果直接拿来应用，也不能将特定群体、特定目的地的研究结论推及其他群体和目的地上。在后续研究中，一方面应重点探究旅游动机的理论方法，另一方面要进行大量的经验研究，以探讨不同群体、不同目的地和不同情境下的旅游动机差异，为旅游动机理论研究和旅游管理、市场策划做出贡献。

---

① Goossens C. Tourism information and pleasure motivation[J]. Annals of tourism research, 2000, 27(2): 301-321.

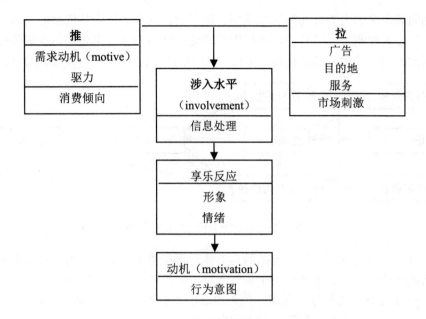

图 1-15 享乐旅游动机模型

资料来源: Goossens C. Tourism information and pleasure motivation[J]. Annals of tourism research, 2000, 27(2): 301-321.

(二)计划行为理论

1. 计划行为理论的缘起

计划行为理论是由理性行为理论（the theory of reasoned action，TRA）发展而来的，理性行为理论通过行为态度和主观规范这两种预测变量来预测执行特定行为的意向[1]。然而，理性行为理论并不考虑行为完全不受个体控制的情形。阿耶兹（Ajzen）将第三种行为预测变量——知觉行为控制（perceived behavior control，PBC）引入理性行为理论，由此开发出了计划行为理论[2]。因此，计划行为理论包含三个预测行为意向的概念独立的要素：行为态度、主观规范和知觉行为控制。

2. 计划行为理论的内涵与要素

计划行为理论（the theory of planned behavior，TPB）是一种专注于解释和

---

① Fishbein M. A Theory of Reasoned Action: Some Applications and Implications[J]. Nebraska Symposium on Motivation Nebraska Symposium on Motivation, 1980(27).

② Ajzen I. From Intentions to Actions: A Theory of Planned Behavior[J]. Action Control: Springer Berlin Heidelberg, 1985: 11-39.

预测明确定义的人类行为的认知模型。该理论认为人的行为是依据他们的行为意向及行为控制观念进行的，而行为意向受到行为态度、主观规范及知觉行为控制的影响。该理论的结构模型如图 1-16 所示（王昶、章锦河，2017）①。

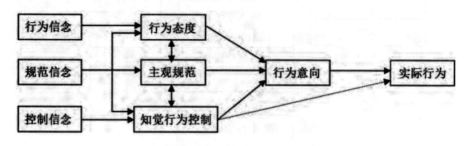

图 1-16 计划行为理论结构模型图

（1）行为态度。行为态度指的是个体对正在考虑中的行为的有利或不利的评估或评价的程度。态度代表个体对于特定对象的好—坏、有害—有益、令人愉快—令人不愉快和讨人喜欢—使人厌恶的属性维度的心理学总体评价。②行为态度受到行为信念的影响。行为信念指的是个体对实施某个行为所能引起的可能结果的主观评估。该因素在评估旅游者的出行意向选择、旅游者的文明行为态度和意向等方面应用较为广泛。

（2）主观规范。主观规范指的是个体感知到的执行或不执行特定行为的社会压力。主观规范受到规范信念和顺从动机的影响。规范信念指的是个体对于重要的他人或团体执行或不执行某个具体行为的要求的重要性的知觉和看法；顺从动机指的是个体在执行具体行为时顺从重要的他人或团体的意见的程度。根据莫蒂尼奥（Moutinho）的研究，任何相关群体的个人或团体都能对个体的信念、态度和选择施加关键影响，这是因为个体可能会服从于他/她的所属群体③。帕克（Park）阐明主观规范本质上是社会属性④。个体在考虑他/她是否应该执行某个行为时会基于对他/她重要的人的意见或观点，并根据感知到的社会压力以特定的方式表现行为。该因素主要被研究者用来预测旅游者的环境负责任行为及出游行为。

（3）知觉行为控制。知觉行为控制指的是个体对于执行某个特定行为是容

① 王昶，章锦河. 计划行为理论在国内旅游研究中的应用进展与启示[J]. 山东师范大学学报（人文社会科学版），2017，62（01）：131-139.

② Ajzen I. Nature and Operation of Attitudes[J]. Annual Review of Psychology, 2001(1).

③ Moutinho L. Consumer Behavior in Tourism[J]. European Journal of Marketing, 1987(10).

④ Park. Relationships among attitudes and subjective norms: Testing the theory of reasoned action across cultures[J]. Communication Studies, 2000(2) .

易还是困难的知觉。人们认为知觉行为控制能够反映过去的经验、预期的困难和障碍。根据学者（Chiou）的理论，知觉行为控制反映个体对于执行某个行为所需的资源和机遇所持的信念。①知觉行为控制受到控制信念和感知到的力量的影响。其中，控制信念指的是个体感受到的可能促使或者阻碍其执行某项行为的因素；感知到的力量指的是个体估计按照当前的情形，是否具备掌控这些促使或者阻碍执行行为的因素的能力。研究者应用该因素评价预测旅游者的环境行为、出游行为及旅游管理行为的研究较为多见。

2. 计划行为理论在旅游研究中的应用

国内学术界应用计划行为理论研究行为意向和实际行为的工作始于 20 世纪 90 年代初。其中，对旅游行为进行有针对性的研究始于 2006 年。根据文献检索结果，姚艳虹和罗焱（2006）关于旅游者目的地选择的计划行为理论模型的实证分析是国内此方面最早的研究。②此外，该理论在生态旅游、低碳旅游、乡村旅游、旅游者环境行为等其他领域均有广泛应用。

诸多研究已经证明计划行为理论在不同环境下的可应用性，表明计划行为理论对于各种不同的行为意向和实际行为的强大的解释和预测效用。基于对国内旅游研究中计划行为理论的应用情况的分析和总结，未来计划行为理论在国内旅游领域的研究应重点关注计划行为理论干预旅游行为、旅游情境下旅游者行为的影响机制、附加变量的测量、模型和问卷优化、采取多种理论和方法构建模型、扩大样本库、测量旅游者的实际行为等方面（王昶、章锦河，2017）③。

四、生态学视角：从环境承载力到生态补偿理论

（一）旅游环境承载力

自弗瑞斯特（Forest）提出"环境承载力"的概念以后④，20 世纪 30 年代美国首先对"饱和点"进行研究⑤。但直到 20 世纪 60 年代大量旅游者涌入旅游目的地所导致的拥挤、旅游者满意度下降、旅游环境受损等负面影响才得到关注，在此背景下，拉佩奇（Lapage）较早对"旅游环境承载力"进行了界定，但缺乏对该问题的深入探讨，其研究成果未得到学术界的普遍接受。马西森等

① Chiou. The Effects of Attitude，Subjective Norm and Perceived Control on Consumers' purchase Intentions: The Moderating Effects of Product Knowledge and Attention to Social Comparison Information[J]. Proceedings of National Science Council of ROC, 1998(2).

② 姚艳虹，罗焱. 旅游者目的地选择的 TPB 模型与分析[J]. 旅游科学，2006（05）：20-25.

③ 王昶，章锦河. 计划行为理论在国内旅游研究中的应用进展与启示[J]. 山东师范大学学报（人文社会科学版），2017，62（01）：131-139.

④ 陈述彭. 资源开发与环境生态效应[J]. 地理学的探索，1992，5（1）：299-320.

⑤ 杨锐. 风景区环境容量初探讨——建立风景区环境容量概念体系[J]. 城市规划汇刊，1996（6）：12-29.

（Mathieson & Wall）提出了当时被普遍接受的旅游环境承载力的经典定义。部分学者分别从游憩使用量和利用强度的角度对旅游环境承载力进行了分析，标志着旅游环境承载力研究进入系统化阶段。1979 年旅游环境承载力问题成为国际学术会议讨论的重要议题之一。

　　20 世纪 60 年代中期至 70 年代末期，有 2000 多篇（部）专门文献发表，多集中于对"魔法数字（Magic Number）"计算的探讨，但当时由于旅游环境系统对外界的"刺激"尚有一定的恢复能力，导致此时旅游环境承载力的研究并未受到重视。

　　20 世纪 80 年底，随着旅游活动的盛行，旅游环境问题破坏或恶化凸显，关注旅游环境问题的大量评论文章发表[1]，学者们从经济、社会、心理、环境等多方面分析旅游活动对旅游环境的影响。学者们开始提出实施间接方法对游客数量进行控制，使旅游环境承载力的研究走出了单纯的"数字泥潭"。1980—1983 年，世界旅游组织利用风险管理理论，对超载导致的承载力风险进行了分析和预测。道格拉斯（Douglas）从物质、环境、心理角度对旅游环境承载力问题进行了详细界定[2]。英斯基普从旅游业的接待能力和环境的承受能力对此问题进行了探讨[3]。

　　20 世纪 90 年代，随着可持续发展理论的提出和旅游环境的恶化，生态旅游作为促成旅游业可持续发展的有效途径被广泛接受，学者们开始关注相关主体对旅游环境的需求，如卡内斯特雷利等从环境承载力的角度探讨了生态平衡和旅游的关系[4]。随着学者研究的逐步深入，旅游环境承载力内涵的拓展到一定程度所能维持的资源质量。亚历克西斯等开始关注当地居民利益受损的问题，并对社会环境承载力进行了分析[5]。胡拉多等基于海滨旅游目的地建立了海滨旅游目的地的承载力评估指标体系[6]。有学者等基于旅游环境承载力的限制探

　　① Douglas. Carrying capacity for tourism development in National Parks of the United States[J]. UNEP Industry and Environment, 1986(1): 17-20.

　　② Douglas P. Tourist development[M]. Hongkong: Longman, 1989: 88-89.

　　③ Inskeep E. An integrated and sustainable development approach[M]. New York: Van Nostrand Reinhold, 1989: 26-29.

　　④ Canestrelli, Coasta. Tourist carrying capacity: A fuzzy approach[J]. Annals of Tourism Research, 1991(18): 295-311.

　　⑤ Alexis S. Establishing the social tourism carrying capacity for the tourist reports of the coast of The Republic of Cyprus[J]. Tourism Management, 2000(21): 147-156.

　　⑥ Jurado, Dantas, Carlos Pereira da Silva. Coastal zone management: tools for establishing a set of indicators to assess beach carrying capacity (Coata del Sol-Spain) [J]. Journal of Coastal Research, 2009(56): 1125-1129.

讨了国家公园的收益管理问题①。

进入 21 世纪以后，我国研究者在比较成熟的测算模型基础上，与旅游区（点）的结合已经比较普遍，我国学者从理论与实践出发，对承载力量化方法的探讨和管理对策的研究呈现增长的态势，展现出如下特征：研究对象以旅游区（点）和旅游城市并重、对旅游环境承载力动态研究增多、多学科交叉量化方法的应用、"预警"研究异军突起（翁钢民、杨秀平、李慧盈，2015）②。

已有成果丰富了旅游环境承载力研究的相关理论，增强了人们对旅游环境系统的关照程度，扩大了旅游环境承载力理论的应用范围。更重要的是，为旅游环境承载力的深入研究奠定了坚实的基础。未来，可在旅游环境承载力的概念、指标体系、计量模型、管理工具（杨秀平、翁钢民，2019）③等方面进行深入研究。

（二）生态补偿理论

生态补偿，国外专家学者主要称之为环境/生态系统服务付费概念（Payment for Environmental/Ecosystem Services，PES），已逐渐发展成为世界各地用以保护生态环境的重要手段和学者们研究的热点问题。

环境/生态系统服务付费概念（PES）主要源于新古典经济学理论（Schroeder et al.，2013）④。PES 项目最初是指将自然生态系统服务商品化，即通过构建一个体系较为完备的自然资源交易市场，并根据买卖双方的实际需求确定自然资源的具体价格，鼓励土地所有者以可持续的方式在市场上对闲置资源进行交易，从而有效减少人们的负外部性活动（Neera et al.，2015）⑤。但是，PES 项目在发达国家的实施主体主要是政府相关部门，在发展中国家则主要是国际援助组织，在项目开展初期需要提供大量的外部资金予以支持，一旦资金链断裂很难确定资源买卖双方是否能够继续进行有序交易，这就使得 PES 项目在实施过程中很难构建体制机制较为完备的自然资源交易市场（Wunder et al.，2008；丁杨，

①　Schwartza, William, Erik. Visitation at capacityconstrained tourist destinations: exploring revenue management at a national park[J]. Tourism Management, 2012, 33(3): 500-508.

②　翁钢民，杨秀平，李慧盈. 国内外旅游环境承载力研究的发展历程与展望[J]. 生态经济，2015, 31（08）：129-132.

③　杨秀平，翁钢民. 旅游环境承载力研究综述[J]. 旅游学刊，2019, 34（04）：96-105.

④　Schroeder, Matzdorf. Payments for ecosystem services: A review and comparison of developing and industrialized countries[J]. Ecosystem Services, 2013（6）：16-30.

⑤　Singh, N. Payments for ecosystem services and the gift paradigm: Sharing the burden and joy of environmental care[J]. Ecological Economics, 2015, 117(9): 53-61.

2017）①②。而且，PES 项目在较为复杂的环境中运行仍会产生诸如效果评估与信息不对称、市场交易成本较高、产权界定不明确、环境服务量化较为困难等一系列亟待解决的难题（苏芳、宋妮妮、马静等，2020）③。

中国语境下的"生态补偿"概念是在国际通用"环境/生态系统服务付费（PES）"概念基础上结合我国实际发展情况提出的，可从三个角度分析：第一，生态修复角度。张诚谦（1987）④研究认为生态补偿就是人们从自然资源获取自身利益的同时拿出一定比例的资金进行环境修复，从而维护整个自然界生态系统的动态平衡。第二，经济手段角度。毛显强等（2002）⑤研究指出，生态补偿在狭义上可以理解为环境受益者对服务提供者支付一定费用的行为手段，在广义上可以理解为政府对破坏自然环境的主体收取一定的恢复费用达到保护环境的一种经济手段；赵雪雁等（2012）⑥分析指出生态补偿是为生态环境投资和保护者争取一定的经济回报，有效减少人们在对自然环境这一社会公共产品消费时产生的"搭便车"等不良现象，激励民众积极保护自然生态环境的一种经济制度。第三，补偿机制角度。王前进等（2019）⑦分析认为，生态补偿是指在经济学和生态学理论基础上，环境受益者向服务提供者支付一定的费用来提升民众保护环境积极性的一种补偿机制，其应该由惩治负外部性的特征逐渐向激励正外部性特征转变；李国志（2019）⑧指出生态补偿是为了有效应对生态环境的外部性特征，协调相关主体之间的利益冲突，从而加快生态文明建设的一种补偿机制（徐素波、王耀东、耿晓媛，2020）⑨。

当前研究主要集中在生态补偿标准、生态补偿方式、生态补偿意愿、生态补偿应用 4 个方面，有以下 3 点值得进一步深入探讨：（1）生态补偿体制机制结构不完备。目前，虽有专家学者构建出系统的生态补偿体系，但大多是就"生

---

① Wunder, Engel, Pagiola. Taking stock: A comparative analysis of payments for environmental services programs in developed and developing countries[J]. Ecological Economics, 2008, 65(4): 834-852.

② 丁杨. 发展中国家典型环境服务付费实践案例分析——肯尼亚的经验与启示[J]. 资源开发与市场, 2017, 33（1）: 74-79, 99.

③ 苏芳, 宋妮妮, 马静, 等. 生态脆弱区居民环境意识的影响因素研究——以甘肃省为例[J]. 干旱区资源与环境, 2020, 34（5）: 9-14.

④ 张诚谦. 论可更新资源的有偿利用[J]. 农业现代化研究, 1987（5）: 22-24.

⑤ 毛显强, 钟瑜, 张胜. 生态补偿的理论探讨[J]. 中国人口·资源与环境, 2002,（4）: 40-43.

⑥ 赵雪雁, 李巍, 王学良. 生态补偿研究中的几个关键问题[J]. 中国人口·资源与环境, 2012, 22（2）: 1-7.

⑦ 王前进, 王希群, 陆诗雷, 等. 生态补偿的经济学理论基础及中国的实践[J]. 林业经济, 2019, 41（1）: 3-23.

⑧ 李国志. 森林生态补偿研究进展[J]. 林业经济, 2019, 41（1）: 32-40.

⑨ 徐素波, 王耀东, 耿晓媛. 生态补偿：理论综述与研究展望[J]. 林业经济, 2020, 42（03）: 14-26.

态补偿"谈"生态补偿"，理论指导实践的能力较差，缺乏对不同区域、不同时间、不同环境的具体深入研究。（2）生态补偿标准不明确。现有生态补偿标准在制定时缺乏科学理论依据，而且针对不同对象、不同区域应该制定更加细致具体的生态补偿标准，亟须构建科学完备的生态补偿标准评价体系。（3）生态补偿资金来源渠道单一。从理论上来讲，构建市场生态机制才能充分调动人们保护环境的积极性，但由于自然生态环境属于典型的公共产品，人们往往以牺牲生态环境为代价谋取自身的最大利益，致使市场补偿机制发生失灵状况，最终导致政府需要承担巨大的生态补偿资金压力（徐素波、王耀东、耿晓媛，2020）①。

五、社会学视角：旅游凝视理论与社区生态模型

（一）旅游凝视理论

英国学者约翰·厄里（John Urry）于 1990 年提出了"旅游凝视（tourist gaze）"概念，其代表作《旅游凝视：当代社会的休闲与旅游业》（*The Tourist Gaze：Leisure and Travel in Contemporary Societies*，1990a，1992b）、《消费地方》（Consuming Places，London：Rutledge，1995）和《游览的文化：旅行及其理论的转变》（Chris Rojek & John Urry，*Touring Cultures：Transformations of Travel and Theory*，London：Rutledge，1997）都致力于从社会学和文化的角度进行旅游现象的研究，阐述了当代旅游在视觉文化、消费文化等领域的关键点，以及后现代社会、后现代文化和后旅游等一系列问题②③④。这三本著作及其他相关论文事实上已经构成了厄里的基本理论体系，体现出其后现代主义的倾向。

基于旅游凝视对旅游的定义，厄里认为旅游的关键问题在于"差异性"。人们之所以不定期地离开日常生活地和工作地到异地旅行，就是通过凝视那些与自己世俗生活完全不同的独特的事物，以获得愉悦、怀旧、刺激等旅游体验（tourist experiences）。

1. 旅游凝视理论的内容

（1）凝视不仅是指"观看"这一动作，它具有历史性和社会性。"旅游凝视"实质上包括旅游欲求、旅游动机和旅游行为等一系列过程，是一种隐喻和理论抽象，是旅游者对旅游地的一种作用力。

（2）旅游者的凝视具有"方向的生活"性、支配性、变化性、符号性、社

---

① 徐素波，王耀东，耿晓媛. 生态补偿：理论综述与研究展望[J]. 林业经济，2020，42（03）：14-26.

② Urry J. The Tourist Gaze: Leisure and Travel in Contemporary Societies[M]. (1990a, 1992b).

③ Urry J. Consuming Places[M]. London: Rutledge, 1995.

④ Rojek, Urry. Touring Cultures: Transformations of Travel and Theory[M]. London: Rutledge, 1997.

会性和不平等性等特征。

（3）摄影是旅游者凝视的有形化和具体化。

（4）旅游者的凝视使旅游地被消费，可能引起旅游地文化发生所谓"舞台化"、表演化倾向，并使旅游地在时间和空间上被重构，最终形成一个完全被旅游者消费的地方。

2. 凝视理论的发展

实际上，在旅游目的地，凝视是一个涉及多个利益主体的动态互动过程，旅游凝视是各个利益主体之间的相互凝视。基于多重视角对旅游凝视理论进行分析，可以更深刻地窥视旅游业的全貌和整个社会的运行。

（1）互相凝视。达利娅·毛茨（Darya Maoz，2006）提出了"当地人凝视"（local gaze）和"双向凝视"（the mutual gaze）的概念，着重考察了当地人的凝视与旅游者的凝视之间如何相互作用，提高了凝视理论的实际应用价值[①]。日本学者八木（Yagi，2004）通过分析旅游博客，也证实了游客间的互相凝视的存在[②]。

（2）专家凝视。专家凝视主要是指各类旅游专家和政府部门相关人员，通过旅游规划、营销等调控手段，不断建构可供凝视的文化符号，直接决定游客可以凝视的具体目标[③]。正是某些专家不断地生产游客凝视的新目标，进而与大众媒体、旅游书籍、新兴网络等共同定制、操控游客凝视。英国学者特赖布和艾雷（Tribe and Airey，2007）在他们的研究中也多次强调旅游研究中的"学者凝视"[④]。

（3）"第二种凝视"。麦坎内尔（MacCannell，2001）在前人研究的基础上，提出了"第二种凝视"。他认为厄里（Urry）的游客凝视只反映了游客凝视的一个角度，并指出游客凝视反映了游客期望通过到别处旅行来完善自己的欲望。同时，凝视还能够起到提醒作用，游客会因凝视目的地欠发达的生活方式而产生优越感，也会因他人的反向凝视而产生不安和紧张情绪[⑤]。

此外，随着国际学界发生了所谓"图像转移"（the pictorial turn）和"视觉转向"（the visual turn），厄里的旅游凝视理论及他对旅游广告图片、游客摄

---

① Maoz. The mutual gaze[J]. Annals of Tourism Research, 2006, 33(1): 221-239.

② Yagi et al. Crucial role of FOXP3 in the development and function of human CD25+ CD4+ regulatory T cells[J]. International immunology, 2004, 16(11): 1643-1656.

③ 吴茂英. 旅游凝视：评述与展望[J]. 旅游学刊，2012，（3）：107-112.

④ Tribe, Airey. A review of tourism research[J]. Developments in tourism research, 2007: 3-16.

⑤ MacCannell D. Remarks on the Commodification of Cultures[J]. Hosts and guests revisited: Tourism issues of the 21st century, 2001: 380-390.

影行为的独特解读方式，引起了学者们的格外关注，他们纷纷采用文化研究的方法论，以"视觉分析"（Visual Analysis）的方法研究旅游地形象和人类旅游行为，并由此形成了诸多有价值的结论。

3. 旅游凝视理论评述

（1）贡献

旅游凝视理论从旅游的角度来考察整个社会，具有积极的理论和现实意义。厄里从现代文化与后现代文化、工业社会与后工业社会、大众旅游与后旅游的研究体系去考察人类旅游现象，他把凝视运用到对旅游观光的分析中，为旅游学研究提供了一个独特的观察视角。系统解读和运用旅游凝视理论，对于改善游客体验、引导游客行为、促进主客良性互动、目的地可持续发展具有积极作用。

（2）局限性

凝视理论虽然为旅游相关研究提供了一个新的研究视角，但是在应用和发展过程中还存在一定的局限性。首先，旅游凝视理论还不成熟，对于旅游凝视的理解和认识仍然存在着很大分歧。尽管厄里精心构建了"旅游凝视"这一核心概念，却没有对其进行清晰的界定，更多的是将其作为一个理论分析工具。其次，在很多旅游活动中，视觉感受并非排在旅游体验的首位，人们的旅游动机和行为实际上远比在视觉上追求自然界的胜景更为复杂多样。因此，有些学者认为，旅游凝视理论更适合作为研究自然风光旅游现象的理论工具。最后，厄里强调"差异性是旅游现象的关键"这一点也过于片面。当今旅游业发展过程中出现的"麦当劳化（McDonaldiztion）"和"迪士尼化（Disneyfication）"趋势说明"差异性"未必是旅游吸引物的唯一要义。因此，只有深刻理解旅游凝视的本质和真正含义，才能继续讨论旅游凝视的有效性，才能去充实和完善旅游体验的理论架构，从而进一步解释"旅游何以可能"这一基本命题。

（二）社区生态模型

1. 墨菲（Murphy）的理论框架体系[1]

西方研究者都倾向于把旅游可持续发展的概念与公众参与结合在一起，他们对于社区参与和社区咨询作用的认识已经有 20 多年的历史。社区方法源自社区发展理念，即整体的、小规模的和当地导向的经济增长与社会变迁（Lynn，1992）[2]，后广泛应用于各学科领域。

最早系统化地进行社区旅游研究并将社区参与的概念引入旅游研究的是墨菲（Peter E. Murphy），墨菲在其著名的《旅游：一种社区方法》（*Tourism: A*

---

① Murphy P. Tourism: a community approach[M]. New York and London: Methuen, 1985.

② Lynn W. Tourism in the people's interest[J]. Community Development Journal, 1992, 27(4): 371-377.

Community Approach）中首次正式地、系统化地从社区的角度来研究旅游发展过程中的社区居民参与性问题。2006年墨菲 *Strategic Management for Tourism Communities: Bridging the Gaps* 一书的中译本也正式问世，这本书是前书的续篇，从多个方面补充完善了前书，且更侧重企业管理理论，还提出了协同决策程序，可以确保众多利益者指导、评价旅游计划和战略，在实现各自目标的同时，也实现整个社区的发展目标。

该理论提出主要背景是：旅游业在带动目的地经济发展的同时也给当地带来了广泛消极的环境、社会和文化影响，而社区居民正是这些影响的主要承担者；同时社区本身的生产、生活、文化也是旅游的吸引力之一，是目的地各旅游要素中最活跃的因素。然而，在旅游开发过程中，当地居民和社区常常成为开发的客体而非主体，大量利益从当地流走，形成"抽血机制"。"社区参与"思想正是在这一现实背景下应运而生。

旅游规划的生态模型如图1-17所示。

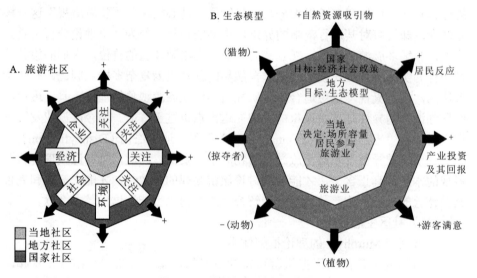

图1-17　旅游规划的生态模型

资料来源：Murphy. Tourism: a community approach [M]. New York and London: Methuen, 1985.

2. 构成要素

（1）生态过程。第一个组成部分就是要把旅游规划和开发等同于生态过程，因为旅游目的地可以被看作一个活生生的生态系统，生态系统是"由生命组织和非生命物质组成的任何自然地域，并且它们之间进行着物质能量的交换"。因此，就可以把旅游看成在社区内生命体（人类）和非生命体（文化和自然环境）之间物质交换的过程。

（2）社区焦点。在生态背景下，这个模型强调的是一些基础的程序。第二个组成部分认为如果社区生活具有广泛性特征，那么该模型就要考虑社区生活的各个方面。墨菲（Murphy）建议在社区旅游研究和规划中应把焦点放在以下4个方面：环境、社会、经济和企业。对居民和旅游者的调查是深入了解旅游市场的运用广泛的两个技术手段。然而，它们只能提供少量的信息，会遗漏一些个人情况。旅游对社区影响的全部信息需要进行更广泛的调查，并需要了解其他参与群体的信息。

（3）利益相关者。第三个组成部分要考虑社区旅游的环境、社会、经济和企业四个因素，并确定主要的参与者，从生态学的角度确定社区旅游与自然环境特点的相似之处。墨菲（Murphy）提出环境和社会因素应把重点放在旅游目的地的自然吸引物及社会、居民的反应上，连同自然环境中本地的动物、植物，共同为潜在的旅游者营造完整的生态系统和旅游吸引物。企业因素等同于那些来体验旅游吸引物并和居民存在互动关系的旅游者。在自然环境中，旅游者被看作捕获物，他们以自然环境为生并融合到当地居民中去，在这个过程中，把自己奉献给旅游业。经济因素是为旅游者服务和提供旅行经历的旅游业，它被看作"食肉动物"，而旅游者就是它们的"猎物"。当然，这样分析并不是要消灭旅游者，相反是要让他们满意而归，并成为回头客或者是景点的友好使者。

（4）连通性。第四个公认的组成部分是不同层次的生态社区。墨菲（Murphy）确定了三个层次的社区：本地层次、区域层次和国家层次。每个层次都有自己的目标和优势，将其相互协调，使其达到效率最大化。在进行社区规划时，本地和区域层次的社区有着特殊的相关性。这些层次代表了旅游产业的层面，这也是旅游者、环境和居民相互融合之所在。

（5）平衡。这是第五个组成部分，也是这个模型中最重要的组成部分。如果这个生态系统要发展和繁荣，那么前面提及的四个因素、参与者和规模层次等都要找到一个平衡点。通过列举所有因素的正面和负面影响，我们得出一个结论，那就是本地层次最希望得到的结果就是平衡的中心点。

3. 社区生态体系的贡献与局限

（1）贡献

社区与旅游的有机结合形成了社区旅游。社区旅游产生于大众旅游，但其目标不是简单地追求投资者利益最大化，而是将重点放在关注旅游发展对社区环境资源文化的影响上。社区旅游规划是从社区的角度考虑旅游目的地建设，以社区的互动理论指导旅游区的总体规划和布局，尤其重视社区居民的本来面貌。通过优化旅游社区的结构提高旅游产业的效率，谋求旅游业及旅游目的地经济效益、环境效益和社会效益的协调统一与最优化。社区旅游为寻求实现旅游业可持续发展提供了一个新途径。

（2）局限

社区参与分析方法源于西方发达国家与发展中国家，在操作层面、结构层面、文化层面上都存在着差异性，如何分析社区参与的动力、如何使得社区参与实现公平分配、如何鼓励各利益相关体积极参与进来等仍处于探索阶段。

第四节　旅游研究方法的演进

近代西方最早的旅游研究论文于 1930 年由维泽（L. Wiese）使用德语发表，第一本旅游学专著由德国学者柯内博（H. J. Knebel）于 1960 年完成。直至 1972 年，以柯恩关于旅游者角色划分的论文和 1973 年麦坎内尔的关于旅游活动"舞台真实性"的理论探讨为代表，旅游学科由边缘的新兴学科成为社会科学领域的一项专门研究范畴，并自 20 世纪 70 年代中期开始快速发展（Overman，1988）[1]。由于旅游是一个动态的、多方面的研究领域（Franklin and Crang，2001；Tribe，2005）[2][3]，旅游体验倾向于多感官和具体化（Crang，1997；Crouch，2000）[4][5]，因此旅游学研究需要多样的研究方法。

从不同学科切入研究，形成了不同的旅游研究方法。其中，地理学方法是指从地理学角度，将旅游作为人类活动的一种空间表现，即一种地理现象，以旅游资源为逻辑起点，对旅游这种地理现象与地理环境之间的关系进行研究，旨在从地理学角度的研究，揭示旅游活动的空间移动规律。文化学方法是指从文化学角度，集合人类学、文化学、心理学等学科知识，将旅游作为文化现象加以研究，分析旅游者与旅游地居民之间的相互影响、旅游地的文化传承与变迁等问题。经济学、管理学方法是指从经济学、管理学角度，将旅游作为一种

---

① Overman. Methodology and epistemology for social science—Selected papers[M]. Chicago: The University of Chicago Press, 1988: 37-61.

② Franklin, Crang. The trouble with tourism and travel theory?[J]. Tourist Studies. 2001, 1(1): 5-22.

③ Tribe J. New tourism research[J]. Tourism Recreation Research. 2005, 30(2): 5-8.

④ Crang M. Picturing practices: research through the tourist gaze[J]. Progress in Human Geography. 1997, 21(3): 359-373.

⑤ Crouch D. Places around us: embodied lay geographies in leisure and tourism[J]. Leisure Studies. 2000, 19(2): 63-76.

经济社会活动，以旅游者的需求为其逻辑起点进行研究。

旅游研究方法（图 1-18）是一个有机的整体，方法论、思维方法与具体方法和技术构成了旅游研究方法体系，3 个层次相互联系。方法论观点影响旅游研究者对一般思维方法的选择，一定的一般思维方法又规定了一套与其相应的具体方法和技术。目前，旅游研究方法体系的研究在理论上尚在形成之初，其形必陋。况且，没有一种方法体系是长久固定的，旅游研究方法体系也需要在科学进步发展的过程中吸收、借鉴其他学科的成果，不断修正、完善旅游研究的理论和方法，逐步形成较为成熟的旅游研究方法体系。[①]

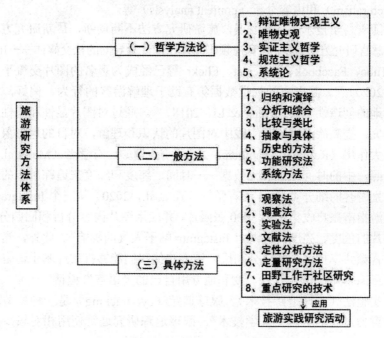

图 1-18 旅游研究方法体系结构图

资料来源：王静，罗明义（2005）．

《旅游和酒店管理研究方法手册》（*Handbook of Research Methods for Tourism and Hospitality Management*）[②]系统梳理了旅游和酒店管理的研究方法体系。主要包括定性研究方法、定量研究方法、混合研究方法三大部分。其中，定性研究方法包括民族志（ethnography）、元理论（meta-theory）、扎根理论

① 王静，罗明义. 旅游研究方法体系初探[J]. 桂林旅游高等专科学校学报，2005，（03）：13-18.

② Nunkoo R. Handbook of Research Methods for Tourism and Hospitality Management[M]. Edward Elgar Publishing Limited, Cheltenham, UK, 2018.

（grounded theory）、参与观察（participant observation）、叙事分析（narrative analysis）、Q-分类技术（sensory Quasi-Q-Sort）、音频研究方法（audio research methods）、投射技术（projective techniques）、照片启发（photo elicitation）、储备测试技术（repertory test technique）、档案研究（archival research）、德尔菲技术（Delphi Technology）和网络志（netnography）等。定量研究方法包括实验研究（experimental research）、回归技术（regression techniques）、偏最小二乘结构方程建模（partial least squares structural equation modeling）、聚类分析（cluster analysis ）、GIS 等。混合研究方法包括符号学（semiotics）、结构主义（structuralism）和内容分析（content analysis）等。

随着科学技术的不断发展，旅游研究方法不断创新，最新研究方法如下：

感官研究方法（图片与音视频研究）。以图片为导向的社交媒体——Instagram、YouTube、Facebook、Pinterest、Flickr 等已经成为著名的图片交流平台（Sv, Ai, 2020）[1]。其丰富的视觉数据集有助于理解游客的行为、偏好，并实现对目的地的创造性解读（Deng & Li, 2018）[2]。通过对图片显性和隐性意义的系统研究，提高旅游理论和实践中对图片的认识和理解，对目的地形象的塑造也有很大作用（Rakic & Chambers, 2012）[3]。例如，有学者（Ma et al., 2020）利用照片中的时间信息和元数据——时间、纬度和经度来追踪游客的运动轨迹并识别游客的细分类型[4]。还有学者（Yu et al., 2020）从三个 Instagram 平台上的旅游指南账户收集了近 3000 张照片，并应用图片内容分析和回归分析，探究了图片的色度、亮度和色调对 Instagram 帖子人气的影响[5]。此外，当前旅游研究中音频共享技术未被充分利用，该方法使我们能够打破纯基于语言描述的局限（Jensen, 2016），让人、物和地方用自己的"语言"说话[6]。

实验法（眼球追踪技术）。眼球追踪（eye-tracking）是一种典型的用于测量注意力过程的心理生理学技术[7]。眼球追踪研究通常使用相对较少的参与者

① Sv, Ai. Instagram: visual methods in tourism research-sciencedirect[J]. Annals of Tourism Research. 2020.

② Deng, Li. Feeling a destination through the "right" photos: A machine learning model for DMOs' photo selection[J]. Tourism Management, 2018, 65:267-278.

③ Rakic, Chambers. An introduction to visual research methods in tourism[M]. London: Routledge. 2012.

④ Ma, Kirilenko, Stepchenkova. Special interest tourism is not so special after all: Big data evidence from the 2017 Great American Solar Eclipse[J]. Tourism Management, 2020, 77, 104021.

⑤ Yu, Xie, Wen. Coloring the destination: The role of color psychology on Instagram[J]. Tourism Management, 2020, 80, 104110.

⑥ Jensen. Tourism research and audio methods[J]. Annals of Tourism Research. 2016, 56:158-160.

⑦ Noel Scott, Rui Zhang, Dung Le, Brent Moyle. A review of eye-tracking research in tourism[J]. Current Issues in Tourism, 2019, 22(6-10), 1244-1261.

（12 人到 63 人）[1]，与心理物理学或生理学研究类似（Goldberg & Wichansky，2002）[2]。研究数据可在实验室或非实验室环境中收集，在实验室环境中，环境照明、噪声、干扰和温度可以被控制，以提供一个可重复的评估环境。使用眼球追踪系统（配有显示器，并连接到电脑上，移动眼球追踪设备包括一组连接到一个小型数据处理和存储单元的眼镜，也可以与皮肤电导或其他类型的监测设备一起使用），眼动仪以 50hz（每秒 50 次）的频率确定受试者的眼睛位置。该系统实时测量眼球运动，然后下载数据进行分析。数据分析可以基于假设和心理学理论，也可以完全基于对活动模式的描述进行。

行动者网络理论（Actor Network Theory，简称 ANT）。ANT 是由法国社会学家布鲁诺·拉图尔（Bruno Latour）、米歇尔·卡龙（Michel Callon）和约翰·劳（John Law）提出的社会学分析方法，在旅游研究中的应用日益明显。ANT 为旅游研究人员提供了一个实用的、基于田野调查方向的研究方法，强调对实践中行动者之间关系的详细描述（Beard，Scarles，Tribe，2016）。[3]该基本理论研究了人与非人行动者之间相互作用并形成的异质性网络，认为科学实践与其社会背景是在同一过程中产生，并不具有因果关系，它们相互建构、共同演进，并试图对技术的宏观分析和微观分析进行整合，把技术的社会建构向科学、技术与社会关系建构扩展。

旅游混合研究方法。混合方法也被确定为"第三种方法论运动"（Tedlie & Tashakkori，2003）[4]、"第三种研究范式"（Johnson & Onwuegbuzie，2004）[5]和"第三种研究社区"（Tedlie & Tashakkori，2009）[6]，代表了两种主要方法论（定量导向和定性导向）的另一种选择。这种方法的优点在于不同的数据收集方法的组合有助于应对最小化单一方法研究的弱点（Sandelowski，2003）[7]。根

---

[1] Noel Scott, Rui Zhang, Dung Le, Brent Moyle. A review of eye-tracking research in tourism[J]. Current Issues in Tourism, 2019, 22(6-10), 1244-1261.

[2] Goldberg, Wichansky. Eye tracking in usability evaluation: A practitioner's guide[M]//In J. Hyona, R. Radach, & H. Deubel (Eds.), The mind's eye: Cognitive and applied aspects of our eye movement research, 2002: 493-516.

[3] Beard, Scarles, Tribe. Mess and method: using ant in tourism research[J]. Annals of Tourism Research, 2016, 60(sep.):97-110.

[4] Teddlie, Tashakkori. Major issues and controversies in the use of mixed methods in the social and behavioral sciences[M]//In A. Tashakkori & C. Teddlie (Eds.), Handbook of mixed methods in social and behavioral research, 2003:3-50.

[5] Johnson, Onwuegbuzie. Mixed methods research: A research paradigm whose time has come[J]. Educational Researcher, 2004, 33(7):14-26.

[6] Teddlie, Tashakkori. Foundations of mixed methods research: Integrating quantitative and qualitative approaches in the social and behavioral sciences[I] Thousand Oaks, CA. Sage, 2009.

[7] Sandelowski M. Tables or tableaux? The challenges of writing and reading mixed methods studies[M]//In A. Tashakkori & C. Teddlie (Eds.), Handbook of mixed methods in social and behavioral research. Thousand Oaks, CA: Sage, 2003:321-350.

据马克斯韦尔等（Maxwell & Loomis，2003）的研究，"混合方法研究是一个长期的实践，而不是最近的发展"①。事实上，自 20 世纪初以来，混合使用定量和定性方法的研究一直在进行（Brewer & Hunter，2006）②。直到最近 20 年，混合方法才被看作一种独立的传统或方向，具有自己的范式信念和操作实践（Tedlie & Tashakkori，2009）③。莫尔斯（2003）④区分了"多方法设计"和"混合方法设计"。"多方法设计"指在同一个项目中采用两种或两种以上的方法；然而，不同的方法并不是结合在一起的，而是分开的。相反，"混合方法设计"允许研究人员在同一个项目中结合两种或两种以上的定量或定性策略。混合方法论的典型特征是将定量研究与定性研究"相容"，其目的主要包括：三角测量，以增强研究结果的信度；补充，以获得对研究问题更为全面的理解；推进，以将已有研究基础和结果应用于其他研究；开创，以通过比较结果异同发现新的研究领域或研究视角；拓展，以扩大原有研究领域的范围⑤。

对于任何一项采用混合方法论的研究，在研究设计之初必须解决这一关键问题：如何将定量研究和定性研究在同一项研究中"混合"。这一方面需要考虑定量研究和定性研究在同一项研究中的地位是否均衡，另一方面需要考虑定量研究与定性研究在同一项研究中是否同步开展⑥⑦。研究者可以根据其研究目的决定定量研究与定性研究在混合过程中的主次地位和先后顺序，并设计不同的路径。在充分借鉴前人的研究基础上，可将混合研究划分为四种路径（图1-19）⑧。

旅游研究方法的独特源于旅游现象的复杂。本质上，旅游现象与日常生活是相互建构的，它们互为"镜像"，共同形成一个追求与扬弃互为倚仗、否定

---

① Maxwell, Loomis. Mixed methods design: An alternative approach[M]//In A. Tashakkori & C. Teddlie (Eds.), Handbook of mixed methods in social and behavioral research. Thousand Oaks, CA: Sage, 2003:241-272.

② Brewer, Hunter. Foundations of multimethod research: Synthesizing styles[M]. Thousand Oaks, CA: Sage. 2006.

③ Teddlie, Tashakkori. Foundations of mixed methods research: Integrating quantitative and qualitative approaches in the social and behavioral sciences[M]. Thousand Oaks, CA: Sage, 2009.

④ Morse. Principles of mixed methods and multimethod research design[M]//In A. Tashakkori & C. Teddlie (Eds.), Handbook of mixed methods in social and behavioral research. Thousand Oaks, CA: Sage, 2003:189-208.

⑤ Greene, Caracelli, Graham. Toward a Conceptual Framework for Mixed-method Evaluation designs[J]. Educational Evaluation and Policy Analysis, 1989, 11(3).

⑥ Morgan. Practical Strategies for Combining Qualitative and Quantitative Methods: Applications to Health Research[J]. Qualitative Health Research, 1998, 8(3).

⑦ Morse M. Approaches to Qualitative-quantitative Methodo-logical Triangulation[J]. Nursing Research, 1991, 40(2).

⑧ 刘冰. 混合方法论视野下的民族旅游研究[J]. 广西民族大学学报（哲学社会科学版），2016，38（02）：127-131.

之否定的螺旋，永远面向着"未完成的未来"。旅游现象不是静态的，它会在自身历史意义与当代价值之间悖论式的逻辑中不断被改写与续写。要发展中国的旅游研究，就必须谨守旅游研究方法的要求与规范，只有如此才能不断弥合理论、经验与现实之间的距离，获得理解中国旅游和发展中国旅游的主动地位（曹国新，2007）。[①]

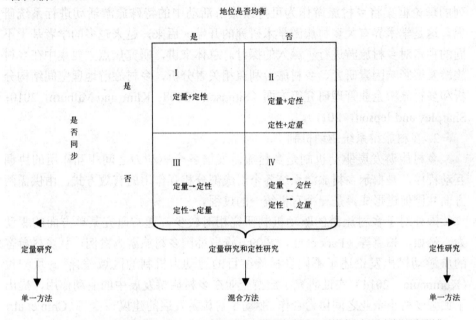

注："十"表示同步（无先后顺序）；"→"和"←"表示按箭头所指的先后顺序；"斜体字"表示该方法处于次要地位

图 1-19　混合研究的四种路径

第五节　旅游理论新趋势

一、旅游新业态的发展

（一）乡村旅游

1. 乡村旅游理论产生的背景

乡村旅游是现代旅游业向传统农业延伸的新尝试，通过旅游业的推动，将

---

① 曹国新. 旅游研究方法的要求、规范与意义[J]. 旅游学刊，2007，（03）：5-6.

生态农业和生态旅游业进行了有机融合，形成一种新型的产业形式。随着后现代社会的到来，人们越来越希望回归自然，返回原野，同时由于农村经济重组和农业危机严重减少了乡村地区的经济来源，乡村旅游作为旅游业和农业的最佳结合体，逐渐引起了人们的关注。乡村旅游最早起始于欧洲，至今已有 100多年的历史。1994 年《国际可持续旅游研究》发行专刊，第一次尝试构建一系列的理论框架将乡村旅游作为可持续旅游活动中的特殊旅游活动进行系统研究，这是学术界有关乡村旅游学术研究的开端。后来，越来越多的学者基于不同的视角对乡村旅游进行了深入的探讨。总体来讲，研究焦点主要集中在乡村旅游发展影响因素研究、乡村旅游利益相关者分析、乡村旅游地理空间结构分析和乡村旅游企业管理研究等方面（Simpson，2008；Kline and Milburn，2010；Sharpley and Jepson，2011）。

2. 乡村旅游系统驱动机制

乡村旅游发展驱动机制是乡村旅游发展各个驱动力之间相互作用的协调互动程序，是揭示乡村旅游系统各个组成部分相互作用的有效方式，由供需两方面共同促进形成，是一个有机统一的过程。

国外对于乡村旅游的驱动机制研究相对较少，通常研究某单方面的驱动力。例如，帕克等（Park et al.，2009）选取韩国乡村旅游为案例，从乡村游客的旅游动机出发论述了不同乡村旅游目的地动力机制的区域差异[①]。坎帕拉（Komppula，2014）实证研究了旅游企业在乡村旅游发展中的驱动作用，提出了加强乡村小企业之间协力合作、驱动乡村旅游发展的建议[②]。金等（Chin et al.，2014）研究了砂拉越州阿那赖斯乡村地区特色长屋民宿的环境资源，认为文化遗产景点和自然资源是乡村旅游目的地发展的核心驱动力[③]。国内研究方面，一般学者对于乡村旅游驱动机制的研究多沿用国外旅游驱动机制的研究成果，其中张树民等（2012）的研究成果最具代表性，他在概述旅游系统理论、乡村旅游系统及其驱动因素的基础上，构建了乡村旅游系统驱动机制[④]，如图 1-20所示。

---

① Park, Yoon. Segmentation by motivation in rural tourism: A Korean case study[J]. Tourism management, 2009, 30(1): 99-108.

② Komppula R. The role of individual entrepreneurs in the development of competitiveness for a rural tourism destination—A case study[J]. Tourism Management, 2014, 40: 361-371.

③ Chin, Lo, Songan, et al. Rural tourism destination competitiveness: a study on Annah Rais Longhouse Homestay, Sarawak[J]. Procedia-Social and Behavioral Sciences, 2014, 144: 35-44.

④ 张树民，钟林生，王灵恩. 基于旅游系统理论的中国乡村旅游发展模式探讨[J]. 地理研究，2012，31（11）：2094-2103.

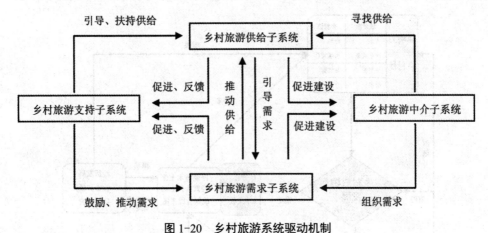

图 1-20　乡村旅游系统驱动机制

资料来源：张树民等. 基于旅游系统理论的中国乡村旅游发展模式探讨[J]. 地理研究，2012，31（11）：2094-2103.

乡村旅游系统驱动机制中四个子系统之间的相互作用驱动了乡村旅游的发展。其中，需求子系统和供给子系统是乡村旅游动力系统中起骨干作用的两个子系统，它们之间的相互作用是整个乡村旅游动力系统运动的基础。需求子系统是主动系统，其运行推动了供给系统的运行和发展。同时，供给系统对需求系统有反作用，受需求系统的作用启动后，一方面要不断生产更新旅游产品，以满足旅游市场需求；另一方面要突出和坚持旅游供给产品的个性和特色，引导旅游需求。此外，中介子系统将旅游需求与供给联系起来，在二者之间起着桥梁和纽带的作用。旅游需求和供给的发展可以吸引和推动中介子系统的发展。乡村旅游需求市场的发展推动中介子系统寻找、介绍并推出更多的乡村旅游地及旅游产品和旅游线路。

邹统钎等（2014）总结了中外乡村旅游发展的经验，在分析了政府主导的扶贫旅游模式（Pro-Poor Tourism，PPT）、企业主导的利他企业模式（Community Benefit Tourism Initiative，CBTI）后，提出了乡村旅游可持续发展的社区主导发展模式（Community Based Development，CBD），[①]并提出了保障乡村旅游可持续发展产业链本土化、经营者共生化与决策者民主化模式，[②]如图 1-21 所示。

---

① 邹统钎. 乡村旅游社区主导（CBD）开发模式[J]. 北京第二外国语学院学报，2007. 1.

② Zou, Huang, Sam, Ding. Toward A Community-driven Development Model of Rural Tourism: the Chinese Experience[J]. International Journal of Tourism Research(SSCI), 2014, 16(3): 261-271.

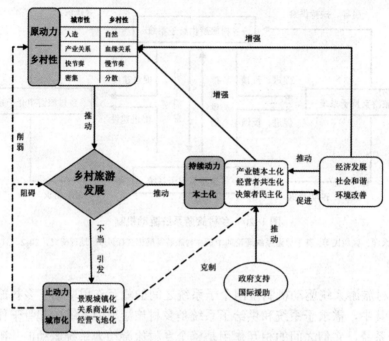

图 1-21　乡村旅游社区主导模式与可持续发展保障机制

　　结合中国乡村旅游发展的实践，邹统钎提出乡村旅游发展的根本依托是乡村地格，即乡村性（Rurality）。他提出乡村旅游经历 3 个发展阶段：农家乐、新业态、创意农园与大庄园。他归纳了乡村旅游发展的 8 条规律：1. 乡村旅游的目标市场是城市居民与旅游景区过客；2. 成功的乡村旅游点选址一般靠城、靠景与靠水；3. 在中国乡村旅游 6 个要素中"吃"最重要；4. 特色建设原则，即"一村一品，一品做绝，多元配合"；5. 乡村景观，其中建筑风格最重要；6. 乡村旅游点游客停留时间一般有 3 种，即饭点、三小时、多日；7. 经营核心要素中，成本控制第一；8. 内涵建设五要素，即文化、创意、生态、节事、科技。乡村旅游经营成功的最关键因素：一是真诚，二是不同。[①]

　　3. 乡村旅游研究的代表性学者

　　荷兰学者理查德·夏普利（Richard Sharpley）是一位在乡村旅游研究领域较为权威的学者。早在 1997 年，夏普利就出版了专著 *Rural Tourism：A introduction*（*Tourism and Hospitality Management Series*），这是一部较早全面阐述乡村旅游发展和理论的专著[②]。之后，他陆续发表三篇重要论文。在对塞浦

---

① 邹统钎. 乡村旅游：理论·案例（第二版）[M]. 天津：南开大学出版社，2018：251-259.

② Sharpley R, Sharpley J. Rural tourism: An introduction[M]. International Thomson Business Press, 1997.

路斯乡村旅游的案例研究中，他对乡村旅游为当地社区做出的贡献产生怀疑。这是由于乡村旅游的发展从海滨拓展到内陆偏远贫困的地带，他强调这使得乡村旅游投资成本高，收益回报低，因此需要政府和当地管理部门制定相应的政策来保障。为了保障乡村旅游的可持续发展，长期的金融和技术支持、人力培训等是必不可少的（Sharpley，2002）[①]。之后，以英格兰东北部地区农业旅游为研究对象，从居民态度的视角诠释了农业旅游经营多样化的原因，这对以往农业旅游多样化经营的课题进行了新的演绎。研究表明，本地居民会主动维持旅游和传统农业之间的界限。研究建议，应该对公共部门的作用进行再评估（Sharpley，2006）[②]。第三篇论文从游客精神体验的角度探讨乡村旅游者体验，认为人类不再追求严格、正式、严谨的精神满足，而是转向体验旅游这种形式的精神满足。以英格兰大湖区为例，旅游者并不是以精神满足为目的，但调查证实他们潜意识里产生了相似的情感维度（Sharpley，2011）[③]。

以色列学者阿里哲·弗莱舍（Aliza Fleischer）较早就开展了乡村旅游研究，并一直致力于研究乡村旅游的产业和农村地区的经济关系。1997 年发表的论文中，他对以色列乡村旅游的研究极具代表性。他比较了以色列乡村旅游与世界其他地区乡村旅游的不同，同时总结了乡村旅游一些早期代表性的观点。这些观点涉及乡村旅游概念、乡村旅游者的构成和特点、乡村旅游的经济影响等。他发现早期乡村旅游的产业规模很小，主要形式为 B&B（Bed and Breakfast）。这种形态的乡村旅游规模小，产生的收益少，旅游淡季长。早期乡村旅游者包括带有孩子的年轻家庭，他们的特点是受教育程度相对较高，收入较一般水平高[④]。这一研究奠定了他未来研究的基础。之后，他对乡村旅游的产业特点进行了更加深入的总结。在 2000 年发表的论文中，对乡村旅游抱有谨慎但乐观态度的弗莱舍首先回顾了乡村旅游的产业特点，并提出了关于乡村旅游利弊的争论，但目的是让学界重视乡村旅游在营销、融资、人才方面的难题。他仍然以以色列为案例，通过成本效益、成本收益等分析工具，提出社会援助对推动乡村旅游发展、提高盈利水平具有积极作用。他把问题研究的维度缩小到公司层面，探讨了乡村旅游企业与农场的关系。研究发现，在农场的乡村旅游企业比没有农业活动的乡村旅游企业在人员工作效率方面表现得更好，而且专注于公

① Sharpley R. Rural tourism and the challenge of tourism diversification: the case of Cyprus[J]. Tourism management, 2002, 23(3): 233-244.

② Sharpley, Vass. Tourism, farming and diversification: An attitudinal study[J]. Tourism management, 2006, 27(5): 1040-1052.

③ Sharpley, Jepson. Rural tourism: A spiritual experience? [J]. Annals of tourism research, 2011, 38(1): 52-71.

④ Fleischer, Pizam. Rural tourism in Israel[J]. Tourism management, 1997, 18(6): 367-372.

司和景点对企业是有利的①。

　　在传统的研究中，人文地理学较少接触边缘学科的研究领域，没有真正将乡村旅游建设成一个丰富的空间研究领域。20世纪60年代掀起的地理学空间的"社会转向"革命，使得乡村空间的内涵从传统的物质空间延伸至社会空间，为乡村旅游研究提供了一个更加富有理论想象力的分析框架。其中，哈发克瑞（Halfacree）提出的乡村空间的三翼模型较有代表性，如图1-22所示。哈发克瑞（2006）研究指出，每个空间都有各自的逻辑关系、机构制度和参与者网络，可以将这些因素整合到一个模型空间内进行分析②。

图1-22　乡村空间模型

资料来源：Halfacree, K. Rural space: constructing a three-fold architecture[J]. Handbook of rural studies, 2006: 44-62.

　　在哈发克瑞提出的乡村空间三翼模型中，由三个方面一起构成了乡村的总体。首先是乡村地方性，其通过相对独特的空间实践与生产或消费活动相关联；其次是乡村的正式表述，诸如资本利益集团、文化权威、规划者或政客所做的乡村表述；最后是乡村的日常生活（实践），它们不可避免地既主观又多样化，有着不同程度的一致性和差异性，并在此基础上可以容纳或抑制他性范畴。

　　随着研究的进一步深入，黄等（Hwang et al.，2012）运用深入访谈法和文献研究法对韩国济州岛的五个社区进行研究，研究指出以社区为基础进行旅游开发有利于乡村旅游的发展，对于当地社区居民与外来旅游开发商之间如何协调提出了建议：召开乡村会议（town meetings）、建立居民组织（formal organization of residents）、请愿制度（petitioning）、公开化原则（public

---

　　① Fleischer, Felsenstein. Support for rural tourism: Does it make a difference? [J]. Annals of tourism research, 2000, 27(4): 1007-1024.

　　② Halfacree K. Rural space: constructing a three-fold architecture[J]. Handbook of rural studies, 2006: 44-62.

demonstration）和合法开发（legal action）。同时通过对 5 个社区收集采纳当地居民意见进行分析，建立了一个乡村旅游发展中便于理解旅游影响与社区身份关系的模型①。奈斯利和西德诺（Nicely and Sydno，2014）采用文献回顾和观察法，以牙买加的圣托马斯为研究对象，研究文化因素导致的居民不参与行为对乡村旅游发展的影响，研究发现 15 个能够解释当地居民传统、保守、亲近自然和精神享受型生活方式的因素，其中 5 个因素可能是引起当地居民不愿参与乡村旅游发展的原因。同时，对于文化因素导致的居民不参与行为可以通过 5 个方面来进行改善：当地政府的支持、建立相关文化旅游项目、确定文化保护区域、建立社区文化管理组织和严格监管文化管理进程②。黄等（Hwang et al.，2016）以韩国济州岛的两个社区为调查对象，采用面对面访谈法和问卷法研究社会资本与乡村旅游发展的关系。研究指出，当地居民的社交圈对个人行为有积极影响，居民间的关系与现存的社会组织可以增强居民的凝聚力促进乡村旅游的发展，同时要增强乡村旅游中的社区参与度，社区领导者应多向居民学习，缩小以领导为中心的关系网，积极参与到群众中去③。

（二）遗产旅游理论

1. 遗产旅游的内涵和外延

遗产旅游甚至在古代就已经存在，并且是最为古老的旅游形式。很久以前，人类就学会了将古代和近代的遗留物作为城市和乡村的娱乐资源。到了中世纪，欧洲的旅行家在各古代文化名城之间旅行，欣赏各种宏伟的建筑、大教堂及艺术品。作为一种提高教育与文化素养的体验，大旅行（The Grand Tour）在 16 世纪至 17 世纪得到欧洲社会精英的欢迎，他们在巴黎、都灵、米兰、威尼斯、佛罗伦萨、罗马和那不勒斯等地游览。之后，这种消费时间和金钱的大旅行从欧洲传播到美洲，受到早期美国旅行者的青睐。因此，大旅行这一概念在相当长的一段时间之内与遗产旅游同在（Timothy and Boyd，2003）。

学者们普遍认为，现代遗产旅游的发展是随着全球城市的复兴和经济的振兴进行的。早期遗产研究的视野相当广泛，欧洲学者最开始关注的遗产范围很广，包括海滨遗产、建筑遗产、个人遗产、文化遗产、城市遗产、工业遗产、自然遗产和黑色遗产等，并总是试图通过不同角度的研究揭示遗产与旅游之间

---

① Hwang, Stewart, Ko. Community behavior and sustainable rural tourism development[J]. Journal of Travel Research, 2012, 51(3): 328-341.

② Nicely, Sydnor. Rural tourism development: Tackling a culture of local nonparticipation in a postslavery society[J]. Journal of travel research, 2015, 54(6): 717-729.

③ Hwang, Chi, Lee. Collective action that influences tourism: Social structural approach to community involvement[J]. Journal of Hospitality & Tourism Research, 2016, 40(4): 497-515.

的复杂关系（Vernon et al.，2003；Ashworth and Tunbridge，2000）。

虽然对于遗产的外延研究很充分，但是对于遗产的内涵一直以来存在诸多不同的观点。一般认为，遗产旅游是指"关注我们所继承的一切能够反映这种继承的物质与现象，从历史建筑到艺术工艺、优美风景等的一种旅游活动"[①]，这个定义是从旅游者动机的角度来区别遗产旅游与其他旅游类型的。然而，帕瑞尔（Poria，2001）质疑根据旅游地或旅游景区的历史特性把遗产旅游划分为一种旅游类型的做法，他提出遗产旅游是基于旅游者动机与认知，而不是基于旅游景区景点的具体特性和现象[②]。

2. 遗产旅游研究的主要内容

（1）遗产旅游需求研究

遗产旅游最开始是从遗产旅游者开始的，20 世纪 80 年代赫伯特（Herbert，1989）就对英国威尔士的遗产旅游进行了调查[③]。之后，普伦蒂斯等（Prentice et al.，1998）对男人岛的遗产旅游者进行了比较完整、深入的调查[④]。1991 年，欧洲旅游与休闲教育协会（ATLAS）对欧盟文化遗产旅游者调查后形成的成果也具有权威性。理查兹（Richards，1996，2002）通过研究，对欧洲遗产旅游者的特点进行比较全面的统计，80%以上的欧洲文化与遗产旅游者拥有大专院校以上学历，而近 1/4 的欧洲文化与遗产旅游者拥有研究生学历。而且，参观博物馆的游客往往相对享有更高的社会经济地位。与一般的旅游者相比，遗产旅游者也往往拥有更高的收入，遗产旅游者年龄也普遍较小，35%以上的受访者年龄低于 30 岁[⑤⑥]。

帕瑞尔等（2001）指出存在着三种不同类型的遗产旅游者：一是那些游览遗产景点并视其为自身遗产一部分的旅游者；二是游览与自身遗产无关的遗产景点并视其为自身遗产一部分的旅游者；三是那些游览挂牌遗产景点但却没有意识到那里是遗产地的旅游者。因此，他们定义遗产旅游为一种旅游类型，旅游者游览旅游景点的主要动机源于该景点的遗产特色及他们对自身遗产的

① Yale P. From tourist attractions to heritage tourism[M]. ELM publications, 1991.

② Poria, Butler, Airey. Clarifying heritage tourism[J]. Annals of tourism research, 2001, 28(4): 1047-1049.

③ Herbert D. Literary places, tourism and the heritage experience[J]. Annals of tourism research, 2001, 28(2): 312-333.

④ Prentice, Witt, Hamer. Tourism as experience: The case of heritage parks[J]. Annals of tourism research, 1998, 25(1): 1-24.

⑤ Richards G. Production and consumption of European cultural tourism[J]. Annals of tourism research, 1996, 23(2): 261-283.

⑥ Richards G. Tourism attraction systems: Exploring cultural behavior[J]. Annals of tourism research, 2002, 29(4): 1048-1064.

认识①。

（2）遗产旅游供给研究

普伦蒂斯（Prentice，1994）根据一些遗产问题及学术文献研究，提出了一个完整但又有些重叠的遗产景点分类②。但一般认为，遗产旅游的供给分为遗产景点、遗产供给环境和遗产供给配套3个层次（Timothy and Boyd，2002）。在遗产景点方面，沃尔什（Walsh，1992）、阿斯沃什（Ashworth，1991）、格拉哈姆（Graham，1997）、皮卡特（Picard，1990，1995，1997）、爱德华兹（Edwards，1996）、赫伯特（Herbert，1995，2001）等学者分别对博物馆、战争遗址、宗教遗产、传统文化遗产、工业遗产、文学遗产等遗产景点进行了研究。在遗产供给环境中，阿斯沃什（Ashworth，1990）、裴吉（Page，1997）和巴特勒（Butler，2000）分别对城市地区、乡村地区和自然保护区的遗产资源进行了案例研究。在其他方面，世界遗产、遗产之路等也是研究专注点。

（3）遗产旅游、真实性与商业化

遗产旅游、真实性和商业化三者的关系是重要的研究领域之一。商业化与真实性仿佛是遗产旅游开发的两个极端。完全的商业化和完全的真实性是不可能达到的，学者的研究往往在寻找一个合适的模型以兼顾两者，并使得遗产旅游发展能够可持续。

遗产旅游也无法避免商业化的侵蚀，大多数学者表示了对遗产旅游商业化的担忧，但是也有部分学者表达了对商业化的支持。休斯和卡尔森（Hughes and Carlsen，2010）研究提出，遗产旅游保护论认为商业化是一种侵蚀遗产地完整性和真实性的措施③。与之相反，部分学者认为遗产旅游中商业化是市场需求的表现。帕瑞尔（Poria，2003）从游客的角度出发，认为游客对将娱乐和个性化融入过去的遗产旅游情有独钟④。麦金托什（McIntosh，2007）更是发现游客对遗产旅游中娱乐和个性化项目的兴趣远大于单纯的历史真实⑤。柯恩（Cohen，1988）很早就认识到遗产旅游要从单纯的保护向迎合市场的需求转变⑥。布拉姆利（Bramley，2001）发现过分强调保护而无视市场会导致大量的失败，并总结了

① Poria, Butler, Airey. Clarifying heritage tourism[J]. Annals of tourism research, 2001, 28(4): 1047-1049.

② Prentice. Heritage: a key sector of the "new" tourism[J]. Heritage: a key sector of the "new" tourism., 1994: 309-324.

③ Hughes, Carlsen. The business of cultural heritage tourism: Critical success factors[J]. Journal of Heritage Tourism, 2010, 5(1): 17-32.

④ Poria, Butler, Airey. The core of heritage tourism[J]. Annals of tourism research, 2003, 30(1). 238-254.

⑤ McIntosh, Zahra. A cultural encounter through volunteer tourism: Towards the ideals of sustainable tourism? [J]. Journal of sustainable tourism, 2007, 15(5): 541-556.

⑥ Cohen E. Authenticity and commoditization in tourism[J]. Annals of tourism research, 1988, 15(3): 371-386.

大量的此类案例。折中者认为应当找到一个平衡，保证在还原真实的历史和怀旧娱乐中寻找一个平衡①。阿斯沃什（Ashworth，2009）认为遗产旅游的成功需要一定程度的商品化②。麦克彻（McKercher，2004）认为存在一个极限，商业化的程度一旦超过这个限度，游客将无法获得满意的体验③。

遗产旅游真实性不仅仅是一个讨论的热点，也是遗产旅游成功的关键力量之一，"真实"成为近年来旅游市场营销的热点，如"真实的意大利""真实的希腊"。

真实性最早见于1964年的《保护文物建筑及历史地段的国际宪章》，比较详细的解释见于《奈良文件》，要想多方位地评价文化遗产的真实性，其先决条件是认识和理解遗产产生时及随后形成的特征，以及这些特征的意义和信息来源。真实性包括遗产的形式与设计、材料与实地、利用与影响、传统与技术、位置与环境、精神与感受。《世界遗产公约》中阐明了关于旅游目的地资源保护真实性的指导原则和标准。事实上，遗产旅游的评价、保护和规划等各个方面都会涉及真实性的问题。但是目前将真实性引入遗产研究领域的学者仍然在对真实性的理解上存在着分歧。

阿斯沃什（Ashworth，2009）认为真实是从历史中选择出来的，在现在和未来中再次呈现的映像。真实性根据观察者视角的不同也会呈现差异，真实性是遗产旅游成功的关键，以及遗产旅游产品的价值所在。加拿大的两名作者福西特（Fawcett）和科马克（Cormack），通过对加拿大爱德华王子岛（Prince Edward Island）这一文学遗产旅游地的研究，发现不同的监护人会根据他们自己所认为的真实性进行构造，从而得出结论：对于现代主义者、理性主义者和折中主义者来说，对同一遗产地的真实性会有不同的解释。这两名作者所理解的遗产的真实性，已经有别于遗产真实性必须和历史与事实保持一致的观点，而明确地指出遗产真实性的诠释与该遗产的监护人有着密切的关系④。美国的三名作者哈布拉（Chhabra）、希利（Healy）和西尔斯（Sills）在他们的 *Staged Authenticity and Heritage Tourism* 一文中集中论述了"阶段性的真实性"，并归纳了"阶段性的真实性"的概念。文中指出麦坎内尔在论述种族旅游的过程中最先提出

① Bramley R. So you want to build a 'hall of fame'? [C]//CAUTHE 2001: Capitalising on Research; Proceedings of the 11th Australian Tourism and Hospitality Research Conference. University of Canberra Press, 2001.

② Ashworth. Do tourists destroy the heritage they have come to experience? [J]. Tourism Recreation Research, 2009, 34(1): 79-83.

③ McKercher, Wong. Understanding tourism behavior: Examining the combined effects of prior visitation history and destination status[J]. Journal of Travel Research, 2004, 43(2): 171-179.

④ Fawcett, Cormack. Guarding authenticity at literary tourism sites[J]. Annals of tourism research, 2001, 28(3): 686-704.

"阶段性的真实性"这个概念，并且是"变成旅游经历当中的'阶段性的真实性'"①。

（4）遗产完整性

1982 年国际古迹遗址理事会和国际历史园林委员会发布的《佛罗伦萨宪章》明确提出遗产保护的完整性原则。完整性是线性遗产管理的关键原则。完整性包括功能完整性、结构完整性和视觉完整性（Jokilehto，2006）②。完整性不仅承认不同文化的多样性，还强调将过去与现在联系起来的"连续性"（Wang，2015）③。完整性关注遗产管理范围和整体价值保护：①资源完整性，即保护遗产本体和物质结构的完整、与所在环境的协调连续、当代城市发展与历史环境复兴的平衡及遗产原有社会功能的完整。②文化完整性，将具有同一历史基因、民族精神的文化遗产相互关联，对其历史文脉进行完整性保护（张成渝，2010；Stovel，2007）④⑤。

20 世纪起，国内外学者对"整体性保护"就持有很多关注。有学者（Susan Shen，1997）⑥介绍了亚洲整体性保护发展项目的经验；有学者（Michael Wells，1999）⑦回顾了印度尼西亚整体性保护发展项目与生物多样性的关系；张松（2001）⑧提出，以文化遗产和历史环境保护的整体性方法进行历史城市的保护；郭璇（2007）⑨从"中国历史建成遗产真实性中的非物质维度"角度，讨论整体性保护策略的可能性，这些策略包括建立整体性的文化遗产保护立法体系、制定整体性的专业指导准则、整体性的建成遗产保护方法及整体性的文化遗产

---

① Chhabra, Healy, Sills. Staged authenticity and heritage tourism[J]. Annals of tourism research, 2003, 30(3): 702-719.

② Jokilehto J. Considerations on authenticity and integrity in world heritage context[J]. in City 8 Time, 2006, 2 (1):1.

③ Wang, Huang, Kim, Aise Kyoung Jin. Journal of Sustainable Tourism. Nov2015, Vol. 23 Issue 10, p1468-1481.

④ 张成渝. 国内外世界遗产原真性与完整性研究综述[J]. 东南文化，2010（04）：30-37.

⑤ Stovel H. Effective use of authenticity and integrity as world heritage qualifying conditions[J]. City & Time, 2007, 2(3): 3.

⑥ Shen Susan. Experiences with Integrated-Conservation Development Projects in Asia. 1997. [EB/OL] [1997-10]http: //www.worldbank.icebox.ingenta.com/content/wb/570.

⑦ Wells Michael. Investing in biodiversity：A review of Indonesia's Integrated Conservation and Development Projects. 1999. [EB/OL][1999-06]http //www.worldbank.icebox.ingenta.com/ content/wb/334.

⑧ 张松. 历史城市保护学导论：文化遗产和历史环境保护的一种整体性方法 [M]. 2 版. 上海：同济大学出版社. 2008.

⑨ 郭璇. 中国历史建成遗产真实性中的非物质维度——兼论整体性保护策略的可能性[J]. 新建筑，2007（06）：74-79.

保护管理体制四个方面；而陈同滨（2009）①则针对大遗址保护与规划，鲜明地提出并持续实践着"整体保护"理念；有学者（Ichumbaki，2017）以坦桑尼亚基尔瓦和松戈纳拉的案例阐释了保留非洲世界遗产完整性面临的挑战；加西亚-埃斯帕扎（García-Esparza，2018）以地中海自然景观为例，提出了保护其完整性的创新方式；有学者（Seyedashrafi，2020）从城市发展角度出发，认为其对遗产视觉完整性存在影响。

（5）遗产多样性

1994 年联合国教科文组织、国际文化财产保护与修复研究中心及国际古迹遗址理事会发布的《奈良文件》中明确提出，遗产保护在遵循原真性的基础上，也应注重文化多样性与遗产多样性。

20 世纪 90 年代至今，国际上的共识是要认识、尊重和鼓励多种文化价值的共存。1994 年，联合国教科文组织世界遗产委员会（UNESCO World Heritage Committee）提出《为打造一个具有均衡性、代表性、可信性的世界遗产名录的全球战略》（Global Strategy for a Balance，Representative and Credible World Heritage List），推动世界文化多样性和展示地区遗产的差异性。2001 年，《世界文化多样性宣言》（Universal Declaration on Cultural Diversity）强调文化多样性是人类的共同遗产，在不同发展时期、不同城市区域具有不同表现形式的文化遗产都应当被视为文化多样性的表征。2005 年，《世界遗产名录：填补空白——未来行动计划》（The World Heritage List：Fill the Gaps—An Action Plan for the Future）指出世界遗产名录的遗产类型偏单一，主张保护乡土建筑、文化路线、文化景观、工业遗产等更多类型的文化遗产。随着国际对文化多样性与遗产多样性认识的深化，国际古迹遗址理事会制定了相应的保护文件，这些保护文件关注特定国家或地区的多样遗产类型、认识到文化遗产的非物质方面、强调工业遗产的价值②。

20 世纪 90 年代至今，国际上一直强调保护文化遗产的独特性与多样性，世界遗产领域也随之开始了保护文化多样性的实践。其中一个重要事件是"文化景观"概念的提出。澳大利亚乌卢鲁—卡塔曲塔国家公园（Uluru-Katajuta National Park）最初以自然遗产的身份被列入《世界遗产名录》，但游客对这里世界上最大的单体岩石艾尔斯岩石（Ayers Rock）的攀爬行为，在当地阿南古人（Anangu）看来是在亵渎其祖祖辈辈尊崇的圣山。1992 年，联合国教科文组

---

① 陈同滨. 城市建成区大型城市考古遗址的整体保护规划对策研究——以隋唐洛阳城遗址保护总体规划为例[M]//国家文物局. 大遗址保护高峰论坛文集. 北京：文物出版社，2009.

② Chen, Judd. Relationality and Territoriality: Rethinking Policy Circulation of Industrial Heritage Reuse in Chongqing, China[J]. International Journal of Heritage Studies, 2020, 27(01): 1-23.

织专门针对这类体现"原住民文化价值"的案例进行研讨，最终促成了强调"人与生产生活密不可分的自然环境的互为塑造的关系"的"文化景观"概念的诞生①。乌卢鲁—卡塔曲塔国家公园从自然遗产到文化景观遗产的转变，成了保障文化多样性的一个典范②。

（6）遗产旅游的成功要素

遗产旅游的成功要素是遗产开发中逐渐被学者认识的一个课题。目前，存在大量的案例说明遗产旅游糟糕的商业表现，例如"名人堂"（McKercher and Wong，2004）、旧的悉尼镇（Davidson and Spearritt，2000）、斯特拉恩镇的游客中心（Fallon and Kriwoken，2003）、安加斯镇（Angastown）的历史城镇（Leader-Elliott，2005）和昆士兰的大量文化遗产吸引物（Prideaux and Kininmont，1999）等。这使得大量学者关注遗产旅游成功的关键因素。

霍和麦克彻（Ho and McKercher，2004）认为中国香港的文化遗产旅游存在四个关键问题导致其发展不成功③：遗产管理者对遗产旅游的市场预期缺乏理解、对作为遗产地旅游潜力的吸引力和承载力缺乏评估、在遗产的管理和传达旅游体验过程中缺乏目标与优先安排，以及对于将遗产地作为文物资产进行管理、开发和促销缺乏统一的联系。这些问题暗示了香港文化遗产在旅游产品开发与市场推广方面缺乏技巧和技术。

马特松和布列斯托（Mattsson and Praesto，2005）列出了一系列中世纪斯堪的纳维亚遗产地的发展要素：独特和迷人的遗产地建筑；通过一个虚拟人物来创造引人入胜的旅游体验；将现有文化与流行文化相结合，诸如指环王与哈利波特等众所周知的电影人物。这些流行文化虽然看似不真实的，但确实是吸引游客的④。

吉莫西和约翰斯（Gyimothy and Johns，2001）引用了英国文化遗产旅游的成功案例。位于爱丁堡的苏格兰威士忌遗产中心运用互动技术创造独一无二、激动人心的丰富体验。虽然这对游客来说是有益的，但是由于安装和维修技术装备的成本太高，导致商业上的成功仍显勉强。威尔士南部的 17 世纪庄园则重视加强员工训练和管理，同时通过复制当时的服饰和采用盛装的演员来再现 17

① UNESCO. 实施世界遗产公约的操作指南［DB/OL］［2019-03-30］http：//whc.unesco.org/document/140239.

② 燕海鸣，解立. 标准化的多样性：云南哈尼梯田文化景观的世界遗产话语和"去地方化"进程［J］. 东南文化，2020（02）：6-12.

③ McKercher, Ho, du Cros H. Attributes of popular cultural attractions in Hong Kong［J］. Annals of Tourism Research, 2004, 31(2): 393-407.

④ Mattsson, Praesto. The creation of a Swedish heritage destination: an insider's view of entrepreneurial marketing［J］. Scandinavian Journal of Hospitality and Tourism, 2005, 5(2): 152-166.

世纪威尔士庄园的历史，借此提供独一无二且真实的旅游体验①。

3. 主要学者及其研究内容

英国学者帕瑞尔（Poria）一直致力于研究遗产旅游者，并始终站在旅游者的视角解释和理解遗产旅游的概念、开发与管理问题。他的研究内容主要体现在论文中。他对遗产旅游概念的界定发表了自己的看法，认为遗产旅游的界定应该基于两个概念：第一，旅游者的动机，即旅游者是否访问一个遗产景点的原因；第二，旅游者对遗产地的观点，即旅游者是否认为那是他们自身遗产的一部分。在这一基础上，他认为，遗产本身并不是决定遗产旅游概念的关键要素。由此，他界定了三类遗产旅游者，前文已提及（Poria et al.，2001）②。之后，他在一篇论文中补充完善了这一观点。他提出，遗产旅游并不是指旅游者前往遗产地的旅游，更准确地把握遗产旅游需要从四维度和行为模式入手，即旅游者个人特征、遗产本身属性、意识和观念四维度，以及旅游前、旅游中和旅游后三类行为模式。在此基础上，他区分了不同类型的旅游者，认为那种视自身与遗产有紧密联系的旅游者的行为模式与其他类型旅游者的行为模式大为不同（Poria et al.，2003）③。之后，他继续从旅游者的视角出发，在如何更好地吸引游客、开发和管理遗产、解说遗产等方面进行更深入的阐述（Poria et al.，2006）④。最终，他认为旅游者的个人观念在理解旅游动机及遗产解说方面起着关键的作用。

英国学者格雷戈里·约翰·阿斯沃什（Gregory John Ashworth）教授最重要的贡献是出版了遗产旅游的专著 *A Geographic of Heritage：Power，Culture and Economy*（2000）。这本专著系统地阐述了涉及遗产的诸多研究，即遗产旅游的定义、遗产旅游的归属、遗产旅游地对于文化和经济的驱动作用等。这更是一本从地理学的视角全面研究遗产旅游的专著，研究范围从全球到地区，书中的案例来自全球各个地方。同时，这本著作在遗产旅游中的引用次数也相当可观。在论文发表上，成果不多，但是观点新颖⑤。尤其是 2009 年在《旅游研究纪事》上发表的 *Heritage Tourism—Current Resource for Conflict* 关注了遗产旅游的负

---

① Gyimothy, Johns. Developing the role of quality[J]. Quality: Issues in Heritage Visitor Attractions. Oxford: Butterworth-Heinemann, 2001.

② Poria, Butler, Airey. Clarifying heritage tourism[J]. Annals of tourism research, 2001, 28(4): 1047-1049.

③ Poria, Butler, Airey. The core of heritage tourism[J]. Annals of tourism research, 2003, 30(1): 238-254.

④ Poria, Reichel, Biran. Heritage site management: Motivations and expectations[J]. Annals of Tourism Research, 2006, 33(1): 162-178.

⑤ Graham, Ashworth, Tunbridge. A geography of heritage: power, culture and economy[M]. A Geography of Heritage Power Culture & Economy, 2000.

面效应①。他质疑"遗产旅游会增强世界的沟通和了解"这一学界都普遍认同的观点。他的研究发现，在遗产解说过程中，遗产管理部门的解说目标往往不能体现普遍、和平、沟通的价值观，只是片面的爱国主义和民族主义。因此，他认为遗产旅游不仅仅是观点冲突的一种旅游，它还在不断制造误解和冲突。

赫伯特（Herbert）出版了三部遗产旅游相关的专著，比较全面地介绍了他对遗产旅游的研究成果。其中，*Heritage，Tourism and Society* 出版于 1997 年，围绕遗产资源开发为旅游产品这一论题展开，书中提出了一系列敏感、具有争论性的主题，比如遗产保护与引入旅游者这一重要争论②。另外，赫伯特另一大研究领域为文学遗产旅游。他认为，文学遗产旅游地就是与作家、画家和其他领域艺术家有关联的遗产景点。他总结了开发文学遗产地的关键因素，并提出遗产开发的一些关键理念适用于文学遗产地开发。此外，他还提出文学旅游者的一般特征和心理要素。

（三）探险旅游理论

1. 探险的产生和发展

人类的历史就是一部探险史，人类探险的历史由来已久。公元前 3000 多年，统一后的古埃及王国就有人开始对非洲进行探险，他们沿着尼罗河往上游地区探索。相比于陆地探险，人类航海探险大大推动了世界各洲人类的沟通和了解，取得了丰富的成果，加快了人类历史的进程。生活在西亚的腓尼基人是优秀的航海家。公元前 600 年前后，受埃及法老尼科二世的委托，他们的海船驶过了赤道，到达了南半球，完成了环绕非洲大陆的航行。西欧从 15 世纪开始的航海探险成就无与伦比，先是哥伦布发现美洲新大陆，开辟了横渡大西洋到美洲的航路；达伽马开辟欧洲沿非洲大陆前往印度的新航道；麦哲伦开始了人类历史上第一次环球航行等，拉开了人类历史现代化的进程。之后，进入 19 世纪，人类发现并征服了南极洲，人类对于生活着的海洋有了全面的认识，目前人类将目光投向了深海。在航空探险及太空探险领域，人类发明了飞机、卫星等航空器，使得人类的视野更加广泛。

2. 探险旅游概念的内涵和外延

最早对探险旅游进行定义的是普罗贡（Progon），他指出，探险旅游是人类为了迎接自然世界诸如山川、空气、对流、波浪等的挑战而参与的活动总称。这一概念较早概括了探险旅游中与自然接触、获得体验、迎接挑战的特点。这

---

① Poria, Ashworth. Heritage tourism-Current resource for conflict[J]. Annals of Tourism Research, 2009, 36(3): 522-525.

② Herbert. Heritage, tourism and society[M]. Burns & Oates, 1995.

一概念影响了后来诸多学者对于探险旅游的认识（Progon，1979）。

学者霍尔（Hall）在1989年对探险旅游的界定中指出探险旅游是指远离旅游者居住地，利用与自然环境的互动关系，包含有探险因素、经常被商业化、范围广泛的户外活动。这种活动的结果受到参与者当时情况、旅游经营管理情况的影响。在这概念中首次提出商业化是探险旅游的重要特征①。

1997年，学者奥珀曼（Oppermann）等提出探险旅游是指在自然或户外环境中，将冒险及可控制的危险与个人挑战结合起来，为追求新的体验而进行的特殊旅行活动。这一定义首次提出应将探险旅游活动的危险性控制在一定范围内，并将它与个人挑战相结合，更注重探险旅游的安全性②。这一概念将探险旅游的领域扩展到风险和安全管理领域，为后续相关研究奠定了基础。

总体来讲，这三个代表性的概念基本上诠释了探险旅游的内涵。而探险旅游的外延却十分广泛，尤其在探险旅游研究早期，包括潜水旅游（Tabata，1992）、骆驼旅游（Shackley，1996）、登山旅游（Johnson and Edwards，1994）、鳄鱼旅游（Ryan，1998）、海上探险（Jennings，2003）等方面。

3. 探险旅游研究主要内容

国际上对探险旅游研究主要集中在探险旅游的需求和供给、探险旅游安全管理等方面。

（1）探险旅游的需求研究

许多学者认同这一观点，即探险旅游根据风险程度的高低分为"软探险"和"硬探险"（Lipscombe，1995）。"硬探险"指环境偏远、高危险的探险旅游。这种探险旅游在自然真实的环境中，对于参与者来说具有高危险性、高参与性和挑战性，并且对于参与者的身体条件要求极高（Rubin，1989）③，比如登山、高空速降、洞穴探险、跳伞运动和潜水等。"软探险"指的是相对而言适宜初学者的探险旅游。这类探险活动中的游客参与比较被动，包括丛林步行、徒步旅行、骑马、皮艇漂流等。根据此分类，也能把探险旅游者分为"硬探险旅游者"与"软探险旅游者"。除此之外，蒲恩（Poon）提出"新旅游者"，这类旅游者希望从假期中获得一定收益，比如说独一无二的经历。"新旅游者"一个重要特征就是从日常生活中逃脱出来，并获得一定的自我实现④。

---

① Hall. Special interest travel: A prime force in the expansion of tourism[C]//Geography in Action. 15th New Zealand Geography Society Conference. Universitycf Otago Dunedin, 1989.

② Oppermann, Kye-Sung. Tourism in developing countries[M]. International Thomson Business Press, 1997.

③ Rubin K. Adventure vacations[M]. Leisure Travel and Tourism, Wellesley, Massachusetts: Institute of Certified Travel, 1989.

④ Poon A. Competitive strategies for a "new tourism" [J]. Progress in tourism, recreation and hospitality management, 1989, 1: 91-102.

　　大多数探险旅游者的旅游动机比较复杂，往往有一系列原因。宋（Sung）等认为"获得新的经历""自我成长""高兴与激情"是重要的内在动机。探险旅游者的具体特点也是研究关注的一方面，约翰（John，2003）等认为，生活方式的选择对旅游者参加探险旅游具有决定作用，相反，年龄并不是最重要的因素[①]。洛弗西德（Loverseed，1998）则认为年龄、能力与探险活动类型的选择密切相关[②]。弗拉克和特纳（Fluker and Turner，2000）发现，不仅如此，影响探险活动类型选择的因素还包括参与探险活动的经历和次数，每次探险活动中积累的经验都会深刻影响下次选择[③]。

　　（2）探险旅游供给

　　从 20 世纪 90 年代开始，探险旅游的供给研究偏向单独的旅游产品，后来研究焦点开始以某一具体探险目的地为背景。新西兰是一个探险旅游发展很成熟的国家，其皇后镇（Queenstown）被誉为"新西兰最著名的户外活动天堂"，其自然条件优越，丰富的自然资源为其提供了开展多种多样的探险旅游活动的条件。此外，贾尔（Giard，1997）、布思（Booth，2001）、弗雷德曼和赫伯里（Fredman and Heberlein，2003）等学者分别对法国、瑞士、澳大利亚、印度等一系列探险旅游地展开了湿地研究。

　　如今，对于探险旅游的研究也更为多样化和全球化，学者们从多个角度进行了探讨，如陈（Chen，2003）归纳了依据季节的预测方法，哈德森（Hudson，2003）从更宽泛的角度总结了探险旅游商业层面的一些问题。

　　（3）探险旅游的安全管理

　　国外对探险旅游风险的评估研究更加重视，对探险旅游安全保障机制研究较为欠缺。一般而言，雪上运动危险系数较高，学者们不仅分析了雪上项目的基础数据，而且比较了滑雪与滑雪板运动对身体不同部位的伤害度、头盔和护腕的保护效果，以及技术与经验的作用。此外登山活动也受到相当多关注，登山事故较多，伤亡率也较高。在高原地区，高原反应、呼吸疾病及肠道感染等更是提高了登山活动的危险系数（William，1999；Malcolm，2001；Musa et al.，2004）。在潜水活动中，潜水活动的伤亡情况也不容乐观。在奥克尼、昆士兰等地，学者们研究了这些地方的潜水死亡率（Trevett et al.，2001；Wilks and Davis，2000；Taylor et al.，2003）。

　　在安全保障方面，研究集中在游客、组织者及管理部门 3 个领域。探险旅

[①] John, Colin, Suzanne, et al. Adventure tourism. The new frontier[M]. 2003.

[②] Loverseed H. Health and spa tourism in North America[J]. Travel & Tourism Analyst, 1998 (1): 46-61.

[③] Fluker, Turner. Needs, motivations, and expectations of a commercial whitewater rafting experience[J]. Journal of Travel Research, 2000, 38(4): 380-389.

游者需要从技术、体能及心理上做好准备（Ewert，1989，1997；Martin and Priest，1986；Hall and Weiler，1992）。在管理部门方面，政府首先要对探险旅游资源进行风险等级评定（Tim Bentley，Denny Meyer，Stephen Page and David Chalmers，2000）。

4. 探险旅游的风险管理

（1）风险管理理论的兴起

探险旅游的兴起和发展使得如何预警风险、控制风险成为研究的热点问题。风险管理理论也自然成为一个重要的研究领域。

风险管理始于德国，为了避免事件发生的不良后果，减少事件造成的各种损失，降低风险成本，人们引入管理科学的原理来规避风险。1963年，美国学者发表的《企业的风险管理》，引起了欧美各国的普遍重视，此后风险管理逐渐成为企业管理一门独立学科。

（2）企业风险管理理论

现代风险管理理论包括风险价值模型（VaR）、整体风险管理理论（TRM）和企业风险管理（ERM）。其中企业风险管理的核心理念是：整个机构内各个层次的业务单位、各个种类的风险的通盘管理。ERM系统要求覆盖涉及风险的所有资产与资产组合，以及所有承担这些风险的业务单位。EMR体系能一致地测量并加总这些风险，考虑全部的相关性。

目前，比较知名的风险管理主要有美国COSO委员会风险管理模型、GARP全面风险管理理论和澳大利亚安全风险管理标准ISO31000等。

（3）澳大利亚安全风险管理标准ISO31000

ISO31000是以澳大利亚和新西兰风险管理标准AS/NZS 4360：2004为基础的，实现了安全、健康、环境与财务风险管理的一体化。它是由国际标准组织（ISO）风险管理技术委员会于2009年指定完成并公布的。

①确定了风险管理的11条原则：风险管理可以创造价值；风险管理是企业管理的组成部分；风险管理是决策程序的组成部分；风险管理可以明确地处理不确定性；风险管理具有系统性、组织性和适时性的特点；风险管理以最有效的信息为基础；风险管理具有适应性；风险管理应考虑人与文化的因素；风险管理具有透明性和包容性；风险管理应对变化做出有力和快速的反应；风险管理有助于企业持续改进和提高。

②建立风险管理框架，框架包括：指令和承诺、风险管理框架的设计、风险管理的实施、框架的监测和评估、框架的持续改进。

③建立风险管理程序。风险管理程序包括5个方面的活动：沟通与协商、创建背景、风险评估、风险处置、监测与评估。

总之，ISO31000明确了风险管理的原则、框架和程序之间的关系。

5. 主要学者及其研究内容

本特利（Bentley）与裴吉（Page）两位专家在事故及安全管理方面做出了突出贡献①。他们的研究是循序渐进而富有系统的。

首先，他们对新西兰探险旅游事故进行了研究，提出旅游者的人身安全应该成为一个评价的新范例；其次，他们通过对新西兰健康信息服务中心提供的1982—1996年的数据，分块讨论了在分析伤害问题时选取的变量因子，分别是事故发生地、事故种类、具体活动、住院天数、伤害程度、地理空间分布、事故年份及月份、年龄、性别，为系统分析提供了框架参考；最后，总结出高风险的旅游项目通常为独立的、无引导的旅游，例如登山、滑雪、徒步远足等。骑马和自行车被认定为商业探险旅游活动中最容易发生事故的项目，跌落是最经常的事故。之后，他们将研究对象锁定在从业者身上，通过对从业者发放调查问卷的形式，根据问卷统计结果建立起一个从经营者角度对通常风险因素界定的框架。27项探险旅游项目被列入，其中被认定为具备最高风险的是雪地运动、蹦极和骑马，而滑落成为伤害最主要因素。

除了专注于新西兰，他们用对比研究方法调查了新西兰和苏格兰探险旅游的安全体验②。比较方法有助于分析在不同地理范围下旅游发展和变化的区别和联系，这种空间上的横向比较研究为理论应用提供了更普遍的意义。

最近的研究更加广泛。而本特利、裴吉和基思同样探究了探险活动中伤害赔偿的模式和趋势。通过对一个地区12个月来事故的归纳总结，发现总体趋势是单独行动的项目要比商业组织的项目发生事故概率大，如骑马、徒步行走、登山、冲浪等，其中滑索及喷气船项目要求赔偿的金额最多。在人员比例中，年轻男子受伤者占了大部分，跌落也被反映为最普遍的事故类型，这一论文也印证了他们之前的研究。

本特利和裴吉（2007）对1996年至2006年的7篇探讨新西兰探险旅游安全问题的文献进行了综合比较归纳，内容包括列表对比文章中所用到的一手和二手数据来源、探险旅游伤害问题程度、不同种探险活动的风险排序、探险旅游安全问题风险因素排序，以及综合建立一个概念化的模型③。

---

① Bentley, Page. Scoping the extent of adventure tourism accidents[J]. Annals of Tourism Research, 2001, 28(3): 705-726.

② Page, Bentley, Walker. Scoping the nature and extent of adventure tourism operations in Scotland: how safe are they? [J]. Tourism Management, 2005, 26(3): 381-397.

③ Bentley, Page, Macky, Adventure tourism and adventure sports injury: The New Zealand experience[J]. Applied Ergonomics, 2007, 38(6): 791-861.

（四）夜间经济理论

夜间经济（night-time economy）最初是英国为了缓解城市夜晚空巢现象，为实现城市复兴提出的经济学名词。

纵观近 30 年来国际夜间经济的演化历程，总体上可划分为萌芽探索（1990—2005 年）、逐步推进（2006—2013 年）和快速发展（2014 年至今）3个阶段。研究内容主要是关于经济发展和社会问题的探究，集中于 4 个研究热点：夜间犯罪与暴力研究、夜间治安与管理研究、群体特征与行为研究、夜间旅游与休闲研究[①]。

1. 夜间经济的内涵及特征

夜间经济活动起源于 1977—1985 年，政府认识到人们对美好夜晚生活需求不断增强，意大利、法国、丹麦等先后放松了对夜晚活动的管制，并出台相关政策鼓励城市夜晚活动的发展。而夜间经济的概念是由蒙哥马利（Montgomery，1990）在一篇关于英国城市规划的文章中正式提出的。目前学界关于夜间经济的定义并未形成统一认识。比尔（Beer，2011）认为夜间经济是在下午 6 点到次日上午 6 点之间发生的，以服务和娱乐业为主的生产或消费行为[②]。林奇等（Rowe & Lynch，2012）将夜间经济包含的经济内容进一步细分，具体包括购物、现场表演、俱乐部、餐饮、咖啡馆文化、艺术展览、剧院、博物馆等活动[③]。麦克阿瑟等（McArthur, J. et al，2019）指出，夜间经济的经济维度更强调其消费属性，而不是生产属性[④]。

2. 发展夜间经济的作用

（1）经济作用。短期来看，主要体现在增长效应、协同效应、集聚效应 3个方面：①增长效应。比安基尼（Bianchini，1995）研究指出，夜间经济通过延长经济运行时间带动与其直接相关的旅游、休闲、娱乐产业繁荣，是实现经济翻倍的机会[⑤]。②协同效应。菲勒（Füller et al.，2018）研究表明夜间经济带来的经济利润并非局限在夜间经济发展区，而是会带动和刺激整个城市的经济

---

① 徐颖，储德平，陈银春，廖嘉玮，陈长兴. 基于 Web of Science 的国际夜间经济研究热点与脉络[J]. 资源开发与市场，2021，37（03）：320-326.

② Beer C. Centres that never sleep? Planning for the nighttime economy within the commercial centres of Australian cities[J]. Australian Planner, 2011, 48(3): 141-147.

③ Rowe, Lynch. Work and play in the city: Some reflections on the night-time leisure economy of Sydney[J]. Annals of Leisure Research, 2012, 15(2): 132-147.

④ McArthur, et al. Socio-spatial and temporal dimensions of transport equity for London's night time economy[J]. Transportation Research Part A: Policy and Practice, 2019, 121: 433-443.

⑤ Bianchini F. Night cultures, night economies[J]. Planming Practice & Research, 1995, 10(2): 121-126.

增长①。③集聚效应。罗伯茨（Roberts，2006）研究指出，夜间经济中的艺术和文化活动营造出的文化氛围，对催生数字媒体等"新"文化产业的发展具有重要作用②。长期来看，诺弗雷等（Nofre et al.，2018）研究指出，夜间经济在塑造消费者对城市的"体验"方面具有重要作用，可更好地体现城市的消费功能③。霍布斯等（Hobbs et al.，2005）认为，夜间经济被视为后工业城市的重要特征，是居民消费发生的重要场所，也是推动城市复兴、实现城市消费功能的重要方式④。

（2）社会影响。从正面影响来看，发展夜间经济是满足居民社交需要等较高层次需要的重要途径（Yeo et al.，2016；Eldridge，2019）⑤⑥。酒精相关产业会带来负面社会影响，休闲产业也是如此（Smith & Raymen，2018）⑦。但也有学者认为饮酒是夜间经济不可或缺的部分：图腾格斯（Tutenges，2013）认为年轻人大量饮酒会产生强烈的自由、力量和团结感⑧；瑟内尔-里德（Thurnell-Read，2015）认为饮酒是塑造个人身份、巩固友谊、从现代生活的压力和焦虑中解脱出来的一种方式⑨。

3. 发展夜间经济的影响因素和挑战

学者们普遍认为照明设施的完善（Levin & Zhang，2017）⑪、城市去工业化发展（Rowe & Lynch，2012）⑫、高等教育的快速扩张（MacLean & Moore，

---

① Füller, et al. Manufacturing marginality: (Un-)governing the night in Berlin[J]. Geoforum, 2018, 94: 24–32.

② Roberts, M. From creative city to 'no-go areas': The expansion of the night-time economy in British town and city centres[J]. Cities, 2006, 23(5): 331–338.

③ Nofre, et al. Tourism, nightlife and planning: Challenges and opportunities for community live ability in La Barceloneta[J]. Tourism Geographies, 2018, 20(3): 377–396.

④ Hobbs, et al. Violent hypocrisy: Governance and the night time economy[J]. European Journal of Criminology, 2005, 2(2): 161–183.

⑤ Yeo, et al. Rethinking spatial planning for urban conviviality and social diversity: A study of nightlife in a Singapore public housing estate neighbourhood[J]. Town Planning Review, 2016, 87(4); 379–399.

⑥ Eldridge A. Strangers in the night: Nightlife studies and new urban tourism, Journal of Policy Research in Tourism[J]. Leisure and Events, 2019, 11(3): 1–14.

⑦ Smith, Raymen. Deviant leisure: A criminological perspective[J]. Theoretical Criminology, 2018, 22(1): 63–82.

⑧ Tutenges. The road of excess[J]. Harvard Divinity Bulletin, 2013, 41 (1 &.2) 33–40.

⑨ Thurnell-Read T. An introduction to drinking dilemmas: Space, culture and identity[M], in: T. Thurnell-Read(ed), Drinking Dilemmas, Routledge, 2015.

⑪ Levin, Zhang. A global analysis of factors controlling VIIRS nighttime light levels from densely populated areas[J]. Remote Sensing of Environment, 2017,190: 366–382.

⑫ Rowe, Lynch. Work and play in the city: Some reflections on the night-time leisure economy of Sydney[J]. Annals of Leisure Research, 2012,15(2): 132–147.

2014）①、人均可支配收入的增加（Zhou et al，2015）②是夜间经济发展的基础。消费者感知安全（Brands et al，2016）③、基础设施建设（Rozhan，2015）④、业态多样性（Thurnell-Read et al，2018）⑤、政策环境（Cook & Wilkinson，2019）⑥是影响夜间经济发展的重要因素。

然而、当前夜间经济的发展面临享乐与管理冲突（Lindsay，2009）⑦、土地用途冲突（Tibbalds，2012）⑧、夜间活动与其他经济活动冲突（Füller et al，2018）⑨、夜间经济参与人之间冲突（Bertin& Paquette，2019）⑩、劳动力困境（Plyushteva，2019）⑪等挑战。可在城市规划、时间规划、多元化管理主体⑫⑬、丰富业态供给⑭、营造良好环境⑮⑯等方面对夜间经济的发展进行调控。其中，

---

① MacLean, Moore. 'Hyped up': Assemblages of alcohol, excitement and violence for outer-suburban young adults in the inner-city at night[J]. International Journal of Drug Policy, 2014, 25(3): 378-385.

② Zhou, et al. Nighttime light derived assessment of regional inequality of socioeconomic development in China[J]. Remote Sensing, 2015, 7(2): 1242-1262.

③ Brands, et al. What are you looking at? Visitors'perspectives on CCTVin the night-time economy[J]. European Urban and Regiomal Studies, 2016, 23(1): 23-39.

④ Rozhan, et al. Building the safe city planning concept: An analysis of preceding studies[J]. Jurnal Teknologi, 2015, 75(9): 95-100.

⑤ Thurnell-Read, et al. International students'perceptions and experiences of British drinking cultures[J]. Sociological Research Online, 2018, 23(3): 572-588.

⑥ Cook, Wilkinson. How did live music become central to debates on how to regulate the Victorian nighttime economy? A qualitative analysis of Victorian newspaper reporting since 2003[J]. Drugs: Education, Prevention and Policy, 2019, 26(3): 265-272.

⑦ Lindsay J. Young Australians and the staging of intoxication and self-control[J]. Journal of Youth Studies, 2009, 12(4): 371-384.

⑧ Tibbalds F. Making People-Friendly Towns: Improving the Public Environment in Towms and Cities[M]. Taylor &. Francis, 2012.

⑨ Füller, et al. Manufacturing marginality: (Un-)governing the night in Berlin[J]. Geoforum, 2018, 94: 24-32.

⑩ Bertin, Paquette. Urban planning stakeholders on nocturnal lighting in the city of Montreal[J]. Bollettino della Società Geografica Italiana, 2019, 1(2): 109-118.

⑪ Plyushteva A. Commuting and the urban night: Nocturnal mobilities in tourism and hospitality work[J]. Journal of Policy Research in Tourism, Leisure and Events, 2019, 11(3): 407-421.

⑫ Ashton, et al. Developing a framework for managing the nighttime economy in Wales: A health impact assessment approach[J]. Impact Assessment and Project Appraisal, 2018, 36(1): 81-89.

⑬ Johns, et al. Street pastors in the night-time economy: Harmless do-gooders or a manifestation of a New Right agenda? [J]. Safer Communities, 2019, 18(1): 1-15.

⑭ Roberts M. 'A big night out': Young people's drinking, social practice and spatial experience in the 'liminoid'zones of English night-time cities[J]. Urban Studies, 2015, 52(3): 571-588.

⑮ Brands, et al. What are you looking at? Visitors'perspectives on CCTV in the night-time economy[J]. European Urban and Regiomal Studies, 2016, 23(1): 23-39.

⑯ Cozens, et al. Let's be friends': Exploring governance, crime precipitators and public safety in the night-time economies of Cardiff(Wales)and Perth(Australia)[J]. Journal of Urbanism; International Researchom Place-making and Urban Sustainability, 2019, 12(2): 244-258.

合理的城市规划涉及土地混用（Tiesdell & Slater，2006）①、建筑布局（Yeo et al.，2016）②、噪声规划等多个方面；时空层面的差别是导致夜间经济与日间经济存在性质差异的重要原因，因此有学者主张从时间维度对发展夜间经济进行规划（Bianchini，1995）③。

结合当前夜间经济发展态势和全球经济走向，未来夜间经济研究可能在以下四个方面重点突破：由研究单维城市现象向多元城市竞争转变；由研究代表性城市向异质性城市转变；由研究城市空间载体向区域空间载体延伸；由研究如何管理夜间经济向如何有效管理拓展④。同时，也要看到当前我国夜间经济研究与国外的差异，在积极借鉴国外研究成果的同时，注意把握自身的异质性。

3. 夜间旅游与休闲研究

夜间经济主要表现为以夜间旅游为代表的现代产业集群，因此学者们对夜间旅游和休闲活动展开了广泛的研究。我国关于夜间旅游的研究起步尚晚，关于夜间旅游的定义尚未形成统一的定论。刘文萍、刘丽梅（2020）将夜间旅游的概念定义为：当日下午 18：00 至次日凌晨 06：00，旅游者和本地居民在旅游目的地所展开的、以旅游休闲为目的的各种活动的总称⑤。

我国夜间旅游发展现状。我国夜间旅游自 1996 年深圳的"锦绣中华"景区打造了中国第一台夜间实景演出《中华百艺盛会》后拉开了中国夜间旅游的序幕。2004 年由张艺谋导演在桂林推出的大型山水实景歌舞剧《印象·刘三姐》将夜间旅游推向快速发展的轨道。其中，以商业街区为主要形式的有北京王府井和上海南京路购物街区游等；以夜游滨河为主要形式的有夜游黄浦江、夜游天津海河及广州珠江夜游等；以灯光秀为主要形式的有自贡灯会及哈尔滨冰灯节等；以夜游演艺为主要形式的有杭州宋城千古情演艺等；以景区观光夜游为主要形式的有桂林"两江四湖"、古北水镇的夜游长城等；以夜市美食为主要形式的有成都宽窄巷子夜市、济南芙蓉街夜市等。但各地打造的夜游产品有同质化倾向，而且过于追求灯光的渲染，造成资源的浪费和闲置。当前我国夜间旅游的发展还存在夜间旅游本身的局限性、公共服务的滞后性、夜间旅游形式的单一性、旅游目的地的局限性等问题。

---

① Tiesdell, Slater. Calling time: Managing activities in space and time in the evening/night-time economy[J]. Planning Theory &. Practice, 2006, 7(2): 137-157.

② Yeo, et al. Rethinking spatial planning for urban conviviality and social diversity: A study of nightlife in a Singapore public housing estate neighbourhood[J]. Towm Planning Review, 2016, 87(4): 379-399.

③ Bianchini F. Night cultures, night economies[J]. Planming Practice & Research, 1995, 10(2): 121-126.

④ 毛中根，龙燕妮，叶胥. 夜间经济理论研究进展[J]. 经济学动态，2020，（02）：103-116.

⑤ 刘文萍，刘丽梅. 我国夜间旅游发展的问题和对策分析[J]. 内蒙古财经大学学报，2020，18（02）：119-122.

（五）黑色旅游理论

1. 黑色旅游的产生

长久以来，人们对那些与死亡、痛苦、灾难、暴力相关的景点、事件和遗址就充满了兴趣（Stone，2005），比如基督教徒们早就作为朝圣者去了耶稣殉难处，古罗马也早就存在了角斗士。在英国伦敦、法国巴黎和日本东京等地，黑色旅游很早就成为当地一种重要的旅游形式。在 20 世纪末，黑色旅游得到广泛的传播并形成了多种形式。甚至，有的学者认为黑色旅游将成为世界上最庞大的一类景点（Smith，1998；Henderson，2000）。

截止到 1993 年，累计访问波兰奥斯威辛集中营的游客达到 250 万之多，每年几乎都有近 50 万的游客访问奥斯威辛。奥斯威辛大屠杀纪念馆已经成为波兰主要的旅游目的地，特别是近 1/3 的国外游客都会前往该旅游目的地。在美国，华盛顿纪念馆在其开馆的第一年就迎接了近 200 万游客，日均游客达 5000 人，使其成为到访人数最多的国家历史类纪念馆（Flanzbaum，1999）。

2. 黑色旅游的概念

1996 年，苏格兰大学的福利（Foley）和列侬（Lennon）首次提到了"黑色旅游"现象，他们认为黑色旅游是前往与死亡、灾难、邪恶相关的旅游地的旅游[①]。随后出现了"黑色景点"（black spot）、"死亡旅游"（thana tourism）、"暴力遗产"（atrocity heritage）和"不和谐遗产"（dissonant heritage）等概念。2000 年，这两位教授再次合作出版了《黑色旅游：死亡与灾难的吸引力》一书，此后黑色旅游现象引起了广泛的注意。在英国甚至出现了专门的网站，成为欧美地区旅游学界新兴的热点研究领域，也是一个颇具争议的领域。

3. 黑色旅游的需求和供给

坦布里奇和阿斯沃什（Tunbridge and Ashworth，1996）研究了"不和谐"旅游，并对于管理此类遗址建立了一个重要的概念框架[②]。与这些学者相同，黑色旅游研究初期，学者们尝试给黑色旅游贴上不同的"标签"，例如"死亡旅游""病态旅游""黑点旅游""毛骨悚然旅游"等。

丹恩（Dann，1998）总结了影响黑色旅游者动机的八大因子：对鬼怪的恐惧、对新奇的向往、怀旧之情、对罪恶的庆祝、嗜血、度过假期、对死亡的兴趣、道德感。这些是根据目的地、遗址和活动来划分的，而不是根据个人动机[③]。

---

① Foley, Lennon. JFK and dark tourism: A fascination with assassination[J]. International Journal of Heritage Studies, 1996, 2(4): 198-211.

② Tunbridge, Ashworth, Dissonant heritage: the management of the past as a resource in conflict[J]. Annals of Tourism Research, 1996, 24(2): 496-498.

③ Dann, Seaton. Slavery, contested heritage and thanatourism[J]. International Journal of Hospitality and Tourism Administration, 2001, 2(3-4): 1-29.

供给研究是当前黑色旅游的热点研究领域。对于黑色旅游的景点案例研究涉及坟场（Seaton，2002）、大屠杀遗址（Beech，2000）、暴行遗址（Ashworth，2002）、监狱（Strange and Kempa，2003），以及与死亡相关的遗址，例如英格兰惠特比的"吸血鬼德古拉"体验及威尼斯的坟场博物馆等著名的遗址。为此，有学者总结了相当复杂的黑色旅游景点分类。

从解说的视角介入死亡与灾难地的研究甚至比黑色旅游的研究出现得更早。总的来说，目前黑色旅游的主要文献中理论较少而案例较多。这表明黑色旅游仍然在研究初期，属于"前范式"阶段。

4. 黑色遗产的开发与保护

原真性是黑色旅游遗产的核心①。然而，黑色旅游开发与展示过程常常难以避免商品化。商品化与原真性是相背离的，且受到众多学者的强烈批判②。例如，福利和列侬（Foley & Lennon，1996）③认为，商品化过程经常破坏、扭曲历史事件，呼吁对黑色旅游原真性的关注。坎帕等（Strange & Kempa，2003）④认为黑色旅游地背后的利益群体、媒体导向、游客期望会改变其展示方式，破坏历史事件的原真性。他发现，为迎合游客而制作的影视剧《勇闯夺命岛》严重歪曲了恶魔岛上无惩罚的真实历史。布雷斯韦特等（Braithwaite & Leiper，2010）⑤研究发现泰国桂河大桥在旅游大潮中逐渐沦为商业玩物，失去了其原本意义。此外，斯文森（Swensen，2014）⑥在挪威监狱文化遗产研究中发现，当地政府为了获取经济利益，将监狱遗址进行了翻新和修复，提供给游客一个过于清洁的监狱内部的展示，失去了应有的历史本真。"原真性"赋予黑色旅游独特的吸引力，在黑色旅游开发过程中，保护黑色遗产的原真性，不仅对于旅游目的地形象的形成、游客满意度有积极影响⑦，而且有利于保证黑色旅游目的地的保护、科学管理及可持续发展。不论是灾害历史遗迹，或是人工建造

---

① Farmaki, Antoniou. Politicising dark tourism sites: evidence from Cyprus[J]. Worldwide Hospitality and Tourism Themes, 2017, 9(2): 175-186.

② Light D. Progress in dark tourism and thanatourism research: An uneasy relationship with heritage tourism[J]. Tourism Management, 2017, 61: 275-301.

③ Foley, Lennon. JFK and dark tourism: A fascination with assassination[J]. International Journal of Heritage Studies, 1996, 2(4), 198-211.

④ Strange, Kempa. Shades of dark tourism: Alcatraz and Robben Island[J]. Annals of Tourism Research, 2003, 30(2): 386-405.

⑤ Braithwaite, Leiper. Contests on the River Kwai: how a wartime tragedy became a recreational, commercial and nationalistic plaything[J]. Current Issues in Tourism, 2010, 13(4): 311-332.

⑥ Swensen G. From Bastions of Justice to Sites of Adventure[M]. Folklore (14060957), 2014, 57.

⑦ Lu, Chi, Liu. Authenticity, involvement, and image: evaluating tourist experiences at historic districts[J]. Tourism Management, 2015, 50(5): 85-96.

的历史纪念馆、博物馆等，均需要完整地保护原真性；同时，通过科学合理的展示和解说手段真实地呈现遗产的"本真"也是黑色旅游活动中必不可少的一环[1][2][3]。

5. 主要学者及其研究内容

英国的罗耶克（Rojek）博士首次提出 Black Spots，他通过这一概念介绍了黑色景点的理念[4]。这是指商业化的坟场遗址及纪念大量人类聚集并被暴力突然杀害的遗址。罗耶克的分析是建立在许多旅游者涌向那些灾难地之上的，例如比利时的泽布吕赫（Zeebrugge）和苏格兰的洛克比（Lockerbie）。罗耶克讨论了三个不同的 Black Spot 案例：1955 年詹姆斯·迪恩死于车祸的遗址、纪念猫王的烛光守夜活动和肯尼迪遇刺纪念日。其他景点，比如国家或者城市的纪念馆被归为怀旧类的遗址。这两种目的地和与死亡相关的黑色景点是有区别的。许多因素导致黑色旅游的概念更加复杂。首先，需要区分立即、自发前往黑色旅游地的旅游与有计划的组织前往；其次，需要区分故意人工构造的吸引物及与死亡直接关联的体验和事件；再次，并不清楚黑色旅游者的出游动机中对死亡的兴趣程度有多高；最后，黑色旅游产品如何开发、黑色旅游体验如何塑造等问题都使得黑色旅游概念模糊不清。

列侬和福利两位学者在 2000 年出版的《黑色旅游》一书是第一本探讨黑色旅游的专著，探讨了死亡和旅游之间复杂的联系，并且介绍了世界上一些重要的黑色旅游地案例。他们首次将黑色旅游描述为对于真实和商业化的死亡与灾难地的呈现和消费。之后，他们修改了这个概念，认为黑色旅游是后现代性的暗示。第一，他们认为对于死亡的兴趣和解说很大部分取决于全球沟通技术立即报到并永远重复的能力；第二，他们认为绝大多数黑色旅游地挑战着固有的秩序、理性及现代性的进步；第三，他们发现教育、政治方面的信息及以它们为商业化的产品之间的界限变得更加模糊。列侬和福利还依照旅游动机的不同将黑色旅游者分为两大类：第一种是指与黑色旅游目的地本身有着情感、精神或者物质上联系的，或者是出于自身思想、经历、悲伤或者纪念目的而到访旅游地的旅游者；第二种是指与目的地没有什么联系，出于娱乐、休闲、放松

---

① Biran, Poria, Oren. Sought experiences at (dark) heritage sites[J]. Annals of tourism research, 2011, 38(3), 820-841.

② Wight, Lennon. Selective interpretation and eclectic human heritage in Lithuania[J]. Tourism Management, 2017, 28(2), 519-529.

③ Slade P. Gallipoli thanatourism: The meaning of ANZAC[J]. Annals of tourism research, 2003, 30(4), 779-794.

④ Rojek Chris. Tourism and citizenship[J]. International Journal of Cultural Policy, 1998, 4(2): 291-310.

目的的旅游者①。

迈尔斯、夏普利和斯托内（Miles、Sharpley and Stone，2006）等学者，共同对黑色旅游的"色度"理论做出了贡献。迈尔斯（2002）将黑色旅游目的地、体验和遗址区分为"一般黑色"和"更加黑色"两种。这是由于黑色旅游遗址分为两种：一种是死亡、灾难和灾害的直接发生地；另一种是关于死亡、灾难和灾害的目的地与景点。因此，关于前往前者的旅游、体验、朝拜等是一种程度更深的旅行，即"更加黑色"的旅游。因此，他认为，前往波兰奥斯威辛集中营纪念馆是一种比前往美国华盛顿大屠杀纪念馆更加黑色的旅游。迈尔斯还认为，如果依靠最近的事件或者将过去的事件和记忆通过技术进行再现，能够放大死亡遗址的空间优势，就产生"最黑色"的旅游。更重要的是，通过这些游客可以体验到最接近真实场景的经历②。

斯托内和夏普利（2008）建议，根据需求和供给的效果强烈程度，可以区分黑色旅游地不同的"色度"。需求是根据对于死亡的兴趣程度，供给是景点开发后的魅力大小。根据这两方面程度，不同的遗址和体验或许可以标记为"更白"或是"更黑"③。斯托内（2006）细化了黑色旅游不同"色度"的形式，依据旅游者的动机、旅游开发者的目的及政治意识形态等多种影响因素提出了从"最黑色"旅游到"最淡黑"旅游的"黑色旅游谱"（dark tourism spectrum）④。

二、中国旅游理论发展创新

（一）智慧旅游

智慧旅游（Smarter Tourism）来源于"智慧地球"（Smarter Planet）、"智慧城市"（Smarter Cities）等概念。对于现代旅游业而言，智慧旅游概念的提出是顺应新一代信息技术发展的必然趋势，也是促进旅游业转型升级的客观要求。严格来说，国外并无"智慧旅游"这一专业术语。2009 年国务院出台的《关于加快发展旅游业的意见》中，提出把"旅游业发展成为国民经济战略支柱产业和人民群众满意的现代服务业"，此后"智慧旅游"被写入"十二五"旅游

---

① Lennon, Foley. Dark tourism[M]. Cengage Learning EMEA, 2000.

② Miles W. Auschwitz: Museum interpretation and darker tourism[J]. Annals of Tourism Research, 2002, 29(4): 1175-1178.

③ Stone, Sharpley. Consuming dark tourism: A thanatological perspective[J]. Annals of tourism Research, 2008, 35(2): 574-595.

④ Stone. A dark tourism spectrum: Towards a typology of death and macabre related tourist sites, attractions and exhibitions[J]. Turizam: znanstveno-stručni časopis, 2006, 54(2): 145-160.

发展规划中。

智慧旅游的主要内容包括办公及管理业务系统的电子政务平台、集旅游信息和商务交易为一体的电子商务平台、应用集成和系统管理的综合管理平台与旅游综合资源数据仓库（数据中心）等方面。根据实际应用与业务需求，将各平台进行有机整合，实现资源有效利用与调度。

智慧旅游建设的关键问题是如何明确开发主体、应用主体及运营主体。国内学者张凌云等（2012）从智慧旅游的能力（capabilities）、属性（attributes）和应用（applications）三个层面构建了智慧旅游的 CAA 框架体系。其中，"能力"是指智慧旅游所具有的先进信息技术能力，"属性"是指智慧旅游的应用是公益性的还是营利性的，"应用"是指智慧旅游能够向应用各方利益主体提供的具体功能。智慧旅游的核心能力源于支撑智慧旅游的关键技术，其中物联网技术、移动通信技术、云计算技术及人工智能技术被称为智慧旅游的四大核心技术。这四大核心技术充分体现了智慧旅游对于旅游资源及社会资源的共享与有效利用的能力，这是智慧旅游的核心标志，也有别于前一代信息技术在旅游业中的应用。

（二）全域旅游

2015 年 9 月，原国家旅游局发布《关于开展"国家全域旅游示范区"创建工作的通知》，标志着国家全域旅游示范区创建工作在全国范围正式铺开。"全域旅游"是中国社会经济发展新常态下一种新的旅游发展观，是中国旅游发展的新道路、区域统筹发展的新方案、生态环保的新格局、脱贫致富的新出路和百姓幸福生活的新方式，发挥了"稳增长、促改革、调结构、惠民生、防风险"的重要功能。目前，全域旅游无论在理论界和实务界都存在很多争议，特别是概念本身的歧义与旅游中心主义的倾向引发诸多质疑，但强力的政府运动式的推动已经使它成为中国旅游发展的大热点。

全域旅游对经济社会体制、经济发展方式、社会组织体系、旅游管理体制、旅游融合发展等都提出了新的要求：（1）树立全域旅游的体制观，需要全域的见识；（2）树立全域旅游的资源观，需要全域的眼界；（3）树立全域旅游的产品观，需要全域的能力；（4）树立全域旅游的业态观，需要全域的胸怀；（5）树立全域旅游的发展观，需要全域的品质。建立现代旅游治理机制是开展和深化全域旅游发展的关键。需要从五个方面着手：第一，构建统筹发展机制；第二，深入推进旅游综合管理体制改革；第三，建立系统的营销机制；第四，大力推进旅游数据改革；第五，进一步优化政策保障机制。

全域旅游需要秉承融合发展的理念，并结合旅游供给侧结构性改革。首先，全域旅游重点突出旅游的引领作用，形成层次分明、相互衔接、规范有效的规划体系；其次，全域旅游以"旅游＋"为重点，推动融合发展、创新发展，增加旅游产品的有效供给；再次，全域旅游主张以市场为导向，促进旅游投融资，推动旅游产业持续向好，以服务民生为宗旨，抓好以厕所革命为代表的旅游公共服务；最后，全域旅游以助力全面小康为目标，大力推进旅游扶贫、旅游富民。

目前，国内各地全域旅游发展迅速，涌现出以城市全域辐射、全域景区发展、特殊资源驱动、产业深度融合、旅游功能区支撑等为代表的省、市、县多层级全域旅游推进新模式。全域旅游作为促进中国融入世界旅游大潮、增强国际竞争力的新举措，为世界贡献中国旅游经验。

（三）红色旅游

红色旅游（Red Tourism）的概念最早源于 1998 年，江西省确定了"红色旅游，绿色家园"的宣传主题，同年红色旅游的概念也出现在学术刊物上。红色旅游作为一种文化旅游，中国的红色旅游带有鲜明的中国特色，与国外的红色旅游（Communist Heritage Tourism）在运作机制、文化内涵和作用功能等方面略有不同。中国的红色旅游具有政府主导、革命精神和教育功能突出的特点。

关于红色旅游的定义，《2004—2010 年全国红色旅游发展规划纲要》将红色旅游表述为：以中国共产党领导人民在革命和战争时期建树丰功伟绩所形成的纪念地、标志物为载体，以其所承载的革命历史、革命事迹和革命精神为内涵，组织接待旅游者开展缅怀学习、参观游览的主题性旅游活动。红色旅游不仅是记录和展现革命精神的重要方式，也是开展爱国主义教育、弘扬中华民族精神的有效途径。

红色旅游兴起在国外，兴盛在中国。红色在政治上是革命的颜色，法国的巴黎公社墙是世界上最早的红色旅游纪念地，为纪念 1871 年 3 月 18 日举行的无产阶级革命。当前很多国家都有无产阶级革命的纪念地或纪念馆，如俄罗斯莫斯科的红场、朝鲜的万景台、越南的胡志明纪念馆等。但总体上，不论是国家对发展红色旅游的重视程度还是红色旅游的研究热度，国内的研究都相对更加丰富。随着国内红色旅游在研究范围、研究视角和理论建构上的深入，有关学者在红色旅游的内涵与本质、特点和功能、目标和方式上就进行了梳理和阐释。同时，红色旅游与政党认同[①]、社会记忆[②]、价值共创[③]等视角的研究拓展和社会交换理论、社会记忆建构过程理论等理论对红色旅游的应用都对红色旅游研究的发展起到积极作用。

① 左冰. 红色旅游与政党认同——基于井冈山景区的实证研究[J]. 旅游学刊，2014，29（09）：60 72.

② 徐克帅. 红色旅游和社会记忆[J]. 旅游学刊，2016，31（03）：35-42.

③ 剌利青，徐菲菲，何云梦，韩磊. 基于游客视角的红色旅游资源开发价值共创机制[J]. 自然资源学报，2021，（06）：1-11.

（四）国家文化公园

2019 年 12 月中办、国办印发《长城、大运河、长征国家文化公园建设方案》，提出建设国家文化公园探索文物和文化资源保护传承利用的新思路、新方法、新机制，做大做强中华文化重要标志。国家文化公园作为国家重大文化工程，成为传承中华优秀传统文化和实现文化强国的一个重要途径。

国家文化公园概念是我国首创的，其概念本身与大型文化遗产、遗产廊道、文化线路和国家公园等概念有重合和差异之处。我国的国家文化公园在管理体制、资金机制、法律法规等方面都具有一定独特性。我国的国家文化公园管理体制开创了世界文化遗产管理体制的先河。国家文化公园以完整性保护和融合性发展为核心理念，强调保护优先、强化传统，文化引领、彰显特色，总体设计、统筹规划，积极稳妥、改革创新，因地制宜、分类指导。国家文化公园不仅包括保护传承工程和研究发掘工程，也包括文旅融合工程和数字再现工程。

《长城、大运河、长征国家文化公园建设方案》印发后，各地积极践行"中央统筹、省负总责、分级管理、分段负责"的总体建设要求，全国国家文化公园建设步入快速推进阶段。中央层面，形成了"领导小组—办公室—专班"的顶层设计；省级层面，"领导小组+办公室"构建起各省总揽本地国家文化公园建设的管理架构。在国家文化公园建设的空间构成上，主要包括管控保护区、主题展示区、文旅融合区和传统利用区。

在理论研究方面，当前针对国家文化公园的理论研究尚处于起步阶段，但以往的完整性理论、文化空间理论、公共治理理论、利益相关者理论等都可以为国家文化公园的研究提供理论依托。相关研究涉及历史学、管理学、地理学、社会学等学科，对国家文化公园的内涵界定、思路原则、体制机制等方面都进行了拓展。

（五）生态旅游

生态旅游（Ecotourism）的概念最早由世界自然保护联盟（IUCN）在 1983 年提出，作为对传统大众旅游带来的生态环境破坏和可持续发展问题的反思。1993 年，国际生态旅游协会（TIES）将生态旅游定义为：具有保护自然环境和维护当地人民生活双重责任的旅游活动。

生态旅游自 20 世纪 90 年代引入中国以来，便受到国内学术界的持续广泛关注，在 21 世纪之后不仅在学术研究上获得快速发展，也得到政府的大力支持和社会的广泛认可。生态旅游担当着生态文明思想传播者、可持续发展理念引领者、旅游产品开发创新者、旅游社区利益维护者、旅游环境保护示范者等多重角色①。随着如国家公园体制等生态实践的拓展和研究的深入，如两山理论、生态银行理论等的提出和发展，生态旅游为我国生态文明建设和发展发挥愈加重要的作用。

在生态旅游的实践中，国家公园建设是其中的典型。自 2013 年提出"建立国家公园体制"以来，我国已相继发布多个关于自然保护和国家公园体制建设的重要政策指导文件，并成立国家公园管理局和国家公园试点。我国的国家公园建设借鉴国外国家公园建设经验，坚持国家代表性、全民公益性和对重要自然生态系统的原真性、完整性保护，在功能上强调保护和利用并用。中国借开展国家公园试点的契机，最终重组自然保护地体系，理顺自然资源资产的管理体制，同时也为开展生态旅游提供了制度保障。

在生态旅游的相关理论研究中，国内除了对生态旅游的概念与特征、资源与管理、市场与开发等方面的探索，在理论上也得出了如"两山"理论等具有中国特色的理论创新。

党的十八大以来，生态文明建设成为我国治国理政的战略思想，其中"两山"理论是我们党关于生态文明建设的重要组成部分。2013 年，习近平总书记在谈到环境保护问题时明确指出："我们既要绿水青山，也要金山银山。宁要绿水青山，不要金山银山，而且绿水青山就是金山银山。"这就是"两山"理论的生动阐释。2015 年 9 月 21 日，中共中央、国务院印发了《生态文明体制改革总体方案》，明确提出要"树立绿水青山就是金山银山的理念"。"绿水青山"代表我们赖以生存的良好生态环境，蕴藏宝贵的自然资源，人的命脉在田，田的命脉在水，水的命脉在山，山的命脉在土，土的命脉在树，人类的生存发展离不开山水林田湖的呵护和庇佑②，因此必须保护好自然资源。"金山银山"代表我们得以发展的社会经济效益，要想获得经济的长远发展，必须开发利用好自然资源。"两山"理论就是对"生态山"与"经济山"互利共生关系的生动阐述。

生态银行的出现为践行"两山"理论提供了重要实现思路。"生态银行"并非金融机构，而是自然资源运营管理平台，通过体制机制创新，打通资源变资产、青山变金山的通道，从而解决了生态优良的欠发达地区面临的共性难题③。例如，福建南平市的森林生态银行作为市场化生态交易系统平台，在政

---

① 钟林生，马向远，曾瑜皙. 中国生态旅游研究进展与展望[J]. 地理科学进展, 2016, 35（06）: 679-690.
② 国家林业局. 绿水青山: 建设魅力中国纪实[M]. 北京: 中国林业出版社, 2015.
③ 崔莉. 南平"生态银行": 打通"两山转换"新通道[J]. 决策, 2019（11）: 60-62.

策目标、出发点、交割标的物等上都具有一定的中国特色①。

（六）文旅融合

随着我国经济社会的发展，人们的生活逐渐由物质需求扩大到精神文化需求，人民对美好生活的向往成为社会发展的新追求，这在一定程度上凸显了文化和旅游发展的重要性。文旅融合是我国文化和旅游发展的趋势，也是新时代背景下践行中国特色社会主义思想的新目标和新使命，其目的在于推动文化和旅游的转型升级、满足人民美好生活需要②。

世界旅游组织在 2018 年出版的《文旅融合》（*Tourism and Culture Synergies*）一书中指出，近几十年来，文化与旅游融合的基本动力之一是教育的发展，此外文化产业与旅游产业间的协同作用（synergic effect）是文旅融合的另一重要驱动力③。

随着 2018 年中华人民共和国文化和旅游部的成立及一系列文旅融合政策的出台，文化和旅游在行政管理体制方面日趋融合。将文化转化为重要的旅游资源，文化旅游将无意识的文化传播转化为有意识的文化呈现和游客主动的文化认识，文化和旅游具有可相互利用的资源基础和共同满足人们美好需求的发展目标，具备融合的条件。文旅融合既是实现高质量发展的必然要求，也是重要途径。作为具有深厚文化资源和丰富旅游资源的中国，文旅融合对于我国民族文化复兴与发展和文旅产业高质量发展具有重要意义。

在政府推动之后，随着文旅融合的深入，应坚持"政府引导、市场运作、企业主体、社会参与、群众受益、永续利用"的原则。政府的角色更多的是在文化保护、知识产权保护、市场监管与公共服务上。最关键的是创建市场驱动的文旅融合体制机制，让市场在文化和旅游融合发展中起主导作用，强化企业的市场主体力量（邹统钎，2020）④。具体机制如下：

1. 创建价值共创的文旅融合机制

文旅融合的机制主要有四种：①文化遗产的旅游保护机制。开展文化遗产生产性旅游利用，实现文化遗产保护与旅游利用协调。②文化价值的旅游共创机制。游客参与文化价值创造。③文化市场的旅游推拉机制。实行文化差异性旅游开发，文化演绎者根据市场需求对文化内涵创新，凝聚特色，配套旅游设施与服务，通过文化拉引、旅游推动，最后实现文化的市场价值。④文化思想

---

① 颜宁聿，刘耕源，范振林. 生态银行运行机制与本土化改造研究：文献综述[J]. 中国国土资源经济，2020，33（12）：10-24.

② 范周. 文旅融合的理论与实践[J]. 人民论坛·学术前沿，2019（11）：43-49.

③ UNWTO. Tourism and Culture Synergies[M]. Madrid: UNWTO, 2018: 1-160.

④ 邹统钎. 走向市场驱动的文旅融合[J]. 人民论坛·学术前沿. 2020，07.

的旅游传播机制。大力拓展文化交流性旅游活动，提升文化旅游产品竞争力，吸引各地文化旅游者，提升市民文明旅游水准，使游客人人成为文化使者。

2. 发展文旅融合市场主体，培养文化旅游经纪人

世界旅游组织成员国文化旅游市场合作的优先次序是产品开发、联合营销、能力建设与培训、资金、网络与合作等。可见文化的旅游产品化最为关键。政府应重点放在公共环境创造、发展文化旅游融合的市场主体上，扶持一批像华侨城、横店、宋城、长隆、曲江之类的文化旅游企业，培养一批文化旅游经纪人（Cultural Tourism Broker），像单霁翔演绎故宫、黄巧灵演绎现代演艺、黎志演绎山水文化、张涛演绎热带雨林文化、梅帅元演绎实景文化、陈向宏演绎古镇文化这样能成功将文化转化为旅游产品的人才。文化旅游经纪人应该是文化的传承人，传承传统文化；是文化的演绎人，讲好文化故事；是文化的旅游创意师，把文化故事转化为市场对路的旅游产品。

3. 构建个性化与地方化的文旅融合业态与文化体验空间

通过场所精神塑造、价值网络构建、主题文化演绎、创意空间集聚、舞台再现等路径，构建地方化与个性化的文旅融合业态与体验空间：①历史文化街区。基于场所精神塑造的文化体验空间。②大型实景演出。基于文化舞台再现的文化体验空间。③文化旅游节。基于文化节事的文化体验空间。④主题公园。基于主题文化演绎的文化体验空间。⑤文化创意产业园。基于创意空间集聚的文化体验空间。⑥旅游小镇。基于文化产业价值网络构建的文化体验空间。

4. 应用数字科技，在体验中实现文旅融合

文化产品体验化与寓教于乐是目前文化产品适应旅游市场需求的必然趋势。创意，特别是基于非物质文化遗产的创意，指通过声音、图像、影视、动画等方式实现文化的可视化展示、技术复原或仿古再造，以技术融合实现"观光旅游—文化旅游—定制服务"的多产品开发流程。大力发展"文旅+VR体验""文旅+演艺""文旅+文创消费""文旅+主题游乐""文旅+微电影"等多种模式，努力实现厚重文化内涵的轻松式表达、现代化表达、国际范表达。例如莫高窟的游客中心，将数字技术与景区的游览体验项目开发结合在一起，以全息投影、球幕影院等为代表的数字技术和以三维建模、增强现实（AR）、虚拟现实（VR）、人工智能等为代表的场景科技，创造出全新的"沉浸式互动体验"产品，为文化旅游的发展树立了新标杆。以高科技技术为手段，以地方特色文化为内容，以沉浸式视听娱乐为形式，采用设施标准化、内容定制化，打造地方新名片，塑造地方新品牌，讲好中国故事，开启文化体验旅游新时代。

第二章　旅游动机理论演变

第一节　旅游动机

一、旅游动机的含义

自从伦德伯格（Lundberg，1972）提出"人们为什么要旅行？"这个问题以来，动机作为旅游者行为的基础在旅游界得到了广泛的研究。确定动机是制定目的地计划的第一步，因为这解释了游客旅行的原因及他们想要的体验、目的地或活动的类型[①]。

动机理论的形成也促进了旅游动机学说的演化。基于动机的一般概念，许多学者对旅游动机的概念进行了定义。但目前来说，没有形成一个权威的、统一的定义。曾韬从需求观、力量观、目标观三个方面概括旅游动机概念[②]，如表 2-1 所示。

---

① Kim, Lee, Klenosky. The influence of push and pull factors at Korean National Parks[J]. Tourism Management, 2003, 24(2): 169-180.

② 曾韬. 国外旅游动机概念与维度研究进展与评述[J]. 学术研究，2019，（7）：171-176.

表2-1 旅游动机的定义

不同观点	需求观	力量观		目标观	
主要观点	动机需求理论 (Maslow, 1945)①	驱力观点 (Iso-Ahola,1982)②	推拉力观点 (Dann, 1977)③	功利价值观点 (Kemperman and Timmermans, 2006④;Huang & Hsu, 2005⑤)	层次期望观点 (Jiang, 2012)
定义	旅游动机是游客为了收获旅游体验而产生的一系列具有层次性与发展性的需求,具有生理、安全、关系、尊重、自我实现等多重属性;需求层次理论揭示,旅游动机代表着旅游活动中不同阶段产生的心理需求,其中生理与安全需求属于基础型动机,关系、尊重、自我实现属于激励型动机	旅游动机是个体为了追求内在的奖励(逃避日常生活与追求身心成长)而产生一种对个体旅游行为的激励与引导,从而使得个体能够达到满意状态	"推力"指由不平衡或紧张引起的内部驱力,具有非选择性;"拉力"指旅游吸引物的特征对游客目的地选择的影响,具有一定的指向性	旅游动机是一种目标,体现在个体于旅游过程中对成就的追求方面	旅游动机是一种具层次性质的期望的集合(对旅游产品基础功能的期望、对体验产品属性后的结果的期望及对收获结果后达到最终目标的期望)⑥;该概念的基本观点为,旅游产品基础功能实际代表旅游者实现获得重要结果与强化个人价值这一"目标"的"手段"

① Maslow Abraham. A theory of human motivation[J]. Psychological Review, 1943, 50(4): 370-396.

② Iso-Ahola S E. Toward a social psychological theory of tourism motivation: A rejoinder[J]. Annals of Tourism Research, 1982, 9(2): 256-262.

③ Anomie, ego-enhancement and tourism[J]. Annals of Tourism Research, 1977, 4(4): 184-194.

④ Kemperman, Timmermans. Preferences, benefits, and park visits: A latent class segmentation analysis[J]. Tourism Analysis, 2006, 11(4): 221-230.

⑤ Huang S, Hsu C. Mainland Chinese residents' perceptions and motivations of visiting Hong Kong: Evidence from focus group interviews[J]. Asia Pacific Journal of Tourism Research, 2005, 10(2): 191-205.

⑥ Shan Jiang, Noel Scott, Peiyi Ding, Tony Tongqian Zou. Exploring Chinese outbound tourism motivation using means-end chains: A conceptual model[J]. Journal of China Tourism Research, 2012, 8(4): 359-372.

续表

不同观点	需求观	力量观		目标观	
主要观点	动机需求理论（Maslow，1945）	驱力观点（Iso-Ahola，1982）	推拉力观点（Dann，1977）	功利价值观点（Kemperman and Timmermans，2006；Huang & Hsu，2005）	层次期望观点（Jiang，2012）
评价	该观点为后人了解旅游动机内涵提供了有效的技术工具，但也有学者提出疑问，需求观点的建立基本参考马斯洛的理论，而马斯洛的动机层次理论是针对企业员工所提出的，其在旅游领域的应用性与有效性均值得怀疑	该理论为旅游动机的研究提供了一种新颖的社会心理学视角，随后被不少学者沿用，然而有部分学者认为仅将旅游动机视为驱动力并不能完整清晰地解释人们出游前的各种需求；同时，将复杂的旅游动机仅仅假设为对内在奖励的追求，在预测旅游行为方面具有较大局限性	"推—拉"观点能比较全面直观地解释游客做出旅游决策的原因，因此受到了众多学者的赞同与沿用，但也有学者对"拉力"属于外在的目的地属性的观点表示反对，认为"拉力"本质上是个体内心对外在利益的追求，属于内在的心理要素	该理论单纯强调人们对利益的追求，忽视了人们心理的多样性与复杂性，并不适用于检验不同类型人口的旅游动机	层次期望观点利用层次性框架将旅游动机中的抽象概念纵向连接，一方面体现了动机动态的特质，另一方面从旅游者表达的具自我含义的期望结果角度理解动机，清晰地揭示了旅游动机的内在抽象本质

资料来源：曾韬. 国外旅游动机概念与维度研究进展与评述[J]. 学术研究，2019（7）：171-176.

二、旅游动机的分类

　　早在 1935 年，德国学者格里克斯曼就尝试对旅游动机进行分类。他在自己的著作《一般旅游论》中，分析了旅游行为的原因，把旅游动机分成了心理的动机、精神的动机、身体的动机和经济的动机 4 个类别。日本学者田中喜一先生将旅游动机分为：心理动机——思乡心、交友心、信仰心；精神动机——知识的需要、见闻的需要、欢乐的需要；身体动机——治疗的需要、修养的需要、运动的需要；经济动机——购物的目的、商业的目的。田中喜一的分类对揭示旅游动机的多样性和复杂性具有一定的意义，但从动机分类的内容来看，更像是对旅游目的进行的分类。而另一位日本学者今井省吾将现代旅游动机分为：消除紧张的动机——变换气氛、从繁杂中解脱出来、接触自然；扩大自己战绩的动机——对未来的向往、了解外部未知的世界；社会存在的动机——朋友之间的友好往来、家庭团聚等。

美国学者对于旅游动机分类的研究成果较多。约翰·托马斯（John Thomas，1964）将旅游动机分为文化教育动机、休息和娱乐的动机、种族传统动机与其他动机4种类型，如表2-2所示。奥德曼（Lioyd Audman）把旅游动机分成8种：健康的动机、好奇的动机、体育的动机、寻找乐趣的动机、精神寄托和宗教信仰的动机、专业或商业的动机、探亲访友的动机、自我尊重的动机。最有代表性的是罗伯特·麦金托什（Robert McIntosh，1977）的分类方法，他将旅游动机划分为生理因素诱发的旅游动机、文化因素诱发的旅游动机、地位和声望因素诱发的旅游动机与人际因素诱发的旅游动机4个类型。澳大利亚学者波乃克（Berneker，1984）将旅游动机分为6种：修养动机、文化动机、体育动机、社会动机、政治动机和经济动机。

表2-2 托马斯旅游动机分类法

文化教育	休息和娱乐	种族传统	其他
去看看别国的人民的工作、生活和娱乐；游览风景名胜；去进一步了解新闻正在报道的事件；去参加特殊活动	摆脱单调的日常生活；去好好地玩一次；去追求某种与异性接触的浪漫经历	去瞻仰祖先的故土；去访问家人或朋友曾经去过的地方	天气；健康；运动；经济；冒险；胜人一筹的本领；顺应时尚；参与历史；了解世界（社会学）

从以上对旅游动机的分类可以看出，由于旅游动机的多源性、内隐性等特征，对旅游动机的分类没有一个共同的认识和标准。

三、影响旅游动机的因素

从动机的定义可以看出，动机与需要之间有着非常密切的关系。人们外出旅游的动机之所以会有所不同，其基本原因在于人们的需要存在差异。而个人心理类型、文化程度、年龄、性别等都影响着人们的需求，因此也影响了旅游动机。

（一）个人心理类型

普洛格（Stanley Plog）在一项有关度假区受欢迎程度的兴起与衰微的研究中，将从事旅游活动者的心理描述（psychographics）分为五种：自我中心型（the psychocentrics）、近似自我中心型（the near-psychocentrics）、中间型（the mid-centrics）、近多中心型（the near-allocentrics）和多中心型（the allocentrics），如图 2-1 所示。

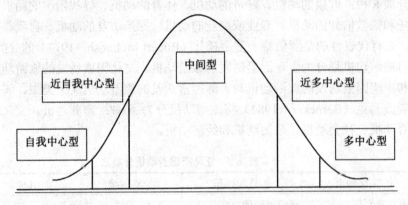

图 2-1　心理类型分布图

此研究发现在旅游行为中，具有自我中心型性格（the psychocentric personality）的旅客，对其生活的可预期性有很强烈的需求。因此，他们在从事旅游活动时，通常选择前往其所熟悉的旅游地区。他们的性格较被动，主要的旅游动机为休息和放松，对于所从事的活动、所使用的住宿餐饮和娱乐设施，都希望能与其日常所熟悉的生活有一致性，而且是可预测的。而具有多中心型性格（the allocentric personality）的旅客，对其生活的不可预期性有很强烈的需求。因此，他们在从事旅游活动时，通常选择前往较不为人所知的地区。他们的性格较主动，喜欢到外国旅游，接触不同文化背景的人，并希望有新的体验[1]。表 2-3 说明了此两种性格类型的旅游特征。

---

[1] Plog. Why destination areas rise and fall in popularity[J]. Cornell Hotel and Restaurant Administration Quarterly, 1974, 14(4): 55-58.

表 2-3　不同心理描述类型之旅游特性

自我中心型	多中心型
＊ 喜欢熟悉的旅游目的地	＊ 喜欢非旅游地区
＊ 喜欢旅游目的地的一般活动	＊ 喜欢在别人来到该地区前享受新奇的
＊ 喜欢阳光、欢乐型的旅游胜地，包括	经验和发现的喜悦
相当程度之无拘无束的轻松感	＊ 喜欢新奇的与不寻常的旅游场所
＊ 活动量小	＊ 活动量大
＊ 喜欢去能驱车前往的旅游点	＊ 喜欢坐飞机去旅游目的地
＊ 喜欢以服务游客为主的住宿设备、餐	＊ 住宿设备主要包括一般的旅馆和伙
馆及旅游商店	食，不一定要现代化的大型旅馆，不喜欢专门
＊ 喜欢熟悉的气氛(如出售汉堡的小摊、	吸引游客的地区商店
熟悉的娱乐活动)，不喜欢外国式气氛	＊ 愿意会见和接触具有他们所不熟悉的
＊ 要准备齐全的旅行行装，全部日程都	文化背景的人们
要事先安排妥当	＊ 旅游的安排只包括最基本的项目（交
	通工具和旅馆），留有较大的余地和灵活性

资料来源：Plog. Why destination areas rise and fall in popularity[J]. Cornell Hotel and Restaurant Administration Quarterly, 1974, 14(4): 55-58.

　　具有极端自我中心型或多中心型性格的人很少，而在这两种极端中间，可区分为三种类型：近自我中心型、中间型和近多中心型。具有强烈自我中心型性格或近自我中心型性格的旅游者更愿意前往已有数以百万计的游客去过的、和游客日常所熟悉的生活有一致性与可预测性的度假区。具有强烈多中心型性格或近多中心型性格的旅游者，因其喜好冒险、好奇心强、精力充沛，且喜欢到外国旅游，因此通常会被新奇的、具有冒险性的度假区吸引。而所谓中间型性格的旅游者，他们不是真正喜欢冒险，但却又不怕旅游，是旅游大众市场（the mass market for travel）的代表，通常会被有些不熟悉、但又不是非常陌生的度假区吸引。

　　不过，这应该是某一段时期的情况，因为人们会改变，多次的旅游活动会使得自我中心型的旅客变得较喜好冒险和活跃，也会使得中间型的游客变得接近多中心型。但是这种态度的改变，通常是一个漫长的过程。自我中心型的游客不会在一夜之间就变得勇猛、好冒险、喜欢到不熟悉的外地去旅游。但无论如何，经过一段时间后，当人们对于新的经验、新的人和新的文化变得更为开放、更能接受时，有些人会变得具有多中心型性格，希望有新的体验。

　　其实不只人们会改变，经过一段时间后，度假区也会改变。有些度假区早先是吸引多中心型性格的游客，然后近多中心型性格游客的到来使得游客人数增加，于是需要更多的旅馆为游客提供住宿服务，而游客们中喜欢标准化大型连锁旅馆者较多。当大众市场的旅游团游客前来时，此地就变得更为人所熟悉了，各类家庭式餐馆、旅游商店陆续开张，无论是餐饮、娱乐和其他活动，都变得非常标准化了。最后，当近自我中心型性格和自我中心型性格的游客到来后，此地已变得很熟悉了。普洛格后来又加上一个活力向度（an energy dimension）来描述旅游者所偏好的活动量①：高活力的旅游者偏好高活动量，低活力的旅游者偏好低活动量。普洛格又指出，自我中心型（或依赖型）、多样活动型（或冒险型）和活力型三个性格既相近又相互独立、互不相关。

（二）其他因素

除了个人心理类型之外，影响旅游动机形成的个人方面因素中还包括以下10 点。

1. 文化水平与受教育程度

一个人的文化水平通常与所受教育的程度有关。因此在旅游调查工作中，人们往往将受教育程度作为反映文化水平的测量指标。受教育程度在很大程度上决定着一个人的知识水平和了解外界信息的能力，并因此会对一个人的需要产生影响。这主要表现在，一方面知识水平的提高有助于获得有关外界事物的信息，从而易于诱发对外界事物的兴趣和好奇心；另一方面知识的增多有助于克服对外部世界的心理恐惧感。

2. 年龄

年龄对旅游动机的影响主要出于两个方面：一是年龄的不同往往决定了人们所处的家庭生命周期阶段不同，从而制约着人们的需要和动机。以已婚的双职工家庭为例，夫妻二人虽然具备外出旅游的条件和意愿，但由于家中有婴儿的拖累，因而仍会决定不外出旅游。这一点已为大量的旅游调查资料所证明。二是年龄的不同往往会造成人们的体力差异，从而也会制约人们的需要和动机。例如，有些老年人在心理类型上虽然属于行为活跃的多中心型，但由于身体条件的制约，仍会决定不参与具有冒险性的旅游活动，甚至会决定不外出旅游。

3. 性别

性别本身并不会对旅游动机产生影响。性别差异对需要，乃至对行为动机的影响，主要是出于两个方面的原因。第一，性别差异意味着男女生理特点的不同；第二，性别差异导致了男女在家庭生活中扮演不同的角色。很多旅游调查结果表明，在外出旅游者中，男性旅游者多于女性旅游者，而且探险性旅游活动的参加者多为男性，其根本原因便在于此。

---

① Plog S. Where in the world are people going and why do they want to go there[M]. Paper presented to Tianguis Turistico, Mexico City, Mexico. 1979.

4. 支付能力

对于支付能力较低的人而言，即使他在心理类型上属于多中心型，喜欢到遥远、新奇的目的地去旅行，但由于支付能力的制约，外出旅游时也有可能会选择那些对他来说虽然没有什么新意但费用较低的近程目的地。

5. 身份

一个人一生中扮演的角色和身份具有多样性，其中一些角色和身份相对稳定，而另一些可能相当短暂，而旅游被认为是一种建立、维持，甚至重新创造身份的手段，处于不同时刻的身份和角色会影响旅游者的旅游决定。在某种程度上，所有的旅游体验都是由个人自我感知的与身份相关的需求及他们对目的地的感知和满足这些需求的体验所驱动的。

6. 文化距离

对于潜在的游客来说，文化距离越大，目的地越有可能包括丰富和独特的文化、遗产和历史，新颖性越强，越倾向于出游。但同时文化距离也可能影响旅行者对潜在目的地的风险感知。随着文化距离的增加，不确定性和异常责任可能会增加。

7. 时间

随着时间的变化，旅游动机呈现时变性特点，人们对未来事件（例如愉快旅行）的预期会带来他们的情感和唤醒，从而可能改变他们的行动过程。

8. 个人价值观、文化价值观

个人价值观包括内在价值（例如新颖性和知识的旅行动机）和外在价值（例如归属感、安全感、受到良好尊重），价值观影响了游客的行为意图和旅游动机的程度。

9. 感知风险

对潜在目的地的风险感知会影响旅游者的出游倾向。经典的风险感知模型主要包括硬件设施、金钱财务、身体健康、心理需求、期望满足、社会关系、时间成本和政治事件等[1][2]。在此基础上，有学者也将"文化差异与障碍"等因子纳入风险感知类型和维度当中[3]。

---

① Roehl, Fesenmaier. Risk perceptions and pleasure travel: An exploratory analysis[J]. Journal of Travel research, 1992, 30(4): 17-26.

② Lepp, Gibson. Tourist roles, perceived risk and international tourism[J]. Annals of tourism research, 2003, 30(3): 606-624.

③ Lepp, Gibson, Lane. Image and perceived risk: A study of Uganda and its official tourism website[J]. Tourism management, 2011, 32(3): 675-684.

10. 以往旅行经验

以上关于旅游动机影响因素的简要介绍仅是针对旅游者的个人方面而言的。实际上，除了旅游者个人方面的因素之外，很多外部因素，如社会历史条件、微社会环境等，也会对人的旅游动机产生某种正面或负面的影响①。

四、特殊群体的旅游动机

（一）朝圣旅游动机②

朝圣者的动机主要来自以下方面：宗教动机、精神动机和希望获得新的体验（例如自然和体育体验），以及想逃避日常事务和社会压力，找到一种不同的生活方式。

（二）旅游购物动机③

游客购物动机可以分为两类：工具型和表现型。前者是指获得与旅行相关的必需品，并履行有关纪念品的社会/文化义务；而后者涉及放松、逃避、社交网络和地位。购物动机似乎在不同的游客群体和背景下都有所不同。旅游夜市情境下，追求新奇和体验当地文化是促使游客在这种环境下购物的主要因素。跨境旅游时，较低的价格则往往是主要的动机。

（三）志愿旅游动机④

志愿者动机有六个功能，即价值、理解、社会、职业、保护和提高。其中，价值功能指的是对他人的利他主义和人道主义关注，并区分了志愿者和非志愿者；理解功能代表了使用知识、技能和能力的机会，否则这些知识、技能和能力是不会被使用的；而社会功能意味着与新的个人或现有的朋友发展关系，或从事一项被同龄人群体看好的活动；职业功能指的是为新的工作领域做预演，或做志愿服务，以便在职业地位上保持最新状态；保护功能指的是减少负面情绪；提高功能则涉及建设自己的积极方面。

（四）美食旅游动机⑤

美食旅游是特殊兴趣旅游的重要表现形式。美食旅游在游客的动机方面，

---

① 李天元. 旅游学（第二版）[M]. 北京：高等教育出版社，2006.

② Amaro, Antunes, Henriques. A closer look at Santiago de compostela's pilgrims through the lens of motivations[J]. Tourism Management, 2018, 64(2): 271-280

③ Jin, Moscardo, Murphy. Making sense of tourist shopping research: A critical review[J]. Tourism Management, 2017, 62: 120-134.

④ Alexander, Kim S B, Kim D Y. Segmenting volunteers by motivation in the 2012 London Olympic Games[J]. Tourism Management, 2015, 47(4): 1-10.

⑤ Ellis, Park, Kim, et al. What is food tourism? [J]. Tourism Management, 2018, 68(10): 250-263.

不同于其他旅游方式，学者多从推力动机和拉力动机两个维度展开讨论。一般认为，美食旅游的推力动机主要体现在文化探索、饮食猎奇和休闲放松；拉力动机主要包括饮食产品和服务配套①。体验特定目的地的美食或食物的愿望是美食旅游的重要动机。

（五）慢旅游动机②

慢旅游的动机一般包括放松、自我反省、逃离、寻求新奇、参与、发现。其中，放松指一种没有压力、紧张、焦虑和兴奋的状态，给人一种轻松、舒适、平静和解脱的感觉（McCabe，2009；Ryan and Glendon，1998；Yoon and Uysal，2005）。旅行者可能会通过与现代生活的节奏和复杂性之间的时间减速和空间距离来达到这样的心理状态（Howard，2012；Krippendorf，1987）。在物理和社会背景的新颖性中练习减速的时间性，旅行者可能还想要识别自我地位，获得对自我的洞察，增强自我成长的感觉，并体验真实的自我（Crompton，1979；Howard，2012）。因此，与自我实现（Pearce and Lee，2005）和自我发展（Li and Cai，2012）的概念相似，自我反省被定义为一种感觉，与自我相连，滋养自我，认同自我的一般需要（Howard，2012）。逃离指的是一种将自己在身体和精神上从日常生活和义务中分离出来的愿望。寻求新奇是指人们通过新的时间、新的地点和新的人寻求新奇的体验，这些新的人给他们带来刺激、冒险和刺激的感觉。许多研究都认为这种寻求新奇的行为是一种重要的旅行动机（Cohen，1979；Lee and Crompton，1992；Li and Cai，2012；Pearce and Lee，2005）。参与动机，指旅行者对旅行或旅行环境的投入或享受程度。旅行者可能会因为旅行而寻求许多结果，但参与旅游活动、环境和当地文化的内在乐趣似乎会促使人们慢慢旅行。最后，发现通常被贴上学习、教育或知识获取的标签（Beh and Bruyere，2007；Fodness，1994；Ryan and Glendon，1998），是指渴望学习和理解新事物。

（六）生态旅游动机③

生态旅游者的动机往往与环境因素有关（Holden and Sparrowhawk，2002；Weaver and Lawton，2002；Wurzinger and Johansson，2006），如参观不拥挤的

---

① 张涛. 为食而游：美食旅游动机及启示[A]. 中国区域科学协会区域旅游开发专业委员会、湖北省农业厅、湖北省旅游局. 第十六届全国区域旅游开发学术研讨会论文集[C]. 中国区域科学协会区域旅游开发专业委员会、湖北省农业厅、湖北省旅游局:中国区域科学协会区域旅游开发专业委员会，2012：7.

② Haemoon, Oh, et al. Motivations and goals of slow tourism[J]. Journal of Travel Research, 2014, 55(2): 205-219.

③ Lee S, Lee S, Lee G. Ecotourists' motivation and revisit intention: A case study of restored ecological parks in South Korea[J]. Asia Pacific Journal of Tourism Research, 2014, 19(11): 1327-1344.

目的地和未受破坏的自然，以及了解和欣赏自然。这意味着生态旅游者更有可能体验自然环境，而不是人类建造的环境（Wurzinger and Johansson，2006）。因此，当有争议的环境问题出现时，生态旅游者倾向于前往自然保护的目的地（Blamey and Braithwaite，1997）。

（七）冒险旅游动机[①]

"风险"和"挑战"被确定为冒险游客的两个主要动机。随着全域旅游的到来，滑雪、攀岩、跳伞、漂流等风险较高的运动受到游客青睐。最初，寻找刺激是学界对于冒险动机的一致认识，而后经过证实，将冒险动机分为三类：一是内驱型，强调冒险运动为游客带来的刺激感和紧张感等心理感受；二是氛围型，游客会受到以自然风光等表征元素的户外环境的影响；三是外生型，若游客在意运动技能和身体素质，其参与冒险运动提升身体素质和专业技能的欲望会更强烈[②]。

第二节　旅游动机理论

心理学家对人类动机的实质进行了很多研究，提出了许多的动机理论。其中，旅游生涯理论（travel career theory）、驱力理论（drive theory）、期待价值理论（expectancy value theory）、唤醒理论（arousal theory）和双因素理论（two factors theory）在旅游研究领域中被引用得较多。随着旅游消费升级，越来越多的理论被引入旅游研究中，如保护动机理论（protection motivation theory）、功能理论（functional theory）、自我扩张理论（self-expansion theory）、网格群文化理论（grid-group cultural analysis），以及特殊兴趣旅游（special interest tourism）。

一、传统旅游动机理论

（一）皮尔斯（Pearce）的旅游生涯理论

马斯洛需求层次理论主要是描述人有多种层次的需求，当低层次需求（例如生理需求的饥、渴）满足后，会追求更高层次的需求（例如安全），而最高层

---

① Pomfret G. Mountaineering adventure tourists: A conceptual framework for research[J]. Tourism Management, 2006, 27(1): 113-123.

② 盘劲呈，李海. 风险边缘视角下冒险性体育旅游的动机、情绪与意愿[J]. 上海体育学院学报, 2020, 44（09）: 34-42.

次的需求是自我实现[①]。皮尔斯（Pearce）将马斯洛需求层次理论应用于旅游动机研究，认为游客的经验会间接影响游客下次旅游的动机，于是他发展出旅游生涯阶梯（travel career ladder）模型[②]，如图 2-2 所示。游客在旅游生涯阶梯中最底层的动机是生理性动机，这在旅游中可表现为参与活动、基本生理需求和放松。

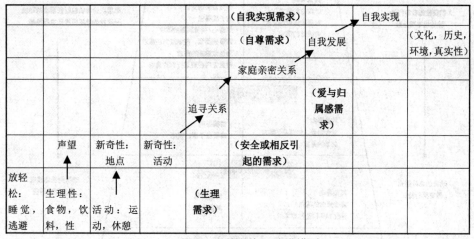

图 2-2　旅游生涯阶梯模型

资料来源：Pearce P. The Ulysses factor: Evaluating visitors in tourist settings[J]. Springer-Verlag, New York. 1988.

待第一层次满足后，游客就会产生第二层次的需求，即安全需求或相反而生的需求，其中包括对活动或地点的新奇性与声望。再往上一层次是爱与归属感的需求，这在旅游中可反映为对关系的追寻。此种需求可分为他人引导或自我引导两类，他人引导而生的行为包括"想与别人在一起""成为团体成员""接受好感与关注"与"想建立关系"。自我引导行为和爱与情感有关，另外也包括了在团体中与其他人互动，以及与他人保持或加强关系（图 2-3）。

---

① Maslow A H. Motivation and Personality (3rd) [M]. Harper Collins Publisher, New York, 1987.
② Pearce P. The Ulysses Factor: Evaluating Visitors in Tourist Settings[M]. Springer-Verlag, New York. 1988.

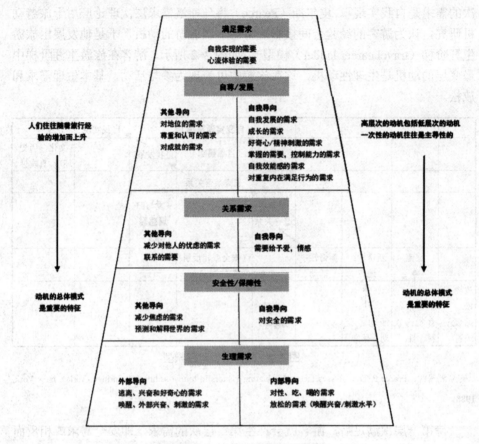

图 2-3　旅游生涯阶梯图解

资料来源: Pearce P. Introduction: The tourism psychology conversation[J]. Australian Psychologist, 1991, 26(3): 145-146.

　　爱与归属感的上一层次是自尊，这与自我发展有关。由他人引导出的行为包括追求声望与魅力的旅游，使自己成为吃与喝的行家等。由自己引导出的行为则包括技能的培养、特殊的兴趣与能力的掌握。最后的也是最高层次的是自我实现，游客渴望超越自我，渴望自己成为整体的一部分，渴望体验内心的平静与和谐，渴望能将自己的潜力全部开发出来。虽然皮尔斯的模型有数次改动，但就整体而言，他强调当游客较低层次的需求被满足与游客有较多的旅游经验后，游客产生追寻更高层次需求的动机[1]，但是皮尔斯也同意此种追求较高层

---

① Pearce P. Introduction: The tourism psychology conversation[J]. Australian Psychologist, 1991, 26(3): 145-146.

次需求的形式不是永远如此，动机也可能会改变，且同时出现在不同的需求层次上。人们的动机会随着他们的寿命和/或累积的旅行经验而改变。一些人可能主要是"上升"，而另一些人可能停留在一个特定的水平上，这取决于突发事件或限制因素，如健康和财务考虑。大体上，人们在积累旅行经验时，会通过动机水平向上发展。

瑞安（Ryan，1998）和基姆等（Kim and Pearce，1996）批评说，这个理论中"ladder"的使用导致了需求只从最低水平上升到最高水平，这与对马斯洛的批评类似。然而，旅行者可以从任何水平开始，上升或下降取决于他们以前的经验、对活动的了解，以及特定活动的投资水平。旅行者也可以向梯子的自我或其他方向移动。

随着研究的进一步深入，皮尔斯和李（Pearce and Lee，2005）以旅游生涯阶梯模型为原型，提出了旅游生涯模型（Travel Career Pattern，TCP），该模型保留了旅游动机随着旅游经验的增加而改变的核心概念[①]。他们在西方国家（主要是澳大利亚和英国）和东方国家（韩国）的不同文化情景下进行了问卷调查。经过两个样本的检验，得出了 14 个动机，如表 2-4 所示。

表 2-4　14 个旅游动机（按重要性排序）

排序	动机
1	探索新事物、猎奇
2	逃逸、放松
3	关系强化
4	寻求自主
5	追逐自然
6	通过和当地人或当地景点进行接触实现自我发展
7	寻求刺激
8	人格发展
9	安全关系（享受与同类人相处）
10	自我实现（获得新的生活观念）
11	自我孤立
12	怀旧
13	浪漫
14	社会认同

① Pearce, Lee. Developing the travel career approach to tourist motivation[J]. Journal of Tourism Research, 2005, 43(3): 226-237.

皮尔斯将 14 个旅游动机分成了 3 个动机层次：核心动机层、中间动机层和外部动机层[①]。其中，每一层都由不同的旅游动机组成：最重要的普遍动机（猎奇、逃离／放松、关系强化）位于核心层；中间层是较为重要的旅游动机，从内部导向的旅游动机（如自我实现）转变为外部导向的动机（如通过和当地人或当地景点进行接触实现自我发展）；最外层由怀旧、浪漫、社会认同等相对稳定但不太重要的一般动机组成。

同时，旅行动机可以被确定为多种动机的模式和组合，而这些动机又受到先前旅行经验和年龄的影响。皮尔斯等（Pearce and Caltabiano，1983）及伍德赛德等（Woodside and Jacobs，1985）认为，在研究旅行动机时，以前的旅行经历可以提供一些启示。关于旅行动机与旅行经验水平之间的关系，逃避/放松、新奇、关系和自我发展对所有旅行者来说都是最重要和核心的。在确定的 14个旅行动机因素中，高旅行经验水平的人更重视东道主的参与和寻求自然的自我发展的动机。低旅行经验水平的人更强调其他动机因素，如刺激、个人发展、自我实现、安全、怀旧、浪漫和认可。

（二）伍德沃斯（Woodworth）的驱力理论

随着对动机理论研究的深入，伍德沃斯（Woodworth）在 20 世纪 20 年代提出了行为因果机制的驱力理论。他认为驱力是由于个体的生理需要所引起的，并通过相应的活动来满足这种需要。驱力可分为内部驱力和外部驱力，即可以称之为动因和诱因。因此驱力理论包括动因理论（内驱力理论）和诱因理论两部分。

动因理论（内驱力理论）是在 20 世纪 20 年代提出的。该理论认为：人和动物行为的相似之处在于它们都是由于内部刺激而引起的，与本能说不同的是，它强调经验和学习（而不是遗传的本能）在行为中的核心作用。

霍尔提出的 $E=D \cdot H$ 公式实际上反映了动因理论的基本观点。公式中，E表示从事某种活动或某种行为的努力或执着程度，D 表示动因，H 表示习惯。霍尔特别强调建立在经验基础上的习惯对行为的支配作用。他认为，习惯是一种习得体验。如果过去的行为导致好的结果，人们有反复进行这种行为的趋向；过去的行为如果导致不好的结果，人们有回避这种行为的倾向。在霍尔的研究基础上，希尔加德和鲍威尔进一步提升了这一公式：$SE=SH \times D \times V \times K$。其中，SE 表示反应潜力或行为，SH 表示习惯强度，D 表示内驱力，V 表示刺激强度的精神动力，K 表示诱因动机。这个公式可理解为：人的行为是习惯强度、内驱力、精神动力、诱因动机累积乘数的结果。其现实经济意义在于：一个消费者

---

① Pearce P. Tourist Behaviour and the Contemporary World[M]. Channel View Publications, 2011.

面对某种品牌的商品，如果其习惯强度、内驱力、精神动力、诱因动机各因素越强烈，那么购买这种品牌商品的可能性就越大。当其中的某个因素为零（假设消费者的内驱力），就不能发生购买行为。

20 世纪 50 年代提出的诱因理论认为，不仅内部动因引起行为，而且诱因这样的外部刺激也引起行为。在诱因理论中，感受—激励机制（sensatatization-invigoration mechanism）和预期—激励机制（anticipation-invigoration mechanism）分别用来描述个体在外部刺激的作用下引起行为反应的两种不同机制。感受—激励机制用来解释个体对特定刺激的敏感性，以及由此对行为产生的激励作用或激励后果。预期—激励机制是指因对行为结果的预期而产生的行为激励后果。诱因论者认为，个体关于奖赏的预期将直接影响其活动状态。如果行为预期的奖赏效果好，个体将处于更高的活动水平，反之将处于较低活动水平。诱因论者的这一思想，实际上隐含着个体目标驱动而且熟知行为后果这一基本假设①。

诱因论与动因论的一个很大不同是前者侧重于从外部刺激物对行为的影响来分析行为动机，后者则是从个体内部需求寻求对动机和行为的解释。需要注意的是，诱因论并没有否定个体内在动机的地位与作用，而只是将关注重点放在潜伏于个体身上的内在动机在多大程度上能够被特定的外在刺激物所激活和引导。从这个意义上讲，诱因论并不排斥动因论，而可以看作对后者的补充和发展②。

（三）托尔曼（Tolman）的期待价值理论

动机的期待价值理论是早期的一种动机认知理论，这种理论将达到目标的期待作为行为的决定因素。新行为主义者托尔曼（Tolman）在动物实验的基础上提出，行为的产生不是由于强化，而是由于个体对一个目标的期待。托尔曼将期待定义为刺激与刺激的联系（S1—S2）或反应和刺激的联系（S1—R—S2）。比如，看见闪电（S1），就期待雷声（S2），这是由刺激引起的期待；平时努力学习（S1—R），期待在考试中取得好成绩（S2），这是由反应引起的期待。期待（expectancy）是重要的，它帮助个体获得目标。通常个体实现目标的信念越强，目标的诱因价值越高，则行动的倾向性越大。期待价值理论可以用来预测个体行为③。

驱力理论和期待价值理论存在着本质的不同：首先，驱力理论性质上是后向的，强调经验和学习在驱力形成中的作用，具有情感性；期待价值理论性质

① 王自诚. 消费者心理学[M]. 北京：电子工业出版社，2004.
② 王长征. 消费者行为学[M]. 武汉：武汉大学出版社，2003.
③ 张宏梅，陆林. 近十年国外旅游动机研究综述[J]. 地域研究与开发，2005，24（2）：60.

上是前向的和期待的，具有认知性。其次，驱力理论将目标或目标满足需求的能力作为一般的刺激源，行为具有非选择性；期待价值理论则将期待作为行为的力量，行为具有选择性。最后，驱力理论假设驱力减少意味着行为取得了积极的效果，期待价值理论在这点上观点非常不明确。

托尔曼将两大理论结合起来，把动机分为内在的动机和外在的动机。内在动机包含以驱力为基础的情感（"推"的因素），外在动机包含认知（"拉"的因素）。将托尔曼的观点应用到旅游领域，便产生了旅游动机的"推—拉理论"（Dann，1977）。"推"的因素是内在的，主要指由于不平衡或紧张引起的动机因素或情感需求，"推"的因素起到促使旅游愿望产生的作用；"拉"的因素是外在的，是指旅游者通过对目标属性的认识所产生的认知，影响着主体的目的地选择。有的学者认为，旅游动机中"推"和"拉"的因素是相互独立的，"推"的因素做出决策，然后"拉"的因素再决定具体的行为。而有的学者认为，"推"和"拉"的因素是有着密切联系的，在"推"的因素做出旅游决策的同时，"拉"的因素拉动主体选择具体的目的地。

（四）赫布（Hebb）的唤醒理论

为了解释人的竞技和探险等行为，美国心理学家赫布（Hebb，1949）和伯里尼（Berlyne，1960）提出了动机的唤醒理论[①]。如图 2-4 所示，人在情绪烦乱时唤醒水平最高，睡眠状态下唤醒水平最低。唤醒理论认为，每一个体都有特定的最佳唤醒水平。人们会通过不断变换活动，让自身处于一个最佳的唤醒水平。当外界刺激较弱，唤醒水平低于最佳唤醒水平时，人们就会通过变换活动提高唤醒水平。如人们处在较为舒适安逸的生活环境时，会觉得生活无聊，从而想寻求一些激烈、有挑战性的活动；而当外界刺激较强，唤醒水平高于最佳唤醒水平时，人们就会通过变换活动降低唤醒水平。如人们处在较为紧张繁忙的生活环境时，会想要逃离到安静的地方，自己静静地待上一段时间。

伯里尼（Berlyne，1960）指出，人们在审美活动中获得的愉悦情绪由两种类型的唤醒引起。一种是渐进性唤醒，即审美情绪的强度随着感知和接受的过程逐渐增加，最后达到临界点的程度，产生愉悦的体验。另一种是亢奋性唤醒，即情绪通过突然的冲击迅速上升到顶点，然后在唤醒消散时，下降的快感缓解了强度。唤醒被广泛用于环境心理学，因为它被认为是影响行为的一个变量（Carrol，Zuckerman and Vogel，1982；Picard, Fedor and Ayzenberg，2015）。唤醒理论认为，一个特定的环境会刺激个人的感知，使他们被唤醒，从而影响他们的行为（Loewen and Suedfeld，1992）。

---

① 郑宗军. 普通心理学[M]. 济南：山东人民出版社，2014.

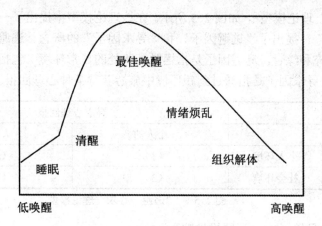

图 2-4　唤醒水平与表现间的关系

资料来源：Hebb，1987，p.237.

　　个人对复杂环境有不同的偏好。这影响了人们在生理和心理上的反应程度，以及对情绪和行为变化的影响程度。因此，唤醒水平在个人情绪和行为变化中起着重要作用（Wirt，2000）。赫布和伯里尼提出，刺激的强度取决于刺激本身和个人体验。第一，相同的刺激重复多次，那么该刺激的强度下降，唤醒水平将会降低。第二，不同的唤醒体验来自不同生理系统的激活。例如，自主神经系统的唤醒与躯体和中枢神经系统的唤醒在经验上和生理上是不同的。第三，刺激的新颖性、复杂性和不和谐/不协调性决定了个体的唤醒水平。如果唤醒水平低得令人不舒服，个体可能会寻求更大的新颖性、复杂性或不协调性。如果过于亢奋，个体就会采取行动来减少新奇性、复杂性或不协调性。在目前情况下，当超出最佳唤醒水平时，个体会感到不舒服，资源将被分配以恢复到一个舒适的激活水平。而由于个人偏好的不同，个人的唤醒程度也不同。计划性强或以目标为导向的人，会首先体验到低层次的快乐；那些更关注当前情况和缺乏目标的人，会首先体验到高层次的唤醒快乐（Kerr and Tacon，1999）。第四，不同的环境会影响个体对刺激感知的舒适程度。例如，一个人在葛底斯堡国家军事公园参与基于内战解释的活的历史演示，比在参观一个平民墓穴时更容易接受较高的唤醒水平。第五，同样的刺激对不同的个体来说，刺激强度不同。例如不同的人在开车时，同样 100km/h 的速度，新手可能会觉得速度过快，而专业司机则觉得平淡无奇。

　　艾泽欧-阿荷拉（Iso-Ahola）在此理论的基础上，提出了旅游动机的"逃避—寻求"理论模型①，如图 2-5 所示。在该理论模型中提出了一种"内在最佳唤醒水平"，提出了"逃避因子"和"寻求因子"的概念。逃避因子和寻求因子互为补充和综合，逃避因子是指摆脱其所处的日常环境（包括个人环境和社会环境），寻求因子是指通过到新环境中旅游获得某种心理回报。

逃逸日常		寻求心理回报	
		个人的	人际的
环境	个人环境	（1）	（2）
	社会环境	（3）	（4）

图 2-5   "逃避—寻求"理论模型

（五）丹恩（Dann）的推拉理论

丹恩的"推—拉理论"是旅游动机理论中影响较为深远的理论之一，被很多学者广泛接受，古森的享乐旅游动机模型等多个旅游动机理论都是基于"推—拉理论"提出的。丹恩（Dann，1977）的研究指出，旅游动机可概括为"逃离的概念（the concept of escape）"，并且可以"疏离感的概念（the concept of anomie）"及"自我强化的概念（the concept of ego-enhancement）"来理解之。也就是说，使得旅客想去旅游之因素，乃与疏离感的社会有关，其中可能的推力因素（push factor）便是人们想超越每日生活中所存在之孤立感，单纯地只是希望能完全脱离之②。除了推力因素，丹恩认为旅客也会因外在的因素去旅游，例如旅游目的地的阳光、风景与海等。这也是旅游动机中著名的推力与拉力动机的来源。克列诺斯基（Klenosky，2002）进一步总结了该框架，将推动因素称为"是否去"，将拉动因素称为"去哪里"。李等（Kim and Lee，2002）将推拉因素视为决策过程中的需求和供应维度。

延续丹恩的理论，康普顿（Crompton，1997）曾结合九种意识性动机，即从世俗环境中逃离、对自我的探索和评价、放轻松、声望名气、退化作用、亲族关系的强化、社会互动的催化作用、新奇感及教育来解释旅游动机，其中前七种为社会心理面的意识性动机或推力动机，后两种为文化面的意识性动机或拉力动机③。推力与拉力动机也因为康普顿的深入研究而具体化，再加上此理论简单易懂并将旅游目的地的特色也纳入考虑，使得此理论广为应

---

① Seppo E. Iso-Ahola. Toward a social psychological theory of tourism motivation: A rejoinder[J]. Annals of Tourism Research, 1982, 9(2): 256-262.

② Dann G. Anomie, Ego-enhancement and tourism[J]. Annals of Tourism Research, 1977, 4(4): 184-194.

③ Crompton J L. Motivations for pleasure vacation[J]. Annals of Tourism Research, 1979, 6(4): 408-424.

用①②③④。

　　"推—拉理论"能够对旅游动机做出很好的解释，但纵观目前旅游研究中关于"推—拉理论"的文献，大部分都使用因子分析法等方法确定"推"的因素和"拉"的因素，很少有学者将"推—拉因素"相结合进行相关分析。艾泽欧-阿荷拉的"逃避—寻求"理论将旅游动机分为了逃避因子和寻求因子，但是该理论模型与"推—拉理论"十分相似，逃避因子和"推"的因素具有相似性，寻求因子和"拉"的因素具有相似性。"逃避—寻求"理论模型的局限性还在于，每个人的"内在最佳唤醒水平"不一，没有可以测量"内在最佳唤醒水平"的研究方法。同时，仅确定推和拉的动机因素是不够的。正如吴和皮尔斯（Wu and Pearce，2014）所建议的，推动和拉动因素之间的联系应该由目的地产生，这样才能吸引潜在的游客去探索该目的地。

　　目前学者们提出的旅游动机模型其实都颇为类似，他们都界定出了一些意识性动机，但这些意识动机似乎仍可用马斯洛的需求层次论来说明。纵观国内外旅游动机的研究文献，使用穷举法来定量的研究方法仍是近几年旅游动机理论应用的主流趋势，且大多研究成果都将旅游动机和游客的社会人口特征相结合来细分市场⑤。因此，现有研究成果既缺乏统一的理论框架划分旅游动机，又没有简单有效的方法来测量和识别游客的动机特征。虽然克列诺斯基（Klenosky，2002）⑥提出了建立在"手段—目的"的技术基础上的分层询问法，菲莱普和格里纳克（Fliep and Greenacre，2007）⑦提出利用定性的积极心理学框架来"形容你最美好的一天"，但目前对于旅游动机的描述并无特别的突破之处。正如皮尔斯所言，有关旅游动机的研究，还需要更具描述性的、更敏锐的，以及更注重个人内在感受的研究架构。

　　① Lee K. Push and pull relationships[J]. Annals of Tourism Research, 2002, 29(1): 257–260.

　　② Heung, Chul, Oh, et al. Product bundles and market segments based on travel motivations: A canonical correlation approach[J]. International Journal of Hospitality Management, 1995, 14(2): 123–137.

　　③ Lubbe, Berendien. Primary image as a dimension of destination image: An empirical assessment[J]. Journal of Travel & Tourism Marketing, 1998, 7(4): 21–43.

　　④ You, et al. A cross-cultural comparison of travel push and pull factors[J]. International Journal of Hospitality and Tourism Administration, 2000, 1(2): 1–26.

　　⑤ Hritz, et al. Segmenting the college educated generation Y health and wellness traveler[J]. Journal of Travel & Tourism Marketing, 2014, 31(1): 132–145.

　　⑥ Klenosky. The "pull" of tourism destinations: A means–ends investigation[J]. Journal of Travel Research, 2002, 40(4). 385–395.

　　⑦ Fliep, Greenacre. Evaluating and extending the travel career patterns model[J]. Tourism Analysis, 2007, 55(1): 23–38.

（六）古森（Goossens）的享乐旅游动机模型

古森（Goossens，2000）①用享乐旅游动机模型解释旅游动机的产生过程，该模型又称为"倾向—刺激—反应"模型，如图2-6。

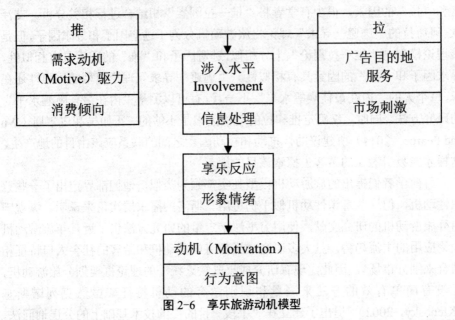

图 2-6　享乐旅游动机模型

资料来源：Goossens. Tourism information and pleasure motivation[J]. Annals of Tourism Research, 2000,27(2): 301–21.

左边表示旅游者的需求和动机，即"推"的因素；右边表示旅游者面对的情境变量，即"拉"的因素。涉入水平指某时间点动机、唤醒或兴起的心理状态，以对重要性、愉快价值、风险的可能性等的感知为特征，涉入水平在推拉因素的结合上起中心作用，接下来旅游者对信息进行处理，引起反应和情绪，从而导致动机的产生。

如图2-7所示，黄等（Wong et al.，2018）②构建了享乐旅游动机与行为的动态多层次模型——时变享乐动机模型，通过评估旅游动机随时间变化的方式，证明了旅行动机及其对游客旅行参与和行为的影响随着时间的推移而变化，并且这种变化可以用经济条件的变化来解释。例如，在经济不景气的情况下，人

---

① Goossens. Tourism information and pleasure motivation[J]. Annals of Tourism Research, 2000, 27(2): 301–21.

② Wong, et al. Time-variant pleasure travel motivations and behaviors[J]. Journal of Travel Research, 2018, 57(4): 437–452.

们更有可能想要摆脱日常生活并结识其他人；相比之下，在经济景气的情况下，人们的逃避动机不是很重要，而他们获取新知识的动机仍然很重要。这有助于理解跨时间和不同社会阶层层次的旅游动机和行为挑战了旅行动机的静态和线性观点的现状[①]。

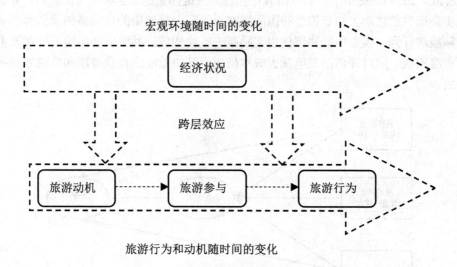

图 2-7　时变享乐旅游动机模型

资料来源：Wong, IpKin, Anthony, et al. Time-variant pleasure travel motivations and behaviors[J]. Journal of Travel Research, 2018, 57(4): 437–452.

二、新的理论/跨学科理论在旅游动机中的应用

（一）保护动机理论（Protection Motivation Theory）

保护动机理论（Protection Motivation Theory，PMT）是目前最为全面的医学模型，它从预期值理论和自我效能的构成出发，解释人们为什么产生健康保护行为。在环境因素和心理因素的影响下，人们经历了威胁评估或应对评估的过程及两种应对方式，即适应性应对和不适应性应对。正常的适应导致人们继续相应的健康保护行为，而不适应则通常导致人们阻止相应的健康保护行为。

近年来，保护动机理论逐渐运用于旅游领域的旅游风险研究之中。旅游风险研究基本上涉及了感知严重性和感知脆弱性，然而早期的旅游风险研究存在

---

① Pearce, Philip L, Uk-Il Lee. Developing the travel career approach to tourist motivation[J]. Journal of Travel Research, 2005, 43 (3): 226–37.

着很多局限性。首先，早期研究只关注于研究感知脆弱性，或者只测量旅行者的感知严重程度，没有旅游研究测试过完成的PMT模型。其次，大多数旅游PMT研究只研究个体的行为意图，而很少有人研究他们的实际行为。最后，适应不良感知作为一种重要的PMT结构，在旅游中还未得到重视。据此，王等（Wang et al.，2019）①提出了影响旅游者保护行为关键因素的概念模型（图2-8），并且实证研究前往澳大利亚旅游的国际游客对于狂犬病感染的风险感知及游客的实际旅游行为。模型中威胁评估由奖励减去威胁构成，其中威胁由脆弱性和严重程度构成。应对评估由效能减去成本构成，其中效能由自我效能和反映效能构成。

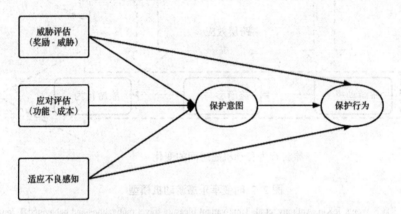

图 2-8　影响旅游者保护行为关键因素的概念模型

资料来源：Wang J, Lastres B L, Ritchie B W, Mills D J. Travellers' self-protections against health risks: An application of the full protection motivation theory[J]. Annals of Tourism Research, 2019, 78: 1-5.

（二）功能理论（Functional Theory）②

卡茨（Katz，1960）提出了功能理论假设，他认为动机的不同维度可以影响与决定行为，然而并非所有的旅游者都有相同的旅游动机。不同的动机在服务人类的心理需求和欲望上起到了催化剂的作用。克莱里和斯奈德（Clary and Snyder，1991）将功能理论定义为：关注形成心理现象的原因和目的——人们的信仰和行为所服务的个人和社会需求、计划、目标与功能。功能理论最初提出了四种动机功能：知识功能、价值表达功能、自我防御功能和功利功能。在

---

① Wang J, Lastres B L, Ritchie B W, Mills D J. Travellers' self-protections against health risks: An application of the full protection motivation theory[J]. Annals of Tourism Research, 2019, 78: 1-5.

② Lee S, Lee S, Lee G. Ecotourists' motivation and revisit intention: A case study of restored ecological parks in South Korea[J]. Asia Pacific Journal of Tourism Research, 2014, 19(11): 1327-1344.

社会学中，史密斯（Smith，1956）增加了另一个功能，即社会调节功能。

知识功能主要是为了了解世界而获取信息的需求。人们为了了解世界，不仅利用他们已经获得的信息，还通过参与其他事件获得额外的信息。价值表达功能关注的是个体的中心价值。每个个体的价值观是不同的，因为价值观根植于个体的文化背景、生理和心理需求。人们通过与他们的目标社会团体建立联系，来提升自我形象。自我防御功能强调通过参与活动来减少社会压力。通过找到一种媒介，使自己逃避内在或外在的现实。个人则通过参与现实来消除焦虑，例如成为社会的一员。在功利功能中，个体认识到通过参与可以使得即时回报最大化，惩罚最小化。人们根据他们认为重要的因素形成特定的目标，例如人们在放松的同时通过参加新的活动来关注自我发展。可以从获得自信、独立、娱乐、体验不同的文化和避免压力方面来测量功利功能。社会调节功能则描述了一种其他社会成员，包括家庭成员、亲戚和朋友都能接受的规范。人们倾向于与朋友和家人等参考群体互动。

（三）自我扩张理论（Self-expansion Theory）[1]

自我扩张理论描述了个体实现目标、与他人或物体互动的内在动机。阿隆（Aron，1986）[2]认为它可以用来解释个体在人与人之间亲密关系中影响认知、情感和行为的内在动机。它的核心是人们通过获得身份、资源和观点来扩展自己的动机，这些身份和资源有助于个人在一系列的扩展过程中实现目标的能力。阿隆提出自我激励和将他人纳入自我是自我扩张的两个重要内容。自我激励侧重于推动个人扩展和实现目标能力。将他人纳入自我是为了发展牢固的关系，重点关注个体的资源、观点及身份。

同时，自我扩张理论也解释了个体加入和认同群众的动机。个人对加入团体组织感兴趣是因为个体可以通过成员资格获取资源、身份等实质性利益，为扩展自我和实现目标提供了更多的机会。因此，团体成员资格可以通过提供利益和经验来帮助个体实现他们的目标，这些利益和经验通过自我扩张带来的人际交往产生了积极影响。

（四）网格群文化理论（Grid-group Cultural Analysis）[3]

在大众旅游中，旅游者在个性、态度、满意度和社会人口学方面的个体异

---

① Lee S J, Bai B, Busser J A. Pop star fan tourists: An application of self-expansion theory[J]. Tourism Management, 2019, 72(6): 270-280.

② Aron A, Aron E N. Love and the expansion of self: Understanding attraction and satisfaction[J]. Contemporary Sociology, 1988, 17(2): 268-269.

③ Li M, Zhang H, Xiao H, et al. A grid-group analysis of tourism motivation[J]. International Journal of Tourism Research, 2015, 17(1): 35-44.

质性对旅游行为的影响要小于与旅游者捆绑在一起的社会关系，这可能与文化在决定人类行为中所起的作用有关。文化是一群人共同的一套信念或标准，皮萨姆等（Pizam et al., 1997）[①]认为文化的各种表现形式对个体的行为有显著影响，这是因为文化因素从一开始就潜移默化地灌输给个人，并且很难产生变化。所以将文化的组织纳入旅游动机研究十分重要。

网格群文化理论，也称格群分析、文化理论或社会文化生存理论（图 2-9），由英国的人类学家道格拉斯（Douglas）、汤普森（Thompson）和美国的政治学家维尔达夫斯克（Wildavsk）提出。网格群文化理论的基本思想是人们所做或所想的是带有文化偏见的。在该理论中，将文化分为社会性的两个维度：群体维度的个性化和网格维度的社会融合（Douglas, 1982）。个人身份由个人与群体的关系所决定，个人行为为社会规范塑造。这些维度解决了人类存在的两个基本问题："我是谁"及"我应该如何表现"。

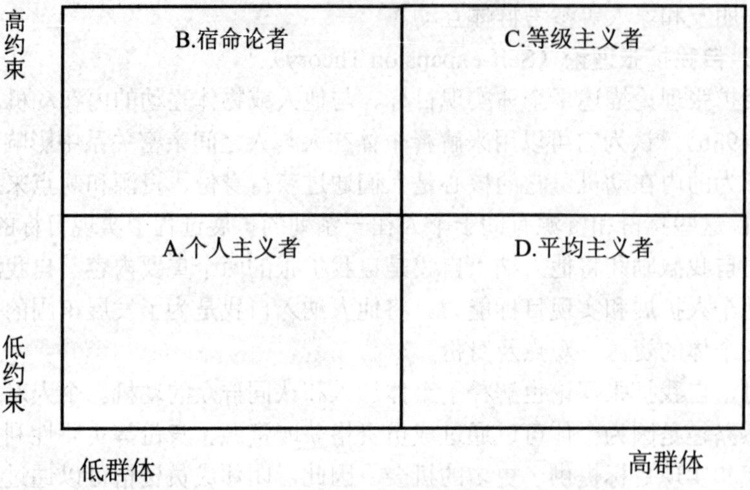

图 2-9　网格群文化理论

资料来源：Li M, Zhang H, Xiao H, et al. A grid-group analysis of tourism motivation[J]. International Journal of Tourism Research, 2015, 17(1): 35-44.

这两个维度形成了四种主要的社会类型和相应的意识形态：个人主义者、宿命论者、等级主义者和平均主义者。个人主义者的特点是集团化程度低，监管能力弱，他们更具自主性，不受他人和规则的约束。他们有很强的自信心和自我控制感，因而在旅游决策中更为积极。宿命论者具有弱群体和高约束的特

---

① Verbeke M, Pizam A, Steel L. Are all tourists alike regardless of nationality? The perception of dutch tour-guides[J]. Journal of International Hospitality Leisure & Tourism Management, 1997, 1: 19-39.

点，他们受到外部因素的严格约束。他们也厌恶风险，比其他文化类型的人更不愿意去旅行体验新奇。等级主义者具有强大的群体边界和约束性的规定，他们保持着严格的等级社会关系。平等主义者有着强大的群体边界和较弱的规则监管意识，他们与外界保持紧密的联系。

网格群文化理论已经广泛运用于公共管理、技术政治学及宗教社区等领域。然而，它在旅游中的运用还十分有限。在定性研究方面，霍顿等（Houghton et al.，1994）[①]通过引用酒店业所迎合市场的文化属性来解释酒店业的理论组织多样性。杜瓦尔（Dual，2006）[②]运用网格群文化理论，探讨了移民与旅游的关系。费舍（Fisher，2009）[③]利用网格群文化理论来说明给定的个体如何在不同的情况下对小费的背景展示不同的行为模式。等级主义者和平等主义者在旅游动机方面比宿命论者和个人主义者具有更多的相似性，并且群体维度比网格维度对个人旅游动机的影响更大。

（五）特殊兴趣旅游（Special Interest Tourism）[④]

20 世纪 80 年代以来，特殊兴趣旅游（Special Interest Tourism，简称 SIT）成为旅游业和旅游文学中一个引人注目的现象。SIT 的概念通常被定义为为了特定的兴趣或动机而旅行，并提供定制的体验。SIT 的快速增长很大程度上是由于市场产品的异质性，以及对更集中的活动和基于兴趣的旅行体验的日益增长的需求。

传统的旅游类型学理论主要是基于游客社会学和心理属性的概念分类。布鲁顿和希莫托格鲁（Brotherton and Himmotoglu，1997）将 SIT 概念化为一种特殊的旅游形式，与"一般游客"不同，特殊旅游游客在旅游中会基于自身的兴趣动机进行决策。游客在动机和行为方面的两极维度上有显著差异，例如游客的动机是寻求新奇感，但他们的行为却保持了熟悉感。由此，他们还提出了"旅游兴趣连续体"的概念，即从一般兴趣（GIT）到混合兴趣旅游（MIT），最后到特殊兴趣旅游（SIT）。

---

① Houghton J, Tremblay P. The structure of hospitality: A cultural explanation of industrial diversity[J]. International Journal of Hospitality Management, 1994, 13(4): 327–346.

② Duval D T. Grid/Group theory and its applicability to tourism and migration[J]. Tourism Geographies, 2006, 8(1): 1–14.

③ David F. Grid–group analysis and tourism: Tipping as a cultural behavior[J]. Journal of Tourism & Cultural Change, 2009, 7(1): 34–47.

④ Ma, Kirilenko, Stepchenkova. Special interest tourism is not so special after all: Big data evidence from the 2017 great American solar eclipse[J]. Tourism Management, 2020, 77: 1–10.

三、旅游动机理论评价/旅游动机的新发展

（一）旅游动机中的异化与焦虑

作为一种乐观的旅游动机和追求方式，对真实性的追求在旅游研究中受到越来越多的关注。但事实上，真实性的辩证方面——异化在旅游动机中同样重要。塞曼（Seeman，1959）阐述了异化的五种表现形式：无力、无意义、无规范、孤立和自我疏离①。异化永恒存在于日常生活中，人们不可避免地会对自己的生活不满。作为异化的具体表现，焦虑是旅游动机的一个重要组成部分，代表了一种不安、担忧甚至恐惧的感觉。尽管焦虑是永恒的，不可能真正被克服，但人们仍旧不断做出各种尝试和努力以克服焦虑，其中就包括对真实性的追求。通过每一次短暂战胜焦虑的过程，一个人可以获得有意义的经历、个人成长、自我反省，以及不断冒险去寻找这种时刻的动机。

当异化感和焦虑感激发人们的动机时，旅游为其提供了离开日常、短暂休息的机会。柯恩（Cohen，1979）将个人的异化体验与他/她的旅游模式联系起来②。布朗（Brown，2013）将旅游视为一个人生活中存在变化的催化剂③。此外，毛茨（Maoz，2006）观察到："当异化感与旅游目的地的形象相结合时，作为一种指向另一个中心的拉动因素，个人危机感提供了一种社会心理推动因素④。"王（Wang，1999）建议游客"通过寻找大自然和冒险中合适的挑战来尝试自我创造"⑤。他认为，正是通过控制自己的身体和生物自我，被异化的人才能体验到真实的自我。

异化与真实性是相互构成的，二者是辩证关系，且都激发了旅游动机。一个人永远无法克服或完全缓解因为异化产生的焦虑情绪，而因为真实性的难以捉摸，人们也永远无法完全体验所谓真实性。尽管如此，异化与真实性对旅游动机和体验起着至关重要的作用。

（二）混合型游客动机

以往研究发现不同旅行团体（独自旅行、参加友谊小组、家庭、海外情侣旅行者）的出游动机不一样。旅游营销研究建议使用旅行团体作为目标细分市场。但游客并不整齐地归入市场细分，并且只要他们是游客，就不会一直是某

① Seeman M. On the meaning of alienation[J]. American Sociological Review, 1959, 24(6): 783–791.

② Cohen E. A phenomenology of tourist experiences[J]. Sociology, 1979, 13(2): 179–201.

③ Brown L. Tourism: A catalyst for existential authenticity[J]. Annals of Tourism Research, 2013, 40: 176–190.

④ Maoz D. Erikson on the tour[J]. Tourism Recreation Research, 2006, 31(3): 55–63.

⑤ Wang N. Rethinking authenticity in tourism experience[J]. Annals of Tourism Research, 1999, 26(2): 349–370.

个细分市场的成员，这就是混合型动机游客，其混合性主要存在于旅行动机和支出方面。

混合型游客的基本特征是不遵循既定的旅游消费模式。而且，混合型消费者所购买的产品的特征在不同的购买场合会有很大的不同。他们会在生活环境保持不变的一段时间内，消费一系列具有不同特点的旅游产品。对于混合消费者来说，他们上一次旅行的细分市场成员身份不能预测下一次旅行的细分市场成员身份。此外，混合性与个人特质及旅游的情景属性有关。

第三节　旅游动机的反面：旅游限制

游客行为意向是旅游动机和旅游限制共同影响的结果，旅游动机与旅游限制是密不可分的，目前国内学者对休闲限制的研究还不够。所以仅仅研究旅游动机不足以剖析游客消费行为的心理机制，还应该加强旅游限制的研究，下文将从旅游限制概念与模型、旅游限制与旅游动机的关系及特殊群体的旅游限制方面对旅游限制进行梳理。

一、旅游限制概念与模型

近年来，旅游限制因素得到学术界越来越多的关注，如邮轮旅游、国际旅游、大自然旅游、文化景观体验和节事旅游。"旅游限制"，最早起源于休闲领域，包括限制旅游偏好的形成、抑制继续旅行、阻碍旅游者的参与和享受。旅游限制因素研究最广泛使用的模型是休闲限制阶层模型（hierarchical model of leisure constraint）[1]。该模型将休闲限制划分为三种类型：个人限制、人际限制及结构限制。这三类限制按照一定的顺序依次影响休闲参与。参与休闲活动的个体需要逐级克服不同阶层的限制因素（图 2-10）。近端的限制主要影响旅游偏好，而结构限制则对最终是否参与影响较大。因此，旅游活动的参与者是那些已经成功协商和克服一系列限制的人[2][3]。

个人限制（intrapersonal constraint）：第一层级，是指个体的心理属性和状

---

[1] Crawford, Godbey. Reconceptualizing barriers to family leisure[J]. Leisure Sciences, 1987, 9(2): 119-127.

[2] Crawford, Jackson, Godbey. A hierarchical model of leisure constraints[J]. Leisure Sciences, 1991, 13(4): 309-320.

[3] Gilbert, Hudson. Tourism demand constraints: A skiing participation[J]. Annals of Tourism Research, 2000, 27(4): 906-925.

态，被认为是最近的和最强大的影响偏好的因素，可能会导致不参与。例如，缺乏兴趣、情感、自我技能。

人际限制（interpersonal constraint）：第二层级，主要是指人际关系的限制，包括社会交往等方面的因素。例如，没有朋友陪同参与、夫妻的休闲活动喜好差异等。

结构限制（structural constraint）：最远端的因素，主要指外部环境。例如，缺乏时间、金钱、家庭生命周期、距离和地方的属性、拥挤程度。

图 2-10　休闲限制阶层模型

资料来源：Crawford D W, Jackson E L, Godbey G. A hierarchical model of leisure constraints[J]. Leisure Sciences, 1991, 13(4): 309-320.

休闲限制阶层模型提出后，研究者开展了大量的研究验证该模型，验证结果显示除受到原始模型建立的假设影响外，不同的族群类型、人口统计特征及休闲活动类型的该模型结果也有所差异。因此，研究者建议休闲限制的阶层模型应对于不同的休闲活动类型或研究对象的人口社会学特征进行合理的修正。尼亚帕内等（Nyaupane et al.，2004）比较在不同的旅游活动场景下旅游限制因素及其结构，发现不同的旅游活动场景对休闲限制理论在旅游中的应用有影响[1]。张等（Zhang et al.，2012）[2]指出休闲限制理论在旅游研究中的应用还存在着以下问题：①特定的旅游活动形式下的旅游限制因素和结构可能不同于休闲活动背景下的休闲限制因素和结构；②旅游活动中的旅游限制因素并不是同质的，不同的活动下旅游限制因素不同。

---

① Nyaupane, Morais, Graefe. Nature tourism constraints[J]. Annals of Tourism Research, 2004, 31(3): 540-555.

② Zhang, et al. Role of constraints in Chinese calligraphic landscape experience: An extension of a leisure constraints model[J]. Tourism Management, 2012, 33(6): 1398-1407.

赫伯德和曼内尔（Hubbard and Mannell，2001）①认为动机在限制协商过程中发挥着重要的作用，因此将旅游动机纳入限制协商参与模型中，在概念分析和理论推理的基础上构建了限制协商的 4 种模型（图 2-11），并通过验证，指出限制效应缓解模型（constraint effect mitigation model）最优，为进一步研究旅游限制协商过程提供了理论框架。

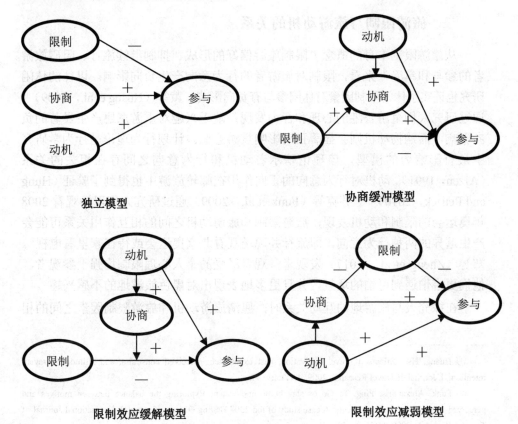

图 2-11　限制协商的 4 种模型

资料来源：Hubbard J, Mannell R C. Testing competing models of the leisure constraint negotiation process in a corporate employee recreation setting[J]. Leisure Sciences, 2001, 23(3): 145-163.

其后，少数旅游限制研究尝试将旅游动机纳入分析框架中。黄等（Huang et

---

① Hubbard J, Mannell R C. Testing competing models of the leisure constraint negotiation process in a corporate employee recreation setting[J]. Leisure Sciences, 2001, 23(3): 145-163.

al.，2009）①研究发现只有缺乏兴趣这一限制和购物这一动机因素对香港旅游重游意愿产生显著的影响。芬克等（Funk et al.，2009）②以北京奥运会节事旅游为例，指出旅游限制和动机对行为意向的影响作用，可能会导致在电视上看奥运会或去北京现场看两种截然不同的行为。洪和彼得里克（Hung and Petrick，2012b）③也研究了旅游限制和旅游动机对参与邮轮旅游的影响。

二、旅游限制与旅游动机的关系

从旅游限制本身的概念"限制旅游偏好的形成、抑制继续旅行、阻碍旅游者的参与和享受"来看，限制对旅游者的行为意向产生负向影响。以往的休闲研究也证实了休闲限制因素对休闲参与有负向影响。黄等（Huang et al.，2009）④通过研究人们重游香港的心理和行为发现：缺乏兴趣对重游意愿产生显著的负向影响，而购物动机则会显著正向影响重游意愿。计划行为理论是行为学研究中最有影响力的模型，该理论暗示着动机和行为意向之间存在相关的关系（Ajzen，1991）。动机对行为意向的正向作用在邮轮旅游中也得到了验证（Hung and Petrick，2010）⑤。芬克等（Funk et al.，2009）通过研究人们现场观看2008年奥运会的限制和动机发现，旅游限制和旅游动机之间的相互作用关系可能会产生迥异的两种行为意向，即旅行并现场观看北京奥运会或待在家里看电视⑥。郑等（Zheng et al.，2017）发现未参观者经受的个人心理限制均强于参观者，他们更害怕遇到可怕的场景，并且更多地表现出对黑色旅游地的不感兴趣⑦。

在探究人与旅游地的互动关系时，厘清旅游动机和旅游限制因素之间的相

---

① Huang, Hsu. Effects of travel motivation, past experience, perceived constraint, and attitude on revisit intention[J]. Journal of Travel Research, 2009, 48(1): 29-44.

② Funk, Alexandris, Ping. To Go or stay home and watch: Exploring the balance between motives and perceived constraints for major events: A case study of the 2008 Beijing Olympic Games[J]. International Journal of Tourism Research, 2009, 11(1): 41-53.

③ Hung, Petrick. Comparing constraints to cruising between cruisers and non-cruisers: A test of the constraint-effects-mitigation model[J]. Journal of Travel & Tourism Marketing, 2012b, 29(3): 242-262.

④ Huang, Hsu. Effects of travel motivation, past experience, perceived constraint, and attitude on revisit intention[J]. Journal of Travel Research, 2009, 48(1): 29-44.

⑤ Hung, Petrick. Developing a measurement scale of constraints to cruising[J]. Annals of Tourism Research, 2010, 37(1): 206-228.

⑥ Funk, Alexandris, Ping. To go or stay home and watch: Exploring the balance between motives and perceived constraints for major events: A case study of the 2008 Beijing Olympic Games[J]. International Journal of Tourism Research, 2009, 11(1): 41-53.

⑦ Zheng, et al. Exploring sub-dimensions of intrapersonal constraints to visiting "Dark Tourism" sites: A comparison of participants and non-participants[J]. Asia Pacific Journal of Tourism Research, 2017, 22(1): 21-33.

互关系至关重要，但以往研究却极少关注这一问题。以往少部分研究发现：旅行者进行旅游决策时，旅游动机和旅游限制可能不是简单的负相关关系，也可能是正相关的关系。郑等（Zheng et al.，2018）认为旅游限制和旅游动机既可能是负相关关系（例如，"好奇"与"缺乏兴趣"），也可能是显著的正相关关系（例如，"社会交往"和"竞争旅游地"）[①]。张等（Zhang et al.，2016）通过分析黑色旅游动机、旅游限制和行为意向之间的关系，发现了做出黑色旅游地恐怖景观参观决策时的复杂心理[②]。此外，旅游动机和旅游限制的微妙关系可能也存在于其他休闲旅游情景中，例如独特的异域文化可能对许多游客非常具有吸引力，但是陌生的语言和对不熟悉文化的担忧等也可能构成旅游限制[③]。

三、特殊群体的旅游限制

旅游限制在特殊群体中尤为明显，例如女性群体、残疾人及老年人等。女性的休闲制约研究起源于 19 世纪 80 年代。早期的研究大多采用定量研究的方法，主要关注于女性制约因素的独特性，以及男性与女性之间休闲制约的差异。杰克逊和亨德森（Jackson and Henderson，1995）认为男性和女性结构限制因素的性别差异较小，但在个人限制因素和人际限制因素中女性受到的限制比男性多[④]。随后研究者开始从具体的制约框架上讨论不同女性休闲制约的具体因素。哈灵顿和道森（Harrington and Dawson，1995）通过劳动力参与将女性分为全职、兼职和家庭主妇，分析不同劳动力参与程度女性的休闲制约因素是否具有同一性，以及各自的特点[⑤]。莫哈达姆等（Moghaddam et al.，2007）等则关注到了特定文化下的休闲限制研究，研究者分析了生活在伊朗的女性的休闲参与及她们受到的休闲制约因素[⑥]。进入 21 世纪，一些学者采用了新的研究视角进行研究，开始关注休闲对于增进个人赋权、构建自我及社会变革的作用。萧

---

① Zheng, et al. The inner struggle of visiting "Dark Tourism" sites: Examining the relationship between perceived constraints and motivations[J]. Current Issues In Tourism, 2018. 21(15): 1710-1727.

② Zhang, et al. Too dark to revisit? The role of past experiences and intrapersonal constraints[J]. Tourism Management, 2016, 54: 452-464.

③ Chen, Chen, Okumus F. The relationship between travel constraints and destination image: A case study of Brunei[J]. Tourism Management, 2013, 35: 198-208.

④ Jackson, Henderson. Gender-based analysis of leisure constraints[J]. Leisure Sciences, 1995, 17(1): 31-51.

⑤ Harrington, Dawson. Who has it best? Women's labor force participation, perceptions of leisure and constraints to enjoyment of leisure[J]. Journal of Leisure Research, 1995, 27(1): 4-24.

⑥ Arab-Moghaddam N, Henderson K A, Sheikholeslami Razieh. Women's leisure and constraints to participation: Iranian perspectives[J]. Journal of Leisure Research, 2007, 39(1): 109-126.

（Shaw，2001）关注到了休闲的政治性质，将女性休闲看作一种反抗①。从结构主义、后结构主义、互动主义等不同的理论视角对休闲的概念进行探讨。利特尔（Little，2002）认为女性是有能力对自己的休闲活动进行协商与控制的，他研究了女性在冒险娱乐中受到的制约因素及经历的意义②。杨等（Yang et al.，2017）则研究了亚洲独行女性如何感知到冒险活动中的风险，以及她们应对风险的方式③。

由于现代人的日常生活容易受到各种危险的影响，以及医学进步实现预期寿命的延长，残疾人数量正在逐年增加。在发达国家中，残疾人一直处于旅游权讨论的中心。从研究趋势上来看，研究者初步研究的重点是厘清残疾人在旅行时所面临的与交通有关的限制，以及在旅行中出现的与残疾人相关的道德问题。然而从 20 世纪 90 年代末开始，由于残疾人旅游成为一个新兴的旅游市场，以及残疾人想参与旅游的愿望愈加强烈，学术界研究关注到残疾人旅游决策中的不确定性、旅游的体验与满足，以及对旅行社在旅行中扮演角色的看法。从研究内容上来看，首先，研究者的关注集中在确定残疾人在旅行中面临的具体限制。哈灵顿（Harrington，2005）认为环境制约是残疾人参加休闲活动的最大制约。环境制约包括态度约束、建筑约束、生态约束、运输约束等。其次，学者们也从残疾人自身的协商角度出发，关注残疾人的自我恢复过程④。

人口老年化的压力在全球正在不断加大，"成功老龄化"作为一种社会目标，不仅仅要关注如何应对老年群体的需要，更要关注老龄化社会中的生活方式、社会需求和社会体系等各方面的特点。目前，许多国际组织已把"成功老龄化"作为发展战略和政策理念来推动。在旅游领域，休闲制约因素对"成功老龄化"的影响也成了研究热点。休闲制约在一定程度上阻碍了"成功老龄化"的过程，主要体现在配偶方面。配偶对老年人休闲参与影响显著，失去配偶意味着老年人失去了旅行的伙伴，对于行动不便的老人则会造成交通制约。同时由于女性寿命通常比男性寿命长，所以老年女性受到的制约更加明显。然而，亨德森和安斯沃斯（Henderson and Ainsworth，2002）则将制约看作一种积极的约束，他们认为基于安全考虑减少老龄人休闲运动的强度是对老年人的一种保护⑤。

---

① Shaw S M. Conceptualizing resistance: Women's leisure as political practice[J]. Journal of Leisure Research, 2001, 33(2): 186-201.

② Little D E. Women and adventure recreation: Reconstructing leisure constraints and adventure experiences to negotiate continuing participation[J]. Journal of Leisure Research, 2002, 34(1): 157-177.

③ Yang E, Khoo-Lattimore C, Arcodia C. Constructing space and self through risk taking: A case of Asian solo female travelers[J]. Journal of Travel Research, 2018, 57(2): 260-272.

④ Jackson E L, Scott D. Constraints to leisure[M]. Venture Pub. 2005.

⑤ Henderson K, Ainsworth B. Enjoyment: A link to physical activity, leisure, and health[J]. Journal of Park & Recreation Administration, 2002, 20(2): 130-146.

第三章 旅游体验学说

第一节 旅游体验学说缘起与发展

一、体验经济理论的缘起与发展

（一）体验经济理论缘起

"体验"这一学术概念是由美国经济学家阿尔文·托夫勒（Alvin Toffler）提出来的。20世纪70年代，托夫勒从需求结构调整得出结论，"体验制造商将成为经济的基本（假如不是唯一的）支柱"。他预言，"来自消费者的压力和希望经济继续上升的人的压力将推动技术社会朝着未来体验生产的方向发展"，"服务业最终还是会超过制造业的，体验生产又会超过服务业"，"体验工业可能会成为超工业化的支柱之一，甚至成为服务业之后的经济基础"。

托夫勒根据社会经济的演进，提出了"制造业—服务业—体验业"这种独特的产业演进过程。他还提出，制造业满足顾客的一般生存需要，服务业满足顾客的发展需要，体验业满足顾客的自我实现需求。顾客自我实现需求与生存需要和发展需要相比有质的不同,它要通过网络或知识达到高峰体验或高潮(自我实现)，如图3-1所示。

学术界一般都认为托夫勒的体验思想是体验经济理论的"原教旨"，但自1970年托夫勒首倡体验思想后的近30年，体验经济都并未成为学术界研究的主流，直到1998年《哈佛商业评论》重提，体验经济一跃成为当时美国企业界和学术界炙手可热的新锐话题。

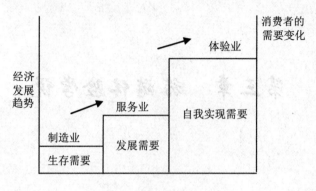

经济基础类型

图 3-1　托夫勒的产业演进

（二）体验经济理论的发展

1982 年，霍尔布鲁克和赫希曼提出消费体验由象征符号、享乐主义及美学标准所构成的主张，并进一步探讨消费体验产生的新奇、感受及乐趣。他们指出，消费体验必须投入时间，并且在整个体验过程中，消费者有着各种目的，具有多样乐趣、自发性、让人愉悦、新奇、非功利性的特质。霍尔布鲁克后来总结出四项体验要素——体验、娱乐、表现欲和传道。他认为体验营销已经扩展到 4Es，涵盖四大项十二种类型，如表 3-1 所示[①]。

表 3-1　体验观点所涵盖的 4Es

体验 Experience	娱乐 Entertainment	表现欲 Exhibitionism	传道 Evangelizing
逃避现实 Escapism	美学 Esthetics	热忱 Enthuse	教育 Educate
情感 Emotions	兴奋 Excitement	表达 Express	证明 Evince
享乐 Enjoyment	入迷 Ecstasy	暴露 Expose	背书 Endorse

1998 年，派恩二世和吉摩尔（Pine Ⅱ and Gilmore）在《哈佛商业评论》上发表了《体验经济时代的来临》（*Welcome to the Economy of Experience*）[②]，提出了经济价值的演化过程：采集产品、制造商品、提供服务和展示体验的演化过程。如图 3-2 所示。

---

① Holbook. The Millennial Consumer in The Texts of Oue Times: Experience and Entertainment[J]. Joural of Macromarketing, 2000, 20:180.

② Pine II Joseph, James Gilmore. Welcome to the Experience Economy[J]. Harvard Business Review, 1998, 76(4): 102.

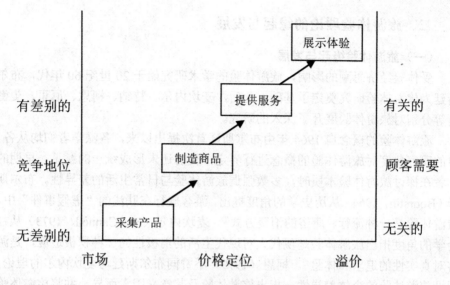

图 3-2　经济价值的演化阶段

1999 年，派恩二世和吉摩尔合著了《体验经济》一书，在随后的几年里，该书对西方世界产生了重要的影响。书中进一步描述了体验经济的特征：作为体验策划者的企业将不再仅提供商品和服务，而是为消费者创造体验的舞台。在这个舞台上，消费者开始自己的、唯一的表演，即消费。当表演结束时，这种体验将给消费者留下难忘的愉悦记忆。基于这种体验消费的美好、唯一、独特、不可复制、值得回忆等性质，企业可以根据其所提供的特殊价值向消费者收取更高的费用。体验经济凸显了消费者的个性化消费和生产者据此采取定制化生产的法则。

2008 年，欧洲体验经济研究中心的负责人、荷兰学者艾伯特·鲍斯维基科等（Albert Boswijk）在《体验经济新视角》一书中[①]将体验经济的发展划分为三个主要阶段：第一个阶段是原有产品与服务的生产和销售过程中将不断地增加有关体验的元素，如体验式的营销等；第二个阶段是消费者将作为创造体验的一部分更多地参与体验式的生产与销售活动，如农家乐式的活动；第三个阶段则是全面进入"大规模的量身定制"的状态。

① Boswijk A, Thijssen T, Peelen E. The experience economy-A new: perspective[M]. Amsterdam: Pearson Education Be-nelux bv, 2008.

二、旅游体验理论的缘起与发展

（一）旅游体验缘起与发展

受体验经济思潮的影响，旅游体验的学术研究始于 20 世纪 60 年代，布尔斯廷为旅游体验研究奠定了基础，此后，麦坎内尔、特纳、柯恩、厄里、史密斯等分别对旅游体验展开了深入的研究。

旅游体验的概念自 1964 年由布尔斯廷首次提出以来，各派学者们均从各自的研究角度对旅游体验的概念进行界定，目前还未形成统一的意见。早期的学者在探讨旅游体验本质时，多数强调旅游体验与日常生活的差异性。布尔斯廷（Boorstin，1964）从历史学的角度提出，游客旅行在肤浅的"虚假事件"中，旅游体验是一种流行、庸俗的消费方式[1]。麦坎内尔（MacCannell，1973）从社会学的角度指出旅游体验是现代人对现代生活的消极性的一种积极适应，是游客对真实性的追求和体验[2]。柯恩（1979）不赞同布尔斯廷与麦坎内尔的理论，强调旅游体验的个体差异性，指出旅游体验及其意义因人而异，并将旅游体验定义为个人与各种"中心"（Centers）之间的关系。格雷费（Graefe et al.，1987）从心理学角度提出旅游体验是由个人感知、地方印象、所处情境、个性等许多复杂因素的产物，是一系列特定体验活动构成的综合体[3]。而拉什等（Lash et al.，1994）从人类学的视角提出，游客在惯常生活环境中同样可以获得在旅游目的地才能获得的体验，不论是在度假还是在日常活动中，人们多数时候都是处于游客状态下的[4]。

相较于国外，国内对旅游体验的学术研究起步较晚。最早由谢彦君教授（1999）正式提出旅游体验这一全新的研究领域，自此拉开了国内旅游学界对旅游体验的学术研究序幕。

在研究初期（1999—2005 年），我国的旅游体验研究较为单一，主要集中在旅游体验本质内涵、旅游体验类型、旅游体验心理形成机制、旅游体验影响因素等基础研究层面，且大多学者采用引用国外研究成果的方式，基于我国的体验经济背景进行应用研究，少有关于旅游体验的理论构建及原创性的学术研究。随着学术研究的逐渐深入，近年来，我国旅游体验相关学术研究已取得了

---

① Boorstin D. The Image: A Guide to Pseudo-events in America[M]. New York: Harper & Row, 1964.

② MacCannell D. Staged Authenticity: Arrangments of Social Space in Tourist Settings[J]. American Journal of Sociology, 1973, 79 (3): 589-603.

③ Graefe, Vaske. A Framework for Managing Quality in the Tourist Experience[J]. Annals of Tourism Research, 1987, 14 (3): 390-404.

④ Lash, Urry. Economies of Signs and Space: After Organized Capitalism[M]. London: Sage, 1994.

较大的进展。在理论层面上，从初期对旅游体验较单一的整体探究逐渐转为涉及旅游体验情感模型、旅游体验质量测量、旅游体验的本真性、旅游体验的层级模式等旅游体验各方面的研究，一些学者也开始对旅游体验的基础理论进行新的探索和构建，如樊友猛等（2017）提出"旅游体验具有具身性、情境性、流动性和生成性的特征"[1]，孙九霞（2019）提出的"旅游体验共同体理论"等[2]。同时，在多学科交叉融合的学术研究趋势下，心理学、符号学、现象学、社会学、人类学等多学科都被纳入我国旅游体验的研究范畴中。

（二）旅游体验前沿研究

1. 旅游负面体验研究

游客在旅游过程结束后，游客的旅游体验感觉仍可延续[3]。塔姆（Tam，2007）指出，游客在体验后会产生是否满意的情绪反映，满意即为正面的旅游体验，不满意即为负面的旅游体验[4]。由于负面旅游体验与游客的负面情绪、旅游品牌的负面口碑传播等负面态度或行为相关联，基于此，负面旅游体验逐渐受到了学术界和业界的关注。

相比于正面体验，负面体验带来的不满意和品牌转换意愿高于同等强度的正面体验带来的满意和重购意愿，因此，从某种程度上看，负面体验比正面体验更具研究意义。范秀成等（2006）指出，负面旅游体验会降低游客满意度[5]，崔庆明等（2014）通过对西藏的游客进行访谈发现，过度商业化和乞讨等现象会给游客带来负面的旅游体验，这些负面的旅游体验强化了游客对西藏"原真"的期待及对"爱心绑架"的不满[6]。帕韦西等（Pavesi et al.，2016）则研究了负面旅游体验对游客后期旅游目的地选择的影响[7]。

2. 旅游具身体验研究

具身观最初源于海德格尔（Martin Heidegger）和梅洛-庞蒂（Maurice Merleau-Ponty）对传统的"身心二元论"的开创性批判。海德格尔提出了"在世存在"（Being-in-the-world），梅洛-庞蒂提出了"具身主体性"（embodied

① 樊友猛，谢彦君. "体验"的内涵与旅游体验属性新探[J]. 旅游学刊，2017，32（11）：16-25.
② 孙九霞. 共同体视角下的旅游体验新论[J]. 旅游学刊，2019，34（09）：10-12.
③ Aho S K. Towards a general theory of touristic experiences: Modelling experience process in tourism[J]. Tourism Review, 2001, 56(3/4): 33-37.
④ Tam M. Assessing quality experience and learning outcomes[J]. Quality Assurance in Education, 2007, 15(1): 61-76.
⑤ 范秀成，李建州. 顾客餐馆体验的实证研究[J]. 旅游学刊，2006，21（3）：56-61
⑥ 崔庆明，徐红罡，杨杨. 世俗的朝圣：西藏旅游体验研究[J]. 旅游学刊，2014（2）：110-117.
⑦ Pavesi, Gartner, Denizct-Guilletb. The Effects of a Negative Travel Experience on Tourists' Decisional[J]. International Journal of Tourism Research, 2016 (18): 423-433.

subjectivity），即我们的身体是具有意向性的、鲜活的现象身体。"具身主体性"是通过身体与世界的物理性交互体验中得以实现的，具身理论强调身体、心智、情境是不可分割的一个系统。

具身是人对其身体的一种独特体验，不同的身体状况有着不同的身体体验，旅游具身体验强调在旅游体验中的整体性，以游客沉浸、人景互动、体验共创等为特征。旅游学界泰斗级研究者柯恩等（2012）发表评述文章，将"具身化与情感"列为当前和未来旅游研究的七大主题之一。斯莫尔等通过定性方法对 40 个有视觉障碍的旅游者的具身体验进行了研究，发现旅行信息获取、找路的经历、导盲犬的同行、他人的态度等都会影响旅游体验质量①。普里查德等发现性别等身体特征也会对旅游体验产生影响②。旅游具身体验研究具有鲜明的多学科性与跨学科性，相关研究目前主要集中在旅游心理和营销视角，以及认知神经科学领域等。

第二节　旅游体验代表性学说与模型

一、旅游体验代表性学说

（一）奇克森特米哈伊（Csikszentmihalyi）的畅爽体验论

1975 年，芝加哥大学心理学教授奇克森特米哈伊发现人们纵然从事不同的活动，当活动进行极为顺利的时候，受访者所描绘的感觉与心境非常相似，是指在工作或休闲时产生的一种最佳体验。类似于马斯洛（Maslow）提出的"高峰体验（Peak Experience）"状态，进入自我实现状态所感觉到的一种极度兴奋与喜悦的心情。

畅爽（Flow Experience）有时指一种情境，与中文"陶醉"的意义相似但又不同，因为陶醉强调经由客体的影响，然而畅爽强调主体自我的作用③。例如，参与者会全神贯注地投入活动中，而获得一种将意识集中、注意范围变小

---

① Small, Darcy, Packer. The Embodied Tourist Experiences of People with Vision Impairment: Management Implications Beyond the Visual Gaze[J]. Tourism Management, 2012, 33 (4): 941-950.

② Pritchard, Morgan, Ateljevic, et al. Tourism and Gender: Embodiment, Sensuality and Experience[M]. Wallingford, Oxon: CABI, 2007.

③ Prentice, Richard, Stephen Witt, Claire Hamer. Tourism as experience[J]. Annals of Tourism Research, 1998, 25(1): 1-24.

的体验形态，且会将不相关的知觉和想法过滤，降低自我意识，对明确目标有所反应并清楚地回馈，以及对环境更具掌控感，因此参与者会再从事此一活动，重复这样的历程。奇克森特米哈伊将这种体验称之为"畅爽"。

产生畅爽体验的行动过程有两个重要的因素：参与者的技能水平及活动的挑战性强度。如图 3-3 所示，一位刚接触网球运动而把它当作休闲的活动者，起初他会享受刚学会发球过网（A1）阶段的技巧与挑战。然而一段时间过后，他察觉往 A2 方向行动，即能成功发球过网的技术增加，成功发球过网已不具挑战性，而感觉无聊；或者往 A3 方向行动，他发现了更具挑战性的打击网球技巧，例如上网拦截击球，然而本身因并未具上网拦截的击球技巧而出现焦虑，经衍生新的学习动机，学会了打击网球新的技巧。经过参与网球运动过程中持续出现的无聊与挑战的过程，导致他增加更多打击技巧与克服挑战的动态成长学习，而产生更丰富、更深层的畅爽体验（A4）。

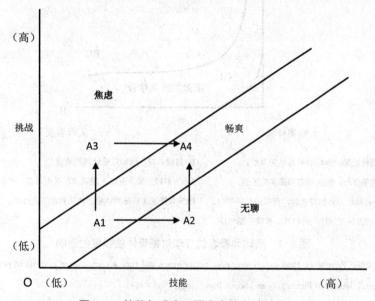

图 3-3　技能与难度匹配产生的心境结果

资料来源：Csikszentmihalyi, 1990.

另由图 3-4 说明三项心理状态。马斯洛提出高峰经验（Peak Experience）的心理状态（A），高峰经验是指人生在追求自我实现时，所经历的一种臻于顶峰、超越时空与自我的心灵满足感和完美感。普里维特（Privette，1983）[1]指

---

① Privette G. Peak experience, peak performance, and flow a comparative analysis of positiye human experiences[J]. Joumal of Personality and Social Psychology, 1983, 45(6): 1367-1368.

出高峰经验是一个极高价值的片刻，不用特别涉入某一挑战的活动，只需要高度配合，主要着重于表现层面，即能获得此种体验。而在产生高峰表现（Peak Performance）的同时（B），存在一个经运作处理的事件，参与者在活动过程中必须具有强烈的自我表现、自我意识。畅爽体验（Flow Experience）则是着重于个人内在价值及体验本身的乐趣感受（C）。因此，高峰经验（Peak Experience）和畅爽体验（Flow Experience）的差别在于：一个是注重自我的表现，另一个是注重内在的感受。

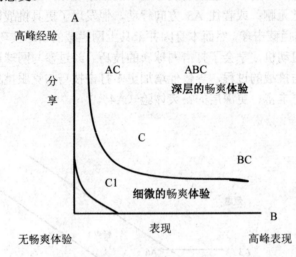

A=高峰经验，例如聆听音乐的享受。　　　B=高峰表现，例如危机处理的满意。

C=流畅体验，例如驰骋脚踏车的乐趣。　　ABC=高峰经验、高峰表现和深层畅爽体验，例如绘画。

AC=高峰经验和畅爽体验，例如成功的跳伞。　BC=高峰表现和畅爽体验，例如赛跑的优胜者。

C1=细微畅爽体验，例如嚼口香糖的趣味性。

图 3-4　活动和概念的互动对畅爽体验强度的影响

资料来源：Privette G. Peak experience, peak performance and flow a comparative analysis of positive human experiences[J]. Journal of Personality and Social Psychology, 1983,45 (6).

奇克森特米哈伊博士指出，畅爽体验是一种人人皆可享有及可以借由从事任何活动而获得的体验，只是会几乎所有的人类行动都有"畅爽"的最优状态：阅读、静坐、写作、观景、探险、休闲等。因此，他主张"畅爽"是人类普遍生活本质的存在。但是"畅爽"并不只是一种境界，而是人在生活中苦苦挣扎里瞬间展现的灵光。

由于畅爽体验是一种从无到强烈的连续变量，故畅爽体验是属于心理动态发展的概念。发生在日常生活活动的畅爽体验，事实上仍有程度上的差异。依照涉入活动的程度，学者将畅爽体验分为"细微的畅爽体验（Micro-Flow Experience）"（C1）及"深层的畅爽体验（Deep-Flow Experience）"（ABC）。

奇克森特米哈伊博士提出塑造"畅爽"体验的方法是：（1）把工作当成游戏，制定游戏规则、目标，尝试征服某些挑战和给予奖赏；（2）清晰的目标；（3）全神贯注；（4）享受过程；（5）欣喜若狂；（6）高峰生产力。

（二）派恩二世和吉摩尔的体验经济理论

派恩二世与吉摩尔根据参与程度和主被动性把体验分为 4 类，即娱乐（Entertainment）、教育（Education）、逃避（Escape）和审美（Estheticism），简称 4E，如图 3-5 所示。

体验产品的分类依据游客在参与休闲活动时休闲态度与行动力的相对差异程度，图 3-5 中横轴标明游客参与休闲活动在态度上是积极主动的，抑或是被动的；纵轴则表示游客参与休闲活动时休闲行动力的情形，譬如活动者行动力是采取对特定信息的注意吸收，抑或是心情、思绪均闲适放空，让自己只是沉浸于环境的氛围中。举例来说，同样透过屏幕的休闲活动，一为观赏电视频道节目的娱乐性体验，另一为投入电玩游戏中虚拟性的角色扮演，两相对照，将易于发现借由参与者投入活动的态度与行动力的差异，而能比较出不同类型体验产品的意义。

图 3-5　体验经济的产品类型

资料来源：Pine, Gilmore. The experience economy: Word is theatre & every business a stage[M]. Boston, MA: Harvard Business School Press,1998, p.30.

因此，派恩二世和吉摩尔（1998）指出，如果游客是想亲自去学习，就是教育体验；如果是想亲自去"感觉（sense）"，就是娱乐体验；如果是"心向往之（to be there）"，就是审美体验；如果是亲自"做（do）"，就是虚拟逃避的体验。然而，本书认为4种体验的分类是无法完全划分清楚的，只是游客参与休闲活动的态度与行动力的相对程度的区分，休闲体验产品分类是方便学术研究与产品定位的解释。因此，令人难忘的体验可以不是单一产品类型的体验，让人感受最丰富的体验需要同时涵盖上述4种体验形式，是一种位于"甜蜜地带"的体验。从本质上而言，这4种体验都是为了满足马斯洛需要层次理论中发展性的需要，都是建立在缺失性需要满足的基础上，没有生存、安全、社交等的满足就谈不上尊重、自我实现、审美和求知的体验。但是，这4种体验并不能概括现实中的种种体验形态，而且它们互相包容、难以区分。

2006年，邹统钎在其专著《中国旅游景区管理模式研究》中，根据旅游活动的本质特征及游客心理需求的特点，提出新的现代体验旅游，即娱乐（Entertainment）、教育（Education）、逃避（Escape）、审美（Estheticism）和移情（Empathy），用5E来表示，图3-6表现了现代5E体验分类。人们参观纪念馆、登山都是进行某种移情，其中交叉点是高峰体验[①]。

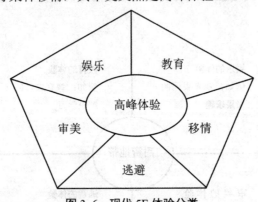

图 3-6　现代 5E 体验分类

二、旅游体验研究经典理论模型

（一）层级式体验模型（Hierarchical Models of Experience）

这一理论模型是在以德瑞沃和布朗（Driver and Brown）为代表的北美体验学派研究的基础上衍生而来的。北美体验学派秉承北美室外娱乐传统，以目标为指向，一个重要的应用概念是"娱乐机会谱"。与活动学派相比，体验学派

---

① 邹统钎. 中国旅游景区管理模式研究[M]. 天津：南开大学出版社，2006.

认为"休闲管理的最终产品是人们所得到的体验",而不是提供的活动机会。在娱乐机会谱出现后,出现了益基管理,并在此基础上发展成为受益因果关系链。他们认为在一定的环境布局下所采取的行动是为了获得某种体验,而这种体验就被视为一种受益[1]。

层级式体验模型使根据受益情况来细分游客成为可能,也就是根据旅游的最终产品来细分游客,从而代替常用的人口统计学细分方法或活动细分方法,将体验分类为享受自然、摆脱紧张、学习、价值共享和创造。

(二)类型学(Typology)理论模型

这种模型也是用来对游客进行细分的。这种模型在早期主要用来说明旅游者不都是同一类型的人。柯恩(Cohen,1979)提出要根据旅游者想要获得的体验来将旅游者分类。他把体验分为五类:消遣(Recreational)、转移注意力(Diversionary)、获取经验(Experiential)、试验(Experimental)、存在(Existential)。这些不同的体验方式代表不同的消费方式。

(三)"畅爽"(Flow)理论模型

这种理论提出了检验体验的标准——"畅爽"。该派的代表人物奇克森特米哈伊认为"畅爽"是一种全身心投入的状态,它使人忘记了时间的流逝,意识不到自己的存在,全神贯注参与并超越自我[2]。

(四)有目的行为(Planned Behavior)模型

这种模型从行为理念、标准化理念和控制理念中预测目标导向的行为,主要是从消费者行为学的角度来剖析促使旅游者对诸如是否旅游、到何处旅游,以及何时旅游、怎样旅游等问题做出决策的原因。该模型从行为理念、规范理念和支配理念三个方面来预知有目的的行为。行为理念影响人对某一行为所持的态度,如对于参加一项活动是有利评价还是不利评价。规范理念被认为是主观行为规范的基础,即感觉到社会压力而实施某种行为。支配理念是为感知行为控制力提供基础,也就是在实施某种行为时觉得容易还是困难。

(五)局中人和局外人(Insider-Outsider)理论

该模型在早期认为旅游目的地的居民是局内人,而旅游者是局外人,后者无法理解或意识到代表旅游目的地温暖化的象征符号。后来,随着社会关系的变化,旅游者和目的地居民的距离缩短。局内人和局外人的差别既是空间上的又是心理上的。它将那些试图深入了解目的地的旅游者称为有洞察力的局外人(Insight-Outsider)[3]。

---

① Poon A. The "New Tourism" Revolution[J]. Tourism Management, 1994 (2).

② Cohen E. Phenomenology of Tourism Experience[J]. Sociology, 1979(13): 179–201.

③ Csikszentmihalyi, Mihaly. Optimal Experience[M]. Cambridge University Press, 1998.

第三节 旅游体验的测度方法

从旅游体验测度的主客视角来看，学术界对旅游体验的测度可以概括为以下两类：

一是从体验主体视角进行测度。一类学者认为，旅游体验是旅游者个体的心理感受，这一看法关注旅游者的在场体验，强调旅游体验的心理层面。因此，从体验主体视角进行旅游体验质量测度，主要测度的是顾客的主观心理认知和情感表现，并尽可能地捕捉到旅游体验的动态性。

二是从体验客体视角进行测度。另一类学者认为，旅游者的整个旅游过程就是旅游体验。这一看法更关注旅游者的旅游过程研究，因此，从体验客体视角进行旅游体验质量测度，主要测度的是旅游者对整个旅游过程的满意度。

除此之外，数字技术的兴起和发展给旅游体验的测度带来了新的技术手段和方法，当前较为主流的新技术和手段主要有基于 3S 技术、旅游大数据和 AR/VR 技术的旅游体验测度。

一、基于体验主体的旅游体验测度

基于体验主体的旅游体验测度包括主观心理认知和情感表现两个方面，通常使用自我报告法、观察法和生理心理学等方法捕捉旅游者的动态体验过程。

（一）自我报告法（Self-Report Method）

自我报告法最初被广泛用于测量主观的情绪体验，该方法要求调查对象全面地报告其随时间发展而呈现出的情绪进程。在旅游体验的测度中，主要采用自我报告法中体验抽样法、每日重构法和每日问卷调查法三种方法。

1. 体验抽样法（Experience Sampling Method，ESM）

体验抽样法是一种能够测量旅游体验主体主观状态的研究方法，又被称为经验取样法。该研究方法采用拨打电话、发送短信等方式来对旅游体验主体在不同时点的体验进行调查，其目的在于了解旅游体验主体的实时体验。体验抽样法有地点抽样、时间间隔抽样、事件抽样、信号抽样 4 种抽样方式，具有关注主观体验即时状态、重复的实时测量、在自然情境中进行现场数据收集 3 个特点。

体验抽样法能够克服回溯性报告可能产生的记忆偏差，使信度和效度达到更大化，但该研究方法需要花费大量的时间和金钱，成本高，步骤烦琐，不适用于大样本的测量。除此之外，随机地在不同时点向旅游体验主体拨打电话、发送短信可能会干扰其体验。

2. 每日重构法（Day Reconstruction Method，DRM）

每日重构法又被称为昨日重现法，该研究方法采用邀请旅游体验主体对昨日生活分片段进行详细描述，并回答相应问题的方式进行调查。

每日重构法能够将自然情境与体验活动相互关联，并且能够提供旅游体验主体在自然情境中如何分配时间的测量数据。同时，每日重构法是在次日进行调查，因此可以很好地弥补体验抽样法干扰旅游体验这一不足，但是该研究方法调查过程所耗费时间较长，可能也会增加调查对象的负担。

3. 每日问卷调查法（Daily Questionnaire Method，DQM）

每日问卷调查法让旅游体验主体对每日出现的最强烈的几种情感进行评估，由于体验到的最强烈的情感往往也是最难忘的，因此使用该研究方法不会出现太多因回忆而产生的错误。

（二）**畅爽理论**（Flow Theory）**与高峰体验**（Peak Experience）

奇克森特米哈伊（Csikszentmihalyi，1988）提出的畅爽理论（flow theory）和马斯洛（Maslow，1968）提出的高峰体验都是从旅游体验的情感表现来对旅游体验质量进行测度。

畅爽理论主要测度的是旅游者体验后的畅爽程度和快乐水平。畅爽是一种暂时性的、主观的经验，能够影响人们是否愿意继续从事某种活动。在获得"畅爽"体验时，挑战的难度与个体自身的技能水平是一致的。如果难度超过了个体的能力范围，个体就会产生焦虑。而当难度远远低于个体的技能时，个体就会产生厌倦。当活动中个体技能完美地与挑战水平相称时，个体便处于"畅爽"的状态。图 3-7 为"畅爽"体验的四阶段模型图。

此外，马斯洛（Maslow，1968）提出的高峰体验也是从情感的巅峰状态角度对体验质量进行测度的。

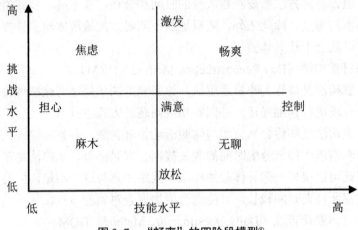

图 3-7　"畅爽"的四阶段模型①

二、基于体验客体的旅游体验测度

基于体验客体的旅游体验测度主要测度旅游者对旅游的满意度水平，通常使用满意度评价模型或旅游体验量表对整个旅游过程中的体验进行评价。

（一）期望—不一致模型（Expectation-Disconfirmation Model）

期望—不一致模型又称为绩效差异模型，由奥利费（Oliver，1980）提出，是一种因果关系的满意度评价模型，能够很好地反映消费者满意度的形成过程。该模型认为消费者在使用产品或服务前会对其效用产生一个预期，在使用产品或服务后会将实际感知的效用和期望效用进行对比，当实际效用与期望效用一致时，会产生"完全一致"心理，当实际效用高于期望效用时，会产生"正向不一致"心理，当实际效用低于期效用时，会产生"负向不一致"心理。这种由实际效用和期望效用进行对比而产生的一致/不一致心理会影响消费者对产品或服务的满意度，完全一致会导致消费者基本满意，正向不一致会导致消费者得到超出满意的惊喜，负向满意度会导致消费者不满意。

（二）"重要性—表现程度"模型（Importance-Performance Analysis，IPA）

"重要性—表现程度"模型由詹姆斯等（Manilla & James）于 1977 年提出，该模型通过对消费者感知要素的重要程度与实际感知的绩效进行测度，形成了一个包含四个象限的二维坐标（图 3-8）。

在 I 象限中，消费者对产品或服务的重要性和绩效的感知都较高，为继续

① Manfrendo, Driver, Brown. A test of concepts inherent inexperience based setting management for outdoor recreation areas[J]. Journal of leisure study, 1983, 15: 263-283.

保持区，在此象限消费者的满意度最高。

在Ⅱ象限中，消费者对产品或服务的重要性感知较高，对绩效的感知较低，为集中关注区，在此象限内的产品或服务需要集中关注，做出改进，从而提高消费者的满意度。

在Ⅲ象限中，消费者对产品或服务的重要性和绩效的感知都较低，为低优先区，在此象限的产品或服务也许做出改进，但其改进的迫切程度低于Ⅱ象限。

在Ⅳ象限中，消费者绩效的感知较高，对产品或服务的重要性感知较低，为过度关注区，在此象限的产品或服务可能成为提高消费者满意度的机会。

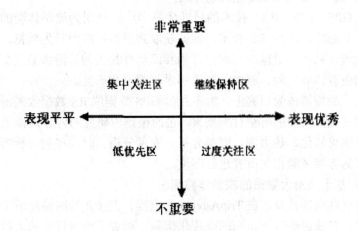

图 3-8　"重要性－表现程度"模型

（三）旅游体验量表

在使用量表进行旅游体验测量的研究中，代表性的量表包括德瑞沃等（1976）的游憩体验偏好量表、奥赫等（Oh et al.，2007）的旅游体验量表和基姆等（2012）的难忘旅游体验量表。

游憩体验偏好量表最初由德瑞沃（Driver，1976）等学者提出，后经德瑞沃和其他学者的深化研究，用于了解游客经由游憩活动所获得的游憩体验，将其划分为 19 类[①]：成就感、刺激感；自治领导；冒险；装备；增进家庭关系；分享共同价值；认识新朋友；学习；享受自然；自我反省；创造性；怀旧；身体健康；放松；逃避个人或社会压力；逃避生理压力；社会安全；教导、领导他人；减少风险。奥赫等（Oh et al.，2007）的旅游体验量表开发出包括 24 个

---

① Mathwick Clarla, Malhotra Naresh, Rigdon. Edward Experiential Value: Conceptualization, Measurement and Application in the Catalog and Internet Shopping Environment[J]. Journal of Retailing, 2001, Vol. 77, P. 11.

题项的难忘旅游体验量表，该量表由 7 个维度构成，分别是享乐、精力恢复、地方文化、充满意义、知识、涉入和新奇，并提出该量表适用于测量旅游者在大多数旅游目的地的旅游体验。

从旅游体验客体视角进行顾客满意度评价，可以得到顾客对旅行过程的总体感知评价，但是此类测度方法只关注游客对体验客体质量的理性感知，而忽视了游客的感性因素和个性化需求。

三、数字背景下的旅游体验测度新方法

（一）基于 3S 技术的旅游体验测度

3S（GPS、GIS、RS）技术的日渐成熟和广泛运用为旅游体验的测度提供了新的研究思路，运用 3S 技术，能够获取到游客的时空行为数据，追踪游客的数字足迹，从而定量地对与时空行为和流动性相关的旅游体验模型、基于时空维度的游客体验空间、旅游体验流等进行测度和研究。

在相应的旅游体验研究中，大多通过 GPS 数据或 RS 数据收集游客的时空行为数据并提取所需的时空行为要素，进而根据所研究的内容选择采用 GIS 分析方法中的可视化、热力图、聚类分析、密度分析、时间序列分析等分析方法来对游客的旅游体验相关研究进行测度。

（二）基于旅游大数据的旅游体验测度

随着互联网的普及，在 TripAdvisor、携程、去哪儿等网络旅游平台上的博客、游记、在线评论等一系列的碎片化信息，构成了旅游行业的大数据。目前旅游大数据已经成为旅游体验测度的重要数据源。而大部分的旅游大数据为文本内容，因此多采用内容分析法（Content Analysis），尤其是社会网络分析法（SNA）进行量化分析。

基于旅游大数据的旅游体验测度方法是以一种较新的研究方法，它以相关博客、网络在线评论、游记等作为大数据来源，能够直观、真实地反映出游客的旅游体验，对旅游体验的测度有着重要意义。

（三）基于 VR/AR 虚拟技术的旅游体验测度

VR/AR 等新技术的兴起和广泛应用给旅游体验注入了新的活力，现如今，VR/AR 不仅应用于 AR 智能导游、AR 创意互动营销等方面来提升游客的旅游体验，同时还应用于旅游体验的测度中，如情境实验（scenario-based experiment）、场景实验（vignette-based experiments）、目的地沉浸（immersion）、体验共创（cocreation）、顾客参与（customer engagement）等，成为新技术下旅游体验测度的关键词。VR/AR 等新技术能够精准建构旅游情景，控制测度的实验变量，建立在真实世界中难以实施的实验场景并可以进行重复实验。基于此，

当前的旅游体验测度引入了神经科学与机体研究技术，众多研究通过基于 VR/AR 技术的头戴显示器（head-mounted displays，HMD）进行旅游者体验和行为研究。

目前来看，基于 VR/AR 虚拟技术的旅游体验测度研究多用于旅游消费者行为分析和旅游产品的营销，在邮轮体验、酒店体验等具有强烈现代性色彩的旅游体验研究中的应用尤其突出。

第四节　旅游体验理论评价

一、体验的真实性之争

国外对旅游体验的研究早在 20 世纪 60 年代就开始有了，布尔斯廷（Boorstin，1964）是研究旅游体验理论的鼻祖。作为历史学家，他是从史学的角度来研究旅游体验的。他提出"虚假事件论"，认为旅游目的地是各个旅游企业精心设计的"伪事件"，旅游者也满足于这种设计好的假象，最终导致旅游者越来越远离旅游目的地社会的本真性①。在他看来，大众旅游者是陷入巨大欺骗中而不自知的肤浅的体验者。布尔斯廷的观点一经提出就引起了学术界的一阵热议，麦坎内尔（MacCannell，1973）对布尔斯廷的观点持反对意见，他认为布尔斯廷对人们追求"伪事件"的消极批判是错误的。在他看来，引起不真实的体验不是因为大众游客对"伪事件"的需求造成的，而是旅游场景不可避免的舞台化造成的，因为旅游体验就是游客在旅游活动中追求真实的体验以克服困难的过程。现代旅游者在接受现代社会的不真实性和虚假性的同时，依然是在尽力了解旅游地居民的真实生活。他试图用"真实性"的观点来研究旅游者的旅游体验②。

柯恩（Cohen，1979）则认为不管是布尔斯廷提出的"虚假事件论"，还是麦坎内尔提出的"追求真实性"理论，这两种旅游体验的基本理论都存在局限。他们的观点过于偏激，同时也不具有普遍性。他通过现象学来理解旅游体验，他对游客的旅游角色进行了有效划分。在他看来，具有不同世界观的个人

---

① Boorstin D. The Image: A Guide to Pseudo-Events in American[M]. New York: Atheneum, 1964.

② MacCannell D. Staged Authenticity: Arrangements of Social Space in Tourist Settings[J]. American Journal of Sociology, 1973, 79: 589–603.

所产生的旅游体验也不同，个体的精神核心决定个体的旅游体验，同时他还把旅游体验划分为 5 种主要模式[1]。

二、高峰体验脱离生活实践

马斯洛（1969）从哲学的角度出发提出的"高峰体验（Peak Experience）"的状态，即进入自我实现状态所感觉到的一种极度兴奋与喜悦的心情。奇克森特米哈伊（1975）[2]作为心理学家从社会现象的角度观察旅游者的旅游行为，并提出"畅爽"理论。两位学者理论的共同点都在于对"忘我"境界进行阐释，但是两位学者都基于各自的研究角度试图对旅游体验的极致真实状态进行描述，遗憾的是都没能让读者完全了解、信服。马斯洛的"高峰体验"可以说是脱离现实的社会关系和社会生活实践，他片面强调人的尊严和价值，片面强调人性的自然特性、稳定特性、同一特性，带有唯心主义的性质。因此，他所描述的"真实自我"只能是"心理学上的乌托邦"。畅爽理论较高峰体验完善，但观点同样过于片面。

三、托夫勒的先知与派恩二世和吉摩尔缺乏深度情感认知

阿尔文·托夫勒（Alvin Toffler，1970）[3]是最早将体验与经济产出联系在一起的学者，他在《未来冲击》（*Future Shock*）一书中预言："服务经济的下一步是走向体验经济，商家将靠提供这种体验服务取胜。"他认为旅游体验是体验经济的一种特殊形式，是衡量旅游活动质量的重要指标，对它的研究构成了旅游研究的核心内容。但是，这个理论并没有完全阐释"体验经济"的概念，理论内容不够全面，并且由于较早提出这个观点，人们并没有感受到太多体验对经济的影响。这个观点一直被忽略没有得到完善，直到 20 世纪末，人们的经济生活真正受到体验的影响，阿尔文·托夫勒的预言才受到世人的佩服与关注。

派恩二世和吉摩尔（Pine Ⅱ and Gilmore，1999）[4]在《体验经济》一书中提出体验经济的概念，指出企业应以服务为舞台，创造具有吸引力的消费情境，使消费者沉浸于消费体验中，他们将体验产品的类型分为教育（education）、娱乐（entertainment）、美学（esthetic）和逃避（escapist）4 种。相较于早期阿尔文·托夫勒提出的体验经济，派恩二世和吉摩尔提出的体验经济更加完善，也

---

① Cohen E. Rethinking the Sociology of Tourism[J]. Annals of Tourism Research, 1979, 6(1): 18-35.

② Csikszentmihalyi M. Flow: The psychology of optimal experience[M]. New York: Harper and Row, 1990.

③ 阿尔文·托夫勒. 未来的冲击[M]. 孟广均，译. 北京：新华出版社，1996.

④ Pine II Joseph, James Gilmore. Welcome to the Experience Economy[J]. Harvard Business Review, 1998, Vol. 76, No. 4: 102.

明确提出了体验经济的概念和体验产品的类型等内容，但是正如派恩二世多年后对自己的反思，《体验经济》在深入洞悉商界领袖的感情和思想方面做得还不够，没能呈现一个目前极度需要的全新的经济秩序，大多企业主和高管的思维定式依然是：经营企业必须依靠制造产品和提供服务。这种老套的思想妨碍了企业向着更有活力、以提供体验为主的新型企业转变，在为顾客提供体验价值方面做得很不够。

四、拿来主义缺乏与旅游的深度融合

纵观国外与旅游体验理论相关的文献研究的数量十分庞杂，还没有形成明显的系统化研究。这些国外的文献对旅游体验概念的概括都还没形成一般性的统一概念，他们研究旅游体验的角度有的是史学视角，有的是心理学视角，有的是哲学视角，还有的是经济学视角。但是不管从哪门学科、何种视角，都不同程度为旅游体验的研究做出了巨大的贡献。但也应该看到，在各种学科背景下研究旅游体验产生的局限性。经济视角下对旅游体验理论的研究更注重旅游体验能直接带来经济效益的满意度，而对那些与经济效益关系不大的旅游体验过程却视而不见。心理角度的旅游体验定义突出了旅游体验的心理过程，却又把旅游体验行为排斥在外。由此可见，国外目前对旅游体验的理论研究大多是遵循着"拿来主义"，从社会学、史学、哲学、心理学、经济学等学科获得旅游体验的理论概念，跨学科的研究方法也让旅游体验研究陷入瓶颈，这点需要以后研究旅游体验的学者们特别注意。

第四章　游客凝视

1990 年，英国兰开斯特大学社会学教授约翰·厄里（John Urry）以米歇尔·福柯（Michel Foucault）的医学凝视（medical gaze）为理论基础，首次提出了"游客凝视（tourist gaze）"的概念。在福柯看来，医生通过彻底检查（凝视）病患的身体，从而推断病情和病因。它在本质上体现了以医生为代表的专业人士群体，拥有某种场合下的特殊权利（eye of power），能够施予病患以凝视的压力①，是一种得到某种制度支持和肯定的凝视。厄里在此基础上发展了这一概念要义，认为凝视是社会建构而成的观看或"审视方式"。人们之所以不定期地离开日常生活地和工作地到异地去旅行，就是企图通过"凝视"那些与自己世俗生活完全不同的独特事物，获得愉悦、怀旧、刺激等体验②。自提出以来，游客凝视迅速成为旅游研究领域中的重要理论范畴和跨学科研究课题，得到了学术界的广泛关注③，被誉为"旅游研究领域的里程碑"。

第一节　凝视学说的起源

"凝视（gaze）"，经常也被翻译为"注视""盯视"，是一种观看方式，一般指长时间、全神贯注地看。但是，不同于一般的观看，"凝视"一词被学术界赋予了丰富而深刻的文化内涵。在视觉文化研究的语境中，凝视往往成为一种带有权力意志的观看方式。它蕴含了一种心理上的权力关系，即凝视者优越于凝视对象，是一个涉及认识与被认识、支配与被支配等非对等权力关系的

---

① Foucault M. The Birth of the Clinic: An Archaeology of Medical Perception[M]. Sheridan A M, trans. New York: Pantheon. 1973: 1-45.

② Urry J, Larsen J. The Tourist Gaze 3.0[M]. Huang Wanyu, trans. Shanghai: Shanghai People Publishing House, 2016: 1-35.

③ 李拉扬. 旅游凝视：反思与重构[J]. 旅游学刊，2015，30（2）：118-126.

概念①②。例如，男性对女性身体的凝视、西方对东方异国情调的凝视等。法国思想家福柯提出的微观权力理论认为，"凝视"主要有三种内涵，分别是：目光投射的实施主体施加于客体的一种观看方式；存在于现代社会，并象征着一种权力关系和一种软暴力；被社会组织化和系统化的无形却又实实在在存在的社会力③。受到这一理论的影响，1990 年约翰·厄里在第一版的《游客的凝视》（*The Tourist Gaze*）中指出，同医学凝视具有一定的相似性，在游客与旅游目的地之间同样存在一种权力关系，并且很显然，游客是这种关系力量的主导者④。

不同于严肃的（serious）医学凝视，"游客凝视"关注的是愉悦（pleasure），是假日、旅游与旅行，是令人愉悦的体验。不过，虽然两者关注的对象不一样，但本质上还是存在着某种一致性：都是一种被社会组织化和社会系统化的"目光投射"，同知识、权力、话语等现代性特征有着密切关系⑤。

作为一种搜寻异域景观的目光，"凝视"常被日常化的社会机制所生产、塑造⑥。事实上，单纯的"游客凝视"并不存在，它是随社会、社会群体及历史阶段的变化而不断变化的。因为游客的社会经验与意识所构成的关系在不同历史阶段会呈现不同的立场，所以迄今为止，一直没有正确且公认的游客体验凝视模式。厄里认为，游客凝视的方式是多样的，因为其是按照阶级、性别、族群、年龄组织成形的。历史上不同时期"游客凝视"的建构，牵涉它的对立面，也就是和所有不属于旅游范畴的社会经验和意识形态有关。什么条件造就出特定的游客凝视，其实取决于它的对立面——当时的非旅游经验形式⑦。

在西方世界，游客凝视最早可追溯到 1840 年。也正是在这个时候，"游客的凝视"才成为西方现代性的核心要素。厄里认为，游客的凝视堪称是某个时代的特殊产物，它把集体旅行的工具、旅行的渴望、摄影再制技术统统结合起来⑧。同时，游客凝视本身是具有表演性质且体现在外的实践。它凸显凝视和摄影所表征的"混合"表演，强调在每一种观看方式背后的技术和物质。

---

① 钟远波. 凝视：作为权力的观看[J]. 美术观察，2010（6）：112.

② 高婕. 身体是真实的吗——旅游凝视与东道主多元身体实践[J]. 中南民族大学学报（人文社会科学版），2020，40（5）：82-88.

③ 福柯. 临床医学的诞生[M]. 刘北城，译. 南京：译林出版社，2011.

④ Urry J. The Tourist Gaze[M]. London: SAGE Publications, 1990: 1-4.

⑤ 成海. "旅游凝视"理论的多向度解读[J]. 太原城市职业技术学院学报，2011（1）：68-69.

⑥ 程绍文，梁玥琳，李艳，余意峰. 国内外旅游凝视研究进展综述[J]. 旅游论坛，2017，10（3）：24-34.

⑦ Urry J, Larsen J. The Tourist Gaze 3.0[M]. Huang Wanyu, trans. Shanghai: Shanghai People Publishing House, 2016: 1-3.

⑧ Urry J, Larsen J. The Tourist Gaze 3.0[M]. Huang Wanyu, trans. Shanghai: Shanghai People Publishing House, 2016: 6-16.

厄里在建构其理论时指出："旅游凝视针对的是自然风光和城市景观将它们与日常体验区别开来的特点。这些方面被凝视，是因为在某种意义上它们被视作非同寻常的。"他罗列出五类非同寻常之物：第一，某个独一无二的目标物，例如紫禁城、埃菲尔铁塔；第二，某个特定的标志物，如美国摩天大楼、法国酒庄；第三，熟悉之物的"陌生一面"，如博物馆展陈过去的手工作坊；第四，他人在"非惯常环境"中的"日常社会生活"，如前往贫困国家旅游；第五，某一特殊的标记，如月球岩石。

简而言之，游客凝视同现代性相联系，是社会化和系统化了的观察世界的方式，是现代社会与文化实践"培训"和建构的产物，常常包含不同形式的社会模式。"凝视"的内涵并不由游客自身赋予，而是通过背后的社会性体制、组织和话语机制来规定。

第二节　概念内涵与理论应用

一、概念内涵

"旅游凝视"是一种隐喻的说法，不仅指"凝视"的动作，而是将旅游欲求、旅游动机和旅游行为融合并抽象化的结果。因此，该理论的核心内涵在于凝视主体与被凝视对象之间的权力关系。关于旅游凝视的概念，厄里在英国艺术批评家约翰·伯格（John Berger）的观看之道（ways of seeing）一词基础上，认为旅游凝视是"社会模式化的和通过社会学习到的观看之道"。毛茨则认为，"旅游凝视并不一定是视觉中心，也不像某些人所说的只考虑景观，它也取决于心理知觉"[①]。彭兆荣将旅游凝视界定为"以一种非常独特的心态、方式和眼光去看待旅游活动中的事物"[②]。桑森垚和王世梅则认为，游客凝视的本质是游客识别旅游现场符号并将其置于自我的社会和文化认知之下进行意义解读的过程[③]。尽管目前学术界关于旅游凝视的概念尚未取得一致性定论，但是相关学者的解读有助于进一步深化对于旅游凝视理论的认识。

厄里认为，旅游凝视具有以下基本性质：第一，"反向的生活性"；第

---

① Maoz D. The mutual gaze [J]. Annals of Tourism Research, 2006, 33(1): 221-239.

② 彭兆荣. 旅游人类学[M]. 北京：民族出版社，2012：172.

③ 桑森垚，王世梅. 中国志愿旅行者体验研究——基于旅游凝视理论的视角[J]. 旅游研究，2018，10（6）：41-51.

二，支配性；第三，变化性；第四，符号性；第五，社会性；第六，不平等性（如表 4-1 所示）。在厄里看来，旅游是人们离开惯常环境去到一个陌生地域凝视自己原本生活获取不到的景观符号和文化符号，以达到愉悦心情、探索求知、冒险刺激等方面的旅游体验，因而决定了旅游凝视具有"反向的生活性"。此外，游客在介入旅游目的地的物质景观和人文景观的过程中，游客和目的地居民在角色、文化层次、族群、社会经济状况等方面的差异决定了游客凝视具有"不平等性""支配性""变化性"和"社会性"，且游客旅游体验的过程也是符号收集的过程，这也表明了旅游凝视具有"符号性"。

表 4-1　游客凝视的性质

基本性质	描述
"反向的生活性"	旅游者总是凝视那些与他们的日常生活（也称"世俗生活"，包括在家和有酬工作两种情况）不同的东西，如某个地方、某个事件等
支配性	尽管还存在嗅觉、体温等方面的旅游体验，但视觉支配或组织了个体的范围，凝视是旅游经验的中心
变化性	不同的历史时期、不同的社会，以及不同的社会群体里，游客凝视是存在差异、发展和变化的，这皆归因为他们世俗生活和平时经历不同
符号性	游客凝视是通过符号建立的，旅游就是一个收集照片、收集符号的过程，这里存在一个循环：阅读图片营销广告和看电视→实地游览→拍照→看图片营销广告和影视作品
社会性	凝视被社会性地组织和系统化，旅游专业人员生产出旅游者凝视的目标，这些专家与大众媒体、旅游书籍、营销图片等共同制定、操作和掌控了游客凝视，游客凝视被社会性地组织和系统化了
不平等性	社会依据代际、性别和族群等因素呈现分层现象，即社会具有阶层性，这使得看与被看之间存在着现实的不平等，摄影驯服了凝视的对象，其中包含着权力、知识的关系

资料来源：刘丹萍. 旅游凝视——中国本土研究[M]. 天津：南开大学出版社，2008，4：35.

　　在《游客的凝视》一书中，厄里把"游客凝视"的形式分为不同类型，例如浪漫凝视、集体凝视、旁观凝视、虔诚凝视、环境凝视、媒体化凝视和家族凝视①，具体释义见表 4-2。事实上，这些凝视形式并没有彻底穷尽旅游类型，许多游客会涉及不同的类型或某些类型的组合。不同的"游客凝视"也会因三种要素而变化，包括各类旅游移动的空间、停留时间的长度和旅游与其他活动

① Urry J, Larsen J. The Tourist Gaze 3.0[M]. HUANG Wanyu, trans. Shanghai: Shanghai People Publishing House, 2016: 1-3.

形式的重复性。例如，某一地方同时存在购物、运动、文化、教育和居住。当游客停留且环境的供应空间及重复性的旅游服务被大量使用时，游客的凝视风格就会有所拓展。

表4-2　游客凝视类型

凝视的类型	特征
浪漫凝视	看重隐私和独处、持续不变的沉浸 与幻想、敬畏、灵韵相关的凝视
集体凝视	公有的活动、连续短暂的相逢 相似性的凝视
旁观凝视	沿途短暂地浏览 匆匆掠过
虔诚凝视	沉浸式的体验 从精神层面去某一旅游地消费
环境凝视	注重环境对旅游的负面影响 反思性的、亲环境性的
媒体化凝视	游客受到媒体宣传的影响慕名而来 游客凝视此类景点重温媒体事件
家族凝视	在特定的视觉环境里拍出家庭合照 讲求视觉环境氛围

资料来源：Urry J, Larsen J. The Tourist Gaze 3.0[M]. Huang Wanyu, trans. Shanghai: Shanghai People Publishing House, 2016: 22-24.

二、旅游凝视的演绎与应用

厄里基于社会学的观点指出，游客凝视的原因主要是对场所有所期望，特别是在这些期望中包含有梦想、幻想及娱乐，涉及一般民众不同于日常生活的感受，这些期望可通过许多非旅游的形式展现，如电影、电视、杂志、纪录片等制造出这些对场所的凝视。"游客凝视"有别于游客平时体验的城乡景观特色，这是因为这些城乡景观特色呈现了不寻常的感觉，也就是说游客的目光常常与不同的社会形态相关联。一般民众常常借相片、明信片及模型等捕获他们的凝视，可以使得凝视不断重复地产生回忆。"游客凝视"由符号所构成，旅游就是符号的聚集，符号是旅游者凝视的最终归宿。例如当看见两个青年男女在巴黎街头接吻，旅游者凝视的就是"永恒浪漫的巴黎"；当看见英国某一农庄时，旅游者凝视的就是"真正的古老的英格兰"。游客对每件事物成为符号而感兴趣，如同他们正着迷追求法国式文化、意大利式行为、东方世界景象、美国式道路及英国式传统酒吧等。

　　一些社会学者认为，"游客凝视"理论也掺入了"伪事件"（pseudo event）。例如，大量游客在虚拟设计的旅游景点中寻找娱乐，享受伪事件，而不去关注真正的事实，结果使得旅游从业者及当地居民为外来游客制造更多不寻常的展示活动①。长期下来，"游客凝视"的影像在从业者的媒体广告中造就出说服力，并且提供给游客选择和评估哪些场所可以参观。这就反映了游客如何完全被安排，旅行社、运输业者与住宿业者如何减少游客的负担，但是也限制了游客注视特定旅游景点的能力②。游客的感觉及美学认知在出发前就被限制住了，而且大多被参观的原住民文化也是肤浅的表演。以印度尼西亚的巴厘岛为例，许多巴厘岛式的文化与艺术为了迎合西方游客的观看模式而过度简化，而且大量生产的原著文化成为低俗的工艺品③。

　　学者们对于旅游凝视的概念类型进行了诸多辨析，有力拓宽了旅游凝视的内涵与外延。毛茨提出了"当地人凝视"（local gaze）和"双向凝视"（mutual gaze）的概念，认为游客在对当地人进行凝视的同时，当地人也在反向凝视着游客，这种凝视就是"当地人凝视"。同时，游客的凝视会对"当地人凝视"产生影响，这种影响又会反过来影响游客和当地人的行为，因此游客凝视和当地人凝视二者相互关联，故称之为"双向凝视"④。霍洛韦等（Holloway et al., 2011）则提出了"游客间凝视"（intratourist gaze）这一概念，他们认为，在旅游过程中，游客不可避免地要对其他游客进行凝视，在这种游客间凝视下，游客既是凝视的主体，又是凝视的客体⑤。厄里和拉森也对"游客凝视"的概念做出了修正和拓展，在再版的《游客的凝视》一书中提出了"全球化凝视"等概念⑥。此外，学者们还陆续提出了社交媒介凝视（social-mediatized gaze）⑦、

---

① Baudrillard J. Symbolic Exchange and Death[M]. London: Sage, 1986.

② Edensor T. Tourists at the Taj[M]. London: Routledge, 1998.

③ Turner L, Ash J. The Golden Hordes[M]. London: Constable, 1975.

④ Maoz D. The mutual gaze[J]. Annals of Tourism Research, 2006, 33(1): 221-239.

⑤ Holloway, Green. The intratourist gaze: Grey nomads and 'other tourists'[J]. Tourist Studies, 2011, 11(3): 235-252.

⑥ Urry J, Larsen J. The Tourist Gaze 3.0[M]. SAGE Publications Limited, 2011.

⑦ Shakeela A, Weaver D. The Exploratory Social-Mediatized Gaze: Reactions of Virtual Tourists to an Inflammatory YouTube Incident[J]. Journal of Travel Research, 2016, 55(1): 113-124.

第二次凝视（second gaze）[①]、第三次凝视（the third gaze）[②]，以及阈限凝视（liminal gaze）[③]等概念。

在国内，吴茂英提出了"专家凝视（professional gaze）"，认为各类旅游专家和政府相关部门的工作人员通过旅游规划、营销等调控手段，不断建构可供凝视的文化符号。他们的选择性建构过程直接决定游客可以凝视什么、不可以凝视什么。此外，她进一步提出"隐性凝视"（implicit gaze）的概念，强调该凝视类型非常隐蔽，甚至不被凝视主体所感知。一般表现为面部表情，要通过摄像机等进行捕捉，或者通过访谈，诱使凝视主体表达其凝视情感[④]。王金伟和李冰洁提出，东道主对游客的凝视主要通过"直面凝视"（facing gaze）和"背向凝视"（back gaze）两种方式展开[⑤]。刘丹萍、王华等提出了游客间的"道德式凝视（moral gaze）"，主要表现为游客基于自身的道德立场对他人行为所表现出的道德判断和情感表现。游客通过道德凝视对不文明旅游行为进行甄别隔离、舆论惩罚和劝服同化，具有引导和规范游客行为、维护旅游环境和秩序的功能[⑥][⑦]。此外，孙九霞提出了"旅游循环凝视"的概念，指在主客双向凝视的前提下，不论凝视的作用方向如何，前一时间的相互凝视都会产生一种作用力，使得凝视的双方都产生一定的变化[⑧]。陈俊彤和殷平则提出了"旅游直播凝视"的概念，认为其是借助直播技术媒介，通过主播的中介功能，实现潜在游客对旅游目的地的先视，在潜在游客与主播之间构建共时双向互动的动态凝视过程[⑨]。

上述凝视类型的提出使得旅游凝视被建构为一个多元行为主体的、动态互动的过程，形成了一个完整的旅游凝视谱系。同时也进一步揭示，旅游凝视的

---

① MacCannell D. Tourist agency[J]. Tourist Studies, 2001, 1(1)：23-37.

② Moufakkir O. The Third Gaze: De-constructing the Host Gaze in the Psychoanalysis of Tourism[J]. The host gaze in global tourism, 2013: 203.

③ Moufakkir O. The liminal gaze: Chinese restaurant workers gazing upon Chinese tourists dining in London's Chinatown[J]. Tourist Studies, 2017, 19(1): 89-109.

④ 吴茂英. 旅游凝视：评述与展望[J]. 旅游学刊, 2012, 27（3）：107-112.

⑤ 王金伟, 李冰洁. 恐惧景观地旅游中的主客凝视行为研究——以北京朝内 81 号为例[J]. 旅游学刊, 2021, 36（5）：130-148.

⑥ 刘丹萍. 旅游凝视——中国本土研究[M]. 天津：南开大学出版社, 2008.

⑦ 王华, 徐仕彦. 游客间的"道德式"凝视及其规训意义——基于网络博文的内容分析[J]. 旅游学刊, 2016, 31（5）：45-54.

⑧ 孙九霞. 旅游循环凝视与乡村文化修复[J]. 旅游学刊, 2019, 34（6）：1-4.

⑨ 陈俊彤, 殷平. 直播场景下旅游凝视行为研究[J/OL]. [2021-09-01]. https://doi.org/10.19765/j.cnki. 1002-5006.2021.00.014.

本质是一种交互式行为，是多方利益主体共同参与的复杂系统①。此外，作为一种被社会组织化和社会系统化的"目光投射"，旅游凝视并不必然是视觉上的，也不是像某些学者所理解的那样只和景观相关。它存在于人们的心理感知，涉及人们观看的方式、概念化、理解、想象、推测和建构等②。

旅游凝视理论自诞生以来，便引起了学术界的广泛关注，现已成为旅游研究领域中的重要分析工具。作为一个重要的学术概念和研究视角，旅游凝视理论在旅游研究中的应用主要可以归结为三个方面：游客体验、目的地文化变迁及主客关系。

（1）游客体验。旅游凝视是游客体验的实现途径和主要方式，对游客的旅游体验具有非常重要的意义。李拉扬认为，旅游凝视的最大价值是点明了旅游者感知、选择或建构非寻常的这一行为，并在一定程度上揭示了旅游目的地与旅游吸引物如何吸引旅游者③。不少学者结合案例从旅游凝视的视角对游客体验进行了实证分析，不同程度地论证了游客凝视理论的部分观点。麦格雷戈在对印度尼西亚塔纳托拉贾的游客访谈分析后发现，游客凝视和体验旅游地的方式往往受到旅游指南、他人评价等既成文本的规制，这些文本提供的信息潜移默化地限定了游客在旅游地看什么、怎么看，人们寻找的不过是旅游指南中介绍的文字或提供的图片，而这些文字或者图片被认为是旅游地原真性的表现，并会对游客的旅游体验产生影响④。麦金托什探究了游客对于新西兰毛利文化的感知体验，并将"凝视"作为游客体验的一个维度，指出游客寻求的是不同于往常生活的体验，并且游客更愿意通过"看"去感受毛利文化⑤。

（2）目的地文化变迁。厄里认为，旅游者的凝视使旅游地被消费，引起旅游目的地文化出现所谓"舞台化"、表演化倾向，导致目的地的社会文化在时间和空间上发生变迁。游客的凝视塑造着旅游目的地，而目的地改变自我以迎合游客的凝视似乎已成为学界共识⑥。有学者对游客评论进行主题分析以确定国内游客的凝视是如何在斯里兰卡的战后地区发生转变的。这个研究表明，通过政府的战略性调解，游客在战后斯里兰卡的旅游凝视正从"黑色旅游凝视"

① 陆林，汪天颖. 近年来国内游客凝视理论应用的回顾与展望[J]. 安徽师范大学学报（自然科学版），2013，36（5）：497-501.

② 程绍文，梁玥琳，李艳，余意峰. 国内外旅游凝视研究进展综述[J]. 旅游论坛，2017，10（3）：24-34.

③ 李拉扬. 旅游凝视：反思与重构[J]. 旅游学刊，2015，30（2）：118-126.

④ McGregor A. Dynamic texts and tourist gaze[J]. Annals of Tourism Research, 2000, 27(1): 27-50.

⑤ McIntosh A J. Tourists' appreciation of Maori culture in New Zealand[J]. Tourism Management, 2004, 25(1): 1-15

⑥ 孙九霞，王学基. 旅游凝视视角下的旅游目的地形象建构——以大型演艺产品《印象·刘三姐》为例[J]. 贵州大学学报（社会科学版），2016，34（1）：47-57.

转变为"环境凝视"和"文化凝视"①。朱璇等探究了"背包客"对亚丁村的旅游凝视，发现"背包客"更加关注亚丁的自然景观而非人文风情，这在一定程度上导致了亚丁村土著文化民俗的没落②。刘丹萍以"凝视"作为理论分析工具，以摄影作为研究路径，从历时态、共时态、精神与文化动因 3 个方面总结了元阳梯田旅游地的发育过程③。孙九霞则在研究后发现，在旅游者凝视的影响下，深圳中国民俗文化村中的族群文化被彻底符号化与商品化。"旅游者凝视"作为一种隐形力量，支配着特殊旅游场域的建构，改变了族群文化的存续原则，割裂了民族演员的族群认同，生产着有别于原生态文化的各种"奇风异俗"，造成族群文化的移植④。

（3）主客关系。作为一种社会建构行为，旅游凝视背后暗含着一种支配与被支配、认识与被认识的组织话语机制和权力关系。由于游客的社会构成和旅游目的地居民社会之间存在着代际、族群性、社会经济状况等分层，游客凝视本身就具有支配性、变化性、社会性和不平等性。这种不平等的权力关系常常对旅游地的发展及游客体验带来消极的影响⑤。胡海霞对此认为，东道主与游客真正的关系应当是对话而非凝视。从凝视走向对话，更有利于唤起东道主的文化自觉，有利于建立起主客之间新型的文化关系⑥。毛茨以以色列"背包客"与印度旅游地居民的交往为研究背景，认为印度旅游从业者也在凝视着"一群到处乱闯的自以为是的疯子"，揣测他们的行为，并采取相应的行动，获取合适的利益，或保护自己的生活不受侵犯⑦。王金伟和李冰洁以北京市著名的恐怖传闻地"朝内大街 81 号"为例，探析了游客和东道主群体的凝视行为及其对主客关系的影响。研究后发现，东道主和游客对"物"凝视的差异在一定程度上引发了主客矛盾，同时，由于游客的不当行为和两者缺乏有效沟通最终导致主客矛盾激化，难以调和化解⑧。

总的来看，"旅游凝视"作为一种交互式行为，不仅会对游客的旅游体验

---

① Samarathunga W, Li C, Weerathunga PR. Transitional domestic tourist gaze in a post-war destination: A case study of Jaffna, Sri Lanka[J]. Tourism Management Perspectives, 2020, 35.

② 朱璇，蔡元，梁云能. 从神圣到世俗的欠发达地区乡村社区空间异化——国内背包客凝视下的亚丁村[J]. 人文地理，2017，32（2）：53-58，102.

③ 刘丹萍. 旅游凝视——中国本土研究[M]. 天津：南开大学出版社，2008：231-240.

④ 孙九霞. 族群文化的移植："旅游者凝视"视角下的解读[J]. 思想战线，2009，35（4）：37-42.

⑤ 程绍文，梁玥琳，李艳，余意峰. 国内外旅游凝视研究进展综述[J]. 旅游论坛，2017，10（3）：24-34.

⑥ 胡海霞. 凝视，还是对话？——对游客凝视理论的反思[J]. 旅游学刊，2010，25（10）：72-76.

⑦ Maoz D. The mutual gaze[J]. Annals of Tourism Research, 2006. 33(1): 221-239.

⑧ 王金伟，李冰洁. 恐惧景观地旅游中的主客凝视行为研究——以北京朝内 81 号为例[J]. 旅游学刊，2021，36（5）：130-148.

产生重要影响，同时也会在游客与东道主的互动过程中对目的地的文化、经济等方面施加影响。

第三节 游客凝视理论评价

游客凝视理论自提出以来便受到的广泛关注和较大反响，但任何一种新理论的建立除了前期的借鉴和理解，更需要学术共同体在对其批判性反思的基础上进行理论建构。事实上，虽然游客凝视理论在学术领域具有较高关注度，但对该理论的认识一直以来存在着分歧和争论。基于此，本章节从旅游凝视理论的意义与价值、批判与反思及未来研究展望三个方面展开论述。

一、游客凝视理论的意义与价值

（一）重新整合旅游体验的理论研究

学者们认为，游客凝视的核心是"凝"而非"视"[①]。由于游客凝视强调社会建构的观看或"视觉体制"（scopic regimes）中的"话语决定"（discursive determinations）[②]，"视"本身只是"凝"的作用机制外在表现的一种途径，而游客凝视中内涵最为丰富的则为凝视背后的社会建构。游客基于游客凝视中的"浪漫凝视（romantic gaze）"和"集体凝视（collective gaze）"产生注意，进而获得旅游体验。

同时，游客凝视中的注意是一个跨学科多维度的具有丰富内涵的概念。随着游客凝视中的注意概念进入旅游研究领域，其他领域的相关概念如心理学领域中的"刺激—反应"（stimulus-reaction）、"选择性注意"（selective attention），神经生物学领域上的唤起（arousal）、眼动（eye movement），管理学领域的调控型关注（regulatory focus），经济学领域中的注意力经济（attention economy），社会学领域的品位（taste）、惯习（habitus）等也都相继被应用到旅游研究领域[③]，在游客凝视这一框架下重新整合，从而解决旅游体验的理论疑问和实践难题。

游客凝视中的注意，是在旅游者为获得旅游信息进行的有意识或无意识的

---

① 李拉扬. 游客凝视：反思与重构[J]. 旅游学刊，2015，30（2）：118-126.

② Urry J, Larsen J. The Tourist Gaze 3.0[M]. SAGE Publications Limited, 2011: 1-3; 8; 16-17; 20; 36; 48; 115; 195.

③ 李拉扬. 游客凝视：反思与重构[J]. 旅游学刊，2015，30（2）：118-126.

筛选和差别关注中形成的。注意的形成既受已有社会建构的影响，也因个体背景和偏好的差异而有所不同①。当游客远离平时生活环境时，凝视呈现出了各式知觉的体验。游客凝视使游客与事物的相遇变得具体化，为游客的体验带来愉快及成就感。游客凝视的理论意义和现实价值就突出地表现为其可以作为旅游体验的中枢环节和实现途径，在理论和实践中以游客凝视为切入点，能够帮助我们弄清楚旅游体验的形成和影响因素。

（二）对"旅游何以吸引"内涵的深化

游客凝视理论的另一积极意义则是对旅游目的地与游客的相互作用，尤其是旅游目的地对游客的吸引认识的拓展。尽管游客凝视是一种相对无形的存在，但始终在旅游体验这一有形的旅游过程中得以体现。即使游客凝视"隐藏于旅游体验过程中"②，但游客凝视不同于游客的旅游体验。游客的旅游凝视与其感知、选择或建构非寻常的这一行为密切关联，旅游凝视的提出在一定程度上揭示了旅游目的地与旅游吸引物如何吸引旅游者。游客凝视承担了为旅游者谋求愉悦体验提供对象或客体的使命，这种思路使得"旅游吸引物"的内涵和外延都将得到深化和改革③。

二、游客凝视理论的批判与反思

（一）注重宏大叙事而实践性受限

厄里的游客凝视理论着重于一系列概念框架，并将游客凝视紧紧地与社会话语（social discourse）、社会阶层、社会影响和社会变迁等社会学基本概念联系在一起，以求建构出一套类似于旅游社会学的无所不包的宏大叙事（grand narrative），而这种宏大叙事在一些具体情境下的应用性存在一定的局限性，思想的晦涩与缺乏可操作性工具导致该理论对实践的指导意义不显著。

珀金斯（Perkins）和索恩斯（Thorns）认为，旅游凝视的概念偏于静态和被动，忽略了新奇表达；虽然"游客凝视"概念有一些层面的解释，但是对于无法看到与说清的事物，却没有比凝视本意更深刻的评判④。拉森（Larsen）也认为凝视这个概念只关注游客在静止的实体与生活化世界中游动，它并没有看到其他事物的移动、游离的特性。

---

① Ooi, Can-Seng. A theory of tourism experiences: The management of attention[A]//Tom O'Dell, Peter B. (Ed.). Experience escapes: Tourism, Culture, and Economy[C]. Copenhagen Business School Press DK, 2005. 51–68.

② Perkins H C, Thorns D C. Gazing or performing? Reflections on Urry's tourist gaze in the context of contemporary experience in the antipodes[J]. International Sociology, 2001. 16(2): 185–204.

③ 李拉扬. 游客凝视: 反思与重构[J]. 旅游学刊，2015，30（2）：118–126.

④ MacCannell D. Tourist agency[J]. Tourism Studies, 2001, 1: 23–38.

此外，"游客凝视"理论具有一些受限的含义：第一，这概念不仅说明了单独的旅游动机，而且系统地、规则性地强调各种形式的凝视，每种形式将取决于社会背景、助长环境场所观察的建立、设计和更新游客所需层面，以及具体凝视者与被凝视者的持续关系。第二，没有单纯地呈现被观赏和被画上符号的关系，而是旅游景点制造者、符号与游客关系的复杂的发展①。景点实体可能透过一系列过程变为一个旅游产业的圣地，其中令人质疑的做法是小型纪念品和翻拍照片的机械式重复生产。第三，当今旅游业发展过程中出现的"麦当劳化"和"迪士尼化"，说明了"差异性"并非旅游吸引物的唯一要义。因此，厄里强调的"差异性是理解旅游现象的关键"这一点有待商榷。

（二）凝视视域的局限性

凝视理论虽然为旅游研究带来了新的视角，但厄里试图建构的宏大叙事已然从凝视转向了内涵更丰富全面的表演及体验等隐喻，视觉中心显然"阻止它成为旅游社会学研究的一个基础范式"②，而直接或间接地被具身理论批判或取代。

刘丹萍（2007）根据西方学者的研究，总结出游客凝视强调视觉感受在旅游体验中的核心地位受到质疑。在滑雪、攀岩等探险旅游和体验旅游项目中，视觉方面的感受禀赋排在旅游体验首位。不同的知觉在分散的时空、人与物的环境中互相联系，共同产生敏感度。这些不仅包括看到的城乡景观，也包含音效风景、听觉风景③、嗅觉风景④和地理风格⑤。同时，厄里只强调了旅游者对旅游地文化和居民的单方面凝视，这缺乏动态的、客观的解释力，也并没有围绕旅游者的凝视行为去讨论凝视者与被凝视者之间存在的权利关系⑥。

三、未来研究展望

经过几十年的发展，游客凝视研究已经从单向的游客凝视转向多维、多重的游客凝视拓展，成为当前旅游研究领域多学科关注的一种重要的研究视角、思路、理论和方法；游客凝视拓展了旅游研究的社会价值和旅游学理论研究深度，帮助人们从一个新的视角去观察和思考旅游现象背后的社会关系、游客旅

---

① MacCannell D. The Tourist[M]. New York: Schocken, 1999.

② Cohen E, Cohen S A. Current sociological theories and issues in tourism[J]. Annals of Tourism Research, 2012, 39(4): 2177-2202.

③ Urry J. Global Complexity[M]. Cambridge: Polity, 2000.

④ Spang L. The Invention of the Restaurant[M]. Cambridge: Harvard University Press, 2000.

⑤ Gregory D. Geographical Imaginations[M]. Cambridge: Blackwell, 1994.

⑥ 刘丹萍. 旅游凝视：从福柯到厄里[J]. 旅游学刊，2007（6）：91-95.

游体验规律及旅游影响形成的机制透视①。

虽然游客凝视背后的动机和需要仍需明晰，但也只有意识到游客凝视的注意成分，才能进一步去判断旅游体验的意义，传统意义上的游客凝视才能解决"物我两执"之苦，其研究边界才能得以重廓。旅游者可以通过借助一些经典的审美手法：构图、距离、孤立及强调某些感觉，牺牲另外的感觉，表现寓意及使用转喻②，将凝视到的其他旅游者、当地人和景观等行动者（actor）都纳入一个凝视与被凝视彼此交织的关系网络中，进而建构出旅游者自己的旅游体验。需要强调的是，这种选择注意对象及选择方式的研究势必需要继续深入，才能最终解释游客凝视对旅游体验的实现功能。因此，未来研究赋予游客凝视以注意的内涵，解决了注意这一研究空白，才能继续讨论游客凝视的合法性和有效性，才能去充实和完善旅游体验的理论架构，从而进一步解释"旅游何以可能"这一基本命题。

同时，在全球化和后现代主义潮流的影响下，游客凝视会随之变化，凝视背后的社会现象建构意义等都会具有更多的不确定性。基于游客凝视的独特研究视角和现象学属性，游客凝视必将在今后的旅游研究中发挥着越来越重要的作用。作为一种重要的社会建构行为和旅游研究路径，随着游客凝视研究的深入，多学科方法综合、质性研究与定量研究、规范研究和实证研究的结合必将是未来游客凝视研究发展的基本趋势。对于中国来说，凝视理论在中国的本土化发展和特色化实践应用趋势也必然会日渐明显③。

未来的研究方向包括：

1. 所有"游客凝视"依赖可以界定为不寻常的场所及事物，界定的过程依靠旅游政策来补足。

2. 寻常与不寻常之间的界定是视觉与环境的互动过程，视为不寻常的事物尤其需要得到公认，并且游客对于凝视的关系更需要在细节与深思熟虑上进行"视觉消费"分析。

3. 科技已经侵入寻常与不寻常之间的界定，影响游客对景观场所取舍凝视的自然气氛。旅游不再是休息或对平时生活的逃离，而是提供了一个不同于平时生活琐事、追寻自然场所的活动。因此，恢复日常生活规律成为愉快的旅游体验后的必然结果。

4. 旅游动机中对真实性的要求已降低，不同于一般民众生活形态的事物渐

① 程绍文，梁玥琳，李艳，余意峰. 国内外旅游凝视研究进展综述[J]. 旅游论坛，2017，10（3）：24-34.

② Adler J. Travel as performed art[J]. American Journal of Sociology, 1989, 94(6): 1366-1391.

③ 程绍文，梁玥琳，李艳，余意峰. 国内外旅游凝视研究进展综述[J]. 旅游论坛，2017，10（3）：24-34.

渐被视为旅游资源。游客活动需要持续不断的改变，我们的"视觉消费"在哪里消失，哪些场所及事物呈现了符号构造，以及在哪里"视觉消费"可以得到最大的满意度。

5. 文化本身将渐渐地成为凝视对象，例如文化遗产已经吸引了大量的游客，然而城乡景观、虚拟旅游景物及轰动注目事件对游客来说也是某种文化上的影响。

第五章　空间与时间的理论转向

　　无论是从旅游的定义出发，还是从旅游的本质属性或活动形式来看，空间和时间都是旅游学术研究的核心课题。旅游活动的异地性、旅游主体的场所感知、旅游目的地的空间依托、旅游开发者或从业者的空间呈现等为旅游研究提供了丰富的空间视角。旅游发展的演化历程、旅游格局的时间动态性、旅游需求的时间分布、旅游线路和产品的时间规划等又成为旅游学术关于时间的多元研究进路。空间的研究主要依托于地理学理论，时间研究涉及范围较广，心理学、管理学、地理学、行为学、社会学等领域的理论知识融会其中。当然，这并不是对空间和时间进行严格意义上的领域或方法限定。

　　时空观是人们宇宙观的重要组成部分，也是人们看待日常事务和社会现象的基本视角。对于旅游学术思想来说，关于空间的研究，往往突破三维世界的束缚，而把人对于空间的感知、精神的依赖融入研究之中，现实空间与精神空间结合，从而带给学术研究以浪漫主义气息。对于旅游与时间的思考，中外学者们也从不同的视角切入，有的赋予旅游地以"人格"和"生机"，为它们绘制生命的曲线；有的以时间为标尺，描刻着某一旅游地或旅游产品的演进年轮；还有的把时间和空间结合在一起，以时空协同的观察角度去衡量与评判人们所能观察到的旅游现象。

第一节　旅游空间的发展变迁

一、近代以前旅游行为空间的变化

　　旅游行为空间可简单地理解为旅游者（人类早期或称旅行者/旅行家）活动空间，是人们开展旅游或旅行活动所达之处的总称。它依赖于科学技术的发展和交通工具的发明。

研究旅游空间的变化需追溯人类旅游活动的起源，关于这方面的研究，国际上基本认同"商贸起源说"这一观点。1985 年，联合国世界旅游组织发布名为 Movements of persons or the facts about tourist flows 的研究报告，指出"在最初的年代，主要是商人开辟了旅游的通路"[①]。格德纳和里奇（2008）认为，大约在公元前 4000 年，位于美索不达米亚南部的苏美尔人（巴比伦人）发明了货币并开始了人类最早的商品贸易活动，这是人类社会最早的旅游活动的萌芽。到公元前 3000 年，在地中海地区进行通商贸易的腓尼基人活动频繁，他们被认为是早期的商贸旅行者。腓尼基人到处游历，他们西越直布罗陀海峡，东到波斯湾、印度，北至北欧波罗的海各地，其旅行目的在于贸易（王洪滨，2004）[②]。

除了商贸活动外，早期的旅行还与政治有关，在空间方面同样也和海洋有着紧密联系。在埃及卢克索神庙记载着古埃及王国时期唯一的女法老哈特谢普苏特前往蓬特（位于非洲东海岸）旅行的故事，这次海上旅行发生于公元前 1480 年，被认为是哈特谢普苏特统治时期外交关系的一次重大胜利。女法老的旅行也伴有休闲观光的目的，在休闲学领域通常被认为是最早的有文字记载的休闲旅行。

格德纳和里奇（2008）在回顾人类进入奴隶社会后的旅游发展时提到："在奴隶社会时期，出于贸易、商务、宗教、节庆、就医或教育等目的的旅行活动已经在这一西方文明的摇篮中发展起来。罗马人前往地中海地区旅行，参观那里的著名神庙。希腊和小亚细亚也是当时流行的旅游目的地，因为那里有奥林匹克运动会、温泉疗养、海滨胜地、戏剧表演、节庆盛会、体育赛事及其他多种形式的消遣娱乐活动。[③]"由此可见，当时旅游行为空间得到了极大拓展，已经不局限于海岸城市和商贸中心，盛会、赛事、休闲观光资源集聚的地方都可能成为当时奴隶主阶层选择的旅游空间。

西方的 13、14 世纪，处于天主教和封建势力的统治下，旅游和旅行受到了教义上和道义上的双重限制，但有一个名字在人类旅行史上照亮了这段被禁锢的时代，他就是马可·波罗。1271 年，马可·波罗 17 岁时，跟随父亲和叔叔拿着教皇的复信和礼品，带领十几位伙伴一起向东方进发。在中国游历 17

---

① UNWTO. Movements of persons or the facts about tourist flows[J]. World Travel-Tourisme Mondial, 1985, 182：11.

② 王洪滨. 旅游学概论[M]. 北京. 中国旅游出版社，2004：32.

③ 查尔斯·R. 格德纳，布伦特·里奇·J. R. 旅游学[M]. 李天元，徐虹，黄晶，译. 北京：中国人民大学出版社，2008：37.

年之后，于 1292 年春，马可·波罗随三使者护送阔阔真公主从泉州起航出海到波斯成婚。1295 年马可·波罗回到意大利。后来，他在战斗中被俘，向狱友鲁斯蒂谦（Rustichello）口述在中国的经历，后者写出《马可·波罗游记》（又名《马可·波罗行纪》或《东方见闻录》），记述了马可·波罗在中国的所见所闻。此时，西方人的旅行活动空间已经延展至远东地区和太平洋西岸。

《马可·波罗游记》在欧洲广为流传，激起了欧洲人对东方的热烈向往，对文艺复兴时期新航路的开辟产生了巨大影响。同时，西方地理学家还根据书中的描述，绘制了早期的"世界地图"，将人类旅行活动的可能空间扩展至世界范围。此举刺激了一批探险家开展跨洋航海活动，如迪亚士、哥伦布、达·伽马、麦哲伦。这些航海活动促进了各大洲的沟通，形成了众多新的海上贸易旅行路线，伴随新航路的开辟，东西方之间的文化、贸易交流大大增加。

1670 年，大旅游（Grand Tour）一词已经得到使用，参加大旅游活动的年轻人要在一位导师的陪同下，用至少 3 年时间，遍游欧洲各大文化中心。培根在《论游历》中写道："游历对于年轻人是教育的一部分，对于年长的人是经验的一部分……上层阶级子弟于休假期间或毕业之后，多作旅行游览之举以广见闻，此风自古既然，文艺复兴时期尤盛，今则随教育之普及而更为普遍。"大旅游不再是探险式的个人旅行，已然成为社会风潮，时间的漫长和空间的广阔在同时诠释着"大"的含义。

二、近代以后旅游行为空间的变化

发端于英国的工业革命改变了世界格局和人类发展进程，同时也改变了人们看待空间的方式。蒸汽机的发明和后来蒸汽机车的出现，极大地便利了人们的旅行，同时拓展了旅行空间，缩短了旅行时间。1841 年，托马斯·库克包租了一列火车运送 570 人从莱斯特前往拉夫巴勒参加禁酒大会，虽然空间距离并不远，但这次旅行活动在旅游发展史上占有重要地位，被看作人类第一次利用火车组织的团体旅行，是近代旅游活动的开端和旅游业诞生的标志。

此后，随着科学技术进步和交通工具发展，人们的旅游方式变得越来越多样化，旅游活动空间向广度和深度两个维度发展。从广度来看，电力机车、邮轮、飞机的出现把人们带向了陆路、海路和空中更遥远的空间，使长距离旅行成为可能，人们的空间观在改变，旅行活动半径也极大延展，国际、洲际旅行成为可能。从深度来看，汽车、摩托车、自行车的出现，使旅游活动的丰富性得到增强，同时对一定空间范围内的旅游资源进行细部观察和体验的机会得到提升。

第二次世界大战后，大众旅游在世界范围内兴起，客源国主要是发达国家，旅游目的地则呈现多元化，既有同属资本主义阵营的发达国家，也有新兴的第三世界国家。直到 20 世纪末，随着以中国为代表的第三世界国家旅游业兴起，客流的空间流向才呈现出明显的"双向性"特征，即第三世界国家游客流向发达国家，而且这种趋势愈加明显，世界主要旅游目的地国家争夺中国旅游客源的手段和方法也丰富了起来。

进入 21 世纪以来，旅游行为空间变得更加复杂。国际上，旅游流的"逆流""混流"趋势明显，这是全球一体化带来的结果，同时也为旅游空间研究提供了诸多有趣且有意义的课题。从区域或国内层面来看，旅游行为空间的"迭代"与"更新"较为普遍，人们从追求知名景区景点、传统旅游城市，到青睐刚刚得到复兴或重建的文化古镇、历史名城，再到以主题公园、主题酒店、遗产地、生态旅游地为主要旅游空间选择。旅游学术思想和理论也跟随这种潮流不断转向，运用新的理论和方法，在分析总结的基础上，为旅游行政管理和行业运营提供建议与参考。

第二节　旅游空间理论与转向

一、旅游空间理论源流与借鉴

旅游是通过空间位移、时间消费来换取畅爽体验的行为活动。旅游研究离不开对空间和时间的解构和建构，旅游空间研究最初源于地理学，地理学空间理论和区位理论对旅游空间研究影响深远，在此有必要对国内外经典的空间理论进行简要介绍和梳理。

空间结构是指社会经济客体在空间中相互作用形成的空间集聚规模和集聚形态[①]（陆大道，1995），它是第二次世界大战以后古典区位论走向综合化的产物[②]（段七零，2009）。

---

① 陆大道. 区域发展与空间结构[M]. 北京：科学出版社，1995：99-101.
② 段七零. 长江流域的空间结构研究[J]. 长江流域资源与环境，2009（9）：789-795.

研究旅游空间结构通常有来自四方面的理论基础：一是古典区位理论；二是区域空间结构理论，重点研究区域空间结构的演变过程，包括演变阶段和演变机制；三是区域空间发展理论，重点探讨发展过程中区域之间的关系和相互影响；四是空间分布规律理论，主要研究不同空间的分布特征、差异与联系。

（一）古典区位理论

区位理论是关于区位即人类活动所占有的场所的理论，它研究人类活动的空间选择及空间内人类活动的组合，探索人类活动的一般空间法则（Schmidt-Renner，1970）。有关区域空间结构的研究源于区位论，区位论也可以看作现代空间结构理论的微观部分（耿明斋，2005）[①]。

1. 农业区位论

在 19 世纪初期，德国农业经济学家杜能（Thunen，1997）洞悉资本主义农业生产与市场的关系，出版了《孤立国同农业和国民经济的关系》（简称《孤立国》）一书，从而创立了农业区位论[②]。他发现因地价不同而引起的农业生产布局在地域上的分异现象，这种分异源于生产区位与消费区位之间的距离，由此使得各种农业生产方式在空间上呈现同心圆结构的空间格局。农业区位论是经济活动空间结构的基础理论，对后来的区位理论产生了很大的影响和启发。

2. 工业区位论

20 世纪初，德国经济学家韦伯（Weber，1997）在《工业分布论》这一实证研究的基础上，出版了《工业区位论》，进而创立了工业区位理论[③]。韦伯探讨了工业经济的空间规律，从成本最小化的角度解释了运输、劳动和集聚等因素对工业区位选择及其变化的影响，在某种程度上揭示了经济活动区位的基本规律，其中涉及的集聚与扩散是区域空间结构演变的核心问题。

3. 中心地理论

20 世纪资本主义的高速发展加速了城市化进程，城市在整个社会经济中占据了主导地位。随着经济发展和市场规模扩大，市场的空间形式与功能在生产力布局中体现出特别的重要性。德国地理学家克里斯塔勒（Christaller，1998）在大量的实地调研基础上，在其著作《德国南部的中心地原理》中提出了中心地理论[④]。他用演绎法来研究中心地的空间秩序，提出了聚落分布的三角形特

---

① 耿明斋. 现代空间结构理论回顾及区域空间结构的演变规律[J]. 企业活力，2005（11）：16-20.

② Thunen J V. 孤立国同农业和国民经济的关系[M]. 吴衡康，译. 北京：商务印书馆，1997.

③ Weber A. 工业区位论[M]. 李刚剑，等译. 北京：商务印书馆，1997.

④ Christaller W. 德国南部中心地原理[M]. 常正文，王兴中，等译. 北京：商务印书馆，1998.

征和市场区域的六边形组织结构，为城市地理学和商业地理学的发展奠定了理论基础。

（二）区域空间结构理论

第二次世界大战以后，区域空间结构理论进入新的发展阶段，出现了许多新的区域空间结构演化理论。其中，外国学者的研究成果有佩鲁的增长极理论、缪尔达尔的循环累积因果原理和弗里德曼的核心边缘理论等；我国学者在区域空间结构演变研究过程中也出现了很多优秀的理论成果，如陆大道的点—轴理论、陆玉麒的双核结构理论和叶大年的对称分布理论等。

1. 国外空间结构理论

（1）增长极理论

20世纪50年代以来，国外学者从区域关系角度来分析空间结构演变问题，并提出了相应的理论。法国经济学家佩鲁（Perroux）认为，增长并非同时出现在所有地方，它以不同强度出现于一些增长点或增长极上，然后通过各种方式向外扩散，从而对整个经济产生影响。在空间上，增长极通过与周围地区的空间关系而成为支配经济活动空间分布与组合的重心；在物质形态上，增长极就是区域中的中心城市。20世纪60年代中期，布德维尔重新探讨了空间的含义，把经济空间转化为具体的地理空间，提出了"增长中心"的概念，强调了增长极的空间特征。因此，增长极概念包含两方面的含义：一是经济上推进型的主导产业部门；二是地理意义上的区位条件优越的地区，这与佩鲁提到的中心城市是一致的。

（2）循环积累因果原理

区域空间结构通过复杂的反馈影响社会经济的发展，区域极化与扩散效应是区域空间结构形成和发展的基本动力机制（郭腾云，2009）[1]。缪尔达尔（Myrdal，1957）从增长极与腹地（周边地区）的联系出发，研究了两者之间的互动机制。缪尔达尔认为，社会经济发展过程是一个动态的各种因素相互作用、互为因果、循环积累的非均衡发展过程，并强调市场机制的作用总是倾向于扩大而不是缩小地区间的差距（回波效应大于扩散效应），从而形成地理上的二元经济结构[2]。可见，社会各要素之间的关系并非趋于均衡的，这种循环往复具有积累的效果，即"循环积累因果原理"。

---

① 郭腾云，等. 区域经济空间结构理论与方法的回顾[J]. 地理科学进展，2009（1）：111-118.

② Myrdal G. Economic Theory and Underdeveloped Regions[M]. London: Duckworth, 1957.

2. 国内空间结构理论

（1）点—轴理论

点—轴理论是陆大道在中心地理论的基础之上于 1984 年提出的。点—轴理论是关于社会经济空间结构组织的理论，是生产力布局、国土开发和区域发展的理论模式。陆大道认为，点—轴理论回答了区域发展中的发展过程和地理格局之间的关系，即发展过程一定会形成某种空间格局，而一定的空间格局又反过来影响区域的发展过程[①]。该理论反映了社会经济空间组织的客观规律，是最有效的国土开发和区域发展的空间结构模式（陆大道，2002）。根据点—轴理论，陆大道又提出了我国国土开发和经济布局的"T"字形空间结构战略，指出把东部沿海和长江沿岸作为我国国土开发和经济布局的战略重点。

（2）对称分布理论

叶大年（2000）提出了地理学的对称分布理论[②]：①一个区域如果在地质构造上有对称性，它在地形、地貌和矿产资源上也会有对称性；②一个区域在地形地貌和矿产资源上有对称性就会导致经济地理上的对称性，经济地理上的对称性，可以直接反映在城市的对称分布上；③区域气候条件（年平均气温，特别是年降雨量）会影响经济地理对称性；④人们的重大经济、政治活动也会影响经济地理的对称性；⑤一个区域经济地理以对称性或色对称为理想状态，它有利于政治的安定和经济的持续发展，一个自然条件不对称的区域不可能发展为对称的经济地理格局，只能发展为色对称的格局。

（3）双核结构模式

双核结构模式是陆玉麒（1998）发现的一种空间结构现象，这一现象广泛存在于我国沿海和沿江地区，如成都—重庆、长沙—岳阳、南昌—九江、合肥—芜湖等，沿海地区如沈阳—大连、北京—天津、石家庄—黄骅、济南—青岛、徐州—连云港、杭州—宁波、广州—深圳、南宁—北海等，也广泛存在于其他国家和地区中。陆玉麒将双核结构模式定义为：在某一区域中，由区域中心城市和港口城市及其连线所组成的一种空间结构现象[③]。

（三）区域空间发展理论

区域有大小之分，它们之间依据一定的经济、社会、行政和空间关系而构成等级层次体系。一个区域的发展除了需要搞好内部的组织与协调外，还要与

---

① 陆大道. 关于"点—轴"空间结构系统的形成机理分析[J]. 地理科学，2002（2）：1-6.

② 叶大年. 地理与对称[M]. 上海：上海教育出版社，2000.

③ 陆玉麒. 区域双核结构模式的形成机理[J]. 地理学报. 2002（1）：85-96.

相关的其他区域发生相互作用。从这个角度考察，一个区域的发展在很大程度上就是其内部变化及与相关区域相互作用的共同结果。因此，研究一个区域的发展除了分析内部的结构、组织、增长之外，还要分析相关区域对它的影响①（李小健，2001）。

1. 极化—涓滴效应学说

著名发展经济学家赫希曼（Hirshman，1991）对一个国家内各区域之间的经济关系进行深入研究后，提出了极化—涓滴效应学说，解释经济发达区域与欠发达区域之间的经济相互作用及影响②。跨区域分布是廊道遗产的基本特征，它沿线区域既有经济相对发达的城市和城镇，也有欠发达的乡村，还有落后的偏远山区、少数民族地区和边疆地区，因此极化—涓滴效应在廊道遗产沿线和其辐射范围内表现得比较明显。

赫希曼把经济相对发达区域称为"北方"，欠发达区域称为"南方"。北方的增长对南方产生的不利影响称为极化，有利影响称为涓滴。他认为，极化效应有三方面：一是随着北方的发展，南方的要素向北方流动，削弱了南方的经济发展能力，导致其经济发展恶化；二是在国内贸易中，北方由于经济水平相对高，在市场竞争中处于有利地位；三是南方的初级产品性能差，北方有可能寻求进口，南方生产受到压制。涓滴效应体现在：北方吸收南方劳动力，可缓解南方就业压力；北方向南方购买商品和投资，给南方带来发展机会；北方先进的技术、管理方式、思想观念、行为方式等进步因素向南方涓滴，将对南方经济和社会进步产生推动力。

2. 梯度推移理论

梯度推移理论源于弗农提出的工业生产生命周期阶段理论，后来威尔斯和赫希哲等对该理论进行验证，并作了充实和发展。区域经济学家将这一理论引入区域经济学中，便产生了区域经济发展梯度推移理论。该理论认为，经济部门分三类：处于创新与成长阶段的是兴旺部门；处于成长到成熟阶段的是停滞部门；处于成熟到衰退阶段的是衰退部门。三个部门梯度依次降低。梯度推移方式有两种：一种是创新从发源地向周围相邻的城市推移；另一种是从发源地向距离较远的第二级城市推移，再向第三级城市推移，最终推移到所有区域。20 世纪 70 年代末梯度推移理论应用于我国区域经济研究中，重点探讨国家经济发展的区域转移问题。

---

① 转引自李小健. 经济地理学（第二版）[M]. 北京：高等教育出版社，2006：34. 原出处为 Schmidt-Renner G. 经济地理学基础理论[M]. 经济地理研究会，译. 东京：古今书院，1970.

② 艾伯特·赫希曼. 经济发展战略[M]. 北京：经济科学出版社，1991.

3. 区域相互依赖理论

布鲁克菲尔德（Brookfield，1975）在《相互依赖的发展》中指出，发达国家的经济发展不仅比不发达国家更依赖于资源和资本密集的技术，而且也依赖不发达国家的资源、劳动力和市场。受依赖关系的影响，不发达国家的内部变革也使得它们越来越依赖发达国家的资源和资本①。所以，很难区分出它们是谁依赖谁，实际上是相互依赖。区域相互依赖理论不仅适用于国家之间，同样也适用于国内的各地区之间。各区域间相互依赖关系，使它们形成利益共同体，一方的变化可能产生对其他方不利的后果，也有可能产生对其他方有利的结果。积极的相互依赖有利于推动地区之间的经济交流、合作和一体化发展，这是廊道遗产沿线各地区开展合作、进行共同保护和开发的基础。

（四）空间分布规律理论

1. 胡焕庸线

1935 年，胡焕庸提出黑河（瑷珲）—腾冲线（胡焕庸线），首次揭示了中国人口分布规律，即自黑龙江瑷珲至云南腾冲画一条直线，线东南半壁 36% 的土地供养了全国 96% 的人口；西北半壁 64% 的土地仅供养 4% 的人口。二者平均人口密度比为 42.6：1。1987 年，胡焕庸根据中国内地 1982 年的人口普查数据得出：中国东半部面积占目前全国的 42.9%，西半部面积占全国的 57.1%。在这条分界线以东的地区，居住着全国人口的 94.4%；而西半部人口仅占全国人口的 5.6%。2000 年第 5 次人口普查发现，"胡焕庸线"两侧的人口分布比例，与 70 年前相差不到 2%。

随着时间的推移，人们逐渐发现，这条人口分割线与气象上的降雨线、地貌区域分割线、中国景观分界线、文化转换的分割线及民族界线均存在某种程度的重合。这条线也是中原王朝直接影响力和中央控制疆域的边界线，是汉民族和其他民族之间战争与和平的生命线。

2007 年，成都大学林光旭提出中国版图上存在着两条与旅游经济密切相关的主线，即胡焕庸线和国道 318，这两条线交汇于成都地区。2010 年，他进一步在我国特有的三级台阶式地理分布形态基础上，将边界效应和旅游空间虫洞效应同时作用于户外旅游空间上，将这两条主线命名为中国旅游双线，将成都定义为中国旅游双线原点。胡焕庸线除了是我国的地理人口的分界线之外，同时也是中国的自然类生态旅游资源疏密分界线。国道 318 线既是中国目前最长的国道，也是中国最为著名的景观大道。它犹如一条汇集了无数支流的干流，

---

① Brookfield H. Interdependent Development[M]. London: University of Pittsburgh Press. 1975.

引导我国广大经济发达人口稠密地区的、以西部高原为旅游目的地的自驾车旅游流，通过各种支流，最终聚集于东西两段的交会处——成都。林光旭由此提出，这一得天独厚的地理优势必将让成都成为青藏高原自驾旅游集结地。

2. 网络开发理论

网络开发理论认为，一个地区随着经济的发展，增长极（即各类中心城镇）和增长轴（即交通沿线）逐渐形成，而且它们的影响范围呈现不断扩大的趋势，并在较为广泛的区域内分布形成了资本、信息、技术、劳动力等生产要素的流动。这些流动路径纵横交错，成为交通网络、通信网络和信息网络。网络开发理论还认为，应当增强增长极与区域内其他地区之间生产要素交流的广度和频度，进而促进经济一体化的发展。通过各种网络的延伸，使得该地区与外界联系加深，在更广泛的空间内，合理、优化配置生产要素，从而促进多个地区的经济合作和联动发展。

二、旅游空间理论的过渡

（一）旅游中部塌陷理论

中国的自然地貌存在由西向东从高到低的三级台阶，经济上也存在从西向东由低到高的反趋势，但有学者提出中部地区旅游资源市场不东不西，出现旅游经济中部塌陷。旅游中部塌陷是指一定时期在全国范围内，中部地区旅游产业的发展总量、发展水平和发展速度等指标低于同一时期内其他区域旅游产业的发展水平，或是在与其他区域旅游发展程度的比较中处于弱势地位，如图 5-1 所示。

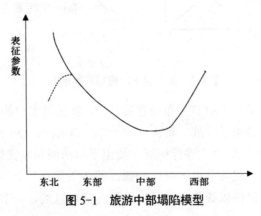

图 5-1　旅游中部塌陷模型

但马晓龙与保继刚通过比较东北部、东部、中部和西部，认为中部塌陷并不存在。中部省份不存在"旅游塌陷"的现象和结构，四个区域资源竞争力、市场水平、空间区位、交通通达性和软环境水平等地理学因子区域优势度的比较结果表明，中部地区省份不存在"旅游塌陷"的物质条件。进而从"人地关系"相互作用的角度出发，得到"由于游客旅游行为或目的地选择受政策影响较弱的开放性特征，使得在全国尺度上不存在'中部旅游塌陷'现象"的结论。

（二）奥凯利（O'Kelly）的枢纽网络模型

在枢纽网络的研究中有传统的枢纽网络 A 协议有 3 个制约条件：（1）所有的枢纽都互相连接；（2）所有的节点仅和一个枢纽连接；（3）非枢纽和非枢纽之间没有直接的联系。

A 协议有两个重要的特点：首先是确定路由。给定一个枢纽位置，所有的非枢纽都始于和止至枢纽，根据距离的三角不等式，起止之间只有一条最短路径。由于每个非枢纽起于和止至唯一一个枢纽而且所有的枢纽都是互相连接的，根据三角距离不等式，这意味着最短路径仅仅存在于一个非枢纽的起止点之间的直接联系及枢纽和其他枢纽之间。其次是 P 中位问题限制。A 协议框架的枢纽网络设计问题和传统的最佳选址问题的研究形式类似，因此相关的选址研究为枢纽选址问题提供了丰富的理论基础。图 5-2 是一个典型的 A 协议下的枢纽网络示意图。

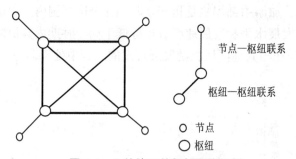

图 5-2　A 协议下的枢纽网络示例

通用的轴辐理论是多对多分布问题的基础，然而现实中的问题给 A 协议分析框架的约束条件带来了挑战。奥凯利和米勒（O'Kelly and Miller，1994）通过对传统的枢纽网络 A 协议进行扩展，提出了枢纽网络定义体系[1]。网络枢纽包括三大组成部分：服务节点、枢纽和弧。服务节点是一个点位置，可以是客流的起点和终点，仅仅以该节点为目的地的客流可以到达。节点和枢纽存在着

---

① O'Kelly M E, Miller H J. The hub network design problem: a review and synthesis[J]. Journal of Transport Geography, 1994, 2(1), 31-40.

一些同样的特征，枢纽可以是客流的起点和终点，但也可以是通过客流和中转，而不是以它为目的地。

枢纽网络存在 3 个变量：（1）节点功能，单一功能还是多功能；（2）直接的节点联系，容许还是禁止；（3）枢纽间的联系是全部还是部分。通过这 3 个变量可以定义 8 类枢纽网络，如表 5-1 所示，其构造如图 5-3 所示。

奥凯利（O'Kelly，1998）进而通过对美国 100 座城市之间的联系总结出 3 类模型[①]：（1）单枢纽分布模型，这对游客来说是最不便捷的模型，但对区域空运和通信来说是最理想的模型；（2）多任务模型，这是对游客来说最理想的模型，但不够经济；（3）流量与价格相关模型，其中的动机能够促使游客自发地形成经济的团聚。这也表现出地理学空间理论逐渐关注到旅游领域，并对旅游现象进行解释。

表 5-1　枢纽网络定义体系

规划类型	规划变量		
	节点—枢纽布局	节点间联系	枢纽间联系
A 协议	单枢纽	不存在	全部存在
B 协议	单枢纽	不存在	部分存在
C 协议	单枢纽	存在	全部存在
D 协议	单枢纽	存在	部分存在
E 协议	可以存在多枢纽	不存在	全部存在
F 协议	可以存在多枢纽	不存在	部分存在
G 协议	可以存在多枢纽	存在	全部存在
H 协议	可以存在多枢纽	存在	部分存在

单枢纽分布模型中一个节点只和唯一的枢纽直接相连，构成了一个非常集约的网络模型。该模型主要考虑的是枢纽间的交通成本，如果枢纽间的交通成本没有很大的下调，模型表现为被迫将节点指派给枢纽而不是增强彼此之间的联系，因此在规划实践上该模型需要考虑的是把节点分配到哪里。当枢纽间的旅行成本小于辐射部分的旅行成本时，该模型有很大的动机将节点和枢纽迅速连接，从而享受枢纽间的价格优势。

---

① O'Kelly M E. A geographer's analysis of hub-and-spoke networks[J]. Journal of Transport Geography, 1998, 6(3): 171-186.

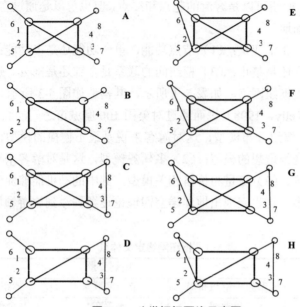

图 5-3　八类枢纽网络示意图

在多任务模型里游客有很高的自主选择权，客流享有相同的价格，而与枢纽间客流的规模和种类无关。因此，枢纽间的交通成本也是多任务模型中的重要考察因素。在规划实践上表现为即使某个节点存在多条可替代的路线，其中一些也可能几乎没被使用，使用模式取决于价格模式。由于每次流动都有机会经过枢纽间的联系，因此枢纽间联系通道上的客流较少。当游客在枢纽间流动的动机增大，三角不等式定律将会放宽，游客可能选择距离稍远但价格较低的路线。

流量与价格相关模型主要是针对航空线路规划，在该模型里，节点可以尽可能多地和有意义的枢纽相连，与此同时成本也成比例下降，这为集聚发展提供动力，客流会自发地形成经济集聚。

（三）伯格哈特（Burghardt）的门户城市假设①

门户城市出现在不同强度或类型的生产区域之间，位于其节点服务区的一端，重视运输和批发。假设，如果一个门户城市的属地足够大，足够多产，足以支撑大的中心地的崛起，那么门户城市将会失去它以前的许多内地贸易区，本身成为一个中心位置。

---

① Burghardt A F. A hypothesis about gateway cities[J]. Annals of the Association of American Geographers, 2015, 61(2), 269-285.

　　门户城市处于有能力控制物流和人流的地理位置，最开始门户城市在交通运输上相对于其潜在竞争对手有很大的优势。在将门户城市的服务区域连接到更大的国家互联网络时，它们可以作为连接房屋与城市公用事业网的"动力箱"或"阀门"。图5-4显示了门户城市的功能。

I. 门户作为交通系统中的连接节点

A 单枢纽案例，如20世纪初的加拿大温尼伯　B 多案例，如20世纪40年代的明尼阿波利斯、奥马哈、堪萨斯城

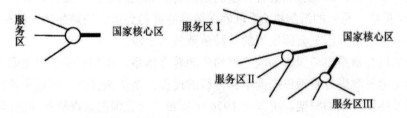

II. 门户作为两个矩阵联系间的接点

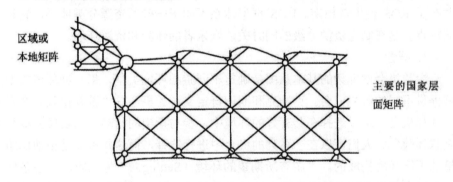

图5-4　门户作为节点和连接点的示意图

　　I部分将门户城市看作高度简化的流程图的节点，II部分将门户城市看成两个矩阵之间的连接点（Burghardt，2015）。作为两个矩阵之间的连接点，当移居者进入门户服务区时，门户城市的生长曲线陡然攀升。门户城市成为著名的**繁荣城镇**，并被认为拥有令人乐观的发展前景，成为推动者、支持者和那些希望迅速致富的人的聚集地。后来，如果该门户开始感受到来自新发展起来的城市的竞争，其增长曲线就会迅速下降。曾经喧闹的城市变得保守，而且看起来相对停滞。这也是旅游城市或旅游地发展的一般轨迹，可用于对旅游地空间结构和空间系统的分析。

三、旅游空间理论的转向与聚焦

在经过地理学经典空间理论和过渡性空间理论的铺垫和渗透之后，空间理论逐渐进入对旅游地的实质性解释与分析之中，通常这些理论会因不同的旅游地圈层或旅游地类型进行阐释和解读。

（一）游憩机会谱理论

游憩机会谱理论（Recreation Opportunity Spectrum，ROS）是 20 世纪六七十年代产生于美国，从影响游客体验的角度将游憩地的自然、社会和管理要素相结合，提供一系列的游憩机会，以确保游客能够得到满意的游憩体验的理论。它已成为推动世界国家公园发展的一种重要技术手段。

游憩机会谱系在美国作为较完整的资源普查体系，最初形成于把国家森林系统的土地资源进行整理资产清单和分级的过程，是资源普查、规划和管理娱乐经历及环境背景的框架。美国于 1976 年颁布了《美国国家森林管理条例》，1979 年其林业局提出了娱乐机会谱系规划管理和研究框架，1982 年其林业局又发布了 ROS 使用者指南。ROS 框架体系不同于一般的资源分类体系，它最大的特点就是在制定资源分级的同时关注娱乐者的体验和资源环境。

1. 概念

游憩机会谱框架的基本意图是确定不同游憩环境类型，每一种环境类型能够提供不同的游憩机会。克勒克和斯坦奇定义游憩机会是"游客得到一个真正的选择机会，可以选择在其喜好的环境中，参与期望的活动，以实现其期待的满意体验"。人们可以在一系列的机会中进行选择，而这些机会是由他们所期望的不同环境构成的。"游客所期望的环境（Setting）"为物质、生态条件、社会因素和赋予游憩地点价值的管理条件的综合体，由游憩地的自然（植被、景观、地形、风景等）、游憩使用（使用的水平和类型）和管理（对场地的开发、道路、规章制度等）等要素共同构成了一个游憩机会环境。将这些要素的各种变化情况组合起来，管理者就可为游客提供一系列的游憩机会。但是，由于任何一个单独的游憩地都不可能提供整个谱系中的全部机会类型。因此游憩机会谱系的运用更加强调在区域的层次上加强合作，共同提供多样化的游憩机会。

2. 遵循的原则

美国林业局在给定的土地区域内通过 ROS 进行分级，在确定娱乐机会谱系中应遵循三个标准：

（1）自然环境标准。它包括生物资源、文化—历史资源及一些永久人工构筑物（道路、大坝等）的距离、规模和人类迹象等。

（2）游客密度标准。它反映了在个体和群组之间接触的程度与类型，同时也反映了与世隔绝的机会，主要表现在其他人的出现数目、他们的行为和他们参加的游憩活动上。

（3）管理程度标准。它反映由于管理行为而带来了限制的程度和类型，管理机构或私人土地所有者对游客的行为进行管理，涉及区域开发水平、现场管理力度、服务及规章制度等，因而影响娱乐机会。

3. 游憩机会谱系的实施步骤

一般分为以下 6 个步骤：

（1）对影响游客体验的三方面特征（物理、社会和管理特征）进行清查、绘图。

（2）综合分析，包括确定环境中存在的矛盾、定义游憩机会类别、与森林管理活动相结合、确定冲突事件并提出解决建议。

（3）定日程，为项目和财政预算定日程。

（4）设计，设计能够综合各种资源和价值需求的项目。

（5）执行，完成设计的项目。

（6）监测，评价执行情况并判断规划的目标是否达成。

4. 游憩机会谱的发展

娱乐资源的分类提供了适合高密度使用区域到原始区域的分散谱系，如今在美国普遍应用于栖息地、生态系统、水生态系统、滨水区域、连接廊道等的资源。同时政府还出台了一系列的管理条例，如《野外和风景河段条例法律》《国家路径条例》《国家森林管理条例》《遗产保护和娱乐机构》等，全面地对相关领域进行管理和规划。

当然 ROS 也存在一定的局限。ROS 开始主要是应用于美国西部广袤的公共土地，是为大面积的联邦土地管理需要而设计的，所以它不能很好地适应州、县和城市这些土地面积较小而多样性较高的土地区域。另外，谱系分级的参数标准模糊，缺少选择娱乐设施的标准和原则等。为解决这些问题，摩尔在 ROS 基本框架理念不变的情况下，根据美国东部区域自然地形和其他特征，编写了能够适应美国东部区域的 ROS 应用指南。其中，将"通路的自然区域"确定为"不完全开发的自然"，"乡村"确定为"开发的自然"，"城市"确定为"高度开发的区域"。该指南还包括对划分谱系级别标准的修订，如在原来 ROS 中，原始区域偏远程度的标准是离所有机动车辆的道路、铁路等至少 4.83 千米（3 英里）；而在美国东北部的新英格兰，根据其地理地带特征，3.22 千米（2 英里）是适当的标准。

总之，实践证明 ROS 是很好的规划和管理游憩资源的方法，但在多样化程度较高的小规模区域或者景观完全改变的城市范围内应用，则需要重新制定划分机会谱级别的标准，甚至更改级别的名称。

（二）城市旅游空间布局模型

1. 国外大都市旅游圈的一般地域模式

经济地理学家认为城市市域是由市中心、市区和郊区组成的，同时城市又是由不同功能区构成的地带组合。经济地理学家们重点研究了城市的功能区分布，认为城市的主要功能区分布遵循一定的地域经济规律，且在典型的情况下，其分布呈向心带状，形成城市地域的"杜能环"。"河湖山岭的分布、地下水的走向、风向等地方自然条件会打乱排列的严谨性，城市的历史基础和交通站、线、网的分布也会使布局变得十分复杂，但均无法从根本上改变城市土地利用的环状结构"（杨吾扬等，1997）。这一观点在 20 世纪 20 年代至 40 年代创立、已在国外广泛传播的 3 种著名城市理论模型，即布格斯（Burgess）的向心带模式、郝爱特（Homer Hoyt）的扇面模式和哈里斯（Chauncey Harris）与乌尔曼（Edward Ullmann）共同创立的多核模式中表现得十分明显。

（1）甘恩（Gunn）的旅游圈环带模式

1972 年甘恩为市内与周围休闲和旅游功能区位模型提供了一个有用的观察路径。他以城市的核心都市区为空间上的旅游中心，在其外围用 4 个环型带来区分不同带状区域的旅游功能与特点。甘恩随后对这 4 个旅游带的功能及旅游吸引物和旅游设施、旅游活动在空间上的分布进行了探索。他认为大都市内的旅游吸引物有 13 种。1976 年迈塞克（Miossec）也提出了整个城市地域的旅游空间模型。

（2）大都市旅游圈空间模式的探索

在甘恩研究结论的基础上，我们根据对国外大都市郊区农村旅游和休闲实际发展状况的分析，对甘恩的环带状模式进行了适当的修改，如图 5-5 所示。

城市旅游带。主要包括自然风景区，餐馆，酒店，酒吧，节日和庆祝活动，剧院，画廊，历史吸引物（历史景点和建筑等）博物馆，体育竞技场和体育事件，音乐厅、剧院等文化艺术类场所，广场，塔和高层建筑，购物、会议和贸易中心，酒店和汽车旅馆群，少数民族街区，公园和开放的空间（绿化廊道等），动物园等。

近郊休闲与旅游带。主要包括工业与科技园区，机构，历史建筑与名胜，体育馆，酒店群，大型超市购物区，娱乐公园，水上运动地，野营地等。

乡村旅游带。主要包括野营地，度假村，旅游服务中心，水上运动与度假地，历史与乡土建筑，特色街区，古镇，历史定居地（村落），农场与牧场旅游等。

偏远旅游带。主要包括国家或地方性公园，森林公园，野生动植物保护区，国家野营地，开车，打猎，钓鱼，爬山，野外体验，远足等。

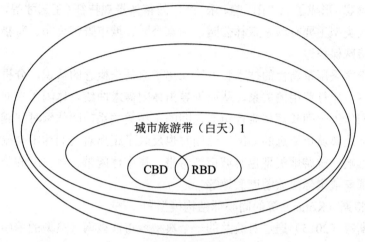

城市旅游带（白天）1

CBD　RBD

图 5-5　大都市旅游圈的一般空间模式

2. 郊区旅游时间、距离与设施配置机制

（1）罗多曼理论模式

罗多曼理想模式是在对自然公园研究的基础上提出的（王云才等，2002）①。罗多曼注意到："游憩业开展的直接结果，是都市公园和在城市近郊建立起来的绿色地带式小公园。同时形成一个规律，就是距离城市越远，则越能建立了更大的自然公园和游憩地供人们长期停留。在郊区游憩地的建设过程中，出现了依据游憩者行为特征建设游憩地功能区的深层次开发。"他提出了自然公园配置的"极化生物圈"理论模式，其成就在于：在土地利用上将景观划分为城市历史与建筑保护区、社会服务设施与交通道路、永久性住宅和工业建筑、高度和中度集约的农场、天然牧场、森林工业和康乐公园、自然保护区和旅游基地、旅游道路等，在城市之间汇成一个连续的网络。

（2）克罗森—科尼奇（Clawson and Knetsch）模式

1966 年克罗森与科尼奇提出 3 个圈层模式，即空间利用者指向地域、中间地域和资源指向地域。空间利用者指向地域指向都市区，主张在都市区修建都市公园和运动场；中间地域是近郊的乡村游憩地，服务设施配备好，是都市游

---

① 王云才，郭焕成. 略论大都市游憩地的配置[J]. 旅游学刊，2002（2）：55.

憩者光顾的首选地区，主要游憩地类型有康乐公园、田园公园、农村博物馆、主题公园；资源指向地域是都市的远郊区，乡村景观的完整性和地方性保持较好。景观结构包括自然景观、乡村聚落景观、田园生活景观、农业生产景观、民风民俗景观，形成了以"闲、静、乐、纯"的整体景观特征（王云才等，2002）。远郊游憩区类型主要有国家森林公园、国家公园、城市野营公园、狩猎场、野生地域和特殊保护地。

地理学家采用革新性的技术和方法深化了对需求概念的认识，分析了需求与旅行距离、旅行费用的关系，从而推导出休闲需求曲线。休闲需求曲线直观反映了人们休闲时间长短与旅行距离之间的正相关关系，即休闲时间越长，人们越喜欢涉足离城市更远的郊区。这同时也反映了距离对人们休闲与旅游活动的限制性影响。旅游地类型也有城市旅游带、集中休闲带、乡村度假带、广泛度假带、国家或国际级旅游度假地等。

3. 高特斯（Kotus）等的同心球结构模型①

高特斯等（2015）通过对波兰的一个典型城市波兹南（典型的单中心空间布局）的游客行为、动机和运动进行研究，提出了一个可以代表波兰大城市的旅游空间结构模型。根据其功能和空间布局可以对构成城市旅游空间结构的地点进行分类：

"感应点"（induction spots）。通往城市，可能仅仅是一个在参观之前从旅游指南和广告中了解的景点，通过这个景点旅游者能够规划出一条遍及整个城市的旅游线路网。

"通向城市的大门"（gates to the city）或入口枢纽。火车站、汽车站、机场和推荐度最高的住宿设施。

"锚点"（anchor spots）。在一次造访中一直返回的有吸引力的地方，或者在一次逗留某一城市期间多次造访的地方。这种地方很少，而且大多集中在某个区域。如果在严格的中心之外还有其他"锚点"，游客很难看到它们。

"桥梁"（bridges）。景点之间的通道，提供去"未被推广"地方的机会（"未被发现的地方"的入口）。换句话说，发现一个未知的城市的可能性。

根据上述类型及其空间布局，高特斯（Kotus）等提出了游客活动影响下的单中心城市模型，在该模型中城市被分成两部分：几乎是居民完全使用的地方

---

① Kotus J, Rzeszewski M, Ewertowski W. Tourists in the spatial structures of a big Polish city: Development ofan uncontrolled patchwork or concentric spheres? [J]. Tourism Management, 2015, 50: 98-110.

和游客越来越多但还没有挤走居民的地方。

（三）度假区的同心圆布局模式和地带布局模式

1. 娱乐同心圆布局模式

1970年，沃尔布林德（Wolbrind）在制定夏威夷室外娱乐综合规划时，提出了"娱乐同心圆"（Rereation Centric）的概念，这种布局方式是在旅游度假区中心布置服务中心，在服务中心的外围地带布置吸引物组团，服务中心与外围吸引物之间通过连接通道连接，这种布局方式适合山地避暑型旅游度假区或温泉疗养型旅游度假区（邹统钎，1996）[①]。

2. 地带空间布局模式

甘恩（Gunn，2002）在"社区—吸引物综合体"[②]的基础上提出了旅游目的地地带（Tourism Destination Zone，TDZ）的概念，由通道、入口、吸引物综合体、社区服务组成[③]。吸引物综合体是一系列通过线路而有序集聚的吸引物，是旅游者进行旅游休闲活动的场所。服务社区是提供食宿服务设施、交通设施、旅游购物设施等的场所。两者通过连接通道联系在一起，如图5-6所示。

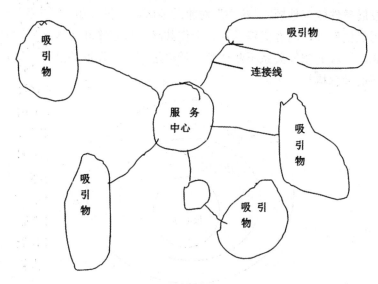

图5-6 社区—吸引物综合体（Gunn，1965）

① 邹统钎.旅游度假区发展规划[M].北京：旅游教育出版社，1996.

② Clare Gunn. A Concept for the Design of a Tourism-Recreation Region[M]. Mason, MI: BJ Press, 1965.

③ Gunn C, Var T. Tourism Planning: Basics, Concepts, Cases on Region (4th ed.) [M]. London: Routledge, 2002.

（四）保护型景区的分区布局模型

圈层模式是景区布局中最常用也最典型的模式，其布局是以服务或自然景观为核心，各景点分别组成由内到外扩展的圈层。其理论基础是"核心—边缘"理论。

1. "核心—边缘"理论

20 世纪 60 年代，美国发展经济学家弗里德曼从国家角度提出中心—边缘理论，解释了经济空间结构动态变化过程。他认为，经济要素在空间上从一个地区扩散、在另一个地区集聚，就导致了经济发展中心及其外围地区的形成。集聚—扩散的强度和方向随时间不断变化，从而导致了经济中心—外围地区的边界不断变化。伦德格伦（Lundgren，1973）、希尔斯（Hills，1977）[1]和布里顿（Britton，1980）建立了"核心—边缘"理论模型（Core-periphery Model）[2]，认为任何尺度的旅游空间结构基本上都可以简化为该模型，并可以用圈层布局描绘，如图 5-7 所示：（1）核心区；（2）边缘区；（3）腹地区。旅游地区空间结构由"核心"和"边缘"构成，"核心"指具有旅游业先发优势的地域，"边缘"则指发展条件较差地域。"核心"对旅游地区起主导作用，"边缘"对"核心"存在明显依赖性，两者优势互补、合作共赢，核心区和边缘区的边界会不断发生变化，区域的空间关系不断调整，最终达到协同发展的过程。这是一种理想状况下的理念构想。

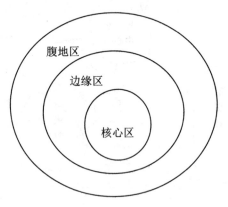

图 5-7　"核心—边缘"理论

---

① Hills Lundgren. The impacts of tourism in the Caribbean: A method logical study[J]. Annals of Travel Research, 1977, 4 (5): 248-267.

② Britton S. The spatial organization of tourism in a neo-colonial economy: A Fiji case study[J]. Pacific View point, 1980, 21 (2): 144-165.

2. 福斯特的三区结构模式①

福斯特（Foster，1973）提出同心圆空间布局模式，确立了从内到外分为核心保护区、游憩缓冲区和密集游憩区的分区布局模式，如图 5-8 所示。

（1）核心保护区。旅游景区系统结构的核心是受绝对保护的地区，是人为活动干扰最少、自然生态系统保存最完整、野生动植物资源最集中的地区，或者具有特殊保护意义的地段。核心区担负着有效保护目标的功能，其大小和形状应能满足保护目标的需要。根据实际情况，在一个旅游景区内，核心区可以是一个，也可以是多个。核心区内对人为活动要严加控制。

（2）游憩缓冲区。该区域处于核心区外围、与周边社区互相交错的地带，是核心保护区与密集游憩区之间的过渡区域。既可以有明确的界限，也可以只确定一个范围。但为了便于管理，最好与自然村或相应的行政界线相一致。本区的作用主要是减缓周边人为活动对核心区的干扰，并通过自然生态系统的保护与恢复及必要的景观建设，逐步扩大保护区对周边地区的影响。除了少量科研活动外，只允许有限的旅游活动（包括控制游客数量和旅游互动类型），以及只允许步行或不对环境造成伤害的简单交通工具进入。

（3）密集游憩区。这是游客在旅游景区内的主要活动场所。由于该区域内旅游活动相对比较集中，因而可以允许较大数量的游客和一定数量、类型的机动车辆进入，可以集中布局旅游接待设施，包括与旅游、娱乐、体育活动相关的各类永久性设施。本区内可能由于历史原因有数量不等的农田、村落，或从事其他产业如林、牧、渔业的产区。但对于上述产业，特别是影响和破坏该旅游景区整体景观的产业，应该限制其发展。同时，区内的居民也应出而不进。

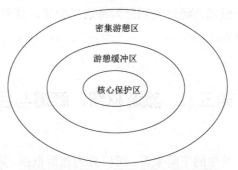

图 5-8　福斯特的同心圆式景区功能分区示意图

---

① Richard Foster. Planning for man and nature in national parks: Reconciling perpetuation and use[J]. IUCN Publications New Series No. 26, Morges, 1973. Planning for man and nature in national parks: Reconciling perpetuation and use: R. R. Foster. IUCN Publications New Series No. 26, Morges, 1973,

3. 特拉维斯（Travis）的"双核原则"

1974 年特拉维斯提出"双核原则"（Twinning Principle），这为旅游者需求和自然保护区之间提供了一种商业纽带。通过精心设计，使旅游服务全部集中在一个辅助性社区内，处于保护区的边缘，如图 5-9 所示。

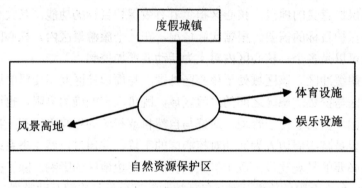

图 5-9　特拉维斯的双核结构模式

4. 游憩分区空间布局模式

甘恩（Gunn，1988）根据人们多样化的游憩体验需求将密集游憩区进一步细化，结合生态旅游、国家公园和保护区的旅游功能整合，提出建设重点资源保护区、低利用荒野区、分散游憩区、密集游憩区和公园服务社区。这一空间模式建议将大部分的旅游服务设施布置在公园之外，使得可以对公园主体部分进行有效保护。细化的游憩分区更有利于景区的后期管理。1991 年，加拿大国家公园局借鉴该模式，将公园划分为特别保护区、荒野区、自然环境区、户外游憩区及公园服务区。

第三节　旅游枢纽、廊道与目的地

从旅游活动发生的空间来看，可以分为旅游枢纽、旅游廊道和旅游目的地。旅游枢纽主要承担客流的聚散功能。旅游廊道主要是游客往返旅游枢纽和目的地之间的通道，近年其功能呈现多样化和丰富性。旅游目的地主要承担游客的接待任务，通常拥有旅游全产业链要素。

一、旅游枢纽

旅游枢纽（Tourism hub，Tourism nexus，Tourism gateway）往往是一个城市。旅游城市的核心能力是它的旅游产业控制力。旅游产业控制力是指城市拥有的整合和配置旅游资源要素从而实现价值最大化的能力和权力。旅游枢纽是一个城市提高旅游产业控制力的关键，它主要体现在要素聚集能力与要素辐射能力两个方面。要素聚集程度反映城市旅游业的吸引力，而要素辐射程度则反映了城市旅游业可以影响的地域空间。

（一）定义

枢纽在交通业上已经明确定义为多个交通线路（通常是航空或铁路交通）交汇地和发散地。卡夫和高斯林（Caves and Gossling，1999）使用"门户枢纽"一词来定义那些位于欧洲外围，为进入欧洲次级旅游中心提供服务的地方。奥凯利和米勒（O'Kelly and Miller，1994）把枢纽定义为"一个大交通发散系统下的主要换乘中心"（a major sorting or switching centre in a many-to-many distribution system），关键在于客流从出发地到目的地城市流转的途中会经过一个或多个这样的枢纽地。奥凯利（1998）认为地理意义上的枢纽应该有一个特定的服务区域，并给这些区域带来利益，它是集聚效应与规模经济的催化剂[①]。卢和麦克彻（Lew and McKercher，2002）第一次从旅游角度定义了旅游门户与交通枢纽。他认为旅游门户城市是指为其他旅游目的地提供入口，通常也提供相应旅游服务的地方。枢纽型旅游目的地指"在一个多目的地的旅途中，访问过至少两次的地方"，并且可以通过服务聚集（concentrations of service）与规模经济（economies of scale）获得经济效率[②]。

奥凯利基于"枢纽—轮辐"系统，从旅游枢纽城市与轮辐城市之间关系的角度出发，阐释了旅游枢纽城市的含义：旅游枢纽城市（hubs）是区域外部客源的主要进出通道，为旅游轮辐城市（spokes）提供客源和信息服务；旅游轮辐城市（spokes）为旅游枢纽城市（hubs）提供丰富的旅游项目，可缓解旅游高峰期枢纽城市的旅游压力，如图5-10所示。

[①] O'Kelly M, Miller H. The hub network design problem: A review and synthesis[J]. Journal of Transport Geography, 1994, 2 (1): 31-40.

[②] Lew A, McKercher B. Trip destinations, gateways and itineraries: The example of Hong Kong[J]. Tourism Management, 2002, 23: 609-621.

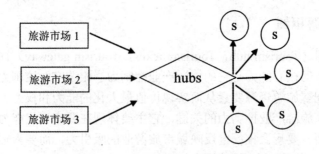

图 5-10　旅游枢纽城市与旅游轮辐城市

　　旅游枢纽功能又包含四层含义：国内游客进行国内旅游的中转地、国内游客出国旅游的中转地、入境游客的旅游中转地和过境游客的旅游中转地。

（二）旅游枢纽功能的内涵

　　旅游枢纽（城市）作为旅游客源地与目的地之间的桥梁与中介，其功能主要包含实现游客聚集、换乘、扩散的功能，以及在游客集散与换乘过程中为游客提供各种辅助管理与服务的功能，如图 5-11 所示。

　　1. 集散功能

　　由于旅游资源的不可移动性，旅游者需要离开常住地前往旅游目的地。"客源地—旅游枢纽—目的地"旅游模式中，必然会有众多游客通过交通的媒介作用，聚集到旅游枢纽，然后再借助旅游枢纽城市的交通向目的地扩散。返程亦然，众多游客从目的地聚集到旅游枢纽，然后通过旅游枢纽城市的交通扩散至客源地。在聚集与扩散的过程当中，旅游枢纽城市与客源地、目的地的交通衔接性，即旅游枢纽城市的对外交通的状况，是游客能否顺利完成聚集和扩散的重要条件。

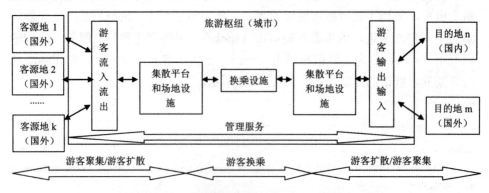

图 5-11　国际城市旅游枢纽功能示意图

2. 换乘功能

在"客源地—旅游枢纽—目的地"的旅游模式中，游客聚集到旅游枢纽城市再扩散到目的地的过程必然会发生交通的中转换乘。在中转换乘的过程当中，旅游枢纽城市不同（或相同）的交通方式之间的衔接性，即旅游枢纽城市内部交通的状况，是游客能否顺利完成换乘的重要条件。

3. 服务功能

在"客源地—旅游枢纽—目的地"的旅游模式中，游客聚集、换乘与扩散的全过程都伴随着辅助服务的需要，如聚集过程的签证服务、换乘过程中的行李服务与扩散过程中目的地旅游信息服务等。

（三）国际枢纽城市的发展模式与协调机制

塔菲（Taaffe，1962）运用重力模型分析了美国航空客流的空间组织规律[1]。奥凯利（1998）对旅游流的空间分布规律及枢纽城市的客流特征进行了相当多的研究，对美国辐射状航空枢纽系统（hub-and-spoke networks）进行研究时，提出了三种航空枢纽城市选址模型，即单一选址模型、多重选址模型和流动区位模型。奥凯利和霍纳（2001）运用规模经济学理论，通过重力模型研究发现，洛杉矶、纽约和芝加哥等大城市在美国辐射状航空枢纽系统中已经发挥了航空客流的门户作用[2]。松本（Matsumoto，2007）运用重力模型，通过该地的 GDP、人口、距离和城市的一些亚变量，从航空客运和货运角度，分析了致力于创建国际枢纽城市的东京、新加坡、伦敦、纽约、巴黎、阿姆斯特丹及迈阿密等地的交通密度，发现东京和新加坡是亚洲最重要的航空枢纽，并且首尔和阿姆斯特丹的交通密度正在飞快增长[3]。

二、旅游廊道

旅游廊道总体上可以分为两类：一类是单纯的公路或道路系统，如高速公路、国道、省道、县道、乡村公路、通景公路等；另一类是"以人类迁移和物质流动的交通线路为基础，综合自然与文化景观并作为旅游开发本底的线性景观带"（鄢方卫等，2017）[4]。

---

① Taaffe E J. The urban hierarchy: An air passenger definition[J]. Economic Geography, 1962, 38: 1-14.

② Horner M, O'Kelly M. Embedding economies of scale concepts for hub network design[J]. Journal of Transport Geography, 2001, 9 (4): 255-265.

③ Matsumoto Hidenobu. International air network structures and air traffic density of world cities[J]. Transportation Research, 2007: 269-282.

④ 鄢方卫，杨效忠，吕陈玲. 全域旅游背景下旅游廊道的发展特征及影响研究[J]. 旅游学刊，2017，32 （11）：95-104.

在理论研究和规划实践中，旅游廊道主要涉及绿道（greenway）、步道（walkway）、风景道（scenic byway）、公园路（parkway）、遗产廊道（heritage corridors）、生态廊道（ecological corridors）、文化廊道（cultural corridors）、旅游走廊（tourism aisles）、文化线路（culture routes）、历史路（historic roads）等多个概念，且部分概念多有重合（李龙等，2020）[①]。

（一）源自美国的概念体系：绿道、风景道、遗产区域和遗产廊道

1. 绿道（greenway）

绿道是一种综合性的景观通道系统或网络，也是生态保护理念和规划方法，在美国有较长的发展历史。法布斯（Julius G. Fábos，2004）将绿道的发展分为了五个阶段，即早期的景观设计和绿道规划（1867—1900）、景观设计与绿道规划（1900—1945）、环境运动影响之下的景观与绿道规划（1960s—1970s）、绿道运动的命名（1980s—1990s）和绿道运动的国际化（1990s 至今）[②]。

绿道概念最早是由美国著名环境学者怀特（William H. Whyte，1959）在他的专著《保护美国城市开放空间》（*Securing Open Space for Urban America*）[③]中提出的。20 世纪 80 年代末、90 年代初，有两个重要事件极大地推动了绿道运动的发展。

随着 20 世纪中后期绿道规划实践的深入，绿道的功能逐渐多样化。除了景观生态和游憩功能以外，学者们还关注了绿道的社会功能。比如，同其他任何形式的开放空间相比，绿道更具有社会和个人的交流功能[④]。进入 20 世纪 90 年代以来，学术界对绿道的研究进入了高潮期。埃亨（Ahern，1995）认为，绿道是经过规划、设计、管理的线性网络系统，它具有生态、游憩、文化和审美等多重功能，是一种可持续的土地利用方式[⑤]。福尔曼（Forman，1995）指出，绿道能够维护生态多样性，保护水源，为人们提供游憩机会，提高社区凝聚力和文化认同感，随着季节变化为一些生物种群提供迁徙路线[⑥]。有学者在研究迈阿密风景小道时注意到了绿道的经济功能，绿道的建立有利于增加旅游收入，

---

① 李龙，杨效忠. 旅游廊道：概念体系、发展历程与研究进展[J]. 旅游学刊，2020，35（8）：132-143.

② Fábos J G. Greenway Planning in the United States: Its Origins and Recent Case Studies[J]. Landscape and Urban Planning. 2004, 68: 321-342.

③ Whyte W H. Securing Open Space for Urban American: Conservation Easements[M]. Washington: Urban Land Institute. 1959.

④ Lewis P H. Quality Corridors for Wisconsin[J]. Landscape Architecture. 1964, 1:31-40.

⑤ Ahern J. Greenways as A Planning Strategy[J]. Landscape and Urban Planning. 1995, 33(1-3): 131-155.

⑥ Forman R T. Land Mosaics[M]. New York: Cambridge University Press. 1995.

带动整个地区的商业繁荣①。阿伦特（Arendt，2004）还注意到绿道与社区的联系和对社区产生的影响②。

至此，绿道功能由最初的生态景观和游憩功能，向着生态观景、游憩娱乐、文化审美、遗产保护、经济和社会发展等综合功能发展。虽然绿道功能有扩展和强化的趋势，但是根据绿道规划实践看，其最基本的功能仍然是景观生态功能。

2. 风景道（scenic byway）

西方世界的经济发展压力威胁到景观的视觉品质③。因此，对某一个地区的开放空间和独特的自然文化特征的保护就成为景观规划的一个主要关注点④。作为保护视觉资源战略的一项重要行动，美国很多州都通过立法来进行风景道的设计和建设。

风景道定义存在广义和狭义之分：广义的是指兼具交通运输和景观欣赏双重功能的通道；狭义的则专指路旁或视域之内拥有审美风景的、自然的、文化的、历史的、考古学上的和（或）值得保存、修复、保护与增进的具有游憩价值的景观道路⑤。从实践上看，风景道并不是一个严格的概念，风景公路（scenic highway）、自驾车风景道（scenic drive）、海岸公路（coastal highway）、乡村小径（country byway）、文化线路（cultural route）、公园道（parkway）、河源小路（headwaters byway）、绿道（greenway）、遗产廊道（heritage corridor）都可视为风景道。

1991 年，美国交通部在《综合运输能力法案》（Intermodal Surface Transportation Efficiency Act）的基础上推出了国家风景道计划（National Scenic Byways，简称NSB）。1998 年，该计划在《21 世纪交通公平性法案》（Transportation Equity Act for the 21st Century）中再次得到认可。美国国家风景道计划由美国交通部联邦公路管理局负责实施，加入国家风景道计划的道路分为全美风景道

---

① 转引自周年兴，俞孔坚，黄震方. 绿道及其研究进展[J]. 生态学报，2006（9）：3109-3116. 原出处为 Flink C A, Olka K, Searns R M. Trails for the Twenty First Century: Planning, Design, and Management Manual for Multi-use Trails (second edition) [M]. Washington: Island Press, 2001: 52-117.

② Randall A. Linked Landscapes Creating Greenway Corridors Through Conservation Subdivision Design Strategies in the Northeastern and Central United States[J]. Landscape and Urban Planning. 2004, 68: 241-269.

③ Richard L K, Cynthia L E. Scenic Routes Linking and Protecting Natural and Cultural Landscape Features: A Greenway Skeleton[J]. Landscape and Urban Planning. 1995, 33: 341-355.

④ Iverson W D, Sheppard S R J, Strain R A. Managing Regional Scenic Quality on the Lake Tahoe Basin[J]. Landscape. 1993, 12: 23-39.

⑤ 余青，樊欣，等. 国外风景道的理论与实践[J]. 旅游学刊，2006，（5）：67-71.

（All-American Roads）和国家风景道（National Scenic Byways）。截止到2010年11月，共有分布于美国46个州（夏威夷、内布拉斯加、罗得岛和得克萨斯4个州没有）的120条国家风景道和31条全美风景道被列入国家风景道计划。

3. 遗产区域和遗产廊道（heritage area & heritage corridors）

国家遗产区域（National Heritage Area）属于美国国家公园体系，经国家公园管理局评价后，由国会审议通过。但是，国家遗产区域与国家公园管理局并无隶属关系，它也不为联邦政府所拥有或管理。国家遗产区域通常由州政府、非营利机构或私人企业管理，有属于自己的保护法案和一系列特定的目标。国家遗产区域注重历史的保护，截至目前，美国共有国家遗产区域49个，其中7个线性遗产区域使用了不一样的名称，即遗产廊道，如表5-2所示。

表5-2 美国国家遗产廊道

黑石河峡谷国家遗产廊道 Blackstone River Valley National Heritage Corridor
特拉华和莱海运河国家遗产廊道 Delaware and Lehigh Canal National Heritage Corridor
伊利运河国家遗产廊道 Erie Canalway National Heritage Corridor
古拉赫/吉奇文化国家遗产廊道 Gullah/Geechee Cultural Heritage Corridor
伊利诺伊和密歇根运河国家遗产廊道 Illinois & Michigan Canal National Heritage Corridor
昆伯格河国家遗产廊道 Quinebaug and Shetucket Rivers Valley National Heritage Corridor
南卡罗来纳州国家遗产廊道 South Carolina National Heritage Corridor

资料来源：美国公园管理局网络资料整理

遗产廊道首先是一种线性的遗产区域，它涉及文化意义，可以是河流、峡谷、运河、道路及铁路线，也可以指能够把单个遗产点串联起来的具有一定历史意义的线性廊道。遗产廊道又是一个综合的保护措施，自然、经济、历史文化三者并举，是一种多目标的保护体系。遗产廊道同时还可以成为战略性的生态基础设施，它不仅保护了那些具有文化意义的线性遗产区域，而且通过适当的生态恢复措施和旅游开发手段，使区域内的生态环境得到恢复和保护，使得一些原本缺乏活力的点状遗产重新焕发青春，为本土居民提供游憩、休闲、教育等服务功能[①]。

（二）源自欧洲的遗产概念：文化线路

跨地区跨国家的文化线路（cultural route）作为一种遗产形式正在因为其崇尚的"交流和对话"理念而进入人们的视野。1994年，在西班牙政府的帮助下，在马德里召开了世界文化遗产专家研讨会，会议形成专家报告对文化线路进行说明。专家报告认为文化线路"建立在动态的迁移和交流理念基础上，在时间和空间上都具有连续性"，"它是一个整体，其价值大于组成它并使它获得文化意义的各个部分价值的新品种"，"强调不同国家和地区间的对话和交流"，"是多维度的，有着除其主要方面之外多种发展与附加的功能和价值，如宗教的、商业的、管理的等"[②]。

在专家报告的附加文件中还讨论了文化线路作为世界文化遗产的判别标准：空间上其交流是否广泛，连接是否丰富多样；是否达到一定的使用时间，对社区文化产生影响；是否包含跨文化因素或产生跨文化影响；是否对文化、经贸、宗教等交流起到作用，并影响社区发展[③]。

1998年，国际古迹遗址理事会（ICOMOS）成立了专门的机构——文化线路科学委员会（CIIC），负责文化线路类遗产的研究和管理。CIIC的成立标志着文化线路作为新型遗产理念得到国际文化遗产界的认同。1999年到2001年，CIIC先后召开了拉格拉会议（西班牙）、伊比扎会议（西班牙）、瓜拉吉托会议（墨西哥）和帕姆劳拉会议（西班牙），对文化线路的预登记、评价标准、申报等问题进行了具体讨论。一些被列入《世界遗产名录》的文化线路都是以文化遗产的身份入选的，如表5-3所示。

表5-3 以文化遗产身份入选《世界遗产名录》的线路类文化遗产

年份	国家	文化线路
1993	西班牙	圣地亚哥·德·卡姆波斯特拉朝圣路 Route of Santiago de Compostela
1996	法国	米迪运河 Canal du Midi

① 李伟，俞孔坚，李迪华. 遗产廊道与大运河整体保护的理论框架[J]. 城市问题，2004（1）：28-31，54.
② 李伟，俞孔坚. 世界遗产保护的新动向——文化线路[J]. 城市问题，2005（4）：7-12. 原出处为 CIIC. Reports of Experts[R]. Spain: Madrid, 1994.
③ CIIC. Annex 3 of Routes As Part Of Our Cultural Heritage: Report On The Meeting Of Experts[R]. Spain: Madrid, 1994.

年份	国家	文化线路
1998	奥地利	塞默林铁路 Semmering Railwa
1999	印度	大吉岭喜马拉雅铁路 Darjeeling Himalayan Railway
2003	阿根廷	科布拉达·德·胡迈海卡山谷 Quebrada de Humahuaca
2004	日本	纪伊山脉胜地和朝圣之路 Sacred Sites and Pilgrimage Routes in the Kii Mountain Range
2005	以色列	香料之路——内盖夫地区的沙漠城市 Incense Route—Desert Cities in the Negev
2007	加拿大	丽多运河 Rideau Canal
2008	意大利/瑞士	阿尔布拉/贝尔尼纳景观中的雷蒂亚铁路 Rhaetian Railway in the Albula / Bernina Landscapes
2009	英国	庞特基西斯特输水道及运河 Pontcysyllte Aqueduct and Canal
2010	墨西哥	内陆皇家大道 Camino Real de Tierra Adentro
2014	中国	丝绸之路 The Silk Road
2014	中国	京杭大运河 Beijing-Hangzhou Grand Canal

资料来源：根据世界遗产网站 http://whc.unesco.org/中的遗产名录清单整理。

在《实施世界遗产公约的操作指南》修改过程中，ICOMOS 对文化线路给出了定义："文化线路是一种陆地道路、水道或者混合类型的通道，其形态特征的定型和形成基于它自身具体的与历史的动态发展和功能演变；它代表了人们的迁徙和流动，代表了一定时间内国家和地区内部或国家和地区之间人们的交往，代表了多维度的商品、思想、知识和价值的互惠与持续不断的交流；并代表了因此产生的文化在时间和空间上的交流与相互滋养，这些滋养长期以来通过物质和非物质遗产不断地得到体现。"①

（三）中国本土化概念：线性文化遗产

除源于欧美的文化线路和遗产廊道两概念以外，我国线性文化遗产还多以线路遗产、廊道遗产、文化走廊、文化廊道等出现在研究中，还有相当一部分研究直接以线性文化遗产的本名出现，如丝绸之路、京杭大运河、长城、茶马古道、长江三峡、滇越铁路、藏彝走廊、剑门蜀道、徽杭古道、唐蕃古道、川盐古道、百越古道、川黔驿道、浮梁茶道、岭南走廊、长征线路、北京城中轴线等。

线性文化遗产的主要研究内容包括四个方面：第一，线路走向与空间结构研究。这是线性文化遗产研究的基础性工作，是从历史地理学视角为线性文化遗产进行时空界定的过程，很多历史学者、民族学者和文化学者在这方面做出了贡献。第二，功能与价值研究。交通线路、军事工程、水利工程与重大历史事件在中华五千年文明发展过程中对中国经济、社会、文化的发展起到了至关重要的作用②。第三，民族交往与文化传播研究。线性文化遗产的跨区域分布特征使之成为民族交往的通道和文化交流的纽带，随着人在线性空间的移动和交往实现了文化扩散与交流。第四，遗产保护与旅游研究。对线性文化遗产本身及沿线各种类型遗产进行统一保护与联合开发，通过发展旅游业促进文化遗产的传承和当地经济发展。

在民族复兴、文化强国、旅游发展的复调背景下，2017年1月中共中央办公厅和国务院办公厅发布的《关于实施中华优秀传统文化传承发展工程的意见》中明确提出"规划建设一批国家文化公园，成为中华文化重要标识"，同年5月《国家"十三五"时期文化发展改革规划纲要》再次提及上述内容。经过两年多的研究甄选，2019年7月中央全面深化改革委员会第九次会议审议通过了《长城、大运河、长征国家文化公园建设方案》，从此国家文化公园建设正式展开。2020年10月，党的十九届五中全会后，黄河加入国家文化公园建设行列。

绿道、风景道、遗产廊道、文化线路、线性文化遗产等，一方面作为线性景观供人游览，另一方面也成为连接旅游枢纽和旅游地之间的通道，具有双重

---

① CIIC. Annex 4 of 3rd Draft Annotated Revised Operational Guidelines for the Implementation of the World Heritage Convention[Z]. Spain: Madrid, 2003.

② 俞孔坚等. 中国国家线性文化遗产网络构建[J]. 人文地理，2009，24（3）：11-16，116.

功能。近年来，线性文化遗产和线性道路景观研究日益受到学者们关注，产出了大量的有益的学术成果。

三、旅游目的地

（一）定义

国外对于旅游目的地的研究始于 20 世纪 70 年代，最初它是一个明确的地理区域。美国学者甘恩（Gunn）于 1972 年提出了"目的地地带"的概念。所谓的"目的地地带"包括：主要的通道和入口、社区（包括吸引物和基础设施）、吸引物综合体与联结道路（吸引物综合体和社区之间的联系通道）。

旅游目的地，就是吸引旅游者短暂停留、参观游览的地方，是由各类资源要素和设施要素共同构成的能够为旅游者提供完整旅游体验的综合系统。利珀（1995）把目的地解释为一个可以让旅行者待上一段时间，并体验富有当地特色吸引物的地方。布拉姆韦尔（Bramwell，1996）指出，一些标准化的东西有助于城市形象的塑造，例如使用"宏大"的城市形象突出那些能够吸引境况优越的旅游者的主题等。库珀（Cooper，1998）则认为目的地是那些能够满足游客需要的设施和服务的集中地。罗宾斯（Robbins，2007）认为旅游目的地包含旅游者需要消费的一系列产品和服务。世界旅游组织（2004）对旅游目的地的定义是：游客至少滞留一夜的自然空间，它包括旅游产品，如服务、吸引物、旅游资源等，拥有统一的管理与明确的行政边界。

（二）构成要素

库珀（Cooper，1998）把旅游目的地的构成要素归纳为"4A"：吸引物（Attractions）、接待设施（Amenities）、进入通道（Access）与辅助性服务（Ancillary Service）。戈尔德纳（Goeldner，2000）从供给的角度，指出了供给的四要素：自然资源与环境（Natural Resources and Environment）、人文环境（Built Environment）、交通运输（Transportation）、接待服务和文化资源（Hospitality and Cultural Resources）[①]。布哈里斯（Buhalis，2000）从系统论角度提出的旅游目的地的"6A"模型[②]，如表 5-4 所示。

---

① 邹统钎. 旅游目的地开发与管理[M]. 天津：南开大学出版社，2015.

② Buhalis Dimitrios. Marketing the Competitive Destination of the Future[J]. Tourism Management, 2000, 21(1): 97-116.

表 5-4　旅游目的地 6A 模型

	要素名称	具体构成
旅 游 目 的 地	吸引物	自然风景、人造景观、人工物品、主题公园、遗产、特殊事件
	进入设施	整个旅游交通系统，包括道路、终端设施和交通工具等
	便利设施	住宿业和餐饮业设施，零售业，其他旅游服务设施
	预订服务组合	预先由旅游中间商和相关负责人安排好的旅游服务
	活动	包括所有目的地活动，以及游客在游览期间所进行的各种消费活动
	辅助性服务设施	各种游客服务，例如银行、通信设施、邮政、报纸、医院等

　　"6A"模型将旅游目的地看作一个完整的地域综合体，系统地指出了旅游目的地的六大构成要素：吸引物（Attractions）、进入设施（Aceessibility）、便利设施（Amenities）、有效产品组合（Available Packages）、活动（Activities）及其他辅助性服务设施（Ancillary Services）。由此可以看出一个旅游目的地的竞争力并非由吸引物或产品等单一要素决定，而是由实现旅游体验的各种目的地功能综合体现出来的。旅游目的地之间的竞争也不再停留于优势旅游资源的竞争，而是目的地整体实力和综合旅游服务系统的竞争。

　　（三）旅游目的地管理的核心任务

　　世界旅游组织 2004 年总结了旅游目的地管理的 13 项核心任务：（1）社区福利；（2）维持文化资产；（3）社区参与；（4）游客满意；（5）健康与安全；（6）经济；（7）保护珍贵自然资产；（8）管理稀缺自然资源；（9）控制旅游业的影响；（10）控制旅游活动与水平；（11）目的地规划与控制；（12）设计产品与服务；（13）维护营运与服务。

第四节　旅游地生命周期及演化路径

　　旅游地生命周期理论是旅游学关于时间的理论。自克里斯塔勒（Christaller）对旅游地发展的最早研究，到巴特勒（Butler）生命周期理论的产生，而后有众多学者致力于对其研究，或理论延伸，或实证应用。学者们不断对其进行批评与修正，或全盘否定，或辩证对待。也正因为如此，该理论在不断的发展中。

一、旅游地生命周期理论的奠基

（一）源自产品生命周期理论——市场营销学的基础

1966 年哈佛大学经济学教授弗农（Vernon）在美国《经济学季刊》发表了一篇著名论文《产品生命周期中的国际投资和国际贸易》，第一次提到了产品生命周期理论。根据克拉维斯的"技术差距论"，用市场营销学中的产品生命周期概念对国际贸易和国际投资形式做出新的解释。该理论认为，工业制成品的发展一般可分为三个阶段：新产品阶段、产品成熟阶段、产品标准化阶段。弗农（1968）发表了一项重要发现，即停滞是随着经济增长放缓而发生的。这一发现表明上述模型可以用来解释市场分割，因而受到了广泛的关注。弗农和威尔斯（Vernon and Wells, 1976）通过对 20 世纪初到 20 世纪中期的创新和贸易模式进行分析，总结出产品创新和世界贸易要以创新的国家为起点，以产品创新和国际贸易为起点。一旦国内市场饱和，产品和生产就会转移到其他工业化国家。最后，产品和生产转移到发展中国家。他们的理论解释了大多数产品创新始于美国，并最终转移到其他发展中国家的现象。随着生产工厂的重建，这个理论的缺陷变得明显起来。

（二）克里斯塔勒（Christaller）最早对旅游地发展过程的描述——地理经济学的解释

克里斯塔勒是最早对旅游地生命周期进行阐释的学者，在其 1963 年发表的论文《对欧洲旅游地的一些思考：外围地区—低开发的乡村—娱乐地》中，他从人类经济活动空间分析的角度出发，提出经济活动大多分布在中心区域，而旅游很特殊，旅游活动会避开中心区域和密集区。他总结了欧洲旅游地发展的状况，提出旅游发展的模式是一个逐渐向外围地（periphery）扩展的连续过程。他最先对旅游地的发展过程进行了生动朴素的描述：画家最先寻找人类未曾到达的和不同寻常的地方作画，这个地方逐渐变成了一个所谓的"画家沙龙"。之后一波诗人跟了过来，再之后来了摄影师、美食家和阔少。从此这个地方开始变得流行，公司开始注意这个地方。渔民的小屋有了寄宿功能，酒店开始出现。在这个时候，画家开始逃离这个地方，寻求新的外围（外围指有隐喻意味的一个地方，"被遗忘"的空间和景观），只有那些想要从事商业活动的画家留了下来，因为曾经的"前画家"身份使旅游者更信任他们。越来越多的城市居民开始选择这个地方，这个地方逐渐成为时尚，开始出现在报纸广告上。后来，那些追求真正娱乐的美食家也逐渐离开，旅行社带来了包价旅游者，最后大众也开始避免去这个旅游地。与此同时，这个周期开始在其他地方上演，越来越多的外围地走进时尚，转型成为每个人魂牵梦绕的旅游地。

（三）普洛格（Plog）的心理图示假说——心理学视角的探讨[①][②]

从 1967 年起，普洛格对旅行习惯、媒体使用习惯、购买习惯等进行了若干研究，提出了消费者的人格特征是从"自我中心（psychocentrics）"到"多中心（allocentrics）"的心理过渡连续体，如图 5-12 所示。随着研究的深入，普洛格逐渐把研究重心放在旅行上，认为要想理解目的地游客数量的变化必须从旅行者的心理视角进行探讨。普洛格（1973）总结了自我中心者和多中心者的旅行特征，不同的游客特征为解释旅游目的地游客数量的变化提供了新的思路。

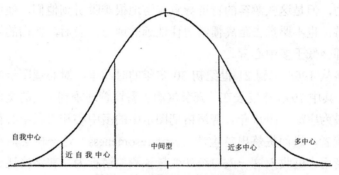

图 5-12　心理图示的人口曲线

在上述特征的基础上，普洛格（Plog）对旅游目的地的演进进行了描述。旅游目的地是从最开始吸引多中心者到最后吸引自我中心者的连续变化体。最开始探索一个地方的是好奇心强、爱探险的多中心型旅游者，随着多中心者开始向周边的朋友宣传，新兴的旅游地变成"流行旅游地（in spot）"，从而有了更大的市场，近多中心型的旅游者开始游览。近多中心型的旅游者虽然不是发现者，但他们紧随其后。随着游客数量的增多，带来了酒店、餐饮和其他旅游设施的发展。可以看出，根据目的地吸引游客的类型变化，目的地在心理图示连续体上发生变化。

① Plog S. The power of psychographics and the concept of venturesomeness[J]. Journal of Travel Research, 2002, 40(3). 244-251.

② Plog S. Why destination areas rise and fall in popularity: An update of a Cornell Quarterly, classic[J]. Cornell Hotel & Restaurant Administration Quarterly, 1974, 42(3): 13-24.

随着目的地越来越流行，中间型群体开始跟上。游客数量的不断增多带来了目的地酒店、旅游商店、旅游活动等的发展，目的地开始能够为旅游者提供"成熟"的日常服务。与此同时，由于大量游客的涌入，目的地丧失了对最开始的多中心者的吸引力，大多数多中心者不再到访。到现在为止，旅游地的接待量达到顶峰，每新增加一种类型的旅游者，意味着游客接待量的增加。根据图 5-12，目前目的地的中间型群体数量＞近多中心群体数量＞多中心群体数量。然而，随着游客数量的继续增加，旅游目的地开始面临走向衰落的威胁。

当旅游地的吸引力过了图 5-12 中游客人口曲线的中间点时，旅游地会发生以下变化：首先，现在旅游地吸引的游客大多是中间型和近自我中心型群体，从这个点开始吸引游客数量开始下降；其次，即便旅游地对这两种类型的游客很有吸引力，但是这些游客的特征导致旅游地很难吸引到他们，他们没有多中心者爱旅游，也不愿意去距离惯常居住地远的地方；最后，他们的停留时间和人均花费都会低于多中心者。

普洛格从 1968 年到 21 世纪初 30 多年的时间里，对心理图示的研究不断进行完善。其中 1973 年发表在《康奈尔酒店餐饮管理季刊》上的文章被后来学者引用得最为广泛。1995 年，普洛格把图示中的多中心和自我中心替换成了冒险者和依赖者，进而提炼出冒险性（venturesomeness）这一概念，在当时大多旅游供应商用家庭收入这一人口统计变量预测旅游行为，普洛格通过大量的定量研究提出冒险性对于旅游特征的影响高于家庭收入，收入会影响旅游消费，但冒险性和整个旅游行为更相关。

二、巴特勒的旅游地生命周期模型

克里斯塔勒和普洛格等最早对旅游地的周期性发展进行了描述，但可以说这是他们在各自研究领域中的"附属产品"，旅游地生命周期的概念尚未明确。旅游地生命周期的概念最早出现于斯坦斯菲尔德（Stansfield, 1978）发表在《旅游研究》上的 Atlantic City and the resort cycle background to the legalization of gambling 一文中，文中作者对美国大西洋城的案例研究指出其发展存在明显的周期，包括探索（expansion）、向游客光顾的社会经济中心转变（shift in socio-economic base of patronage）和衰落（decline）3 个阶段。

1980 年，巴特勒（Butler）在产品生命周期概念的基础上对旅游地周期理论重新进行了系统阐述。他将旅游地生命周期分为 6 个阶段：探索（exploration）、起步（involvement）、发展（development）、稳固（consolidation）、停滞（stagnation）、衰落（decline）或复兴（rejuvenation），并且引入了使用广泛的"S"形曲线来加以表述。巴特勒认为旅游地像产品一样，也经历一个"从生到死"的过程，只是旅游者的数量取代了产品的销量。目的地不断地进化和改变，它的改变因为各种各样的因素，包括旅游者偏好与需求的变化、物资设备与设施不断退化及可能的更新；原生态自然和文化吸引物的改变（甚至消失），而这些正是该地区最初的吸引力。

巴特勒提出旅游目的地的演化要经过 6 个阶段：探索阶段、参与阶段、发展阶段、巩固阶段、停滞阶段、衰落或复苏阶段，如图 5-13 所示。

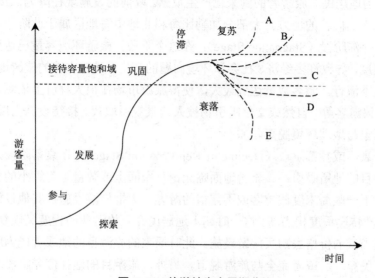

图 5-13　旅游地生命周期曲线

（1）探索阶段（Exploration Stage）：其特点是旅游目的地只有探险型游客，且数量有限，分布零散，他们与当地居民接触频繁。旅游目的地的自然和社会经济环境未因旅游而有所改变。南极洲的部分地区，拉丁美洲和加拿大的北冰洋地区处于这一阶段。

（2）参与阶段（Involvement Stage）：旅游者的人数逐渐增多，吸引当地居民开始专为旅游者提供一些简易设施。旅游者依旧频繁与本地居民交往。旅游季节逐渐形成，广告也开始出现，旅游市场范围也已界定出来。太平洋和加勒比海的一些较小的、次发达的岛屿正处于这一阶段。

（3）发展阶段（Development Stage）：一个庞大而又完善的旅游市场已经形成，吸引了大量的外来投资。旅游者人数继续上涨，在高潮时期甚至超过常住居民人数。交通条件、当地设施等都得到了极大的改善，广告促销力度也大大增强，外来公司提供的大规模、现代化设施已经改变了目的地的形象。旅游业发展之迅速使其部分依赖于外来劳动力和辅助设施。这一阶段应该防止对设施的过分滥用，因而国家或地区的规划方案显得尤为重要。墨西哥的部分地区，北非和西非海岸属于这一阶段。

（4）巩固阶段（Consolidation stage）：目的地经济发展与旅游业息息相关。游客增长率已经下降，但总游客量将继续增加并超过长住居民数量。为了扩大市场范围，延长旅游季节，吸引更多的远距离游客，广告促销的范围得到进一步扩大。当地居民对旅游者的到来已产生反感。以前的设施现在降为二级设施，已不再是人们向往的地方。大部分加勒比海和北地中海地区属于此阶段。

（5）停滞阶段（Stagnation Stage）：在这个阶段，旅游环境容量已达到或超过最大限度，导致许多经济、社会和环境问题的产生。具有完善的旅游地形象，但是已经不流行。游客数量达到最大，使得旅游市场在很大程度上依赖于重游游客、会议游客等。自然或文化吸引物被人造景观所取代，接待设施出现过剩，旅游地形象与地理环境脱离。

（6）衰落或复苏阶段（Decline or Rejuvenation Stage）：在衰落阶段，旅游者被新的目的地所吸引，该旅游地面临无论从空间上或数量上都缩小的旅游市场，只留下一些周末度假游客或不露宿的游客。大批旅游设施被其他设施所取代，房地产转卖程度相当高。这一时期本地居民介入旅游业的程度又恢复增长，他们以相当低的价格去购买旅游设施。此时原来的旅游目的地或者成为所谓的"旅游贫民窟"，或者完全与旅游脱节。另外，旅游目的地在停滞阶段之后进入复苏期，有两种途径：一是创造一系列新的人造景观，但是如果临近的地区或竞争对手模仿这种模式，这种策略的功效将大大降低；二是发挥未开发的自然旅游资源的优势，进行市场促销活动以吸引原有的和未来的游客。英国和北欧的许多旅游目的地都属于此类。但可以预见重新复苏的旅游地最终也会面临衰落。独一无二的目的地也会因为旅游者需求与偏好的改变而不能永远具有吸引力。只有根据旅游者不断改变的旅游偏好更新旅游产品，才能使旅游地或产品具有长久的竞争力，人造景观迪士尼乐园便是一个成功的案例。

在衰落或复苏阶段有5种可能性：①重新开发旅游目的地很有成效，使游客数量继续上升，旅游目的地进入复苏阶段；②限于小规模的调整和改造，使游客量以较小幅度继续增长，复苏幅度缓慢，注重对资源的保护；③重点放在维持现有游客量，避免其出现下滑；④过度使用资源，不注重环境保护，导致竞争力下降，游客量剧减；⑤战争、瘟疫或其他灾难性事件的发生会导致游客量急剧下降，而且很难恢复到原有水平。

三、旅游地生命周期模型应用与修正

（一）海伍德（Haywood）的适用性探讨：TALC 模型与达尔文的自然选择理论

理论的论证及应用都需要数据的支撑，对于生命周期理论的研究及生命周期曲线的应用，统计数据就显得尤为重要了。海伍德（1986）指出收集充分并且合适的数据来验证及利用这个模型是非常困难的。统计数据的缺失，使学者在研究该理论及应用该理论时面临了一系列问题，从而也引发了一系列质疑。海伍德在研究过程中，提出推动旅游地演进的 7 种主要的经济和社会力量，这 7 种力量的综合作用决定了旅游地的演进过程[①]，如图 5-14 所示。

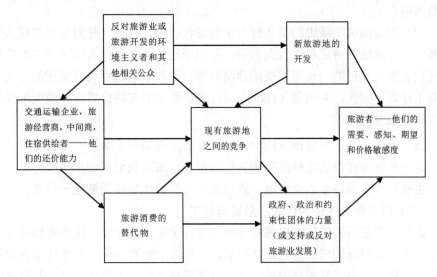

图 5-14　推动旅游地演进的力量结构

海伍德对周期理论的运用潜力进行了详细而全面的探讨。

（1）欲使周期理论模型具有可操作性，则需要考虑到以下 5 个概念和量度：①分析单元，即如何界定"旅游地"，是一个地区、一个城镇、城镇内的某一

---

① Haywood K M. Can the tourist-area life cycle be made operational? [J]. Tourism Management, 1986(7): 154-167.

特定区域，或是一座饭店等；②适当的客源市场，即把全体客源市场看作一同质市场，还是应区分出细分市场分别考虑；③旅游地生命周期的模式与阶段，旅游地生命周期有多种模式，由此海伍德还指出多种模式的存在暗示着有不同于传统的周期阶段存在；④选择度量变量，除了常用的"旅游者人数"变量之外，还应考虑"停留长度、旅游者在旅游地的分布、旅游者特征、光顾发生的时间"等；⑤选择适当的时间单元，即是用年度资料，还是用季度、月度资料。

（2）运用周期模型进行的预测应该是条件预测，即不仅要考虑旅游者人数或支出与时间的关系，而且还应考虑异质客源市场、营销战略决策和竞争地的行为等因素。

（3）周期理论所建议的在不同的阶段应采纳的营销战略也只是一种假说，基本上未得到经验证据的支持。并且，问题的关键不是旅游地在不同的阶段应采纳什么营销战略，而是怎样运用周期阶段的特征来形成、发展和评价更好的营销战略。

（4）推动旅游地演进的是7种力量的综合作用。任何一种力量发生较大变化都会对旅游地的演进形成重大影响。周期理论的描述易使人以为旅游地的演进过程是事先确定的，从而用周期理论对旅游地的演进过程进行描述的意义也受到了怀疑。因此，海伍德（Haywood）建议用达尔文的自然选择模型来描述旅游地的演进过程。

（5）作为总结，海伍德（Haywood）指出，周期理论除了"旅游地终将衰落"这一基础命题假设之外没有别的什么意义。旅游规划者如果要想透彻了解如何去管理一个演进中的旅游地，就应该抛开旅游地生命周期这一概念。

（二）以盖茨和库珀为代表的质疑与修正

国外学者在不同的旅游地都对该模型进行了实证的检验，这些实例研究的结果基本上支持周期理论的基础命题假设，即旅游地有一个由起步经盛而衰的过程。但是，实例研究的结果也引发了对周期理论的多方面的质疑，其焦点在于周期理论模型的有效性、运用潜力和影响旅游地演进的因素（Getz，1992）。

库珀和杰克逊（Cooper and Jackson，1989）在对男人岛的研究中指出，它的明显衰落归因于英国海滨胜地总体受欢迎度的下降，以及它自身不能掌握市场变化趋势从而未能保持竞争力。实例研究结果虽然表明男人岛的演进过程非常符合周期理论模型，但是他们指出，周期概念同样可以应用于某一设施和行政管理结构的发展和演进过程。他们总结说，周期理论模型在预测方面毫无用处，它的用途只在于描述和分析旅游地的发展轨迹①。他们的研究也证实处于发展期的旅游地，通过人为调整可将停滞期延后。

盖茨（Getz，1992）探讨了目的地生命周期同旅游规划的潜在关系。他指出，在尼亚加拉瀑布，起步阶段与发展阶段之间并无明确的界限，而且没有单独完整的稳固、停滞、衰落与复兴阶段。它们是并存的，迫于竞争且为了获利，无论是在微观层次还是在宏观层次都不会允许停滞与衰落状态长期存在，复兴的努力是一贯的。尼亚加拉瀑布的情况与周期理论模型并不十分相符，说明尼亚加拉瀑布旅游目的地已进入旅游的永久性成熟期，也就是说，它的巩固期、停滞期、衰落期和复苏期都已融为一体，交织在一起。而旅游地规划与管理的一个重要目的就是要努力促使旅游区保持吸引力，延长其发展稳定期，或当其到停滞期时能使其复兴，从而进入下一个生命周期②。

此外，其他学者对生命周期理论进行了修正：

艾恩奈兹（Ioannides）研究了塞浦路斯的旅游发展状况后指出，尽管这个岛屿的旅游业在相当程度上受到跨国公司的影响，但本地政府在其发展模式中起重要作用。他强调了政府机构的行为及其与国外旅行社的关系对旅游目的地发展及生命周期有重大影响。盖茨探讨了目的地生命周期同旅游规划的潜在关系。

迈耶-阿伦特（Meyer-Arendt）用巴特勒的 TALC 理论分析了美国路易斯安那海湾的一个度假区格兰德岛的发展情况，指出该旅游目的地的每一发展阶段都有其不同的独特的居住模式，这些模式反映了环境、观念的变化。例如在开始的几个阶段，人们将海滩作为居住地，旅游也朝着海岸边的方向发展，这使得人们过度开发海滩，加速了水土流失，使格兰德岛提前进入停滞阶段。然而于 1984 年底竣工的一项耗资巨大的恢复海岸线（或保护岛屿）工程是否能将格兰德岛带进复苏阶段，这取决于该工程的时限及其效用。

（三）布哈里斯（Buhalis）：生命周期与旅游影响

布哈里斯（Buhalis，2000）③通过对之前的巴特勒、库珀、海伍德、盖茨等有关生命周期理论的研究进行总结，综合分析了生命周期的不同阶段并阐述了其对旅游影响的作用，着重阐述了不同的生命周期阶段所需要的不同营销手

---

① Cooper C, Jackson S. The destination area lifecycle: The isle of Man case study[J]. Annals of Tourism Research, 1989, 16: 377-398.

② Getz D. Tourism planning and destination life cycle[J]. Annals of Tourism Research, 1992, 19(4), 752-770.

③ Buhalis B. Marketing the competitive destination of the future[J]. Tourism Management, 2000, 21: 97-116.

段和规划方案。这主要是不同阶段的供需差异造成的，在早期阶段需求超过供应，在成熟阶段和巩固阶段则相反。因此在早期阶段，市场营销的重点是树立意识和推广目的地产品，而后期的市场营销重点是形象重塑及重新设计和打造旅游产品。因此，整个营销组合应该适应目的地的发展阶段。此外，表 5-5 展示出目的地在不同发展阶段有不同的经济、社会和环境影响。因此，目的地需要通过营销促进游客和产业的可持续发展，同时适应和调整其环境和社会文化政策。

表 5-5　旅游目的地生命周期和旅游影响

影响分析	引进	增长	成熟	饱和	下降
					生命周期 供给 需求
形式	新风尚的目的地	更多的游客感兴趣	游客数量达到最大	供大于求	需求下降
目的地特性					
游客数量	少	多	太多	多	多
增长率	低增长	快速增长率	快速增长率	缓慢增长率	负增长
住宿量	很低	低	高	很高	很高
市场占有率	低	很高	很高	高	低
服务价格	高	很高	高	低	很低
人均消费	高	很高	很高	低	很低
游客类型	者	革新者	革新者	追随者	大众市场
形象与吸引物	低	很高	高	低	很低
居民对游客的态度	客人	客人	消费者	消费者	外来者
经济影响					
就业	低	高	很高	高	低
外汇	低	很高	很高	高	低
私人部门的盈利	负盈利	增长	很高	高	降低
居民收入	低	很高	很高	低	很低
投资	低	很高	很高	低	很低

续表

国家收税	低	很高	很高	低	很低
经济结构	平衡	旅游导向的	旅游主导	依赖旅游	不平衡与不能自我满足
对媒体的依赖	可以忽略	低	高	过于依赖	过于依赖
输入	低	很低	很高	很高	高
通货膨胀	低	很高	很高	高	低
社会影响					
游客类型	多中心型	多中心型	中间型	自我中心型	自我中心型
当地人与游客之间的关系	欢欣	冷漠	愤怒	对抗	终结
目的地的人口统计	外来移民和年长的当地人	年轻人涉及与旅游业有关的工作	平衡	平衡	外来移民和年龄较大的当地人
到旅游地的移民	低	高	很高	高	低
旅游地的犯罪率	低	高	很高	高	低
家庭结构	传统	受影响	现代	现代	现代
环境影响					
环境与风景	未被损坏	改良	不被注意	污染	破坏
保存与继承	未被损坏	改良	不被注意	衰退	破坏
生态破坏	未被损坏	改良	不被注意	衰退	破坏
与旅游有关的污染	可以忽略	低	高	很高	很高
水污染	可以忽略	低	高	很高	很高
交通堵塞	低	低	很高	很高	低
侵蚀	低	高	很高	很高	很高
市场营销					
营销目标	了解	告知	说服	说服	游客忠诚/开发新的市场
策略中心	开拓	渗透	防御	防御	重新引入
营销支出	增长	高	高	支出无效	巩固
产品	基本	改良	好	恶化	衰退
促销	引进	广告	旅游交易会	旅游交易会	旅游交易会
价格	高	高	低	低	低于成本价
渠道	独立	独立	旅游交易会	旅游交易会	旅游交易会

资料来源: Dimitrios Buhalis. Marketing the competitive destination of the future[J]. Tourism Management, 2000, Vol.21, 2000, P97-116.

第六章　地方理论的演进

目的地是旅游的核心要素，对于目的地性质的认识千差万别。地理学家是旅游目的地性质研究的一个主流的研究群体，目的地既是旅游空间，也是有意义、有情感关联的地方。对旅游目的地核心理论产生深远影响的学说是社区、地方与地格学说。

第一节　地方

一、地方与地方感

人们之所以前往一个旅游目的地旅游是因为这个地方赋有某种意义。对某一地方的向往可能有某种情感关联。解密地方含义的地方理论被称为改变人类的十大地理学说之一，其主要内容是从人的感觉、心理、社会文化、伦理道德的角度来认识人与地方的关系。

（一）"地方"概念的形成

"地方"的概念来源于地理学的研究。地理学最初被看作"在不同的时间、地点，不同人发生的不同事"，空间被看作"人类活动的容器，是客观、可绘制的"。直到 20 世纪 70 年代，索尔（Sauer）、鲁克曼（Lukerman）与段义孚（Tuan）等人文地理大师挑战了这些观点，在他们看来"地方"表示的是一种对世界的态度，强调主观体验而非空间科学的冰冷生硬逻辑。段义孚提出了"人们不是生活在地理空间的框架中，而是生活在充满内涵的世界中"。鲁克曼提出地理是"关于存在各个地方的世界的知识"，地方是"与其他地方通过人流物流产生关联的特定区位的自然和人文组合"[1]，并给出了地方的多重

---

[1] Lukerman F. Geography as a formal intellectual discipline and the way in which it contributes to human knowledge[J]. Canadian Geographer, 1964 (4): 167-172.

意义："①环境、地区、地点、场所、区域、领域等；②城市、村庄、城镇、州等；③家、温暖的地方、草坪、社区、国家、场景等；④广义的地方，即社会生活中艺术的'角色'、女性在社会中的地位、我们在宇宙中的位置、人和事物在社会关系中应遵循的规范等。"人文地理学先驱雷尔夫（Relph，1976）对此总结，并给出了新的定义，"地方是通过对一系列因素的感知而形成的总体印象，这些因素包括环境设施、自然景色、风俗礼仪、日常习惯、对其他人的了解、个人经历、对家庭的关注及对其他地方的了解"①。后来，随着人们对地方的认识越来越深刻，涉及的范围越来越广，给出的概念也变得更加抽象。哈里森和杜立西（Harrison and Dourish，1996）给出了地方的经典定义，即"一个真正的地方是由个人或群体赋予了深刻内涵和意义的特殊空间"，并用简明的公式表达为"地方=空间＋内涵"。②地方的意义在于人赋予它的、超出居住等实用意义的情感寄托。随时间推移，这种被人赋予的意义与价值会和人的思想、行动、感受等一起不断成为这个地方的一部分，由此产生地方意义的变迁。

（二）"地方感"概念的形成

随着人们对地方概念中的人文因素愈发重视，段义孚将广义的地方感分为根植性（rootedness）与地方感（sense of place）两个维度。其中，根植性体现的是一种心理上的情感依附与满足，而地方感表现的则是社会层面上身份的建构与认同的形成③。段义孚于 1974 年把恋地情结（topophilia）引入地理学，用于表示人对地方的爱恋之情。莱特（Wright）在 1966 年首创敬地情结（geopiety）一词，用于表示人对自然界和地理空间产生的深切敬重之情④。斯蒂尔（Steele，1981）认为"地方感是人与地方相互作用的产物，是由地方产生的并由人赋予的一种体验，从某种程度上说是人创造了地方，地方不能脱离人而独立存在"⑤。

二、"地方理论"的主要流派及观点

随着对地方研究的深入，地方的物质实体环境被弱化，而人地关系被强化。段义孚于 1976 年提出了地方感（sense of place）的概念，揭开了地方感研究的序幕。地方感（Sense of Place）的研究主要涉及环境心理学、地理学、环境设计及资源管理四个主要学科，对于地方感的研究始于对人与环境关系的关注。林奇

---

① Relph E. Place and placelessness[M]. London: Pion Books, 1976.

② Harrison S, Dourish P. Replaceing space: the roles of place and space in collaborative systems[M]. Proc: CSCW'96 ACM Press, 1996.

③ Tuan Y. Space and place: The perspective of experience[M]. Minneapolis, MN: Minnesota University Press, 1977.

④ 约翰斯顿. 人文地理学词典[M]. 柴彦威，等译. 北京：商务印书馆，2004：737，266.

⑤ Steele F. The sense of place[M]. Boston: CBI Publishing, 1981.

（Lynch，1962）从环境设计视角为地方感研究奠定了基础，他认为"狭义地来说，地方特色就是一个地方的场所感"。地方感本质就是地方精神（Genius Loci）。地方特征是人类长期相继占用（Sequent Occupation）形成的结果（Whittlesey，1929），因此具有时间压缩特征（Havey，1996）。哈维（Harvey）认为地方是集体回忆的纽带（Locus of Collective Memory），是一个通过构建某个历史人物的回忆来获得识别的地点。政治地理学家约翰·阿格纽（John Agnew，1987）归纳了地方作为一个"有意义的区位"的三个基本方面：区位（Location）、本地（Locale）与地方感（Sense of Place）。区位是指某个固定的地点。本地是指社会关系的物质背景（Material Setting for Social Relations），即它的外在形式或者说地方的载体。地方感是人们对地方的主观与情感附着物（Subjective and Emotional Attachment）。目前主要存在四种研究的角度：地理学派、社会学派、心理学派和社会哲学学派。

（一）雷尔夫与段义孚的地理派地方理论

段义孚（1974，1980）和雷尔夫（1976，1989）等学者从地理现象学视角就人与环境的关系、地方本质等方面展开了深入研究，他们特别强调"地方"这个概念不仅是一个几何空间，而且还包括了人地之间的关系。

雷尔夫对于地方属性的认识尽管属于最早期的研究，但至今仍经常被引用。在他的代表论著《地方与地方缺失》（*Place and Placelessness*）中指出："地方的基本含义不是区位，因此它的本质不是来自区位，不是来自地方所提供的功能，不是来自占据这个地方的社区，也不是表面或世俗的体验。地方的本质在于不自觉的意图。地方是人类生存的深远中心。"他还认为："静态的实体环境、活动和意义内涵是对一个地方进行识别认同的三个基本要素。这种分法虽然简单，却是理论基石。例如，第一层面可以把一个城镇看作由建筑和物质实体的组合，就像航空图片中拍摄的那样；第二层面是一个严谨客观的研究者，可以观察人们的行为，就像昆虫学家观察蚂蚁那样；但从第三层面来讲，一个正在感受这些建筑或经历这些活动的人看到的却远远不止这些，他们对于事物和事情有着自己的评价，即美与丑、促进与阻碍、喜爱与厌恶、亲近与疏远。总而言之，富有内涵。"雷尔夫的贡献主要有两点：①他对地方识别（place identity）的研究是后期地方感研究的重要基础；②他提出了地方感整体都是主观的，即便实体环境——这三方面中最客观的一个，它的美丑、有用性属性依旧是主观的。而地方的意义内涵作为人们赋予地方的象征意义、思想感受、态度和价值等则更加主观，不同的人赋予地方不同的意义，地方意义是复杂多样甚至相互冲突的。

段义孚的"地方"思想集中体现在《恋地情结：环境感知、态度和价值研究》（*Topophilia: A Study of Environmental Perception, Attitudes and Values*，1974）、《经验透视中的空间与地方》（*Space and Place: The Perspective of Experience*，

1977）和《割裂的世界与自我》（*Segmented Worlds and Self: Group Life and Individual Consciousness*，1982）等论著中。段义孚（1974）把恋地情结（topophilia）引入地理学中用于表示人对地方的爱恋之情，并最先提出地方感这个概念，他认为地方感包含两个含义，即"地方自身固有的属性（地方性）和人们对这个地方的依附感（地方依附）"。[①]他提出"地方是人在世界中活动的反映，在提供所有的人类生活背景的同时，给予个人或集体以安全感或身份感，通过人的活动，使得原本没有任何特殊性的地方变得富有内涵"[②]，"地方可以认为具有一种精神或者一种性格，但只有人才有地方感，当人们把情感或审美识别应用于地点或区位时就显示出地方感"。[③]段义孚等人的研究对剖析城市内居民与其邻里区域所产生的亲切感、疏离感和冷漠感做出了很大的贡献，也扩大了城市地理学的领域。

段义孚还辩证地阐明地方与空间相互依存、具有可转化性的独特关系，如图 6-1 所示。空间和地方相互定义，不仅"从地方的安全性及稳定性，我们感觉到空间的开阔、自由及由此带来的威胁，反之亦然"，而且二者相互依赖，因为"生活就是在冒险与庇护、依附与自由这些二元对立中的运动……在开放空间中的人会强烈感受对地方的需要，而在被庇护的地方独处的人则不断渴求外面的广阔空间"。地方的内涵则比抽象的空间更复杂，因为它是相对于运动空间的暂止（pause）的，即每次运动的暂止都有可能让一个区位（location）转变成地方，使它成为被感知的价值中心、价值的凝聚地（a concretion of value），故而"当我们感到空间非常熟悉的时候……当我们更加了解空间并赋予它价值的时候……最初无差别的空间就变成了地方"。[④]

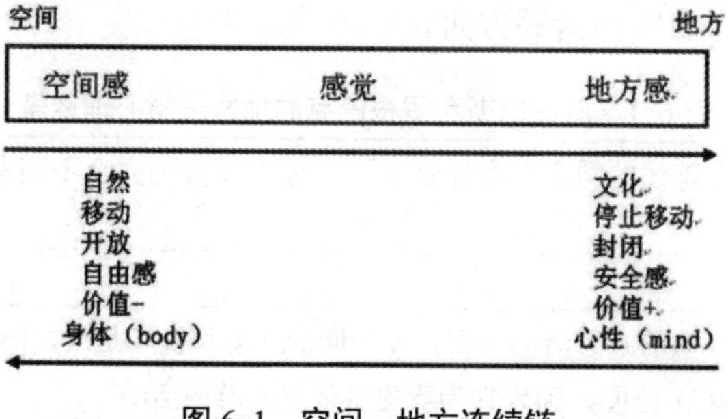

图 6-1 空间—地方连续链

① Tuan Y. Humanistic geography[J]. Annals of the Association of American Geographers, 1976(66): 266-276.

② Tuan Y. Space and place[M]. London: Edward Arnold, 1977.

③ Tuan Y. Topophilia—a study of environment perception, Attitudes and Values[M]. New Jersey: Englewood Cliffs, 1974: 235.

④ 蔡霞. "地方"：生态批评研究的新范畴——段义孚和斯奈德"地方"思想比较研究[J]. 外语研究，2016，2.

（二）威廉姆斯和布雷克威尔（Williams and Breakwell）的环境心理观点

林奇（Lynch）是人与环境关系研究的先驱之一，其著作从环境设计视角为地方研究奠定了基础。环境心理学家主要是从心理学的角度来研究地方理论，认为地方感是关于人们对特定地理场所（setting）的信仰、情感和行为忠诚的多维概念，主要包括地方依恋（place attachment）、地方认同（place identity）、地方意象（place image）和机构忠实（agency commitment）等研究领域。近10多年来，人与地方相互作用产生的情感联结关系——地方依恋一直是国外游憩地理学和环境心理学的研究热点。地方依恋指人与特定地方之间建立起的情感联系，以表达人们倾向于留在这个地方，并感到舒适和安全的心理状态。[①]哈米特和斯图尔特（Hammitt and Stewart）根据地方依恋强度不同，将地方依恋感从浅到深依次分为熟悉感（familiarity）、归属感（belonging）、认同感（identity）、依赖感（dependence）和根植感（rootedness）。[②]其代表人物威廉姆斯（1989）提出"地方依恋"的概念及其理论框架，指出地方依恋包括情感联结、认知联结和意欲联结3个维度。其中情感联结为情感依附，指人对一个地方的喜好和感受。认知联结为地方认同，地方认同是自我认同的一部分，指意识到自己是哪里人，并将自己的价值观、精神追求等同该地方的价值、精神相联系，从中获得归属感。意欲联结包括地方依赖和社会联系，前者是一种功能性依附，指一个地方拥有满足人们某个需求的能力；后者指建立社会关系，参与地方活动，为地方做出贡献等行为倾向程度[③]。

威廉姆斯和罗根巴克（Roggenbuck）设计了地方依恋量表用于测量个人与户外游憩地的情感联结关系，如表6-1所示。随后的理论研究主要涉及地方依恋的概念、维度、影响因素等方面。

表6-1　威廉姆斯和罗根巴克的地方依附心理量表

地方依附构成	就对以下陈述的同意程度打分（1—5分），1分为完全不同意，5分为非常同意	得分
地方依赖		
PD1	就我最喜欢的游憩活动而言，A公园的环境和设施是最好的	
PD2	我最喜欢A公园，因为它为我提供最好的游憩活动	

---

① Hidalgo M C, Hernandez B. Place attachment: Conceptual and empirical questions[J]. Journal of Environmental Psychology，2001, 21: 273-281.

② Hammitt, Stewart. Sense of place: A call for construct clarity and management[C] // Sixth International Symposium on Society and Resource Management. State College, PA, 1996.

③ Williams D, Patterson M, Roggenbuck J, Watson, A. Beyond the commodity metaphor: Examining emotional and symbolic attachment to place[J]. Leisure Sciences, 1992 (14): 29-46.

续表

地方 依附构成	就对以下陈述的同意程度打分（1—5 分），1 分为完全不同意，5 分为非 常同意	得分
PD3	就我想要的游憩活动而言，我想不出哪个地方能提供比 A 公园还要好的 环境和设施	
情感依附		
AA1	A 公园对我很重要	
AA2	我很依恋 A 公园	
AA3	我对 A 公园及其环境和设施有种强烈的归属感	
AA4	我对 A 公园及其环境和设施有强烈的情感依附	
地方认同		
PI1	我觉得 A 公园是我的一部分	
PI2	我很认同 A 公园	
PI3	上 A 公园游玩这种行为能体现出我是一个什么样的人	
社会联系		
SB1	假如我不上 A 公园而去别的地方游玩，我的家人朋友们会觉得失望	
SB2	假如我不上 A 公园，我会和很多朋友失去联系	
SB3	我的许多家人朋友都最喜欢 A 公园	

布雷克威尔（1992）在威廉姆斯的基础上，就地方认同这一观点进行了进一步的研究，他认为地方认同是一个对社会的适应（accommodation）、融合（assimilation）和评价（evaluation）的过程，提出了 4 个引导行为的认同原则，即独特性（distinctiveness）、连续性（continuity）、自我尊重（self-esteem）和自我效能（self-efficacy），构建了认同过程模型（identity process model）①。独特性维度反映了一种生活方式和个人与家乡环境的特定关系。人们用地方识别（place identifications）来与别人相区别，在这个意义上，地方起到了与社会分类相似的作用，地方识别就相当于社会识别（social identifications）。连续性维度关注自我身份连续性的保持与发展，分为地方指示物的连续性（place-referent continuity）和地方适宜的连续性（place-congruent continuity）两个方面。在地方指示物的连续性中，地方作为过去的自我和行为的指示物，保持与某个地方的联系可以让人获得一种自我身份的连续感。地方适宜的连续性是指一般的、可转移的地方特性，如人们选择能代表自身价值的居住地，或改变居住环境，

---

① Breakwell G M. Processes of self-evaluation: efficacy and estrangement[M]// G. M. Breakwell. Social Psychology of Identity and the Self-concept. Surrey: Surrey University Press, 1992.

使之与当前身份相一致。这种连续的缺失可能导致不满，甚至迁居到一个与身份相符的地方。自我尊敬关系到一个人对自我价值或社会价值的感知，如生活在历史城镇的人通过联想而获得一种自豪感①。自我效能是指对自己的环境适应能力的信任。当环境有利于或至少不妨碍个人的日常生活，人就有一种自我效能感。这时的环境是一种易管理的环境（manageable environment），在这种环境中人们易于做自己想做的事。

（三）古森塔夫森（Gustafson）与坎特（Canter）的社会学派观点

社会学家古森塔夫森（2001）主要是从社会学角度运用数据分析的手段研究影响地方感的各种因素。他的模型可以更好地理解地方内涵的产生，如图6-2所示。

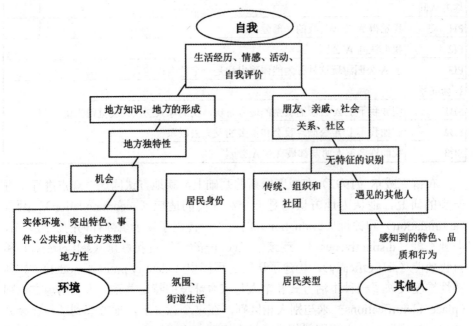

图 6-2　塑造地方意义的三极模型②

图 6-2 中可以看出，古森塔夫森认为地方意义主要是由三个主体构成：自我、环境和其他人。自我包括个人的生活轨迹、情感、自我评价和自己的活动经历。环境包括地方的实体特征和它的机构及事件。其他人则是由他们的特征

---

① Lalli M. Urban related identity: theory, measurement and empirical findings[J]. Journal of Environmental Psychology, 1992(12): 285-303.

② Gustafson P. Meanings of place: Everyday experience and theoretical conceptualizations[J]. Journal of Environmental Psychology, 2001(21): 5-16.

和行为组成。远一些的因素，例如社会关系和氛围属于这三个极点之间的关系。以自我—环境之间的关系为例，古森塔夫森观察到，在一些案例中，一个地方通过提供特别的活动或展示当地的文化带给它的居民地方感。

西克史密斯（Sixsmith，1986）在研究"家"的内涵时，区分了个人、社会和物理环境，她总结"家是一个多角度的概念，并不是一个简单的因素使得一个地方成为家，相反，任何一个因素的缺失都会导致家不再是家"。坎特在1997年也提出了相似的理论——"地方的因素理论"，认为地方包括活动、物理特征、个人、社会和文化经历及地点的规模。而约根森和斯特曼（Jorgensen and Stedman，2002）则很好地将实证方法引入这个领域，对地方感的研究具有重要影响，"像其他情感一样，地方感是由认知过程、感情过程和行为过程组成的"。通过200多份农村家庭的问卷调查得出结论，"对地方感的态度有：对人地关系的认识（认知方面）；对这个地方的感觉（情感方面）；与其他地方相对比，属于这个地方的专有行为（行为）"。

（四）哈维（Harvey）的社会哲学学派观点

如果说地方感的最初研究是地理学家探讨"地理空间中的人文性"，那么发展到后期，则是由社会哲学家对"人文生活中的空间性"的探索。其主要内容涉及空间与时间、经济和社会政治的关系。

社会哲学家认为地方与空间跟时间一样，是由社会所构建出来的。唯一要问的是由什么样的社会过程来构建？英国马克思主义地理学将权力和再生产的维度引入空间研究，揭示了空间关系所蕴含的政治向度。空间表征（泛指某种空间的呈现方式，如地图、影像、文字论述、符号等，是概念化的空间想象，通过知识理解与意识形态来获得对空间纹理的修改①）的生产、分配与消费，绝非中立客观，而是牵连着社会关系及人类（个别与集体）主体认同的建构过程。在这种空间表征里，有些地方会特别重要而被编码，例如神圣的空间（教堂、地界）、禁忌的空间（墓园、仪式场所、危险的地方）、男性的空间（公共论坛、大树下）等。这些特殊空间相对于日常的空间有其独特、非日常的存在样态。戈夫曼所说的地方感就涉及了地方的表征，如特殊的纪念建筑、自然与人文景观等。换言之，地方感是透过各种表征而存在的；反之，地方感的表征又参与了主体认同的建构。青少年涂鸦就反映了空间表征与认同建构的议题。以空间界限的表征来标明势力范围、确定地盘，也是在巩固自我（我群）的认同，通过对既有空间秩序的颠覆，建构了主体的认同。

哈维对此在马克思（Marx）和迈克尔（Michael）的基础上对空间与社会的

---

① 夏铸九，王志弘，编译. 空间的文化形式与社会理论读本[M]. 台北：明文书局，1993.

构建进行一种概念性的解答。哈维认为现代主义文化对时空有一种不确定并时刻变化的感知。哈维把地方看作在空间和时间流中的有条件的"永久"形式。全球化导致的经济一体化、地域趋同和资本积累加速带来了一种"时空的压缩"。一方面，全球化的趋同倾向逐渐抹去地区差异，最终使原本各异的地区变成了一个单一的"地球村"；另一方面，资本积累和周转不断加速，促进了经济和技术的发展，并大大提高了地区趋同的速度，于是产生了时空压缩的体验。原本对时间的多样性感知被看作一种线性的、持续向前发展的、同质的时间观。同样，空间也是同质的、千篇一律的抽象空间，没有地方的独特性。而现在的观点则认为时间是通过对一块一块的空间的征服来计量的，这一过程被哈维称为"时间对空间的侵蚀"。现代主义，特别是后现代主义文学和文化的特色正是对这个过程的一种"反动"，哈维称之为"时间的空间化"。这个空间化的过程所隐含的一层含义就是对所谓的普遍真理和时空趋同的拨乱反正，是对一个故意忽视差异的同质世界的矫正。①

哈维认为，地方是集体回忆的纽带，是一个通过构建某个历史人物的回忆来获得识别的地点②。保护和创建地方感是一个从回忆到希望、从过去到未来的积极瞬间，地方构建可以解密隐藏的回忆，展示不同的未来③。

三、地方理论在旅游方面的运用

在文旅融合背景下，文化已成为空间再生产的重要增长点和驱动力，也是消费升级的重要内容。而空间作为文化实践（生产与消费）的场所，承载了丰富的地方性文化意义。

从文化和旅游实践的供给角度来看，旅游业的发展在很大程度上是一个塑造差异的过程，包括家与远方、工作与休闲、熟悉的地方与不同的体验的异样感受。而地方建构（place-making）恰恰是文化群体自下而上地把价值、感知、记忆和传统赋予到景观上，把意义投射到地理空间的过程。因此，地方塑造逐渐成为旅游目的地营销的有力工具④，用于创造一个区别于其他地方的目的地形象。此外，地方塑造（placemaking）通常与城市规划和设计紧密相连，是政府和规划设计师自上而下地形塑空间，努力活跃城市的经济和文化特性，影响

---

① Harvey D. The condition of postmodernity: an enquiry into the origin of cultural change[M]. Oxford: Blackwell, 1989, 265.

② Cresswell T. Place, a short introduction[M]. Oxford: Blackwell Publishing, 2004: 61.

③ Harvey D. Justice, Nature and Geography of Difference[M]. Cambridge: Blackwell Publishers, 1996: 306.

④ Sofield T, Guia J, Specht J. Organic 'folkloric' community driven place-making and tourism[J]. Tourism Management, 2017, 61: 1-22.

人们的日常生活行为和地方感知的过程。威科夫（Wyckoff, 2014）提出了四种城市规划性质的地方营造类型，分别为标准的地方营造、战略性地方营造、创意性地方营造和战术性地方营造①。卢（Lew, 2017）认为地方塑造的具体方式包括物质层面（tangible）、非物质层面（intangible）、混合式（mixed）三种②。

　　从文化和旅游实践的消费角度来看，游客将场景、时空与记忆进行综合，通过文化消费的方式来体验地方性③，进而实现对地方认同的建构和重塑。在出游过程中，地方不仅是旅游活动发生的物理空间，游客与地方更是一种文化互动与精神共建关系。场景对地方认同的重要影响，表明了"地方性"是社会认同的重要建构，而游客所形成的地方认同及不同游客的地方认同差异则体现了地方认同建构中的"自我"成分。由自我认同与社会认同所建构形成的地方认同是多重的，文化是"地方性"的核心内容，从地方认同的建构体系来看，文化认同是人的社会性的重要表征，也是地方认同的重要组成部分。游客自我是形成地方认同的主观因素，叠加具体的历史场景与文化语境后，地方认同的多元与动态特征得以呈现。换言之，地方认同的形成既包括了游客自身通过认知、情感与意向等心理过程对所接受的文化信息进行加工处理后所形成"地方性"认同，此时，"地方"不再简单的是旅游活动发生的物理空间，而是承载了"地方性"文化生产与消费的空间，并成为自我建构的一个核心要件。同时，游客将自身作为特定地方的组成部分，进而形成自己在地方建构中的位置与角色，这一过程是基于游客心理特质与"地方性"独特场景的人地互动过程而形成的。

第二节　地格

　　受地理学与战略学学术背景影响，邹统钎承继硕士师爷（周廷儒教授的导师）卡尔·索尔（Carl Sauer）先生的文化景观理论及博士后师爷（徐二明教授的导师）亨利·明茨伯格（Henry Mintzberg）先生的战略管理思想，在融合地

---

① Wyckoff M. Definitions of placemaking: Four different types[J]. Planning & Zoning News, 2014, 32(3): 1-10.

② Lew A. Tourism planning and place making: Place-making or placemaking?[J]. Tourism Geographies, 2017, 19(3): 448-466.

③ Waterman S. Carnivals for elites? The cultural politics of arts festivals. Progress in Human Geography, 1998, 22(1): 54-74. DOI: 10.1191/030913298672233886.

理学的地方感理论和管理学的资源基础论的基础上提出了地格理论①。地格理论认为，游客去往旅游目的地是因为目的地能够提供游客向往的另类生活方式。地格是一个地方的生活方式的本质特征，其中对旅游目的地有代表力、对客源地目的地游客有吸引力、对竞争性旅游目的地有竞争力的生活方式特征就是旅游地格，如新西兰的"纯净（Pure）"、山东的"好客"、湖北的"灵秀"等。旅游地格是旅游目的地的品牌基因，旅游目的地品牌战略就是基于旅游地格的地方生活方式再造过程。旅游目的地建设的核心是形成差异，构建有别于竞争对手的生活方式。这种差异的生活方式必须根植于地方，同时又是游客期望的，是有别于客源地游客日常生活的，是竞争对手难以模仿的、无法替代的。

一、地格与旅游地格②

（一）地格

人有性格（Personality），地有地格（Placeality）。性格是个人的情感、态度、行为反应方式的组合，地格就是一个地方长期积累形成的自然与人文本质特征。这种本质特征决定了当地人的世界观与行为方式。对于旅游目的地来说，地格是地脉与文脉的有机合成，是一个地方的生活方式的综合特征。③

耶鲁·瑞欧德（Yellow Railroad）提出地方基因（Place DNA）的 3P 模型：（1）地方（Place），即地貌、风景、公共场合、公共艺术、历史、建筑；（2）物产（Produce），即地方特有的产品，如古巴雪茄、苏格兰威士忌、意大利时装等；（3）人民（People），即文化、口音、声誉，如南非的曼德拉、巴塞罗那的高迪等（UNWTO, ETC, 2009）。借鉴过来，地格的载体包括：标志物（Marks）、环境（Environment）、仪式（Rites）、偶像（Icon）与氛围（Atmosphere）。标志物例如苏格兰的风笛、格子裙、高尔夫、羊杂肠和威士忌，威尔士的城堡、服装与小艇。环境例如西藏的高原气候、高山、峡谷、冰川。仪式例如毛利人的蹭鼻子、藏民的献哈达、苗族的拦路酒、各种婚丧嫁娶仪式等。偶像是地方精神领袖、标志性人物。氛围是指居民的热情、好客、开明、保守和幽默等。

（二）旅游地格：旅游目的地品牌基因

并不是所有的地格因子都可以成为旅游发展与旅游目的地的基础，实践上到处可见的是在旅游目的地品牌营销上的模仿、复制与平淡。可以提供具有吸引力生活方式的目的地能吸引大量游客前往（UNWTO，2009）。具有吸引力的

---

① 邹统钎. 中国旅游景区管理模式研究[M]. 天津：南开大学出版社，2005.

② 邹统钎. 旅游目的地地格的理论源流、本质与测度指标[J]. 旅游导刊，2021.1.

③ 邹统钎. 旅游目的地开发与管理[M]. 天津：南开大学出版社，2015.

生活方式才能成为目的地品牌基因的来源。品牌必须建立在地方特有的属性
（Place-specific Features），即具有唯一性（Uniqueness）、真实性（Authenticity）
与吸引性（Appeallingness）的旅游地格之上。只有那些对客源地游客有吸引力、
对竞争性目的地有竞争力、能代表目的地本身特征的旅游地格才能作为旅游目
的地发展依托。

具有难以模仿的竞争优势的旅游地格具备如下特征。

1. 地方特有（Place Specific）：目的地的个性化发展可以形成独特的地格，
差异的地格是目的地形成吸引力的源泉。生活方式所具有的差异性特征为旅游
者追求不同的生活方式提供了拉力，且随着社会发展，寻求更好的或差异性的
生活方式已经成为旅游者的普遍追求，成为旅游的内在推力。艾译欧-阿荷拉
（Iso-Ahola，1982）提出了逃避—寻求理论，认为旅游者存在逃离惯常环境和寻
求能够获得心理补偿的有别于惯常环境的旅游环境两种驱力，即逃避惯常生活
方式、寻求差异性生活方式两种驱力。"方式"一词，本身即意味着存在差异
和允许选择（何纯，2008），且随着全球化进程的推进，过去单调、同质的生活
方式得到很大的改观，自主、多元的生活方式初步形成。人们希望通过旅游这
种方式去寻找新的生活环境，以期短暂地改变自己的生活方式。关注生活自身
的价值、"换一种活法"、过更有质量的生活已经越来越成为人们的心理诉求，
被称为"新生活方式运动"。"后现代旅游"是"新生活方式运动"的重要产
物，注重旅游活动的生活化和实践化。厄里（2009）指出，标准化的旅游活动
方式不再是热潮，游客追求的"不是看风景，而是去亲身体验，去散步、爬山
或骑自行车"。后现代游客追求旅游体验的个性化和差别化，促使旅游目的地
注重挖掘本土特色的生活方式来打造旅游目的地品牌。

2. 路径依赖（Path Dependent）：地格具有时间压缩（time compressed）、历
史构建（historical constructed）的特征，是长期历史演变而成的。这是最典型
的独特历史条件形成的不可模仿资源。1927 年索尔的《文化地理的新进展》一
文把文化景观定义为"附加在自然景观上的人类活动形态"。由于文化景观是
长期形成的，对文化景观的研究必须回溯过去，探究每一个历史时期人们对某
一地区文化的贡献，明确这个地方文化景观的发展过程。由于一个地方的文化
景观是历代居民文化烙印叠加形成的，因此索尔的学生惠特尔西（Whittlesey）
提出相继占用（Sequent Occupation）的概念。索尔学派引导人们用发生学的方
法研究文化历史，因为它要确定那些发生在地球表面特定地方和构成其特性的
文化继承性。地格的路径依赖特征导致一定程度的无法超越。地格往往依附在
一个地方的历史遗存上，在一个充满复制品的世界，在一个基于遗产的旅游景

点体验真实的遗存具有历史完整感、地方感与归属感。[①]

3. 难以言传（Unutterable）：生活方式因偶尔歧义与社会复杂性（Casual ambiguity and social complexity）而难以解释、难以表述。作为地格基础的文化景观，其内容除聚落、道路、田野等之外还有"气氛"这种难以表达的地方特征。

4. 难以替代（unreplaceability/non-substitution）：任何时代有它的竞争标准。农业经济时代，数量是关键；工业经济时代，成本最重要；服务经济时代，质量是根本；体验经济时代，真实最给力。这是一个全球追求真实的时代。人们希望一种体验能够说明他们所在的目的地。竞争者难以通过舞台化的真实或者替代品来代替真实的地方体验。地格作为目的地的真实存在，作为地方人民不可分割的部分，难以替代。

二、旅游目的地地格的三个维度

旅游目的地地格因子由自然环境、人文环境和群体性格 3 个维度构成（见图 6-3）。自然环境维度包括地理位置、地质地貌、生态环境 3 个因子；人文环境维度包括文化特质、文化态度和生活氛围 3 个因子；群体性格包括待己、待人与待事 3 个因子。群体性格中的 3 个二级指标各有侧重，待己性格是指当地居民在日常生活中的价值取向与性格特征，强调自我；待人性格主要是指居民在人际交往，包括与外来游客的交往中所展现出的性格倾向；而待事性格更侧重于反映居民在组织或社会关系中面对工作或日常事务时的性格特质。

此外，代表力、吸引力与竞争力构成了旅游目的地的旅游地格筛选机制。国内公认提炼比较成功的旅游地格有山东的"好客"、山西的"善"与"美"、四川的"熊猫故乡"、河南的"老家"、云南的"七彩"、辽宁的"满风清韵"等，国外有新西兰的"自然、纯净与好动"、爱尔兰的"友善、风趣、传统、现代、热情、好客"、意大利的"别致、好味道、美食、浪漫"等。

三、RAC 模型：基于旅游地格的旅游目的地品牌基因筛选机制

融合战略管理的资源基础论、地理学的地方感理论及旅游学的推拉理论，邹统钎（2015）提出基于地格（地方独特生活方式）的旅游目的地品牌战略（Placeality Based Branding，PBB），指出旅游目的地品牌的基因是旅游目的地的旅游地格。旅游地格是旅游目的地中具有代表力、吸引力与竞争力的旅游目

---

① Hall M. Introduction to Tourism in Australia: Impacts, Planning and Development[M]. Melbourne: Longman, 1995.

的地生活方式的本质特征。他构建了旅游目的地品牌基因提炼也就是旅游地格因子筛选的"三力"（代表力、吸引力、竞争力）RAC 模型，如图 6-3 所示。他指出只有通过三项标准检验的地格才是旅游地格：一是能够代表旅游目的地的生活方式的本质特征，即具备代表力（Representativeness）；二是对客源地市场具有吸引力（Attractiveness）；三是对于竞争性旅游目的地具有竞争力（Competitiveness）。

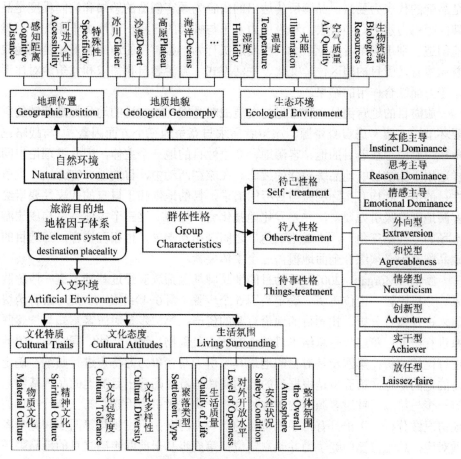

图 6-3　旅游目的地地格因子体系

（一）旅游目的地品牌构建需要关注目的地、客源地与竞争性目的地

企业发展的市场环境动荡变化且错综复杂，为应对企业发展的不确定性，日本战略家大前研一（Kenichi Ohmae）强调任何经营战略必须综合考虑公司（corporation）、顾客（customer）和竞争者对手（competitor）三方角色，即"3C

模型—战略三角"（strategictriangle-3C）。在任何经营活动中，公司、顾客和竞争三者协调一致、互相适应才可以使战略目标成功实现。在战略三角中，企业的发展取决于创造公司与顾客之间成功的关系，并具有区别于竞争者的竞争优势，即创造比竞争者与顾客之间更为紧密的联系。这种联系一方面基于企业为顾客提供的产品、信息、资源、服务等要素，另一方面来自顾客对企业所提供要素的感知与认同。企业品牌是这些要素的合集，企业产品、文化等自身属性是品牌的代表力要素，品牌所传达出的内容为顾客创造的感知和认同程度是品牌的吸引力水平。当代表力和吸引力水平与顾客的自我一致性水平相契合，就能创造区别于竞争者的竞争力，引发购买行为。旅游目的地品牌形象是超越旅游业本身，受目的地区位、文化、生活方式、旅游者自我需求和竞争地对比形象等方面综合作用的结果。

　　旅游目的地营销是一种常见的发展战略类型，旅游目的地品牌是营销的重要环节，主要考虑自身资源、旅游者需求与竞争地三个方面因素[①]，与战略三角一一对应存在着目的地、客源地、竞争性目的地三个主体，因此该理论也同样适用于旅游目的地品牌构建的战略。在旅游活动中，目的地、客源地、竞争性目的地三者均有实际利益与目标的追求，目的地依赖于自身的代表性要素给客源地创造吸引力要素，并差异化地强化竞争优势。这三个主体有机构成旅游市场的"战略三角"，"战略三角"之间既相互支撑，也相互依存，筛选目的地品牌基因必须综合全面地覆盖三个主体要素。

　　摩根（Morgan，2002）认为目的地品牌基因筛选应经过基础调查—情感联系—分析比较—定位声明—确定基因5个步骤（图6-4）：第一步是对游客消费需求进行调查分析，找到目的地最重要的资产；第二步是对游客感知与情感联系进行研究；第三步是总结出目的地的核心吸引物与地方特性，同时与竞争地进行比较分析；第四步是对目的地最具吸引力与竞争力的特点进行归纳，确定目的地的定位；第五步是根据目的地的属性与特征筛选出目的地的品牌基因[②]。第一步与第二步针对客源地的游客做分析，确立吸引力因素；第三步针对目的地情况做分析，选出具有目的地特质的代表力因素；第三步与第四步和竞争者做对比，总结自己的竞争力并确立定位；第五步基于前四步确立目的地品牌基因。通过这个模型筛选出的结果通常是3—4个单词的描述符（例如令人振奋、安静、热情等），代表目的地品牌的核心价值，这些核心价值共同构成"目标的

---

　　① 曲颖，李天元. 旅游目的地非功用性定位研究——以目的地品牌个性为分析指标[J]. 旅游学刊，2012，27（9）：17–25.

　　② Anholt S. Handbook on tourism destinations branding[J]. Hydrobiologia, 2009, 742(1): 295–312.

DNA"。摩根的理论表明目的地品牌选择依赖于对目的地、客源地与竞争地的比较分析。

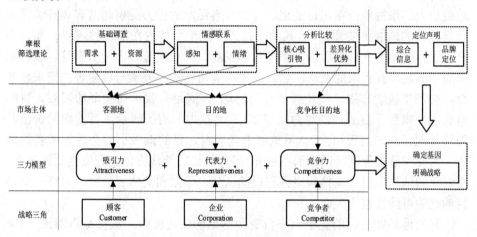

图 6-4 旅游目的地品牌基因筛选模型

（二）目的地代表力、吸引力、竞争力的理论来源

在制定旅游目的地品牌战略时，需要同时关注目的地、客源地、竞争性目的地，三个主体分别可抽象化为代表力、吸引力、竞争力三个维度，用于指标构建研究。

目的地品牌基因的代表力来自地方特质。目的地的地方特质应是原生、唯一且真实的，表现为地方代表性因素，如"库尔勒香梨""武汉热干面"。地方性包含自然文化与社会文化两方面的代表性，表现为感知文化的主体性、文化的地域附着性与文化的不可移动性[①]。

旅游目的地品牌构建实为地方营销的重要环节（place marketing），地方独特的、稳定的、具有代表性的要素是地方营销的关键[②]。例如"灵秀湖北"中"灵"与"秀"分别代表湖北在历史发展中留下来的人文、自然符号，代表地方自然、社会、生活方式等方面的本质。约翰·厄里说，旅游就是一个消费地方的过程。旅游目的地营销实为根据地方性特征[③]，深入发掘地方文化资源，产生具有代表性的地方文化符号[④]，以确立最佳的品牌形象。

---

① 唐文跃. 地方性与旅游开发的相互影响及其意义[J]. 旅游学刊，2013，28（04）：9-11.
② Rainisto K. Success factors of place marketing: a study of place[M]. New York: John Wiley, 1994: 181-196.
③ 钱俊希. 地方性研究的理论视角及其对旅游研究的启示[J]. 旅游学刊，2013，28（03）：5-7.
④ 周尚意，唐顺英，戴俊骋. "地方"概念对人文地理学各分支意义的辨识[J]. 人文地理，2011，26（06）：10-13，9.

目的地品牌基因的吸引力来自与客源的情感联结。针对客源地的旅游目的地品牌基因筛选应该强化游客对目的地品牌形象的认知与情感联结[1][2]，从而创造吸引力。推拉理论指出目的地的拉力与客源地的推力是引起游客离开惯常环境前往目的地的主要原因[3]。其中，推力产生于个体内在的各种需要，而拉力产生于目的地的各种吸引物，例如自然景观、历史遗迹、大型节事等。旅游通常属于满足自我实现的活动，当目的地品牌所传达的要素与旅游者的需求相契合，会产生拉动作用，促使其前往目的地[4]，满足自我价值实现的需要。目的地吸引力来源于目的地的旅游吸引物[5]，"拉力"因子展示了目的地的价值，能够体现目的地的吸引力[6]。从旅游者角度看，目的地吸引力会因旅游者的经历、兴趣和熟悉程度等因素而存在差异[7]。对目的地地方依恋程度高的旅游者，将对目的地产生更为具体和更为积极的认知、印象和情感表达[8][9]，最终选择该目的地的可能性也更大。

目的地品牌基因的竞争力来自资源基础的比较优势，从资源基础论（The Resource-Based View，RBV）角度看，资源是企业生存和发展的关键，是企业形成竞争力的重要因素[10]。旅游资源和旅游产品的比较优势是目的地竞争力的基础[11]，并能够区分目的地与竞争者的旅游形象，目的地需要保护和培育旅游

① Konecnik M, Gartner W C. Customer-based brand equity for a destination[J]. Annals of Tourism Research, 2007, 34(2): 400421.

② Boo S, Busser J, Baloglu S. A model of customer-based brand equity and its application to multiple destinations[J]. Tourism Management, 2009, 30(2): 219-231.

③ Yousefi M, Marzuki A. An analysis of push and pull motivational factors of international tourists to Penang, Malaysia[J]. International Journal of Hospitality & Tourism Administration, 2015,16(1): 40-56.

④ Tam B T. Application of contextual approach for measuring tourism destination attractiveness[J]. Journal of Science, 2012, 70(1): 217-226.

⑤ Krešić D, Prebežac D. Index of destination attractiveness as a tool for destination attractiveness assessment[J]. Turizam: međunarodni znanstveno-stručni časopis, 2011, 59(4): 497-517.

⑥ Klenosky D B. The "pull" of tourism destinations: a means-end investigation[J]. Journal of Travel Research, 2002, 40(4): 396-403.

⑦ McCain G, Ray N M. Legacy tourism: The search for personal meaning in heritage travel[J]. Tourism Management, 2003, 24(6): 713-717.

⑧ Hu Y, Ritchie J B. Measuring destination attractiveness: A contextual approach[J]. Journal of Travel Research, 1993, 32(2): 25-34.

⑨ Tasci A D, Gartner W C. Destination image and its functional relationships[J]. Journal of Travel Research, 2007, 45(4): 413-425.

⑩ Grant R M. Chapter 1–The Resource-Based Theory of Competitive Advantage: Implications for Strategy Formulation[J]. Knowledge & Strategy, 1999, 33(3): 3-23.

⑪ Crouch G I，Ritchie J R B. Tourism competitiveness and social prosperity[J]. Journal of Business Research, 1999(44): 37-152.

资源环境以保障旅游可持续发展的核心竞争力。以"清新福建"为例，"清新"直接指明福建优越的生态资源优势塑造的目的地竞争力是稀缺、不可模仿和难以替代的。

　　因此，综合上述分析，旅游目的地品牌基因选择模型应包含代表力、吸引力、竞争力三个维度。代表力、吸引力、竞争力吸收了摩根品牌构建理论，本质上与战略三角中的企业、顾客、竞争者一脉相承。只有将代表力、吸引力、竞争力整合在同一个战略内，从而开展针对性营销和差异化经营，增强目的地的可持续的竞争优势。相关研究证明在筛选目的地品牌基因时同时考虑三力因素比战略三角模型和摩根理论更容易实现①②。因此，基于对目的地具有代表力（Representativeness）、对客源地具有吸引力（Attractiveness）、对竞争性目的地具有竞争力（Competitiveness）三个要素，构建了旅游目的地品牌基因筛选的三力模型（RAC Model），如图6-5所示。

（三）旅游目的地品牌基因筛选指标

　　通过分析现有战略管理、旅游目的地品牌战略、地方性理论、推拉理论、资源基础理论等相关理论的基础上，可从三个维度，构建了目的地代表力（Representativeness）、客源地吸引力（Attractiveness）、竞争性目的地竞争力（Competitiveness）的旅游目的地品牌基因（RAC）模型。在商业实践中，任何一个产业几乎都存在企业、竞争者、消费者的三方关系。旅游目的地品牌基因选择的三力模型，一方面源自商业实践，包含了大部分利益关系的范畴；另一方面又与旅游业紧密结合，根据目的地、竞争地、旅游者的不同特性进一步细化品牌基因的筛选指标。通过国内外已有研究进一步梳理归纳，结合旅游业的品牌实践，代表力包括原生性、唯一性、真实性；吸引力包括价值性、自然环境和生活方式差异性、地方依恋性；竞争力包括稀缺性、不可替代性与难以模仿性（表6-2）。

　　旅游目的地品牌基因选择的三力模型重视目的地品牌内涵与市场关联，在解决目的地品牌内容空洞、片面、错位等问题时更具解释力。在三个一级指标中，代表力要素是旅游目的地最本质的特征属性，吸引力要素是促使游客从客源地前往目的地的驱动力，竞争力要素则是目的地在激烈的旅游市场中形成差异优势的关键。代表力来源于目的地本身，吸引力受客源地影响，竞争力受市场发展决定，三力共同影响旅游目的地品牌设计的科学、完整。在二级指标中，原生、唯一、真实是能够树立品牌形象的重要属性，也是旅游目的地产品的本

---

① 蔡锐. 遗产廊道旅游品牌基因选择研究[D]. 北京第二外国语学院，2016.
② 王畅. 旅游目的地品牌基因筛选机制研究[D]. 北京第二外国语学院，2018.

质属性；旅游产品能让旅游者获得价值、使生活方式具有差异、与地方具有依恋联系则是能够吸引旅游者前往非惯常环境开展旅游活动的重要因素；资源的稀缺、不可替代、难以模仿是有助于旅游目的地产生差异化优势的重要因素。三力模型有助于解决当下目的地品牌营销缺乏理论依据的问题，完善了品牌生态学和目的地品牌战略的相关研究。旅游目的地品牌基因筛选模型将为旅游目的地品牌基因筛选提供完整、详细、具有可操作性且可以广泛应用的定量分析工具，能够指导旅游目的管理机构的品牌建设实践。

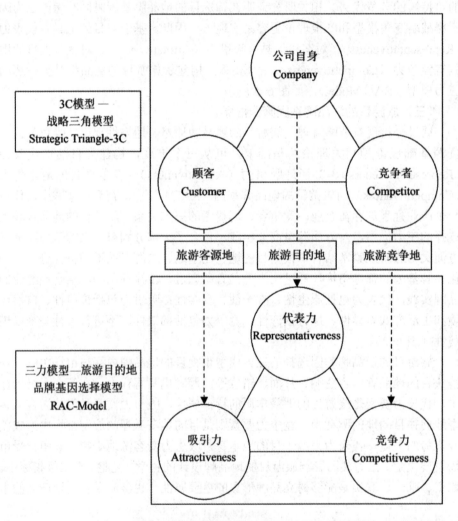

图6-5　旅游目的地品牌基因选择的三力（RAC）模型

表 6-2　旅游目的地品牌基因评价体系

一级指标	二级指标
代表力	原生性
	唯一性
	真实性
吸引力	价值性
	自然环境和生活方式差异性
	地方依恋性
竞争力	稀缺性
	不可替代性
	难以模仿性

四、基于地格的个性化地方再造

地方再造（place making）是重要的地方品牌发展战略，在全球化与标准化压力下，很多地方都参照国际先进标准模式塑造地方生活方式。欧克利（Oakley，2005）指出，在资本权力驱动下，对于历史遗产街区采取的是拆迁（remove）、净化（sanitise）、商业化（commodify）的"三部曲"模式。这类模式一方面刺激了对基础设施和经济活动的投资，另一方面也为更具活力的当代生活创造了全新空间。然而，哈维（Harvey，1989）也指出，地方的"转化"无非是市场力量逻辑对于整个文化生产的延展覆盖，空间形象再造加剧了城市竞争及对于资本和人口的抢夺机制，资本强权下的地方再造容易陷入"千城一面"的陷阱。面对"千城一面"的同质化发展，许多城市创新开展基于旅游地格的生活方式再造，主要可归纳为以下两种方向和路径。[①]

一是打造融入社区的邻里型生活方式。立足于挖掘城市个性，苏州通过对旅游产品的包装、迭代、转型、升级，改善旅游环境的基础设施、公共服务质量。苏州的旅游宣传标语是"人间天堂，自在苏州"，旨在唤醒人们对古巷小弄、江南水乡的记忆，把苏州打造成主客共享的美好生活目的地，给游客提供多样化的生活体验，打造"快城市慢生活"。苏州为游客打造的"苏式生活"之核心，在于展现苏州人传统的、寻常的生活方式。苏式生活的主要文化载体是水乡、园林、老街弄巷、面馆、小剧场。苏州人性格温婉清雅、精巧细腻。"绿浪东西南北水，红栏三百九十桥。鸳鸯荡漾双双翅，杨柳交加万万条。"依托水乡的自然环境与人文环境，苏州以"姑苏八点半"为引领，以"不时不食"的味道展现《浮生六记》中"布衣饭菜，可乐终身，不必远游"的舒适典

---

① 邹统钎. 旅游目的地品牌如何实现"千城千面"[J]. 学术前沿，2021.2.

雅的"苏式生活"。同时，通过全力打造"江南小剧场"，使昆曲评弹唱响古城大街小巷。园林版昆曲《浮生六记》的实景演出，创新园林和昆曲融合的"浸入式表演"，使演出成为呈现园林生活、艺术生活的一站式平台。借助苏州园林与环古城大运河优势，依托环古城河沿线节点的古建、公园、游船码头等一批富有地方特色的夜间经济集聚区，发展江南园林夜游，整合历史街区现有的戏台、楼阁、茶馆、小剧场等场地，以星罗棋布的苏式演艺唱响苏城夜空，让游客享受惬意的旅游体验。

二是再造针对游客的主客型生活方式。围绕"好客山东"品牌，山东各地市推出各具特色的十大旅游目的地品牌，如东方圣地、仙境海岸、平安泰山、泉城济南、齐国故都等。同时，围绕"吃住行游购娱"六方面要素对地方生活方式进行包装与改造。近年来，山东省先后开发了"好客山东"的"五大产品"（贺年宴、贺年礼、贺年乐、贺年游、贺年福）、"三个一百"（"到山东不可不去的一百个地方""到山东不可不品尝的一百种美食"和"到山东不可不买的一百种特色旅游商品"）与"山东三珍"（阿胶、海带、胶东参），推出了"鲁菜馆"和"山东客栈"两大餐饮住宿品牌，并制定了《好客山东旅游服务标准》。

很明显，两种生活方式的塑造各有优势，针对游客的主客型生活方式实现了游客导向，对地方生活方式进行了舞台化处理；融入社区的邻里型生活方式则强调内外一致，本地化（localization）与非侵入性（nonintrusiveness）是其生活方式的核心。以奥地利乡村旅游发展的绿色乡村计划（Green Villages）为例，其强调周围的景观必须协调，村落的背景必须是地区代表性的景观。农田、牧场、森林甚至地方工艺都受到严格控制。例如油菜地只能种植传统农作物，传统木质建筑只能用蜂蜡涂刷。所有娱乐项目都必须是乡村生活的一部分，没有任何表演是专门为游客设计的，相反，游客必须参加村里的活动。食材实行地产地销，所有供给——从鸡蛋、肉到面包，甚至药品都是本村生产的，村里还会组织游客学习如何使用草药。

五、基于旅游地格的旅游目的地品牌战略

旅游目的地品牌战略过程就是旅游地格选择与基于旅游地格的地方再造过程（图 6-6），独特的本土生活方式正在成为旅游目的地吸引力的重要源泉。因此，一个成功的目的地品牌必须是具有吸引力的、独特的、与定位相一致的、体现目的地性格的、简单的、难以忘怀的，并以此为基础，在游客参与下构建地方化的另类生活方式。

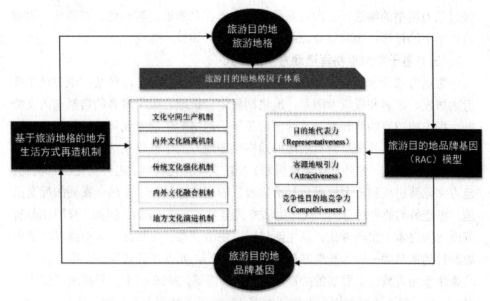

图 6-6　基于旅游地格的旅游目的地品牌战略

（一）提炼旅游目的地旅游地格

旅游目的地品牌战略的首要一步就是寻找品牌的基因，提炼地方生活方式的本质特征，即旅游地格。地格因子体系为旅游目的地品牌基因选择提供一个系统的遴选框架，避免了品牌基因选择的碎片化倾向。例如，包含"文化圣地"与"度假天堂"两个子品牌的"好客山东"品牌最好诠释了山东旅游目的地品牌基因的地格因子构成："度假天堂"概括了其优越的滨海自然环境特征；"文化圣地"总结了其世界著名的孔孟文化人文环境特征；"好客"凝练了山东人"诚实、尚义、好客、粗犷、豪放"的群体性格特征。

（二）以旅游地格为品牌基因构建旅游目的地品牌

并非所有的地格因子都可以成为旅游目的地品牌的基因，只有那些根植于目的地、对客源地游客具有吸引力、又具有持久竞争优势的地格因子（旅游地格）才能够成为旅游目的地的品牌基因。因此，在提炼出旅游目的地生活方式的本质特征（即旅游地格因子）基础上，运用旅游目的地品牌基因（RAC）模型，从目的地代表力（Representativeness）、客源地吸引力（Attractiveness）、竞争性目的地竞争力（Competitiveness）三个维度邀请行业专家对指标赋分，计算各个指标所占权重与重要性。在确定指标权重之后，应用大数据手段获取游记、广告等信息源中的目的地旅游要素，根据三力模型指标设计利克特量表，对各旅游要素逐一打分并将结果与三力模型指标权重相乘获得基因筛选结果。

经过三力模型的筛选后，即可获得旅游要素在目的地、客源地、竞争地三方综合作用下的排序，由此设计旅游品牌将更具科学性。

（三）基于旅游地格再造地方生活方式

生活方式理念的引入是地格与传统地方性区别的标志，传统的地方性主要考虑居民、游客和投资者因素，地格则集中分析地方吸引游客的自然与人文特征，指出旅游目的地开发与品牌塑造是基于地格的生活方式再造过程。

具体而言，基于旅游目的地的地格再造地方的个性化生活方式，要遵循文化空间生产机制、内外文化隔离机制、传统文化强化机制、内外文化融合机制、地方文化演进机制五大机制，打造旅游目的地特色品牌，实施一系列的配套措施，塑造另类的生活方式，构建生活方式全景（Panorama）。例如，我国江苏省苏州市围绕本土生活方式，从生活氛围、生活状态、生活品质3个维度打造出旅游目的地品牌——"天堂苏州，东方水城"，并以"苏式生活"推动目的地品牌化作为古城转型发展的关键动力（周永博等，2016）。山东省打造"好客山东"品牌，塑造"好客山东"生活方式，开发了"好客山东"的五大产品体系，包装了"三个一百"与"山东三珍"，推出了"鲁菜馆"和"山东客栈"两大餐饮住宿品牌，制定了《好客山东旅游服务标准》。

（四）维持持久竞争优势

目的地品牌的维系需要动态调整的保障机制，包括本地化、标准化、适应性全球化与差异化再创造。

1. 本地化（Localization）。真实化（Authenticization）是最有效的维持竞争优势的办法。保障旅游地格的真实性需要实行建筑风格的本土化、餐食材料的地产地销和慢生活方式（Mason and Brown，1999 cited in Groves，2001，p. 246）。

2. 标准化。对于一些文化符号必须转变为标准化指标来打造地方特色的生活方式，比如礼仪、程序、原料等。

3. 适应性全球化（Adaptive globalization）。适应性再利用（adaptive reuse），根据目标市场的游客生活方式上的习惯做改变，比如根据西方人口味改进的中餐偏酸甜口，烹饪方式多为油炸与生拌。

4. 基于地格的差异化再创造（Placeality-Based Creation）。在虚拟现实（VR）、增强现实（AR）、经常模仿与及时行乐的后现代社会，"后旅游者"非常享受这种构建的旅游。

第三节　社区

旅游目的地开发首先要考虑社区利益，社区是旅游开发的首要利益相关者。墨菲（Murphy）系统地阐述了旅游社区理论，近来的研究更多地涉及旅游发展的利益相关者参与的角色与利益协调，社区在决策、规划、投资、管理、服务方面的角色引发很多争论。

一、管理理念的两大分支：股东至上理论和利益相关者理论

利益相关者理论最初来源于管理学。在传统企业管理理论中，除股东之外的相关个人和团体大多从企业环境或外生变量的角度被定义，因而被排除在企业管理的视线之外（吴玲、陈维政，2003）[1]。20 世纪 60 年代以后，企业普遍奉行"股东至上主义"的英美等国经济遇到了前所未有的困难，同时全球企业在 20 世纪 70 年代左右开始遭遇企业伦理、企业社会责任、环境管理等方面的现实问题，两方面都迫使企业在经营过程中重新审视利益相关者的利益要求。企业的经营管理活动要为综合平衡各个利益相关者的利益要求而展开，从而在企业理念的研究领域中逐步分化出两大理论：股东至上理论和利益相关者理论（陈宏辉，2003）。[2]利益相关者理论极大挑战了以股东利益最大化为目标的"股东至上理念"，认为企业应是利益相关者的企业，包括股东在内的所有利益相关者都对企业的生存和发展注入了一定的专用性投资，同时也为企业分担了一定的经营风险，或是为企业的经营活动付出了代价，因而都应该拥有企业的所有权。根据对利益相关者的不同理解，其定义主要分为两类：（1）广义定义，以弗里曼（Freeman）的定义为代表，利益相关者为"任何能影响组织目标实现或被该目标影响的群体或个人"（Freeman，1984）。[3]（2）狭义定义，以克拉克森（Clarkson）的定义为代表，"利益相关者在企业中投入了一些实物资本、人力资本、财务资本或一些有价值的东西，并由此承担风险，或者说他们因企业活动而承受风险"。[4]该定

---

① 吴玲，陈维政. 企业对利益相关者实施分类管理的定量模式研究[J]. 中国工业经济，2003（6）：70-76.
② 陈宏辉. 企业的利益相关者理论与实证研究[D]. 浙江大学，2003.
③ Freeman E. Strategic Management: A Stakeholder Approach[M]. Boston: Pitman/Ballinger, 1984.
④ Clarkson M. A Stakeholder Framework for Analyzing and Evaluating Corporate Social Performance[J]. Academy of Management Review, 1995, 20(1): 92-117.

义排除了政府部门、社会组织和社会团体、社会成员等。狭义的概念强调了专用性投资，指出哪些利益相关者对企业具有直接影响从而必须加以考虑。米切尔通过详细研究利益相关者理论产生和发展的历史归纳了 27 种有代表性的利益相关者定义，并提出了米切尔评分法以区分不同的利益相关者。米切尔指出，要从 3 个属性上对可能的利益相关者进行评分，它们分别是：（1）合法性（Legitimacy），即某一群体是否被赋予法律和道义上的或者特定的对于企业的索取权；（2）权力性（Power），即某一群体是否拥有影响企业决策的地位、能力和相应的手段；（3）紧急性（Urgency），即某一群体的要求能否立即引起企业管理层的关注。然后，根据所得分值的高低来确定某一个人或群体是不是企业的利益相关者，是哪一类利益相关者。根据得分的高低，米切尔将利益相关者分为三种类型：（1）确定型利益相关者，他们同时拥有合法性、权力性、紧急性全部三个属性；（2）预期型利益相关者，他们只拥有合法性、权力性、紧急性三个属性中的任意两项；（3）潜在型利益相关者，他们只拥有合法性、权力性、紧急性三个属性中的任意一项。[①] 同时，米切尔指出，在任何一个个人或群体获得或失去某个属性后，他就会从企业的一种利益相关者转变成另一种利益相关者，或者不再是企业的利益相关者了，这就充分体现了米切尔利益相关者模型的动态性。米切尔评分法的提出大大改善了利益相关者界定的可操作性，以评分的高低量化了利益相关者的划分，实现了对利益相关者界定研究的突破，极大地推动了利益相关者理论的推广应用，并逐步成为利益相关者界定和分类的最常用的方法。按照对利益相关者概念不同的理解及研究侧重点的不同，可将利益相关者理论的研究分为三个阶段，即"影响企业生存""实施战略管理""参与权力分配"，如表 6-3 所示[②]。

表 6-3　利益相关者理论研究三个阶段的主要特征

三个阶段	年代	观点	代表人物
影响企业生存	20 世纪 60 年代至 80 年代	利益相关者是企业生存的必要条件，是互相依存的关系	斯里兰卡（SRI），雷恩曼（Rhenman），安索夫（Ansoff），普菲洛（Pfeffer），纳兰茨（Salanci）

---

① Mitchell Agle. Toward a theory of stakeholder identification and salience: Defining the principle of who and what really counts[J]. Academy of Management Review, 1997, 22(4), 853-886.

② 李洋，王辉. 利益相关者理论的动态发展与启示[J]. 现代财经，2004，24（7）：32.

三个阶段	年代	观点	代表人物
实施战略管理	20 世纪 80 年代至90 年代	强调利益相关者在企业战略分析、规划和实施中的作用	弗里曼（Freeman），鲍伊（Bowie），古德帕斯特（Goodpaster），艾科哈福吉（Alkhafaji）
参与权力分配	20 世纪 80 年代中期至今	利益相关者应当参与对公司所有权的分配	布莱尔·米切尔（Blair Mitchell），阿格尔（Agle），伍德（Wood），唐纳森（Donaldson），普列斯顿（Preston），琼斯（Jones），威克斯（Wicks），克拉克森（Clarkson）

　　第一阶段：从 1963 年斯坦福研究所提出利益相关者定义，到 1984 年弗里曼的《战略管理：一个利益相关者方法》出版之前，可以归结为利益相关者的"影响企业生存"阶段。在这个阶段，学者们主要强调把利益相关者理解为企业生存的必要条件，研究的重点问题是利益相关者是谁、利益相关者参与的基础和合理性问题。"企业依存"观点对利益相关者的内涵和利益相关者参与治理基础的研究具有重要意义。第二阶段：首先把利益相关者方法应用于战略管理研究的是弗里曼。1984 年，他在其经典著作《战略管理：一个利益相关者方法》中首先提出了这个观点，此后的利益相关者研究基本上都是按照他的框架展开的。利益相关者的"战略管理"观点强调利益相关者在企业战略分析、规划和实施中的作用，侧重于从相关利益主体对企业影响的角度定义利益相关者，强调企业战略管理中的利益相关者参与。弗里曼的观点受到了许多经济学家的赞同，成为 20 世纪 80 年代后期关于利益相关者研究的一个标准范式。第三阶段：针对利益相关者定义过于宽泛和"刚性"的指责，之后的研究侧重从更为全面、广阔的视角定义利益相关者。从公司治理和组织理论角度出发的利益相关者研究是近年来极为活跃的领域，其源头还是管理层到底应该向股东还是所有利益相关者负责，也就是说利益相关者是否可以分享企业的所有权。

二、旅游增权理论

　　1976 年，美国学者巴巴拉·索罗门（Barbara Solomon）出版了名为《黑人增权：被压迫社区的社会工作》（*Black Empowerment: Social Work in Oppressed Communities*）的先驱著作，从种族的议题率先提出了"增强权能（Empowerment）"这个概念。20 世纪 80 年代以后，增权理论（Empowerment Theory）盛行，其关注的重点由最初提高弱势群体的权力和社会参与，拓展成为精神健康、公共卫生、人文服务等实践领域的热门话语，逐渐成了社会学、教育学、政治学、社区心理学、社会工作学等学科的新兴核心概念。随着学科交叉性日益增强，阿克马（Akama）于1996年在对肯尼亚生态旅游的研究中提出了对社区居民增权的必要性。1999年，斯彻文思（Scheyvens）指出需要将权力从国家层面放置到社区层面，成立相关机构限制社区中的权力经纪人（power broker）或地方精英（local elites）操纵和主导社区旅游的发展方向，并提出了一个包含政治、经济、心理、社会4个维度在内的社区旅游增权框架[①]（表6-4）。

表6-4　社区旅游增权框架

维度	增权	去权
经济增权	旅游为当地社区带来持续的经济收益，发展旅游所赚来的钱被社区中许多家庭共同分享，并导致生活水平的明显提高（新建给水系统、房屋更耐久）	旅游仅仅导致了少量的、间歇性的收益，大部分利益流向地方精英、外来开发商、政府机构，只有少数个人或家庭从旅游中获得直接经济收益，由于缺少资本或适当的技能，其他人很难找到一条途径来分享利益
心理增权	旅游发展提高了许多社区居民的自豪感，因为他们的文化、自然资源和传统知识的独特性与价值得到外部肯定，当地居民日益增强的信心促使他们进一步接受教育和培训，就业和挣钱机会可获得性的增加导致处于传统社会底层的群体，如妇女和年轻人的社会地位提高	许多人不仅没有分享到旅游的利益，而且还面临着由于使用保护区资源的机会减少而产生生活困难，他们因此而感到沮丧、无所适从、对旅游发展毫无兴趣或悲观失望
社会增权	旅游提高或维持着当地社区的平衡，当个人和家庭为建设成功的旅游企业而共同工作时，社区的整合度被提高，部分旅游收益被安排用于推动社区发展，如修建学校或改进道路交通	社会混乱和堕落，许多社区居民吸纳了外来价值观念，失去了对传统文化的尊重，弱势群体特别是妇女承受了旅游发展带来的负面影响，不能公平地分享收益，个人、家庭、民族或社会经济群体不仅不合作，还为了经济利益而相互竞争，憎恨、妒忌很常见

---

① Scheyvens R. Ecotourism and the empowerment of local communities[J]. Tourism Management, 1999, 20: 245-249.

续表

维度	增权	去权
政治增权	社区的政治结构在相当程度上代表了所有社区群体的需要与利益，并提供了一个平台供人们就旅游发展相关的问题及处理方法进行交流，为发展旅游而建立起来的机构处理和解决不同社区群体（包括特殊利益集团如妇女、年轻人和其他社会弱势群体）的各种问题，并为这些群体提供被选举为代表参与决策的机会	社区拥有一个专横的或以自我利益为中心的领导集体，为发展旅游而建立起来的机构将社区作为被动的受益者对待，不让他们参与决策，社区的大多数成员感到他们只有很少或根本没有机会和权力发表关于是否发展旅游或应该怎样发展旅游的看法

资料来源：左冰，保继刚. 从"社区参与"走向"社区增权"——西方"旅游增权"理论研究述评[J]. 旅游学刊，2008（04）：58-63.

增权理论（empowerment）是由权力（power）、无权（powerlessness）、去权（disempowerment）及增权（empowering）等核心概念建构起来的。其中，权力或权能（power）是增权理论的基础概念。增权作为一种参与、控制、分配和使用资源的力量和过程，与目的地可持续发展之间存在着密切的联系，主要是通过个体、组织和社区 3 个层面共同实现，表现为个人增权（personal empowerment）、行政性增权（empowerment through administration）和政策性增权（empowering through policy）三种形式。要保障个人权力的获得，还必须将"权力"的范围扩展到"个人权利"，即增权还应扩展到对居民个人权利，包括经济权利、社会权利及政治权利的增进和保护。也有学者开始从国家法律法规等正式制度层面自上而下地探讨如何改革与完善土地产权、吸引物权、旅游资源集体产权等来实现社区参与旅游发展的制度增权问题[1]，也包括自下而上地探索社区如何通过构建外部制度来实现自我增权[2][3]。

三、旅游利益相关者图谱

社区旅游发展涉及不同层次与类型的利益相关者（Zhang et al.，2009），要识别不同利益相关者及其复杂的利益关系网络，并且在这种利益关系网络中才

---

① 唐兵，惠红. 民族地区原住民参与旅游开发的法律赋权研究——兼与左冰、保继刚商榷[J]. 旅游学刊，2014，29（07）：39-46.

② 王华，郑艳芬. 社区参与旅游的权利去哪了？——基于我国旅游法律法规条文的内容分析[J]. 旅游学刊，2015，30（05）：74-84.

③ 王亚娟. 社区参与旅游的制度性增权研究[J]. 旅游科学，2012，26（03）：18-26.

能较好地理解居民去权的形成机制①。20 世纪 80 年代，强调企业经营管理中的伦理问题和面向可持续发展目标的利益相关者理论开始进入旅游研究领域，用于解决世纪末旅游业所面临的种种困惑，并衍生出了"旅游利益相关者"术语。最典型的代表是 1987 年的《我们共同的未来》，其中指出在可持续旅游的过程中有必要理解利益相关者。可持续旅游发展是个困难的过程，在让部分人受益的同时，势必会影响其他群体的利益。因此，世界环境发展委员会（WCED，1987）明确指出，引入利益相关者理论是可持续发展过程中必不可少的要求之一。② 1999 年，《全球旅游伦理规范》中明确使用了"利益相关者"一词，提供了旅游业发展中不同利益相关者行为参照标准，标志着"旅游利益相关者"概念正式得到官方认可。③利益相关者理论源自英美，国外旅游研究者率先将"利益相关者（stakeholder）"一词引入旅游领域，并运用于旅游规划与管理问题的研究之中。利益相关者在旅游领域研究的缘起，与可持续旅游的发展是分不开的。作为一个综合性的行业，旅游业比大部分其他行业所涉及的利益相关者都要多（Walle，1995）。④利益相关者的理论被引入旅游领域后，国外的许多学者对旅游领域的利益相关者进行了划分。有学者（Robson and Robson，1996）指出旅游经营商的利益相关者包括股东、员工、游客、居民、压力集团、国家和地方政府、宾馆、旅游交通、旅游景区、旅游代理商、媒体等。⑤瑞安（Ryan，2002）对潜在的利益相关者进行了补充修订，总结出了旅游经营商的 12 类利益相关者，包括地方和国家吸引物、交通供应商、媒体组织、国家旅游组织、地方政府旅游营销部门、中央政府、旅行代理商、最终消费者、饭店、地方旅游局、压力群体和员工。⑥伯恩斯和霍华德（Burns and Howard，2003）指出澳大利亚昆士兰州弗雷泽岛旅游风景区存在 10 种利益相关者——游客、员工、居民、顾问委员会、动植物保护协会、保护组织、地方利益团体、旅游经

① 韩国圣，吴佩林，黄跃雯，杨钊. 山地旅游发展对社区居民的去权与形成机制——以安徽天堂寨旅游区为例[J]. 地理研究，2013，32（10）：1948-1963.

② World Commission on Environment and Development. Our Common Future[M]. Oxford University Press, 1987.

③ 世界旅游组织. 全球旅游伦理规范[J]. 张广瑞，译. 旅游学刊，2000（3）：71-74.

④ Walle, Alf. Business ethics and tourism: from micro to macro perspectives[J]. Tourism Management, 1995, 18(4): 263-268.

⑤ Robson J, Robson I. From shareholders to stakeholders: critical issues for tourism marketers[J]. Tourism Management, 1996, 17 (7): 533-540.

⑥ Ryan C. Equity, management, power sharing and sustain ability: issue of "new tourism" [J]. Tourism Management, 2002, 23(1): 17-26.

营商、地方政府、昆士兰州公园。① 其中，应用最广的是桑特和雷森（Sautter and Leisen，1999）根据弗里曼的利益相关者图谱，勾勒出的一幅以旅游规划者为中心的 8 种利益相关者组成的图谱，如图 6-7 所示。

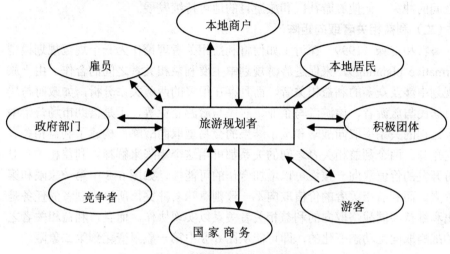

图 6-7　旅游业利益相关者结构图

资料来源：Sautter, Leisen. Managing Stakeholders: A Tourism Planning Model[J]. Annals of Tourism Research, 1999, 26(2): 312-328

四、旅游利益相关者的代表性分析方法

（一）利益博弈论

博弈论是分析利益关联或冲突中主体行为对局的理论，研究在给定信息参数的条件下，决策主体行为之间发生直接相互作用时的决策及这种决策的均衡问题。一个经济主体的选择受到其他经济主体选择的影响，而且反过来影响其他主体选择时的决策和均衡问题。由于各利益相关者拥有的资源不同，参与旅游发展的动机、目标、方式和核心利益点各有差异，他们在某一特定空间内必然经历反复的利益和权力博弈，形成错综复杂的关系网络。从这个角度说，旅游社区的发展就演绎为各利益相关者之间利益博弈和行为协作的过程。各个利益相关者把自己的利益要求投入到旅游规划与发展政策制定的系统中，各种复杂的利益关系不断得到调整、综合和博弈，其结果是各利益相关者对资源的再分配和利益格局的重塑。在一些地区，尤其是欠发达地区，由于各利益相关者

---

① Burns, Howard. When wildlife tourism goes wrong: a case study of stakeholder and management issues regarding Dingoes on Fraser Island, Australia[J]. Tourism Management, 2003, 24(6): 699-712.

在政治权力、心理和文化上的不平等关系，会导致他们在博弈过程中出现权力悬殊的状况，形成旅游发展中的"权力阴影"。研究所有利益相关者之间的博弈及其对利益格局的影响，寻找博弈的均衡点，能更有效地解决不同利益相关者之间的冲突，促使旅游社区和旅游目的地可持续发展。

（二）利益相关者取向矩阵

桑特和雷森（1999）探讨了如何将利益相关者理论作为一个规范规划模型（normative planning），来促进旅游规划中主要利益相关者之间的合作。由于旅游规划中涉及众多的利益相关者，而且存在很多的两两关系分析，如政府与居民、居民与旅游者、旅游者与企业、居民与旅游企业等，于是借助市场营销中基于过程的关系型取向战略和基于结果的交易型取向战略，构建了利益相关者取向矩阵。两个利益相关者之间的关系都可用这个矩阵来解释。利益相关者对旅游开发的价值取向一致性可以增加合作的可能性，如图 6-8 中第一象限和第三象限。而利益相关者的价值取向不一致则意味着冲突，所以规划者的任务是找出和维持共同战略取向的利益相关者关系以实现协作。而且，利益相关者之间的战略取向是动态变化的，即可能从图 6-8 中第一象限变化到第二象限。

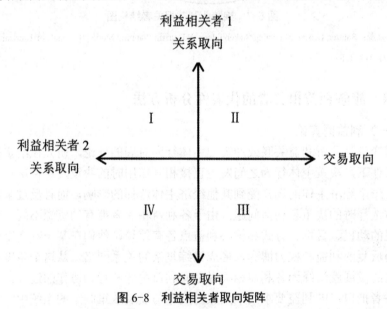

图 6-8   利益相关者取向矩阵

资料来源：Sautter, Leisen. Managing stakeholders: A tourism planning model[J]. Annals of Tourism Research, 1999, 26(2): 312-328.

（三）权利—利益矩阵

利益相关者权力—利益矩阵不仅是一种学术研究方法，而且是旅游业发展中的一种有效的管理途径。权力—利益矩阵是企业管理广泛运用的一种利益相关者分析工具，在策划发展战略时，通过利益相关者的权力大小和利益要求程度来确立各类利益相关者的位置，以便更好地进行分类治理。矩阵指出企业的决策制定由两方面因素决定：一是各利益相关者对企业发展决策的利益需求水平；二是这些利益相关者是否有途径争取到利益，也就是其拥有的权力大小。根据利益相关者对企业的利益要求程度和维护其利益的权力大小，绘制出了利益相关者权力—利益矩阵图谱。矩阵根据利益相关者拥有的权力大小和利益水平的程度的识别，确定各利益相关者所处的位置，以分析其对企业发展和战略制定的影响，进而建立对应的关系和采取相应的措施应对这些利益相关者。马克温克（Markwick，2000）对马耳他高尔夫球场建设项目中出现的发展派和保护派进行了调查与分析，结果发现构成两派的利益相关者在对待成本和收益上存在着不同的利益主张，于是借鉴孟德鲁（Mendelow）的利益相关者权力—利益矩阵（stakeholder mapping）来分析利益相关者问题，如图 6-9 所示。

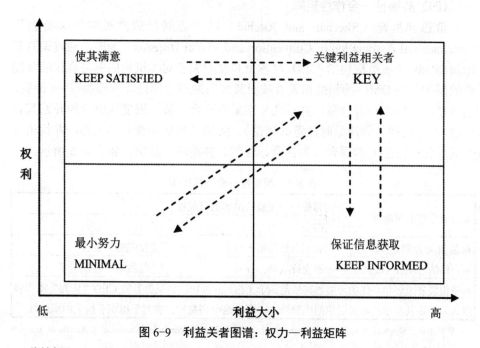

图 6-9　利益关者图谱：权力—利益矩阵

资料来源：Marion C Markwick. Golf tourism development, stakeholders, differing discourses and alternative agendas: the case of Malta[J]. Tourism Management, 2000(5): 515-524.

根据利益相关者对组织的利益要求和维护其利益的权力大小，可以分为4类：

（1）关键利益相关者。对组织的发展决策发表意见最感兴趣，维护自己利益的权力也最大。他们对组织发展决策的认可度，在很大程度上决定了政策的最终制定和项目的评价。这类利益相关者是对组织的发展最为关键的人群，是组织加倍关注的对象。（2）权力大、兴趣小的利益相关者。维护自身利益的权力大，却对组织的发展决策缺乏兴趣，如政府部门。这类利益相关者是组织最难处理的，他们对组织发展并不积极，但若低估了他们的权益，有可能会运用他们的权力阻挠组织的发展决策。因此组织应尽能力使其满意，尽量满足他们的利益要求。（3）权力小、兴趣大的利益相关者。对组织的利益要求大，对组织的发展决策很感兴趣，但是却没有足够的权力去维护自身的利益，如社区居民、非政府组织。这类利益相关者也是组织需要格外关注的对象，应保证他们获得充分的组织发展信息，否则，他们可能采取一些非正常、不合作的手段发挥他们的影响。（4）权力小、兴趣小的利益相关者。对于这类群体，组织往往很少去关注，相对付出的努力也是最小的。

（四）威胁性—合作性矩阵

希恩和里奇（Sheehan and Ritchie）以"会展与旅游机构国际协会"（International Association of Convention and Visitor Bureaus）为例，通过调查其所属的 389 个成员机构的 CEO 对各个利益相关者对本机构威胁与合作的可能性的感知，将 DMO 的利益相关者按照其威胁性与合作性分为四类[①]：支持型、边缘型、反对型和混合型，并对其分别采取整合（最大限度地整合和开发其合作潜力）、监控（做决策时注意其利益）、防御（尽量减少对其依赖，并找出改变其地位的方法）和联合（如合资、合作、并购等）战略，如表 6-5 所示。

表 6-5　威胁性—合作性矩阵

威胁或合作的可能性		利益相关者威胁组织的可能性	
		高	低
利益相关者和组织合作的可能性	高	有利有弊战略：联合	支持战略：整合
	低	不支持战略：反对	边缘战略：监控
利益相关者威胁和合作的可能性高低是基于 CEO 的感知，如果更多的 CEO"认为"或"强烈认为"该利益相关者对组织的威胁性大，那么这个利益相关者对于组织有很大的威胁性			

资料来源：Sheehan, Ritchie. Destination stakeholders: Exploring identity and salience[J]. Annals of Tourism Research, 2005, 32(3): 711-734.

---

① Sheehan, Ritchie. Destination stakeholders: exploring identity and salience[J]. Annals of Tourism Research, 2005, 32(3): 711-734.

（五）行动者网络理论

行动者网络理论（ANT）起源于拉图尔实验室研究①，是 20 世纪 90 年代后实践科学观的典型代表，其为我们重新思考科学与社会、科学与政策的关系提供了一条新的研究进路。ANT 又被称为协会社会学（the Sociology of Associations）或转译社会学（the Sociology of Translation），是一种理解复杂社会的分析方法和阐释多元主体关系的理论工具，认为复杂社会中的异质行动者通过转译界定彼此的角色，强调过程造就结果。ANT 以三个概念为核心，即行动者（Agency）、异质性网络（Heterogeneous Network）和转译（Translation），通过"深描"科学实践中的行动者，勾勒出科学与社会相互建构、协同演化的动态图景。该理论是一个适应性极强的开放式知识库②，将公共政策实践理解为人与非人行动者之间通过转译建立联盟、形成异质网络的过程，当下 ANT 也在早期聚焦稳定性、秩序化的基础上关注到了流动性、多样性、促动等方面，转变后的理论弹性也大为增强③。

（六）批判话语分析法（critical discourse analysis，CDA）

利恩等（Lyon et al.，2017）通过话语分析的方法分析了利益相关者对可持续发展的作用④。批判性话语分析（CDA）是众多的文本分析中首选的文本分析方法。CDA 暗示科学和学术话语不具有价值自由，其是社会结构的一部分且受社会结构的影响，在社会互动的过程中产生。CDA 试图描述、解释、分析和批判在话语中反映的社会生活。它关注于研究和分析话语，揭示权力、支配、不平等和偏见的问题根源。虽然有很多方法进行批判性话语分析，但发生背景对每个方法都至关重要，因为它验证了这些根源性问题如何在不同的政治、社会、经济和历史环境中产生、维持、再造和转换。CDA 之所以被选为文本分析的首选方法，因为它是一种语言方法，既考察了文本的连贯性，又考察了衔接性（即文本与句法的连接），并涉及与权力相关的意识形态。CDA 不仅检查人们所说的，也检查他们为什么说这些东西。而非语言学的方法，如扎根理论和内容分析，只考察了文本的连贯性。只有通过联合分析句法、语义和语用水平

---

① Latour B. Give me a laboratory and I will raise the world[M]//Knorr Cetina K D, Mulkay M. Science Observed. London: Sage, 1983: 141-170.

② Mol A. Actor-network theory: Sensitive terms and enduring tensions[J]. Kölner Zeitschrift für Soziologie und Sozialpsychologie Sonderheft, 2010, 50: 253-269. DOI: https://hdl.handle.net/11245/1.330874.

③ 袁超，陈品宇，孔翔，吴栋. 行动者网络理论与人文地理学的交互关系研究——重构、争辩与反思[J]. 地理研究，2021，40（02）：583-596.

④ Lyon A, Hunter-Jones P, Warnaby G. Are we any closer to sustainable development? Listening to active stakeholder discourses of tourism development in the Waterberg Biosphere Reserve, South Africa[J]. Tourism Management, 2017, 61: 234-247.

（即衔接性），才能获得对所使用的语言的更深层次的理解。[①]

（七）综合法（访谈、问卷、圆桌会议）

鉴于利益相关者参与所具有的重要意义，国外学者提出了采集利益相关者意见、吸纳利益相关者参与的具体技术与方法。这些方法既包括非结构式的群众会议，也包括专业情景描述法（Scenario Writing）、公共信息会议法（Public Information Meeting）、有反馈的可视化调查技术（Visual Presentation）、提名代表技术程序法（Nominal Group Technique Sessions）、市民调查法（Citizen Surveys）、焦点小组法（Focus Groups）、随机抽样法（Drop-in Centers）和求同会议法（Consensus-building Meeting）等。里奇（Ritchie，2000）所提出的"基于利益的协商"方法（Interest Based Negotiation，IBN）为我们提供了一个有效的利益要求采集方法，这一方法要求以"关注利益而非权势"的理念，以圆桌会议的形式倾听各利益相关者的利益表达。综合应用各种技术手法，不仅有利于定性地了解利益主体的旅游意识，还有助于对其进行定量分析，从而有利于测量和比较各种观点的相对重要性，而这是其他单独应用定性的研究方法，如提名代表技术程序法或访谈法所难以实现的。

五、社区旅游分工、规划与参与

墨菲（Murphy，1985）在《旅游：一个社区方法》一书中较为详细地阐述了旅游业对社区的影响和社区对旅游业的响应，以及如何从社区角度去开发和规划旅游。他把旅游看作一个社区产业，作为旅游目的地的当地社区类似于一个生态社区。这样，他便构筑了一个社区生态模型。社区的自然和文化旅游资源相当于一个生态系统中的植物生命，它是构成食物链的基础，过分索取会导致植物的减少和自然退化。当地居民被看作生态系统中的动物，他们作为社区吸引物总体中的一部分，既要过日常生活又要作为社区展示因素和提供服务的对象。旅游业类似于生态系统中的捕猎者，而游客则是猎物。旅游业的收益来自游客，游客关心的是旅游吸引物（自然与文化旅游资源及娱乐设施）和服务，这是"消费"的对象。这样吸引物和服务、游客、旅游业及当地的居民便构成一个有一定功能关系（生物链）的生态系统，他们也就成为这个系统中的主要

---

① Lyon A, Hunter-Jones P, Warnaby G. Are we any closer to sustainable development? Listening to active stakeholder discourses of tourism development in the waterberg biosphere reserve, south Africa[J]. Tourism Management, 2017, 61: 234-247.

成分。他们的比例和关系是否协调，直接关系旅游地系统的健康和稳定。按照这种思想方法去认识和组织社区旅游业则为社区法。①社区法非常强调社区参与规划和决策制定过程。当地居民的参与使规划能反映当地居民的想法和对旅游的态度，以便规划实施后减少居民对旅游的反感情绪和冲突行为。社区法把旅游地居民作为旅游地规划中的重要影响因素和规划内容本身的一部分，充分考虑了居民在当地旅游业发展中的作用。这个理论还把旅游业整合到当地社会、经济和环境的综合系统之中，有利于当地旅游业走向可持续发展的道路，如图6-10所示②。

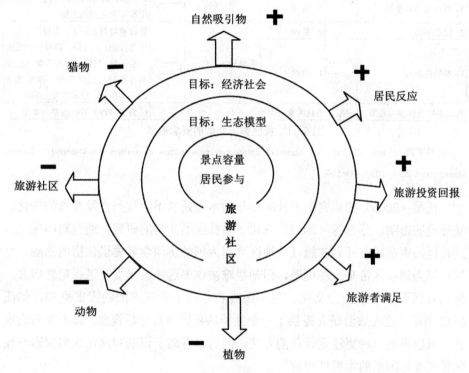

图 6-10　墨菲的社区旅游产业观

托桑（Tosun，2006）总结了安斯汀（Arnstein，1969）③、普雷蒂（Pretty，

---

① 王衍用，宋子千. 旅游景区项目策划[M]. 北京：中国旅游出版社，2007.

② 陆林. 旅游规划原理[M]. 北京：高等教育出版社，2005.

③ Arnstein S R. A ladder of citizen participation[J]. Journal of the American Institute of Planners, 1969(35): 216-2.

1995）[1]和托桑（1999）的社区参与模型，提出了社区参与类型的概念框架[2]，如图 6-11 所示。在这个概念框架中，在特定的情境下，社区在不同水平上（本地、区域和国家）有不同程度的参与（控制的、强迫的、诱导的、被动的和自发的）。

7. 自发参与	8. 居民控制	居民权力的大小	**自发性参与**自下而上，积极参与，直接参与，参与决策，真正参与，自我规划
	7. 授权		
6. 交互式参与	6. 合伙		
5. 功能性参与	5. 安抚	居民参与的程度	**诱导参与**自上而下，被动的，正式的，大多数是间接的，参与程度操纵，虚假执行和利益分配，备选方案和反馈之间的选择
4. 为了物质激励的参与	4. 磋商		
3. 通过咨询来参与	3. 告知		
2. 被动参与	2. 整治	不参与	**胁迫参与**自上而下，消极的，大部分间接的，正式的，参与执行而无利益分配，可供选择的少数方案和放弃选择之间的选择，家长式统治，不参与，很大程度上操纵
1. 操纵性参与	1. 操纵		
普雷蒂的社区参与类型	安斯汀的社区参与类型		托桑（1999）的社区参与类型

图 6-11　社区参与类型的概念框架

资料来源：Tosun, C. Expected nature of community participation in tourism development[J]. Tourism Management, 2006, 27(3): 493-504.

托桑（2006）的研究指出社区参与的本质是从不参与到自发参与的变化。受托桑的影响，苏德等（2017）深化了对社区不参与的研究。通过对印度某偏远社区的寄宿减贫计划实施（该地区兴起为国外访问学者提供住宿的热潮，尽管可以为该社区带来发展机遇，但却很难被该偏远社区接受）进行定性研究，提出社区不参与的社会文化、现实困难和心理不安三方面的因素框架，如图6-12 所示。这为旅游研究提供了一个独特的社区参与分析视角，以不参与为重点，可以说是一种更注重行动的方法，因为它有助于识别和深化我们对影响社区居民参与因素的本质性理解[3]。

---

① Pretty J. The many interpretations of participation[J]. Focus, 1995(16): 4-5.

② Tosun C. Expected nature of community participation in tourism development[J]. Tourism Management, 2006, 27(3): 493-504.

③ Sood J, Lynch P, Anastasiadou C. Community non-participation in homestays in Kullu, Himachal Pradesh, India[J]. Tourism Management, 2017, 60: 332-347.

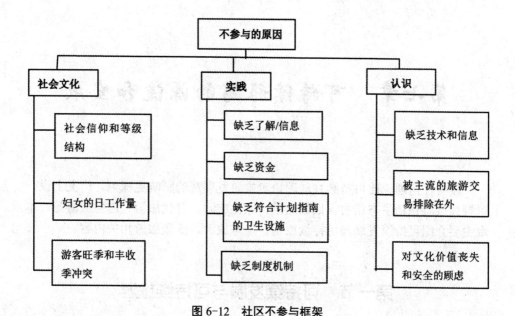

图 6-12　社区不参与框架

资料来源：Sood, Lynch, Anastasiadou. Community non-participation in homestays in Kullu, Himachal Pradesh, India[J]. Tourism Management, 2017, 60: 332-347.

第七章 可持续旅游的源流和发展

没有任何理论比可持续发展理论对旅游发展观的影响更深刻。广义上说，可持续旅游包括生态旅游、低碳旅游、绿色旅游、替代旅游、志愿旅游等。本章主要介绍可持续发展与可持续旅游、生态旅游、低碳旅游相关内容。

第一节 可持续发展与可持续旅游

一、可持续发展论的提出与演变

（一）可持续发展的产生

"可持续性"一词最早可追溯到 1980 年世界自然保护联盟的《世界保护战略》。据联合国开发署的定义，"可持续"是指"能够维持一定比率或水平"，"发展"是指"一个地区或一个人群，特别是目前欠发达地区的经济进步"。世界自然保护联盟把这两个词组合在一起构成了一个新概念。

1991 年 11 月，国际生态学联合会（INTECOL）和国际生物科学联合会（IUBS）联合举行了关于可持续发展问题的专题研讨会，将可持续发展定义为"保护和加强环境系统的生产和更新能力"，即可持续发展是不超越环境系统更新能力的发展。同年，由世界自然保护联盟（IUCN）、联合国环境规划署（UNEP）和世界自然基金会（WWF）共同发表《保护地球——可持续生存战略》（*Caring for the Earth: A Strategy for Sustainable Living*），将可持续发展定义为："在不超出维持生态系统涵容能力的情况下，改善人类的生活品质。"

当今，国际社会普遍认同的可持续发展概念是《我们共同的未来》报告中所提出的概念，即"可持续发展是指既满足当代人的需要，又不损害后代人满足需要的能力的发展"（Development that meets the needs of the present without compromising the ability of future generations to their own needs），这个概念主要包含生态的可持续发展、经济的可持续发展和社会的可持续发展三个主要内容。

可持续发展的核心是经济效率、社会公平与环境完整的统一。经济效率是指既要维护现在的经济生产力又要保持未来后代的经济机会。社会公平是指保护人类与文化遗产。环境完整是指保护基本的生态过程与生物多样性[①]。

资源可持续利用，必须建立在资源代际公平分配基础上。资源的代际公平分配必须建立在一定的约束和激励机制之上。实现资源的代际公平分配，必须依靠经济手段（如价格、利率、成本核算等）、法律手段（资源法规的制定和实施）和行政手段（如制定资源利用定额、颁发资源利用许可证等）。其关键是要防止和限制对资源，特别是对不可更新资源的过度耗用和提前耗用，以及防止超越可更新资源的最大允许利用强度，如图 7-1 所示。

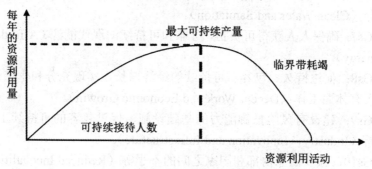

图 7-1　资源可持续利用曲线

（二）可持续发展目标

1. 联合国千年发展目标

联合国千年发展目标（Millennium Development Goals，缩写为 MDGs）是联合国全体 191 个成员国一致通过的一项旨在将全球贫困水平在 2015 年之前降低一半（以 1990 年的水平为标准）的行动计划，2000 年 9 月联合国首脑会议上 189 个国家签署了《联合国千年宣言》，正式做出此项承诺。具体涉及 8 个方面：①消除极端贫困和饥饿；②普及初等教育；③促进性别平等和提高妇女权利；④降低儿童死亡率；⑤改善产妇保健；⑥与艾滋病等疾病作斗争；⑦确保环境的可持续能力；⑧全球合作促进发展。

2. 联合国可持续发展目标

2015 年 9 月 25 日，联合国可持续发展峰会在纽约总部召开，联合国 193 个成员国在峰会上正式通过 17 个可持续发展目标。该目标被称为联合国可持续发展目标（Sustainable Development Goals，缩写为 SDGs），在 2000—2015

---

① Keyser, Heid. Tourism Development[M]. Oxford University Press, 2002: 374.

年千年发展目标（MDGs）到期之后继续指导 2015—2030 年的全球发展工作。

SDGs1：在世界各地消除一切形式的贫困（No poverty）。

SDGs2：消除饥饿，实现粮食安全、改善营养和促进可持续农业（Zero Hunger）。

SDGs3：确保健康的生活方式，促进各年龄段人群的福祉（Good Health and Wellbeing）。

SDGs4：确保包容、公平的优质教育，促进全民享有终身学习机会（Quality Education）。

SDGs5：实现性别平等，为所有妇女、女童赋权（Gender Equality）。

SDGs6：人人享有清洁饮水及用水是我们所希望生活的世界的一个重要组成部分（Clean Water and Sanitation）。

SDGs7：确保人人获得可负担、可靠和可持续的现代能源（Affordable and Clean Energy）。

SDGs8：促进持久、包容、可持续的经济增长，实现充分和生产性就业，确保人人有体面工作（Decent Work and Economic Growth）。

SDGs9：建设有风险抵御能力的基础设施、促进包容的可持续工业，并推动创新（Industry，Innovation and Infrastructure）。

SDGs10：减少国家内部和国家之间的不平等（Reduced Inequalities）。

SDGs11：建设包容、安全、有风险抵御能力和可持续的城市及人类居住区（Sustainable cities and communities）。

SDGs12：确保可持续消费和生产模式（Sustainable Consumption and Production）。

SDGs13：采取紧急行动应对气候变化及其影响（Climate Action）。

SDGs14：保护和可持续利用海洋及海洋资源以促进可持续发展（Life Under Water）。

SDGs15：保护、恢复和促进可持续利用陆地生态系统、可持续森林管理、防治荒漠化、制止和扭转土地退化现象、遏制生物多样性的丧失（Life on Land）。

SDGs16：促进建设有利于可持续发展的和平和包容社会，为所有人提供诉诸司法的机会，在各层级建立有效、负责和包容的机构（Institutions，good governance）。

SDGs17：加强执行手段，重振可持续发展全球伙伴关系（Partnerships for the goals）。

二、可持续旅游的产生与内涵

（一）可持续旅游概念的产生

1987 年，世界环境发展委员会在其研究报告《我们共同的未来》中，对可持续发展的内涵进行了明确界定。[1]可持续发展的基本原则包括：维持生态环境的平衡性，提高经济、社会和文化之间的协调性，保持经济效益的可持续获得性。可持续发展的概念被提出后在世界各国得到迅速传播，并不断向各个领域延伸，可持续旅游也正是随全球可持续发展这一概念的发展衍生而来的。

在旅游市场上，旅游产业一直把旅游看作无公害的产业、环境友好型产业，即旅游业的发展不会给环境带来污染，或者不会破坏社会文化和经济活动。然而现实是，旅游与环境之间的关系不仅仅存在积极的正面效果，同时也存在负面的消极效果。出现消极效果的根源在于旅游产业没有把旅游活动全过程中对自然生态环境的影响和对旅游资源的消耗纳入旅游生产的成本中。20 世纪 80 年代以后，在关于旅游地自然生态环境与旅游经济优先发展的关系的理解上开始出现重大改变，追求旅游经济与自然生态环境的和谐发展已成为世界的共识，世界各国纷纷行动起来，从不同视角探索可持续旅游。例如，马西森（Mathieson）关于旅游与经济、社会、自然冲突的研究，[2]墨菲（Murphy）关于旅游与和谐社会的研究，[3]斯坦奇（Stankey）等关于旅游与环境的可接受能力的极限研究。

（二）可持续旅游的定义

作为可持续发展思想在旅游领域的具体运用，可持续旅游目前尚无统一的权威定义。在这里给出世界旅游组织的定义：在维持文化完整、保持生态环境的同时，满足人们对经济、社会和审美的要求。它能为今天的主人和客人们提供生计，又能保护和增进后代人的利益并为其提供同样的机会。

澳大利亚学者罗夏·道克里（Rors K.Docoling）提出的"从环境适应性来探讨旅游发展规划"，把环境规划和旅游规划融为一体，体现了可持续发展的思想[4]。

1990 年在加拿大温哥华召开的全球可持续发展大会上，从经济、社会、环境三方面提出了可持续旅游发展的目标。

1993 年，《可持续旅游》学术刊物在英国问世，标志着人们对旅游可持续

---

① WCED. Our common future[M]. Oxford. Oxford University Press, 1987: 27-43.

② Mathieson A, Wall G. Tourism: Economic, Physical and Social Impacts[M]. Longman: Harlow, 1982.

③ Murphy P. Tourism: a Community Approach[M]. Methuen, London, 1985: 12.

④ 李家清. 旅游开发与规划[M]. 武汉：华中师范大学出版社，2000.

发展的研究进入了一个新的阶段。

1995 年 4 月，联合国环境规划署和世界旅游组织在西班牙专门召开"可持续发展会议"，通过了《可持续旅游发展宪章》和《可持续旅游发展行动计划》两个重要文件，明确指出：可持续发展的实质是要求旅游与自然、文化和人类生存环境成为一个整体。因此，旅游业的可持续发展不仅是经济发展，而且是生态、经济、社会整体系统的可持续发展。

1995 年，《可持续旅游发展宪章》将可持续旅游定义为：旅游与自然、文化和人类生存环境成为一个整体，即旅游、资源、人类生存环境三者的统一，以形成一种旅游业与社会经济、资源、环境良性协调的发展模式。

1999 年，世界旅游理事会（WTTC）、世界旅游组织（UNWTO）和地球理事会（EC）对可持续旅游的定义是：可持续旅游是满足现代旅游者和旅游地区的需要，同时保护和增加未来人机会的旅游。要实现可持续旅游，就要对所有资源进行管理①，在满足人们的经济、社会和审美需要的同时，维护文化完整性、基本的生态过程、生物多样性及生命支持系统。这个定义是在 1980 年的世界自然保护联盟（IUCN）与 1987 年世界环境发展委员会（WCED）的报告《我们共同的未来》的基础上形成的。

1993 年，世界旅游组织对旅游可持续发展的定义是：旅游可持续发展是一种经济发展模式，它被用来达到如下目的：

（1）改善当地社区的生活质量；

（2）为游客提供高质量的经历；

（3）维护当地社区和游客所依靠的环境质量。

李天元认为，旅游可持续发展的内涵包括旅游活动可持续发展、旅游经济可持续发展、旅游资源可持续利用三个方面②。

（三）可持续旅游的原则与目标

按照联合国教科文组织的建议，实现可持续旅游的原则是：参与（Participation）、利益相关者（Stakeholder Involvement）、当地所有（Local Ownership）、资源基的可持续（Sustainability of the Resource Base）、社区目标（Community Goals）、合作（Cooperation）、承载力控制（Carrying Capacity）、监控与评估（Monitoring and Evaluating）、负责（Accountability）、培训（Training）、定位（Positioning）。

---

① Commission for Environmental Cooperation. The Development of Sustainable Tourism in Natural Areas in North America: Background, Issues and Opportunities[M]. Montreal, Canada, 1999.

② 李天元. 旅游学概论[M]. 天津：南开大学出版社，2015.

　　世界自然保护基金组织制定了可持续旅游十条原则：可持续利用资源；减少过度消费和浪费；维持生物多样性；将旅游结合到规划中；支持地方经济；争取地方社区参与；咨询旅游相关各方和社会公众；培训人员；负责任的旅游营销和开展研究。[①]

　　可持续旅游的目标包括：增强人们的生态意识、促进旅游的公平发展、改善旅游地居民的生活质量、保护未来旅游开发的生活质量、向旅游者提供高质量的旅游经历。[②]

三、可持续旅游的实现路径——旅游承载力管理

　　要实现旅游可持续发展，最根本的路径是实施旅游承载力管理。本部分主要介绍旅游承载力理论的产生与内涵，以及可接受变化极限（LAC）承载力管理的框架与指标。

（一）旅游承载力理论起源

　　1. 旅游承载力理论的产生

　　公共财产资源和承载能力是环境管理方面长期存在的基本问题。这些问题相互联系，解决该问题的基本思想是：我们使用环境到什么程度而不至于破坏其最有价值的东西？这个问题的历史渊源可以追溯到几个世纪以前，但是它们大都集中体现在当代环境研究巨著——加勒特·哈丁（Garrett Hardin）1968年发表在《科学》杂志上的《公地悲剧》中。哈丁断言，没有刻意的管理行动，即"彼此制约，相互妥协"，人类使用公共财产资源将不可避免地超过其具有的承载力，从而引发环境悲剧。

　　从加勒特·哈丁（1968）的"哈丁公地悲剧"、艾普利·斯特里特（April Streeter，1970s）的"斯特里特惊异"、盖茨（Getz，1982）的"盖茨否定"、沃尔（Wall，1983）的"沃尔盲谷"、克里斯·瑞安（1991）的"瑞安质疑"、布利索里斯（Briassoulis，1991）的"布利索里斯判定"，到"刘玲疑问"（1999）和"李天元慨叹"（2001），旅游环境承载力命题在不断深化，并日益成为旅游地研究中最为核心的概念命题，牵动着旅游业发展的命脉。

　　2. 旅游承载力的概念

　　在20世纪30年代中期承载力概念首次应用于森林公园和相关区域管理。美国国家公园管理局（NPS）在关于对加州寒拉斯国家公园的管理政策建议报告中提出了这个问题："在一个野外自然景区内能够接纳多少游客才不会破坏

① Eber S. Beyond the Green Horizon: Principles of Sustainable Tourism[R]. WWF UK, 1992.

② 李天元. 旅游学概论[M]. 7版. 天津：南开大学出版社，2015.

其原有的资源或环境质量？"后来在该报告中又提出用于娱乐游憩的野外自然旅游地应使游客数量保持在其"承载力允许的范围之内"。因此，1963 年拉佩奇（Lapage）首次提出旅游环境承载力问题，他认为一定时间内某一旅游地接待的游客数量应该有一定的限制，以保证旅游环境质量水平，并使绝大多数旅游者满意[①]。随后，美国学者沃加（Wagar）在其学术专著《具有游憩功能的荒野地的环境容量》中首次提出了旅游环境承载力概念，认为旅游环境承载力是指一个旅游目的地能够长期维持产品品质的旅游产品使用量。[②]旅游环境容量概念由世界旅游组织在 1978—1979 年度工作计划报告中正式提出，正式进入国际视野。之后，世界旅游组织在 1980—1981 年探讨了"旅游地饱和"的问题，1982—1983 年世界旅游组织又开展了"度假饱和及超过承载容量的风险"研究。

到目前为止，对于旅游环境承载力仍然没有一个统一概念。简单概括为以下 3 种：①从旅游活动对环境影响和游客体验出发把旅游环境承载力定义为：在游客体验和旅游目的地的环境没有出现不可接受的变化之前，旅游地能够接纳的最大游客数。[③]②从两个不同方面分别阐述了旅游环境承载力。第一，在旅游地的居民没有感受到旅游对他们产生的负面影响之前，旅游目的地接受旅游的能力。第二，从循环理论出发，在旅游地对游客的吸引力降低，游客没有选择替代旅游地之前的游客水平。③巴克利（Buckley）[④]认为旅游环境承载力主要是一个生态学的概念。他给出的定义为：旅游目的地的生态系统在产生不可察觉的，至少是能够恢复的生态变化之前的旅游者数量。

旅游承载力相关概念的演进过程如图 7-2 所示。

（二）可接受变化极限（LAC）承载力管理

1. 可接受变化极限（LAC）承载力管理框架

早在 20 世纪 90 年代初美国的立法已将承载力作为国家森林公园游憩管理工作的正式组成部分，并经过屡次修改将承载力纳入国家公园的政策条款，要求在所有美国国家公园系统的管理计划中纳入承载力的条款。更重要的是，承载力已成为国家公园和户外游憩领域日益紧迫的重要问题，是预防公地悲剧发

---

① Stankey G H. Integrating wild land recreation research into decision making: pitfalls and promises[J]. Recreational Research Review, 1981, 9(1): 31-37.

② Wagar J A. The Carrying Capacity of Wild Lands for Recreation[M]. Washingron DC: Society of American Foresters, 1964.

③ Allderedge R B. Some capacity theory for parks and recreational areas[C]. Washington DC; USDI National Park Service Reprint, 1972.

④ Buckley R. An ecological perspective on carrying capacity[J]. Annals of Tourism Research, 1999, 26(3): 705-708.

生的一个重要举措。

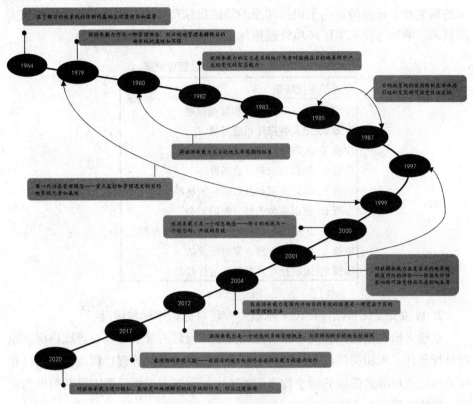

7-2　旅游承载力相关概念的演进①

资料来源：Pásková, Wall, Zelenka. Tourism carrying capacity reconceptualization: Modelling and management of destinations[J]. Journal of Destination Marketing & Management, 2021(21): 3.

　　尽管关于户外游憩利用对国家森林公园环境影响的研究日益深入，但是我们仍然面临严峻的问题：影响或改变的极限究竟是什么？这一问题通常被称为"可接受的变化极限"。目前，LAC 承载力管理框架已被广泛地应用于包括国家公园和自然保护区管理在内的许多环境研究领域②。这个框架包括如下组成部分：（1）管理目标（或理想条件）、相关指标（indicators）和标准（standards）的确定；（2）明确监测指标变量；（3）为保持标准的实现而设计的管理行动方

　　① Pásková, Wall, Zelenka. Tourism carrying capacity reconceptualization: Modelling and management of destinations[J]. Journal of Destination Marketing & Management, 2021(21): 3.

　　② Roman G, Dearden P, Rollins R. Application of zoning and "Limits of Acceptable Change" to manage snorkeling tourism[J]. Environmental Management, 2007, 39(6): 819–830.

案。这 3 个部分通过 9 个具体步骤予以实现，如表 7-1 所示①。如今，越来越多的研究和管理经验运用于识别理想的特性指标和标准，这些工作使得国家公园资源、游客体验和景区环境管理指标与标准都趋于完善。

表 7-1 国家森林公园 LAC 管理框架

可接受变化极限
步骤 1. 明确管理区域和管理问题
步骤 2. 定义并描述机会等级
步骤 3. 选取资源和社会条件指标
步骤 4. 资源目录和社会条件
步骤 5. 确定资源和社会指标的标准
步骤 6. 识别各种选择分配的机会
步骤 7. 识别各种不同选择下的主要管理机会
步骤 8. 对一个选择方案进行评估
步骤 9. 采取行动并对条件进行监测

2. 可接受变化极限（LAC）承载力管理目标、指标与标准

承载力研究指出，有关可评估性或描述性问题的答案可以在管理目标（也叫目标条件）和相关指标及标准的制定当中体现出来。管理目标、目标条件和相关指标及标准的确定应给予几方面的考虑。承载力三维模型中将其归纳为资源、体验与管理 3 个方面：

（1）资源。国家森林公园的自然资源种类与生态学特点，决定着资源使用对环境变化影响的程度。某些资源类型本身要比另外一些资源类型更容易受到人为破坏。因此，应该根据不同资源具有的特性来制定管理目标和相关指标用于指导资源的使用。

（2）体验。社会的需求和期望是公园和户外娱乐场所决定提供何种游憩活动项目的重要因素。对公园及户外娱乐区域旅游者需求和行为的研究，能够对户外游憩活动的类型和使用水平提供重要参考，同时对改善资源、社会和管理提供依据。这些研究应纳入承载力分析和管理的范畴。

（3）管理。这是指在法律指导、机构职责描述及有关政策相关条文中提出

---

① Frauman E, Banks S. Gateway community resident perceptions of tourism development: Incorporating Importance-Performance Analysis into a Limits of Acceptable Change framework[J]. Tourism Management, 2011, 32(1): 128-140.

适当的管理目标、指标和标准。此外，在财务、人事和其他管理资源方面也应该有适当的森林公园和游憩资源的类型和使用水平。

第二节　生态旅游

一、生态旅游的产生与内涵

（一）生态旅游的产生

生态旅游（Eco-tourism）一词最初是由世界自然保护联盟特别顾问、墨西哥专家谢贝洛斯·拉斯喀瑞[①]于 1983 年提出。在此之后，学术界对生态旅游的研究给予了极大的关注，并一直进行积极的探讨。

从世界各地开展生态旅游的实际情况来看，主要有两种类型：一是发达国家的生态旅游，这是主动开展起来的；二是欠发达国家的生态旅游，这是在不破坏生态的前提下被迫开展的。

在经济发达国家中，美国是开展生态旅游比较成功的国家之一。为了解决城市化进程中人们对自然环境的强烈需求，美国建立了世界上第一个国家公园——美国黄石国家公园，开辟了国家公园运动的先河。每年有上千万的旅游者到国家公园中专门开辟的公共区域旅游休闲，"自然旅游者"的数量与日俱增。随即，日本、欧洲、澳大利亚、新西兰等经济发达国家与地区，也都依据各自的生态环境特点，开发了生态旅游产品。

另外，经济欠发达的国家往往拥有开展生态旅游的丰富而独特的资源。其中东非的肯尼亚和中美洲的哥斯达黎加是发展生态旅游的先驱。

（二）生态旅游的概念

1. 描述性生态旅游概念

博（Boo，1991）认为，生态旅游是指去往未被干扰过的（undisturbed）自然区域，以欣赏、研究自然风光和野生动植物为目标，并能为保护区筹集资金，为当地居民创造就业机会，为旅游者提供环境教育，从而有利于自然保护的旅游活动[②]。国际生态旅游协会（The International Ecotourism Society，1993）把

[①] Ceballos-Lascurain H. The Future of Ecotourism[J]. Mexico Journal January, 1987:13-14.

[②] Boo E. Ecotourism: The Potentials and Pitfalls (Volumes l and 2) [M]. Washington, DC: World Wildlife-fund, 1990.

生态旅游定义为：具有保护自然环境和维系当地居民双重责任的旅游活动。霍尼（Honey，1999）认为生态旅游是前往脆弱、原始的保护区的低影响、小规模的旅行。

从以上描述性概念可以看出，目前关于生态旅游的概念与内涵还处于百家争鸣阶段，尚未达成一致的看法，但在以下方面已达成共识：

①旅游地主要为受人类干扰破坏很小、较为原始古朴的地区，特别是对生态环境有重要意义的自然保护区。

②旅游者、当地居民、旅游经营管理者等的环境意识很强。

③旅游对环境的负面影响很小。

④旅游能为环境保护提供资金。

⑤当地居民能参与旅游开发与管理并分享其经济利益，因而为环境保护提供支持。

⑥生态旅游对旅游者和当地社区等能起到环境教育作用。

⑦生态旅游是一种新型的、可持续的旅游活动①。

国际生态旅游协会（The International Ecotourism Society，2014）认为生态旅游所涵盖领域的核心原则为：

①影响最小化；

②尊重本土建筑环境和文化风俗；

③观光者与主办者双赢互利；

④直接为环境保护提供财政支持；

⑤为当地居民提供经济补助并予以授权；

⑥增强对主办国的政治、环境和社会的敏感性。

2. 操作性生态旅游概念

面对生态旅游概念所引起的困惑，一些国际机构和学者尝试通过分析生态旅游概念的构成要素来认识生态旅游活动。

韦尔林（Wearing，1994）认为应该从生态旅游发生的背景、从事的活动类型、活动及行为的影响、活动所带来的社会心理结果、在特定发展模型中旅游和保护的经济联系、生态旅游目的地管理与道德方面对生态旅游概念进行界定②。

赫维内加拉德（Hvenegaard，1994）从生态旅游供应商、旅游目的地资源和游客体验等方面对生态旅游概念应包括的内容进行了详细说明，如图 7-3 所示。③

---

① 邹统钎. 旅游景区开发与管理[M]. 北京：清华大学出版社，2008.

② Wearing S. Social and cultural perspectives in training for indigenous ecotourism development[J]. Journal of travel research，1994, 29(2): 9-15.

③ Hvenegaard G T. Ecotourism: a status report and conceptual framework[J]. Journal of tourism studies, 1994, 5(2): 24-35.

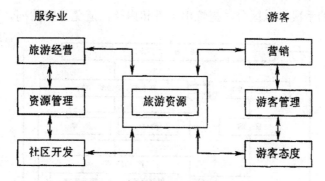

图 7-3　生态旅游概念的内容

　　爱德华兹等（Edvards et al.，1998）通过分析美国生态旅游发展现状，指出应该从生态旅游活动的指导方针、生态旅游的目的、生态旅游的地点、活动方式、产品供给和预期结果等方面对生态旅游进行界定，并提出了生态旅游的概念模型，如图 7-4 所示[①②]。

　　2012 年，世界旅游组织对生态旅游做出如下定义：

　　①生态旅游是亲近自然的旅游形式。旅游者主要的意图在于观察和欣赏自然风光，同时感受当地的传统文化。

　　②生态旅游具有教育意义和诠释的特性。

　　③一般来说，由当地专业的经营机构和小型商业机构组织小批游客。但在少数情况下，各种规模的国外经营机构，同样可以组织或经营管理小批游客进行生态旅游行程。

　　④生态旅游将人为对自然和社会文化的负面影响降至最低。

　　⑤生态旅游支持当地自然环境的保护。

　　⑥生态旅游能为社区、旅游主办团体和当地自然环境保护部门带来一定的经济效益。

　　⑦生态旅游能够帮助当地人创造就业机会和提高经济收入。

　　⑧生态旅游能够同时提高原住民和旅游观光者对自然与文化遗产的保护意识。

　　在定义生态旅游的过程中，应当注意将描述性定义与操作性定义相结合。在进行概念性界定的同时，尽可能考虑其技术上的操作性，并将希望实现的目

---

　　① Edwards S, Melaughlin W., Ham S. Comparative study of ecotourism Policy in the American[J]. Organization of American states, 1998

　　② 卢小丽. 生态旅游社区居民旅游影响感知与参与行为研究[D]. 大连：大连理工大学，2006. 5.

的和所需要的手段加以区分，提炼出主旨和内核，避免无限罗列。①

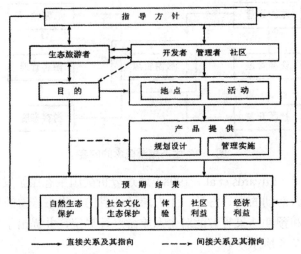

图 7-4　生态旅游概念模型

（三）生态旅游与可持续旅游

　　杨桂华主持编译的《生态旅游》一书指出：生态旅游是可持续性旅游的子产品，因为可持续性是生态旅游的核心准则之一。因此，图 7-5 展现了一个可持续性旅游的领域，它包括了所有的生态旅游、绝大多数（但不是全部）的替代性旅游及相当一部分（但可能是少数）的大众旅游。它反映了理性旅游阶段的一种倾向，即认为替代性旅游与大众旅游都可以是可持续性的或不可持续性的，旅游方式是否具备可持续性取决于旅游目的地的环境状况②。

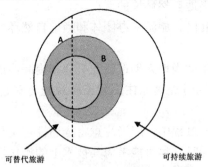

图 7-5　生态旅游与可持续旅游的关系

---

① 宋瑞. 生态旅游：全球观点与中国实践[M]. 北京：中国水利水电出版社，2007.

② 杨桂华，钟林生，明庆忠. 生态旅游[M]. 北京：高等教育出版社，2000，1：102，246.

世界贸易组织（WTO）也曾经明确区分了生态旅游和可持续旅游，并指出生态旅游本身是旅游业的一个组成部分，而可持续原则适用于所有的旅游活动、经营、企业和项目，包括传统型的和替代型的。

目前，在很多文献中常常可以见到"可持续生态旅游"（sustainable ecotourism）的提法。因为很多研究发现，现实中的"生态旅游"并不一定是可持续的，在有些情况下，生态旅游相对大众旅游来说不仅具有迷惑性和虚假性，而且对环境的破坏更大。因此，人们不得不承认"生态旅游"不一定是可持续的。但是这种提法本身是很成问题的，真正的生态旅游本身必然是可持续的，不能满足可持续性原则的生态旅游就不是真正意义上的生态旅游。如果将"生态旅游"划分为"可持续的"和"不可持续的"，那么实际上就是默许了那些打着生态旅游的旗号从事不可持续活动的现象。因此，这个概念本身是自相矛盾的，是不可取的。①

（四）生态旅游的国际准则与认证

1. 国外生态旅游认证进展

生态旅游认证最初是由旅游业中的环境认证演化而来。真正国际意义上的旅游环境认证开始于 20 世纪 90 年代末。1998 年，"绿色环球"组织建立了一套环境标准，成为唯一一个针对可持续旅游的全球性环境认证机构。2000 年，世界旅游理事会（World Travel and Tourism Council，WTTC）对原来的认证标准进行了改进，更名为"绿色环球 21"（Green Globe 21）。2002 年，以"绿色环球 21"为基础，澳大利亚生态旅游协会和澳大利亚可持续旅游合作研究中心共同起草了《国际生态旅游标准》（The International Ecotourism Standard），并由"绿色环球 21"独家掌握执照发放和管理权。

目前全球旅行旅游业公认的国际性标准体系就是由世界旅游理事会（WTTC）2002 年发起的"绿色环球 21"国际生态旅游标准。欧洲"蓝旗"可持续旅游认证体系是区域认证制度的典型代表。除此以外，区域级的生态旅游认证还有亚太旅游协会（The Pacific Asia Travel Association）的"绿叶"（The Green Leaf）、欧洲高尔夫协会生态组织（The European Golf Associatioon Ecology Unit）和欧洲保护区可持续旅游宪章（The European Charter for Sustainable Tourism in Protected Areas）等。在国家级认证项目中，澳大利亚的全国生态旅游认证项目（The National Ecotourism Accreditation Program，NEAP）是目前全球最著名的专门为生态旅游而设立的认证项目，英国、德国等国家在这方面也起步较早，发展成熟。例如，德国的"绿色行李箱"（Green Suitcase）和英国

---

① 宋瑞. 生态旅游：全球观点与中国实践[M]. 北京：中国水利水电出版社，2007.

的大卫·拜拉米奖（David Bellamy Award）等。地方认证制度主要有加拉帕戈斯群岛的 Smart Voyager 认证项目等。

在这些认证项目中，"绿色环球 21"标准的内容最广泛，涵盖了生态旅游、旅游地设计和建设、旅游社区及旅游企业四方面的内容。它是以可持续发展为原则为旅行旅游这种特殊部门专门制定的。

2. "绿色环球 21"的《国际生态旅游标准》

2000 年 11 月 17—19 日，全球生态旅游认证机构及来自联合国环境规划署（UNEP）、世界自然基金会（WWF）、国际标准化组织（ISO）、"绿色环球 21"组织（Green Globe 21）、国际生态旅游协会（TIES）的专家学者聚集在美国纽约州莫霍克山庄（Mohonk Mountain House），共同讨论制定了国际生态旅游认证的原则性指导文件，即《莫霍克协定》。全球最具权威的可持续旅游认证组织"绿色环球 21"与澳大利亚生态旅游协会共同制定了《国际生态旅游标准》，并将这一标准提交于 2002 年 5 月在加拿大魁北克召开的国际生态旅游峰会，广泛征求意见。2002 年 10 月 21—25 日，该标准在澳大利亚凯恩斯国际生态旅游大会上正式公布实施。2004 年 8 月，《国际生态旅游标准》进行第一次重大修改，使之更科学、更可行。世界旅游组织特别推崇"绿色环球 21"成为全球旅游业的核心规范体系，"绿色环球 21"也就成为世界上唯一涵盖旅游全行业的全球性旅行旅游业可持续发展标准体系。"绿色环球 21"《国际生态旅游标准》对生态旅游的定义做出如下描述：着重通过体验大自然来培养人们对环境与文化的理解、欣赏和保护，从而达到生态上可持续的旅游。

根据《莫霍克协定》的精神，生态旅游产品的 11 条原则如下：

①生态旅游经营者公开承诺遵循生态旅游的原则，并制定管理体系，确保其实施效果。

②生态旅游要求游客亲身体验大自然。

③生态旅游能够为游客提供体验自然和文化的机会，并增进其对自然与文化的理解、欣赏和赞美。

④在生态可持续和了解潜在环境影响的基础上，确定合适的生态旅游经营方式。

⑤生态旅游产品在经营管理方面采取生态可持续的实践，保证经营活动不会使环境退化。

⑥生态旅游应该对自然区域的保护做出切实的贡献。

⑦生态旅游应该为当地社区的发展做出持续的贡献。

⑧生态旅游产品在开发和经营阶段都必须保持对当地文化的尊重和敏感。

⑨生态旅游产品应满足或超出顾客的期望。

⑩生态旅游向顾客提供有关产品的真实准确的信息，使顾客对产品有符合

实际的期望。

⑪生态旅游产品对自然、社会、文化和环境的影响达到最小化，并且依照确定的行为守则进行经营。

"绿色环球 21"的生态旅游认证只针对产品而不是企业。根据《国际生态旅游标准》，"绿色环球 21"进一步制定了生态旅游达标评估指标体系，使得生态旅游产品的认定具有量化的标准。目前，生态旅游产品的认证共分 3 种类型：合格证书、高级证书、创新证书。

3.《国际生态旅游标准》的支持原则

为了使《国际生态旅游标准》的基本原则更为明确，《国际生态旅游标准》对这 11 条基本原则中的③④⑤条提出了支持原则。

对原则③提出了三点支持原则：

A．生态旅游产品为游客提供高质量的讲解服务（讲解服务）；

B．对讲解进行充分准备，确保信息有效地传达给游客（讲解计划）；

C．直接为游客服务的一线员工有能力提供有关旅游地点的自然价值、文化遗产和保护方面的准确信息，导游人员能提供高质量的讲解（员工培训）。

对原则④提出了两点支持原则：

A．生态旅游的建筑物和基础设施不突出于周围视觉景观；

B．采取负面环境影响最小化的建设方式（可持续建设计划）。

对原则⑤从环境管理计划、减排、重复使用和回收利用、能源效率、水源保护、废水和污水处理、生物多样性保护、空气质量、照明、噪声等方面提出了支持原则。

二、甘恩和尼乌坎普的生态旅游功能分区模式

（一）甘恩的国家公园旅游分区模式

1988 年，甘恩（Gunn）提出了国家公园旅游分区模式，即划分为关键资源保护带、荒地低利用带、分散游憩带、游客活动带和社区服务带，如图 7-6 所示。①这一模式提出后被普遍采用。②

---

① Gunn C. Tourism Planning (Third edition) [M]. Taylar & Francis, 1994.

② 陈忠晓，王仰麟，刘忠伟. 近十几年来国内外生态旅游研究进展[J]. 地球科学进展，2001. 8（4）：556-562.

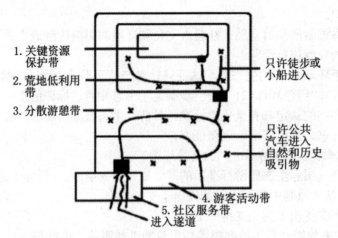

1. 关键资源保护带
2. 荒地低利用带
3. 分散游憩带

只许徒步或小船进入

只许公共汽车进入
自然和历史吸引物

4. 游客活动带
5. 社区服务带
进入遂道

图 7-6　国家公园旅游模型

（二）尼乌坎普（Nieuwkamp）的生态旅游功能分区

尼乌坎普（1996）[①]将生态旅游地分为野生保护区、野生游憩区、集中游憩区和自然环境区四大区域，并总结了生态旅游功能分区的重要性：一是能使生态旅游区得到优化利用，并有利于保护自然资源；二是便于管理人员根据游客的需要对其加以分流，并用图 7-7 说明了生态旅游功能分区模式的可行性。由图 7-7 可以看出，随着生态旅游区自然程度的增加，游客人数越来越少，但其对游客的吸引力却越来越大。单从游客数量曲线下滑的趋势就可以看出功能分区的分流作用，它对自然程度高的地方起到了保护作用。[②]

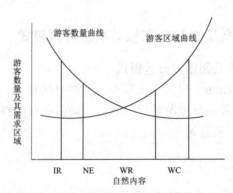

R 为集中游憩区，NE 为自然环境区，MR 为野生游憩区，WC 为野生保护区

图 7-7　生态旅游功能分区模式的可行性

---

① Nieuwkamp L. Zone Modelling in Ecotourism[A]. 生态旅游规划与发展国际研讨会论文集[C]. 1996.

② 万绪才，朱应皋，丁敏. 国外生态旅游研究进展[J]. 旅游学刊，2002.2：68-72.

三、高斯林（Gossling）的旅游生态足迹模型

生态足迹（Ecological Footprint）是由加拿大的生态经济学家威廉在 1992 年提出的，其定义是：任何已知人口（一个人、一个城市或一个国家）的生态足迹是生产这些人口所消费的所有资源和吸纳这些人口所产生的所有废弃物所需要的生物生产土地的总面积和水资源量。旅游生态足迹（Touristic ecological footprint，TEF）是生态足迹概念在旅游研究中的应用。2000 年，维克内吉（Wackernage）首先对国际旅游业的生态足迹进行了初步分析和探索。旅游生态足迹的概念最早由英国阿伯丁大学地理环境系康林·亨特（Conlin Hunter）教授于 2002 年提出，它是基于生态足迹的理论与方法、旅游者的生态消费及结构特征提出的一种用以测度旅游可持续发展的工具。旅游生态足迹是对旅游活动的需求方（旅游者）的研究，主要考量承载一定数量旅游者所需的生态空间，是一种宏观的旅游环境影响定量测度方法，主要是测度旅游活动对全球生态环境的宏观影响及其带来的间接影响，如二氧化碳的排放及全球温度升高等问题。

高斯林等（2002）[①]认为，尽管一系列研究（Becken et al.，2002[②]；Gossling，2002；Høyer[③]，2000）表明在长途旅游对环境的影响方面，交通（尤其是航空交通）构成主要影响（Gossling，2000），但现存的概念不足以说明特定旅行方式的可持续性和特定旅游目的地的可持续性。因此，高斯林等旨在用生态足迹分析的方法来评价旅游业的可持续性，并对生态旅游是可持续旅游一种方式的假设进行检验。高斯林等构建了一个有关休闲旅游的生态足迹计算方法框架，根据旅游活动特征，将 2000 年到塞舌尔旅游的 117690 名国际休闲游客的生态足迹划分为"交通""住宿""活动""粮食和纤维消费量"四类，从上而下和从下而上的统计方法相结合，综合计算出塞舌尔 2000 年休闲旅游的生态足迹。

四、户外活动中的 LNT 法则

无痕旅游，即 Leave No Trace（LNT）是由美国各级政府的土地管理单位、

---

① WWF-UK. Holiday footprinting a practical tool for responsible tourism[EB/OL]. http: //www.wwf.org. uk/filelibrary/pdf/holiday footprint summary2. pdf.

② Becken S, Analyzing international tourist flows to estimate energy use associated with air travel[J]. Journal of Sustainable Tourism, 2002, 10 (2), 114–131.

③ Hayer K G. Sustainable tourism or sustainable mobility? The Norwegian case[J]. Journal of Sustainable Tourism, 2000, 8(2), 147–160.

环境教育学者、保育团体、户外用品的制造商与销售商、登山健行团体及社会大众，所共同发起的全国性教育推广运动。这些公私部门和产官学界组成的合作团体，自 20 世纪 80 年代起，提出无痕旅游的行动概念，全面推动"负责任的品质旅游"。教导大众对待环境的正确观念与技巧，协助将游憩活动对自然的冲击降到最低，多年来成功获得良好成果。

（一）LNT 的产生背景

1965—1994 年户外活动的人口增长了 6 倍之多。调查显示，在 1965 年有 990 万的美国人从事健行活动，到了 1977 年这个数目字已经增加到 2800 万。高山湖泊被人类的排遗所污染，有些步道被侵蚀到膝盖深，营地变得寸草不生，而且常常可以发现大大小小的垃圾，这样的现象让土地管理者陷入两难，因为既要满足游客的需求，又要设法保护自然环境。

在 20 世纪 80 年代初期，森林部门的 LNT 初期课程开始被引介到其他户外活动课程。土地管理者除了关闭某些过度使用的区域，进行承载量管制及限定特定营地之外，更为有效的解决之道是对游客开展环境教育。在 20 世纪 80 年代初期，很多土地管理单位都开展了环境教育，如"背上山的东西就得背下山""轻踏土地""只带走照片也只留下脚印"这样的标语，许多健行者都耳熟能详。1994 年总部设在科罗拉多博尔德（Boulder Colorado）的非营利组织 LeaveNoTrace，Inc.负责所有 LNT 单位的协调、颁发执照和募款工作。

（二）LNT 法则的主要内容

1. 提前计划准备

任何户外活动都需要提前做好计划准备，了解当时有关环保方面的规章制度，对有可能发生的情况做充足的准备，并且根据所了解到的情况选择适用的装备。同时要充分了解活动区域的线路特征并据此预先设计行进路线和露营地。根据线路的实际情况计划所携食品的数量，然后对食品进行简单的处理，能够拆封集中包装的尽量集中包装，尽可能地减少垃圾的生成。简单来说，提前计划与准备要做到：不盲目、不违规、不浪费、有准备。

2. 在可耐受地面行进和露营

在户外活动中，人们往往选择无序地切路以减短路程与难度，这样做是不可取的。LNT 法则规定，不论何时何地都尽可能行走在现有步道上，不走捷径，不直上直下，团队在行进时只走一条单一的行进路线。如果道路情况好的情况下，同时背包又不算太重，可以考虑软底鞋，以减少对地面的冲击。

在非登山步道上徒步，要选择例如岩石裸露地或碎石坡等耐受人类踩踏的地方行走，在这样的区域，分散行走是减少对环境冲击的最佳选择。

在对环境冲击较大的露营活动中露营地的选择非常重要，一般会要求营地选择在距离水源 50 米以上的位置，以排除污染物。在热门路线中，只在现存土壤坚硬、寸草不生的营地上扎营，将营地活动集中在已经受冲击的区域。如果是在一个很少人类活动的地区，要将营地扎在一个从未使用的地点，而不要扎在受轻微冲击的地方。如果是一个使用很频繁的营地，地表被严重侵蚀而且树根外露，那就应该选择其他地方扎营，让营地有休息的机会。

最适合扎营的地方，是岩石、砾石地、沙地，因为这些地方非常耐受人类的踩踏，干草地也是不错的选择，比较不耐受人类冲击的是有丰富植被而地表覆盖树叶的森林地。

3. 妥善处理垃圾

"背上山的东西通通都要背下山"，这是一项重要的原则，保持露营地的原貌，体现了露营者最基本的素质。对排泄物的处理，可以埋在一个 10—20 厘米深，离水源、营地或步道至少 60 米远的猫洞里，这是可以接受的。大自然提供了许多对环境比较友善的方式，如果你一定要用卫生纸，就得将它背下山，这一点很有必要引起重视。

在处理食物垃圾时，在出发前尽量减少包装的同时，也尽可能地选择可重复使用的用具，计划合适的量避免浪费。在露营活动中，尽可能少用清洁用品，切勿直接在水源中洗脸、刷牙、清洗衣物或洗菜，将污水倒在离营地和水源 50 米以上、深 25—30 厘米的土坑中。对于食物的残渣应该全部带走，即使是果核、果皮等一些可降解的食物也必须全部带走。留下一个干净的营地，把所有的垃圾都背下山，连同其他人所留下的垃圾也都背走。

4. 保持自然原貌

还自然于本身。在营地活动的时候，要尽可能地选择穿着重量较轻并且鞋底较平、较软的鞋子，如凉鞋、拖鞋或慢跑鞋，以减少对土地的踩踏。遇到诸如文化、历史足迹、人造雕塑、建筑等，在未经允许的情况下不要触碰，更不可踩踏。在活动中，如发现有人采摘花草、攀爬假山高墙，应加以制止。在建设营地的时候也要注意不要挖沟和改变溪流河道，在离开时把营地恢复到可以吸引后来的宿营者的样子。当离开一个营地时，将草弄得蓬松，把营钉所留下的洞填平。

5. 野外用火

在野外活动不要用火，一般来说生火对自然环境的冲击很大，一次生火之后，它的痕迹就会变得越来越大，并且永远不会消失，火对土壤造成的永久伤害可以深达 10 厘米。因此，在户外活动中要使用合适的炉头做饭，穿足够御寒的衣服，使用帐篷，用一个好睡袋保持温暖与干燥，而不要轻易使用火。

在必须要使用柴火的情况下，首先要确定所在的地方是否允许，是否是防火季节，确定要找到倒木当燃料而不是去采伐活树，理想的燃料就是比手腕细的树枝。在点火的时候，要选择把火生在有生火痕迹的中心区域，在木头全部燃尽以后将碳灰撒在草丛中。

在户外活动中，不提倡吸烟。除烟草本身会带来"毒"害外，其烟头是醋酸纤维塑料做成，不可降解，使用过的烟头还包含铅、汞、砷、丙酮、氯乙烯、烟中的甲醛与氰化氢。即使一定要吸烟的话，一定要远离队友，不造成二次污染，烟头也需要同垃圾一起集中处理带下山。

6. 尊重野生动物

在户外活动中，我们应该尊重野生动物生存的习性与环境，与它们达到一种和平共处的境界。要注意保护水源，保护动物赖以生存的源泉，不论你是否看到野生动物，都应该知道你的短暂造访都会影响当地的野生动物。当你扎营在离水源不远的地方，携带可折叠的水袋装水，而不要直接用锅从水源装水，这样只需来回一次，减少对动物的干扰。

同时，绝不喂食给野生动物，不论野生动物多么可爱，都不应该随意喂食。一旦失去生存的本领，受害的是这些野生动物。在营地，把所有的食物和吸引物也要放到安全的位置，以避免使当地的野生动物养成造访营地的习惯。在远处观察，避免喂食，与野生动物和平共存。

7. 考虑其他野外活动者

户外活动开始前应充分了解当地的风土人情，尊重当地的民族风俗，尊重他人的生活习惯与习俗，养成良好的习惯。宿营区域的娱乐别干扰到他人，把声音及视觉上的干扰降到最低，做任何你可以想到的事来保持大自然和营地的宁静，这正是大多数户外爱好者亲近大自然的原因。

尊重自然，爱护自然，保持生态的平衡，这是户外爱好者义不容辞的责任。不管是在城市还是在户外，宣传环保，从自己做起，通过我们的行动来影响他人，传播正确的环保理念，让我们的子孙后代能同享这片蓝天与绿水。

户外活动，除了脚印，什么也不要留下；除了照片和新鲜空气，什么也不要带走。[①]

五、"两山理论"

（一）"两山理论"的提出背景

"我们既要绿水青山，也要金山银山。宁要绿水青山，不要金山银山，

---

① 概念普及：户外活动中的 LNT 法则［EB/OL］. https://www.8264.com/viewnews-109295-page-1.html, 2016-04-27.

而且绿水青山就是金山银山。"这是习近平同志对于人与自然关系、经济发展同生态保护关系生动而深刻的论述。其后，"绿水青山就是金山银山"的重要论述体现在党的十九大报告、《国民经济和社会发展第十三个五年规划纲要》《关于加快推进生态文明建设的意见》等中共中央和国务院文件与规划中。"两山理论"已成为新时代中国生态文明与绿色发展重要的理论基础和实践指导。

（二）"两山理论"与生态旅游的关系

习近平同志曾在《之江新语》上旗帜鲜明地提出："如果生态环境优势转化为生态农业、生态工业、生态旅游等生态经济的优势，那么绿水青山也就变成了金山银山。"由此可见，生态旅游成为践行"两山理论"的良好载体和重要途径，是其作为美丽产业、无烟产业的应有之义。生态旅游发展有助于实现"绿水青山"到"金山银山"的跨越。

"绿水青山"，良好的生态系统能提供的生态系统服务价值往往更高。生态旅游是践行"两山理论"的重要方式。从作用机制上讲，可持续的生态旅游能充分发挥生态系统服务中的娱乐、文化功能，进而提升生态系统服务价值（ecosystem service value），是实现"绿水青山"到"金山银山"转变的"催化剂"。[①]

第三节　低碳旅游

一、碳中和与碳达峰

气候变化是人类面临的全球性问题，随着各国的二氧化碳排放，温室气体猛增，对生命系统形成威胁。在这一背景下，世界各国以全球协约的方式减排温室气体。在第七十五届联合国大会一般性辩论上，我国明确要采取更加有力的政策和措施，二氧化碳排放力争于 2030 年前达到峰值，努力争取 2060 年前实现碳中和。我国由此提出碳达峰和碳中和目标。

碳达峰是指我国承诺 2030 年前二氧化碳的排放量不再增长，达到峰值之后逐步降低。碳中和是指企业、团体或个人测算在一定时间内直接或间接产生的温室气体排放总量，然后通过植物造树造林、节能减排等形式，抵消自身产

---

① 马勇，郭田田.践行"两山理论"：生态旅游发展的核心价值与实施路径[J]. 旅游学刊，2008（8）：16-18.

生的二氧化碳排放量，实现二氧化碳"零排放"。①

二、低碳旅游的产生与内涵

（一）低碳旅游的起源

"低碳旅游"（Low-carbon Tourism）概念最早见于世界旅游组织与世界气象组织、联合国环境规划署及哈佛大学联合出版的《气候变化与旅游业：应对全球挑战》的报告中，该报告在针对旅游部门应对气候变化的战略途径中，首次提出了"走向低碳旅游（Towards Low-carbon Tourism）"的旅游应对气候变化战略。②

1996 年，世界旅游理事会（WTTC）、世界旅游组织（UNWTO）、地球委员会（EC）共同制定了题为"21 世纪旅游业议程：走向环境可持续发展"的发展纲领，明确提出"资源管理与能源消耗是旅游发展走向环境可持续的关键领域"。③2007 年 10 月，世界旅游组织（UNWTO）携手世界气象组织（WMO）、联合国环境规划署（UNEP）等国际组织机构在瑞士达沃斯召开的第二届"气候变化与旅游业"国际会议，将旅游碳排放问题引向了新一轮关注的焦点。这次会议重点讨论了全球旅游业在人类温室气体排放上的"贡献"，发布了应对气候变化挑战的旅游《达沃斯宣言》，以此呼吁旅游系统各相关部门要高度重视并深刻认识自身在温室气候排放上对全球气候变化的影响，并敦促各部门要在联合国现有框架下，通过技术、管理、财政等各种手段，来实现节能减排。在此基础上，世界旅游组织在 2008 年出版了会议专题报告《气候变化与旅游业：应对全球挑战》。④随后，在 2009 年哥本哈根举行的"气候变化世界商业峰会"上，世界旅游组织联合世界经济论坛、国际民用航空组织、联合国环境规划署等其他组织机构正式呈递了报告《迈向低碳旅游业》。

（二）低碳旅游研究的兴起

为了响应世界旅游组织的《达沃斯宣言》，有学者开始反思世界旅游组织

---

① 两会热议的"碳达峰"和"碳中和"究竟是什么？[EB/OL]. https://m.thepaper.cn/baijiahao_11654669, 2021-3-10.

② UNEP, University of Oxford, UNWTO, WMO (prepared by Simpson M C, Gossling S, Scott D, Hall C M, and Gladin E). Climate change adaptation and mitigation in the tourism sector: frameworks, tools and practices[M]. Oxford, UK: Oxford University Press, 2008. 10-19; 78-93.

③ WTTC, UNWTO, EC. Agenda 21 for the Travel and Tourism Industry: Towards Environmentally Sustainable Development[R]. London: World Travel and Tourism Council, 1996.

④ UNEP, University of Oxford, UNWTO, WMO (prepared by Simpson M C, Gossling S, Scott D, Hall C M, and Gladin E). Climate change adaptation and mitigation in the tourism sector; frameworks, tools and practices[M]. Oxford, UK: Oxford University Press, 2008. 10-19; 78-93.

减排目标实现的可行性[①]，提出"碳中和目的地"的旅游发展设想[②]，并开始探索相关实践的经济政策与旅游规制路径[③]，提出"碳管理"[④]；也有学者针对旅游食物生产与消费链中所导致的碳排放，提出"食物管理"[⑤]；还有学者提出要将"绿色道路"作为未来低碳旅游发展战略的重要选择[⑥]，认为"转变方式"对减少旅游碳排放具有重要潜在贡献[⑦]；最近又有学者提出"慢速旅游"这种新的旅行方式[⑧]。

目的地旅游业的能源消耗与碳排放水平是研究中最早关注的内容。早在1997 年，塔巴特茨利尔-塔米利萨（Tabatchnaia-Tamirisa）就通过跟踪产业内部不同阶段货物与服务资金流量的"投入产出模型（H1-0 Model）"对夏威夷地区旅游者的能源消耗水平进行了评估。其研究结果显示，旅游者的能源消耗大约占当时整个夏威夷地区总量的 60%[⑨]。随后，有学者通过相似研究方法再次对该地区进行了研究，认为旅游者所产生的温室气体排放比重为 22%[⑩]。凯利和威廉姆斯（Kelly and Williams）提出了一种评估目的地旅游能源消耗与温室气体排放量的"自下而上"模型，并对加拿大不列颠哥伦比亚省惠斯勒（Whistler）地区进行了实证模拟[⑪]。有学者则将研究视角转向乡村旅游目的地，对尼泊尔安娜普尔那乡村地区的旅游能源消耗情况进行了分析，认为海拔、住

---

① Walz A, Calonder G, Hagedorn F, et al. Regional CO2 budget, countermeasuies and reduction aims for the Alpine tourist region of Davos, Switzerland[J]. Energy Policy, 2008, 36(2): 811-820.

② Mayor, Tol. The impact of the UK aviation tax on carbon dioxide emissions and visitor numbers[J]. Transport Policy, 2007, 14(6): 507-513.

③ Gossling, Schumacher. Implementing carbon neutral destination policies: issues from the Seychelles[J]. Journal of Sustainable Tourism, 2010, 18(3): 377-391.

④ Strasdas W. Carbon Management in Tourism-A Smart Strategy in Response to Climate Change[M]// Conrad, Buck M. Trends and Issues in Global Tourism 2010. London: Springer Berlin Heidelberg, 2010: 57-69.

⑤ Gossling, Garrod, Aall, et al. Food management in tourism: Reducing tourism's carbon footprint[J]. Tourism Management, 2010, 30(5): 1-10.

⑥ Mundet, Coenders. Greenways: A sustainable leisure experience concept for both communities and tourists[J]. Journal of Sustainable Tourism, 2010, 18(5): 657-674.

⑦ Musti, Kortum, Kockebnan. Household energy use and travel: Opportunities for behavioral change[J]. Transportation Research Part D, 2011, 16 (1): 49-56.

⑧ Lumsdon, McGrath. Developing a conceptual framework for slow travel: A grounded theory approach[J]. Journal of Sustainable Tourism, 2011, 19(3): 265-279.

⑨ Tabatchnaia-Tamirisa, Loke, Leung, et al. Energy and tourism in Hawaii[J]. Annals of Tourism Research, 1997, 24(2): 390-401.

⑩ Konan, Chan. Greenhouse gas emissions in Hawaii: Household and visitor expenditure analysis[J]. Energy Economics, 2010, 32(2): 210-219.

⑪ Kelly, Williams. Modelling Tourism Destination Energy Consumption and Greenhouse Gas Emissions: Whistler, British Columbia, Canada[J]. Journal of Sustainable Tourism, 2007, 15(1): 67-90.

宿接待水平、能源价格、能源结构的多样性、节能技术的可获取性及长久以来形成的能源消费习惯是影响该地区旅游能量消耗格局的主导因素[1]。此外，还有研究人员对岛屿型目的地的能源消耗与碳排放量进行了研究，有学者通过生命周期法（LCA）法，对中国台湾洁湖岛旅游者的平均碳足迹进行了分析，认为该岛上单位人次旅游者的二氧化碳排放量为 109kg[2]。巴克赫特和罗斯克斯（Bakhat and Rosselks）对西班牙巴利阿里群岛旅游业的电能消耗进行了分析，认为就电能消耗来说，旅游业并不属于高能耗产业[3]。高斯林则注重于全球尺度范围下的旅游业能源消耗与碳排放问题，认为旅游业导致的化石能源消耗巨大，对全球环境具有极为严重的影响，并呼吁"应该尽快将旅游能源消耗问题纳入可持续旅游亟须关注的领域"[4]，通过对全球不同国家和地区目的地旅游业的生态效益进行分析，发现旅游业并非业界所宣称的那样"比其他经济部门具有更好的生态环境效益"。实际上，不同目的地旅游业的生态效益水平差别巨大，不同国家的旅游目的地的二氧化碳排放差异很大，比如在塞舌尔（Seychelles）产生相同生态效益的旅游二氧化碳排放量是世界平均水平的 8 倍，而法国一些旅游目的地的二氧化碳排放量却只有世界平均水平的 1/10。[5]

三、苏珊娜·贝肯和莫利·帕特森的旅游产业碳排放模型

苏珊娜·贝肯和莫利·帕特森（2006）运用实证研究法对新西兰旅游产业碳排放进行了测度。在研究中，从两大方面着手构建了旅游产业碳排放的模型：一方面对旅游产业进行整理分类，将旅游产业分为交通、住宿、旅游吸引物和旅游活动，并分别将交通、住宿、旅游吸引物和旅游活动进一步细分为若干子类，查出或通过实证调查法测算出每个子类别的能源密集度与二氧化碳排放系数。另一方面对旅游者进行分类，使其与旅游产业分类情况相对应。最后，这两大方面的数据相结合，就能得到整个旅游产业的碳排放量。

具体计算方法可以表述为：

① Nepal. Tourism-induced rural energy consumption in the Annapurna region of Nepal[J]. Tourism Management, 2008, 29(1): 89-100.

② Kuo, Chen. Quantifying energy use, carbon dioxide emission, and other environmental loads from island tourism based on a life cycle assessment approach[J]. Jouinal of Cleaner Production, 2009, 17(15): 1324-1330.

③ Rossello, Batle, Moia, Cladera, et al. Energy use, CO_2 emissions and waste throughout the life cycle of a sample of hoteis in the Balearic Islands[J]. Energy and Buildings, 2010, 42(4): 547-558.

④ Gossling S. Sustainable tourism development in developing countries: some aspects of energy-use[J]. Journal of Sustainable Tourism, 2000, 8 (5): 410.

⑤ Gossling, Peeters, Ceron, et al. The eco-efFiciency of tourism[J]. Ecological Economics, 2005, 54(10): 417.

$$C = C_I + C_J + C_K \tag{7-1}$$

C 表示旅游产业碳排放总量，C_I 表示旅游交通碳排放量，C_J 表示旅游住宿碳排放量，C_K 表示旅游吸引物和旅游活动碳排放量。

$$C_i = \sum_{i=1}^{n}(R_i \cdot N_i \cdot D_i) \tag{7-2}$$

R_i 表示交通方式 i 的碳排放系数（g/pkm），N_i 表示选择交通方式 i 的游客人数，D_i 表示交通方式 i 的行驶总里程数（km），n 表示交通方式的种类数。

$$C_j = \sum_{j=1}^{n}(R_j \cdot N_j \cdot T_j) \tag{7-3}$$

R_j 表示住宿方式 j 的碳排放系数（g/p visitor-night），N_j 表示选择住宿方式 j 的游客人数，T_j 表示选择住宿方式 j 的游客留宿的时间（night），n 表示住宿方式的种类数。

$$C_k = \sum_{k=1}^{n}(R_k \cdot N_k) \tag{7-4}$$

R_k 表示旅游吸引物或旅游活动 k 的碳排放系数（g/p visitor），N_k 表示游览旅游吸引物或参加旅游活动 k 的游客人数，n 表示旅游吸引物或旅游活动的种类数。

第八章　目的地管理：从功能到品牌

第一节　旅游目的地管理

一、旅游目的地管理起源

　　旅游目的地管理是旅游研究的重要课题，国外对旅游目的地的研究始于 20 世纪 70 年代，最初它看作一个明确的地理区域。美国学者甘恩（Gunn）于 1972 年提出了"目的地地带"的概念。所谓的"目的地地带"包括：主要的通道和入口、社区（包括吸引物和基础设施）、吸引物综合体、连接道路（吸引物综合体和社区之间的联系通道）。利珀（Leiper，1995）认为目的地是人们旅行的地方，具有某种感知吸引力，可以吸引人们逗留一段时间来体验其特色。在由高等教育出版社出版的《旅游地理学》一书中，给出旅游目的地的定义是：一定空间上的旅游资源与旅游专用设施、旅游基础设施及相关的其他条件有机地集合起来，就成为旅游者停留和活动的目的地，即旅游地。邹统钎认为旅游目的地是一个感性概念，它为游客提供一个旅游产品和服务的合成品，一个组合的体验经历。旅游目的地中最核心的要素有两点：一是旅游吸引物；二是人类聚落，要有永久性的或者临时性的住宿设施，游客一般要在这里逗留一夜以上。一般的景点留宿不属于旅游目的地。

　　国内外学者由于旅游业所处的发展阶段和制度背景不同，对旅游目的地的定义方式和关注重点也各有不同。随着我国旅游业市场化进程的加快及与国际旅游业的全面融合，相信人们对旅游业及其规律的认识也将与国际观点逐步趋于一致。旅游目的地是旅游活动重要的载体，是旅游系统模型分析的基本单位，具有复杂性、全面性，要求采取更加全面系统的方法来认识和理解目的地的管理。

二、目的地管理核心思想

（一）地方营造理论

美国华裔人文地理学家段义孚于 1976 年首次提出了"地方"（Place）和"地方感"（Sense of Place）的概念。接下来西方学者围绕这两个核心概念提出了"地方性"（或称地方精神，Spirit of Place）、"无地方性"（Placelessness）、"地方依恋"（Place Attachment）、"地方依靠"（Place Dependence）、"地方认同"（Place Identity）、"地方营造"（Place Making）等概念，从人的感觉、心理、社会文化、伦理道德等不同角度来阐述人与地方之间的关系，共同组成了"地方理论"（Place Theory）。

1990 年代以来，人类学对地方营造的关注达到一个新的高度。人们在特定的地域空间中创造地方时，文化是必备的要素，地方创造被视为对空间的"文化区域化"（cultural territorialization of space）实践。考察地方创造需要特别关注本地居民的文化实践，以及文化实践如何通过特定的景观体现出来。正如前面已经述及的，社区具备通过话语实践和社会行动来"填充容器"的能力，从而实现地方再造。

地方营造是地方理论在旅游中的应用。甘恩认为地方营造就是在保持地方的本质的同时给予地方更多的自然的和心理上的含义，是在保持和加强地方性的基础上为旅游者提供更有意义的环境和功能空间，以增强旅游者的地方感。

从地方理论的角度来看，旅游规划是显现地方性、创造有意义的地方以增强旅游者地方感的过程。旅游规划不仅规划建筑和旅游资源，更重要的是营造一种地方感，即一种地方营造活动。甘恩指出"与地方相一致"是所有旅游规划的基本原则。

地方营造强调地方是个复杂的社会结构，意义广泛，而地方营造可以通过打造"人—地感知系统"和"人—人感知系统"，引导旅游者心理认知过程，宣传特定的地方意义，塑造旅游目的地形象。如何得到鲜明的地方意义，很多学者对此做出了研究。

（二）旅游枢纽理论

1. 交通枢纽与旅游枢纽

枢纽（Hub）是连接轴和车轮本身的中间核心部分，是连接外围的中央核心结构（Wikipedia）。枢纽可理解为中枢与纽带，它意味着关键的部分或起重要作用的部分，也是事物相互联系的中心环节。奥凯利等认为枢纽是大发散系统下的一个分类与转换中心，是促进相邻地域之间联系的通道。从空间结构上来看，枢纽是由辐射状网络（Hub-andSpoke Networks）组成的联系（Linkages）、腹地（Hinterlands）和层次体系（Hierarchies），具有集聚效应与规模经济催化效应。

旅游枢纽的雏形是交通枢纽。在交通业上，枢纽是多个交通线路的交汇和发散地。关于交通枢纽的定义，国内外已形成较为一致的认识，即交通枢纽是不同交通方式与交通线路间相交汇、转换和衔接之处。交通枢纽主要的功能包含集散功能、换乘功能与直通功能。交通枢纽在旅游枢纽建设中起到举足轻重的作用，不仅可增强目的地的可达性，并可帮助其在区域中扮演更重要的枢纽作用。国内学者对交通枢纽的研究集中于城市内部交通网络建设与区域内单一交通枢纽布局，对全国或区域范围内综合交通枢纽布局研究较少，研究的区域范围从最初对国外城市交通枢纽发展的趋势研究与经验借鉴，逐渐演变为对中国空间范围内航空网络体系建设和铁路客运网络枢纽建设与优化布局的探讨。随着研究的不断深入，研究范围缩小至城市航空铁路枢纽站点建设及城市内部综合交通枢纽功能探究。国内外关于交通枢纽提高游客换乘效率联合运输、交通立体化布局、"无缝对接"的运输服务组织管理等的理论构建为旅游枢纽形成与发展奠定了基础。

旅游枢纽以交通枢纽为基础，以人的运输为主，提供旅游配套的信息服务，并整合了一般公共交通等多种交通方式，为游客提供便捷服务。安德森（Anderson）认为门户是多功能的枢纽，旅游门户城市是指为其他旅游目的地提供入口和相应旅游服务的地方。旅游枢纽的设立一般位于地理位置优越的交通或经济地区，它是旅游系统中连接客源地与目的地的重要通道，由集散平台、基础设施、换乘设施等构成，并在综合交通枢纽的基础上，延伸旅游服务设施与游客接待、服务与集散功能。根据旅游流的流向、旅游枢纽的规模和空间布局及交通方式能对旅游枢纽做出划分。同时，任亚青研究指出，旅游枢纽的客运能力，换乘的服务与效率及枢纽管理服务水平将对枢纽的建设产生影响。

2. 旅游枢纽与旅游目的地

旅游目的地区别于客源地、常住地、出发地、过境地、集散地等概念，是一个完整的地域综合体；旅游枢纽是旅游客源地与目的地之间的中介与桥梁，是一个城市提高旅游产业控制力的关键。游客从不同客源地出发都要经由旅游枢纽，旅游枢纽为游客提供铁路、公路、飞机、水运等交通一体化换乘设施，以及食宿、游览、购物、娱乐等综合性服务基础设施。部分游客在旅游枢纽停留与游览，旅游枢纽同时是旅游通道，为游客提供集散、换乘与中转服务，游客通过旅游枢纽到达旅游目的地。邹统钎提出，旅游目的地主要是通过拥有的旅游资源形成吸引物，旅游枢纽则是通过流经的客源取得控制力。

旅游目的地的主要功能是服务功能，为旅游者提供食、住、行、游、购、娱等旅游项目和设施，满足消费者个性化的度假欲望，旅游目的地构成要素中吸引物所占的比重最高。任亚青研究认为旅游枢纽更多的是为游客提供集散、换乘等服务，在旅游枢纽构成要素中，交通枢纽则扮演最重要的角色。游客通过交通的媒介作用，聚集到旅游枢纽，然后再借助旅游枢纽城市的交通实现向目的地扩散。

旅游枢纽与旅游目的地在构成要素与功能上存在差别，但从广义角度来讲，旅游枢纽是对旅游目的地功能的延伸。一方面，旅游目的地借助旅游吸引物发挥其集聚效应吸引游客停留，旅游枢纽同时拥有要素集聚和要素分散功能，在集聚游客的同时能够发挥对旅游流的分散和疏导作用，形成对地方旅游业的控制力。另一方面，旅游目的地拥有游览、娱乐、食宿、购物等综合性功能，旅游枢纽则在此基础上延伸游客的集散、换乘与服务。

（三）旅游地生命周期理论

1. 旅游地生命周期理论的产生

旅游地生命周期（Tourism Area Life Cycle）理论是描述旅游地演进过程的重要理论，是地理学对旅游研究的主要贡献之一。生命周期最早是生物学领域中的术语，用来描述某种生物从出现到灭亡的演化过程。后来，该词被许多学科用来描述相类似的变化过程，如在市场营销学中以技术差距存在为基础的产品生命周期，即一种产品从投入市场到被淘汰退出市场的过程。关于旅游地生命周期理论的起源，一般认为是 1963 年由克里斯塔勒（W·Christaller）在研究欧洲的旅游发展时提出的。1973 年，普洛格（Plog）也提出了另一种获得普遍认可的生命周期模式。1978 年斯坦斯菲尔德（Stansfield）通过对美国大西洋城盛衰变迁的研究，也提出了类似的模式，他认为大西洋城的客源市场由精英向大众旅游者的转换过程伴随着它的衰落。

2. 旅游地生命周期的概念及主要理论框架

在旅游地生命周期理论中，被国内外学者公认并广泛应用的是巴特勒于1980 年提出的"S"形曲线和六阶段模型。巴特勒（Butler）在《旅游地生命周期概述》一文中，借用产品生命周期模式来描述旅游地的演进过程，提出旅游地生命周期理论，具体描述了旅游地从开始、发展、成熟到衰退阶段的生物界普遍规律。如表 8-1 所示。

表 8-1　旅游地生命周期各阶段的特征

阶段	特征
探索	少量的"多中心型"游客或"探险者"；少有或没有旅游基础设施，只有自然的或文化的吸引物

续表

阶段	特征
起步	当地投资于旅游业，明显的旅游季节性；旅游地进行广告宣传活动；客源市场地形成；公共部门投资于旅游基础设施
发展	旅游接待量迅速增长；游客数超过当地居民数；明确的客源市场；大量的广告宣传，外来投资，并逐渐占据控制地位；人造景观出现，并取代自然的或文化的吸引物；"中间型游客"取代"探险者"或"多中心型"游客
稳固	增长速度减缓；广泛的广告宣传以克服季节性和开发新市场；吸引了"自我中心型"游客；居民充分了解旅游业的重要性
停滞	游客人数达到顶点；达到容量限制；旅游地形象与环境相脱离；旅游地不再时兴；严重依赖于"回头客"，低客房出租率；所有权经常更换；向外围地区发展
衰落	客源市场在空间和数量上减少；对旅游业的投资开始撤出，当地投资可能取代撤走的外来投资；旅游基础设施破旧，并可能被代以其他用途
复兴	全新的吸引物取代了原有的吸引物，或开发了新的自然资源

资料来源：Butler R W. The Concept of a Tourism Area Cycle of Evolution: Implications for Management of Resources[J]. The Canadian Geographer, 1980, 24 (1).

3. 旅游地生命周期理论各个阶段状况描述

对旅游地生命周期阶段特征的研究加强了周期理论对旅游地演进现象的描述力，并且也是将周期理论运用于实践的基础。因为在实践中运用周期理论，首先需要能够判断旅游地所处的周期阶段，而要做到这一点，就必须先明确各周期阶段的特征。

三、目的地管理主要分析工具

（一）"推—拉"理论

随着旅游市场的竞争日益激烈，如何使旅游目的地成功突围，吸引更多的旅游者？对现有旅游资源模式的识别和分析是评估特定地区吸引旅游者潜力的关键（Gunn，1988）。目的地吸引力来源于目的地，同时也是旅游者根据自己的兴趣和偏好选择目的地的最初动机（Benckendorff and Pearce，2003）。目的地吸引力研究比较成熟的理论是"推—拉"理论，推力因素决定了旅游者是否出游，拉力因素决定了旅游者去哪出游（Klenosky，2002）[1]。拉力因素作为外在动力，通过大规模的宣传促销等手段塑造目的地形象，最终表现为目的地的吸引力（Kassean and Gassita，2013）[2]。目的地吸引力的测度多将吸引力作为

---

① Klenosky D B. The "pull" of tourism destinations: a means-end investigation[J]. Journal of Travel Research, 2002, 40(4): 396-403.

② Kassean, Gassita. Exploring tourists' "push and pull" motivations to visit Mauritius as a holiday destination[J]. Designing Techniques of Posts & Telecommunications, 2013, 8(2): 39-56.

吸引旅游者的目的地各属性特征的集合。

1. 吸引力概念与理论来源

学者们主要从供给和需求两个角度定义旅游目的地吸引力。考尔（Kaur，1981）较早地从供给的角度将目的地吸引力定义为目的地的所有吸引物在特定时间对给定市场产生的拉力。供给视角强调旅游资源在塑造旅游者体验过程中的作用，然而旅游目的地发展的不同还取决于旅游者的感知。因此，有学者从需求的角度认为目的地吸引力是个体感知益处的重要性，和目的地能够满足这些益处的能力的结合（Mayo and Jarvis，1981）①。从需求角度定义目的地吸引力虽然能够反映个体的情感、信念和观点，但由于不同个体对目的地吸引力的感知存在差异，给目的地吸引力评估带来了一定的困难②。

"推—拉"理论为目的地吸引力提供了理论支持，其中拉力因素成为构建目的地吸引力指标的主要来源。丹恩和康普顿等学者于 20 世纪 70 年代提出了旅游动机"推—拉"理论，将旅游动机分为"推力"因素和"拉力"因素。推力由旅游者自身产生，而拉力则产生于目的地的属性，从而将旅游产品的需求和供给联系在一起。推力因素源于马斯洛需求层次模型，丹恩（Dann，1977）认为推力因素可以定义为动机因素或需求，其来源于动机系统中的不平衡或紧张状态。其中，失范和自我提高是主要的推力因素。前者指超越日常生活的孤独，摆脱一切。后者指通过旅行满足自我认可的需要③。康普顿（Crompton，1979）提出了七个社会心理因素作为推力因素，分别是逃离日常环境、探索、评价自我、放松、复原、增强亲属关系与社会互动；两个文化因素作为拉力因素，分别为新奇事物和旅游的教育功能④。总的来说，推力因素揭示了为什么旅游者会选择某个目的地、旅游者寻求何种体验和偏好哪种活动类型（Ryan，1991）⑤。

拉力因素从另一方面描述了何人、何时、何地出游的影响因素，这些因素涉及目的地特征、吸引物和其本身的属性（Klenosky，2002），具体包括旅游地的自然资源、人文资源、吸引力程度、旅游地形象、实用价值等（Crompton，1979；Dann，1977；Epperson，1983；McIntosh and Goeldner，1990）。普拉亚

---

① Mayo, Jarvis. The psychology of leisure travel[J]. Effective marketing and selling of travel services.

② 郭安禧，郭英之，孙雪飞，等. 国外旅游目的地吸引力研究述评与展望[J]. 世界地理研究，2016，25（5）：153-166.

③ Dann G. Anomie, ego-enhancement and tourism[J]. Annals of Tourism Research, 1977, 4(4): 184-194.

④ Crompton J. An assessment of the image of Mexico as a vacation destination and the influence of geographical location upon that image[J]. Journal of Travel Research, 1979, 17(4): 18-23.

⑤ Ryan C. Recreational tourism: a social science perspective[J]. Contemporary Sociology, 1991, 22(3): 436.

格和瑞安（2011）认为拉力因素是通过一系列具有地方代表性的目的地属性来衡量的。这些属性又可以分为核心属性和附加属性（Hu and Ritchie, 1993; Thach and Axinn, 1994）。核心属性指独特的自然或文化资源，包括历史、音乐、民俗和特殊事件（Bonn, Joseph-Mathews, Dai, Hayes, and Cave, 2007; Gelbman and Timothy, 2011）。附加属性指代功能性特性，包括交通、解说服务、基础设施和环境服务（Hou et al., 2005）。学者们构建的吸引力评价指标多来源于拉力因素。国内学者吴必虎（2001）提出旅游资源、产品、设施、企业、政策环境是影响目的地旅游吸引力的五大主要因素①。陈岩英（2004）将客源市场特征、通达性、旅游地发展作为衡量旅游市场吸引力的三大指标。

2. 吸引力测量

目的地的总体旅游吸引力取决于现有景点的可获得性和重要性，因此目的地吸引力测量一般有两个步骤：第一，构建吸引力相关的目的地属性列表；第二，吸引力相关的属性列表的评估。由于目的地种类多样，学者们发现很难开发出成熟的测量模型适用于测量评估和比较所有的旅游资源。不同的研究视角测量方法也不同，如表 8-2 所示，包括最初的供给视角和需求视角。供求视角结合的多为专家感知目的地资源和吸引物研究（Formica and Uysal, 2006; Gearing, Swart and Var, 1974）。供给视角侧重于目的地的旅游吸引物的数量和质量，需求视角则是基于旅游者对目的地属性的感知和兴趣（Formica, 2000）②，竞争力视角考虑的是与竞争者相比较之后的相对吸引力（Cracolici and Nijkamp, 2009; Mikulic et al., 2016）。此外，具体方法上，目前的研究综合运用了内容分析法、层次分析法（AHP）、重要性—绩效表现分析（IPA）、线性回归模型等方法测度属性目的地吸引力贡献的大小，以及这些因素对旅游者行为的影响。

表 8-2　不同视角的目的地吸引力测量方法和属性类别

作者	视角	方法	属性类别
吉尔林等 (Gearing et al., 1974)	需求视角	专家小组法	自然 社会 历史 娱乐和购物 设施、美食和住宿

① 吴必虎. 区域旅游规划原理[M]. 北京：中国旅游出版社，2001：188.

② Formica S. Destination attractiveness as a function of supply and demand interaction[J]. Journal of Molecular Biology, 2000, 303(2): 329-344.

作者	视角	方法	属性类别
弗拉里奥（Ferrario，1979）	供求视角	专家小组法，游客调查法，内容分析法	典型的环境特征 当地居民和典型的生活方式 旅游设施、体育和娱乐活动
胡和里奇（Hu and Ritchie，1993）	需求视角	电话问卷调查，特定情景多属性态度模型	气候 住宿的质量/可达 运动/休闲机会 风景 食物 娱乐 当地生活的独特性 历史景点 博物馆，文化景点 语言障碍导致的沟通困难 节庆，特殊活动 可达性 购物 对旅游者的态度 当地交通的质量和可达性 物价水平
基姆（Kim，1998）	需求视角	游客问卷调查面对面访谈	季节性和文化的吸引力 干净、和平的环境 住宿和休闲设施质量 面向家庭的设施及其安全性 可达性和声誉 休闲和娱乐机会
福米卡和乌伊萨尔（Formica and Uysal，2006）	供求视角	二手数据内容分析，专家小组法	旅游服务和设施 文化/历史 乡村住宿 户外娱乐
克拉科利奇和内坎普（Cracolici and Nijkamp，2009）	竞争视角	游客问卷调查，主成分分析法	当地居民的接待和同情心 城市艺术文化 景观、环境与自然 酒店及其他住宿 特色食物 文化活动（音乐会、艺术展览、节庆等） 价格水平和生活水平

作者	视角	方法	属性类别
克拉科利奇和内坎普 （Cracolici and Nijkamp，2009）	竞争视角	游客问卷调查，主成分分析法	商店出售商品的质量和种类 信息和旅游服务 旅游安全 葡萄酒的质量
李和黄 （Lee and Huang，2014）	供给视角	专家小组法，层次分析法	旅游景点 可达性 设施 补充性服务

注：由参考资料及笔者整理所得。

资料来源：Huang H. A Study of Destination Attractiveness through Domestic Visitors' Perspectives: The Case of Taiwan's Hot Springs Tourism Sector[J]. Asia Pacific Journal of Tourism Research，2009, 14(1): 17-38.

（1）不同目的地类型的吸引力属性

除了从不同视角构建目的地属性，近年来学者们也开始关注不同类型目的地吸引力属性，其中比较有代表性的是李和黄（Lee and Huang）、辛和韦伯（Xin and Weber）几位学者，他们分别研究了温泉、森林、自行车和会展旅游目的地吸引力，如表 8-3 所示。

李和黄（Lee and Huang）分别在 2009 年、2010 年和 2014 年研究了中国台湾地区作为温泉旅游、森林旅游和自行车旅游目的地的吸引力中具有重要决定性作用的属性，发现在温泉旅游中，游客认为重要属性是安全、自然资源、住宿和食物、交通基础设施、休闲娱乐与文化资源，其中住宿设施的感知重要性还会正向影响游客的重游率[1]；在森林旅游中，通过层次分析法得出的重要因素为森林景观、特殊气候、进入景区的可靠性和便利性、住宿与食物质量[2]；自行车旅游中，决定性因素为宜人气候、专设的自行车骑行设施和车道的路面质量[3]。这些属性中决定性因素包括了核心属性和附加属性，对于目的地而言，更看重目的地本身独一无二的属性，而旅游者则不然，附加属性带来的安全和便利可能会成为最有吸引力的属性,因此目的地管理者同时要兼顾这两种属性。

---

[1] Cheng-Fei Lee, Wei-Ming Ou & Husn-I Huang. A Study of Destination Attractiveness through Domestic Visitors' Perspectives: The Case of Taiwan's Hot Springs Tourism Sector[J]. Asia Pacific Journal of Tourism Research, 2009, 14(1): 17-38.

[2] Lee, Huang, Hueryren. Developing an evaluation model for destination attractiveness: sustainable forest recreation tourism in Taiwan[J]. Journal of Sustainable Tourism, 2010, 18(6): 811-828.

[3] Lee, Huang. The attractiveness of Taiwan as a bicycle tourism destination: A supply-side approach[J]. Asia Pacific Journal of Tourism Research, 2014, 19(3): 273-299.

辛、韦伯和鲍尔主要是对会展旅游目的地吸引力进行研究，从参展者的角度来说，目的地最具吸引力的属性为主办城市在行业中的领导地位、主办城市/地区作为参展商的来源[①]。相对于参观者来说，参展商可能会去任何具有商业潜力的目的地，而高可达性和有吸引力的休闲环境才是参观者最看重的属性[②]。

表 8-3 不同类型旅游目的地吸引力的主要属性

作者	目的地类型	主要属性
李等 （2009）	温泉旅游	安全 自然资源 住宿和食物 交通基础设施 休闲娱乐 文化资源
李等 （2010）	森林旅游	森林景观 特殊气候 进入景区的可靠性和便利性 住宿与食物质量
李和黄（2014）	自行车旅游	宜人气候 专设的自行车骑行设施 车道的路面质量
辛、韦伯和鲍尔（2013）	会展旅游	主办城市在行业中的领导地位 主办城市/地区作为参展商的来源
辛和韦伯（2016）	会展旅游	可达性 休闲环境

（2）目的地吸引力供需评估框架

福米卡和乌伊萨尔（Formica and Uysal，2006）基于供求视角，通过测量供求指标构建了一个目的地吸引力评估框架[③]。研究假设目的地的整体吸引力取决于现有景点的可获得性（availability）和感知重要性（perceived importance），以弗吉尼亚为例，对其吸引力进行盘点、分组和评价，可概括为以下 7 步。

①对弗吉尼亚旅游指南进行内容分析，确定与吸引力结构相关的吸引物

---

① Xin, Weber, Bauer. Dimensions and perceptional differences of exhibition destination attractiveness: the case of China[J]. Journal of Hospitality & Tourism Research, 2013, 37(4): 447–469.

② Xin, Weber. Exhibition destination attractiveness-organizers' and visitors' perspectives[J]. International Journal of Contemporary Hospitality Management, 2016, 28(12): 2795–2819.

③ Formica, Uysal. Destination Attractiveness Based on Supply and Demand Evaluations: An Analytical Framework[J]. Journal of Travel Research, 2006. 44(4): p. 418–430.

变量。

②将弗吉尼亚的县和独立的城市作为测量单位，收集具体变量数据。

③对吸引物变量进行因子分析，确定旅游吸引物维度。

④根据吸引物的维度对县和独立城市进行聚类分析。如果分析成功，旅游区域则采用同质资源区域化标准来划分。如果分析不成功，则使用弗吉尼亚旅游公司的先验标准来划分区域。

⑤计算供给吸引力分值。

一是标准化处理。将各县或独立城市区域的吸引物维度的分值标准化，区域内各县或独立城市标准化分值求和得到各区域分值。

二是得到供给吸引力得分。以各区域的吸引物数量作为可获得性指标，与各区域分值相乘得到供给吸引力得分。

⑥计算需求吸引力分值。

第一，确定认知可获得性。组建专家小组，通过李克特量表得到各区域可获得性得分。

第二，确定重要性。基于吸引物维度，通过多属性态度模型确定各维度权重，用分类算法对旅游区域进行重要性排序。

第三，得到需求吸引力得分。将各区域的吸引物可获得性得分与各区域重要性分值相乘得到需求吸引力得分。

⑦将供给吸引力得分和需求吸引力得分相加，得出弗吉尼亚地区整体的吸引力。

（3）竞争性绩效分析（CPA）和相关决定性分析（RDA）框架

该分析框架最早是米库里欧和普北扎克（2012）提出的[①]，后被运用到目的地吸引力研究中。该分析法弥补了传统 IPA 分析法不能兼顾所测属性的明确重要性（stated importance）和隐性重要性（derived importance）。明确重要性即普遍重要性，指相对稳定的、可评估的概念，由个人态度和偏好决定。隐性重要性并不是一个有意识的评价的概念，而是一个人对特定的使用或消费环境的反应。与明确重要性和隐性重要性相对应，目的地吸引力的各属性可分为具有普遍重要性的属性和基于目的地类型与旅游者体验的属性（Hu and Ritchie，1989）[②]。RDA 分析法很好地结合了两种重要性特征，在吸引力评价中竞争力

---

① Mikulic, Prebezac. Accounting for dynamics in attribute-importance and for competitor performance to enhance reliability of BPNN-based importance‐performance analysis[J]. Expert Systems with Applications, 2012, 39(5): 5144‐5153.

② Hu Y, Ritchie B. Measuring destination attractiveness: a contextual approach[J]. Journal of Travel Research, 1989, 32(2): 25‐34.

因素受到越来越多的重视，而 CPA 分析法进一步明确了目的地吸引力属性在竞争环境下的优势和劣势。2016 年，米库里欧（Mikulic）等[1]从需求层面应用该分析方法对目的地吸引力进行了评估。

①相关重要性分析（RDA）测度属性的重要性（参见图 8-1）

第一象限的属性为高影响核心属性（高相关性，高决定性）。消费者认为这些属性非常重要，且这些属性都会对总的绩效感知（如总的吸引力感知）产生重要影响。因此，第一象限的属性是发展战略制定的重点。

第二象限的属性为低影响核心属性（高相关性，低决定性）。虽然消费者认为这些属性非常重要，但都对总的绩效感知不会产生重要影响。因此，第二象限的属性应该与市场水平保持一致。

第三象限的属性为低影响次级属性（低相关性，低决定性）。消费者既不认为这些属性很重要，也不会对总的绩效感知产生重要影响，应该次于其他三个象限考虑。

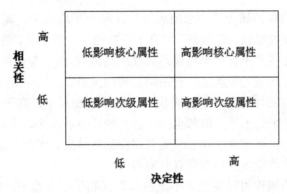

图 8-1　相关—决定性矩阵

资料来源：Mikulic, et al. Identifying drivers of destination attractiveness in a competitive environment: A comparison of approaches[J]. Journal of Destination Marketing and Management, 2016, 5(2): 154-163.

第四象限的属性为低影响高级属性（低相关性，高决定性）。消费者认为这些属性不那么重要，但会对总的绩效感知产生重要影响。此象限的属性很可能是新产品扩增区域，能够带来与竞争对手差别开来的机会。

②竞争性绩效分析（CPA）测度属性绩效（参见图 8-2）

---

① Mikulic, et al. Identifying drivers of destination attractiveness in a competitive environment: A comparison of approaches[J]. Journal of Destination Marketing & Management, 2016. 5(2): 154-163.

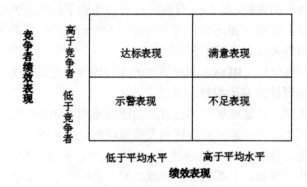

图 8-2 竞争—绩效矩阵

资料来源：Mikulic, et al. Identifying drivers of destination attractiveness in a competitive environment: A comparison of approaches[J]. Journal of Destination Marketing & Management, 2016. 5(2): 154-163.

　　第一象限的属性属于"满意的表现"（高于平均水平，高于竞争者）。这些重点关注的属性绩效表现较好，也高于各自的竞争者水平，是竞争优势资源。需要指出的是这些竞争优势来自重点属性的高绩效，而不是竞争对手的低绩效。因此，这些属性应成为市场定位和活动宣传的重点。

　　第二象限的属性属于"达标表现"（低于平均水平，高于竞争水平）。这些属性虽然低于平均水平，但却也高于各自的竞争者水平，也属于竞争优势资源，但竞争优势主要是竞争对手绩效表现较低的结果。因此，这些属性在增强旅游者体验和整体绩效感知方面有开发潜力。

　　第三象限的属性可以说是"不足表现"（高于平均水平，低于竞争者）。这些属性属于重点关注属性，但低于各自的竞争者水平，是竞争劣势资源，不建议作为营销的重点。

　　第四象限的属性可以说是"示警表现"（低于平均水平，低于竞争者）。这些属性表现糟糕，应该努力提升，转换到其他区域。

　　3. 目的地吸引力与其他因素的关系

　　（1）早期旅游经历（熟悉度）影响吸引力感知

　　旅游者对已经旅游过的目的地有更积极的感知吸引力（Hu and Ritchie）。余意峰等（2010）将目的地吸引力分为整体环境吸引力和观光体验吸引力，发现目的地的初游者和重游者对旅游目的地吸引力的感知存在差异，表现为重游者在整体环境吸引上的感知显著高于初游者，二者在观光体验吸引力的感知上没有显著差异[①]。

（2）目的地形象影响目的地吸引力

基姆和珀杜（Kim and Perdue，2011）对滑雪型目的地的研究表明感知形象（有趣和舒适的环境）和认知形象（滑雪质量）正向影响目的地吸引力。具体而言，对于娱乐和锻炼目的的滑雪者来说，感知形象对目的地吸引力影响更大；而对于专业滑雪者来说，认知形象对目的地吸引力的影响更大[②]。

（3）目的地吸引力影响地方依恋

旅游者感知的目的地吸引力越高，对目的地产生的地方依恋越强（Cheng et al.，2013）[③]。

一个拥有丰富自然资源的目的地将影响旅游者对自然资源的评价从而产生地方依恋（Warzecha and Lime，2001；Williams and Stewart，1998），此外如果目的地通过提供高质量的休闲、娱乐活动（Lee and Allen，1999；Moore and Graefe，1994）或保护历史文化吸引旅游者，同样会增进旅游者的地方依恋。不过也有研究表明，目的地吸引力更多的是在态度的中介作用下才会对地方依恋产生影响。雷特桑梅尔等（Reitsamer et al.，2016）将目的地吸引力分为可达性、设施、风景和当地社区四种属性，发现只有设施会对地方依恋产生直接影响。

（4）感知吸引力影响旅游者对目的地的态度[④]

旅游者对目的地的态度指旅游者通过对目的地体验的正面或负面评价所表达的心理倾向（Lee，2009）[⑤]。从目的地吸引力需求角度定义来看，目的地吸引力也属于旅游者对目的地的一种主观评价，与态度有一定联系。雷特桑梅尔等（Reitsamer et al.，2016）的研究也表明可达性、设施和当地社区对旅游者的态度有积极的影响。

（5）目的地吸引力影响负责任环境行为

班贝格和施密特（Bamberg and Schmidt，2003）的研究表明，个体在目的

---

① 余意峰，保继刚，丁培毅. 基于旅游经历的目的地吸引力感知差异研究[J]. 旅游学刊，2010，25（5）：51-55.

② Kim D, Perdue, R. The influence of image on destination attractiveness[J]. Journal of Travel & Tourism Marketing, 2011, 28(3): 225-239.

③ Cheng, Wu, Huang. The influence of place attachment on the relationship between destination attractiveness and environmentally responsible behavior for island tourism in Penghu, Taiwan[J]. Journal of Sustainable Tourism, 2013, 21(8): 1166-1187.

④ Reitsamer, Brunner-Sperdin, Stokburger-Sauer. Destination attractiveness and destination attachment: The mediating role of tourists' attitude[J]. Tourism Management Perspectives, 2016, 19: 93-101.

⑤ Tsung Hung Lee. A Structural Model to Examine How Destination Image, Attitude, and Motivation Affect the Future Behavior of Tourists[J]. Leisure Sciences, 2009, 31(3): 215-236.

地是否乐意采取对环境负责任的行为与其选择的旅游类型有关，如果选择的是基于当地自然环境类型的旅游，那么他采取对环境负责任行为的积极性和主动性会更大①。澎湖列岛属于环境脆弱的目的地，程（Cheng，2013）以此为案例研究证实了对澎湖列岛高的目的地吸引力感知会促进旅游者的负责任环境行为①。

目的地吸引力与其他因素的关系如图 8-3 所示。

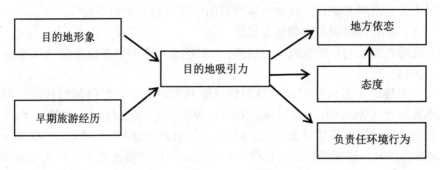

图 8-3　目的地吸引力与其他因素的关系

4. 评述

"推—拉"理论架起了旅游需求与供给的桥梁，为研究旅游者行为提供了一个有效框架。但理论方面对推力和拉力的作用关系仍存在争议，有的学者认为推力因素作用于拉力因素之前（Gann，1981），其他一些学者则认为推拉因素不应该被视为相互独立的，两者应该是相互联系的（Klenosky，2002）。此外，基姆（Kim，2003）的研究表明推力因素和拉力因素不仅相关，其关系还受到社会人口学因素的调节作用②。在应用方面，首先，受吸引力影响的因素的研究多重视拉力因素的作用，"推—拉"理论将吸引力研究与推力因素（旅游者本身主观动机因素）相联系，为研究旅游者的目的地选择、体验满意、重游意愿、旅游花费等提供了新的视角。此外，以系统的观点来看，在旅游系统中吸引力的影响因素除了客源地和目的地本身，还包括将两者相联系的交通、信息、营销要素（Gunn，1972），这些影响因素也应纳入吸引力研究范畴。其次，没有形成统一的目的地吸引力量表。虽然学者在使用多属性方法进行测量的方式上基本达成共识，但具体的属性选择并未统一，没有形成普遍适用的量表。

① Bamberg, Schmidt. Incentives, Morality, or Habit? Predicting Students'Car Use for University Routes With the Models of Ajzen, Schwartz, and Triandis[J]. Environment & Behavior, 2003, 35(2): 264-285.

② Kim, Lee, Klenosky. The influence of push and pull factors at Korean national parks[J]. Tourism Management. 2003, 24(2): 169-180.

（二）基于扩散激活理论的目的地品牌化模型①（以下简称 C-模型）

蔡利平（Liping Cai）认为目的地品牌化就是选择一致的元素组合并通过积极的形象塑造来识别和区分这些元素组合。基于安德森（1983）的激活扩散（spreading activation）理论，蔡利平（2002）吸收和扩展了加特勒的形象构成模型，提出了目的地品牌化模型，如图 8-4 所示。激活扩散理论将人的知识结构或记忆看作由节点和链接构成的网络，一旦一个节点被激活，激活效应就会沿链接扩展。如何激活和扩展取决于与激活节点相连的链接的数量和强度。从模型中可以看出目的地品牌化是一个循环过程，以品牌识别（Brand Identity）为中心，通过品牌要素组合、形象塑造、品牌联想（3AS）和营销活动（3Ms）之间的动态链接激活扩散。激活扩散过程开始于选择品牌元素（如口号、标识、标语）组合。无论口号还是标识都能清晰地识别出目的地，形成强烈一致的品牌联想。品牌联想反映形象的属性要素、情感要素和态度要素，营销活动是营销方案、营销传播和次级联想管理的整合，保证了投射形象与感知形象的一致性。C-模型还指出了扩散激活作用产生的 4 个外在条件，即现有原生图像（Existing Organic Image）、现有引致形象（Existing Induced Image）、目的地尺度和结构（Destination size and Composition）及定位和目标市场（Positioning and Target Markets），简称 4Cs。

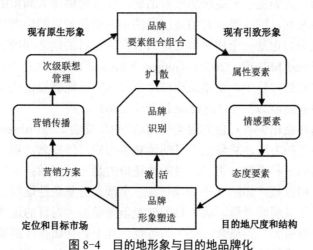

图 8-4　目的地形象与目的地品牌化

资料来源：Ekinci. From destination image to destination branding: An emerging area of research[J]. e-Review of Tourism Research, 2003, 1(2): 21-24.

---

① Cai L. Cooperative branding for rural destinations[J]. Annals of Tourism Research, 2002, 29(3): 720-742.

（三）可持续竞争力

国外学者自 20 世纪 60 年代就开始关注区域旅游竞争问题，研究最初集中于旅游地之间旅游资源的竞争。到 20 世纪 80 年代，研究开始强调旅游需求，把提高客源市场份额作为旅游竞争的目标。20 世纪 80 年代末，旅游形象成为旅游竞争研究的主题。旅游领域的"竞争力"研究在 20 世纪 90 年代以后才出现，而涉及"旅游目的地竞争力"（Tourism Destination Competitiveness，TDC）的研究则是更晚的事情。1993 年在阿根廷举办了旅游科学专家国际联合会（International Association of Scientific Experts in Tourism），专门研讨了长途旅行目的地的竞争力问题。之后，国内外学者纷纷从不同的角度对旅游目的地竞争力进行了研究。

1. 目的地竞争力的多维概念

虽然目的地竞争力研究成果丰硕，但目的地竞争力由于其模糊性和复杂性一直没有公认的统一概念。最常用的解释是目的地竞争力被视为实现特定目标的能力（Abreu-Novais et al.，2015）。这些目标可以分为三个维度：经济和人的福利（Azzopardi，2011；Bahar and Kozak，2007；Dwyer, Mellor, Livaic, Edwards, and Kim，2004；Ritchie and Crouch，2003）、吸引力和满意度（Crouch and Ritchie，1999；Dwyer and Kim，2003；Enright and Newton，2004）、可持续性（Azzopardi，2011；Crouch and Ritchie，1999；Hassan，2000）。里奇和克劳奇（Ritchie and Crouch，2003）认为竞争力能增加旅游消费，通过提供令人满意的难忘体验吸引更多游客并获利，同时提高目的地居民的福利和保护目的地的自然资源。同时，目的地竞争力也是一个相对概念，只有在进行目的地之间的比较时才有意义（Gomezelj and Mihalic，2008；Gooroochurn and Sugiyarto，2005），"目的地竞争力是在旅游体验中，特别是旅游者重视的方面能够提供比其他目的地更好的商品和服务的能力"（Dwyer and Kim，2003）。

基于不同利益相关者对目的地竞争力的理解，艾伯如等（Abreu et al.，2018）运用现象描述学的方法，总结出了目的地竞争力的三级概念：第一，目的地竞争力是目的地的一种感知；第二，目的地竞争力是一种绩效；第三，目的地竞争力是一个长期过程，如图 8-5 所示[①]。三个概念的复杂性逐级提高，第一个概念主要是从需求层面考量，认为目的地竞争力是游客对目的地属性的主观评价。类似于"吸引力"的概念，竞争力可视为几个独特属性或要素的组合，就这一层面来说，目的地的目标本质上是通过提供产品与现有或潜在游客建立联

---

① Abreu, Ruhanen, Arcodia. Destination competitiveness: a phenomenographic study[J]. Tourism Management, 2018, 64.

系的。第二个概念从游客个体（需求）转变到目的地本身及其获益（供给），此时竞争力可定义为目的地实现特定目标的能力。这一层面的目的地目标是将目的地潜力转化为现实的可测的绩效指标，如旅游收入和旅游人数。第三个概念的复杂性最高，吸收了前两个概念的同时加入了时间维度。目的地竞争力变成了一个过程，包括实现特定目标所需要的所有要素和步骤，以及这些目标的影响。从时间层面上说，目的地的短期收益是不够的，保持长久收益至关重要。在这个概念中，目的地不再只是游客的体验环境或消费的产品，而是一个系统。因此，目的地的定位不再是简单的需求或供给，而是整体的视角，考虑各种利益相关者并视目的地为一个整体，重点关注目的地整体的福利。

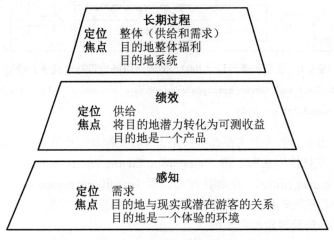

图 8-5　目的地竞争力概念

资料来源：Abreu, Ruhanen, Arcodia. Destination competitiveness: a phenomenographic study[J]. Tourism Management, 2018, 64.

2. 里奇和克劳奇的可持续竞争力模型及发展

（1）里奇和克劳奇（Ritchie and Crouch）的可持续竞争力模型

相对于概念界定，学者们更关注理论模型的开发来识别和理解目的地竞争力的驱动因素。里奇和克劳奇共同提出的旅游目的地可持续竞争力模型最具有代表性，基于这个模型他们还建立了旅游目的地竞争力指数（TDCI），按照指数（Index）、核心指标（Core Indicators）与标准（Criteria）构建了旅游目的地竞争力评价体系，如图 8-6 所示[1]。

---

[1] Ritchie J R B, Crouch, G. I. Country and city state destinations-a framework for understanding, measurement and management[J]. Tedqual, 2002 (5): 13-16.

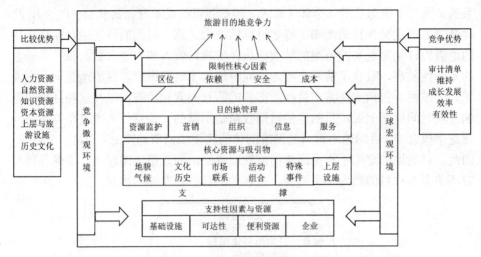

图 8-6 里奇和克劳奇（2002）的旅游目的地可持续竞争力模型

资料来源：Ritchie, Crouch. Country and city state destinations-a framework for understanding, measurement and management[J]. Tedqual, 2002 (5): 13-16.

该模型基本上由 4 个主要部分决定：核心资源和吸引物（core resources and attractors）、支持性因素和资源（supporting factors and resources）、目的地管理（destination management）、限制性核心因素（qualifying resources），认为旅游目的地竞争力是在比较优势（资源禀赋）基础上发掘竞争优势（资源配置）的过程。该模型得到世界旅游组织的认可与推广。

在里奇和克劳奇模型中，核心资源和吸引物是旅游者选择某地作为旅游目的地的基本条件，包括地貌气候、文化历史、市场联系、活动组合、特殊事件与上层设施。市场联系，即联系的纽带是至关重要的，旅游目的地管理者在处理这个问题时，不仅要区分这些纽带关系（个人的和组织的）所涉及的对象，而且要决定如何去使用这些联系去刺激、引导游客到访特定的旅游目的地。里奇和克劳奇认为，旅游目的地吸引物中的市场联系部分有时也不在旅游目的地管理者的直接控制之中，然而随着时间的推移，它会不同程度地影响目的地管理者的决策。该模型将环境条件分为：全球环境（宏观）和竞争环境（微观）。全球宏观环境指的是影响世界旅游业的全球性因素，竞争微观环境则指的是影响旅游目的地和旅游系统的因素。他们把环境条件当作对模型核心部分的作用力，并未上升到核心地位。

里奇和克劳奇（2003）在模型中加入了目的地政策、规划与开发这一核心要素，其中的子要素包括旅游政策、哲学体系、理想愿景、目的地审计、监控与评估、开发等，完善了原模型，使整个模型的功能发挥更加系统。可持续竞争力模型只是提供了一个广泛的决定因素表，而目的地管理者在实际操作中不可能面面俱到。为识别对目的地竞争力影响最大的属性，克劳奇（2011）运用层次分析法，确定了目的地竞争力的 10 个决定性属性，按照影响大小分为地形地貌和气候、活动组合、历史文化、上层设施、安全、成本/价值、可达性、特殊事件、感知/形象和区位[①]，建议目的地管理者将有限资源投入可能产生最大效益的主要属性，提高其竞争力绩效。

（2）德怀尔和基姆（Dwyer and Kim）的目的地竞争力整合模型[②][③]

以里奇和克劳奇模型为基础发展而来的德怀尔和基姆模型（2003）加入了国家和公司竞争力理论，如图 8-7 所示。其模型的主要属性包括资源禀赋、自然和遗产资源、人造资源和支持性资源。目的地管理包括政府和产业，是模型的第二个核心构成要素，具体又可分为目的地管理组织、目的地营销管理、目的地环境管理、人力资源开发与目的地政策、规划和开发 5 个方面。模型表明，资源和目的地管理与旅游需求（目的地感知、认知和偏好）和环境条件（全球环境、竞争环境、价格竞争、安全）相互作用，共同影响旅游目的地竞争力和社会经济的繁荣。

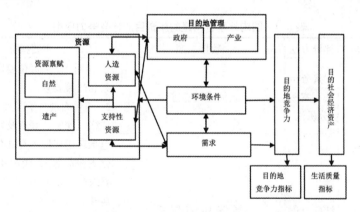

图 8-7 德怀尔和基姆的目的地竞争力整合模型

资料来源：Dwyer L, Kim C. Destination competitiveness: determinants and indicators[J]. Current Issues in Tourism, 2003, 6(5): 369-414

---

① Crouch G. Destination competitiveness: an analysis of determinant attributes[J]. Journal of Travel Research, 2011, 49(1): 344-355.

② Dwyer, Kim. Destination competitiveness: determinants and indicators[J]. Current Issues in Tourism, 2003, 6(5): 369-414.

③ Dwyer, Mellor, Livaic et al. Attributes of destination competitiveness: a factor analysis[J]. Tourism Analysis, 2004, 9(1-2): 91-101.

3. 克劳斯和库比奇科娃目的地竞争力综合指数及其他模型

近年来学者们关注目的地竞争力的复杂性、潜在性和整体性，开始提出综合指标来衡量竞争力（Blanke Chiesa and Crotti，2013；Croes and Kubickova，2013；Gooroochurn and Sugiyarto，2005；Mazanec and Ring，2011）。克劳斯和库比奇克娃（Croes and Kubickova，2013）发现里奇和克劳奇可持续竞争力模型选取的目的地竞争力指标是基于潜在的因果关系假设，测量的是竞争力的输入，而现实中潜在的输入如价格和人力资本不一定能转化成目的地竞争力。因此，克劳斯和库比奇科娃构建了一个基于绩效，即输出的综合指数来测量目的地竞争力，计算依据为 4 个指标，包括目的地在全球旅游市场下的绩效水平（旅游人均收入）、动态时间绩效（旅游收入增长率）、旅游在整体经济结构中的产业规模（旅游收入占 GDP 的比重）、生活质量标准（人类发展指数），通过皮尔森（Pearson）相关系数确定各指标权重，计算了美洲 7 个国家的旅游竞争力指数并进行对比排序[①]。

除了上述旅游目的地竞争力模型，国内外其他众多学者从旅游目的地发展的某一角度出发构建旅游目的地竞争力模型，为目的地竞争力管理提供理论依据，如表 8-4 所示。

表 8-4　国内外学者构建的旅游目的地竞争力模型

学者/机构	评价方法	数据来源	主要指标
刘长春，保继刚（2005）	因素分析法、案例分析法	调查问卷等	1. 绝对因素：区位要素、形象要素和政策要素 2. 相对因素：景区景点、交通、住宿、购物、餐饮及娱乐
约瑟夫、卡尔、安德烈亚斯（Josef, Karl and Andreas，2007）	结构方程模型验证	全球 169 个国家各项指标数据	包括环境保持（人口密度、二氧化碳排放等）、遗产和文化（世界遗产数量）、价格（酒店价格、购买力）、教育（成人非文盲率等）、社会竞争力（人均 GDP、平均寿命等）、通信设施（网络服务器等）、基础设施（道路、卫生等）、开放性（签证、贸易开放性等）8 个变量 22 项指标

---

① Croes, Kubickova. From potential to ability to compete: Towards a performance-based tourism competitiveness index[J]. Journal of Destination Marketing & Management, 2013, 2(3): 146-154.

续表

学者/机构	评价方法	数据来源	主要指标
冯学刚，沈红，胡小纯（2009）	数据驱动赋值法、最大元素基准法	《中国统计年鉴》《中国旅游统计年鉴》《中国民航统计公报》，以及各省市国民经济和社会发展统计公报等	基于投入产出模型的包括旅游景区数量、旅行社固定资产、民用机场数量、国内旅游收入等在内的18个指标
WEF 旅行和观光竞争力指数（2015）	指标量化打分	国际航空运输协会（International Air Transport Association，IATA）、世界旅游组织（UNWTO）、世界贸易组织（World Trade Organization，WTO）、世界旅游理事会（The World Travel and Tourism Council，WTTC）等国际组织的具体信息，以及对企业领袖的调查	1. 有利环境： （1）商业环境；（2）安全和保障；（3）健康和卫生；（4）人力资源和劳动力市场；（5）信息交流准确度 2. 旅游政策及有利条件： （1）旅行和旅游优化度；（2）国际化开放度；（3）价格竞争力 3. 基础设施： （1）空中交通基础设施； （2）地面和港口基础设施； （3）游客服务基础设施 4. 自然和文化资源： （1）自然资源；（2）文化资源与商务旅行

4. 不足与发展

可持续竞争力模型通用但不好用。可持续竞争力模型具有扎实的理论基础，其理论基础来源于经济竞争力的基础理论和可持续理论，关注目的地的竞争优势和比较优势，以及为打造真正的竞争力所具备的各方面（环境、经济、社会、文化政治）可持续的能力，为管理者提供了一个全面综合的竞争力管理框架，也是最被学界接受的模型。但是作为通用的模型，实用性存在问题。模型没有具体的量化指标，只能通过主观的方法测量，缺乏数据支撑。模型试图考虑所有潜在的重要属性，而要目的地管理者进行全面竞争力管理是不可能的。事实上，这些因素对目的地竞争力的重要程度是不同的。对管理者来说，识别并专注于特定方面的竞争力的管理来提高目的地整体竞争力更为重要。而其他学者提出的竞争力模型也因为适用范围和适用效度问题而难以推广。

首先，未来的竞争力管理模型需要在保证测量效果的前提下，在更少的情况下考虑更少的竞争力因素。其次，具体测量可以将主观指标和客观指标相结合使用。客观指标表达的是排除了个体体验感受的客观表现能力，而主观指标则表达了个体期望对目的地条件的评估，主要指旅游者主观期待的实现水平。因此，两种方法在本质上是互补的，因为竞争力的评估需要同时考虑个体（包括旅游者和利益相关者）感知的竞争力和客观测量的竞争力（包括到访游客数量、停留时间、花销等）①。

第二节　旅游目的地品牌

一、目的地品牌缘起

品牌是营销研究领域的一个重要概念，美国市场营销协会（1960）将品牌定义为：用以识别经营者或经营者集团的产品或服务的名称、术语、标记、象征、设计及其组合，以便和其他竞争者的产品或服务区别开来（Kotler，1993）②③。随着品牌理论的发展和应用，越来越多的学者开始将品牌的相关研究逐步引入旅游研究领域（Morgan et al，2003；Ritchie，1998；Blain，Levy and Ritchie，2005）④⑤。从 20 世纪 90 年代品牌化的概念进入目的地领域以来，目的地品牌日益成为旅游研究领域的焦点，这在很大程度上与全球旅游业的快速发展有关。第一篇真正关注旅游目的地品牌的学术文章是 1998 年多森（Dosen）、弗兰赛维克（Vransevic）和普北扎克（Prebezac）对克罗地亚品牌的分析。随着旅游资源同质化现象越来越明显，品牌成为目的地营销的关键部分和大多数目的地的一项战略任务。蔡（Cai，2002）⑥、郭永锐等（2011）⑦认为目的地品牌是通过选择一组一致的品牌要素组合，打造正面形象识别和区别一个目的地的过程，它

---

① Zehrer, Smeral, Hallmann. Destination Competitiveness—A Comparison of Subjective and Objective Indicators for Winter Sports Areas[J]. Journal of Travel Research, 2016(1): 1-12.

② Blain, Levy, Ritchie. Destination branding: Insights and practices from destination management organizations[J]. Journal of Travel Research, 2016, 43(4): 328-338.

③ Kotler, Haider, Rein. There's no place like our place! The marketing of cities, regions, and nations[J]. Futurist, 1993, 27(6): 14-19.

④ Blain, Levy, Ritchie. Destination branding: insights and practices from destination management organizations[J]. Journal of Travel Research, 2016, 43(4): 328-338.

⑤ Mangion, Durbarry, Sinclair. Tourism competitiveness: Price and quality[J]. Tourism Economics, 2005, 11(1): 45-68.

⑥ Cai L. Cooperative branding for rural destinations[J]. Annals of Tourism Research, 2002, 29(3): 720-742.

⑦ 郭永锐，陶犁，冯斌. 国外旅游目的地品牌研究综述[J]. 人文地理，2011（3）：147-153.

传递了独特难忘的关于旅游目的地的旅游体验承诺，有助于巩固和加强关于目的地体验愉快记忆的回忆（Pike，2005；Ritchie and Ritchie，1998）[1]。目的地品牌能帮助目的地创造一个更具有吸引力的形象，其影响旅游者的决策过程与行为，是一个强大的营销工具（Blain et al.，2005；Morgan and Prichard，2002）[2][3]。旅游目的地品牌战略就是发展与竞争旅游目的地不同身份和个性的过程（Morrison and Anderson，2002）。旅游目的地品牌战略理论经历了"形象派（Image School）"向"个性派（Personality School）"再到"品牌化（Branding）"的演变。

二、品牌化

与目的地品牌化概念相近的概念有目的地（再）定位（Gilmore，2002）、形象塑造（Curtis，2001；Cai，2002）和形象重塑（Hall，2002）。可将目的地比作公司或品牌伞，因为就一个目的地的功能而言，其与生产不同的产品和服务品牌的公司类似（Gnoth，2002；Papadopoulos and Heslop，2002）。目的地品牌化的关键是与游客产生情感联系（Morgan et al.，2004），正如前文引用的莫里森和安德森（Morrison and Anderson，2002）的话：目的地品牌化是发展与竞争旅游目的地不同身份和个性的过程。埃金吉（Ekinci，2003）认为要成功塑造目的地形象需要经历 3 个阶段（如图 8-8 所示），即目的地形象→目的地品牌化→目的地个性。第一阶段的目的地形象更多的是基于认知的，包括目的地主观知识的评价。当这种形象评价开始包含较强的情感依恋时，品牌化阶段就开始了。成功的品牌化包括通过满足旅游者的情感（如放松）和基本的需求（如吃的需求）来建立目的地和旅游者之间的相互联系，特别是可以建立目的地形象与旅游者自我形象的联系，品牌个性是其中的重要决定因素，品牌个性强调品牌形象中类似于人的特质，从而活化了目的地形象[4]。尹（Yoon，2002）指出了目的地人格化的三个条件：（1）有人的行为；（2）能够与环境互动；（3）特质的一致和稳定。

---

① Pike S. Tourism destination branding complexity[J]. Journal of Product & Brand Management, 2005, 14(4): 258-259.

② Blain, Levy, Ritchie. Destination branding: insights and practices from destination management organizations[J]. Journal of Travel Research, 2016, 43(4): 328-338.

③ Mangion, Durbarry, Sinclair. Tourism competitiveness: Price and quality[J]. Tourism Economics, 2005, 11(1): 45-68.

④ Ekinci Y. From destination image to destination branding: An emerging area of research[J]. e-Review of Tourism Research, 2003, 1(2): 21-24.

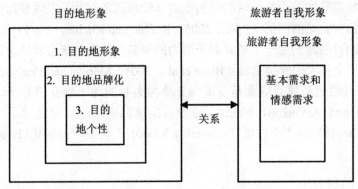

图 8-8　基于扩散激活理论的目的地品牌化模型

资料来源：Cai. Cooperative branding for rural destinations[J]. Annals of Tourism Research, 2002, 29(3): 720–742.

（一）目的地品牌化战略模型（以下简称 B-模型）

巴拉科瑞斯南（Balakrishnan，2009）在总结了 125 多个案例研究和相关文献后提出了目的地情境下的品牌化战略模型，如图 8-9 所示。巴拉科瑞斯南认为目的地品牌化过程主要围绕 5 个方面展开[①]。

1. 愿景和利益相关者管理

愿景是品牌化战略的起点，管理者在制定愿景时需要与所有利益相关者沟通和交流。首先，需要关注的是当地社区的期望和诉求。其次，目的地名称因为过去的历史会产生类似于原产地效应的作用，即品牌原产地影响消费者对品牌的评价，进而影响购买倾向。这种作用可能是积极的也可能是消极的，目的地应该更多关注中性或积极的形象实施品牌策略。

2. 目标市场和产品组合的匹配

要从客户的来源、消费潜力和心理特征等方面确定主要目标群体，目的地的产品和服务组合必须与总体品牌战略相结合，并以现有资源（Hankinson，2004）及其能够开发的资源为基础。目的地可以有目的地选择多样化产品组合战略和品牌组合战略。目的地多样化产品组合能够降低风险、拓宽市场并促进忠诚度，更多的目的地正在开发基于商业或基于假期的产品组合（Hankinson，2005，2004）。地方也在通过远离历史印记来进行自我再造，一些成功的旅游目的地品牌重塑策略包括娱乐、体育、文化和生态旅游（Ibrahim and Gill，2005）。品牌组合战略是以创造协同作用、杠杆作用和明确作用为目标，涉及的品牌不

仅包括组织内的品牌，还包括虽在组织外部但与内部品牌的联系得到积极管理的品牌（Aaker，2004）。通过光环效应和外部验证，可以利用任何具有更大价值的要素品牌来提高品牌的价值、竞争地位，增加购买意愿。由于品牌资产与全球消费者文化有关联，目的地与世界级品牌的关联可以提高游客的舒适度，减少游客的不和谐感。

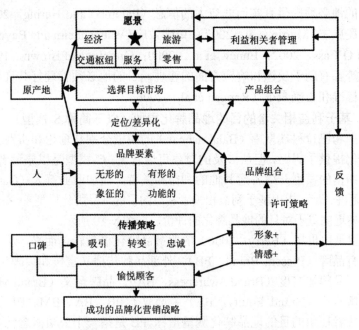

图 8-9　目的地情境下的品牌化战略模型

资料来源：Balakrishnan. Strategic branding of destinations: a framework[J]. European Journal of Marketing, 2009, 43(5/6): 611–629.

3. 使用品牌要素定位和差异化策略

差异化策略旨在目标客户中留下清晰独特的形象，这些形象必须在所有媒体营销中保持一致。目的地必须选择品牌要素组合来吸引消费者，帮助消费者做出决策和建立忠诚度。这个过程从客源地开始，在目的地逗留中强化，在回程和再次访问时修正。品牌要素可以是有形的或无形的，是功能性的或象征性的。目的地应集中在少数（3—7 个）有形和功能的目的地属性上，而不是"全面发展"战略（Woodside and Dubelaar，2002；Woodside and Trappcy，2001），也有研究表明象征性价值赋予了目的地可持续竞争优势（Mowle and Merrilees，2005）。

4. 传播策略

在目的地营销渠道中，报纸、电视、杂志和收音机比在线广告更值得信赖。旅游者偏爱基于口碑选择目的地，一旦选择再通过网络资源来缩小范围。

5. 反馈和响应管理策略

在管理目的地品牌时，可以通过市场调查来减少理想和现实品牌营销的差距。但目的地必须提供真实而非夸大的信息（Palumbo and Herbig，2000）。品牌的网络民族志（Martin et al.，2007）、口碑效应（Wangenheim and Bayon，2004；Grace and O'Cass，2002；Ennew et al.，2000；Gremler and Brown，1999）、纪念品策略等都有助于反馈和响应方面的管理。目的地必须管理好其许可策略以维持品牌标准和正确表征（Rangan et al.，2006）。

（二）基于利益相关者的目的地品牌化模型（以下简称 S-模型）

C-模型和巴拉科瑞斯南（Balakrishnan）的模型分别从理论和实践方面为目的地品牌化提供了思路，但从涉及的对象可以看出，C-模型是以旅游者为核心，巴拉科瑞斯南的模型开始考虑其他的利益相关者，而加西亚等人（Garcia et al.，2009）则更进一步，提出基于利益相关者利益的目的地品牌化模型①，不过从功能上看 S-模型更侧重于对目的地品牌化的评价，如图 8-10 所示。

S-模型是由贝里（Berry，2000）的服务品牌化模型转化而来，从原来六要素，即现有品牌（Present Brand，PB）、外部品牌传播（宣传和口碑传播）、消费者体验、品牌知名度（Brand Awareness，BA）、品牌意义（Brand Meaning，BM）、品牌资产（Brand Equity，BE）中选取了 PB、BA、BM、BE 四要素作为利益相关者视角的目的地品牌化测量指标。PB 是指一个公司概念化和推广的品牌信息（如名称、标识及其可视化表示），在 S-模型中，PB 通过令人心动的（appealing）、有吸引力的（attractive）和感兴趣的（interesting）（Wells，1964）3 个指标来衡量。BA 指识别和回忆起一个品牌的能力（Aaker，1991；Berry，2000；Berry and Seltman，2007），反映品牌在消费者心中的突出地位（Aaker，1991），依次分为能识别、能想起和主导 3 个层面。BM 指利益相关者对品牌的主要看法（Berry，2000），测量指标为可靠、感受、鲜明的个性和信任。艾克（Aaker，1991）将 BE 定义为与品牌等相关的现实的或感知的资产或负债，通过感知质量、忠诚度和口碑 3 个指标衡量。

模型的另一个重要思想是强调利益相关者之间的一致性对于实现目的地品牌成功的重要性。基于利益相关者的品牌资产概念与基于旅游者的品牌资产概念相比更为合适。管理者只有长期有效地协同管理每一个利益相关者，地方

---

① Garcia, Gomez, Molina. A destination-branding model: an empirical analysis based on stakeholders[J]. Tourism Management, 2012, 33(3): 646-661.

品牌战略才能成功。基于旅游者、当地居民和企业对目的地品牌 4 个维度的不同评价，加西亚等人还构造了称为"三维钻石成功指数"（Success Index of Triple-Diamonds，SITD）的评价指数。SITD 指数大小范围在 0—150，通过 SITD 指数不仅可以横向分析竞争目的地的品牌化情况，也可以纵向分析某一目的地品牌化演变过程，从而为品牌化管理实践提供参考。

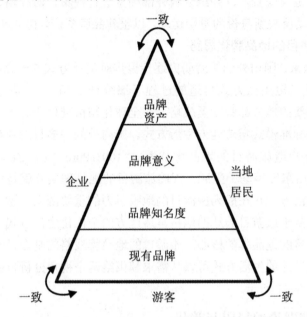

图 8-10　基于利益相关者的目的地品牌化模型

资料来源：García, Gómez, Molina. A destination-branding model: an empirical analysis based on stakeholders[J]. Tourism Management, 2012, 33(3): 646-661.

三、目的地品牌战略制定

（一）品牌重塑战略

20 世纪 80 年代开始，品牌化研究的关注点是单个产品层面的品牌化问题，如品牌形象、品牌个性、品牌关系、品牌资产等方面，目的是追求单一产品和品牌价值的最大化。后来，品牌架构战略理论的出现打破了原有的思维模式，该理论注重整体视角下的品牌化问题的研究，真正关注企业层面的品牌化战略与营销产出的因果关系，是指导品牌重塑的基础，属于营销研究的新兴范畴（Kapferer，2012；Hsu et al.，2016）。目前，在旅游目的地品牌化过程中，很多旅游目的地存在认知上的偏差，如"宜春：一座叫春的城市""我靠重庆""凉城利川"等，这些错误的品牌定位和媚俗的品牌形象亟须进行旅游目的地品牌重塑。亚利山大等（Alexander & Tevi，2012）利用自然选择进化理论构建模型解释了品牌重塑的过程，指出品牌重塑是一种自然选择的进化演进过程[①]。为了能够被消费者选择，企业应该时刻审视环境以知晓消费者偏爱什么，并对现有品牌进行"健康检查"，并综合内外部因素进行决策，对战略、定位等要素进行调整，启动反映新身份的重塑运动，以重建品牌资产，树立新的品牌形象。

（二）旅游目的地品牌化思路

21 世纪以来，国内外的旅游研究逐步聚焦对生活方式的研究，目的地品牌战略的制定是当地生活方式再造的过程（邹统钎，2021）。地方再造（place making）是重要的地方品牌发展战略，在全球化与标准化压力下，很多地方都参照国际先进标准模式塑造地方生活方式。国内外的许多目的地都基于本土独特生活方式来塑造旅游目的地品牌战略。"100%Pure New Zealand" "Truly Asia" "好客山东"等基于生活方式的旅游目的地品牌实践就是成功的典范，独特的本土生活方式正在成为旅游目的地吸引力的重要源泉。塑造强势的旅游目的地品牌，基于旅游目的地的地格再造地方的个性化生活方式，是塑造高知名度和美誉度目的地品牌的核心。旅游目的地品牌战略的制定是一个系统的营销过程，基于当地的生活方式可以从需求和供给两个视角分析目的地品牌的塑造思路，如图 8-11 所示。

四、品牌理论的局限与趋势

纵观品牌理论的发展史可以发现，品牌理论从最初的品牌识别（什么是品牌）形成了"形象派"和"个性派"两大主要学派，过渡到品牌化（如何打造品牌和评价品牌），过程中取得了很多成果，但也有一些不足。在品牌识别阶段，品牌个性学派虽然在形象学派基础上研究完善了旅游目的地品牌战略理论，但其品牌测量方法上仍存在不足。首先，旅游目的地不同于人类和一般的商品，它作为一个"地方"存在天然的"自然与人文"二元性，很难统一为某一种个性。纵观国内外优秀旅游目的地品牌多数采用自然与人文"二元基因"，如"晋善晋美"的"善"与"美"、"灵秀湖北"的"灵"与"秀"、"诚义燕赵、胜境河北"的"诚义"与"胜境"等。其次，人类和旅游目的地的本质存在着

---

① Alexander T, Tevi O. Understanding Corporate Re-Branding: An Evolution Theory Perspective[EB/OL]. http://ssrn.com/abstract=2197664, 2012.

不同之处（Kassarjian，1971；Pereira et al.，2009）①②，基于人类性格特征的分类量表无法准确表述目的地的个性特征，并不能完全适用于所有目的地的品牌测量，存在一定的片面性（Hosany and Ekinci，2003；Back and Lee，2003；Douglas and Mills，2006）。③④⑤最后，目的地品牌个性理论缺乏对目的地、客源地与竞争地三者竞合关系的综合考虑。埃金吉（Ekinci，2003）做出了尝试，在其建构的模型中，目的地形象由整体形象、目的地品牌和品牌个性3部分构成。

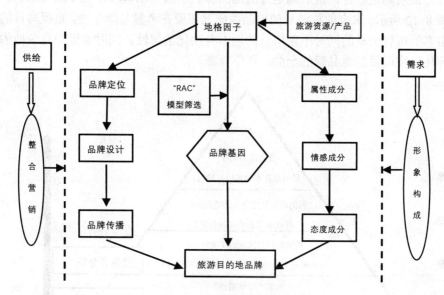

图 8-11 旅游品牌塑造思路

资料来源：韩慧林. 丝绸之路旅游品牌塑造与营销机理探索——以品牌基因为视角[J]. 技术经济与管理研究，2020，No.285（04）：69-73.

① Kassarjian H. Personality and consumer behavior: A review[J]. Journal of Marketing Research, 1971, 8(4): 409-418.

② Pereira, Correia, Schutz. Towards a taxonomy of a golf-destination brand personality: Insights from the Algarve golf industry[J]. Journal of Destination Marketing & Management, 2015, 4(1): 57-67.

③ Hosany, Ekinci, Uysal. Destination image and destination personality: An application of branding theories to tourism places[J]. Journal of Business Research, 2006, 59(5): 638-642.

④ Back, Lee. Brand personality and its impact on brand loyalty in the upper-upscale hotel industry[C] //Proceedings of the first Asia-Pacific CHRIE conference, 2003: 205-215.

⑤ Douglas, Mills. Logging Brand Personality Online: Website Content Analysis of Middle Eastern and North African Destinations[C]// Information and Communication Technologies in Tourism, Enter 2006, Proceedings of the International Conference in Lausanne, Switzerland. DBLP, 2006: 345.

目的地形象与旅游者的自我形象联系在一起①。自我形象和目的地形象之间的这种联系，即目的地和客源地之间的联系，反映了生活方式和价值体系等因素在目的地选择过程中的关键作用。此外，世界旅游组织专家摩根（Morgan，2002）综合多种理论提出了旅游目的地品牌金字塔模型，指出旅游目的地品牌的选择需要通过 SWOT 分析找出目的地最重要的资产（理性归属），继而通过消费者分析找出游客对目的地的情感利益，再通过竞争者分析确定目的地品牌个性，然后确定定位，最后确定目的地品牌的基因（UNWTO，ETC，2009），如图 8-12 所示。未来的旅游目的地品牌研究需要在考量品牌个性，重视与目的地游客的情感关联的同时不忽略目的地本身物化的属性，同时兼顾与竞争地的差异化，实现目的地品牌的全面、科学管理。

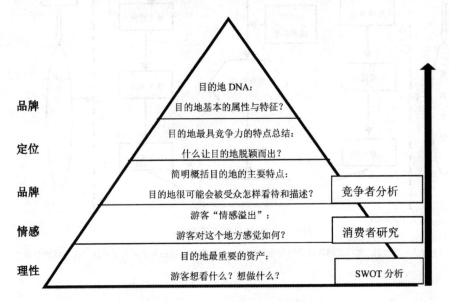

图 8-12　目的地品牌金字塔模型

资料来源：Anholt, S. Handbook on tourism destinations branding[M]. World Tourism Organization, 2009.

品牌化阶段中存在的研究空白和趋势有：（1）对品牌口号和标识的有效性研究。一直以来，目的地的营销推广活动都被认为缺乏创意，市场反应冷淡，这些活动生命周期短暂并且不能区别于其他竞争地。鉴于目的地多用口号和标识作为自己的品牌定位，学者们应该更多关注营销活动口号和标识成功因素的

---

① Ekinci Y. From destination image to destination branding: An emerging area of research[J]. e-Review of Tourism Research, 1(2): 21-24.

研究（Pike，2009）。有学者已经做出了这方面的探索，加里尔特（Galiet，2017）在研究了 150 多个成功目的地，并从国家、区域和城市 3 个地理层面进行分析，发现不同区域层面目的地口号的共同点是语言简单并具有排他性的吸引力，强调情感成分。不同点在于：首先，国家和城市层面的策略与区域层面的品牌策略有所不同，表现在国家和城市层面倾向于将品牌名称和标识相结合，区域层面则不会。其次，品牌标识的侧重点不同，国家和城市层面重点强调"优而选"，区域层面强调与竞争目的地共有的属性。（2）目的地政策在品牌化中的作用。尽管利益相关者管理和政策一直是品牌化管理的关键问题（Pride，2001；Balakrishnan，2009），但很少研究当地产业政策在公私合作中的作用（Pike，2009）。杰森·瑞恩和沙丽·西尔万托（Jason Ryan and Sari Silvanto，2010）专门对遗产地的政策因素进行了研究，发现民主性的作用要高于经济、管理质量和旅游业的作用，政策的不稳定性反而没有很大影响①。

第三节 目的地管理新发展

一、数字化管理

数字化管理以其高效、智能、快捷等优点被广泛应用于旅游管理领域。旅游目的地数字化管理涉及旅游目的地管理的方方面面，是在综合考虑自然资源环境、社会文化环境、政策环境、经济环境、科学技术环境等的背景下，对旅游市场、旅游相关产业、旅游者等进行数字化管理的应用实践。

目的地数字化管理是一个综合庞大的系统，涉及物联网、大数据、云计算、基于位置的服务、人工智能等多种数字化技术。目的地数字化管理系统通常包括物联网感知层、网络通信层、数据分析与处理层、智慧决策层等层级架构的相互嵌套和通信，从而实现面向旅游者的路线规划、手机支付、电子导游、票务预订等数字化服务，以及面向旅游企业的数字营销、客户管理、旅游支付、财务管理等智慧化企业管理服务，同时还可以满足政府等旅游管理部门对旅游政务、监测预报、决策支持、智慧调度等数字化管理的需求。

根据旅游管理的对象，本节将从旅游资源数字化管理、旅游景区数字化管

---

① Jason Ryan, Sari Silvanto. World Heritage Sites: The Purposes and Politics of Destination Branding[J]. Journal of Travel & Tourism Marketing, 2010, 27(5): 533–545.

理、在线旅游数字化管理、酒店行业数字化管理、旅游交通数字化管理等方面，综合阐述旅游目的地的数字化管理的手段、方法和案例。

（一）旅游景区数字化管理

数字景区通常依靠物联网、云计算、大数据、人工智能、LBS 技术、虚拟现实技术、流媒体技术、增强现实技术、图形图像处理技术等现代信息和网络技术，以实现景区资源合理配置、旅游信息的高效采集和处理，实现对信息资源的合理开发和利用[①]。数字化景区主要通过景区地理信息系统、数字化监控系统、智能指挥中心、电子门票系统、自动语音导游系统、LED 户外大屏、旅游咨询系统、背景音乐系统和数字化营销系统等具体展现[②]。

我国在旅游景区的数字化方面也开展了一系列的工作。我国敦煌博物院与美国梅隆基金会合作建立"数字化虚拟洞窟"，此外，中国故宫博物院还与日本凸版印刷株式会社签订数字化合作协议[③]。我国还建设了国家级风景名胜区监管信息系统。国家"十五"科技攻关计划重点项目数字景区示范工程开始发挥作用，并以黄山和九寨沟为试点[④]。全国范围内筛选了 22 个国家级风景名胜区列为试点单位，进一步加强数字化景区建设的指导和培育[⑤]。

（二）在线旅游数字化管理

信息化背景下，在线旅游、旅行社数字化进程正不断发展[⑥]。全球范围内出现了如 Expidea、Tripadvisor、Priceline 等新兴旅游企业。与此同时，我国的旅游电子商务企业也不断成长，综合门户网站、旅游垂直搜索引擎、SNS、旅游网店、社会网络、微博等旅游电子营销渠道飞速发展，旅游在线用户群体庞大[⑦]。当前，携程、同程、艺龙、飞猪、美团等 OTA 企业发展迅速[⑧]，传统的实体门店服务逐渐被更加细分的、网络化的、整合型的在线服务模式取代[⑨]。受疫情的影响，在线旅游数字化管理更体现出了其独有的优势，疫情对于消费者的行为习惯，尤其是网络消费意愿的提高具有促进作用，适时进行旅游目的地的数字化营销、品牌建设、服务打造对于赢得未来的在线旅游发展空间具有

① 党安荣，张丹明，陈杨. 智慧景区的内涵与总体框架研究[J]. 中国园林，2011. 27（09）：15-21.

② 徐丹. 基于 ASP.NET 的景区管理系统设计与实现[J]. 数字技术与应用，2017（04）：176-178.

③ 黄如花. 网络信息的分布式组织模式——数字图书馆[J]. 图书情报工作，2003（08）：11-15.

④ 邵振峰等. 基于物联网的九寨沟智慧景区管理[J]. 地理信息世界，2010. 8（05）：12-16.

⑤ 穆荣兵等. 浅谈数字化技术在旅游景区中的应用[J]. 艺术科技，2016. 29（02）：33.

⑥ 任瀚. 智慧旅游定位论析[J]. 生态经济，2013（04）：142-145.

⑦ 林德荣，郭晓琳. 旅游电子商务研究述评[J]. 旅游学刊，2008（12）：87-92.

⑧ 孟梦. 旅游电子商务发展的趋势及策略分析[J]. 现代经济信息，2017（15）：336.

⑨ 肖洋，梁江川. 新媒体对旅游目的地形象构建的三种力量：OTA、UGC、DMO[J]. 旅游研究，2018. 10（05）：5-8.

重要的意义和价值。

（三）酒店行业数字化管理

智慧酒店依靠云计算、物联网和移动信息等新技术，以智能终端设备为载体，通过数字化与网络化实现酒店信息化服务，为顾客提供高科技的个性化定制服务，实现酒店个性化、人性化服务和高效管理。智慧酒店建设涉及智慧服务、智慧管理和智慧营销等方面，这些要素有机结合、互相影响、互相渗透，发挥智慧酒店真正价值①。在酒店中，游客可利用智能终端设备来获取景区酒店所提供的各类服务信息，景区酒店则可将自身的特色服务推荐给游客，使游客根据这些服务信息来办理入住与退房业务，并且在酒店中设置许多智能化设备，从而营造出能满足游客个性化需求的入住环境，增强游客在入住过程中的智慧化体验②。中国酒店业的快速发展使得智能化、数字化的酒店管理系统已成为当今酒店发展的主要核心竞争力量之一。随着科技发展和消费升级，新生代消费群体越来越关注酒店服务个性化体验设计，服务场景化及定制化需求日趋强烈，智慧酒店凭借其高效、便捷、互动和定制等优势得到快速发展，为现代酒店塑造良好形象③。"无人智慧酒店"乐易住、菲住布渴（Flyzoo Hotel）等都是智慧酒店的典型代表。2020年，突如其来的一场新冠肺炎疫情让酒店业损失惨重，疫情给酒店业带来重创的同时，也催生了智慧酒店"无接触服务"的市场新需求④。

（四）旅游交通数字化管理

旅游交通数字化系统是一个信息处理、通信、控制及电子工程等各类高新技术的综合体，能为交通的高效管理提供解决手段⑤。旅游交通数字化可以实现道路交通的智能规划和监控，以实现对交通资源的优化配置，反馈最优的行进方案，为用户提供决策支持。此外，旅游交通数字化可助力公共交通的智能监管和调度。借助人工智能技术，基于全球通用的定位系统，可以实现对车辆的行进路线进行实时记录，从而实现根据乘客需求，智能调度公共汽车、出租车，合理规划交通路线，以满足人们的出行需求⑥。不仅如此，还能促进新型智慧交通发展，促进我国智能交通系统理论的进一步发展，带动相关产业的发

① 刘振华．"互联网+"时代下酒店电子商务的转型之路[J]．经济研究导刊，2017（04）：158.
② 崔忠强，尹立杰．基于物联网技术的智慧旅游发展研究[J]．旅游纵览（下半月），2019（12）：36-37.
③ 王婕蓉．数字化营销对现代酒店的影响与对策研究[J]．中外企业家，2019（09）：105-106.
④ 杨彦锋．互联网技术成为旅游产业融合与新业态的主要驱动因素[J]．旅游学刊，2012．27（09）：7-8.
⑤ 綦云等．智能网联汽车发展现状及成都市相关产业发展策略研究[J]．西部经济管理论坛，2019．30（02）：64-73.
⑥ 郑凯，朱志泉．基于大数据的城市多模式交通系统协同优化平台研究[C]．2018世界交通运输大会．2018.中国北京.

展和成长①。南浔古镇在旅游交通数字化方面处于国内景区中的领先地位。景区推出手绘导览系统，并配套"自动导览"模式，此外，南浔古镇还与高德地图合作开发了智慧景区项目，游客可在高德地图手机应用软件上搜索"南浔古镇一键智慧游"进入地图界面，基本上可以覆盖到游客的各种需要，不仅使游客依靠手机即可完全了解南浔，还可增强游客游览体验感②。

目的地数字化管理在结合了旅游资源数字化管理、旅游景区数字化管理、酒店业数字化管理、交通数字化管理等各方面的智慧管理应用后，通过统一的管理控制层、技术服务层和信息处理层来对旅游者的现实需求、共性需求、个性需求、潜在需求进行综合分析，并给出满足旅游者多种多样需求的智慧化解决方案，为提高旅游目的地管理的效率和效果贡献智慧力量。

（五）旅游资源数字化管理

我国地大物博，旅游资源丰富，但是不同的地区，旅游资源的类型、种类、开发运用的程度也各有不同，为确保旅游资源合理运用，需要建立数字化旅游资源库，从而推进地方旅游资源的有效保护和合理利用，实现旅游业的可持续发展。旅游资源数字化，即运用高新技术将客观世界旅游资源的各种信息用数字化设备转化成数字信号③。数字化的方式可以使旅游资源的普查更详尽，表现更直接，利用方式更丰富。旅游资源数字化，有助于旅游资源的规划和开发，对旅游资源地的宣传具有重要作用。

以物质、非物质文化遗产为代表的人文旅游资源，正面临着诸多问题，如部分古迹、建筑、城镇等历史遗迹因保护和修缮不力而失去原有面貌④，部分非物质文化遗产年久失传、社会关注度不高⑤、濒临灭绝等⑥。如何寻求更好的方法将其保存并永续传承是目前亟待解决的问题，现阶段信息数字化快速的发展正是人文旅游资源得以可持续发展的契机。

运用现代数字化技术手段，可以使文化旅游资源影像化，借助互联网和多种媒体提升国民认知度，让人文旅游资源在得到保护的同时得到更好的传承。

我国人文旅游资源的数字化保护，旨在对物质文化遗产和非物质文化遗产

① 王凌等. 智能旅游交通系统框架研究[J]. 交通标准化，2005（11）：151-154.

② 张弛. 旅游智慧营销发展研究[J]. 时代经贸，2019（22）：65-71.

③ Mustafaeva Z A, Tappaskhanova E O, Thamitlokova Y O. Digitalization of Tourism: Creating Tourist Information Center[C]// 2nd International Scientific and Practical Conference "Modern Management Trends and the Digital Economy: from Regional Development to Global Economic Growth" (MTDE 2020). 2020.

④ 刘伯英. 中国工业遗产保护与活化利用面临的主要问题[J]. 中国文物科学研究，2017（02）：11-15.

⑤ 王明月，非物质文化遗产保护的数字化风险与路径反思[J]. 文化遗产，2015（03）：32-40.

⑥ 程乾，凌素培. 中国非物质文化遗产的空间分布特征及影响因素分析[J]. 地理科学，2013. 33（10）：1166-1172.

的数字化复原、4D 影像体验、数字影像存储与记录、增强现实呈现等方面进行保护和利用。目前，我国已经取得了较为成熟和成功的数字化保护成果，故宫博物院已建立起存有 5 万余张影像数据的数据库，并且在 2001 年开通了"数字故宫"网站，并对各个大殿进行建筑测绘，是建设"数字故宫"的基础，故宫的网站也可以为观众提供信息、时空漫游、导览、资料查询等多方位服务。数字秦始皇兵马俑博物馆，运用先进的虚拟现实手段，为公众提供真实的参观体验。另外，武陵地区文化遗址、河姆渡文化遗址、圆明园遗址等文化遗产保护单位也在着力打造数字化的保护和利用模式。

与此同时，我国政府及相关组织很早也在思索更新保护方法，与时俱进。早在 2010 年就有相关文件提出将数字化运用于文化资源生产保护消费过程中，争取实现文化遗产保护相关方面的全面数字化修复。2015 年国务院发布指导意见，指出应大力发展历史文化资源的数字化，把历史文化遗产的数字化活化纳入地域发展规划之中。我国的文化遗产数字化进程正在不断发展。

利用自然资源现代信息采集、加工、存储、传播技术，把旅游资源的各种信息映射为数字信号，利用计算机进行加工和处理，利用数据库技术进行存储，利用数字化规划技术加以规划和利用，实现旅游资源的数字化管理、有效保护和高质量开发利用。GIS、RS、GPS 等现代时空地理信息技术能为自然资源的数字化管理提供有力的手段。遥感技术有助于发现新旅游资源，不仅对雨林、天坑等自然旅游资源有探测能力，而且对古城址、古墓群、洞穴遗址、古战场遗址等古文化旅游资源也具有发现和观测能力。国际科学考察团通过卫星影像和无人机遥感图像，发现了位于贵州省的尚未被发现的天坑资源。中科院联合法国等多国科学家通过光学遥感技术联合发现了位于突尼斯的历史遗迹。微波遥感可以穿透地表的覆被、土壤、积雪等，探测地下矿体、溶洞、地下河等地貌[①]。美国科学家通过搭载成像雷达的航天飞机发现了撒哈拉沙漠地下 5 米深的古河道。在现有旅游资源监测方面，遥感技术依然发挥着重要的作用。利用彩红外影像实现了北京古长城分布特点和建筑结构的调查。国内外专家学者还运用 TM、SPOT、CBERS 等不同分辨率遥感影像，对黄果树、三亚等旅游目的地的旅游资源进行了调查。在旅游资源遥感调查的基础上建立区域旅游资源数据库，能为进一步建立旅游信息系统，合理规划、整合和利用区域旅游资源奠定牢固的基础。在 GIS 的支持下，通过对不同时相的遥感影像的识别和对比，发现旅游资源开发前后的动态变化，为合理开发旅游资源提供技术支撑。在旅游资源遥感调查中还可以及时发现旅游资源存在的潜在自然危害因素，以及在

---

① 赵英时，等. 遥感应用分析原理与方法[M]. 2 版. 2013：北京：科学出版社. 505.

旅游资源开发当中可能出现的风险，为保护旅游资源提供参考。

二、全域旅游

2015 年 9 月，原国家旅游局发布了《关于开展"国家全域旅游示范区"创建工作的通知》，标志着国家全域旅游示范区创建工作在全国范围正式铺开。"全域旅游"是中国社会经济发展新常态下一种新的旅游发展观，是中国旅游发展的新道路、区域统筹发展的新方案、生态环保的新格局、脱贫致富的新出路和百姓幸福生活的新方式，发挥了"稳增长、促改革、调结构、惠民生、防风险"的重要功能。目前，全域旅游无论在理论界和实务界都存在很多争议，特别是概念本身的歧义与旅游中心主义的倾向引发诸多质疑，但强力的政府运动式的推动已经使它成为中国旅游发展的大热点。

全域旅游对经济社会体制、经济发展方式、社会组织体系、旅游管理体制、旅游融合发展等都提出了新的要求：（1）树立全域旅游的体制观，需要全域的见识；（2）树立全域旅游的资源观，需要全域的眼界；（3）树立全域旅游的产品观，需要全域的能力；（4）树立全域旅游的业态观，需要全域的胸怀；（5）树立全域旅游的发展观，需要全域的品质。建立现代旅游治理机制是开展和深化全域旅游发展的关键，需要从五个方面着手：第一，构建统筹发展机制；第二，深入推进旅游综合管理体制改革；第三，建立系统的营销机制；第四，大力推进旅游数据改革；第五，进一步优化政策保障机制。

全域旅游需要秉承融合发展的理念，并结合旅游供给侧结构性改革。首先，全域旅游重点突出旅游的引领作用，形成层次分明、相互衔接、规范有效的规划体系；其次，全域旅游以"旅游＋"为重点，推动融合发展、创新发展，增加旅游产品的有效供给；再次，全域旅游主张以市场为导向，促进旅游投融资，推动旅游产业持续向好，以服务民生为宗旨，抓好以厕所革命为代表的旅游公共服务；最后，全域旅游以助力全面小康为目标，大力推进旅游扶贫、旅游富民。

第四节　危机管理

一、旅游危机研究的兴起

国外对于旅游危机的研究起源于 20 世纪 70 年代。1974 年，在当时的世界旅游业（尤其是发达国家）遭受世界范围内的能源危机严重冲击的背景下，旅行研究协会（The Travel Research Association）开始关注危机，召开了主题为"旅行研究在危机年代中的贡献"的年会，探讨旅行和旅游在面对灾难与危机时的脆弱性，这是业界在旅游业危机管理方面的首次努力。尽管这次会议的报告集中于对某类危机影响的描述和汇报，但还是在旅游科学和实践中领先引入了关于危机的重要研究课题①。为了帮助各个成员国能更好地应对危机，世界旅游组织（UNWTO）专门在 2001 年 11 月成立了一个新的下属机构——危机委员会（后改名为旅行和旅游恢复委员会），及时出台各种指导性规章条例。同年，福克纳（Faulkner）发表了题为 Towards a framework for tourism disaster management 的文章，指出不论是自然还是人为的危机和灾难，其数量的上升都影响了旅游及相关产业的发展。过去，旅游业经历的灾难和危机涉及恐怖袭击、政治动乱、经济衰退、生物安全威胁和自然灾害。他还指出了当时旅游危机研究存在的空白，自此开启了旅游危机和灾难的研究热潮。

二、混沌理论下的旅游危机管理框架

（一）危机概述

危机指组织的任何作为或不作为，干扰了组织职能的持续、目标的实现和组织的生存，或被大多数或部分员工、用户认为产生了不利的影响。危机与灾难的区别在于事件本身在多大程度上是由组织自身造成的。从这个角度出发，危机可以描述为那些根本原因是由组织自身造成的，原因可能是无效的管理结构或者不能适应变化；而灾难是组织面临的突发的、不可预知的和无法掌控的灾难性变化②（Faulkner，2001）。

危机可以分为三类：突发性危机、生成性危机和持续性危机。突发性危机没有任何预警，因此在危机来临之前组织无法进行研究或预防。生成性危机发展较慢，可能被组织的行动制止或控制。持续性危机可能持续几个星期、几个月或几年③。

每个危机可以划分为不同的生命周期，包括事前期、先兆期、产生期、事中阶段、恢复期、解决阶段（Faulkner，2001）。危机生命周期的划分有助于管理者在危机的不同阶段采取不同策略阻止或促使危机进入下一阶段，但是危机管理问题的复杂性不仅表现在时间有所限制、可控性差和不确定性上，识别危

① 邓冰，吴必虎，蔡利平. 国内外旅游业危机管理研究综述. 旅游科学，2004（3）：2.

② Faulkner, Wilks, Page. Towards a framework for tourism disaster management[J]. Tourism Management, 2001, 22(2): 135-147.

③ Parsons W. Crisis management[J]. Career Development International, 1996, 1(5): 26-28.

机所处的阶段也存在困难，混沌理论的提出为危机管理提供了理论指导。

（二）混沌理论

混沌理论认为，宇宙本身处于混沌状态，一件微小的事情足以产生变异而威胁整个系统的完整性和连贯性，蝴蝶效应即是混沌理论的一个例证。另外，混沌理论认为，混沌是一个创造的过程而非破坏的过程。一旦一个系统被某个危机或灾难推过临界点，系统整体可能被摧毁，也可能恢复到原来的结构，甚至产生一个新的更高效的结构。福克纳和罗素（Faulkner and Russell，1997）将混沌理论应用到旅游领域，将危机管理看作一个创造过程。旅游目的地创造性地设计其营销活动可以使其从危机提供的转型机会中受益并取得潜在的积极效果，从而抵消原有的破坏性影响。通过有效的动态营销及管理，目的地可以将危机转化为发展的催化剂，重新取得其危机前的地位，甚至拥有一个全新的更富有活力的旅游系统。由此，福克纳（Faulkner，2001）建立了一个用来分析和制定旅游危机管理策略的 TDMF 模型。

（三）福克纳的 TDMF（Tourism Disaster Management Framework）模型及其发展

福克纳通过对一系列与旅游业中不可预期事件的影响相联系的问题进行研究，发现现有模型如卡西迪（Cassedy）模型和德拉贝克（Drabek）模型不能为旅游业应对灾难和危机提供有效的概念框架。基于特纳和昆兰特里（Turner and Quarantelli）的研究，福克纳增加了"灾难生存战略"和卡西迪与德拉贝克建立的旅游灾难战略的组成要素，提出了 TDMF 模型，成为目前旅游业危机管理中最为普遍采用的模型，如表 8-5 所示。

表 8-5　TDMF 模型

灾难过程阶段	灾难应对管理的组成要素	灾难管理战略的主要组成部分
1. 事前阶段 此时可以采取行动以阻止或减轻潜在灾难的影响	前兆 • 识别相关的公共/私人部门机构/组织 • 建立合作/协商框架和沟通系统 • 建立、记录和沟通灾难管理战略 • 教育产业股东、员工、顾客和社区居民 • 同意草案或承诺协议 • 建立一个联合的行业/政府灾难协调委员会	风险评估 • 对潜在灾难及其发生的可能性进行评估 • 潜在灾难的成因和影响及其系列发展 • 建立灾难统一规划 • 建立一个预测能力 • 识别可能的公共部门政策应对

续表

灾难过程阶段	灾难应对管理的组成要素	灾难管理战略的主要组成部分
2. 前兆 此时很显然灾难即将来临	动员 • 警告体系（包括大众传媒） • 建立灾难管理命令中心	灾难一致性规划 • 确认可能的影响及处于危险境地的人群
3. 发生 人们已经感觉到灾难的影响，应该采取措施保护人们的生命和财产	行动 • 救援/评价程序 • 媒体大战以使人们恢复信心或者获得新的市场 • 决定政府援助所需的水平 • 其他的安全策略	• 评价社区和顾问处理影响的能力 • 清楚阐述各个（具体的灾难）一致性规划的目标 • 确认各个阶段可以避免或最小化消极影响所应采取的必要行动 • 修正各个时期战略的优先轮廓 　前兆
4. 事中阶段 此时人们的短期需求受到重视，活动的主要焦点集中在恢复服务和使社区生活恢复正常	恢复 • 破坏审查/监视系统 • 清扫和修复 • 媒体沟通战略	紧急情况 　危机中间阶段 　长期（恢复） • 依据以下几点继续回顾和修正
5. 长期（恢复） 前面阶段的延续，那些无暇顾及的项目在这个阶段会得到处理，事后的调查分析、自我分析、复原	再造和重新评估 • 对被破坏的地区和设施进行修复和复原 • 安慰受害者 • 恢复商业、消费者信心发展投资计划 • 听取修改后的战略汇报 • 公共部门资金支持需要	经验 　组织结构改变和人事变动 　环境改变 • 事件过去以后对风险评估进行回顾
6. 解决阶段 秩序恢复或者新的更好的秩序状态形成	回顾 • 回顾政策成功或失败，校正任何缺点	

　　TDMF 模型框架有 3 个主要部分：第一，危机过程分析。主要包括事前、前兆期、发生时、事中、长期恢复和解决 6 个主要阶段，始于事前阶段，结束于解决阶段。第二，细化危机管理应对过程要素。第三，灾难管理战略的主要组成部分概述。对于大多数危机来讲，第一部分和第三部分都是类似的，第二

部分却会因灾难类型的不同而不同。在随后的研究中，福克纳和维库洛夫（Faulkner and Vikulov，2001）运用 TDMF 对 1998 年发生在澳大利亚凯瑟琳的洪水对旅游业产生的影响进行了研究。他们发现，TDMF 既可以用作事前的规划工具，也可以作为灾难发生时的管理模板。但是，TDMF 处理大型灾难的能力尚未成熟，而且也没有形成合适的框架。在现实中，除了处理单个的大型灾难的需要外，还需要建立一个可以处理多个危机和灾难的模型①。

　　福克纳模型的优点在于它不仅仅关注重大事故本身，而且延伸到事前预防。亨德森（Henderson，2003）利用福克纳模型对新加坡航空公司空难危机进行了实证研究，并指出危机还会引导学习过程②。在上述理论中暗含着危机难以避免的假设。因此，他们都倾向于危机影响的缓解战略，而非危机的预防。尽管该模型比原有的模型迈了一大步，但是对它的检验只是在一个范围相对较小的灾难中。TDFM 看上去有很强的可操作性，对于具体的灾难类型有很好的适应性和灵活性，但作为一个管理工具还未曾应用于大型危机和灾难。

　　在福克纳模型基础上，孔等（Kong et al.，2004）认为政府失误和公众过度反应等都会对危机恢复产生影响，由此建立了扩展的旅游危机管理模型，如图 8-13 所示③。里奇（2004）在福克纳模式的基础上构建了旅游危机与灾难管理的战略和整体框架，将福克纳的管理机制中的各部分划分为危机的 3 个主要阶段：预防与计划、应用、评估与反馈。里奇还指出旅游危机管理研究不应只限于旅游领域，而应借鉴企业管理、公共关系和传播管理等相关领域的理论和概念④。

---

　　① Faulkner, Vilulov. Katherine, washed out one day, back on track the next: a post-morterm of a tourism disaster[J]. Tourism Management, 2001, 22, 331-344.

　　② Henderson J C. Communication in a crisis: Fights SQ 006[J]. Tourism Management. 2003a, 24(3), 279-287.

　　③ Paul Leung, Creamy Kong. A Typical Case of Crisis Management: The Outbreak of a typical Pneumonia (SARS)[C]// Asia Pacific Tourism Association Tenth Annual Conference Proceedings, Nagasaki, Japan, July 4-7, 2004. 73.

　　④ Ritchie B W. Chaos, crises and disasters: A strategic approach to crisis management in the tourism industry[J]. Tourism Management, 2004, 25(6): 669-683.

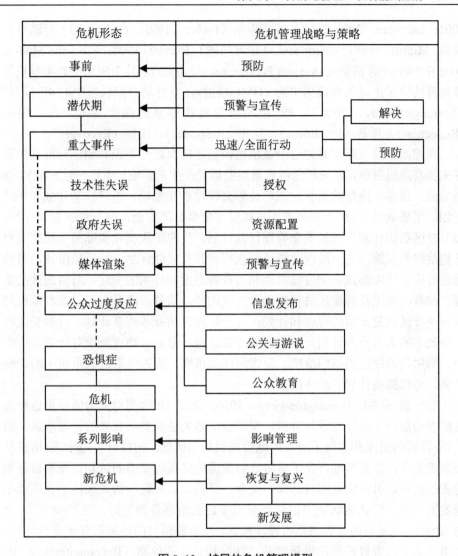

图 8-13 扩展的危机管理模型

资料来源： Paul Leung, Creamy Kong. A Typical Case of Crisis Management: The Outbreak of a typical Pneumonia (SARS) [C]//Asia Pacific TourismAssociation Tenth Annual Conference Proceedings, Nagasaki, Japan, July 4-7, 2004, 73.

三、4R（Reduction，Readiness，Response，and Recovery）模型

黄等（Huang et al.，2007）将 1986 年至 2006 年学者提出的 11 个危机管理模型分为 4 类：（1）生命周期模型（Fink，1986；Roberts，1994；Faulkner，

2001；Luhrman，2005）；（2）战略模型（Preble，1993，1997）；（3）行动导向模型（Mitroff，1988；Pearson and Mitroff，1993；Burnett，1998；Wilks and Moore，2005）；（4）综合模型（Moe and Pathranarakul，2006）。其中应用于旅游危机管理研究的除了生命周期模型中的 TDMF 模型，还有行动导向模型中的 4R 模型[①]（Pennington-Gray，2010）。4R 模型将危机管理分为四个基本阶段：缩减（Reduction）、预备（Readiness）、反应（Response）、恢复（Recovery）。

在缩减阶段，重点是通过潜在危机识别、确保政治意识和制定标准操作程序来提高危机意识，以应对危机对旅游业可能产生的影响，主要通过 SWOT 分析完成。预备阶段指的是制定战略计划来管理潜在危机，包括行动计划和沟通计划，主要从以下 3 个方面着手，以保证生命财产安全：（1）危机管理计划；（2）社区意识计划；（3）安全管理行动计划。反应阶段指在实际的危机期间对计划战略的实施。这一阶段包括计划执行和其有效性评估。在反应阶段，目的地进行应急反应测试，测度危机期间消费者态度和行为的变化，对目的地的家庭、游客、员工及其家属进行救助并促进沟通。恢复阶段是指通过控制危机的影响使社区恢复正常的程序和计划。这一阶段包括业务连续计划、针对受危机影响员工的人力资源计划及危机后的评估过程。最后，通过反馈对计划进行调整，启用新的经过测试的战略。反馈程序很重要，因为吸取过去危机中的经验教训，可以提高计划的总体质量。

彭宁顿-格雷（Pennington-Gray，2010）运用 4R 模型对美国佛罗里达州旅游组织的危机管理计划进行分析，发现组织越大越能提供有效的管理政策。彭宁顿-格雷的研究并非限于对目的地管理组织的研究。2013 年，彭宁顿-格雷从旅游者角度，探索性地研究了旅游者对美国危机预防证书的认知，发现目前旅游者虽然对危机预防证书与认知、安全、福利和未来旅行的关系持中立或者不确定的态度，但认为认证书的认证有助于目的地准备得更好，更加安全[②]。李峰（2008）借鉴不同学者的危机管理模式，结合旅游目的地危机管理自身特征，提出建立了旅游目的地危机管理的"7R"模式，即侦测（Reconnoitering）、缩减（Reduction）、准备（Readiness）、反应（Response）、恢复（Recovery）、重振（Rejuvenation）、提升（Raise），此模式延伸和扩展了旅游危机研究的领域[③]。

---

① Pennington-Gray, Cahyanto, Thapa, et al. Destination management organizations and tourism crisis management plans in Florida[J]. Tourism Review International, 2010, 13(4): 247-261.

② Pennington-Gray, Schroeder, Wu, et al. Travelers' perceptions of crisis preparedness certification in the United States[J]. Journal of Travel Research, 2013, 53(3): 353-365.

③ 李锋. 目的地旅游危机管理：机制、评估与控制[D]. 陕西师范大学，2008.

四、旅游危机管理

旅游目的地危机指可能威胁到旅游目的地正常运营和目的地社区正常生活运行，使旅游目的地旅游经济出现一定幅度波动震荡，使旅游者对旅游目的地信心产生消极影响，给旅游者的身心健康带来实际或潜在影响的突发性自然或人为事件。旅游危机管理是指通过组建系统的危机管理组织以防止旅游危机发生，减少危机危害，缩短危机时间和将危机转化为机会。旅游目的地危机管理可以为旅游管理者、组织与个人提供危机预警、决策、处置和恢复四个方面的危机管理指导，有利于重塑旅游目的地形象和恢复旅游者信心①。旅游目的地危机管理具有敏感性、脆弱性和强韧性等特点。旅游业高度依赖于人口的流动和目的地安全状况，凡是可能对人员流动及人员安全产生影响的任何事件都可能形成旅游目的地危机，因此具有高敏感性。由于旅游是人类更高层次的需求，短时的旅行限制并不直接影响人类的生存发展，当危机事件发生时，人们最先禁止或放弃的往往是旅游行为，因此旅游目的地在危机面前的脆弱性特征明显。此外，旅游业是在危机事件结束后极具韧性地呈现快速复苏势头，甚至出现报复性增长的行业之一。

2020 年初爆发的新冠肺炎疫情对全球旅游业造成了前所未有的破坏，导致全球旅游业自 2020 年 3 月以来陷入停滞，并引发了有史以来最严重的旅游危机。2020 年 3 月世界卫生组织宣布新冠肺炎为"全球大流行病"，新冠肺炎疫情具有传播速度快、感染范围广、防控难度大等特点。新冠肺炎疫情从公共卫生事件逐渐演变成了蔓延至经济、政治和社会各个方面的一场复合型跨界危机。新冠肺炎疫情作为突发公共卫生事件，对文旅产业发展产生了深远影响，也对旅游目的地的危机管理发展提出了新的要求。安全旅游、预约旅游和错峰旅游逐步成为景区和游客的共识，对行业健康发展等方面的积极作用受到广泛认可。自抖音等新型网络平台出现后，以网红打卡为主的旅游成为新时期旅游新业态。在文化和旅游融合发展的情况下，旅游目的地危机管理更应该成为能够"居安思危"的重要内容。在信息瞬息万变的今天，人们对旅游信息的获取也趋于多元，对旅游也有了更高层次的认识。根据内外环境，建立新时期信息化舆情下旅游危机管理机制：一方面，对内部因素来说，在处理旅游危机时要做好旅游体制机制建设，健全旅游危机信息化管理体制机制，实现旅游危机内部生态系统的内部协调、内部化解。另一方面，在外部环境来看要做好社会层面工作。一是提高公众意识，树立正确的公众旅游危机观；二是加强法治建设，建立健

---

① 黄铂湜. 丽江市旅游危机管理机制研究[D]. 云南大学，2019.

全旅游危机法律法规；三是做实旅游危机基础保障工作，加强科研攻关，做好防疫防范制度；四是发展经济，经济稳定是旅游发展的强力保障。

五、评述与展望

旅游危机管理研究经过几十年的发展，已经开发出一批相对成熟的危机管理模型，但从学科理论发展和旅游实践现实需求来看，旅游危机的研究刚刚起步。旅游危机的概念、分类、特征、影响机制等基础性理论亟待系统梳理和规范，对旅游危机管理系统和旅游危机各阶段的影响评估有待深入。总体来说，还存在以下问题值得继续探讨：第一，在旅游危机和灾难管理理论或概念框架方面，研究应该从简单描述管理者在危机前、中、后应该怎么做的模型转向验证模型，完善危机管理概念和理论来说明旅游危机管理为什么成功或失败[1]。另外，鉴于旅游研究涉及的内容广泛，可以借鉴其他学科的理论和概念，目前已经有学者应用到了传播学、环境管理学的理论，如刘和彭宁顿-格雷（2016）运用扩展平行程序模型研究了人们对于邮轮旅游危机的反应[2]，加德利等（Ghaderi et al.，2016）研究了旅游危机管理情境下的组织学习[3]。其他可以借鉴的学科还有规划学、政治学等。第二，在研究范式方面，除了混沌理论在旅游危机管理中的应用研究，以及验证危机管理模型的案例研究，另外两种范式，即量化旅游业对危机和灾害的准备与反应并通过计算机模型进行预测的实证主义方法、探索公共和私营部门管理者对待危机与灾害的态度和观点的现象学方法，同样会为旅游危机管理研究提供新的思路。

---

[1] Ritchie B. Chaos, crises and disasters: a strategic approach to crisis management in the tourism industry[J]. Tourism Management, 2004, 25(6): 669-683.

[2] Liu, Pennington-Gray, Krieger. Tourism crisis management: Can the Extended Parallel Process Model be used to understand crisis responses in the cruise industry? [J]. Tourism Management, 2016, 55: 310-321.

[3] Ghaderi, Ahmad, Wang. Organizational learning in tourism crisis management: An experience from Malaysia[J]. Journal of Travel & Tourism Marketing, 2014, 31(5): 627-648.

第九章 遗产管理：真实性与完整性的交织

第一节 遗产管理的思想演变

一、遗产概念的变迁

"遗产"的概念随时代发生变化，遗产的本义最初是指"个人对于已故祖先的继承"，而后在理论和实践经验的不断积累中，遗产的概念演化为其本义的"集体化"①，经历了一个对过去"从认知到建构"的转变②。而遗产也从原先的私有性概念，衍生出公共化的意义，体现出全人类共有的特性。拜辛（Claude-Marie Bazin）通过考察 20 世纪 70 年代以来法国工业遗产的发展线索，对遗产概念由私而公的变化进行梳理，并提出从词源学的角度入手，对于heritage、patrimony 和 succession 三个表示遗产概念的词进行分辨是考察遗产概念的转变的有效手段③。

自 19 世纪以来，在民族主义、"原始野性"（pristine wildness）等观念的影响下，遗产的概念及理念最先在欧洲获得普遍认同并建立了相对成熟的保护准则。20 世纪后半叶，遗产已成为一个非常活跃的话语，在 20 世纪 60 年代和70 年代，遗产作为一个特别的环境和社会问题被提出，标志着一种明确而积极的协商文化和社会变革方式的发展，这一时期也见证了国家和国际管理与保护

---

① Tunbridge, Ashworth. Dissonant Heritage: The Management of the past as a Resource in Conflict[M]. Chichester; New York; Brisbane; Toronto; Singapore: J. Wiley, 1996.

② 彭兆荣，葛荣玲. 遗产的现形与现行的遗产[J]. 湖南社会科学，2009（6）：174-180.

③ Bazin, Lanfant, Allcock, et al. Industrial heritage in the tourism process in France[J]. International Tourism Identity & Change, 1995.

的技术进程的巩固①，世界遗产的概念被明确提出。1972 年 11 月 16 日，由联合国教科文组织大会通过的《保护世界文化和自然遗产公约》（以下简称《世界遗产公约》）提出"部分文化或自然遗产具有突出的重要性，因而需作为全人类的世界遗产的一部分加以保护"，并阐明世界遗产的根本特征是"具有突出的普遍价值"。可以看出，遗产与历史遗留至今的物质性或精神性的东西有关，而仅有被我们今天的人们认为有价值、可以被利用，并值得被传承下去的"精神财富"或"物质财富"才可被称为遗产②。

在旅游相关研究中，越来越多的人认识到，遗产旅游者比以前描述得更积极、更挑剔。在当前的遗产旅游概念研究中存在两种观点，一是从供给的角度来界定，认为到遗产地进行的旅游活动就是遗产旅游，例如耶尔提出遗产旅游是关注我们所继承的一切能够反映这种继承的物质与现象，从历史建筑到艺术工艺、优美的风景等的一种旅游活动③；二是从需求的角度来界定，认为那些去追寻遗产的旅游活动就是遗产旅游，例如亚尼夫等人提出的遗产旅游的主要动机是基于对目的地的个人遗产归属感的感知④。二者可进一步归结为"place based"和"people based"两种类型，相对来说，基于地点（place）的定义类型在行业管理、研究和统计分析中更加容易区分，而基于旅游者（people）的定义类型则更适用于旅游市场研究中⑤。在遗产旅游的特殊情境下，旅游业具有比其作为休闲活动和经济产业更深层次的或细微的文化和社会意义及后果。

二、遗产管理的思想变迁

（一）从国际遗产管理文件看遗产管理的思想变迁

《世界遗产公约》是现今最主要也是适用范围最广泛的世界遗产管理的文件，并由联合国教科文组织下设的世界遗产委员会负责管理实施。这一文件中突出了三个对于世界遗产的核心理念：一是突出普遍价值。《世界遗产公约》的制定，从保护价值角度看，强调保护突出普遍价值，是保护那些从国际观点来看具有最突出价值的遗产。二是保护管理相关要求。世界遗产的保护与管理须确保其在列入《世界遗产名录》时所具有的突出的普遍价值及完整性、真实性在之后得到保持或加强。三是可持续利用。在联合国 2030 年可持续发展议程背

① Smith L. Uses of Heritage[M]. London: Routledge Press, 2006.

② 范今朝，范文君. 遗产概念的发展与当代世界和中国的遗产保护体系[J]. 经济地理，2008（3）：503-507.

③ Yale P. From Tourist Attractions to Heritage Tourism[M]. Huntingdon: ELM Publications, 1991.

④ Poria, Butler, Airey. Clarifying heritage tourism[J]. Annals of Tourism Research, 2001, 28(4) : 1047-1049.

⑤ 张朝枝，张捷，苏明明，孙业红，邹统钎. 遗产旅游的概念与内涵——"重新认识遗产旅游"系列对话连载（一）[J]. 旅游论坛，2021，14（1）1-9.

景下，世界遗产委员会鼓励遗产地的可持续利用，促进和鼓励所在社区和所有利益相关方的积极参与。

在坚持这三大核心理念的基础上，《世界遗产公约》自其颁布以来也一直在不断融入新的理念和打造更加包容的世界遗产管理及评估体系。

1. 从"二元分离"管理到"融合"发展

《世界遗产公约》将世界遗产分为文化遗产和自然遗产两类，分别对其进行定义、设定评定标准，并由国际古迹遗址理事会（简称 ICOMOS）和世界自然保护联盟（简称 IUCN）分别对世界文化遗产和自然遗产进行管理。这两个机构相互独立，彼此间没有合作，这便是文化遗产和自然遗产的二元分离。随之出现的问题是，《世界遗产名录》中许多的遗产地体现出文化与自然的交融，但是仅作为文化遗产列入，或是许多世界自然遗产中的文化价值被忽视，遗产专家们更多地关注地质现象、自然布局和生物多样性，而忽视了人与自然的相互关系①。因此，越来越多的遗产学者开始试图探索打破文化和自然隔阂的方法。

2003 年，联合国教科文组织发布了《保护世界非物质文化遗产公约》，此后关于非物质文化遗产和物质遗产之间的联系成为每年大会召开的热门议题。这便是将文化与自然遗产管理进行融合的前兆。

2016 年 9 月，在美国夏威夷召开的世界自然保护大会上聚集了国际古迹遗址理事会和世界自然保护联盟成员，为解决这两个机构长期以来各自分别处理文化与自然遗产事务而发起了"文化—自然之旅"项目，这一项目是世界遗产全球战略的重要组成部分，并编制了行动文件《Mālama Honua——守护我们的地球家园》。此后，文化与自然遗产融合管理就成了世界遗产管理中重要的一个理念。

2. 从客观性导向到主观性导向

18 世纪至 20 世纪中后期，国际上对文化遗产的管理普遍遵循"强制干预来保持文化遗产的原始结构和面貌，只有在条件允许的情况下才可考虑利用"②的原则，并且所有人类及其子孙后代都有责任保持世界遗产物理上的完整，也就是原真性。这里的"原真性"特指维护遗址或纪念碑等文化遗产的原始物理面貌。而后管理的思想主流又转变为有目的的保护，即在遗产管理中充分考虑当代的遗产使用诉求，适当地再利用。这时人们不再仅仅是保护遗产物

---

①张柔然. "文化—自然之旅"——世界遗产保护与管理的新思潮[J]. 中国文化遗产，2020（4）：66-72.
②徐雅雯. 国际文化遗产管理与研究：范式、趋势和展望[J]. 文化遗产，2021（2）：42-51.

理上的完整，更是要保护遗产所处背景的整体性①，不仅仅将文化遗产作为单个的对象进行保护，而是更要保护其背后的历史和它所处背景给我们带来的一段完整的历史，比如提倡应保存整个历史遗址区域而非单个建筑物。因此，这种思想观念下人们认为只要保持遗产原有的物理上的整体完整，就可以重新利用遗产，甚至对其进行一定的改变。到了 20 世纪 90 年代，国际遗产管理的主流思想又发生了新的转变，那就是"遗产化"。这一思想认为遗产管理的核心思想是要以人的需求为主，这种需求包括文化、经济、政治等现代人们生活中的各个方面。这种思想改变了以往人们在进行遗产管理时对于保护和利用的考量，以往人们更将保护放在首要位置，而遗产化则认为保护是为了更好地利用。人们遗产的产生是源于人们对遗产的需求，也就是说，人们是对遗产有"使用"的需求，由此创造出了遗产资源。因此，人们不应该去控制或者抑制对遗产的"使用"。所以遗产是可建构的、主观的，也是当下的文化创造。

遗产管理的整个转变过程就是由客观性导向，即将物质遗产作为独立的客体进行保护和以保护为目的进行保护向整体性、主观性导向，即以更加整体的视角对遗产进行保护和以人类需求为导向的遗产使用与开发思想的转变。

3. 批判性遗产研究兴起

21 世纪以来，一些学者们提出了遗产研究的新范式——批判性遗产研究。这一思想不是盲目地反对现有的主流思想和管理行动，通过对现有的遗产文件、实践等进行辩证地研究和分析，指出其中的不足和缺陷甚至是一些负面内容，由此来推动国际遗产管理的发展。批判性遗产研究的出现，本质上是为了对抗一直以来遗产研究界的主流范式，即"科学唯物主义范式"②。此外，批判性遗产研究还关注更加宏大的问题，不仅仅关注遗产管理本身，而是将遗产管理放置于国际背景中，关注一切与遗产管理相关或是遗产管理外延的国际问题。这一思想的产生有利于国际遗产管理的长久发展。

国际遗产管理的主流思想在不同的历史时期都有所不同，其思想随着时间的推进不断发展进化。这些思想的转变都在国际遗产管理文件和管理的体系中有所显现。

（二）从国内遗产管理文件看遗产管理的思想变迁

中华人民共和国成立后，开始重视遗产管理，设立了遗产管理相关部门，将一些自然风光景区和古代遗迹纳入管理范围内。随着管理经验的积累和时代的进步，我国遗产管理制度不断优化和创新，遗产价值日益显现，逐步形成了

---

① 徐雅雯. 国际文化遗产管理与研究：范式、趋势和展望[J]. 文化遗产，2021（2）：42-51.
② 徐雅雯. 国际文化遗产管理与研究：范式、趋势和展望[J]. 文化遗产，2021（2）：42-51.

自己的文物、风景名胜区等的管理体制。与此同时，在我国传统文化和现代文明的影响与西方管理思想的启示下，我国遗产管理思想不断演化。

1. 管理对象：从文物到遗产

从中华人民共和国成立之初到 20 世纪 70 年代，我国一直将文物保护视为遗产管理的主要工作。1972 年 11 月，联合国教科文组织于巴黎通过了《保护世界文化和自然遗产公约》，从而使遗产管理开始受到世界的重视。1974 年 8 月，国务院《关于加强文物保护工作的通知》提出 "出土文物是祖国珍贵的文化遗产"，这是中国对遗产概念的初步探索。1985 年 12 月，中国成为《世界遗产公约》缔约国，1987 年中国首次申报世界遗产，并成功将故宫博物院、周口店北京人遗址、泰山、长城、秦始皇陵（含兵马俑坑）、敦煌莫高窟六处文化与自然遗产列入《世界遗产名录》，自此遗产概念在我国得到广泛关注。

2000 年 7 月，联合国教科文组织、中国建设部、世界银行和中国国家文物局在中国文化遗产保护与城市发展国际会议上形成《北京共识》，直接体现出我国开始超越文物管理，转向对遗产的综合管理①。2005 年 12 月，国务院发布《关于加强文化遗产保护的通知》，标志着我国遗产管理对象已经实现了由文物向遗产的转变。2006 年 11 月文化部发布《世界文化遗产保护管理办法》，2015 年 11 月住房和城乡建设部印发《世界自然遗产、自然与文化双遗产申报和保护管理办法（试行）》，二者均以《保护世界文化和自然遗产公约》为基础，结合《中华人民共和国文物保护法》《中华人民共和国城乡规划法》《风景名胜区条例》等政策文件，将西方发达国家遗产管理思想本土化，形成具有中国特色的遗产管理体系，在此基础上加强对文化线路遗产、"一带一路"文化遗产、大运河遗产、长城遗产、长征遗产、黄河遗产等遗产的专项管理，并由文化遗产本体管理延伸到对周边环境和文化生态的整体管理。

2. 管理措施：从保护到保护利用

我国最初对遗产的管理措施是以保护为主，并将保护作为遗产管理最终使命，主要包括收藏、保管、保存、养护、修复、恢复，以及研究者提供资料服务、为学生提供教学服务等②。中华人民共和国成立之初，为禁止珍贵文物外流，保护文物和遗迹等遗产资源，中央人民政府政务院先后颁布了《禁止珍贵文物图书出口暂行办法》《古文化遗址及古墓葬之调查发掘暂行办法》《中央人民政府政务院关于保护古文物建筑的指示》等文件。1961 年 3 月《文物保护管理暂行条例》正式发布，成为我国第一部综合性的文物保护法规，明确了 "

---

① 王京传. 新中国文化遗产管理制度的发展演变[N]. 光明日报，2018-01-24.
② 徐嵩龄. 中国文化与自然遗产的管理体制改革[J]. 管理世界，2003（6）：63-73.

切具有历史、艺术、科学价值的文物，都由国家保护"，确立了保护在我国文化遗产管理工作的核心地位。1982 年 11 月出台的《中华人民共和国文物保护法》和 1989 年 12 月出台的《中华人民共和国环境保护法》进一步为遗产保护提供法律保障。

自 20 世纪 80 年代，随着经济社会的发展，人们的物质文化需求日益增长，文化与精神消费上升为普遍性的社会需求，在遗产保护的基础上，对具有综合性人文、科学价值的文化与自然遗产的合理利用成为新的管理目标。1985 年 6 月，国务院发布《风景名胜区管理暂行条例》，指导全国保护、利用、规划和建设风景名胜区，开发遗产新功能。1994 年 10 月，国务院发布《中华人民共和国自然保护区条例》，将自然保护区划分为核心区、缓冲区和实验区，兼顾自然遗产保护和利用。2005 年 12 月发布的《关于加强文化遗产保护的通知》提出"保护为主与合理利用"的遗产管理措施，成为我国遗产管理的主旨。遗产保护与利用的相辅相成，推动了中华优秀传统文化的"活化"利用，让收藏在博物馆里的文物、陈列在广阔大地上的遗产、书写在古籍里的文字都活起来①。进入新时代以来，2018 年 10 月，中办国办印发《关于加强文物保护利用改革的若干意见》，提出要"走出一条符合我国国情的文物保护利用之路"。"十四五"规划中提出要强化重要文化和自然遗产、非物质文化遗产的系统性保护，推动中华优秀传统文化创造性转化、创新性发展，建设长城、大运河、长征、黄河等国家文化公园，并构建以国家公园为主体、自然保护区为基础、各类自然公园为补充的自然保护地体系，表明我国正着力推动保护与利用在目的、手段及过程等维度的全方位融合，协同推进遗产保护利用的一体化实现。

三、遗产管理的话语权变迁

话语权是主体立场问题的一种表现形式，不同主体基于自身立场对遗产内涵的解读造就了话语的多样性。随着遗产的内涵和价值边界不断拓展，越来越多的学者看到现行的遗产管理和保护体系正在被"权力知识"所裹挟，基于"权威遗产话语（Authorized Heritage Discourse，简称 AHD）"的制度化体系使得动态演化的遗产被动地赋予符合特定权力的价值，削弱了遗产的文化多样性。专家话语在国家权力的支持下实现自我指涉（self-referential）的诉求，而大众话语则处于一个相对弱势的地位，地方价值与人地间的情感互动被忽视，形成了一种强权标准。与此同时，世界遗产认定流程的确立使遗产价值的认同在一定程度上被蒙上政治博弈的阴影；在遗产解说系统中的受挫也暴露出官方

① 中央文献研究室. 习近平谈治国理政：第 1 卷[M]. 北京：外文出版社，2014.

话语在价值传递链中的短板，批判性遗产研究应运而生。

话语分析方法即"批评性话语分析（Critical Discourse Analysis）"，是指通过对各种书面或口头的语料进行系统的解构，批判性地重新看待遗产如何在话语中被表征和建构，话语背后又是如何巩固权力关系和意识形态的运作，从而揭示出习以为常的话语及其实践背后的不公①。史密斯（Laurajane Smith）在其著作《遗产的使用》（*Uses of Heritage*）中对 AHD 进行了批判和解构，史密斯越过了遗产的外在物质形式，将遗产视作话语建构下的意义表达，换句话说，她认为遗产本质上是非物质的价值创造。那些隐藏于遗产本体背后的意义与精神通过遗产话语而表征出来，在旅游领域表现为旅游产品设计和旅游解说系统。在遗产旅游中，不同立场的话语权构建出对同一遗产价值多样化的解读，从而影响到对遗产真实性和完整性构念的理解。徐红罡通过对宏村案例研究发现，在自上而下的"原真性"遗产保护中，当地社区居民的话语权缺失现象严重，导致内生力量与社会互动之间不平衡的"无效遗产保护"②。因此，遗产保护的真实性标准是基于主观价值和话语立场的③，依旧是以"人"的意识为主导，反映权利凝视下利益相关者的诉求。这也是为什么遗产真实性保护的重点从物质性的本体向信息化的价值转变的原因。同样，遗产的完整性也需要从主体价值构建的角度进行探讨，在多元的话语权参照系下，完整性的范围将突破地理空间和遗产性质的限制，走向融合旅游者体验的整体价值认知的动态演化过程。没有脱离完整性的真实性，也不存在不真实的完整，两者在遗产保护与管理的适应性话语权指导下，共同为遗产价值的构建框定准则。

事实上，用单纯的二分法去判定遗产的存在形式并不能弥补权威话语体系中的漏洞，反而可能带来遗产本体与价值间的割裂。寻求物质与意识的辩证平衡，是全面理解、保护与利用遗产的应有之义。遗产的价值并非遗产所固有的性质，而是不同主体在语境网络下共同构建而来的。因此，遗产是一个构建记忆和意义的协商过程，在这个过程中，对过去和现在的理解通过识别、管理和参观遗产场所或参与社会和非物质遗产活动而表现出来④。值得注意的是，批判性遗产研究所提倡的话语多样化并非建立在推翻权威遗产话语的目的之上，而是希望从更思辨的角度来补充和扩展对遗产及其价值的理解，为遗产研究提

---

① 于佳平，张朝枝. 遗产与话语研究综述[J]. 自然与文化遗产研究，2020，5（1）：18-26.

② 徐红罡，万小娟，范晓君. 从"原真性"实践反思中国遗产保护——以宏村为例[J]. 人文地理，2012，27（1）：107-112.

③ 苏明明，孙业红，邹统钎，张朝枝，张捷. 遗产的真实性与完整性准则及旅游研究的价值立场——"重新认识遗产旅游"系列对话连载（三）[J]. 旅游论坛，2021，14（3）：23-30.

④ Smith L. Uses of Heritage[J]. Springer New York, 2014.

供一种跨学科的范式。批判性遗产研究从不同于"突出的普遍价值"的角度，重新认识遗产在多元主体特别是底层主体视角下的价值[①]，重视不同利益相关者之间的对话和理解，由此建立一个包容性的遗产文化实践过程[②]。

相较于遗产保护的国际话语，中国语境有着独特的文化脉络和特殊背景。中国现行的是与国际接轨的、自上而下的、由政府主导和专家支持的遗产话语评判模式，表现为国家层面的民族认同价值和地方层面的社会经济发展价值，物地关系和地方感则被弱化[③]。但我国拥有丰富的传统哲学思想文化，可作为本土话语建构的基础和借鉴。吴宗杰与侯松利用儒家"春秋笔法"的言说方式、"述而不作"的民族志和"兴灭继绝"的历史观构建起中国本土的遗产话语体系[④]；潘君瑶认为对中国传统文化的当代叙事是我国遗产文化符号阐释和遗产机制构建的重要途径，通过"故事化"构建认同感，有利于遗产文化在当代社会语境中的活态传承[⑤]。中国学者对遗产研究做出的历史话语批判性实践是一个良好的探索方向，通过厘清遗产保护与旅游发展之间的关系和作用机制，对社会发展有更深刻的理解和洞察，促进多元文化间的交流和碰撞，拓展了遗产管理多样性的内涵。

第二节　遗产管理中的多样性、真实性和完整性

作为历史上遗留下来的物质财富或精神财富，历史遗产是旅游目的地最独特的旅游资源之一，对历史遗产资源的科学管理也成了遗产旅游发展的必备工作。遗产管理绕不开保护与开发这两大永恒的主题，在此过程中应遵循三个重要原则：多样性、真实性、完整性。这些管理原则从可持续发展的角度出发，奠定了遗产管理的基调与方向。多样性、真实性和完整性既是统领遗产保护的指导思想，也是开展遗产开发所需依据的准绳。

---

① 张捷，苏明明，孙业红，邹统钎，张朝枝. 遗产旅游研究的问题与方法——"重新认识遗产旅游"系列对话连载（二）[J]. 旅游论坛，2021，14（2）：18-25.

② Harrison R. Heritage: Critical Approaches[M]. Routledge, 2012.

③ 龚浩群，姚畅. 迈向批判性遗产研究：非物质文化遗产保护中的知识困惑与范式转型[J]. 文化遗产，2018（5）：70-78.

④ 吴宗杰，侯松. 批评话语研究的超学科与跨文化转向——以文化遗产的中国话语重构为例[J]. 广东外语外贸大学学报，2012，23（6）：12-16.

⑤ 潘君瑶. 我国遗产的社会建构：话语、叙事与记忆[J]. 民族学刊，2021，12（4）：1-11.

一、多样性

多样性的语义在不同学科中的内涵不同，在遗产管理下可将其分为遗产生物多样性、遗产价值多样性和遗产文化多样性，多样性特质的存在为遗产旅游的开发提供了资源基础。

（一）生物多样性

1. 生物多样性的定义

生物多样性（biodiversity 或 biological diversity）一词来源于 Biology 和 Diversity 的组合，最早使用于美国生物学家雷蒙德（Ramond）1968 年所著的通俗读物《一个不同类型的国度》（*A different kind of country*）中。1985 年，罗森（W.G.Rosen）首次将"生物多样性"作为一个科学术语使用，并于 1986 年出版在公开刊物上，由此"生物多样性"的概念开始在生物学、生态学和环境学领域得到广泛的认可、传播与使用。

生物多样性是复杂的动态生态系统集合，用于描述自然界生物，包括动物、植物、微生物及其内含基因与所处环境的多样化程度。威尔逊（Wilson）认为生物多样性是全部生物体遗传基因在某一特定环境中变异的总和。根据《生物多样性公约》的定义，生物多样性是指"所有来源的活的生物体中的变异性，这些来源包括陆地、海洋和其他水生生态系统及其所构成的生态综合体"。蒋志刚和马克平在《保护生物学》一书中将生物多样性定义为生物及其环境形成的生态复合体，以及与此相关的各种生态过程的综合，包括动物、植物、微生物和它们所拥有的基因及它们与其生存环境形成的复杂的生态系统。国际科联（ICSU）于 1995 年正式提出生物多样性科学（Biodiversity Science），作为一个综合性交叉学科，其研究内容包括 5 个核心领域和 4 个交叉领域。生物多样性包含三个层次：遗传多样性、物种多样性和生态系统多样性。部分学者将景观多样性（landscape diversity）从生态系统多样性的一个研究领域中独立出来，作为生物多样性的第四个层次。其中，物种多样性既是生物多样性的衡量尺度，更是核心层次。它表现为各物种与其所处环境之间的复杂关系及自然资源的丰富性。

作为人类生存和发展的基础，生物多样性建构起了地球生命共同体的血脉和根基。正是因为生物多样性的存在，才演化出形态万千、丰富多彩的自然遗产，因此保护生物多样性就是保护自然遗产多样性。全球以联合国为代表的国际组织与各国的相关机构相继出台各类法律法规和条约规划，旨在科学有序地加强对自然遗产生物多样性的深入研究与保护。

2. 生物多样性保护途径与措施

生物多样性自身即是宝贵的自然遗产，为人类社会的发展提供了赖以支撑的资源。保护、维持并拓展现有的生物多样性，可持续地合理利用自然资源与生态环境，以达到人与自然的和谐共处，是生物多样性保护的宗旨。

（1）生物多样性保护的基本途径

保护生物多样性的基本途径可分为就地保护与迁地保护两种。就地保护是指通过划归以自然保护区为代表的特定生态区域，对有价值且处于濒危状态的物种和生态系统进行保护，实现维护生物多样性平衡的一种保护模式。就地保护是维护生物多样性最有效也是负面效益最小的一种方式，因为原生环境最有利于物种的适应与进化，最大程度上保证了生态系统的稳定发展，减少对生态环境潜在价值的破坏。就地保护的具体形式包括建立自然保护区、生态功能保护区、森林公园及各类国家公园。

迁地保护又称易地保护，是指因产生不可修复的生态破坏，包括生存条件丧失、现存数量极少或难以自然繁殖等原因，而将受保护的物种迁入动物园、植物园、水族馆和遗产种质资源库的保护措施。迁地保护一方面实现了对濒危物种的集中管理，是就地保护的补充形式；另一方面也为生物多样性的修复和拓展研究提供了宝贵的资源，是生物多样性保护的一种重要方式。

在实际操作中，要在遵循各生态系统和物种自然发展规律的情况下，坚持以就地保护为主、迁地保护为辅，两者相互补充。合理布局规划自然保护区空间结构，强化优先区域内的就地保护建设，加强就地保护区域范围内外生物多样性的科学研究、监测及评估；建立自然保护区质量管理评估体系，加强执法检查，不断提高自然保护区管理质量；合理开展物种迁地保护体系建设，完善全国动植物园的引种与基因保存，提升迁地保护的科学研究水平；对于自然种群较小和生存繁衍能力较弱的物种，采取就地保护与迁地保护相结合的措施，其中，农作物种质资源以迁地保护为主，畜禽种质资源以就地保护为主。

（2）生物多样性保护的景观规划途径

俞孔坚提出，生物多样性保护的景观规划途径可依据不同的保护哲学概括为以物种为核心和以景观元素为核心两种典型手段。前者以物种为规划过程的出发点，后者则是从景观元素出发。

①以物种为核心的保护途径

该途径通过对物种受保护优先级别的判定，选取保护价值与意义更大的物种作为保护对象，充分搜集保护对象生存与发展的最佳环境条件，并在此基础上构建景观结构，最后对多个单一景观结构进行整合，达到和谐自然的生态平衡，实现对生物多样性的保护。物种受保护优先权的判别标准有三，分别是濒危程度、系统地位和进化意义。

②以景观元素为核心的保护途径

"斑块—廊道—基质"模型是描述景观空间异质性的一个基本结构模式。斑块是景观空间比例尺上所能见到的最小异质性单元，是不同于周围环境且相对均质的非线性区域，具有空间非连续性和内部相似性的特征。从旅游景观资源上来看，常指自然景观或以自然景观为主的某一生态系统，如森林、湖泊、草地等。斑块的面积、形状、边界类型和格局决定了不同生态带与生态系统的差异。斑块面积与生物多样性程度呈正相关，斑块的大小影响特定空间内物种数量、能量流分布及生产力水平，从而使生物的多样性产生改变。

廊道是指不同于两侧基质的狭长线状或带状景观单元，具有连通和阻隔的双重作用，连接度、节点及中断等是反映廊道结构特征的重要指标。根据研究对象不同，可将廊道划分为景观生态型、遗产保护型和旅游开发型三种基础类型。廊道的形状特征决定了其抗风险性能力较弱，易出现乡土物种受袭的情况，影响生物多样性的保护。

基质是景观单位中面积最大的背景地域，相对同质且连通性最强，它在很大程度上决定着景观的性质，对景观的动态发展起主导作用，具有较强的景观控制性。"斑块—廊道—基质"模型被广泛应用于各类型与尺度的景观空间中。景观中任意元素都将位于斑块、廊道或基质内。这一模式为比较和判别景观结构，分析结构与功能的关系和改变景观提供了一种通俗、简明和可操作的语言。

（3）农业文化遗产的生物多样性保护

农业文化遗产是文化遗产在农事产业中的一个分支，是遗产管理中不可忽视的重要组成部分。2002年，联合国粮农组织（FAO）建立了"全球重要农业遗产系统"（Globally Important Agricultural Heritage System，简称 GIAHS），将农业遗产的保护带入到国际视野当中。截至 2020 年 7 月，已有 22 个国家共计62 个农业文化遗产列入该名录。农业文化遗产包含物质与非物质两种呈现形式，是历史上人类所创造和传承下来，具有特殊意义与价值的复合农业系统，农业生物即为其中的一个基本要素。农业文化遗产的存续和保护对农业生物的多样性有着重要的影响，因此科学合理地管理农业文化遗产有利于维持和发展生物多样性。

①建立择种、留种规范化标准，完善基因序列；

②开展生态旅游，盘活农业文化遗产；

③创新农业生产技术，探索可持续发展新模式；

④关注生物安全，严防外来物种入侵；

（二）价值多样性

遗产之所以有别于历史时期中随时间流逝而湮没的普通事物，关键在于其所具有独特的、难以复刻的价值。遗产价值因其自身性质、完整性、外部环境等因素产生变迁和演化，呈现出多样化的特点。1972年，联合国教科文组织大会通过的《保护世界文化和自然遗产公约》中，界定世界遗产具有"从历史、美学、人种、人类学、艺术或科学角度突出的普遍价值"，由此奠定了遗产价值的基本共识。在此基础上，国内外学者从不同的理论视角出发，对遗产价值的类型进行了划分。

1. 价值类型多样性

遗产价值本质上类似于哲学中的"物质与意识"概念的整合，表现为遗产本身所固有的存在价值和人对客观存在的主观反映，因此遗产价值的多样性来源于自身广泛的性质及不同个体从不同语境的解读。与此同时，人的思想观念和认知水平又会随着社会环境的发展而成长，从而使得对遗产价值的认识也始终处于一个动态演进的过程中。李格尔（Aloise Riegl）针对建筑的美学和历史价值进行类型学研究，将其划分为纪念价值和当代价值，提出了著名的历史建筑价值论。李格尔的价值类型研究开创性地用辩证的历史观看待遗产价值的变化，深入分析多重价值间的矛盾，为后世遗产价值类型的研究奠定了思想基础。梅森（Mason）在《文化遗产价值评估》中提出社会文化价值和经济价值两大基准。其中，社会文化价值包括历史、文化或象征、社会、精神或宗教和美学价值；经济价值包括使用、非使用、存在、选择和遗赠价值。梅森还从存在形态出发，对物质遗产和非物质遗产的价值进行细分，完善遗产价值评估体系。随着遗产管理理念的发展，经济学思想为遗产价值的理解提供了新的思路。托瑞（Torre）从1995年开始对文化遗产的价值与经济之间的关系进行研究，形成的系列成果系统反映出市场（旅游）价值和非市场（管理）价值对遗产管理的重要意义。此后，西方学者更多地关注遗产在旅游和经济开发中的价值体现，以及游客对遗产价值的感知与体验。

国内对遗产价值的研究涵盖诸多学科，如建筑学、历史学、人类学、经济学等。我国学者徐嵩龄认为遗产的普遍价值表现为文化价值，包括美学、精神、历史、人类学或社会学、科学、原真性和符号价值，并通过消费需求的引导派生出经济价值[①]。梁学成从旅游资源复合系统的角度出发，将世界遗产价值划分为2个大类和4个亚类，有形（显）价值包括旅游和科考价值，无形（隐

---

① 徐嵩龄. 中国遗产旅游业的经营制度选择——兼评"四权分离与制衡"主张[J]. 旅游学刊，2003（4）：30-37.

性）价值主要包括文化和环境价值，在此基础上，他还提出了遗产旅游价值开发的五种模式①。李娟和刘庆余着重强调自然与文化遗产的社会文化价值，并从形式上将其划分为直接使用价值和非使用价值两方面②。

回归遗产价值的本源，凝结了历史时间与空间精华的存在价值不以人的意志为转移，是内生于遗产本身的内在非使用价值，这一含义与《世界遗产公约》中的"普遍价值"不谋而合。换言之，存在价值体现的是遗产的"年代感"意义，无须人类的建构或赋予。构成"突出的普遍价值"这一矛盾统一体中的另一层含义的"突出价值"往往与遗产的使用价值相关联。这是人类社会发展需要而从遗产财富中攫取的整体或碎片价值，是人类主观感知或建构的一种价值。遗产的旅游休闲价值就是一种典型的使用价值。人们对遗产所产生的好奇、敬畏及怀旧情感催生出遗产旅游，而旅游产业的发展一方面巩固了遗产地居民的地方感，衍生出遗产的"符号象征价值"；另一方面促进了遗产地经济水平的提高，又附带出遗产的"经济价值"。同时，旅游者在遗产旅游的过程中或多或少地接受了遗产所传递出来的历史、科学和美学熏陶，从而赋予遗产全新的"教育价值"。

2. 遗产价值的多样性与遗产保护

遗产保护是在保护什么？外观、形态、结构，还是功能？都是，也都不是。归根结底，遗产保护的核心在于遗产价值的存续与维护。通过定格遗产的存在价值，丰富遗产的使用价值，减小人类活动对遗产的干扰与影响，来实现遗产保护这一复杂的持续性过程。20 世纪遗产保护思想的创造性变革，起源于历史学家李格尔。在其经典论著《对文物的现代崇拜：其特点与起源》一文中，李格尔透彻地分析了文物保护中的遗产价值体系，引入"年代价值""历史价值"与"新物价值"，并对其中的两对矛盾进行探查。他反对人为干预文物修复，同时也支持现代科技在遗产保护中的应用。

新物价值与年代价值之间的矛盾是单向线性时间轴所造就的鸿沟。某一作品的完整性与其艺术表达风格的纯粹性共同构成了新物价值的内涵，随着时间的推移，新物价值逐渐向年代价值转化，当其所处历史阶段覆灭、所表达功能消亡与过时，新物价值在物品上就被隐藏，直到人们用当代价值观重新审视这一已经成为遗产的物品时，新物价值得以重新被关注。当然，新物价值的存续也存在一些特殊情况。19 世纪，文物保护领域是修缮派的天下，他们将新物价

---

① 梁学成. 对世界遗产的旅游价值分析与开发模式研究[J]. 旅游学刊, 2006（6）：16-22.
② 刘庆余, 李娟, 张立明, 王乃昂, 李钢. 遗产资源价值评估的社会文化视角[J]. 人文地理, 2007（2）：98-101, 47.

值奉为遗产保护的第一要义，因此大规模推崇修复遗产的所有残片，以达到"真实性"和"风格性"的一致。显然，这一"修旧如新"的理念是具有局限性的，只有当其使用价值尚未消耗殆尽或其新物价值具有不可替代的符号象征意义时，这一理念才显得稍稍有理可循。但从当代的可持续保护角度而言，新物价值应该停留在对遗产功能的理解和文化鉴赏挖掘的层面上，而年代价值则可成为遗产保护的应有之义。

年代价值与历史价值的对立共存于遗产的统一体中，年代价值突出岁月痕迹依附所带来的怀旧氛围；历史价值代表了人类社会某一阶段的成就。两者的价值都发祥于其所经历的历史，但前者具有主观性质，是人类通过知觉所能普遍感知到的；而后者是客观的，需要具备一定的专业知识才能从遗产中获取该价值。李格尔认为，两者中年代价值是更值得推崇的，因为它有着"超出艺术作品所有理想价值的优点"，也是遗产价值多样性的来源之一。在现代遗产价值观中，历史价值更接近于前述的遗产存在价值，而年代价值则是应用价值的基础，两者相辅相成，为遗产保护的实践提供了有指导意义的参考。

（三）文化多样性

在人类社会的大画布上，不同人种、民族和意识形态的群体创造了多样性的文化，为人类世界增添了绚丽的色彩。但随着经济全球化和政治多极化的发展，文化的多样性却受到了威胁。强势文化凭借着自身在政治上的话语权和在经济上的主导权开始蚕食弱势文化，从而削弱文化的多元趋势。1992年，世界环境与发展大会上公布的《21世纪议程》将"文化多样性"的概念首次带上历史舞台，并给出了基于人类学视角的定义：文化在不同的时代和不同的地方具有各种不同的表现形式。这种多样性的具体表现是构成人类的各群体和各社会的特性所具有的独特性和多样化。文化多样性是交流、革新和创作的源泉，对人类来讲就像生物多样性对维持生物平衡那样必不可少。从这个意义上讲，文化多样性是人类的共同遗产，应当从当代人和子孙后代的利益考虑予以承认和肯定；2001年、2003年和2005年又相继通过了《世界文化多样性宣言》《保护无形文化遗产公约》及《保护和促进文化表达多样性公约》，都旨在为文化多样性的维护提供可参考、可操作的原则与范式。文化多样性和生态多样性一样，概念本身就是一种重要的人类共同遗产，对人权的捍卫具有普遍价值。《世界文化多样性宣言》第4条："文化多样性要求人们必须尊重人权和基本自由，特别是尊重少数人群体和土著人民的各种权利。任何人不得以文化多样性为由，损害受国际法保护的人权或限制其范围。"文化多样性的维护是对于基本人权的保障，更是人类平等存在和尊严自由的践行。

旅游活动是文化传播的重要载体，一方面人口流动加速了文化间的碰撞与融合，另一方面也为文化入侵提供了可乘之机。历史遗产尤其是文化遗产凝聚着人类文化的结晶，是文化多样性的生动表达之一，合理保护文化遗产就是为文化多样性的保护做贡献。

二、真实性

真实性（Authenticity）一词源于希腊语，意思是"最初的""原本的"，真实性概念最初用于描述博物馆的艺术展品，之后被借用到哲学领域的人类存在主义的研究中。20世纪70年代，《世界遗产公约》及《实施世界遗产公约的操作指南》的发布，正式宣告了真实性在遗产鉴定中不可撼动的原则地位。同时，旅游者开始重视"真实性"的旅游体验，期望获得更深入的旅游感知，"真实性"概念也延伸到旅游领域。本部分将从遗产管理的真实性、游客体验的真实性及真实性在当代的新发展三方面进行论述，探讨真实性概念在旅游领域内的独特含义。

（一）遗产管理的真实性

真实性观念早在1933年的《雅典宪章》和1964年的《威尼斯宪章》中就初见端倪。虽然两份文件中都没有明确提出"真实性"这一专有词汇，但在对遗产相关内容的表述中都体现出真实性的思想。《雅典宪章》中提出，"被妥善保存的具有历史价值的古建筑应是能够真实代表某一历史时期的建筑物"；《威尼斯宪章》前言部分认为，人类必须"原封不动"地将历史文物建筑的全部信息传承下去。遗产自身的原貌保持和非必要修复的避免是这一时期真实性的反映。此后在国际遗产界，遗产真实性的内涵成为普遍共识。1977年，《实施世界遗产公约的操作指南》颁布，将真实性特指文化遗产的"设计、材料、工艺、环境"，要求文化遗产在这些方面保持遗产原有的特性，不得改变和额外复原。若后续的增删与修复符合遗产原本形式与结构的真实性，那么也将适用于以上的真实性检验条件。这一针对遗产真实性判别的误区在于过度肯定了"修旧如旧"行为的价值，忽略了遗产真实性的"相对静止"。事实证明，在裁定华沙老城区世界遗产的资格时，这一标准的弊端就暴露了出来。随后，1980年修订《实施世界遗产公约的操作指南》，明确表示对世界遗产的重建和修复仅在不增添任何不符实际的项目时才被允许，且需要翔实细致的研究工作支撑。

真实性概念的发端与成型是以欧洲学者为主导的，因此在适用遗产类型上不可避免地具有局限性。欧洲的历史文化遗址多以石料为建筑原材，从保存方法到价值传递都与以木结构为主的亚洲文化遗产截然不同。同时，《世界遗产公约》中的价值标准更多反映了西方的艺术观念和文化语境，与世界上多样性的文化表达相脱轨。因此，针对真实性的批判与争议与日渐增，最终在1994年的

"与《世界遗产公约》相关的奈良真实性会议"上得到了针锋相对的探讨。《奈良文件》充分考虑了文化背景的差异，它绕开了真实性的普遍标准，转而强调真实性取决于文化遗产的性质、文化语境、时间演进，真实性评判可能会与很多信息来源的价值有关。这些来源可包括很多方面，譬如形式与设计、材料与物质、用途与功能、传统与技术、地点与背景、精神与感情及其他内在或外在因素。使用这些来源可对文化遗产的特定艺术、历史、社会和科学维度加以详尽考察。这一成果日后被 2005 年所修订的《实施世界遗产公约的操作指南》所吸收，成为与时俱进的遗产检验标准。

遗产管理的真实性演变历程，体现出文化与价值多样性的渗透，也带来对不同特性遗产更深入的思考。"遗产主体"是遗产保护与管理过程中易被忽视的一点，人们似乎默认公权力的介入能够主导遗产保护的方向，从而将主体位置出让给政府、民族和国家。事实上，原生主体与文化遗产间的互动，也是遗产真实性的一个构面。这种无形因素体现了地方的特征与气质，为遗产的活态存续营造必要的背景环境。但随着现代化进程的加快，各项产业介入打破了遗产主体所拥有的话语权，趋利性商业行为不断置换出原生主体，使得人地间稳定的价值链逐步被瓦解，遗产主体的权利与义务难以匹配，从而导致了文化遗产在"主体地位"中的失真。遗产保护的真实性标准是基于话语立场和主观价值的，作为界定遗产内涵的工具，真实性反映的是话语主体的认知态度与认知能力。因此，在尊重权威遗产话语的同时也不能失掉文化自信下的本土话语表达；同时要以清醒的态度认识传统话语体系中的精华与糟粕，面对负面原真性保持审慎的态度；充分尊重主体的能动性，强调保持社区中传统与文化的连续性；引入利益相关者理论，修复遗产主体责任与义务的移位；发展造血式产业模式，推动文化遗产自身的可持续发展。

非物质文化遗产的真实性是另一大讨论的焦点。我国在 2005 年《国务院办公厅关于加强我国非物质文化遗产保护工作的意见》中首次将真实性原则运用到非遗保护中，2011 年在《中华人民共和国非物质文化遗产法》中以法律的形式得以确立。探寻非遗真实性是一个良好的开端和研究方向，但并未受到国际的肯定与认可。联合国教科文组织在 2015 年的《保护非物质文化遗产伦理原则》中表示"真实性和排他性不应成为对非物质文化遗产保护的阻碍"，因为真实性原则的要求与非遗活性、动态的本质相违背。维持非遗的生命力来源与发展应由社区主体来决定，外来保护力量不应过度干涉这一权利。国内与国际认知的矛盾，归根结底在于我国对非遗真实性的表述存在一定偏差，单方面地强调了静态历史的原真形式，没有把其内在逻辑，即真实准确地反映非遗的实际情况这一内涵表达出来。当然其中所包含的合理性也不能被抹杀，正是因为这一合理性的存在，所以追求非遗真实性的矛盾是可以被调和的。实现以遗产主体为关键的非遗原真性保护，协调外来力量和内生载体之间的关系，是未来非遗研究的重要内容。

（二）遗产旅游体验的真实性

20 世纪 60 年代以来，西方旅游社会学中存在着一个被广泛研究的话题：真实性。与遗产价值和保护原则不同，这里的真实性是指游客在旅游活动中的特定感受。关于真实性论断的交锋最早源于美国历史学家布尔斯廷（Boorstin）与麦坎内尔（MacCannell）对旅游活动的不同看法。此后，西方学者前仆后继地加入到真实性的探究当中，并创造了大量的经典理论流派。通过梳理真实性概念的产生背景和学术发展历史，介绍各理论思想的主要观点，更为透彻地理解真实性在旅游领域内的深刻含义。

1. 真实性理论发展背景：伪事件与舞台化真实

第二次世界大战后，美国当代社会展现出高度现代化，发达的经济营造出繁荣的景象，大众旅游在新兴中产阶级中得到普及，日益成为一项流行活动。但在这样巨大的"繁华面具"之下，却隐藏着一个虚幻和不真实的美国社会。布尔斯廷[①]敏锐地观察到了这一现象在旅游业中的表现，并将大众旅游称为"伪事件"，他认为旅游活动是由其供给者所设计的目的地假象，易于满足的游客将活动局限于旅馆、餐厅和旅游景点等"无意义"的地方，无法接触到当地真正的文化，因此旅游活动本身也不过是个"伪事件"。布尔斯廷极端负面的看法显然是失之偏颇的，但他率先对旅游活动的"真假"进行判定，开创了旅游社会学研究的全新命题。以麦坎内尔为代表的一众学者却与布尔斯廷持有相左的意见。他们将游客视为"世俗的朝圣者"[②]，因为两者都具有指导活动行为的追求。旅游者出于对自身所处环境欺骗与虚假的认识，转而通过旅游活动寻求目的地社会的真实生活，以弥补自己所失去的真实性。

麦坎内尔还通过改造高夫曼的拟剧理论，提出了舞台化真实性的概念[③]。高夫曼将社会看作一个舞台，身处其中的人类通过社会关系的构建来完成专属于自身角色的表演。前台是进行表演并传达特定意义的区域，观众所获得的是表演者设定且被他人接受的形象；而后台则是准备表演、自我掩饰和休息的区域。这种前后台的分区是相对的，或者说前台"人设"和后台"本我"之间的界限会随着社会发展而改变。在旅游情景中，前台是旅游者与旅游服务人员接

---

① Boorstin D J. The image: a guide to pseudo-events in America[M]. Vintage Books, 1987.

② MacCannell D. Staged Authenticity: Arrangements of Social Space in Tourist Settings[J]. American Journal of Sociology, 1973, 79 (3): 589-603.

③ Goffman E. The Presentation of Self in Everyday Life[J]. Doubleday Anchor Books, 1959.

触交往的开放平台，表现为游客能直接感知并接受服务的观光空间；后台则是目的地社会事实的真实反映[①]。前台的可信任程度和可靠程度是建立在后台的相对神秘性当中的。如果后台的真相被暴露，将会影响前台意义的表达。麦坎内尔认为旅游者所感知到的真实性是建立在自身经验之上的，至于这种真实性经验与真相之间是否等同则难以判断。旅游企业会迎合旅游者的"想象"，凭借旅游行为的组织化、社会化和机构化，将前台布置为"视觉场景上的后台"。虽然这是一种"虚假的真实"，但却与旅游者的经验相匹配，从而让旅游者信以为真。介于这一现象的存在，麦坎内尔认为在前台与后台之间，还应存在一种"舞台化真实"的区域。该区域有 6 个阶段并能够连续衔接前后台。舞台化真实性的提出拓展了高夫曼拟剧理论的应用场景，推动真实性研究成为旅游社会学的一大核心与热点。

2. 客观主义真实性

客观主义真实性是在旅游体验中对"原作品"（originals）真实性的认知。这种真实性是建立在旅游客体自身性质之上的，不会以旅游者的意志为改变。即使旅游者认为它是真实的，也无法改变其实际虚假的"真相"（truth）。布尔斯廷的"伪事件"和麦坎内尔的"舞台化真实性"都隶属于客观主义真实性的范畴。英国社会学家夏普利（Sharpley）评价这两种观点都具有极端性，并认为旅游者的旅游动机是介于执着追求真实性和完全无视真实性之间的。

客观主义真实性的另一外代表人物是柯恩（Cohen）。他从景观本质与游客印象的二维交叉出发，构建了"旅游空间与舞台猜疑"理论（表 9-1）[②]。

表 9-1　"旅游空间与舞台猜疑"理论

游客印象与景观本质的真实和舞台化		游客印象	
		真实	舞台化
景观本质	真实	真实	否认真实：舞台猜疑
	舞台化	舞台真实：隐藏游客空间	人为项目：开放的旅游空间

数据来源：Cohen E. Rethinking the sociology of tourism[J]. Annals of Tourism Research, 1979, 6(1):18-35.

①真实：旅游客体自身是满足真实性原则的，同时这种客观的真实能够被游客所感知到。

②舞台猜疑：虽然景观本身是真实的，但是与旅游者的前摄经验不匹配，

① 周亚庆，吴茂英，周永广，竺燕红. 旅游研究中的"真实性"理论及其比较[J]. 旅游学刊，2007（06）：42-47.

② Cohen E. Authenticity and commoditization in tourism[J]. Annals of Tourism Research, 1988.

因此旅游者拒绝接受该种真实性。

③舞台真实：契合"舞台化真实性"所描述的情况，通过对前台进行装饰，使游客感知到一种他们认可的真实性。

④人为项目：景观本身是非自然的且旅游者明确知道自己所感知的景观是虚构的，在现实中表现为民俗村或文化村的形式。

这一理论对麦坎内尔的"舞台化真实性"进行了补充和扩展，从单纯地限定旅游客体的真实性到引入旅游者的主观因素。柯恩解释说，不同层次的游客对社会异化感的感知程度不同，这一感知的强烈程度通过旅游动机表现出来，进而成为划分游客类型的一种标准。不同类型的游客对旅游体验的真实性追求不同。游憩型游客对真实性的宽容度较高，甚至会接受人为的虚构项目；但探索型游客的包容性就较差，他们排斥舞台化真实，执着地追求原始真相。

3. 建构主义真实性

建构主义真实性从符号学的视角对真实性的含义进行解读。这一学派和客观主义真实性最大的区别在于否认"原作品"的存在，并认为所谓的真实性是由游客看待、解释旅游客体所产生的主观产物。因此，真实性概念因游客和旅游情景而异，具有变化和发展的动态性。布伦纳（Bruner）提出旅游企业所提供的真实性产品，往往是根据游客对旅游目的地的期望、想象、偏好、信仰等所设计的[①]。休斯（Hughes）则认为旅游经营者、解说系统、视觉影片创造者共同创造了旅游真实性[②]。游客对旅游地真实性的判断，来自社会期望甚至是刻板看法，这与旅游目的地居民所感受到的真实性很大程度上可能是不相符的。

柯恩认为"真实性"的社会内涵不是给定的，而是与各种利益相关者"协商"所得出的，真实性和虚假性不是两极分化的概念；相反，他断言，真实性是虚假的本质主义[③]。因为所有文化都仅仅是在争议性的社会环境中不断被重新建构以服务于当前的目的[④]。因为真实性的本体是不存在的，所以对于旅游者而言，真实性更偏向于一种标签性、符号化的象征意义[⑤]。建构包含着自生性的含义，即真实性的内容是可以扩充的，那些原本被判定为不真实的非自然

① Bruner. Abraham Lincoln as Authentic Reproduction: A Critique of Postmodernism[J]. American Anthropologist, 1994, 96(2): 397-415.

② Hughes G. Authenticity in tourism[J]. Annals of Tourism Research, 1995, 22(4): 781-803.

③ Cohen. Authenticity, Equity and Sustainability in Tourism[J]. Journal of Sustainable Tourism, 2002, 10(4): 267-276.

④ Handler, Linnekin. Tradition, Genuine or Spurious[J]. Journal of American Folklore, 1984, Volume 97, Issue 385: 273-290

⑤ Wang N. Rethinking Authenticity in Tourism Experience[J]. Annals of Tourism Research, 1999, 26(2): 349-370.

人为产物，能够在历史的打磨下成为"新生的真实"。建构主义真实性的拥护者对于文化商品化的态度也比较积极。正因为真实性是可以被添加的，因此在面对外来公众的文化商品化过程中，所添加的经济导向元素与改良意义会形成全新的符号价值，从而对当地文化的更新产生推动作用。

建构主义真实性的内涵表达出一种动态活动的观点。当游客拥有一种体验时，与其说他们拥有某种内在的精神状态，不如说他们"创造"了这种体验。真实性不再是根植于实物世界的感觉，而是当我们的行为活动以一种平滑、近乎没有阻碍的方式与实物世界相融合时所产生的体验。正是这种活动性体验在旅行与世界之间的"契合"，才使得游客不同程度地认为自己的体验是真实的[1]。旅游业中的真实性不仅仅造就了旅游动机，还发展出对以前未知环境意义的解读及在该环境中适当行为方式的经验。在遗产语境下，客观主义真实性等同于遗产可识别、可测量的客观特征；而建构主义真实性则被定位为特定文化的产物，或不同文化之间建构真实性的交叉点。因此，建构主义可能会模糊遗产本体和复制品之间的区别。

4. 后现代主义真实性

建构主义真实性仅仅否认了客体本身性质中固有的绝对原真，但依旧肯定了旅游客体的真实性在旅游体验中的重要价值。后现代主义学派则全然摒弃了对"原真"的探讨，试图从"超现实"的立场上给予仿制品、复制品和虚构实体以真实性的名分。从后现代的角度来看，人们把自己从规则和规范中解放出来，在不同的情境中扮演不同的角色，任何对他们有价值的事物都会被视为正确的。因此，事物是真实的还是虚假的，原创的还是复制的，现实的还是象征的都无关紧要，对非真实世界担忧也是没有意义的。

艾柯（Eco）认为人们生活在超现实中，并试图消除复制品与原作品之间的界限。迪士尼是验证其观点的典型案例，其中的人物和景观都是通过在幻想和想象中创造出来的，但前去游玩的游客却对此深信不疑[2]。凭借着现代技术和一定的语言技巧，人们有能力将复制品变得真实可信，且乐于接受这种充满乐趣的真实性。柯恩认为后现代旅游者对某一景观的喜爱，会让他们忽视其真实性和起源。同样的，商品化后的旅游产品若能保持令游客满意的特性，那么在旅游者眼中，这一产品仍是真实的，这也是为什么大多数游客愿意接受商业化旅游产品的原因。奥克斯（Oakes）提出，真实性是一种"幻想"。他从后现

---

① Moore K, Annæ Buchmann, Maria Månsson, David Fisher. Authenticity in tourism theory and experience: Practically indispensable and theoretically mischievous? [J]. Annals of Tourism Research, 2021, Volume 89: 103-208.

② Eco U. Travels in Hyperreality: Essays[J]. Picador, 1986.

代的视角出发，认为旅游业的真实性是一个"虚无"或"深渊"，当面对（后）现代生活的主客二元"去具体化"时，会促使旅游者继续寻找真实性，而不是接受它的空虚。随后，有学者借用"幻想"这一概念，认为真实性是从"异化"这一状态中产生的"幻想"①。真实性只能作为我们寻求非日常活动如旅游的动机，但却无法完全融入我们的生活当中。

5. 存在主义真实性

相较于寻求外物真实性的客观主义与建构主义真实性，王宁以存在主义为理论支撑，提出了不依赖于物品的真实性，称之为存在主义真实性。他认同旅游对象的真实性，但认为存在的真实性能够更好地反映和解释旅游体验。例如，当游客进行露营、徒步或荒野探险时，他们并不关心旅游对象的真实性，而是借助这些活动寻找真实的自我。旅游业的发展促进了存在的真实性，相较于日常生活，人们能够在旅游活动中更真实、更自由地表达自我。

王宁将存在主义真实性划分为个体内部与个体之间的真实性②。其中，个体内部的真实性包含身体感受与自我创造。前者是一种生理上的放松与解脱，而后者则是在旅游活动的"畅爽"中找寻自身的本质或本性。个体间的真实表现为家庭出游和旅游者共同体。家庭出游能够让家庭成员们从所扮演的社会角色中脱离出来，通过情感联结和亲密接触来还原真实的自我并获得愉悦感。旅游者共同体是一个与社会分级制度截然不同的人群集合，人们抛去原有社会中固化的政治、经济和文化地位，转而在旅行途中感受平等、和谐、真实、友善的人际关系。

这一学派的思想来源于海德格尔（Heidegger）对"真实"和"非真实"的判断。海德格尔用"真实性"这个词来指代存在的自我③。自我存在是指根据自己的本性或本质而存在，这种本性或本质改变了人们日常的活动行为，也改变了对自我的思考。存在的真实性是以经验为导向的，这种自我是短暂的而非持久的，因此，没有绝对真实和不真实的游客。人们倾向于忽视自己独特的可能性，而采用与他人共享的可能性④。海德格尔将这些一致性的基础称为"不真实性"。这并不意味着墨守成规者不是真正的人，这仅仅意味着他们不是完全的自己。他们追求任何人的可能性，因此拥有别人的经验，而不是他们自己

---

① Knudsen, Rickly, Vidon. The fantasy of authenticity: Touring with Lacan[J]. Annals of Tourism Research, 2016, 58.

② Wang N. Rethinking Authenticity in Tourism Experience[J]. Annals of Tourism Research, 1999, 26(2): 349-370.

③ Heidegger M. Being and Time[J]. Philosophical Alternatives, 1996, 11(2): 16.

④ Heidegger M. Being and Time[J]. Philosophical Alternatives, 1996, 11(2): 16.

的经验。每个人看待世界的独特视角和从这个视角产生的独特可能性是海德格尔框架中真实性的基础。许多学者把旅游活动看作在日常生活之外寻求新的、有意义的体验，这背后是来自不真实性的个人身份的丧失。旅游作为一种补救措施，可以弥补因不真实而带来的不愉快的身份丧失。旅游使人们远离自己的规范，从一个不同的角度看待他们的生活；旅游活动不受日常生活的约束并能让人们摆脱角色扮演。然而近些年有研究发现，人们将在遵守正确规范时的体验，尤其是道德层面的，视作与自己真实的自我一致的行为[①]。换言之，真实感标志着他们是否实现了共同的文化价值，以及对美好生活的理解。这说明自我的真实感和基于这一观念引导的行为都有文化和社会根源[②]。虽然在本体论上可能没有"真实的自我"，但其被广泛接受的过程实际上就是一种社会化的过程。

（三）真实性的新发展

无论是针对遗产本身还是旅游体验，对真实性内涵和外延的探索从未停止过。21世纪以来，新认定的遗产类型和真实性应用场景的更新加速了相关理论的产出，以期更为系统和科学地看待真实性。

①冷真实与热真实

为了将旅游学术界对真实性概念的讨论从旅游体验转移到旅游景点价值鉴定过程上，柯恩提出了两种分析上截然不同但实际上经常相互交叉的真实性鉴定概念："冷认证"和"热认证"[③]。由此可引申出两种实践意义上的真实性。

"冷真实"是通过单一明确甚至官方的鉴定，将一个物体、地点、事件、习俗、角色或人的真实性认证为真实和原始的，而不是复制品、仿造品或赝品。对冷真实的鉴定可能基于科学知识、专业经验、个人权威主张或宗教启示。但需要注意的是，冷真实的确认只有在拥有"权力"的认证代理人（无论是历史上的还是当代的）实施时才有效。该代理人的"权力"来自个人魅力、机构地位、特权知识或社会、宗教地位。例如联合国教科文组织对世界遗产的确立，使这些遗产获得了被全球所公认的"冷真实"。

"热真实"是通过一个内在的、重复的、非正式的表演过程而被创造、保存和加强的真实性。这通常是一个匿名的操作过程，缺乏公认的认证代理人。

---

① Newman, Bloom P, Knobe J. Value Judgments and the True Self[J]. Personality and Social Psychology Bulletin, 2013, 40(2): 203.

② Rivera, Christy, Kim, et al. Understanding the Relationship Between Perceived Authenticity and Well-Being[J]. Review of General Psychology, 2019, 23(1): 113-126.

③ Cohen E, Cohen S A. Authentication: Hot and cool[J]. Annals of Tourism Research, 2012, 39(3): 1295-1314.

热真实的建构是情感和信念导向的，具有个体分异性，因此在很大程度上不受外部批评的影响。游客之间的表演实践有助于生成评价、保护和放大事物的真实性。

不难发现，冷真实与热真实的概念其实是对建构主义真实性的一种发展，它从真实性认定的操作角度入手进行概念化组织，是对现代旅游企业呼吁真实性理论实用化发展的一种回应。

②主观真实性

以非物质文化遗产为核心的旅游是遗产旅游中一个新兴的分支，而非遗的真实性理论也是极具中国特色的创新。苏俊杰提出了"主观真实性"（Subjective Authenticity）的概念，用主观真实性来描述非遗实践者在文化遗产旅游活动中实现自我价值和人际价值的能力[1][2]。在这一理论中，非遗作为探寻个人真实性本质的媒介而存在，非遗传承人通过与游客互动实现自我价值与真实还原。主观真实性整合了非遗主客体及其环境要素，强调了人与人之间、人与物之间的协调对话机制，以更积极的态度面对现代商业化进程中的真实性含义。从本质上来说，该理论是存在主义真实性在非物质文化遗产商业化语境下的特殊应用，这种聚焦于遗产主体的真实性研究是一个值得深挖的方向。

三、完整性

完整性（integrity）作为衡量遗产价值和开展遗产保护的一大原则，自 20 世纪 60 年代开始就进入了专家学者的视野之中。1964 年，《国际古迹保护与修复宪章》（《威尼斯宪章》）提出了强调完整性语义的历史古迹定义：历史古迹的要领不仅包括单个建筑物，而且包括能从中找出一种独特的文明、一种有意义的发展或一个历史事件见证的城市或乡村环境。这一认知从物理空间上肯定了遗产及其置身情境作为一个整体的必要性，并开始用联系而非孤立的观念审视遗产的特殊价值。1972 年，联合国教科文组织大会通过的《保护世界文化和自然遗产公约》将"完整性"上升到核心原则的高度，并在 1977 年颁布的《实施世界遗产公约的操作指南》中给出了具体界定标准，但该版本的指南也具有明显的局限性，完整性的含义被框定在自然遗产的审核中。事实上，随着日后对遗产认识的深入，大多数学者认同完整性的原则适用于所有的遗产类型。

对完整性适用遗产类型的拓展源于对文化遗产真实性的批判思考。文化遗

---

① Su J. Conceptualising the subjective authenticity of intangible cultural heritage[J]. International Journal of Heritage Studies, 2018.

② 苏俊杰. 文化遗产旅游分歧与融合的理论基础：真实性[J]. 中国文化遗产，2020（1）：41-44.

产的真实性要求人们维持其在历史时空下的呈现状态，但这一状态又是基于特定环境和社会阶段的，难以将其从历史序列和社会结构中割裂开来，因此完整性判别条件的引入显得恰如其分。1988 年，在对《实施世界遗产公约的操作指南》修订的过程中，首次提到了文化遗产地的完整性（the integrity of cultural sites），在其后多年的修订中沿用了这一表述，直到 2005 年，该指南中对于真实性和完整性的表述不再囿于自然与文化遗产，而是共同用以凸显遗产"突出的普遍价值"。完整性被指定为用来衡量自然或文化遗产及其特征的整体性和无缺憾状态，并从 6 个细分方向具体规定了完整性的条件。该指南在完整性理念发展中具有跨越性的突破，吸收了《奈良文件》中对真实性和完整性辩证关系的修正成果，表露出两者共通的思想。仍需强调的是，该指南 2005 年版更多地从文字表述上进行了优化，但对于真实性和完整性在观念上的融合依旧不足，在现行最新的 2021 版本中基本没有实质性的更新。

第三节　遗产管理中的完整性理论演化

完整性是一种基于实证主义范式的概念，既包括自然遗产、文化遗产的多样性，也含有真实性的意思，如果遗产不完整，那么它的真实性就有待商榷。因此，完整性可以说是衡量遗产的最科学、最高层次的概念①。旅游学界对遗产完整性的认识经历了一个漫长的演化过程，从自然遗产的判定标准到文化遗产的补充阐释，其内涵在各类语境中得到不断丰富与充实，尤其是与真实性之间相互依存的状态，更反映出完整性语义的复杂性和高级性。2005 年版本的《实施世界遗产公约的操作指南》增加了第 88 条和 89 条来阐述完整性的应用情境。

88. 完整性用于衡量自然或文化遗产及其特征的整体性和无缺憾状态。因而审查完整性就要评估遗产满足以下标准的程度：

a. 涵盖所有表现其突出的普遍价值的必要因素；

b. 完整展现遗产特色和过程的足够大尺度的体量；

c. 被忽视或被发展的负面效益所影响。

89. 依据标准所申报的遗产，其结构特征或构造特色必须保存完好，受损害退化程度得到控制，能表现遗产价值所需的主要因素包含在内。文化景观、

---

① 苏明明，孙业红，邹统钎，张朝枝，张捷. 遗产的真实性与完整性准则及旅游研究的价值立场——"重新认识遗产旅游"系列对话连载（三）[J]. 旅游论坛，2021，14（3）：23-30.

历史名镇或其他活态遗产中体现其显著特征的各项关系和能动机制也应予以保存。

以上阐释从空间、价值和发展逻辑三个方向，表达了遗产要素和所依托环境共同构成整体的倾向。遗产的完整性不是割裂的、分离的，而是连续的、具有时间属性的一种状态。遗产保护的真实性强调原始的真实性，是对最初状态的追求，但作为社会建构的产物，遗产的构成会随着社会的变迁而发生改变，这种产生于遗产历时过程中的真实性也是遗产价值中不可忽视的一部分。完整性就是在重视演化的真实性的基础上，对遗产一脉相承的精神、文化和基因给予更多的关注和保护，以更全面的话语主体的视角，来解读遗产在不同作用尺度下的价值。

尤卡·约奇勒托（Jukka Jokilehto）在给国际古迹遗址理事会（ICOMOS）的报告中提出，人居环境的不同要素构成一个整体，并通过所建立的功能或社会文化关联，即贸易、宗教、行政和国防来证明其合理性。简单来说，完整性可以被定义为元素或属性间的相互关系及其所处的整体。这些元素承载着遗产"突出的普遍价值"中的不同维度，包括社会功能完整、历史结构完整和视觉美学完整。同时，考虑到完整性最初的来源和其演化趋势走向，我们将完整性划分为自然完整、视觉美学完整和文化完整。

一、自然完整性

完整性在被正式提出之初，是一个仅适用于对自然遗产保护的原则。《实施世界遗产公约的操作指南》中解释了完整性的具体操作含义：作为构成代表地球演化史中重要阶段的突出例证，自然遗产应当包括自然环境中生物、地质地貌及其自然特征的记录；作为重大的持续的生态和生物过程的重要实证，自然遗产应表现自然界各生态系统及动植物群落进化演变的过程；自然遗产应包括具有卓越自然现象或是突出美学价值的区域；为了保护生物多样性和具有显著世界级价值的濒危物种，自然遗产还应包括这些生物所处的最重要和最有意义的栖息地。从单体物质到栖息地与环境再到生态演进过程，完整性在自然领域内的含义不断地得到填充和丰富，这些释义都用于说明构成遗产整体的内在时间性、空间性和人文因素。其中，时间性表现为自然遗产形成过程中的生态演变；空间性则是自然遗产与存在环境之间相互促进的良性互动；人文因素强调自然遗产中的社区参与，实现遗产地与原住民的协调发展，他们共同构成了遗产完整性的必备维度。

威斯特拉（Laura Westra）阐述了应用于自然，以及在某些情况下应用于生态系统的完整性理念。一个生态整体或是生态系统，可被视为有机和无机成分在一定区域内以特定的相互关系共存。完整的生态体系是一个独特的有机系统，它包含该有机体自我存续的能力，以及受到外界因素干扰时，通过自我修复和消化来维持最佳运转的能力。同样，生态完整性要求生态系统必须具有自我保护能力、最佳运作能力、抗干扰能力和自我修复能力[①]。某一地区的生态完整性以该地区所有或至少大多数原生物种的维持为前提：一个物种的消失可能会引发巨大的"蝴蝶效应"，扰乱其他物种的存在及该地区的良性生态秩序，从而破坏整个生态系统。因此，保护生物多样性是实现生态系统完整的充分必要条件。在保护物种及其所处环境的过程中，人类活动行为的尺度也应受到监控和限制。为了自身社会进程的发展，人们不可避免地要向自然索取资源并改造其原始表征，而开展这些活动的最低行为标准就是不能触碰生态系统完整性的红线。对于自然遗产地，人们在进行研究与开发时，同样需要注意这一"红线"。云南三江并流世界自然遗产核心区因无序采矿而导致珍稀原始森林退化，这一"血的教训"警示着人类要排除人为因素对自然遗产地的负面影响，坚决维护生态系统的完整。

二、视觉美学完整性

虽然在最早的《保护世界文化和自然遗产公约》中美学价值就已经是遗产的一项基本价值，文化遗产的视觉美学完整性在相当长一段时间内仍没有被足够重视。因为相对于具有功能意义的自然完整性和文化完整性而言，外在形态上的审美愉悦和和谐似乎是可以牺牲的。然而事实上，视觉景观的协调看作遗产完整性和突出的普遍价值表达的重要支撑[②]。在 2005 年发布的《西安宣言》中就有条文表示：不同规模的古建筑、古遗址和历史区域（包括城市、陆地和海上自然景观、遗址线路及考古遗址），其重要性和独特性在于它们在社会、精神、历史、艺术、审美、自然、科学等层面或其他文化层面存在的价值，也在于它们与物质的、视觉的、精神的及其他文化层面的背景环境之间所产生的重要联系。遗产与环境间视觉联系的重要性被再次强调与关注。

位于遗产核心保护区之外的建筑对核心区内遗产的文化表达和空间含义具有重要影响。高层建筑对天际线的侵占、异形建筑对统一风格的破坏及交通基础设施对传统格局的隔断都无一例外地破坏了遗产的视觉美学完整性。《西安宣言》明确指出：涉及古建筑、古遗址和历史地区的周边环境保护的规划手段，

---

① Westra, Laura. The Principle of Integrity. An Environmental Proposal for Ethics[M]. Lanham, MD: Rowman & Littlefield Publishers, Inc, 1994.

② 孙燕. 从视觉完整性简析世界文化遗产的完整性评估与保护[J]. 中国文化遗产，2018，No.83（1）：11-18.

应包括相关的规定以有效控制外界急剧或累积的变化对周边环境产生的影响。重要的天际线和景观视线是否得到保护，新的公共或私人施工建设与古建筑、古遗址和历史区域之间是否留有充足的距离，是对周边环境是否在视觉和空间上被侵犯及对周边环境的土地是否被不当使用进行评估的重要考量。这一规定使得遗产周边环境视觉完整性的意义得到进一步的肯定。

维持遗产的视觉美学完整性要符合整体和无损两大原则①。整体强调视觉美学的完整性不应简单等同于遗产与周边可视范围内存在物体的一致，还要考虑所有包括视觉感知在内的与遗产价值理解相关的元素。无损不仅要求我们不对遗产做"减法"，也要求我们对遗产不要做画蛇添足的"加法"。不够谨慎的项目开发会导致遗产内在历史意义表达的受阻，进而破坏视觉美学的完整性。

三、文化完整性

正如完整性的概念从自然遗产延伸至文化遗产，文化完整性也经历了从有形因素到无形因素的拓展。文化遗产本体的完整性是有形的，注重遗产自身组成与结构的完整，而遗产所带有的文化概念是无形的，这一概念的存续有赖于遗产与其所处环境之间的良性互动。遗产环境是遗产价值表现的重要组成部分，不局限于周遭静态景观建筑的保护，还需要将其嵌入时代特征鲜明的城市发展之中。调和遗产保护与遗产展示之间的矛盾，可通过遗产环境重构来实现。历史文化遗产环境的完整性可从景观与空间肌理、文化特色功能、交通系统支撑三个方面，在宏观、中观、微观三个层次上进行重构②。通过三种尺度的重构，实现历史遗产文化表达与遗产地现代化进程的有机统一。有学者引入文化遗产连接度的概念，以反映遗产地信息交流、文化传播及文化遗产完整性受重视的程度。文化遗产连接度既包含了文化遗产与其生态背景间的空间结构联系，还包含遗产地内各要素之间功能的连通，呈现出文化遗产空间、文化、历史的完整性③。

值得注意的是，非物质文化遗产的完整性也是无形因素的一种体现。从关注文化遗产延伸到重视非物质文化遗产，这是遗产管理对象完整性的表现。

所谓"非物质文化遗产整体性保护"就是保护非遗所拥有的全部内容和

---

① 黄浩然. 基于完整性的小雁塔文化遗产视觉影响评估初探[D]. 西安建筑科技大学，2020.

② 厉奇宇，柳文傲，覃茜. 历史文化谱产周边环境的"完整性"重构探索——以狮子沟为例[A]. 中国城市规划学会、杭州市人民政府. 共享与品质——2018 中国城市规划年会论文集（09 城市文化遗产保护）[C]. 中国城市规划学会、杭州市人民政府：中国城市规划学会，2018：13.

③ 谢芳，萨如拉. 文化遗产连接度：文化遗产保护的重要指标[J]. 武汉理工大学学报（社会科学版），2018，31（5）：168-172.

形式，包括传承人和所依存的生存环境、技艺等①。非遗的完整性主要包括三方面：其一是非遗载体的完整性，其二是非遗项目和生存环境的完整性，其三是非遗价值表达的完整性。虽然非遗最大的特征就是非物质状态，但仍需要实物载体的承载与传播，这是由非遗固有的特性所决定的。因此，统一非遗主体与载体的完整性是传承非遗的必然要求。非遗保护不能遗漏的是它的"生命之源"，即非遗所产生和成长的社会自然环境，或者称之为"地方氛围"。地方的特殊环境作为土壤，造就和培养了非遗的活态性和本真性，也为非遗时代化的变迁提供了养分。追求非遗完整性要时刻把握这两个方面，避免陷入"唯心虚无主义"和"枳生淮北"的偏差。非遗传承过程中，遗产与传承人之间的价值链相对松散，易受到外力强势文化的侵袭，从而产生涵化现象，破坏非遗完整性。因此，在强调非遗的文化完整性时不能忽略那些零散的、碎片化的阶段特征，由此构建完整的非遗变迁历程。非遗价值的表达是遗产话语权归属问题的具体表现。为了使非遗价值得到更普遍的认同从而获得保护性关注，专家和遗产主管部门会利用自身的话语权放大特定的所谓"普世价值"或"权威遗产话语"认定的价值，忽视非遗服务对象话语下的价值，导致非遗完整性的破裂。要实现非遗价值表达的完整性，需要打破话语权利的垄断，充分尊重非遗价值真实意思的表达，倾听非官方的本土话语，全面了解非遗自产生、发展到成熟的历史文脉，平衡非遗价值表达在利用和保护之间的均衡。

文化遗产的保护经历了从重视单一遗产要素到重视遗产整体完整性；从静态保护到活化保护；从注重"点""面"文物到关注"线性文化遗产"，凡此种种，都蕴含着文化完整性的思想。文化线路和遗产廊道是表现大尺度文化遗产完整的两种典型展现形式，对文化完整性的全面理解有着较高的借鉴价值。

①文化线路

西班牙的圣地亚哥·德·卡姆波斯拉朝圣之路作为一种跨文化交流与沟通的遗产类型，成为经《世界遗产名录》认证的第一条文化线路。在 1994 年召开的"文化线路遗产"专家会议上，首次提出并阐释了文化线路这一概念。2008年，国际古迹遗址理事会通过了《文化线路宪章》，文化线路作为一种新的大型遗产类型被正式纳入《世界遗产名录》范畴，奠定了文化线路在世界文化遗产中的地位。该宪章将文化线路定义为"任何交通线路，无论是陆路、水路，还是其他类型，拥有清晰的物理界限和自身所具有的特定活力与历史功能为特征，以服务于一个特定的明确界定的目的，且必须满足以下条件：a.它必须产生于

---

① 马盛德. 非物质文化遗产整体性保护与文化生态保护区建设[J]. 中华手工，2020（6）：109-111.

并反映人类的相互往来和跨越较长历史时期的民族、国家、地区或大陆间的多维、持续、互惠的商品、思想、知识和价值观的相互交流；b.它必须在时间上促进受影响文化间的交流，使它们在物质和非物质遗产上都反映出来；c.它必须要集中在一个与其存在于历史联系和文化遗产相关联的动态系统中。"这一概念性定义充分显示完整性在文化线路组成中是必不可少的要素。我国地大物博，历史源远流长，拥有大量与交通相关的文化线路遗产。其中，京杭大运河作为我国第 46 项世界文化遗产正式被列入《世界遗产名录》。京杭大运河作为历史上重要的水上通航道路，将人类的生产生活、人口流动迁徙和文化交流相结合，构建出一个宏观的文化空间网络，为多区域联动、多民族交流、城乡协同的持续性社会发展和资源合理流动，以及我国与周边国家、与世界各地的交往提供了充分的条件[①]。

②遗产廊道

遗产廊道来源于美国生态绿道的衍生，是一种文化遗产保护的区域化空间战略。遗产廊道是以历史遗产为主要资源特质，拥有界定明确的经济中心和繁荣的旅游业，对老旧建筑合理改造利用，并能改善环境和提供休闲的线性景观[②]。如果说文化线路是大尺度领域内以遗产线路和元素为内容的线性文化遗产，那么遗产廊道就是强调文化与自然目标但价值标准宽松的中尺度遗产。从某种程度上来说，遗产廊道是文化线路的补充构建，因为它是为了实现相关联的点状分布遗产的统一价值而由当代人类建构起来的。遗产廊道包括绿色廊道、游道、遗产和以解说系统为主的服务设施[③]。虽然遗产廊道的价值标准是目标导向的，但它同样强调完整性思想的运用。遗产廊道以串联的手法囊括遗产主体及其周遭环境，追求整体利益最大化，实现自然、文化、经济等多重目标。遗产廊道的形式被广泛应用于工业遗产、交通遗产和生态遗产之中。

完整性的概念始终处于发展和丰富的过程之中，旅游活动尤其是旅游主体对遗产完整性的反作用值得进一步的研究。线性遗产中，节点体验与遗产完整性之间的作用机制尚未得到研究；认知与评价的完整性对单点遗产表达的影响需要探讨，遗产完整性领域仍有充足的空间等待着旅游研究的探索。

① 贺云翱，陈思妙. 中国"文化线路"遗产有关问题初探[J]. 交通运输部管理干部学院学报，2020，30（04）：21-24.

② Searns R M. The evolution of greenways as an adaptive urban landscape torm[J]. Landscape and Urban Planning, 1995, 33(1-3): 65-80.

③ 吴隽宇，陈梦媛. 文化线路及遗产廊道理论对南粤古驿道保护利用的启示[J]. 华中建筑，2021，39（06）：143-148.

第四节　遗产管理的完整性理论的实践演化

一、文化景观保护模式：生态博物馆

文化景观于 1992 年被联合国教科文组织（UNESCO）世界遗产委员会作为新的遗产类型引入世界遗产体系①。它代表着"自然与人的共同作品"，反映了在一系列社会、经济和文化因素的内外作用下，人类社会和定居地的历史沿革②。文化景观作为一种特殊的人类文化遗产，拥有乡村和城市化、土地变迁与发展等环境属性③。而生态博物馆则是国际、国内普遍认可且通用的文化景观保护的重要模式。

（一）生态博物馆的概念

生态博物馆的概念于 1971 年在国际博物馆协会第九次大会中，由当时的主席雨果·戴瓦兰（Hugues de Varine）首次提出，并将生态博物馆以公式的形式区别于传统博物馆，即生态博物馆=地域+遗产+居民+记忆、博物馆=建筑+收藏品+公众+专家（Ecomuseums=Territory+Heritage+Population+Memory，Museums=Building+Collection+Public+Experts）。相比传统博物馆，生态博物馆打破传统博物馆藏品和展柜的概念，不再仅仅是将展品放在展柜中供专家和公众研究、观赏，而是强调保护和保存文化遗产的原真性，更加注重居民参与及自然和文化遗产的整体保护、展示与传承。它更像一个社区、一个能够"将文化保留在其原生的环境中"的"活体博物馆"，它没有统一的、固定的模式，保护地域文化和原生态的一系列做法与途径都可以被称为生态博物馆模式。

"生态博物馆之父"乔治·亨利·里维埃（Georges Henri Riviere）将生态博物馆定义为："通过探究地域社会人们的生活及其自然环境、社会环境的发展演变过程，以进行自然遗产和文化遗产的就地保存、培育、展示，从而推动地域社会发展为目的而建设的博物馆。"雨果·戴瓦兰（Hugues de Varine）则

---

① World Heritage Committee,UNESCO. Decisions of 16th session of the World Heritage Committee[R]. Santa Fe, USA: World Heritage Committee, UNESCO, 1992. http://whc. unesco. org/en/sessions/16COM.

② World Heritage Centre,UNESCO. The Operational Guidelines for the Implementation of the World Heritage Convention[R]. Paris: World Heritage Centre, UNESCO, 2019. http://whc. unesco. org/en/guidelines/.

③ Grunsel, Wade R. Environmental Education and Development Education within the Formal Education System[M]. London: South Bank University, 1997.

将生态博物馆看作"居民参加社区发展计划的一种工具"。1981 年法国政府对
生态博物馆颁布了官方定义："它是一个文化机构。这个机构以一种永久的方
式，在一块特定的土地上，伴随着人们的参与，保证研究、保护和陈列的功能，
强调自然和文化遗产的整体，以展现其有代表性的某个领域及继承下来的生活
方式。"1985 年国际博物馆协会自然历史博物馆委员会对生态博物馆的定义
为："它是一个通过科学的、教育的或者一般来说的文化的方式，来管理、研
究和开发一个特定社区包含的整个自然环境与传统文化环境的机构。"

（二）生态博物馆的"中国化"

生态博物馆实践最先于兴起于法国，自此诞生了以法国"克勒索蒙特索矿
区生态博物馆"为代表的第一批生态博物馆。其最初建立的目的是解决在工业
化和城市化快速发展的背景下，环境污染、生态破坏、传统民俗文化受到现代
文化冲击等问题。生态博物馆在许多地区被冠以不同别称，在欧洲又称为"露
天博物馆"，拉美称为"社区博物馆"，美国称为"邻里博物馆"，澳大利亚、
印度称为"遗产项目"[①]。

我国生态博物馆概念的引入来自挪威，1995 年，中国和挪威的文博专家共
同撰写了《在贵州省梭嘎乡建立中国第一座生态博物馆的可行性研究报告》。该
报告在获得国家文物局和贵州省政府的批准后，正式列入了中挪文化交流项目。
1997 年 10 月 23 日，中国博物馆学会与挪威开发合作署举办了《关于中国贵州
省梭嘎生态博物馆的协议》的签字仪式，并于 1998 年建成并开放了中国第一座
生态博物馆——梭嘎苗族生态博物馆，后续又建成了镇山布依族生态博物馆、
隆里古城汉族生态博物馆和堂安侗族生态博物馆，在贵州形成了四个风格迥异
的生态博物馆群，完成了我国第一批生态博物馆的有效探索。约翰·杰斯特龙
（John Gjestrum）、苏东海、安来顺和胡朝相是推动第一批生态博物馆中国实践
的四大功臣[②]。在第一批生态博物馆的实践中，由挪威文物局专家、贵州生态
博物馆项目科学顾问达格·梅克勒伯斯特与中方专家、村民代表等一起提出的
"六枝原则"，已成为中国生态博物馆建设的一个积极成果和经验。随后，广
西、云南、内蒙古等地也纷纷建立起一批生态博物馆，被认为是我国生态博物
馆的"第二代"。进入 21 世纪后，生态博物馆开始延伸至东部发达地区，苏东
海先生将东部地区的生态博物馆实践称为"第三代生态博物馆"。

总的来说，生态博物馆在中国的实践是不断更新和升级的，且具有鲜明的
中国特色，具体表现为：理念的中国化、民族性、自上而下性和迂回性，并形

---

① 杜韵红. 乡土传统中生态博物馆之实验与实践[J]. 贵州社会科学，2018（2）：36-41.
② 胡朝相. 贵州生态博物馆纪实[M]. 北京：中央民族大学出版社，2011.

成了官办型生态博物馆和民办型生态博物馆两种模式①。

二、非物质文化遗产保护模式：文化生态保护区

非物质文化遗产不仅是一种文化形态，也是一种文化传承方式②。联合国教科文组织第 32 届大会上通过的《保护非物质文化遗产公约》将非物质文化遗产定义为"被各社区、群体，有时是个人，视为其文化遗产组成部分的各种社会实践、观念表述、表现形式、知识、技能，以及相关的工具、实物、手工艺品和文化场所"。这种非物质文化遗产能够世代相传，在各社区和群体适应周围环境及与自然和历史的互动中，被不断地再创造，为这些社区和群体提供认同感和持续感，从而增强对文化多样性和人类创造力的尊重，具有无形性、传承性、实践性、活态性和开放性的特征。这些特征决定了非物质文化遗产保护的复杂性，既要保护遗产存在的自然环境又要保护人文环境，在长期的探索中，逐渐形成了文化生态保护区模式。

（一）文化生态保护区的概念

文化生态保护区的概念来源于文化生态学理论。文化生态学主要是研究文化与环境间的互动关系，强调以辩证的方式，动态地看待文化与生态环境的关系。文化生态学起源于文化人类学，在早期著名人类学家博厄斯（Franz Boas）和克罗伯（Alfred Kroeber）的研究基础上，美国人类学家斯图尔特（Steward）在其 1955 年出版的《文化变迁的理论》一书中建立了系统的文化生态学理论与方法，以"解释那些具有不同地方特色的独特文化形貌与模式的起源"③。人类学家格尔茨（Clifford Geertz）拓展了斯图尔特的理论，认为"文化生态学探讨环境、技术及人类行为等因素的系统互动关系，以社会科学的方法分析特定社会在特定环境下的适应与变迁过程"④。

文化生态保护区是一个复合"文化生态系统"，指"在一个特定的自然和文化生态环境、区域中，有形的物质文化遗产如古建筑、历史街区与乡镇、传统民居及历史遗迹等和无形的非物质文化遗产如口头传统、传统表演艺术、民俗活动、礼仪、节庆、传统手工技艺等相互依存，并与人们赖以生存的自然和文化生态环境密切相关、和谐相处，在一定历史和地域条件下形成的文化空间，

① 甘代军，李银兵. 生态博物馆中国化的两种模式及其启示[J]. 贵州民族研究，2009，29（3）：41-46.

② 陈华文. 论非物质文化遗产生产性保护的几个问题[J]. 广西民族大学学报（哲学社会科版），2010，32（5）：87-91.

③ Steward, Julian. Theory of Culture Change: The Methodology of Multilinear Evolution[M]. Illinois Press, 1995.

④ Geertz, Clifford. Agricultural Involution[M]. Berkley: University of California Press, 1963.

以及人们在长期发展中逐步形成的生产生活方式、风俗习惯和艺术表现形式，共同构成的丰富多样和充满活力的文化生态①"。我国于 2018 年 12 月发布的《国家级文化生态保护区管理办法》将"国家级文化生态保护区"定义为"以保护非物质文化遗产为核心，对历史文化积淀丰厚、存续状态良好、具有重要价值和鲜明特色的文化形态进行整体性保护，并经文化和旅游部同意设立的特定区域"。

（二）文化生态保护区的构建

文化生态保护区旨在构建一种保护、开发、发展三者相结合的运行模式。其构建过程应兼顾遗产的自然与社会生态、遗产主体、遗产整体性和多样性②，坚持规划先行、科学开发，有重点、分批次地进行建设③，将非物质文化遗产看成一个文化生命体，将其传承、保护放在所属的文化空间中，在这些非物质文化遗产生命延续的生存环境中，通过实验区的形式，以外在力量协助其生存延续，从而实现非物质文化遗产的保护与传承④。

我国对文化生态保护区探索的表现形式是建立文化生态保护实验区。2007年 6 月，我国在福建省建成第一个国家级文化生态保护实验区——闽南文化生态保护实验区。截至 2020 年底，全国共建立了 23 个国家级文化生态保护实验区，包括闽南文化生态保护实验区、徽州文化生态保护实验区、热贡文化生态保护实验区、羌族文化生态保护实验区、客家文化（梅州）生态保护实验区、武陵山区（湘西）土家族苗族文化生态保护实验区、海洋渔文化（象山）生态保护实验区、晋中文化生态保护实验区、潍水文化生态保护实验区、迪庆文化生态保护实验区、大理文化生态实验保护区、陕北文化生态实验保护区、铜鼓文化（河池）生态保护实验区、黔东南民族文化生态保护实验区、客家文化（赣南）生态保护实验区、格萨尔文化（果洛）生态保护实验区、武陵山区（鄂西南）土家族苗族文化生态保护实验区、武陵山区（渝东南）土家族苗族文化生态保护实验区、客家文化（闽西）生态保护实验区、说唱文化（宝丰）生态保护实验区、藏族文化（玉树）生态保护实验区、齐鲁文化（潍坊）生态保护实验区、河洛文化生态保护实验区。这些文化生态保护区的建设以开放式、动态式的手段保护了相关地区非物质文化遗产的完整性，并创造一个有利于文化健康而又可持续发展的生态环境⑤。

---

① 周和平. 周和平文集（下卷）[M]. 广州：中山大学出版社，2016.

② 吴兴帜. 文化生态区与非物质文化遗产保护研究[J]. 广西民族研究，2011（4）：192-197.

③ 卞利. 文化生态保护区建设中存在的问题及其解决对策——以徽州文化生态保护实验区为例[J]. 文化遗产，2010（4）：24-30.

④ 巴胜超. 文化生态保护实验区建设的理论与建议[J]. 民族艺术研究，2019，32（4）：139-147.

⑤ 刘魁立. 文化生态保护区问题刍议[J]. 浙江师范大学学报（社会科学版），2007（3）：9-12.

第十章　服务管理：标准化与个性化

质量，就其目标而言，在于在为顾客创造价值、为企业创造利润的价格基础上，不断提供产品和服务，以达到或超过顾客期望。在产品质量基本相同、核心产品价格基本相同的情况下，提升服务是形成别人无法替代的顾客价值创造，超越竞争对手的唯一正确途径。20世纪八九十年代，随着旅游资源同质化现象的日益严重，越来越多的旅游企业开始重视自身的服务质量。事实上，服务质量问题也已经引起旅游部门管理者、游客及旅游学者的广泛关注。1982年，格罗鲁斯（Gronroos）首次将服务质量理论引入旅游学研究，并从顾客视角对旅游服务质量的概念进行了界定。[①]正如哈德森和谢帕德（Hudson and Shephard，1998）所言："服务质量已日益成为凸显旅游产品，构建旅游业竞争优势的必备条件。"[②]

服务质量的研究发端于"服务工业化的观点"（Levitt，1972），即将制造业企业的管理方法用于服务业企业的管理，使服务业的运作活动"工业化"，只关注服务业的某些生产运作环节与制造业的相似处。因这一时期服务的消费需求特征表现为规模大而品种单一，研究学者将重点放在服务设计、服务程序等的标准化研究上[③]。与此同时，大众旅游以其固定的价格、标准化的服务及大批量的销售形式成为逐渐兴起的旅游热点，越来越多的学者开始将标准化管理的基本原则和方法运用于旅游行业。

随着顾客的需要越来越趋向个性化与差异化，对服务人员的需要也越来越趋向个性化与差异化，顾客与服务人员已经无法从标准化、无差错服务上得到个性化的价值满足，倡导个性化旅游服务的新旅游理论框架诞生。然而，追求个性化需求、强调定制化服务却极大地提高了服务失误率，并由此带来顾客抱

---

① Gronroos, Christian. Service Management and Marketing: Customer Management in Service Completion[Z]. Beijing: House of Electronics Industry, 2009.

② Hudson, Shephard. Measuring service quality at tourist destinations: An application of importance-performance analysis to an alpine ski resort[J]. Journal of Travel & Tourism Marketing, 1998(7): 61-77.

③ Levitt T. Production-line approach to service[J]. Harvard business review, 1972, 50(5): 41-52.

怨。如何在失误发生后进行补救，以及如何提高补救水平以维护客户满意水平、提升企业形象逐渐成为理论界研究的热点问题，学者们开始广泛地开展"服务补救"的研究工作，相关的研究成果也逐渐增加。与此同时，大量研究者开始以行业的调查研究和案例研究为主，采用经验和实证的研究方法开始探索服务质量评价的理论和模型，至今它们仍然得到普遍的应用。

因此，标准化注重的是规范和程序，个性化强调灵活性和有的放矢；标准化强调整体形象和效率，个性化提倡主观能动性和效益；标准化服务注重掌声四起，个性化服务追求的是锦上添花；标准化需要严谨的全局理念和规章制度，而个性化需要浓厚的感情因素和情感投入。标准化旅游服务和个性化旅游服务是旅游服务质量管理的两翼，是全面提升旅游产品质量和服务水平，进而提升旅游企业基本素质和竞争能力的两大法宝。

第一节 标准化

一、标准化旅游服务的起源

20 世纪 60 年代以来，全世界进入了现代管理的新阶段，标准化随之扩展到社会生活的各个领域。标准化是为了在一定范围内获得最佳秩序，对现实问题或潜在问题制定共同使用条款和重复使用条款的活动。20 世纪 80 年代，标准化应用于旅游产业。标准化旅游服务是通过制定和实施旅游服务标准，运用标准化基本原则和方法，以达到旅游服务质量目标化、旅游服务方法规范化、旅游服务过程程序化，从而获得优质旅游服务的过程。

二、标准化管理的原理

（一）科学管理原理

20 世纪初的美国资本主义经济得到较快发展，可是由于企业管理落后，美国经济的发展速度和企业劳动生产率远远落后于当时科学技术成就和国内外经济条件所提供的可能性。这种情况首先引起了同企业管理有关而又具有科学技术知识的一批工程技术人员和管理人员的注意，他们进行各种实验，努力把当时科学技术的最新成就应用于企业的生产和管理，以便大幅度地提高劳动生产率，弗雷德里克·温斯洛·泰勒就是其中最突出的代表。1911 年，泰勒的《科学管理原理》一书出版，标志着科学管理理论的诞生。这本书讲述了应用科学方法确定从事一项工作的"最佳方法"，使管理从经验变为科学。泰勒提出科学管理的中心问题是提高劳动生产率，并着重指出了提高劳动生产率的重要性和可能性；为了提高劳动生产率，必须为工作配备"第一流的工人"，而培训工人成为"第一流的工人"则是企业管理者的责任：要使工人掌握标准化的操作方法，使用标准化的工具、机器和材料，并使作业环境标准化①。

综上所述，泰勒不仅提出了实行标准化的主张，把标准化作为实现科学管理的基础，而且也为标准的制定进行了积极的试验。可以说，标准化管理原理与科学管理原理的关系密不可分，泰勒的科学管理蕴含了标准化管理原理，甚至可以说就是标准化管理原理。

（二）标准系统原理

系统思想源远流长，但作为一门科学的系统论，人们公认是由美籍奥地利人、理论生物学家贝塔朗菲（Bertalanffy）创立的。他在 1932 年提出"开放系统理论"，提出了系统论的思想。1937 年提出了一般系统论原理，奠定了这门科学的理论基础。但是他的论文《关于一般系统论》，到 1945 年才公开发表，他的理论到 1948 年在美国再次讲授"一般系统论"时，才得到学术界的重视。确立这门科学学术地位的是 1968 年贝塔朗菲发表的专著——《一般系统理论：基础、发展和应用》（*General System Theory；Foundations，Development，Applications*），该书被公认为这门学科的代表作。贝塔朗菲临终前发表了《一般系统论的历史与现状》一文，探讨系统研究的未来发展。

我国公认的标准化理论研究拓荒者李春田在《标准化概论（第 4 版）》中给出的标准系统的定义是："一般是指为实现确定的目标，由若干相互依存、相互制约的标准组成的具有特定功能的有机整体。"②李春田先生还在该书中提到，现代化的标准是以系统的方式存并发生作用的，标准系统本身的性质决定了它的管理方式必须由人来操作，也就是说管理者必须要通过谋划、组织、部署、监管、调控等方式，将标准系统内所涉及的要素彼此间的关系与外部环境之间的关系进行协调，以最佳的方式处理好标准系统中所遇到的各种问题，发挥系统功能，以保障标准系统的顺利发展。

标准系统的原理包括系统效应原理、机构优化原理、有序原理、反馈控制原理，其中系统效应原理是指遵循系统思想，在明确个体效应与系统效应之间的区别和联系的基础上，追求系统总效应；结构优化原理是指强调标准系统结构与功能的关系，主张通过调整和优化标准系统的结构，达到改善系统效应的

---

① F. W. 泰罗. 科学管理原理[M]. 胡隆昶，冼子恩，曹丽顺，译. 北京：中国社会科学出版社，1984.

② 李春田. 标准化概论[M]. 4 版. 北京：中国人民大学出版社，2005.

目的；有序原理即揭示了标准系统发展的动力机制——增加负熵，标准系统稳定才能发挥其功能，但又不能永远稳定，客观环境要求它发展变化；反馈控制原理即标准系统演化、发展及保持结构稳定性和环境适应性的内在及时式反馈控制，系统发展的状态取决于系统的适应性和对系统的控制能力。其中系统效应原理是标准系统原理的理论基础和方法源头。李春田曾将系统效应原理表述成：标准系统的效应不是直接地从每个标准本身而是从组成该系统的标准集合中得到的，并且这个效应超过了标准个体效应的综合[①]。

标准系统理论强调的是各个标准在一起组成的系统所产生的整体效应，而不是注重标准个体的效益大小，更不是着眼于标准的数量多少。充分利用好标准的系统效应，将不同类型的标准合理地组合到一起，使之发挥的效益远远大于单个标准所产生的效益，这样可以将现有的资源效能最大化。标准化管理涉及人、财、物、信息、技术等多个子系统及多种要素，并且与外部环境不断进行物质、能量和信息的交换，同时也要从系统的整体出发，进行标准体系的设计，遵循系统特征和一般规律。

（三）桑德斯七项原理

英国标准化专家桑德斯，曾任 ISO 标准化原理委员会主席，于 1972 年出版了《标准化的目的与原理》一书，该书系统地总结了标准化的活动过程，即"指导—实施—修订—再实施"过程的实践经验，分析并阐述了标准化活动的目的、作用和方法[②]。主要观点有以下几点：

1. 标准化从本质来看，是人们有意识地达到统一的做法。标准化不仅是为了减少当前事物的复杂性，也能预防事物将来产生不必要的复杂化。

2. 标准化不仅是经济活动，也是社会活动，标准化工作应在社会各方面的通力协作下推进。

3. 标准发布的目的是实施，不实施的标准是没有意义的。在标准实施过程中，可能为了整体利益的最优化而牺牲局部的利益。

4. 制定标准要慎重地选择对象和时机，并保持相对稳定。

5. 标准在规定的时间内，应根据需要进行复审和必要的修订。

6. 在规定产品的性能或其他特点时，必须规定相应的测试方法和必要的实验装置。

7. 在产品需要采用取样的情况下，应规定取样方法，必须慎重考虑标准的

---

① 李春田. 标准控制论[J]. 上海标准化，2003，（1）：6-12.

② 桑德斯. 标准化的目的和原理[M]. 中国科学技术情报研究所，译. 北京：科学技术文献出版社，1974.

性质、社会工业化程度及现行的法律配套等各方面因素。

（四）松浦四郎十九条原则

日本标准化专家松浦四郎，先后发表了《工业标准化理论》《简化的经济效果》和《产品标准化》等著作和文章来阐述标准化理论。他在 1972 年出版了《工业标准化理论》一书，系统地研究和阐述了标准化活动的基本规律[①]，其主要观点如下：

1. 标准化的本质是简化，简化不仅要减少某些事物的数量和复杂性，而且要预防将来产生的不必要的复杂性。

2. 标准化的目的是实现最佳"全面经济"，需要从系统的思维理论和全球的视野出发，通过制定和实施国际标准来实现。标准化是一项社会活动，需要社会各方面协作，共同推进。

3. 简单决定于"互换性"。"互换性"不仅适应于实物，而且适用于抽象的概念和思想。

4. 制定标准的活动，实质上是慎重做出选择的过程，必须根据不同的观点仔细地选择标准化主体和内容，标准的制定应以全体一致同意为基础，一旦形成标准应保持规定。标准必须定期评审和及时修订。有关人身安全和健康的标准，通常以法律形式强制实施；国家标准以法律形式强制实施的，必须参照标准的性质和社会工业化的水平；用精确的数值定量地评价经济效果，仅仅适用于范围窄小的具体产品标准。

（五）全面质量管理

全面质量管理是标准化管理的一个典型工具。美国通用电气公司质量管理部的部长费根鲍姆（Feigenbaum）博士在 1961 年出版的著作《全面质量管理》是质量科学的理论代表作。他将全面质量管理定义为："为了能够在最经济的水平上和考虑到充分满足顾客要求的条件下进行生产和提供服务，并把企业各部门在研制质量、维持质量和提高质量方面的活动构成一体的一种有效体系。"[②]《质量管理和质量保证 术语》（ISO 8402-1994）给出全面质量管理的定义为："一个组织以质量为中心，以全员参与为基础，目的在于通过让顾客满意和本组织所有成员及社会受益而达到长期成功的管理途径。"

费根鲍姆认为，为了生产具有合理成本和较高质量的产品，以适应市场的要求，只注意个别部门的活动是不够的，需要对覆盖所有职能部门的质量活动

---

① 松浦四郎. 工业标准化原理[M]. 熊国风，博国华，译. 北京：技术标准出版社，1981.

② Feigenbaum. A V. Total quality control: engineering and management, the technical and managerial field for improving product quality, including its reliability, and for reducing operating cost and losses[R], 1961.

进行策划。他强调清晰定义和全过程推行全面质量体系（total quality system）为全面质量控制（total quality control）提供强大基础，当它涵盖全公司范围（organization wide）时就为全面质量管理（total quality management）提供了强大基础。可见，他的全面质量管理是全公司范围推行全面质量控制活动的综合与升华，即以顾客为中心开展覆盖全公司范围和全过程的全面质量控制活动，最终实现了全面质量管理。

1. 朱兰（Juran）的质量三部曲

朱兰提出了"质量管理三部曲"的观点，他将管理过程分为三个步骤：质量策划（quality planning）、质量控制（quality control）和质量改进（quality improvement）。他对实行组织内部质量策划的主要观点包括：识别客户和客户需求；制定最佳质量目标；建立质量衡量方式；设计策划在运作条件下满足质量目标的过程；持续增加市场份额；优化价格，降低公司或工厂中的错误率。此外还有质量控制，它用已经制定的目标比较绩效评估质量绩效，并弥合实际绩效和设定目标之间的差距。朱兰（Juran）将第三步质量改进作为持续发展的过程，这一过程包括建立形成质量改进循环的必要组织基础设施。他建议使用团队合作和逐个项目运作的方式来努力保持持续改进和突破改进两种形式。

朱兰首创将人力与质量管理结合起来，弥补了费根鲍姆的"全公司范围＋全过程"式的全面质量管理概念。如今，朱兰的这一观点已包含于全面质量管理的概念之中，形成了"全员＋全方位＋全过程"式的 TQM[①]。

2. 戴明的 14 点

戴明（Deming）被称为产品质量和质量控制之父，戴明 14 点表现了全面质量管理的核心思想。他把提高产品质量的工作划分为 4 个阶段[②]：

①计划（plan）阶段，制定方针目标及活动计划。

②执行（do）阶段，按计划去执行。

③检查（check）阶段，对结果进行检查总结，发现问题，找出原因。

④处理（action）阶段，把经验教训变成标准或规范。

以上 4 阶段总称 PDCA 循环，又称戴明环。产品质量提高的过程可以说是戴明环不断转动的过程。

戴明 14 点的要点如下：[③]

---

① Juran J M. Juran on planning for quality[M]. New York: Free Press, 1988.

② Deming W E. Improvement of quality and productivity through action by management[J]. Global Business and Organizational Excellence, 1981, 1(1): 12-22.

③ Woods, King. Quality leadership and management in the hospitality industry[J]. The educational institute of the American Hotel & Motel Association, 30-37.

①为改进产品和服务而设立长远目标。

②采用新经营哲学。

③不靠检查监督维护质量，不能等出了废品再回炉，员工要做到一次到位。

④与供应商建立长期的合作，不要以"价签"来确定业务关系。

⑤不断改进产品和服务系统。

⑥实行岗位培训。

⑦实施有效领导。

⑧消除恐惧感。

⑨消除部门间的隔阂。

⑩消除空洞的口号与说教。

⑪消除定额限制。

⑫消除对员工自豪感的不利因素。

⑬实行有力的教育、改进方案。

⑭采取行动来完成转变。

戴明还提出推行全面质量管理容易犯的 7 个致命错误：没有提供足够的人力、财力资源来支持质量改进这个目标；强调短期效益和股东收益；依靠观察与判断来评价年度业务状况；工作的忙碌造成管理不一致；管理采用易得的资料，不管需要什么来改进过程；过多的纠错成本；过多的法律花费。①

1. ISO9000 标准提出的质量管理原则②

ISO9000 标准提出了关于质量管理的八项原则，这是国际社会关于质量管理的实践经验和理论研究的总结，也是质量管理最基本的一般性规律，奠定了质量管理的理论基础，适用于所有类型的产品和组织。具体包括以下内容。

原则一：以顾客为中心。组织依存于顾客，因此必须理解顾客当前及未来的需求，努力满足顾客需求，并力求超过顾客的期望。

原则二：领导作用。领导者应该在组织内部建立起统一的宗旨和方向，创造并保持能够使得员工充分参与实现组织目标的内部环境。

原则三：全员参与。组织内部的各级人员都是组织之本，只有全部成员充分参与，才能充分发挥他们的才干，为组织带来更多的收益。

原则四：过程方法。通过在组织内部实施管理，最终将投入转化为产出的一组活动。

原则五：管理的系统方法。把相互关联的组织活动当成一个有机的系统来

---

① Williams R. Essentials of Total Quality Management[M]. American Management Association. 1994.

② 马林. 全面质量管理基本知识[M]. 北京：中国经济出版社，2001：35-437.

识别、理解和管理的过程。

原则六：持续改进。不断检讨管理过程，持续改进管理方法，不断提升管理业绩，是组织的永恒目标。

原则七：以事实为基础进行决策。有效的决策必须建立在对数据和信息的充分采集和有效分析的基础上。

原则八：与供方互利的关系。组织与供方是相互依存的合作关系，互利关系的形成与维护可以增强双方创造价值的能力。

（六）标准化管理贡献测评模型：柯布—道格拉斯模型

20世纪末，德国利用柯布—道格拉斯生产函数（Cobb-Douglas Production Function，简称 C-D 生产函数）对标准化的经济贡献进行了研究，随后英国、澳大利亚等国也采用了该方法对本国的标准化经济贡献率进行了研究。经济学家提出了多种生产函数，其中柯布—道格拉斯生产函数是运用最广泛的。该函数是美国数学家柯布（Cobb）和经济学家道格拉斯（Douglas）共同探讨投入和产出的关系时创造的生产函数。

根据西方经济学理论，生产函数是指投入和产出之间的关系，是在一定的技术条件下，任何一组特定投入所产生的最大产量。C-D 生产函数描述了在技术、经济条件不变的情况下，产出 Y 与投入的劳动 L 和资本 K 之间的关系[①]，即：

$$Y = A \cdot K^{\alpha} \cdot L^{\beta} \tag{10-1}$$

其中，α 是资本产出的弹性系数，说明当资本增加 1%时，产出平均增长 α%；β 是劳动力产出的弹性系数，说明当劳动力增加 1%时，产出平均增长 β%；A 是常数，即效率系数。生产效率系数在短期内可近似为常数，但在长期内产出的增加除了依靠劳动和资本的增加外，还包含技术进步的因素。在技术进步的作用下，投入的资本和劳动力都扩大了 M 倍，产出的增长也将扩大 M 倍，即 $\alpha + \beta > 1$。因此，经济学家为了反映技术进步对经济增长的贡献，在 C-D 生产函数中引入了技术进步系数 A（t），将上式转化为：

$$Y = A(t) \cdot K^{\alpha} \cdot L^{\beta} \tag{10-2}$$

该式中技术进步系数 A（t）$= A \cdot e^{rt}$，其中 A 为初始生产技术水平，r 为技术进步对经济增长的贡献。

德国、英国和澳大利亚等国均采用了 C-D 生产函数对标准化的贡献进行了分析。尽管各国情况有所区别，但普遍认为，标准化通过影响技术进步，进而

[①] Cobb, Douglas. A theory of production[J]. The American Economic Review, 1928, 18(1): 139-165.

正面推动经济发展。

三、标准化旅游服务的研究内容

由于标准化建设的长期性和旅游业的综合复杂性，目前世界范围内对旅游标准化的理论研究还处于起步阶段，尚未形成较为成熟的发展模式，理论阐述非常少，更多体现在应用成果上。总体来讲，已有学者主要从标准化思想研究、标准化影响研究和标准化问题研究三个方面进行阐述。

（一）标准化应用研究

国外对标准化思想的应用主要体现在两个方面：首先，体现在旅游数据的统计中，而旅游数据的统计对于城市的管理者来说是一个难题，道格拉斯（1999）通过世界贸易组织对标准的定义、分类和方法，对旅游统计的发展进行了介绍。卡尔·韦伯（Karl Wober，2000）运用标准化的思想建立了一个智能数据库系统，其中的城市数据库的标准化活动对于欧洲城市旅游业的发展起到了促进作用。[1]其次，体现在教育和培训中，雷（Ray，2010）以亚太地区为例，分析了限制这一地区旅游可持续发展的因素是员工服务能力的欠缺，并进一步指出建立教育和培训的区域性标准可以帮助旅游目的地的员工提高服务质量，从而促进区域旅游的发展。[2]对于旅游目的地的可持续发展来说，游客对于环境条件标准的感知可以提供大量有用的信息，苏珊（Susan，2007）和莫娜（Mona，2012）分别通过对澳大利亚开普山脉和伊朗卡拉奇河流域的调查，确定了旅游对保护区域影响的因素及标准[3][4]。弗里斯（Vries et al.，2018）探讨了美食在城市文化重塑中的作用和机遇，认为企业家和旅游当局可以强调当地美食的独特性，但不同公司提供的共同服务也需要校准和标准化，以确保产品和服务质量。[5]有学者（Pamukcu & Sariisik，2020）基于酒店客人对酒店"清真"旅游标准的期望，提出了对酒店行业"清真"旅游标准化的建议[6]。

---

① Wöber K. Standardizing city tourism statistics[J]. Annals of Tourism Research, 2000, 27(1): 51-68.

② Pine R. Standardization of tourism education and training to address the increasing demand for tourism staff in the East Asia/pacific region[J]. Asia Pacific Journal of Tourism Research, 2001, 6(1): 20-25.

③ Moore, Polley. Defining indicators and standards for tourism impacts in protected areas: Cape Range National Park, Australia[J]. Environmental Management, 2007, 39(3): 291-300.

④ Jalilian, Danehkar, Fami. Determination of indicators and standards for tourism impacts in protected Karaj River, Iran[J]. Tourism Management, 2012, 33(1): 61-63.

⑤ de Vries H J, Go F M, Alpe S A. The Necessity for a Local Level of Gastronomic Tourism Standardization: The Case of Torino's City Branding[M]//Modeling Innovation Sustainability and Technologies. Springer, Cham, 2018: 205-221.

⑥ Pamukcu H, Sariisik M. Suggestions for standardization of halal tourism in hospitality industry[J]. Journal of Islamic Marketing, 2020.

20 世纪 90 年代以来，我国学者开始探讨中国旅游质量标准的建立。1987年《旅游涉外饭店的星级划分和评定》的制定开启了我国旅游质量标准化工作。邱萍、潘渊、田秀群等对旅游景区标准化建设内容、管理方式、评价机制等方面展开了理论与实证综合研究，认为只有进行旅游标准化管理，才能实现旅游景区服务质量的提升。[1][2][3]张立军从模糊数学角度建立了旅游服务质量的模糊评价模型。蓝斌（2017）认为，旅游景区服务标准化不仅能够为人们创造更加优良的旅游环境，提升人们的旅游品质，同时还能够促进我国旅游事业的创新与发展，创造更多的经济价值。[4]周维国、冯四朵（2020）在国内外学者对旅游企业服务标准化研究的理论基础上，以广东万绿湖风景区服务标准化建设为研究对象，构建并修正旅游企业标准化服务效益的评价指标体系量表，为旅游行业同类景区进行标准化建设提供了借鉴。[5]

（二）标准化影响研究

在标准化的影响方面，有学者研究认为，可持续旅游标准是打破政府垄断壁垒的重要手段，并基于 UNWTO 的相关文件给出了可持续旅游发展的标准，对政府在旅游方面的政策和活动进行了批判。[6]为使标准认证活动达到可持续旅游发展的目的并实现旅游业的利益，方特等（Font et al.，2004）开展了对可持续旅游和生态旅游认证标准的研究。[7]凯文（Kevin，2005）分析了旅游标准化作为外部力量对当地文化传统的影响。[8]旅游税收和服务质量标准是实现旅游政策目标的两种工具，雷伊-迈凯尔亚（Rey-Maquieira，2009）等通过借助动力环境模型的分析工具，发现服务质量标准化相比税收更能达到旅游政策的目标，且更有效率。[9]

学者们从政策目标、经济增长和贸易保护等方面对标准化的必要性进行了

---

① 邱萍. 旅游景区标准化服务模式研究[J]. 桂林旅游高等专科学校学报，2006，17（5）：532-535.

② 潘渊，严国强，卢波等. 舟山群岛旅游服务标准化的实践与思考[J]. 中国标准化，2013，（3）：113-117.

③ 田秀旬. 论旅游景区标准化建设[J]. 中小企业管理与科技月刊，2013，（4）：74-175.

④ 蓝斌. 旅游景区标准化服务模式研究[J]. 中国标准化，2017（06）：46-78.

⑤ 周维国，冯四朵. 基于模糊评价模型的旅游企业标准化服务效益研究[J]. 资源开发与市场，2020，36（02）：210-217.

⑥ Bendell, Font. Which tourism rules? Green standards and GATS[J]. Annals of Tourism Research, 2004, 31(1): 139-156.

⑦ Font, Harris. Rethinking standards from green to sustainable[J]. Annals of tourism Research, 2004, 31(4): 986-1007.

⑧ Kevin. Tourism gentrification: The case of new Orleans'vieux carre (French Quarter) [J]. Urban studies, 2005, 42(7): 1099-1121.

⑨ Rey-Maquieira, Lozano, Gomez. Quality standards versus taxation in a dynamic environmental model of a tourism economy[J]. Environmental Modelling & Software, 2009, 24(12): 1483-1490.

探讨。索罗门（Solomon，2004）研究认为，旅游标准化特别是旅游税收和质量标准对经济的持续长远发展具有重要意义，服务质量标准比税收更能达到旅游政策目标，也更有效率。[①]方特（Font，2002）强调生态和环境标准的重要性，认为生态和环境的标准化能够为生态和环境的有效保护直接带来经济的增长。[②]泽维尔（Xavier，2004）探讨了标准和贸易之间的关系，指出标准是国家进行贸易保护的重要手段。布伦松等（Nils Brunsson et al.，2012）主要研究了旅游标准化的评价过程，确认了旅游标准化对旅游行业产生的影响。[③]瓦帝维索（Valdivieso）、本德尔（Bendell）等学者研究发现，适当的标准和可靠的认证是实现可持续发展、维护生物多样性和促进小企业发展的重要工具，并以加拉帕戈斯旅游业发展为例进行了论证。

（三）标准化问题研究

旅游标准化有其存在的必要性，同时在发展过程中也存在着一定的问题，并制约着标准的效用和价值的体现。国外学者对标准存在的问题的研究主要有：尼达姆等（Needham et al.，2005）从利益相关者的角度分析了旅游环境质量标准在实施过程中存在的一系列问题；泽维尔（Xavier，2005）对标准制定的方法进行了回顾，并对标准化实施过程中出现的问题进行分析，试图寻求改进方法；沙迪德哈兰（Sasidharan，2002）对旅游认证标准混乱、含糊不清、多头管理等现象进行了讨论；桑德福（Sandoff，2005）对标准化和定制化的矛盾进行了探讨；博登等（Boden et al.，2010）指出，在国际酒店及旅游业走向电子商务的过程中，缺乏相关标准来规范其发展，并进一步提出了建立电子商务标准、加快电子商务应用的意见。有学者（Kasiri et al.，2017）通过酒店等服务行业顾客的问卷调查，通过服务质量分析标准化和定制化对顾客满意与忠诚度的直接和间接影响，服务质量被分为技术质量和功能质量两个维度。研究结果表明，服务产品标准化与定制化的整合是提高服务质量的关键；功能质量对顾客满意度的影响大于技术质量；顾客满意度对顾客忠诚有显著影响。[④]有学者选择德

---

① Ojumu, Yu, Solomon. Production of polyhydroxyalkanoates, a bacterial biodegradable polymers[J]. African journal of Biotechnology, 2004, 3(1): 18-24.

② Font X. Environmental certification in tourism and hospitality: Progress, process and prospects[J]. Tourism management, 2002, 23(3): 197-205.

③ Brunsson N, Rasche A, Seidl D. The Dynamics of Standardization: Three Perspectives on Standards in Organization Studies[J]. Organization Studies, 2012, (8): 33-45.

④ Kasiri L A, Cheng K T G, Sambasivan M, et al. Integration of standardization and customization: Impact on service quality, customer satisfaction, and loyalty[J]. Journal of Retailing and Consumer Services, 2017, 35: 91-97.

尔菲法作为主要的科学方法，以预测斯洛伐克旅游环境质量管理的发展，调查结论显示，提高质量的基础应该仍是质量标准，但由于以立法标准形式提出的强制性标准往往不灵活，因此更鼓励实行自愿性标准制度。①

四、标准化服务管理的局限性

标准化的旅游服务有助于提升服务效率，保证服务质量。然而，简单地实施标准化服务也会给企业和游客造成严重困扰。首先，游客的需求差异会导致游客需求的个性化，统一的服务形式和服务内容能够保证基本服务质量，但很难满足游客多样化的需求。其次，很多标准的制定是以方便企业管理为目的，而不是针对游客的需求，标准的企业导向明显。随着顾客消费权益意识的日益觉醒，这些"自我中心"的标准已经不合时宜了，阻碍了企业的进一步发展。最后，从层次上看，标准包括了国家标准、行业标准、地方标准和企业标准。在服务标准化领域，我国的旅游业走在了全国甚至是世界的前列，而且各地还纷纷发布了关于旅行社等级评定、乡村旅游标准等文件，但是这些具有普遍性的标准只能作为最基本服务质量的保证，而无法有效地提升服务企业的整体质量水平。

第二节 个性化

一、标准化旅游服务的衰落

进入 20 世纪 80 年代，消费者、科学技术、生产流程、管理技术及行业和经济结构都出现了新的变化，尤其是更加成熟的消费者和日新月异的科学技术，标准化的大众旅游服务受到了越来越多的否定，要求个性化新旅游服务的声音高涨。"新"旅游者的出现是新旅游产生的最初推动因素，由于旅游者对旅游更有经验而不再满足于能预知一切的固定包价旅游，旅游者的价值观和生活方式发生改变，他们希望旅游活动成为生活本身的一种全球延伸，因而希望增强旅游活动的探险性（不确定性）和主动参与性（运动性）。另外，由于旅游者受

---

① VARGOVÁ T D, ŠENKOVÁ A, MATUŠÍKOVÁ D, et al. Quality Management in Tourism Services[J]. Quality-Access to Success, 2021, 22(183).

教育程度的提高，他们更希望减少旅游活动的破坏性。新科学技术的加速产生使得满足这种新旅游需求成为可能，这些技术主要指高度联网化的电子信息技术，它能方便地变更旅游过程中的任何环节，使之符合个体的需求。在这两个因素的作用下，生产过程、管理方式和行业结构全部都要进行相应的调整以适应新的形势（Poon，1993）。

二、个性化旅游服务

这里的个性化旅游服务有两层含义：一是服务应满足顾客的个性化需要；二是服务要体现服务人员的个性。戈戈和摩伊兰恩（Kokko and Moilanen，1997）对个性化下的定义是："改变服务的质量，使之适应顾客的个人价值，包括把个人计划的细节融进服务过程中。"服务的个性化要求顾客更多的可靠参与，同时服务人员要有更高的创造性与挑战性，也要求在产品提供上给顾客以更大的自由选择余地。"新旅游（new tourism）"概念提出是对旅游服务个性化研究的集大成。这一概念是 1989 年蒲恩（Poon）在《新旅游的竞争战略》一文中最先提出的，4 年后，她在著名的《旅游业：技术和竞争战略》这一著作中较为系统地、完整地阐述了新旅游的理论框架。

蒲恩对新旅游的解释具体如下：①旅游产品是灵活的，价格上可与大批量生产的产品竞争；②旅行及旅游相关产品的生产不再仅取决于规模经济，而是在生产过程中兼顾规模经济和满足不同客户的特殊需求（提供量身定做的产品）；③生产更多地受消费者的不同需求驱动；④旅游产品的促销手段也因消费者需求、收入、时间和兴趣的不同而异，大众化的营销理念不再占主导地位了；⑤新的旅游产品仍会被旅游者大规模消费，但这个消费群体会更有经验、受过更多的教育、更能为目的地着想、更独立、更灵活、更环保；⑥消费者会把目的地的环境和文化视为旅游体验的一个重要组成部分。①

可以看出，蒲恩认为大众旅游时代的标准化旅游服务即将退出历史舞台，取而代之的是个性化旅游服务将成为新旅游时代的主导。图 10-1 全面展示了蒲恩大众旅游与新旅游的对应关系。

---

① Poon A. The "new tourism" revolution[J]. Tourism Management, 1994, 15(2)：91~92.

	大众旅游	新旅游
旅游者	缺乏相关知识、经验 群体活动以求安全	丰富的知识和经验 个体行动以求差异
技术	难操作，使用受限 相互独立	智能化，全体使用 相容的、整合的
生产	价格竞争 规模经济 垂直和水平一体化	以创新竞争 规模经济、范围经济 对角一体化
管理	视员工为成本 最大化产能 推销旅游产品	视员工为质量关键 收益管理 倾听消费者需求
外部条件	政府管制 经济增长 恶性增长	取消政府管制 经济结构重组 有约束的增长

图 10-1　大众旅游与新旅游对应关系

资料来源：Poon A. Tourism, Technology and Competitive Strategies[J]. CAB International, 1993, 32: 16-17.

三、个性化旅游服务学说的局限

蒲恩"新旅游"学说倡导的个性化旅游服务无疑是旅游研究的一个重大创新，其理论价值是不言而喻的。然而，学术界也有众多著名学者对其提出疑问。新旅游替代大众旅游只是西方发达国家的环保思潮在旅游业中的反映，迄今还没有明确的迹象表明大众旅游会被新旅游所取代（Cohen，1987；Weaver，1998）。事实上，旅游服务的标准化与个性化共存于当代社会，甚至大多数人还是愿意做大众旅游者，这是因为他们不愿意过多地为旅游行程操心，不愿意自己在目的地为预订和安排食宿而学习外语；也是因为他们既要旅程舒适，吃到可口熟悉的食物，又不想花费太多的金钱和时间（Bulter，1990）。

国内学者张凌云（2002）也指出了蒲恩新旅游理论的几点欠缺之处：①忽视了大众旅游的存在在经济上的合理性和普遍性；②忽视了大众旅游在世界各国发展的不平衡性和不同步性；③忽视了大众旅游自身的市场适应性和应变性；④过高估计了新的消费和经营观念对新旅游持续的支撑作用；⑤过高估计了大

众旅游对环境绝对的破坏作用；⑥过高估计了新技术对新旅游直接的推动作用。①现阶段，对于旅游企业来说，如果过度重视标准化则会降低自身吸引力，难以满足消费者的多元化需求；反之，如果过度重视个性化，则可能会导致资源浪费，增加一定的服务成本。实际上，标准化服务和个性化服务是辩证统一的关系，标准化服务是个性化服务的基础，而个性化服务则是标准化服务的升华。在疫情防控常态化下，消费者的旅游消费观念发生较大改变，旅游市场面临着竞争加剧、产品同质化的困境，因而提供标准化和个性化相结合的旅游服务产品可进一步凸显自身产品优势，打造独具特色的旅游品牌，培养消费者的忠诚度，获得更大的发展空间。②

第三节　服务补救

一、背景及含义

信息技术的进步和知识经济的发展使得企业之间的竞争越来越激烈，顾客的招徕和保留变得越来越难，企业在市场的优势地位也变得越来越脆弱。如何赢得并提高顾客忠诚度就成了决定企业成败的重要因素。顾客满意度是忠诚度的重要前提，而决定顾客满意程度的则是服务质量或顾客感知的服务质量。然而，与有形产品相比，服务无形性、生产和消费同时性等特征，使服务消费与有形产品消费有很大的差异，有形产品的消费是结果消费，而服务消费则是过程消费，即消费者把服务生产过程看作消费的一部分。③过程消费的特征使服务企业很难保持较高的、一致的服务质量，在服务提供过程中难免会出现服务失败或差错（Bitner et al.，1990）。④追求个性化需求、强调定制化服务更是极大地提高了服务失误及由此带来的顾客抱怨，只要有一次服务失败就可能导致顾客抱怨，并寻求替代者，所以服务企业必须采取有效的补救行动，这将直接影响企业的市场份额和经营绩效。服务补救可以提供一个弥补这些缺陷并让顾

---

① 张凌云. 大众的"新旅游"还是新的"大众旅游"[J]. 旅游学刊，2002（6）：64-70.

② 程鸣，孟雪华. 后疫情时代旅游服务标准化建设的思考和建议[J]. 质量探索，2020，17（04）：48-52.

③ 克里斯廷·格罗鲁斯. 服务营销与管理——基于顾客关系的管理策略[M]. 2版. 韩经纶，等译. 北京：电子工业出版社，2002.

④ Bitner, Booms, Tetreault. The service encounter: Diagnosing favorable and unfavorable incidents[J]. Journal of Marketing, 1990(1): 71-84.

客留下正面服务印象的机会，它包含重新解决问题、转变不满意顾客的负面态度和消除顾客的抱怨，最终保留住顾客。"服务补救（Service Recovery）"一词，最早由英国航空公司在其"以顾客为先"的活动中首次提出，认为服务补救是组织为了抵消由于服务失误或失败而产生负面影响的努力。20世纪70年代末80年代初，人们开始运用"服务补救"处理消费者对计算机和电信服务业的抱怨，甚至用来解决自然灾害发生后的重建工作（Brown et al.，1996），但是在竞争性服务领域中运用得很少。

格罗鲁斯（Gronroos，1988）认为："服务补救是指服务提供者应对服务失误所采取的行动。"[①]1990年哈特（Hart）等在《哈佛商业评论》发表了其经典论文《服务补救的盈利艺术》(*The Profitable Art of Service Recovery*)。其中认为，服务补救是以顾客抱怨为前提，在服务流程没有结束之前，对服务过程中的失误进行的即时性补救[②]。贝里和帕拉休拉曼（Berry and Parasuraman，1992）指出服务补救是指当服务失败发生后，企业面对顾客抱怨所采取的一系列活动。[③]詹姆斯等（James et al.，2001）也认为服务补救是指企业为纠正服务失败（如服务差错、员工冷漠、其他顾客的干扰等）所进行的各种努力。[④]斯特拉瑟等（Strasser et al.，1993）从质量管理的角度对服务补救进行了分析，认为服务补救是质量管理的一部分，其目的是赢得顾客满意，并保持或加强企业与顾客的关系[⑤]。

二、服务补救属性研究

学者们对服务补救研究进一步深入，自然而然地展开对服务补救结构属性的进一步研究，即有效的服务补救应该包括哪些具体内容。归纳起来，主要有服务补救的三维、四维、五维和六维观点（参见表10-1）。其中，只有"经济补偿（Compensation）"和"道歉（Apology）"两个维度被大部分研究所认同，其他维度的内容还没有一致的结论。哈特（Hart）、赫斯克特（Heskett）和萨瑟

---

① 克里斯廷·格罗鲁斯. 服务营销与管理——基于顾客关系的管理策略[M]. 2版. 韩经纶，等译. 北京：电子工业出版社，2002.

② Hart, Christopher, James, Heskett, and Earl Sasser, Jr. The Profitable Art of Service Recovery[J]. Harvard Business Review, 1990(4): 148-157.

③ Berry, Parasuraman. Prescriptions for a service quality revolution in America[J]. Organizational Dynamics, 1992(4): 5-15.

④ Maxhamm, James. Service recovery's influence on consumer satisfaction, positive word-of-mouth, and purchase intentions[J]. Journal of Business Research, 2001.

⑤ Strasser, Melissa, and Sharon. Service recovery in health services organizations[J]. Hospital & Health Services Administration, 1993, 1.

（Sasser）的研究认为，经济补偿的内容主要包括赔偿、赠品、折扣处理和小礼物等各种能用货币衡量的补偿方式。波谢德（Berscheid）认为，道歉是一种符号性资源（声誉、尊重）的交换，道歉主要代表着一种人际处理和沟通的符号。

表 10-1　服务补救属性观点

代表人物	服务补救属性
贝尔和泽克（Bell and Zemke，1987）的五维观点	道歉、真诚理解、紧急修复、象征性弥补、跟进①
比特纳等（Bitner et al.，1990）的四维观点	承认、解释、道歉、补偿②
贝尔和里奇（Bell and Ridge，1992）的五维观点	道歉、公平解决、真情对待、弥补、承诺③
博肖夫和梁（Boshoff and Leong，1998）的三维观点	归因、道歉、授权给员工④
博肖夫（Boshoff，1999、2005）的六维观点	沟通、解释、补偿、授权、回复、有形情境⑤

资料来源：丛庆，王玉梅. 服务补救研究综述[J]. 成都大学学报（社科版），2007（2）：6-9.

三、服务补救策略研究

制定科学有效的服务补救策略，使服务失误得到满意的解决，并在不断的"失误—补救"循环中提升总体服务质量才是服务补救研究的最终目的。贝尔和泽克（Bell and Zemke）提出著名的服务补救五维度观点后，又指出服务补救战略的合理性取决于被顾客感知的满意度水平。斯旺森和凯利（Swanson and Kelley）对服务管理者提出了如下建议：第一，服务组织应尽可能地使服务失误最小化；第二，收到抱怨之后，快速有效地补救；第三，保持稳定的满意的服务补救。⑥施普伦（Spreng）等则认为应该从三个方面来提高服务补救水平：一是建立一套完善的服务补救程序；二是鼓励抱怨；三是重新分配资源。由于保留顾客比吸引新顾客更重要，公司需要对这两方面的预算分配进行重新规划，

---

① Bell, Zemke. Service Break-down：The road to recovery[J]. Management Review, 1987, October: 32-35.

② Bitner, Booms, and Tetreault. The service encounter: Diagnosing favorable and unfavorable incidents[J]. Journal of Marketing, Vol. 54, 1990, January: 71-84.

③ Bell, Ridge. Service recovery for trainers[J]. Training and Development, 1992, May: 58-63.

④ Boshoff, Leong. Empowerment, attribution and apologizing as dimensions of service recovery: An experimental study[J]. International Journal of Service Industry Management, 1998, 9 (1): 24-47.

⑤ Boshoff C. A re-assessment and refinement of RECOVSAT：An instrument to measure satisfaction with transaction specific service recovery[J]. Managing Service Quality, 2005, 15(5): 410-425.

⑥ Swanson, Kelley. Service recovery attributions and word-of-mouth intentions[J]. European Journal of Marketing, 2001, 35: 194.

以给予服务补救更多的支持。^①麦科尔-肯尼迪和斯帕克斯为服务补救策略提出了五个方面的建议：第一，服务组织应该掌握有关解决方法的知识；第二，建立顾客解决方案工作室；第三，培训员工解释事件和沟通的技巧，以确保这种解释不会造成混乱；第四，向顾客显示服务者的努力，并让顾客有所感知；第五，服务组织应提高道德准则方面的认知。^②

四、评述

可见，服务补救对企业重新获得顾客满意，对提高顾客忠诚度具有重要作用，一些变量对这一作用具有显著的调节作用，很多学者也针对服务补救的过程进行了研究。但是，从所发表的文献来看，现有研究在研究方法、涉及领域、研究内容等方面还存在一定的局限性^③。

1. 已有的研究中，相互独立的维度研究是主导，缺乏多维度交叉的分析。单一因素研究很容易扩大、缩小，甚至掩盖某些因素的作用。因此，今后的研究应尽可能采用多维度分析方法，通过不同维度作用的比较，同时考虑相关因素的调节作用，才能发现服务补救过程中不同因素的真实作用。

2. 服务补救对于企业来说是一种"投资"（或者说是负担），尽管这种投资可能有利于提高顾客满意度、增加顾客的重购倾向、降低消极口碑效应的可能性，这种受益是否能够弥补服务补救的投入还有待进一步分析。

3. 服务补救有许多不同方式和手段，在不同场合、不同行业各种补救战略的效用究竟如何、如何选择合适的补救战略、不同战略之间如何搭配使用等问题的研究尚未展开。

五、服务补救悖论

服务补救试图弥补由于服务失误带来的负面影响，但对于服务补救能否恢复到未失误之前，学者们并不确定，甚至有的研究者认为服务补救可能不能完全弥补服务失误（Colgate and Norris，2001）。同时研究者们在研究服务补救的效果时，也常常主张希望服务补救能够消除一些负面影响，如顾客背离、负面口碑传播、诉诸法律等，而并未明确主张服务补救会取得比未失误前更高的顾

---

① Spreng, Harrell, Mackoy. Service recovery: Impact on satisfaction and intentions[J]. Journal of Services Marketing, 1995(1): 15-23.

② McColl-Kennedy, Sparks. Application of fairness theory to service failures and service recovery[J]. Journal of Service Research, 2003(3): 524-266.

③ 王文超. 服务补救研究评析：1990—2007——一个基于内容分析方法的趋势研究[J]. 当代财经，2008（4）：124-128.

客满意。这就意味着，在多数人的理解中，服务补救未必能达到未失误前的满意①。

服务补救悖论（service recovery paradox）是 20 世纪 90 年代西方学者提出来的一个概念，它是指服务企业先故意制造或放任服务失误，然后主动为顾客提供高水平的服务补救，以增加顾客满意度和建立顾客忠诚，进而获得更多利润。服务补救悖论是建立在"高水平的服务补救能使顾客更满意"这一假设基础之上的。20 世纪 90 年代后期，一些服务营销专家对服务补救与顾客满意之间的关系进行的实证研究验证了这一假设基础。

需要指出的是，到目前为止，关于服务补救悖论是否有效和是否符合道德仍存在较大争议。一般认为，服务补救悖论是有效的，但不是无条件的。对服务补救悖论有效性之所以存在较大分歧，主要原因是研究者调查行业（风险大小）、顾客（受服务失误伤害程度）和补救类型（弥补损失效果）的不同。因此，不能笼统地说服务补救悖论有效还是无效，而必须结合行业、企业和顾客综合考察。依据服务补救悖论定义，企业先故意制造或放任服务失误，然后给予顾客提供高水平服务补救（即超值补救）。从逻辑上来说，获得补救的顾客会对企业更满意，即服务补救悖论是有效的。因此，企业尤其是服务类企业可以此作为营销策略，以提高顾客满意度和忠诚度、激励顾客口碑传播等，进而获取更多利润。真正的服务补救悖论是在道德允许范围内进行的。它是企业先故意制造或放任服务失误，然后主动给予顾客提供高水平的服务补救。显然，服务补救悖论的前提不是故意制造或放任服务给顾客带来难以弥补的损失，而是允许、放任或故意制造一种较小的并可以赔偿（而且是超值赔偿）的损失，因此没有违背道德原则。当然，如果企业故意制造或放任对顾客的大的伤害则是不道德的，同时也不符合服务补救悖论的要求，因为此时企业根本无法弥补顾客损失，更不要说超值补救了②。

第四节　旅游服务质量评估

旅游服务质量是指旅游企业能满足游客享受旅游服务的水平。由于讨论服

---

① 于志华，胡正明. 服务补救悖论的研究线索与管理启示[J]. 生产力研究，2007，10：123-124.
② 张圣亮，周海滨. 服务补救悖论及其应用价值[J]. 北京理工大学学报（社会科学版），2008，10（6）：55-58.

务质量的目的是获得顾客满意和顾客忠诚，因此当前旅游服务质量评价的主流视角是从顾客角度出发，了解他们对服务质量的感知，相关学者提出了一些较为典型的旅游服务质量评估模型。

一、多维度感知模型

服务的特殊性，决定了服务质量是一个抽象的概念。服务质量是通过游客对服务感知而决定的，服务质量是一个复杂的集合体，对服务质量的衡量并不能单测量服务这一指标，而是对构成服务质量的多个具体要素进行评价。在对构成服务质量维度的研究过程中，北美和北欧两大学派有丰硕的研究成果。

总体来讲，两大学派的共同点是：服务质量是建立在差异理论基础上，通过游客对期望的服务和感知的服务相比较而形成的主观结果。同时，他们根据游客感知服务的内容将服务质量的构成要素具体化，其中北欧学派的代表人物克里斯廷·格罗鲁斯（Christian Gronroos）教授在 1982 年提出的服务质量是由技术质量和功能质量构成的，如图 10-2 所示。前者是游客在服务过程后的"所得"，又称为结果质量；后者是游客在服务过程中是如何感知服务的，又称为"过程质量"。格罗鲁斯（Gronroos）认为，在服务提供者提供服务和游客消费服务的过程中，游客对服务质量的感知不仅包括他所得到的服务结果，而且包括他被提供服务的方式、方法和态度等。通过这种概述，可以看出技术质量是可以采用客观标准来衡量的，但是功能质量却只能通过游客的主观标准来判断，且主观的标准本无一个明确的量化尺度，因此衡量整体的服务质量还需要进一步明晰和量化。

在克里斯廷·格罗鲁斯之后，学者拉斯特和奥利费（Rust and Oliver）认为，除了格罗鲁斯所提出的技术质量和功能质量两个维度外，服务质量还应该包括环境质量，即游客在怎样的有形环境中接受服务。上述分析虽然指明了服务质量的构成维度，但是这种说法只是浅显地将总体服务质量这一抽象的概念进行简单概述，并未详细说明这 3 个维度所具体包括的内容。在上述学者对服务质量构成维度研究的基础上，北欧学派的服务研究组合帕拉休拉曼、蔡特哈姆尔和贝里（Parasurman, Zeithaml and Berry, 1985）通过对服务质量的决定因素和游客如何对服务质量进行感知的研究发现，约有 10 个维度决定服务质量。之后，他们将这 10 个维度归纳为 5 个维度：服务的有形性、可靠性、响应性、真实性和移情性，如图 10-3 所示。游客对服务的这 5 个维度的感知并不代表服务质量的水平，而是游客在对感知的服务与期望的服务比较后对服务质量的判断。在游客对服务 5 个维度的感知与期望之间差距的基础上，帕拉休拉曼、蔡特哈姆尔和贝里创建了一种量化评价服务质量的 SERVQUAL 方法。

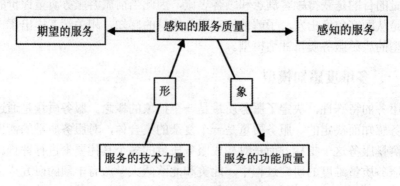

图 10-2　北欧学派服务质量模型图

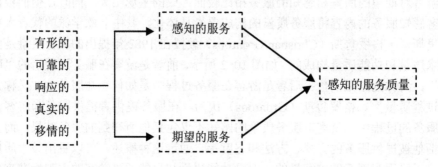

图 10-3　北美学派的服务质量模型

　　帕拉休拉曼、蔡特哈姆尔和贝里对服务质量维度的研究是建立在美国环境中个别有限行业之下，并未考虑其他国家和地区的不同情况对服务质量的影响。不同的文化背景和社会条件下，以及不同的服务内容中未必只有这 5 个维度能决定服务质量水平，因此可以认为，在不同的环境下，服务质量的维度可能增加也可能减少。其中真实性和移情性是任何服务提供者所必不可少的条件，而其他维度具有一定程度的灵活性，可增可减。虽然帕拉休拉曼、蔡特哈姆尔和贝里所述的 5 个决定服务质量的维度及其服务质量评价方法（SERVQUAL）有一定的争议性，但是这个研究结果具有前沿的实践意义和科学的指导价值，为今后学者对服务质量的构成和评价的相关研究奠定了理论和实证基础。

二、多层次感知模型

　　戴布赫卡和索普（Dabholkar and Thorpe）认为，游客对服务质量的评价是分层级的，他们通过对美国零售业服务质量的研究发现，游客对服务质量的感知过程有 3 个层次：一是对总体服务质量的感知，二是对服务质量主要维度的感知，三是对服务质量亚维度的感知，如图 10-4 所示。

首先，游客接触的是服务质量亚维度的内容，游客对服务亚维度感知和评价之后形成对主要维度的感知；其次，游客综合考虑对主要维度的评价，再构成对整体的服务质量的感知。虽然上述模型只适用于零售业中的服务企业，而且也未详细说明各层维度的主要内容，但是它为下面的服务质量等级模型奠定了基础。

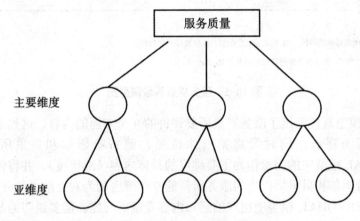

图 10-4　多层次服务质量模型图

迈克·波特（Michael Porter）在服务质量多层次模型的基础之上构建了等级模型，该模型采用多层次模型的框架，将各层次的内容具体化并适当地加以修正。其中，主要维度是由过程质量、有形环境质量和结构质量构成的。同时游客对亚维度的评价形成了他们对每一个主要维度绩效的感知，然后游客将对主要维度的感知加以综合，形成了对总的服务质量的感知。该模型中的亚维度采用的是帕拉休拉曼、蔡特哈姆尔和贝里创建的 SERVQUAL 模型中的 9 个因素，如图 10-5 所示。这 9 个因素明确了主要维度的具体内容，即"什么需要具有可靠性、反映性和移情性"。

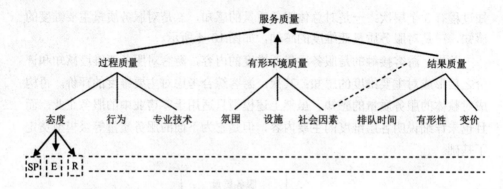

说明：R代表可靠性指标；SP代表反映性指标；E代表移情性指标

- - - - - - 表示各个亚维度的指标都是R，SP，E

图10-5 服务质量等级模型图

这个模型直接列出了服务质量所要评价的9个方面的内容，这也是北欧学派所赞同的观点，同时又将帕拉休拉曼、蔡特哈姆尔和贝里所提出的SERVQUAL模型中的因素作为主要维度的具体内容（亚维度），并将帕拉休拉曼、蔡特哈姆尔和贝里所提出的服务质量的9个维度列为对亚维度的评价要素，弥补了SERVQUAL模型所出现的感知内容笼统的问题。需要说明的是，这个模型并非一成不变，针对不同的服务领域和不同的研究对象，亚维度是可以进行相应调整的。

三、综合感知模型

鉴于服务本身的特殊性和游客消费服务的复杂性，服务质量可以被视为由生产和消费服务的过程中各个环节质量共同综合而成的。许多学者如古门逊、帕拉休拉曼、蔡特哈姆尔和贝里（Gummesson，Parasurman，Zeithaml and Berry）等都在游客对服务过程中各环节的感知与期望之间差异的基础上构建了相应的模型，并将总体服务质量分成几个部分，说明游客在分别对各部分质量评价之后综合形成的对总体服务质量的评价。

1. 古门逊的"四质量"模型

古门逊（2004）根据生产和消费服务的业务流程将服务过程分为设计、生产传递、技术、与游客的关系4个部分。整个业务流程相应地由设计质量、生产传递质量、技术质量和关系质量组成。游客在感知这4个流程的过程中，如果感知设计没有达到游客的期望，则说明这部门流程出现质量问题；如果超出或与期望相当，则说明该流程的质量良好，如图10-6所示。

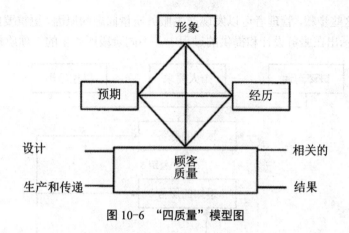

图 10-6 "四质量"模型图

　　该模型建立在游客对服务的期望与感知差异的基础上，根据生产和消费服务的流程将服务分成 4 个环节，这种方法将服务过程视为一个系统，而各组成部分的质量综合构成了整个系统的质量，这种模型适用于分工明确的组织部门。各部门有自己明确规定的任务和范围，同时又与其他部门联合起来共同创造高水平的服务质量。在应用这个模型时，应采取灵活的方法协调各部分的分工与协作，并整合全部流程才能准确无误地提供游客所期望的服务。

　　2. 服务质量差距模型

　　服务质量差距模型是美国市场营销协会资助下的服务管理研究组合 PZB（Parasurman，Zeithaml and Berry）在 20 世纪 90 年代的研究成果，其目的是分析服务质量产生的原因并帮助服务企业的管理者了解如何改进服务质量。在这个模型中，他们提出了 5 种服务质量差距。其中，他们提出将顾客所期望的服务质量与顾客实际体验到的服务质量之间的差距作为最重要的差距，并指出这一差距是由于服务管理过程的不完善造成的，是由管理者认识上的差距、服务质量规范的差距、服务交互的差距和市场沟通的差距 4 种差距共同作用的结果。该模型如图 10-7 所示。

　　服务质量差距模型说明了服务质量是如何形成的。模型的上半部与顾客有关，而下半部则与服务提供者有关。预期的服务是顾客以往的经历、个人需要及口碑沟通共同作用的结果。同时，它还受到企业营销宣传（与顾客的沟通）的影响。顾客所体验到的服务（在该模型中被称为感知的服务）是服务提供者一系列内部决策和活动的产物。管理层对顾客服务预期的感知决定了组织将要执行的标准，然后员工根据服务标准向顾客传递服务，而顾客则根据自身的服务体验来感知服务的生产和传递过程。图 10-7 还说明，营销宣传对顾客体验到的服务和预期服务均会产生影响。该模型还说明了服务质量计划和分析工作的基本程序和步骤。根据这些步骤，管理者可以发现产生服务质量问题的原因。更重要的一点是，该模型显示出在服务设计和提供的过程中，不同阶段所产生的 5 项质量差距。

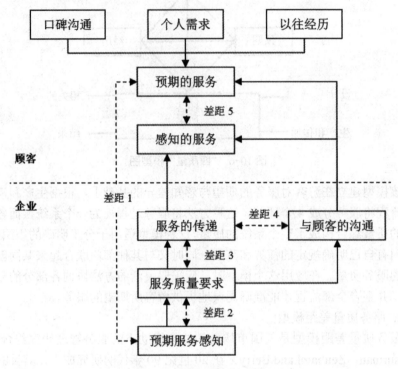

图 10-7 服务质量差距模型

服务质量差距分析模型指导管理者发现导致质量问题的根源，并寻找适当的消除差距的措施。差距分析是一种直接有效的指导，它可以发现服务提供者与顾客的服务观念的差异。明确这些差距是制定战略、战术及保证期望质量和现实质量一致的理论基础。这会使顾客给予质量积极评价，提高顾客满意度。

第五节 旅游服务质量监管

一、旅游服务质量监管的含义

监管，也称管制、规制，是指其主体基于某种规则，对某事进行控制或调节，以期达到使其正常运转的目的。①质量监管的职能往往是政府的监管机构执行的。旅游服务质量监管是旅游业管理的重要部分，主要包含三个方面的内容：②

（1）制定颁布旅游服务质量的相关政策。这也是旅游服务质量监管的主要依据，一般由各级旅游质量监管部门执行，在宏观上利用政策引导旅游行业的发展。

（2）处理旅游投诉。当旅游者在旅游目的地感知的旅游服务没有达到期望或相关的标准，就会向旅游质量监管部门提出投诉，因此，旅游服务质量监管要负责接待和处理旅游投诉。

（3）对旅游市场进行监管。作为旅游服务的提供者，旅游企业的市场行为需要旅游质量监管部门进行日常监管，对违法违规行为依法查处，维持旅游市场的正常秩序。

二、旅游服务质量监管的意义

旅游服务质量是旅游业作为现代服务业的内在属性，是企业的核心竞争力，是衡量行业发展水平的重要指标。近年来，旅游行业服务质量意识和管理水平不断提升，监管能力进一步增强，为维护游客合法权益、规范市场秩序提供了有力保障。但是，从高质量发展阶段的新要求来看，旅游服务质量意识不强、管理水平不高、品牌知名度和美誉度不强、质量基础设施不完善、质量人才匮乏、监管手段不硬、质量持续提升动力不足等问题依然突出，旅游服务质量仍是旅游业高质量发展的制约性因素。加强旅游服务质量监管、提升旅游服务质量是推进旅游业供给侧结构性改革的主要载体，是旅游业现代治理体系和治理能力建设的重要内容，是促进旅游消费升级、满足人民群众多层次旅游消费需求的有效举措，是推动旅游业高质量发展的重要抓手。

三、旅游服务质量监管方式

许多国家都有专门的政府机构负责管理旅游业，这些机构统称为国家旅游组织（National Tourism Organization，NTO），现针对部分国家进行分析。日本旅游业经历了入境旅游优先发展、国内旅游继之发展、出境旅游最后发展三个阶段，旅游业的发展目标也由获取外汇逐步向综合性转化。与其市场经济体制相适应，日本形成了一种官民协办的旅游管理体制，政府、企业和各种协会组织彼此协调，相互约束，共同促进旅游业的发展。日本的中央旅游管理机构分

---

① Frochot I, Hughes H. HISTOQUAL: The development of a historic houses assessment scale[J]. Tourism Management, 2000, 21: 157-167.

② 卓淑军. 基于旅游投诉的旅游服务质量监管问题研究[D]. 湖南师范大学，2015.

为内阁、运输省、观光部三个层次，并通过行业协会对旅游业实行间接管理，在旅游服务质量监管方面发挥重要作用。泰国旅游业是支柱产业，随着旅游经济的发展，泰国政府对旅游业的管理也在不断加强，管理职能由单一的市场促销逐渐扩展到行业管理，从上到下形成了一套集权式的旅游管理体制。泰国最高层次的旅游管理机构是旅游管理委员会，由其管理和监督旅游局的工作等。泰国的地方旅游机构由泰国旅游局直接设置、派驻人员并提供经费。泰国旅游管理体制的突出特点是政府对旅游业实行集中有效的宏观管理，由国家设立大区办事处集中管理全国各地的旅游业和旅游经济活动。由于大区办事处的工作直接促进了当地旅游业的发展，增加了地方税收，地方政府总是尽力协助大区办事处的工作，双方利益一致，管理集中而有效。英国是旅游业比较发达的国家之一，其旅游管理部门有官方的行政机构和民间的行业组织。英国的高层旅游管理机构由英国旅游总局、英格兰旅游局、苏格兰旅游局和威尔士旅游局组成，经费由各级政府承担。旅游总局主要负责向国外推销英国的旅游业，英格兰、苏格兰和威尔士旅游局则具体负责各地旅游业的发展，统筹资源开发、计划研究和资料统计工作，参与各地旅游业的推销活动，对各地旅游业实施资金援助并提供信息咨询等。英国的基层旅游管理机构是地区旅游委员会，其经费由旅游局、地方政府和私人企业共同承担。除了官方的旅游管理机构，英国还有许多民间行业协会，如"英国饭店与餐馆协会""英国导游协会""英国旅行社代理人协会"等。这些行业协会积极维护本行业的利益，促进跨行业的横向联系，制定本行业的条例和准则，负责行业内的人员培训工作，为行业内的企业提供信息服务等。

　　由此可见，在旅游业的发展过程中，国家旅游组织（NTO）的作用可以概括为以下三方面：第一，作为开拓者。在旅游业发展初期，国家旅游组织大量投资于基础设施建设，制定旅游业的战略规划，推动旅游业的发展。第二，作为规范者。旅游业逐步兴起，旅游投资与日俱增，饭店、旅行社等旅游企业越来越多，市场情况复杂化。这一时期，国家旅游组织主要是制定、执行旅游法规，规范市场竞争秩序，保护旅游业的良性发展。第三，作为协调者。旅游业已发展成为国民经济的支柱产业，在为国家赚取外汇、提供就业机会的同时，其负面效应也日趋明显。这一时期，NTO 主要是进行调控和协调工作，提高旅游业的社会效益。①

　　中华人民共和国成立之初，旅游业是我国外事工作的一部分，旅游管理体制大致经历了两个时期：一是从 1949—1964 年，全国还没有专门管理旅游业的

① 许凌. 旅游管理基础[M]. 3 版. 北京：科学出版社，2020.

行政机构，上面由国务院有关部门归口代管，下面由中国国际旅行社总社和中国华侨旅行服务社总社兼管，中国国际旅行社总社实际代行了政府的旅游管理职能。二是 1964 年成立中国旅行游览事业管理局，标志着我国旅游业的行政主管机构诞生，旅游管理体制进入了一个新时期。1978 年政府工作报告指出要大力开展旅游事业，由此旅游业地位开始提升，同年各省相继成立旅游局，国务院成立旅游工作领导小组，旅游开始进入新的发展期，迈向新的台阶。1982 年中国旅行游览事业管理总局更名为国家旅游局，并沿用 36 年之久。2018 年，国家旅游局经再一次改革，与文化部合并组建中华人民共和国文化和旅游部，这意味着中国旅游业将进一步加强综合发展和联动能力，促进文化和旅游融合发展。

在《中华人民共和国旅游法》出台以前，各部门都在依据相关法律法规对旅游业进行监管，但是这种监管基本处于分散管理、各自为政的状况。旅游业的综合性要求旅游目的地政府树立"大旅游"观念，改变旅游服务质量监管理念，从单一业态监管向旅游目的地监管转变。旅游目的地政府不能把旅游业当作一个单纯的产业，要把与旅游有关的各种要素都融合起来。旅游服务质量监管也不仅仅是针对旅游业的监管，而是把目的地监管作为其主要任务。

《中华人民共和国旅游法》作为一部综合性法律，一方面强调和丰富了过去已有的监管内容；另一方面又根据旅游业发展的新情况新问题，对监管不到位的地方进行了新的规定。尽管该法对不同领域的监管规定详略不同、轻重不同，但是基本上构建出一个立体化监管的格局。这种格局对于各级政府进一步完善旅游业监管，提高旅游业发展水平具有重要的意义。未来，还需要以该法为基础，探索更多行之有效的监管手段，提高监管能力。

为贯彻落实党中央、国务院关于高质量发展的决策部署，大力实施质量强国战略，推动"十四五"时期我国旅游业高质量发展，2021 年 5 月文化和旅游部印发了《文化和旅游部关于加强旅游服务质量监管，提升旅游服务质量的指导意见》（以下简称《指导意见》），显示了旅游服务质量监管的最新趋势。[1]

（1）以质量第一作为价值导向，构建旅游服务质量监管和提升工作格局。《指导意见》强调，要牢固树立质量第一的发展意识，一手抓服务质量监管不放松，夯实发展基础；一手抓优质服务促进不动摇，提升质量标准。《指导意见》要求，强化行业质量兴旅、质量强旅意识，培育行业质量文化，打造优质旅游服务品牌，引导和激励市场主体将提升服务质量作为增强市场竞争力的重要手

---

① 文化和旅游部关于加强旅游服务质量监管提升旅游服务质量的指导意见[2021-05-21]. http://zwgk.mct. gov.cn/zfxxgkml/scgl/202105/t20210521_924680.html.

段，推动服务质量监管和提升的整体推进、协同发展。《指导意见》明确了统筹旅游服务质量需求和供给，构建政府主导、企业主责、部门联合、社会参与、多元共治的旅游服务质量监管和提升工作格局。

（2）将创新发展理念贯穿全文，以创新驱动引领高质量发展。《指导意见》提出，以数字化驱动旅游服务质量监管和提升变革，推进"互联网+监管"，完善"全国旅游监管服务平台"，全面提高数字化、智能化监管水平。《指导意见》强调，推动市场主体创新理念、技术、产品、服务、模式和业态，促进线上线下融合发展，支持大数据、云计算、区块链、人工智能等的应用，推动旅游企业数字化转型。《指导意见》要求，加强游客合法权益保护，完善消费后评价体系，支持和鼓励地方建立赔偿先付制度，引导市场主体针对老年人等特殊群体有效提升旅游服务便利性。

（3）推动有效市场和有为政府更好结合，着力破除体制机制障碍。《指导意见》强调，充分发挥市场在资源配置中的决定性作用，落实旅游服务质量主体责任，更好发挥政府职能作用，为质量提升营造良好的市场环境。《指导意见》要求，建立健全旅游服务品牌创建激励机制，完善旅游服务质量监测机制，推动"中国旅游服务品牌"走出去，加快推进旅游信用体系建设。《指导意见》强调，以标准化引领旅游服务质量提升，在相关标准制度修订工作中突出旅游服务质量方面的要求，探索建立旅游服务质量认证体系，建立以游客为中心的旅游服务质量评价体系等。

第十一章　旅游数字化转型

随着大数据、云计算、人工智能等新兴技术在旅游业的应用，旅游业开始朝着数字化转型，同时也促使旅游研究产生变革。变革主要体现在两个方面：一是数字化旅游产生更多更广的旅游数据，为旅游研究开辟了新的方向，如旅游大数据研究、旅游社交媒体研究等；二是由于数字化旅游的复杂性、多样性等特征，促使旅游研究与其他学科融合，如技术接受模型、社会交换理论等被应用到旅游研究中。

第一节　旅游数字化转型的缘起

5G、云计算、物联网、人工智能、大数据等新一代信息技术的蓬勃发展，为旅游研究带来了根本性的变革，使其朝着数字化的方向转型[1]。从数据端来说，新技术产生了海量多样的新数据，使得旅游研究在传统旅游统计数据、问卷调查数据、访谈数据等小数据的基础上增加了多源多维大数据的研究；从方法端来说，由于经典的统计工具在大数据分析上的缺陷，数据挖掘技术如决策树、神经网络和回归被应用到旅游研究中[2]。从研究范围来说，旅游研究突破了固有的边界，与经济学、地理学和信息学等多学科的结合更加紧密，对于旅游主客介体的分析更加深入[3]。然而，旅游数字化转型也为旅游研究带来了一

---

[1] Xiang Z. From digitization to the age of acceleration: On information technology and tourism[J]. Tourism management perspectives, 2018, 25: 147-150.

[2] Del Vecchio P, Passiante G, Vitulano F, et al. Big Data and Knowledge-intensive entrepreneurship: trends and opportunities in the tourism sector[J]. Electronic Journal of Applied Statistical Analysis: Decision Support Systems and Services Evaluation, 2014, 5(1): 12-30.

[3] 吴开军. 旅游大数据研究热点及特征探析——基于国外文献的分析[J]. 统计与信息论坛, 2019, 34（04）: 105-113.

些机遇和挑战，特别是关于数据的质量和可信度及数据采集道德等引起了社会各方的担忧。即便如此，新技术带来的旅游数字化转型的脚步不会停止，其中，大数据技术、机器人技术和 VR/AR 技术是目前应用最广泛也是研究最多的技术。

一、大数据技术

麦肯锡指出："大数据指的是大小超出常规的数据库工具获取、存储、管理和分析能力的数据集。"[①]大数据具有 5V 特征：规模性（Volume）、高速性（Velocity）、多样性（Variety）、价值性（Value）和真实性（Veracity)[②③]。大数据的使用正在迅速进入旅游研究领域。黎巎（2018）将旅游大数据定义为：既指旅游领域中那些"样本=总体"的全数据集，又指那些利用常用软件工具捕获、管理和处理数据所耗时间超过可容忍时间的数据集[④]。李晶晶（2018）等将旅游大数据分为三类，如图 11-1 所示：（1）UGC 数据。用户主动提供的在线文本数据和在线图片数据。（2）设备数据。通过设备被动收集的，如 GPS 数据、移动漫游数据、蓝牙数据、RFID 数据、WIFI 数据等。（3）交易数据。记录用户的在线操作，如网络搜索数据、网页访问数据、在线预订数据等[⑤]。

与旅游大数据相关的分析主要有描述性分析和推断性分析。描述性分析主要是对用户生成的文本和图片进行分析来了解游客的基本特征、偏好、空间行为等，从而为目的地营销组织提供参考意见。其中，情感分析可被视为一种特殊类型的文本挖掘，通过将文本数据分为积极的、消极的或中性的来识别游客对旅游产品或景点的态度。描述性分析是相对浅层的分析，随着人工智能、机器学习等技术的不断成熟，与旅游相关的研究也朝着推断层面开展，比如利用旅游大数据进行旅游目的地的评估[⑥]、游客流量的预测[⑦]、个性化的推荐[⑧]等。

① Manyika J, Chui M, Brown B, et al. Big data: The next frontier for innovation, competition, and productivity[M]. McKinsey Global Institute, 2011.

② Laney D. 3D data management: Controlling data volume, velocity and variety[J]. META group research note, 2001, 6(70): 1.

③ Gantz J, Reinsel D. Extracting value from chaos[J]. IDC iview, 2011, 1142(2011): 1-12.

④ 黎巎. 旅游大数据研究[M]. 北京：中国经济出版社，2018.

⑤ Li J, Xu L, Tang L, et al. Big data in tourism research: A literature review[J]. Tourism Management, 2018, 68: 301-323.

⑥ 钟栎娜，邹统钎，王成慧. 旅游目的地城市大数据发展报告（2019）[M]. 北京：旅游教育出版社，2020.

⑦ Huang X, Zhang L, Ding Y. The Baidu Index: Uses in predicting tourism flows—A case study of the Forbidden City[J]. Tourism Management, 2017, 58: 301-306.

⑧ Fesenmaier, Daniel R, Wöber Karl W, Werthner H. Destination recommendation systems: Behavioral foundations and applications[M]. CABI, 2006.

总而言之，旅游大数据的不断涌现为旅游研究领域带来了巨大的变革。然而，旅游大数据的研究也存在一些问题，制约旅游大数据继续深入研究的因素主要是大数据难以解决因果问题及理论贡献不足的问题。

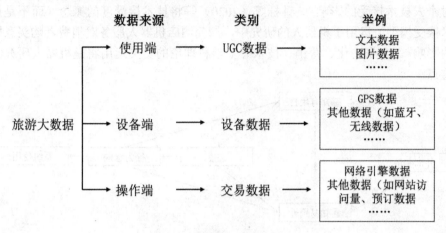

图 11-1 旅游大数据的类型

资料来源：Li J, Xu L, Tang L, et al. Big data in tourism research: A literature review[J]. Tourism Management, 2018, 68: 301-323.

二、机器人技术

科尔比（Colby，2016）等将服务机器人定义为能够执行物理任务、自主操作而不需要指令、无须人帮助而由计算机指导的技术[1]。旅游供应商（特别是酒店行业）已经开始在运营中大范围使用服务机器人[2]。作为一项新技术，服务机器人是否被消费者接受成为学界的研究重点。大部分学者将与技术相关的理论应用到机器人研究中。

（一）技术接受模型

技术接受模型（TAM）是由戴维斯（Davis）于 1989 年提出的[3]。技术接受模型使用两个关键构念来调查技术对用户行为的影响：感知有用性和感知易用性。感知有用性反映一个人认为使用系统对他工作业绩提高的程度；感知易用

---

① Colby C L, Mithas S, Parasuraman A. Service robots: How ready are consumers to adopt and what drives acceptance[C]//The 2016 Frontiers in Service Conference, Bergen, Norway. 2016.

② Tussyadiah I. A review of research into automation in tourism: Launching the Annals of Tourism Research Curated Collection on Artificial Intelligence and Robotics in Tourism[J]. Annals of Tourism Research, 2020, 81: 1-44.

③ Davis F D. Perceived usefulness, perceived ease of use, and user acceptance of information technology[J]. MIS quarterly, 1989: 319-340.

性反映一个人认为使用系统时所感受到的容易程度。在旅游和酒店机器人研究领域，很多学者将技术接受模型与其他理论相结合进行研究。孙意央等将霍夫斯特德的文化维度和技术接受模型结合，从酒店员工的角度调查了文化价值观对个人技术接受的影响[①]。钟栎娜（2020）等将技术接受度的概念（而不是技术接受模型）运用于机器人的研究中，探究酒店机器人服务对消费者购买意愿的影响[②]。未来文化、营销、技术等多学科理论的交叉运用将是机器人研究的重点。

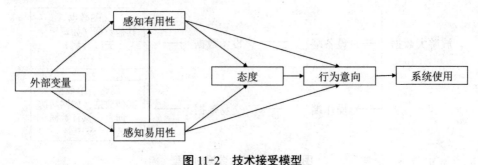

图 11-2　技术接受模型

资料来源：Davis F D. Perceived usefulness, perceived ease of use, and user acceptance of information technology[J]. MIS quarterly, 1989: 319-340.

（二）恐怖谷理论

恐怖谷理论是由森政弘（Mori）在 1970 年提出来的，他认为由于机器人与人类在外表、动作上都相当相似，所以人类会对机器人产生正面的情感。随着相似度的增加，这种好感度会突然降低，越像人反而越令人恐惧，好感度降至谷底，这被称为恐怖谷[③④]。可是，当机器人的外表和动作与人类的相似度继续上升时，人类对他们的情感亦会变回正面（图 11-3）。然而，考虑到旅游和酒店业复杂的体验环境和与顾客更长时间的互动过程，该理论的适用性还有待确定[⑤]。此外，恐怖谷理论用一个单一的尺度来讨论类人、类机器和动画机器人，

---

① Suniarti S, Lee P, Law R. Impact of cultural values on technology acceptance and technology readiness[J]. International Journal of Hospitality Management, 2019, 77: 89-96.

② Zhong L, Sun S, Law R, et al. Impact of robot hotel service on consumers' purchase intention: a control experiment[J]. Asia Pacific Journal of Tourism Research, 2020, 25(7): 780-798.

③ Mori M, MacDorman K F, Kageki N. The uncanny valley[from the field[J]. IEEE Robotics & Automation Magazine, 2012, 19(2): 98-100.

④ Mori M. The Uncanny Valley. [EB/OL]. http://www.movingimages.info/digitalmedia/wp-content/uploads/2010/06/MorUnc.pdf, 1970.

⑤ Li D, Rau P L P, Li Y. A cross-cultural study: Effect of robot appearance and task[J]. International Journal of Social Robotics, 2010, 2(2): 175-186.

其应用于服务环境的可行性还存在疑问①。因此，未来研究者还应聚焦于在旅游和酒店特定背景下对该理论进行实证检验，如研究不同文化背景、不同服务场景下该理论是否适用的问题。

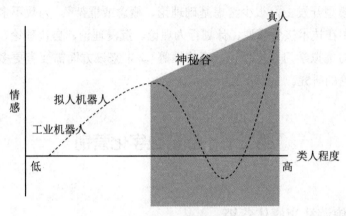

图 11-3 恐怖谷理论

资料来源：Mori, M. (1970). The Uncanny Valley.Energy, 7(4), 33-35. Retrieved from http://www.movingimages. info/digitalmedia/wp-content/uploads/2010/06/MorUnc.pdf

三、VR/AR 技术

虚拟现实（VR）是计算机生成的模拟三维环境，使用特殊的电子设备（如头盔配备传感器和屏幕）模拟现实②③。增强现实（AR）是在设备上使用计算机生成的图像层来增强真实环境④。很多学者认为增强现实是虚拟现实的一种⑤。

① Yu C E. Humanlike robots as employees in the hotel industry: Thematic content analysis of online reviews[J]. Journal of Hospitality Marketing & Management, 2020, 29(1): 22-38.

② Zhang M, Zhang Z, Chang Y, et al. Recent developments in game-based virtual reality educational laboratories using the microsoft kinect[J]. International Journal of Emerging Technologies in Learning (iJET), 2018, 13(1): 138-159.

③ Zhang Y, Li Z, Gao C, et al. Mobile social big data: Wechat moments dataset, network applications, and opportunities[J]. IEEE Network, 2018, 32(3): 146-153.

④ Guttentag D A. Virtual reality: Applications and implications for tourism[J]. Tourism management, 2010, 31(5): 637-651.

⑤ Milgram P, Takemura H, Utsumi A, et al. Augmented reality: A class of displays on the reality-virtuality continuum[C]//Telemanipulator and telepresence technologies. International Society for Optics and Photonics, 1995, 2351: 282-292.

威廉姆斯（Williams，1995）指出虚拟现实有可能彻底改变旅游业的推广和销售[①]。VR/AR 主要用于旅行前的目的地营销，通过提前观看旅游目的地视频，向游客提供虚拟的旅行信息，以说服他们去旅游。目前 VR/AR 的研究主要集中在应用研究和模型开发上，很少考虑基础理论、概念或框架[②]。为数不多的理论主要运用集中在技术接受模型、计划行为理论、沉浸理论、自决理论、信息系统成功模型与虚拟学习环境理论、真实性等[③]。未来该方面需要有更多的实质性和基于理论的研究。

第二节　旅游数字化营销

一、旅游社交媒体营销

（一）社交媒体营销定义和影响

虽然社交媒体的定义仍然不是十分明确，但是根据布莱克肖（Blackshaw，2016）的定义，社交媒体能够被理解为"基于互联网的应用平台，它携带消费者产生的内容，其中包括由消费者根据自身体验获得信息，对某一产品和服务进行评论，并且这些信息能够被其他在线消费者所获取"[④]。随着信息科技的发展，越来越多旅游者通过社交媒体平台来获取对旅游目的地的信息[⑤]，同时也为他们提供了发表旅游目的地意见的平台，这与传统旅游营销不同。在社交媒体时代，从传统营销模式（某一旅游目的地的信息的单向流动，即管理者向消费者投射旅游目的地营销信息）向社交媒体营销模式转变（目的地管理者和

① Williams P, Hobson J S P. Virtual reality and tourism: fact or fantasy? [J]. Tourism management, 1995, 16(6): 423-427.

② Huang Y C, Backman K F, Backman S J, et al. Exploring the implications of virtual reality technology in tourism marketing: An integrated research framework[J]. International Journal of Tourism Research, 2016, 18(2): 116-128.

③ Yung R, Khoo-Lattimore C. New realities: a systematic literature review on virtual reality and augmented reality in tourism research[J]. Current Issues in Tourism, 2019, 22(17): 2056-2081.

④ Blackshaw P. The consumer-generated surveillance culture[J]. Retrieved August, 2006, 17: 2011.

⑤ Zeng B, Gerritsen R. What do we know about social media in tourism? A review[J]. Tourism Management Perspectives, 2014, 10: 27-36.

旅游消费者信息的双向流动）①②，并且后者是由旅游者产生的评论，但与传统的口碑信息不同（WOM），后者更容易被大众旅游消费者所相信③④，但是这种由网上信息所产生的电子口碑（eWOM），也已经成为潜在消费者做出旅游决策的重要的因素⑤⑥。这一模式的转变，对旅游目的地管理者的传统目的地营销工具和理念产生巨大冲击，越来越多的旅游社交媒体平台（猫途鹰、马蜂窝）已经取代传统媒体（电视广告）在旅游目的地营销的地位，并且面对着信息大、影响力强的旅游社交媒体平台的冲击，许多旅游目的地管理者和酒店管理者开始转向利用社交媒体平台，并且利用其优势⑦。

（二）旅游社交媒体在不同旅游阶段所承担的角色

1. 游前阶段（Pre-Trip）

在制定旅行计划阶段，越来越多学者认为游客会关注社交媒体平台上对某一旅游目的地的评论信息，这为他们旅游决策提供了重要的参考⑧，并且社交媒体上可获得的游客评论已经成为旅游者使用旅游社交媒体的重要驱动因素。在游前阶段，鉴于旅游者缺乏对旅游产品的直接体验，所以他们很难对旅游和酒店产品质量进行主观评价，并且由于旅游产品的高价格、高融入度及差异化程度高等特性，旅游者会在旅游决策的早期阶段收集各种形式的旅游信息，来

---

① Sigala M, Christou E, & Gretzel U. Social media in travel, tourism and hospitality: Theory, practice and cases[M]. Ashgate Publishing, Ltd., 2012.

② Pan B, Crotts J C. Theoretical models of social media, marketing implications, and future research directions[J]. Social media in travel, Tourism and hospitality: Theory, practice and cases, 2012, 1: 73-86.

③ Filieri R. What makes online reviews helpful? A diagnosticity-adoption framework to explain informational and normative influences in e-WOM[J]. Journal of Business Research, 2015, 68(6): 1261-1270.

④ Filieri R, Alguezaui S, McLeay F. Why do travelers trust TripAdvisor? Antecedents of trust towards consumer-generated media and its influence on recommendation adoption and word of mouth[J]. Tourism Management, 2015, 51: 174-185.

⑤ Liu H, Wu L, Li X. Social media envy: How experience sharing on social networking sites drives millennials' aspirational tourism consumption[J]. Journal of Travel Research, 2019, 58(3): 355-369.

⑥ Dwivedi Y K, Ismagilova E, Hughes D L, et al. Setting the future of digital and social media marketing research: Perspectives and research propositions[J]. International Journal of Information Management, 2021, 59: 102168.

⑦ Pan B, Crotts J C. Theoretical models of social media, marketing implications, and future research directions[J]. Social media in travel, Tourism and hospitality: Theory, practice and cases, 2012, 1: 73-86.

⑧ Xiang Z, Gretzel, U. Role of social media in online travel information search[J]. Tourism Management, 2010, 31(2): 179-188.

最大限度地降低风险，避免做出错误的旅游决策[1][2]。在旅游者所有可获取的信息中，来自家人、朋友及同事的口碑信息具备较高的可靠性，所以它成为旅游者制定旅游计划时重要的参考信息[3]。而基于社交媒体平台产生的新形式口碑信息——电子口碑，相较于电视广告，它的商业化程度低，并且包含游客详细的体验信息，已经成为互联网时代旅游者重要信息来源之一。电子口碑信息具备口碑信息不具备的优势，即社交网络更广，但有内容可信度较低的劣势[4]。

2. 游中阶段（During-Trip）

许多学者也研究了社交媒体在旅游者旅行途中做出旅游决策的影响和作用。根据福蒂斯等（Fotis，Buhalis，and Rossides，2011）的研究，社交媒体使用改变了俄罗斯和其他苏联原成员国的旅游者制定假期计划的方式[5]。社交媒体上用户产生的内容是游客以叙事形式呈现的旅行故事和体验，其完整性会对游客产生更强的刺激作用，从而驱使潜在旅游者前往目的地旅游，并且潜在旅游者对在线旅游者所分享的旅游故事理解程度会对其的社交媒体行为及旅游过程中的行为产生重大的影响[6]。

3. 游后阶段（Post-Trip）

旅游消费者越来越喜欢在社交媒体平台上发表意见，潜在旅游者通过评论、点赞、转发等方式与旅游消费者进行互动[7]。一些学者也探究了旅游消费者在游后阶段发表意见的动机。根据潘冰等的研究，发现分享生活经验和社交互动是促使旅游消费者在社交媒体发表意见的重要因素[8]，同时旅游炫耀，包括物质炫耀、文化资本炫耀，也是旅游者游后在社交媒体平台上发表旅游信息的重

① Schmallegger D, Carson D. Destination image projection on consumer-generated content websites: A case study of the Flinders Ranges[J]. Information Technology & Tourism, 2009, 11(2): 111-127.

② Jeng J, Fesenmaier D R. Conceptualizing the travel decision-making hierarchy: A review of recent developments[J]. Tourism analysis, 2002, 7(1): 15-32.

③ Yan M, Filieri R, Gorton M. Continuance intention of online technologies: A systematic literature review[J]. International Journal of Information Management, 2021, 58: 102315.

④ Yoo K H, Gretzel U. Influence of personality on travel-related consumer-generated media creation[J]. Computers in Human Behavior, 2011, 27(2): 609.

⑤ Fotis J, Buhalis D, Rossides N. Social media impact on holiday travel planning: The case of the Russian and the FSU markets[J]. International Journal of Online Marketing (IJOM), 2011, 1(4): 1-19.

⑥ Tussyadiah I P, Park S, Fesenmaier D R. Assessing the effectiveness of consumer narratives for destination marketing[J]. Journal of Hospitality & Tourism Research, 2011, 35(1): 64-78.

⑦ Yu C E, Sun R. The role of Instagram in the UNESCO's creative city of gastronomy: A case study of Macau[J]. Tourism Management, 2019, 75: 257-268.

⑧ Pan B, MacLaurin T, Crotts J C. Travel blogs and the implications for destination marketing[J]. Journal of Travel Research, 2007, 46(1): 35-45.

要驱动因素①。潘冰等为了了解使用社交媒体组织度假旅行的原因，发现游客对其社交媒体分享所带来的社会、享乐及功能效益提高了其社交媒体的参与度。

二、旅游社交媒体研究的主要理论

（一）信息来源可信度理论（Source credibility theory）

信息来源可信度理论是社交媒体中运用的最流行的理论之一，用于理解是什么让用户产生的内容成为有影响力的传播来源。霍夫兰等（Hovland et al., 1953）建立的信息来源可信度模型，也分析了影响信息获取者信息接受程度的因素，发现了信息分享者的专业知识和来源可信度主要影响信息获取者信息接受程度。由于信息分享者了解某一主题的信息，并且会发表权威意见，他/她就被网络社区认为是专家，而可信度是指来源的可靠性②。

信息来源可信度被认为是消费者信任传统口碑信息的最重要的因素之一③。与传统的营销方式不同，在电子口碑中，消费者不能通过面对面沟通来鉴别网络信息来源的可信度④⑤。所以说，确定电子口碑来源的可信度是非常困难的⑥，因为网上评论是由消费者自身关系以外的个体撰写的⑦。现有研究也探讨了来源可信度对消费者感知信息的有用性的影响⑧，在旅游研究中，一些学者也发现可信度、透明度高的内容对旅游者做出旅游决策产生了积极影响⑨，但是根据菲列里（Filieri, 2015）的研究，信息来源的可信度对潜在旅游者对其他用户评论信息的信任没有影响，但是信息的质量、网站的质量和用户的满意度影响

---

① Liu H, Li X. How travel earns us bragging rights: A qualitative inquiry and conceptualization of travel bragging rights[J]. Journal of Travel Research, 2020.9: 0047287520964599.

② Hovland C I, Janis I L, Kelley H H. Communication and persuasion[J]. 1953.

③ McGinnies E, Ward C D. Better liked than right: Trustworthiness and expertise as factors in credibility[J]. Personality and Social Psychology Bulletin, 1980, 6(3): 467-472.

④ Litvin S W, Goldsmith R E, Pan B. Electronic word-of-mouth in hospitality and tourism management[J]. Tourism management, 2008, 29(3): 458-468.

⑤ Tidwell L C, Walther J B. Computer-mediated communication effects on disclosure, impressions, and interpersonal evaluations: Getting to know one another a bit at a time[J]. Human communication research, 2002, 28(3): 317-348.

⑥ Park D H, Lee J. eWOM overload and its effect on consumer behavioral intention depending on consumer involvement[J]. Electronic Commerce Research and Applications, 2008, 7(4): 386-398.

⑦ Dellarocas C. The digitization of word of mouth: Promise and challenges of online feedback mechanisms[J]. Management science, 2003, 49(10): 1407-1424.

⑧ Willemsen L M, Neijens P C, Bronner F, et al. "Highly recommended!" The content characteristics and perceived usefulness of online consumer reviews[J]. Journal of Computer-Mediated Communication, 2011, 17(1): 19-38.

⑨ Ayeh J K, Au N, Law R. "Do we believe in TripAdvisor?" Examining credibility perceptions and online travelers' attitude toward using user-generated content[J]. Journal of Travel Research, 2013, 52(4): 437-452.

潜在旅游者信任用户产生的旅游信息①。

（二）社会交换理论（Social exchange theory）

所有社交媒体平台在很大程度上依赖于用户提供的内容，了解他们的分享动机是社交媒体平台重要关注的方面之一。社会交换理论是探索个人或小团体之间交换的社会学研究理论。该理论主要使用成本效益框架和备选方案的比较来解释人类如何相互交流，如何形成关系和纽带，以及如何通过日常交流形成社区。该理论指出，个人会从事他们认为有益的行为并避免成本过高的行为。换句话说，所有社会行为都基于每个参与者对为社会交换做出贡献的成本的主观评估。它们之间的交流取决于对方的互惠行动。可以通过微观经济框架来分析且相互强化，尽管获得的通常不是金钱回报而是社会回报，例如机会、声望、从众或接受②。

因此，人们参与虚拟社区交流的原因包括：（1）增加个人的声誉和影响力；（2）互惠；（3）利他主义；（4）奖励。鉴于大多人在社交媒体上发表的意见是无偿的，所以前三者是驱使人们使用社交媒体的重要原因。

第三节　旅游数字化治理

治理是一个动态过程，涉及人员、技术和数据。区别于传统的自上而下的统治模式，治理是政府与社会共同协作的一种新型关系。治理包括政府，但要超越政府，还包括企业、非政府组织和个人等③。将大数据应用于旅游治理可以为旅游治理领域提供新路径、新方法和新手段。旅游治理涉及交通、旅游规划建设、市场监管、环境保护等多个领域。为促进旅游业的发展，城市应鼓励旅游信息共享，整合旅游相关数据资源（如公安、交通、环保、商务、航空、邮政、电信、气象等），与主要网络搜索引擎和在线旅游服务提供商合作，开发大数据旅游资源库④。

---

① Filieri R. What makes online reviews helpful? A diagnosticity-adoption framework to explain informational and normative influences in e-WOM[J]. Journal of business research, 2015, 68(6): 1261-1270.

② Emerson R M. Social exchange theory[J]. 1987.

③ 王京传，李天元. 国外旅游目的地治理研究综述[J]. 旅游学刊，2013，28（06）：15-25.

④ Pan Y, Tian Y, Liu X, et al. Urban big data and the development of city intelligence[J]. Engineering, 2016, 2(2): 171-178.

一、智慧城市和智慧旅游目的地

"智慧城市"概念最初由 IBM 于 2008 年提出，旨在将信息技术（IT）系统应用于城市管理中。城市大数据已成为智慧城市发展的重要战略资源。城市大数据能够实时监测城市的各个方面，如天气、空气污染、公共交通延误、河流水位、城市指数、交通摄像头等，从而有效管理、规范和规划城市，最终构建更高效、可持续、有竞争力、高效、开放和透明的城市[①]。

中国政府一直积极鼓励大数据的发展和智慧城市的建设。根据中国城市智慧发展模式，提出城市智慧发展的四个要点：城市治理、基础设施、经济发展和城市服务，如图 11-4 所示。

城市治理	基础设施
社会管理 城市规划与发展 市场监管 环境保护	城市公共物联网 城市数据编制 政府数据架构 数据开放平台
经济发展	城市服务
工业云服务平台 跨境电商 物流大数据平台 知识创新	运输 卫生保健和教育 人力资源和社会保障 文化旅游

图 11-4　智慧城市的发展要点

资料来源：Pan Y, Tian Y, Liu X, et al. Urban big data and the development of city intelligence[J]. Engineering, 2016, 2(2): 171-178.

智慧旅游目的地的理念来源于智慧城市的概念，智慧融入移动、生活、人、治理、经济和环境中。智慧旅游目的地可以产生大量有用的数据，从而辅助决策[②]。正如维奇奥等（Vecchio et al.，2018）强调，通过在智慧旅游目的地使用复杂的数据挖掘技术，根据游客需求创建情境化的产品，与游客共同创造产品和服务，从而实时为他们提供更好的价值，并加强目的地竞争力[③]。目的地运用智慧理念，解决游客出行前、出行中、出行后的需求，可以提高其竞争力水

---

① Kitchin R. The real-time city? Big data and smart urbanism[J]. GeoJournal, 2014, 79(1): 1-14.

② Gajdošik T. Big Data Analytics in Smart Tourism Destinations. A New Tool for Destination Management Organizations? [M]//smart tourism as a driver for culture and sustainability. Springer, Cham, 2019: 15-33.

③ Del Vecchio P, Mele G, Ndou V, et al. Creating value from social big data: Implications for smart tourism destinations[J]. Information Processing & Management, 2018, 54(5): 847-860.

平。布哈里斯等（Buhalis et al.，2013）提出了智慧旅游目的地的各个利益相关者的特点：在物联网、云计算等智慧环境下，旅游组织作为智能中枢，协调所有信息，使用户能够轻松获取实时信息；政府需要在此过程中规范数据治理，如数据开放和数据隐私问题；社区居民和旅游者需要共同参与，从而使得各个利益相关者在智慧旅游目的地协同共创。

库等（Koo et al.，2016）构建了智慧旅游目的地竞争力的概念模型（图11-5），旨在为构建智慧旅游目的地和提升智慧旅游目的地竞争力提供借鉴。具体来说，智能技术在建设智能目的地和提高智能目的地质量方面发挥着核心作用，因此它是实现智慧旅游的基础。就竞争优势和比较优势而言，智慧旅游目的地在市场联系、活动和事件方面具有竞争优势，在自然环境、历史文化及上层建筑方面具有比较优势。此外，目的地管理的五个组成部分将与智慧旅游目的地中的智能技术相关联。智慧旅游目的地通过收集和分析海量的目的地信息，从而进行精准市场营销、合理资源规划、定向活动组织和个性化服务提升。

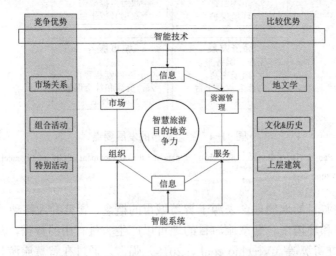

图 11-5　智慧旅游目的地竞争力的概念模型

资料来源：Koo C, Shin S, Gretzel U, et al. Conceptualization of smart tourism destination competitiveness[J]. Asia Pacific Journal of Information Systems, 2016, 26(4): 561-576.

二、旅游数字治理模式

（一）多元协同治理

新时代高质量发展背景下，旅游治理要涉及社会经济各个领域及多元利益主体，需要各方团结协作，搭建多元协同治理机制①。旅游协同治理是指旅游业利益相关者为共同目标而相互交流与合作、动态调试和解决旅游问题的过程②。张建涛等（2017）把识别智慧旅游信息系统的旅游利益相关者及其之间的相互关系作为切入点，围绕应用对象及相互关系对智慧旅游的需求，构建大数据视角的智慧旅游应用模型。由政府、旅游企业、旅游者、居民多元主体联合运作，达到协同治理的目的（图11-6）。

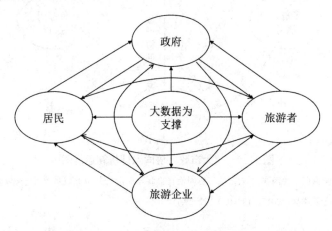

图11-6 基于大数据视角的智慧旅游应用模型

资料来源：张建涛，王洋，刘力钢. 大数据背景下智慧旅游应用模型体系构建[J]. 企业经济，2017，36（05）：116-123.

陈振明和兰海军（2017）构建了一个"大旅游协同、大数据共享、多部门服务、跨部门监管"的"大市政"协同治理机制以改进旅游公共服务。具体思想为：树立大旅游发展理念，将旅游与商业、文化、交通等紧密结合；建立旅游大数据管理平台，推进大数据的共建共享；通过多部门服务和跨部门监管，实现旅游治理的协同发展（图11-7）。

（二）危机治理

传统突发事件决策是在事件发生后寻找原因，这是一种逆向思维模式，而大数据决策流程是在事件发生之前预测可能发生的事件，提前做出响应，是一种正向思维模式。叶鹏等（2017）构建了大数据驱动的旅游突发事件应急管理体系运行模式。在旅游突发事件发生前，依据大数据处理分系统推送的信息进

---

① 张洪昌. 新时代旅游业高质量发展的治理逻辑与制度创新[J]. 当代经济管理，2019，41（09）：60-66.

② 张洪昌，舒伯阳. 大数据时代旅游协同治理的行为逻辑与路径探索[J]. 管理现代化，2018，38（04）：49-52.

行判断，若出现异常信息则触动预警分系统进行突发事件预报，树立"预防在先"的突发事件预警理念（图 11-8）。

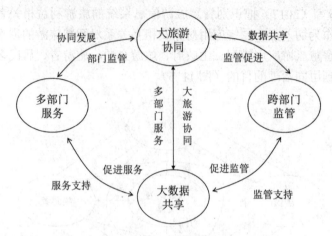

图 11-7 "大市政"协同治理机制运行图

资料来源：陈振明，兰海军."大市政"协同治理机制与旅游公共服务质量改进——以厦门市思明区为例[J]．上海行政学院学报，2017，18（03）：22-29.

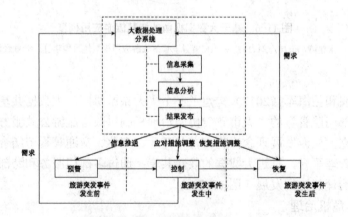

图 11-8 大数据驱动的旅游突发事件应急管理体系的运行模式

资料来源：叶鹏，丁鼎，张雪英. 大数据驱动的旅游突发事件应急管理体系研究[J]．电子政务，2017（08）：84-91.

　　了解危机传播机制对于危机治理也至关重要。在旅游危机情景下，线上潜在旅游者的安全沟通已成为影响旅游危机和旅游市场发展走向的重要行为活动。基于此，陈岩英等（2020）构建了旅游危机情景下线上媒体声量信号对潜在旅游者安全沟通行为的影响模型，为旅游企业和旅游地的危机响应提供了决策依据（图11-9）。

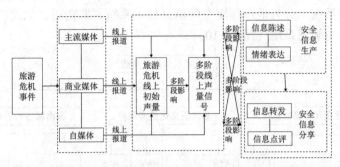

图11-9　旅游危机情景下线上媒体声量信号对潜在旅游者安全沟通行为的影响模型

资料来源：陈岩英，谢朝武，张凌云，黄倩. 旅游危机中线上媒体声量信号对潜在旅游者安全沟通行为的影响机制[J]. 南开管理评论，2020，23（01）：40-52.

第四节　旅游景区智慧化管理

数字化景区，是指景区的全面信息化，是基于"数字地球"概念发展而来的[1]。数字化景区有两种解释：一种是将数字化完全理解为信息化，认为数字化景区就是信息化景区，它是一个涵盖了空间、网络、智能等多元化的技术系统；而另一种是将数字化景区概括为综合运用了遥感技术、地理信息系统技术、多媒体技术、全球定位系统技术、虚拟仿真技术等多种技术，实现对旅游景区的监测和管理，服务于旅游景区的规划和建设[2]。数字化景区的表现有：智慧官网、流量监测、语音导航、智能停车场、智慧游园、智能购票、人脸识别等[3]。通过技术手段增强游客的体验，并提升景区的管理效能。关于旅游景区的数字化管理的研究，主要集中在数字景区系统的构建，景区游客分布、景区客流和时空行为预测及景区个性化推荐四个方面。

（一）景区数字系统的构建

由于景区类型不同，构建的数字景区系统也有所不同。张越等（2018）将

① Zhang C. The study of the development of the digital tourism scenic spots in china and countermeasures[C] //2010 International Conference on Internet Technology and Applications. IEEE, 2010: 1-4.

② 穆荣兵，黄熙莙，兰珂，张雪. 浅谈数字化技术在旅游景区中的应用[J]. 艺术科技，2016，29（02）：33.

③ 湛研. 智慧旅游目的地的大数据运用：体验升级与服务升级[J]. 旅游学刊，2019，34（08）：6-8.

3D 可视化技术与虚拟地理环境相结合，构建了非物质文化遗产的数字景区综合规划管理系统，分为地理环境空间信息技术系统、非物质文化遗产保护系统和旅游服务与管理系统（图 11-10）。

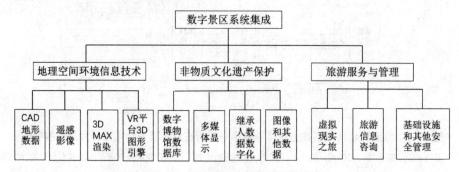

图 11-10　数字旅游景区系统集成图

资料来源：Zhang Y, Han M, Chen W. The strategy of digital scenic area planning from the perspective of intangible cultural heritage protection[J]. eurasip journal on image and video processing, 2018, 2018(1): 1-11.

刘源等（2016）构建了数字乡村旅游服务系统，分为旅游目的地信息系统、旅游服务信息系统和旅游规划管理信息系统。将地理信息系统和管理信息系统相结合，实时管理旅游网络（图 11-11）。

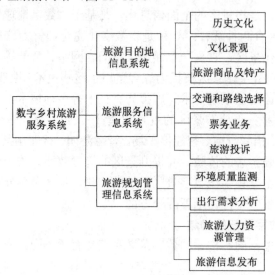

图 11-11　数字乡村旅游系统的功能结构

资料来源：Yuan L, Hong L, Chris C, et al. An exploration of digital tourism design based on virtual reality[J]. International Journal of Simulation-Systems, Science & Technology, 2016, 17: 15.1-15.6.

然而，目前景区数字系统的构建主要停留在理论层面，真正落实到具体景区的实践还较少，在之后的研究中，要多注意理论与实践的结合。

（二）景区游客分布

了解游客的分布并预测景区流量对于景区流量管理和设计、现场活动的规划和营销的影响。游客的分布特征一方面可以通过社交媒体的地理标记照片数据进行分析，另一方面随着数字景区的建设，景区可以远程实时监测到游客在不同景点的分布。根据游客分布特征，可以更好地进行景区客流监测和管理，从而优化景区危机管理和预警系统。

（三）景区客流和时空行为预测

网络引擎数据是旅游流量预测的一大数据来源。通过百度、谷歌等搜索引擎数据，可以直观地看出某一旅游关键词在特定时间段内的网络搜索变化趋势，进而探寻对应的旅游热点及潜在游客的需求变化，为当地旅游部门制定行业发展规划、政策措施等提供有效参考。黄先开（2017）等人使用百度的关键词"紫禁城""北京的紫禁城"和"紫禁城门票"来预测故宫的旅游流量[1]。大数据预测的准确率是其关键所在，很多学者通过改进算法来提高预测的性能。大数据时代将网络搜索数据、传统的预测方法和人工智能技术相结合，如建立多元回归需求预测模型、ARMAX 模型、入境游流入指数及与机器数据结合生成新算法等，进行更有创新的研究，大幅度地提升预测精准度。如谢刚等（2021）运用百度搜索查询数据（SQD）和经济指标，使用基于引力搜索算法（LSSVR-GSA）的支持向量回归模型来预测邮轮旅游需求[2]。周晓丽等（2020）基于网络信息流对现实旅游客流的导引机制，分析了网络搜索大数据对 5A 级景区客流量预测的科学性和准确性[3]。

关于游客的时空行为预测，马尔科夫链是使用最为广泛的方法之一[4]。塞西莉亚等（Cecilia et al.，2011）利用半马尔科夫法评估游客和旅游景点之间空间和时间的相互作用，从而模拟游客的时空移动。然而，马尔科夫方法基于一阶依赖的假设来预测游客的流动，而忽略了历史位置对下一个位置的影响。郑伟民等（2017）提出了一种启发式预测算法，利用 GPS 数据预测游客的下一个

① Huang X, Zhang L, Ding Y. The Baidu Index: Uses in predicting tourism flows—A case study of the Forbidden City[J]. Tourism Management, 2017, 58: 301-306.

② Xie, G, Qian, Y, Wang, S. Forecasting Chinese cruise tourism demand with big data: An optimized machine learning approach[J]. Tourism Management, 2021, 82: 1-10.

③ 周晓丽，唐承财. 基于网络搜索大数据的 5A 级景区客流量预测分析[J]. 干旱区资源与环境，2020，34（03）：204-208.

④ Xia J C, Zeephongsekul P, Packer D. Spatial and temporal modelling of tourist movements using Semi-Markov processes[J]. Tourism Management, 2011, 32(4): 844-851.

位置，以实现预测准确性和效率之间的有益权衡①。大数据的预测结果可以直接应用于景点和目的地的规划与管理。

然而，基于大数据的旅游预测研究也面临诸多问题。大量随机产生的网络数据具有多源异构、交互性、时效性、社会性、突发性和高噪声等特点，存在信息冗余及价值密度低的缺陷。因此，在旅游预测过程中如何对大数据进行预处理及预测算法方面还值得继续深入研究。

（四）景区个性化推荐

学者们很早就开展了景区个性化推荐的研究。许芳铭等（Hsu et al.，2012）以恩格尔—布莱克威尔—米纳德（EBM）模型为基础，利用中国台湾旅游相关部门公布的数据开发了一个智能旅游景点系统（ITAS）的决策支持系统②。姜凯等（2013）提出了一种充分利用地理标记照片的信息，根据用户的兴趣和当前的时间、地点向用户推荐旅游景点的方法③。阿尔维斯等（Alves et al.，2020）提出了一个将五个性格维度与旅游景点偏好联系起来的模型，旨在帮助旅游推荐系统根据游客的个性自动建立游客偏好模型④。

总而言之，关于旅游景区的数字化管理方面的研究成果较为丰富和深入，但目前的研究更偏向于实践层面，对于理论层面的贡献较少。此外，还存在着学术研究和产业实践脱节的现象，在之后的研究中需要多加注意。

---

① Zheng W, Huang X, Li Y. Understanding the tourist mobility using GPS: Where is the next place? [J]. Tourism Management, 2017, 59: 267-280.

② Hsu F M, Lin Y T, Ho T K. Design and implementation of an intelligent recommendation system for tourist attractions: The integration of EBM model, Bayesian network and Google Maps[J]. Expert Systems with Applications, 2012, 39(3): 3257-3264.

③ Jiang K, Yin H, Wang P, et al. Learning from contextual information of geo-tagged web photos to rank personalized tourism attractions[J]. Neurocomputing, 2013, 119: 17-25.

④ Alves P, Saraiva P, Carneiro J, et al. Modeling Tourists' Personality in Recommender Systems: How Does Personality Influence Preferences for Tourist Attractions? [C]//Proceedings of the 28th ACM Conference on User Modeling, Adaptation and Personalization. 2020: 4-13.

第十二章　旅游影响

随着旅游发展，旅游影响（Tourism Impact）研究受到了经济学、人类学、社会学及环境学等各领域专家的重视。瓦伦·史密斯（Valene Smith）的《主人与客人：旅游人类学》（*Hosts and Guests: The Anthropology of Tourism*），贾法·贾法里（Jafar Jafari）的《旅游系统：旅游研究的理论方法》（*The Tourist System: A Theoeratical Approach to the Study of Tourism*），皮特·墨菲（Peter Murphy）的《旅游：社区方法》（*Tourism: A Community Approach*），以及丹尼森·纳什（Dennison Nash）的《旅游人类学》（*The Anthropology of Tourism*）是这一领域的代表作。埃里克·柯恩（Eric Cohen）、纳尔逊·格拉伯恩（Nelson Graburn），杰弗里·沃尔（Geoffrey Wall）等学者都在这一领域做出了巨大贡献。

旅游经济影响方面主要理论包括旅游投入产出分析、一般均衡模型、旅游乘数、旅游卫星账户、成本收益分析、旅游政策与预测模型、飞地旅游等；旅游社会文化影响方面主要理论包括贾法里的四个平台说、主客关系、涵化理论、社会交换理论、社会资本理论、社区增权理论、相对剥夺理论、社会表征理论及前台后台理论等；旅游环境影响方面主要理论包括环境承载力、杜伊姆和卡尔德斯的概念模型、旅游生态足迹和旅游生态效率等。此外旅游影响评估方面也出现了一系列量表和模型，如多克西的"愤怒指数"、居民态度"生命周期"、旅游影响态度量表及旅游社会—生态系统恢复力模型，这些理论对于全面评估旅游影响具有重要参考意义。

第一节　旅游影响研究的演进

第二次世界大战结束后，旅游被普遍视为恢复和发展经济的手段。到了20世纪50年代中期，由于喷气民航客机的出现，使得跨越国界、大洋的旅行十分便利，出现了大规模游客流动的旅游现象。随着这种"大众旅游"的出现，世

界旅游发展进入了"现代时期"。伴随着旅游的迅猛发展，有关旅游所造成的
各种影响的研究越来越受到广泛的关注。

20世纪60年代，旅游影响研究在欧洲和北美兴起，并且成为旅游研究中
一个范围广阔且意味深远的重要研究领域。威廉姆斯（Williams）将旅游的影
响分为三类：经济影响、社会影响和环境影响。这种分类虽仍在使用，但有些
学者认为旅游的社会影响和文化影响是不同的，应该分开来进行研究。如墨菲
（Murphy）在1985年指出，社会影响包括"对社区的社会结构所产生的更直接
的和对目的地的经济与产业的调整，而文化影响则是对社会准则和标准的更长
期的改变，这种改变会逐渐体现在社区的社会关系和人造物品上"[①]。然而，
更多学者认为旅游的社会影响和文化影响不应割裂开来，应结合起来成为社会
文化影响，正如马西森和沃尔（Mathieson and Wall）在《旅游：经济、环境和
社会影响》（*Tourism: Economic, Physical and Social Impact*）一书中指出：社会
现象与文化现象之间没有十分清晰的界限。旅游发展对目的地社会所带来的正
负面影响可概括为经济、环境和社会文化三大类。

不过，从历史上看，人们对旅游三方面的影响研究并不是并驾齐驱的，早
期对旅游影响的研究着重于旅游的经济影响[②]。在这个时期，学者主要是研究
旅游带给目的地的经济效应，如增加外汇收入、增加就业机会和政府税收等，
尤其指出了旅游所具有的乘数效应。虽然也有一些学者对乘数效应提出疑问，
但总的来说，这一时期的旅游影响研究关注的是旅游的正面经济效应。

进入20世纪70年代，旅游活动在全球范围内得到了进一步的发展。随着
旅游的发展，其对接待地社会产生了巨大的影响，如人口结构的变化、文化的
商品化、价值观的退化等，使得一批人类学家、社会学家、心理学家和环境学
家，对旅游所产生的社会、文化、环境、生态等问题开始研究。在社会文化影
响研究方面，出现了以瓦伦·史密斯（Valene Smith）为代表的旅游主客关系研
究、以纳什（Dennison Nash）为代表的涵化理论等。在旅游环境影响研究方面，
最突出的是旅游环境承载力理论和康林·亨特（Conlin Hunter）提出的旅游生
态足迹等理论等。由于旅游所带来的负面效应主要发生在发展中国家，因此学
者的研究重点是发展中国家发展旅游所带来的各种影响。

到了20世纪八九十年代，学者开始系统地、公正地研究旅游现象。以旅
游的社会影响为例，格林伍德（Greenwood）在重新审视先前对巴斯克人地区

---

① Murphy P. Tourism: a community approach[M]. London: Routledge, 1985.

② Ap J. Residents' perceptions research on the social impacts of tourism[J]. Annals of tourism research, 1990, 17(4): 610-616.

（Basque）发展旅游所带来的变化的研究之后,认为这些变化是有建设性意义的。史密斯（Smith）在其主编的《东道主与游客:旅游人类学》（1989）再版时,要求所有作者以一种更加公正的态度来对待旅游的影响问题。而施吕特和华尔（Schluter and Var）于 1988 年对阿根廷居民关于旅游的态度进行研究后指出,尽管当地居民对旅游带来的经济效益没有强烈的感知,但是他们认为旅游带来了许多正面的社会文化影响。综上所述,可以看出旅游影响研究的历史脉络:20 世纪 60 年代研究着眼于旅游的正面效应,70 年代则关注其负面效应,而到了八九十年代就开始站在一个公平的角度系统地看待旅游的影响。

进入 21 世纪,旅游影响研究出现了新的趋势,更多采取多学科视角,引入社会学、心理学、人类学、管理学、地理学等不同学科的理论,基于跨学科交叉开展旅游影响的分析[1][2]。同时随着 3S 技术的发展和智能设备的运用,采用更先进的仪器和设备进行研究[3]。更加关注旅游影响的机制和规律,探讨向深层次发展,其中对于旅游影响的研究从更关注经济影响向更关注社会文化影响转变[4],从单一层面的测度开始向多尺度测度转变,从截面数据的评估向历时性数据评估转变,从单点案例向多案例比较转变[5][6]。

第二节　经济影响

人们对旅游现象的研究背景是 19 世纪 70 年代后欧美两地区间的游客流量增加,在目的地逗留时间和经济支出大幅增长推动了旅游地的经济的发展。旅游业对经济存在直接与间接影响。住宿、娱乐、餐饮、服务等活动的销售对经济起着直接影响,而围绕旅游业的投资对经济起着间接影响。根据世界旅游组

---

① Godovykh M, Ridderstaat J. Health outcomes of tourism development: A longitudinal study of the impact of tourism arrivals on residents' health[J]. Journal of Destination Marketing & Management, 2020, 17: 100462.

② Mora-Rivera J, Cerón-Monroy H, García-Mora F. The impact of remittances on domestic tourism in Mexico[J]. Annals of Tourism Research, 2019, 76: 36–52.

③ Li S N, Li H, Song H, et al. The economic impact of on-screen tourism: The case of The Lord of the Rings and the Hobbit[J]. Tourism management, 2017, 60: 177–187.

④ Torre A, Scarborough H. Reconsidering the estimation of the economic impact of cultural tourism[J]. Tourism Management, 2017, 59: 621–629.

⑤ Uğur N G, Akbıyık A. Impacts of COVID-19 on global tourism industry: A cross-regional comparison[J]. Tourism Management Perspectives, 2020, 36: 100744.

⑥ Lovelock B, Lovelock K, Lyons K. The impact of outbound medical (dental) tourism on the generating region: New Zealand dental professionals' perspectives[J]. Tourism Management, 2018, 67: 399–410.

织发布的统计数据显示，2014 年旅游业对全球经济的贡献仅为 3.3%；而截至 2018 年，旅游业对全球 GDP 的贡献已接近 10%[①]。旅游业的经济影响也是旅游研究的焦点之一。

旅游经济影响方面的研究可以粗略地划分为两大阶段：

1. 第二次世界大战前的研究

意大利学者尼切罗福（Niceforo，1923）发表了《外国人在意大利的移动》，贝尼尼（Benini，1926）发表了《关于游客移动方法的改良》，这种从统计角度对游客人数、逗留时间和消费能力等方面研究，反映了人们早期对旅游现象的经济层面的认知及取得经济利益的需要。第一次世界大战后，急于恢复和发展战后经济的欧洲各国更是将旅游普遍视为一种重要的经济活动。

1935 年柏林大学格里克斯曼（Gliicksmann）出版了《旅游总论》，论及旅游的经济和社会影响。他从研究的视野认为旅游经济影响是一个复杂的经济现象，并且需要多学科去研究，而不仅从经济学角度去研究。

2. 第二次世界大战后的旅游经济影响研究

第二次世界大战结束后初期，旅游同样被普遍看作恢复和发展经济的手段，更由于第二次世界大战后全球社会经济技术的发展推动了旅游活动的商品化、社会化程度不断提高，旅游业的经济地位进一步提高，对经济贡献率提高，吸引了更多学者参与其中，旅游对经济影响的深度和广度得到极大发展。第二次世界大战后直至 20 世纪 60 年代，学术界主要强调的是发展旅游对经济不发达的国家和地区及发达国家的边远地区所带来的显著经济利益。1955 年，意大利学者特罗伊西出版的专著《旅游及旅游收入的经济理论》，对旅游经济收入及旅游经济效益进行了比较深入的探讨。

旅游发展使一些接待地国家和地区的国际收支平衡，就业和税收都有了增长；旅游发展可以对一些国家的外汇短缺形成补救，可以代替面临危机的传统出口业。但旅游也造成了许多负面影响，由此出现了对旅游可以促进接待地经济发展的论点的批评，指出了诸如旅游经济乘数效应公共开支实际情况、漏损的存在，大量旅客涌入接待地使得物价上涨，使预期经济利益落空等问题。

20 世纪 60 年代至 80 年代旅游经济影响是旅游研究的主题，国外学者普遍认为旅游经济乘数理论是评价旅游对接待地经济发展最有效、最有说服力的手段。此后，越来越多的经济分析模型被用于分析旅游的经济影响。

近几十年来，旅游经济影响的讨论主题更为丰富，研究方法也更为多样化。2019 年，科梅廖（Comerio）和斯特罗齐（Strozzi）通过分析近 2000 篇旅游经

---

① World Tourism Organization (UNWTO). International Tourism Highlights, 2019 Edition[M]. 2019.

济影响的文献发现①。旅游经济影响研究可分为三大类型：第一大类研究主要从实证的角度分析旅游与经济增长之间的关系。其主要目的是探索旅游业与国家或区域经济的相互依存关系，以及由于旅游业发展而产生的直接和间接外部效用。这类研究在很大程度上使用了相同或类似的方法，如投入产出模型、一般均衡模型等。第二大类研究侧重于旅游发展带来的影响评估，如旅游业可持续发展及游客与当地居民的共存等。第三大类研究关注验证经济驱动旅游增长的假设，且基本采用了相同的研究方法，即时间序列、面板数据和横截面数据分析。

一、旅游投入产出（I-O）

投入产出分析（Input-output analysis）是衡量一个行业或部门最终产品需求变化传播的标准方法②。该方法由诺贝尔奖得主列昂惕夫（Leontief）提出。

旅游业的投入产出分析将一个地区的旅游经济活动划入不同产业部门。这些产业部门间的交易通过技术系数矩阵来描述。每个产业部门的产出量都满足产业间的需求，以及由于家庭消费、政府支出、投资和出口引起的最终需求的产出量。此外，由于模型的一般均衡假设，每个产业部门生产的产出价值等于它从其他产业部门购买的产出价值，加上初级投入的价值，如进口、工资、股息、利润、税收等。如果向量 X 是所有旅游产业部门的产出，向量 Y 是最终需求，那么投入产出的基本模型为 $X=AX+Y$，产出 X 的解为 $X=(I-A)^{-1}Y$。

矩阵 $(I-A)^{-1}$ 被称为乘数矩阵或列昂惕夫逆矩阵。矩阵的每个元素显示了为满足部门 j 一个单位产出的增长所需部门 i 产出的直接和间接变化。对乘数矩阵的每一列求和，得到每个部门的产出乘数，该数值显示了为满足增加该部门一个单位的产出所需的部门产出的直接和间接变化。

投入产出分析的核心是投入产出表。表 12-1 展示了一个典型的投入产出分析表，表格分为四象限：象限一即为乘数矩阵。象限二为家庭、政府、投资和出口对商品与服务的最终需求。象限三包含每个部门对初级投入（劳动力、资本、土地）的需求。象限四中没有交易，因为在这个范畴的市场交易很少。

---

① Comerio N, Fernanda S. Tourism and its economic impact: A literature review using bibliometric tools[J]. Tourism Economics, 2019, 25(1): 109-131.

② Leontief W. Analiza input-output. Teoria interdependenţei ramurilor[M], Editura Ştiinţifică, Bucureşti, 1970.

表 12-1　投入产出分析表①

产品	1 ...... j ...... n	家庭	政府	投资	出口	产出
1 2 ... n	X_{11}......X_{1j}......X_{1n} 象限一 X_{n1}......X_{nj}......X_{nn}	象限二 最终需求				
总增加值						
a. 员工薪酬						
b. 总营业盈余	象限三	象限四				
c. 税（扣除补贴）						
进口总额						
投入						

二、一般均衡模型（CGE）

　　一般均衡模型（Computable general equilibrium models，CGE）是使用实际经济数据来估计政策、技术或其他外部因素的变化如何对经济体产生影响的。一般均衡模型也称为应用一般均衡模型（Applied General Equilibrium，AGE）。

　　一般均衡模型由描述模型变量的方程以及和它对应的数据库组成。这些方程往往基于新古典主义思想，通常假设生产者采取成本最小化行为、平均成本定价和基于优化行为的家庭需求。但大多数一般均衡模型只是宽松地符合理论一般均衡范式。

　　一般均衡模型的来源很广泛。如投入产出模型，但一般均衡赋予了价格因素更重要的作用。因此，在投入产出模型假设生产一个单位的旅游服务需要固定数量的劳动力的情况下，一般均衡模型通常允许工资水平（负向）影响劳动力需求，也有一些一般均衡模型描述的是欠发达国家的经济规划模型。这类经济规划模型更侧重于熟练劳动力、资本或外汇的短缺或约束的影响。一般均衡模型在估计经济中某一部分的变化对其他部分的影响时比较有效。例如，高速公路免费可能会影响出游人数和旅游收入。目前，一般均衡模型已被广泛用于分析经济政策的影响。

---

① Surugiu C. The Economic Impact of Tourism: An Input-Output Analysis[J]. Revista Romana de Economie, 2009, 28(2).

（一）比较—静态和动态均衡模型

很多一般均衡模型是比较—静态模型，它们只对某一时间点的经济反应进行建模。对于旅游政策分析，这种模型的结果通常被解释为在未来某个时期，一个或几个外部变量或旅游政策对经济的影响。其结果显示了未来两种可能的状态之间的差异（有和没有旅游政策）。

动态均衡模型侧重于在对政策变化进行建模时对基础资源的调整。相关研究采用了两种常见的方法来进行这种长期调整：一种是"比较稳态"分析。在这种方法下，在前瞻性或递归动态行为下，使用长期或稳态关闭规则来解决长期调整。另一种是动态路径调整建模。这类模型更贴近现实，但构建和求解也更加困难。

（二）建模工具

早期的一般均衡模型通常是针对某一具体问题而建立的，其建模成本往往较高。目前，多数一般均衡模型都是使用 GAMS 或 GEMPACK 软件来建模和求解。除此之外，AMPL、Excel 和 MATLAB 也被用于一般均衡模型的构建。这些软件大大降低了模型构建的难度，并能够进行模型复检。

三、旅游乘数（Tourism Multiplier）

（一）乘数简介

"乘数"（Multiplier）是经济学中的一个重要概念，反映了现代经济的特点，即由于国民经济各部门的相互联系，任何部门最终需求的变动会自动地引起整个经济中产出、投入、就业等水平的变动，后者的变化量与引起这种变动的最终需求变化量之比即是乘数。1882 年，经济学家贝兹浩（Bagehot）分析了紧缩产业对经济中其他产业所引起的负面效应。自此，不少经济学家对乘数理论展开了研究。英国经济学家卡恩（Kahn）于 1931 年最早提出乘数概念。然而，现代乘数理论主要是沿着凯恩斯乘数模型和列昂惕夫投入—产出模型两大主线发展而来的。根据旅游业综合性强和涉及面广的特点，在一些旅游经济学的著作中往往对经济学家的乘数理论加以修正和发展，形成旅游乘数理论，并以此说明旅游"兴一业，旺百业"的产业关联，即具有促进国民经济各部门倍数增长的优势。马西森和沃尔（Mathieson & Wall）于 1982 年提出旅游乘数概念的雏形，即"旅游乘数是这样一个数值，最初旅游消费和它相乘后能在一定时期内产生总收入效应"[1]。

---

① Mathieson A, Wall G. Tourism: economic, physical and social impacts[M]. London: Longman, 1982.

（二）阿彻对旅游乘数的研究

对旅游乘数理论贡献最大的专家是英国萨瑞大学的阿彻（Archer）教授。阿彻从 20 世纪 70 年代初开始提出并完善了一套关于旅游业对区域经济影响的乘数效应模型的研究方法。阿彻对旅游乘数进行了定义：旅游乘数是指旅游花费在经济系统中（国家或区域）导致的直接、间接和诱导性变化与最初的直接变化本身的比较。在一定程度上揭示了旅游乘数的本质。然而，仅仅将旅游乘数理解为旅游收入乘数，具有一定的片面性。旅游乘数效应的具体机制为：外源性旅游消费注入目的地经济后，有一部分将漏损出旅游目的地经济系统的循环，余额则在旅游目的地经济系统中渐次渗透，依次发挥直接效应（direct effect）、间接效应（indirect effect）和诱导效应（induced effect），刺激目的地经济活动的扩张和整体经济水平的提高。

由于旅游经济影响是全方位的，所以旅游消费量增量或旅游收入增量能引起诸多经济量如国民收入、就业量、产出、销售额等的变化，并形成种类繁多的旅游乘数。其中，阿彻的分类较普遍用于衡量旅游经济影响，包括销售或交易乘数（Sales or Transaction Multiplier）、产出乘数（Output Multiplier）、收入乘数（Income Multiplier）和就业乘数（Employment Multiplier）。

阿彻不仅在理论研究方面做出了贡献，也进行了大量的实证研究。他对尼德地区的旅游饭店和非洲塞舌尔群岛的旅游发展进行了细致的调查，验证了旅游经济乘数效应[①]。同时，他还利用乘数理论调查并研究了这个地区不同类型住宿业的就业情况，在直接、间接、诱导三种就业乘数效应方面取得了可靠的数据，验证了乘数理论在旅游就业现象研究中的作用。

（三）对旅游乘数理论的评价

运用旅游乘数理论评估旅游业对接待国家或地区的经济影响，具有以下优势：信息量大，可以找出经济部门关联中存在的问题；揭示旅游的收入和就业效应与最大可能效应间的距离，减少漏损的努力方向；确认各经济部门中需要采取刺激和鼓励政策的领域，以及一些由于旅游收益大而值得进一步扩展的部门和行业。

同时，旅游乘数理论也存在以下 5 方面的局限性：

（1）乘数理论不以分析旅游接待国家或地区的产业结构、经济实力为基础。实际上，不同的经济背景可能产生不同性质和不同量值的乘数。

（2）乘数理论的前提条件之一是要有一定数量可被利用的闲置资源和存

---

① Archer, Fletcher. The economic impact of tourism in the seychelles[J]. Annals of Tourism Research, 1996, 23(1).

货，以保证需求扩张后供给能力可相应增长。然而，在实际中，由于需求过度膨胀或原有供给存量所剩无几，要满足需求的增长要求，就必须从其他经济活动中借用资源（从而减少其他活动的产出），或从外部进口产品或服务。否则，乘数效应的发挥就会受阻。

（3）旅游乘数是一个宏观的概念，计算它时需要的边际消费倾向、边际储蓄倾向及边际进口物资倾向等具体数据的可获得性较差。

（4）旅游乘数是指旅游消费增量或旅游收入增量和由其引起的其他经济量变化的最终量之间的倍数关系，由此可知旅游乘数理论关注的是变化的最初原因和最终结果的关系，而变化的中间过程并不在它的研究视野内。

（5）旅游乘数理论忽视了收入分配因素。在旅游乘数理论中，全部居民的消费倾向是单一的，也就是说全社会各个阶层之间的收入分配差距对乘数的大小没有影响，这与实际情况不符合。

四、旅游卫星账户（TSA）

旅游卫星账户（Tourism Satellite Account，TSA）已经逐渐成为旅游区域经济影响评价研究最重要的工具，在西方发达国家和部分第三世界国家得到广泛应用。加拿大在 1994 年于世界上首次开发出综合性的旅游卫星账户。TSA 是指在国民账户之外，按照一国国民经济核算体系的国民账户概念和分类要求单独设立的一个虚拟账户。它将所有旅游消费引致的产出部分分离出来，单列入这一虚拟账户，以便准确地测度旅游业的经济影响。它可以通过提供国际通用的、具有说服力的、关于旅游业产出的确凿事实与数据，提高人们，尤其是政府部门对旅游业的重视程度，为政府的相关公共决策提供依据，并与其他产业部门产出情况相比较。

一般来讲，一个完整的 TSA 将提供宏观经济变量、旅游消费的详细数据、旅游业的详细生产账户等。

TSA 重点考察旅游消费、旅游供给和它们的连接。因此，编制旅游卫星账户的方法就是设计一组旅游产品和旅游活动的定义与分类，即旅游特征产品和旅游特征活动，将它们综合在各表或账户之内，并以逻辑上一致的方式编排它们以使人们能从供求两个方面来审查旅游业的经济重要性。TSA 在核算方法上要求遵循 SNA93[①]中的相关传统和基本原则，并与编制国的国民经济核算方法相一致，从而也允许有一定的灵活性和适应性。TSA 可看作旅游业特制的国民经济核算。从整体看，TSA 没有改变传统经济核算的基本核算范围，其主要目

---

① 是指 1993 年版国家账户体系（1993 System of National Account，SNA93）。

的是要在"旅游"这一主题下汇集数据。此外，由于 TSA 描述了旅游活动和旅游消费所产生的对服务和货物的需求与它们供给的总体关系，描述了一个与旅游经济活动相关的事后的局部市场均衡。

TSA 重新进行了产品分类和产业分类，扩大了传统的旅游消费核算，并与 SNA93 的消费核算概念和方法基本一致，TSA 对旅游消费的定义是从使用者和使用目的来进行的，如图 12-1 所示。

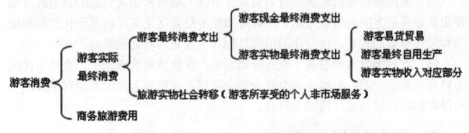

图 12-1　旅游卫星账户（TSA）中的游客消费的构成与分类

TSA 也有其不足之处。TSA 在研究旅游消费和需求对产出的贡献上只考虑了旅游业的直接效应，而不考虑旅游消费或需求所引致的经济体系内的间接和引致联系。这样，旅游业的间接影响和引致影响就不能直观显示。此外，受 SNA93 中心账户基本概念体系的限制，TSA 也未考虑旅游活动与资源和环境的相互影响。而事实上，旅游活动与资源环境有着十分密切的关系。因此，TSA 也需要与其他的旅游业经济影响评估方法相互补充。

五、成本收益分析（CBA）

成本收益分析（Cost-benefit analysis，CBA）是一种通过比较项目的全部成本和效益来评估项目价值的系统方法。成本收益分析有两个主要应用场景：一是确定一项投资（或决策）是否合理，确定其收益是否超过成本。二是为比较投资（或决策）提供基础，将每个选项的总预期成本与其总预期收益进行比较。

组织经常使用成本收益分析来评估给定政策的可取性。通过成本收益分析，能够预测某一旅游政策与其他政策相比，收益是否超过成本（以及超过多少）。因此，成本收益分析也可以对不同旅游政策进行排序。虽然成本收益分析能够提供最佳方案的估计，但它很难对所有当前和未来的成本和收益进行完美评估。旅游领域较早使用这一工具的是克罗森（Clawson）和科尼奇（Knetsch）[①]。

---

① Clawson M, Knetsch J L. Economics of Outdoor Recreation[M]. Baltimore: Johns Hopkins Press, 1966.

（一）成本收益分析的优势

第一，它是一种基于数据的分析，能帮助个人或组织在决策中避免主观偏见。

第二，它简化了决策过程，通过只考虑成本与收益，能够降低决策的复杂性。

第三，它有助于发现隐藏的成本和收益，使用成本收益分析能够促使管理者发现影响成本与收益的非明显的因素，如间接或无形成本。

（二）成本收益分析的不足

第一，它很难预测所有影响结果的变量。

第二，它结果的准确性依赖于使用数据的完整性。

第三，它更适合中短期项目。项目涉及时间越长，准确预测难度就越大。

第四，它没有考虑人为因素对结果的影响。

六、旅游政策与预测模型（TPF）

旅游政策与预测模型（Tourism Policy and Forecasting，TPF）是由英国学者布莱克（Blake）等提出的，适用于旅游规划、政策分析与预测等工作，对政府决策者和业界分析人士而言都是一种辅助预测的有力工具。使用 TPF 模型时，需要大量旅游和旅行消费方面的专门数据，也需要旅游行业部门生产结构方面的数据，较之 TSA 模型可以让人们获得更为微观和深入的相关认识。TPF 模拟分析了在 TSA 面临不同极限条件下的指标应变过程，从而获取相应的政策导向。但应该引起注意的是，单一的极限条件只是突出表现了某一种影响因素的变化可能导致 TSA 模型整体的变化，但并没有表达在不同因素共同作用下可能促发的变化，因此也只能作为政策导向来提供参考而不能成为形成政策的既定规则。但是应该肯定的是：从 TSA 向 TPF 的发展，反映了旅游经济影响评价研究从解释现状向指导决策迈进的一种趋势。几种评价工具的对比如表 12-2所示。

表 12-2　几种旅游经济影响评价工具的对比分析

评价工具项目	乘数	TSA	TPF
目前应用范围广	很弱	强	很弱
适用于国家和地方两种层次	很弱	强	强
完全依赖正式的国民经济统计数据	强	弱	弱
主要分析宏观经济指标	强	强	强
采用抽样调查资料	很弱	强	强
不同国家和地区的研究结果可以互相比较	弱	很强	弱
成本高昂	很弱	很强	强
可以直接或间接地提供有效的决策支持	很弱	强	强

七、飞地旅游（Enclave Tourism）

20 世纪 70 年代以来，随着全球化和国际化趋势的增强，边缘化概念及其相关理论逐渐被引入旅游研究领域，用以描述发达国家与不发达国家之间形成的旅游依附关系[1]。由于发展中国家的旅游乘数效应并不理想，而发展旅游又需要较多的资金投入，导致对外国资本、技术设备和人力资源的高度依赖。但由于外来经营者提供的商品和服务超出了当地社区的财政能力，产生的外汇收入溢出后对东道地区的经济影响很小。东道地区的自然资源主要使外来者受益，而大多数当地人几乎没有得到任何好处[2]。

飞地旅游导致旅游的经济效益没有留在社区里，其固有缺陷是外来管理层试图限制游客和当地社区的互动以提高自身的利润，对于当地游客和本地企业之间的交流是一个阻碍[3]。由于外来资本和外来管理者着眼于自身的利益诉求，对于当地社区而言，限制了自身发展，形成了经济漏损，对于政府的财政税收收入而言并无增益，对当地经济的改善收效甚微，反而加剧了当地对外来资本的依赖，从本质上使得飞地型旅游地的发展不可持续，产生"孤岛特征"或"飞地特征"[4]。飞地旅游和当地区域产业整合存在矛盾，纵向时序调查法（Longitudinal Survey）成为实际研究中重要的调研方法。

飞地旅游效应在乡村旅游等目的地体现得尤其明显。"飞地化"是对乡村性的最大威胁。所谓的"飞地化"，是指城里人占据了乡村旅游业中的经营者地位，乡村旅游目的地形成了城里人的"飞地"[5]。农户很难获得绝对或者绝大部分的旅游受益权，乡村成为城里人或者外来投资者的"飞地"，与实现农村包容性增长所提倡的让弱势群体共享经济发展成果目标相悖。外来资本和企业通过承包、租赁、购买等方式逐步主导了乡村的旅游经营，大量外地人参与到旅游开发中，占据了一定的就业比例，使当地部分旅游收入和商业利润流出

① 刘俊，楼枫烨. 旅游开发背景下世居少数民族社区边缘化——海南三亚六盘黎族安置区案例[J]. 旅游学刊，2010，25（09）：44-50.

② Mbaiwa J E. Enclave tourism and its socio-economic impacts in the Okavango Delta, Botswana[J]. Tourism management, 2005, 26(2): 157-172.

③ Freitag T. Enclave tourism development for whom the benefits roll? [J]. Annals of Tourism Research, 1994, 21(3): 538-554.

④ 刘爱利，刘家明，刘敏等. 国内外旅游度假区孤岛效应研究进展[J]. 地理科学进展，2007，26（6）：109-118.

⑤ 邹统钎. 中国乡村旅游发展模式研究——成都农家乐与北京民俗村的比较与对策分析[J]. 旅游学刊，2005，20（3）：63-68.

社区，出现利益漏损现象①②，同时对于拉动当地社区的就业及建设目的地基础设施的作用也有限，不利于社区的发展③。作为集中在偏远地区的旅游业，其设施设备的建造及其选址等都未能考虑周围社区的需求和愿望，因此飞地效应也被称为孤岛效应，形象生动表达出这一效应的典型特征。

第三节　社会文化影响

较之旅游经济影响研究，旅游的社会影响研究开展稍晚，但发展较快。旅游社会文化影响方面的研究以贾法里（Jafari）的四个平台说、史密斯（Smith）对主客关系的研究、纳什（Nash）的涵化理论、柯恩（Cohen）和麦坎内尔（MacCannell）对真实性的研究等最具代表性。此外社会交换理论、社会资本理论、社区增权理论、相对剥夺理论、社会表征理论等都在旅游社会文化影响的分析上得到了较广泛的应用。

一、贾法里的四个平台说

贾法里（Jafari）对历史上旅游思想的转变进行过大量的研究，把几十年来的旅游学术研究归纳成 4 种被称为"平台"（platform）的研究倾向。

1. 鼓吹平台（Advocacy Platform）

主要是从那些个人或与旅游既得利益有关的公司、组织，包括商业团体角度出发的一种基本态度，其中自然涉及明确的利益成分。不论是具体的商业团体，还是与旅游经济收入有关联的组织或者部门，会很自然地从某一个方面对旅游加以鼓吹。他们会列举出旅游活动带给社会的诸多好处，集中展示旅游中好的、积极的一面，单向度地强调旅游的经济贡献，较少考虑其他问题。

2. 警示平台（Cautionary Platform）

随着旅游的发展，一些观察家和旅游研究人员——包括组织和个人——发现早期的旅游发展在保护传统文化和自然环境方面存在消极因素，并对旅游的这种情形发出警示。他们从社会利益的角度进行分析，得出与"鼓吹者"不同

---

① 郭凌，王志章. 乡村旅游：实现农村包容性增长的路径选择[J]. 学术交流，2012，221（8）：102-105.

② 马耀峰，刘军胜，白凯，等. 我国旅游扶贫对象、主体、规划、指向和效益的审视[J]. 陕西师范大学学报（自然科学版），2016，44（6）：80-85.

③ Naidoo P, Sharpley R. Local perceptions of the relative contributions of enclave tourism and agritourism to community well-being: The case of Mauritius[J]. Journal of Destination Marketing & Management, 2016, 5(1): 16-25.

的结论，包括环境污染、社会污染、季节性失业增加、文化艺术商业化等问题。警示平台集中描述旅游在环境、社会文化等方面不好的、消极的、负面的影响，甚至对旅游经济贡献也提出疑问，并对这些影响提出"警示"。

3. 适应平台（Adaptancy Platform）

由于在鼓吹平台和警示平台之间存在着多种争议，而且这些争议也都同时在旅游发展的过程中表现出来。所以，从 20 世纪 80 年代开始，人们就不再局限于各执一词的无休止的"好/坏"讨论，而是更理性地、更有策略地将问题转移到如何适应旅游发展这样一个背景中去考察。他们尤其关注东道主社会与它们的社会文化建设及如何在环境保护方面更积极地进行探讨。适应平台是在探究如何减少旅游的消极影响中出现的，其代表性概念是"可替代旅游""生态旅游""可持续旅游"等，它旨在从更积极的方面去适应旅游发展。

4. 以知识为基础的平台（Knowledge-based Platform）

在前面三种平台的基础和条件上发展出一种更加全面的、综合性的知识体系。首先，站在一个更高的层面去看待和认识旅游中存在的各种复杂因素，把旅游看作一个巨大的全球化产业。其次，注意旅游发展中的需求性和非需要性之间的关系，特别注意消耗与获得利益之间的平衡。再次，集中注意前面三个"平台"的发展形势，以及"部分"或"限制性"的视野。最后，把旅游看作"一个整体"（a whole）或"一个系统"（a system）去理解其自身的结构与功能，进而在这一领域建立起"知识体系"。总之，以知识为基础的平台是从如何积极应对的角度认识和理解旅游的（Jafari，2001）。

从"鼓吹""警示""适应"到建立"以知识为基础的平台"，这一理论在 20 世纪 80 年代已经被完整地建构出来了，既反映了旅游在半个世纪发展过程中的实际情况，也反映出人们在这一过程中对旅游有了越来越科学的认识。

二、主客关系

主客关系研究向来是旅游社会影响研究的重要关注点之一。虽然在主客交往中，旅游者与当地居民之间的影响是相互的，但更显著的是这种交往过程对当地居民产生的影响，这也是旅游主客关系研究的主要内容。有许多旅游人类学家在旅游主客关系研究方面做出了重要贡献，其中最有影响的是瓦伦·史密斯（Valene Smith）。

史密斯在 20 世纪 70 年代主编的《主人与客人：旅游人类学研究》（*Hosts and Guests: The Anthropology of Tourism*，1977）中首次表明了人类学对旅游业的深刻关注。这本书的出版，使旅游业研究在美国学术界得到了正式承认。该书为旅游本质的研究提供了一个总体的框架，对旅游业进行比较研究，甚至把它作为人类学中的重要领域之一来进行研究。第二版中的每一个案例都被重新审视，作为结论性的观点也得到了若干修正，"该书也被旅游学术界的《旅游研究纪事》（*Annals of Tourism Research*）称为旅游人类学的里程碑"。

在《主人与客人：旅游人类学研究》一书中，史密斯指出，不同的游客类型对目的社会造成的影响是不一样的，因为他们融入目的地社会、文化、生活的情况不一样。史密斯根据游客融入情况对游客进行了分类，提出 7 种旅游者类型以研究旅游者类型、数量与其对社区影响的关系，如表 12-3 所示。

史密斯（1977）把旅游通过主客交往对目的地产生影响的机制归结为示范效应、社会分层与社会化、自尊、文化复兴和憎畏感[1]。

1. 示范效应

旅游者以其自身的意识形态和生活方式介入旅游地社会中，引起旅游地居民的思想变化，产生各种影响，这种作用称为示范效应。麦克菲特斯和斯特朗（McPheters and Stronge，1974）发现，在美国佛罗里达州的迈阿密，旅游人数的变化与谋杀、强奸和其他暴力犯罪事件的变化之间，存在强烈的相关关系。旅游者在旅游区内所表现出的生活方式和消费习惯，绝不会在他们回家以后继续保持下去，因此示范效应是个颇具辛辣讽刺意味的现象。

表 12-3　不同类型旅游者与对社区影响强度的关系

旅游者类型	旅游者数量	对社区影响
1. 探索者	非常有限	弱
2. 社会名流	极其少见	
3. 非常规游客	不普遍但可见到	
4. 特殊游客	偶尔可见	
5. 小团体游客	客流量稳定	
6. 大批量游客	不断涌入	强
7. 包机游客	大批量抵达	↓

麦洛伊和阿尔布尔克（McElory and Albuuerque，1986）曾指出，有学者将示范效应称之为"新殖民主义"（Neo Colonialism）[2]。

2. 社会分层与社会化

旅游的发展可能会引起社会集团间关系的变化。青年人容易接受由旅游带

---

① Smith, Valene. Host and guests: the anthropology of tourism[M]. Philadelphia: University of Pennsylvania Press, 1977.

② McElory and de Albuuerque. The tourism demonstration effect in the Carribben[J]. Journal of Travel Research, 1986.

来的新的价值观念，而家庭中的老年成员多仍坚守旧的传统观念不放，这时代沟就会出现。这些变化的长期走向，取决于个人和社会的价值观。不管是变化的发生，还是对变化的理解，都不是一蹴而就的事。

3. 自尊

旅游投资商，尤其是那些非目的地国家居民的投资商，常常对当地传统文化的认识不足。在寻求有利可图的旅游产品时，宗教信仰、传统服装、世俗庆典，以及其他许多传统文化，都可以转变为旅游商品。遗憾的是，伴随着某种文化和人类精神的商品化，产生自尊的丧失。这不仅是旅游的副作用，而且是对整个民族的侮辱，甚至会触发暴力事件。在旅游评价研究中，对自尊丧失的科学分析和科学测定是很重要的，但要做到这一点并不容易。

4. 文化复兴

成群结队的游客来到异国他乡，并不意味着必然对当地人的尊严造成损伤。通过建立和再现对他们自己历史的骄傲感，可以刺激当地的手工艺品、文学、舞蹈、音乐、戏剧、礼仪、风味食品、服饰等的复兴。文化的复兴，也会导致对纪念建筑物、普通建筑物的修葺，以及对重要景观的保护。

5. 憎畏感

憎畏感，即对陌生人的畏惧，是随旅游所造成的社会变化而产生的，因为这些社会变化使当地老百姓难以容忍。憎畏感可能是由不能掌握自身命运的失落感引起的。外国投资附加的各种约束条件也会引起当地人的无助感。

三、涵化理论

涵化一词最早出现于 1880 年。"涵化"意指文化传统不同的社群遇到一起时所出现的种种变化。一个社会与另一个经济文化上都比较强大的社会中都有很多文化要素，由于两个社会强弱关系而产生的文化假借过程，即为涵化。

当两种不同文化接触时，不论时间长短，双方都可以通"借鉴过程"使两者差距缩小。但是，这种借鉴过程并不是对等的，在很大程度上要受到接触时处境的性质、接触双方的社会经济状况和双方人口数量差异等因素的影响。

旅游人类学者使用的涵化概念是指旅游过程中一切由文化接触导致的社会文化变迁，不管这种变迁是否是人们想要的[①]。许多人类学学者都对涵化发表过自己的见解与主张，形成完备的涵化理论，纳什（Nash）的理论最具影响。人类学家丹尼森·纳什（Dennison Nash）在其代表作《旅游人类学》（*Anthropology of Tourism*，1996）一书中，将旅游作为发展和涵化对旅游现象做

---

① Nash, Dennison. Anthropology of Tourism[M]. Pergamon, 1996: 26.

出理论解释，并从文化人类学的角度探讨旅游可持续发展的道路。

纳什（1975）的研究表明，不发达的旅游目的地国家被发达的工业强国当作了"快乐边缘"，并依附和受制于后者。发达国家的游客则是新的"殖民者"或"游牧部落"，他们带来的异样文化导致目的地的文化被严重同化和破坏甚至消失，冲击着接待地传统的伦理道德观念，使其社会和家庭的凝聚力减弱，环境和生态遭到不同程度的破坏，这些都动摇着接待地社会的基础①。

涵化一般有下列几种常见模式：

1. 同化现象——指当一个族群进入另一个主流族群中，外来文化适应主流文化，逐渐合并到支配性文化中，不再作为一个分开的文化单元。

2. 整合现象——指保持了原有文化的特征，又吸收异文化因素，把两种文化融为一体。

3. 混合现象——指不同文化接触和交流过程中的文化混生状态。

4. 分化现象——指拒绝接受异文化的传播，保持原有文化要素。

5. 边缘化现象——指既无意保持原有文化，又没有吸收异文化，处于两种文化的缝隙中。

四、社会交换理论

社会交换理论20世纪50年代兴起于美国，由于它对人类行为中的心理因素的强调，也被称为一种行为主义社会心理学理论，认为人类的一切行为都受到某种能够带来奖励和报酬的交换活动的支配。社会交换理论由霍曼斯（Homans）创立，主要代表人物有布劳（Blau）、爱默生（Emerson）等。

（一）霍曼斯的交换行为主义（Exchange Behaviorism）

霍曼斯是交换理论的创始人，于1958年提出的交换行为主义指出社会互动其实就是一种交换行为，个人在交换时必定会考虑可能牵扯的利益和报酬。换言之，在交换过程中，个人对于他人互动所可能产生的利益，必先加以估量。如果在交换过程中双方不能得到满意的结果和报酬，则没有交换必要②。

霍曼斯认为，人际互动行为是一种过程，在这种过程中双方参与者执行与对方有关的活动，且交换有价值的资源。在互动过程中，双方其实就是在交换报酬，人们只有觉得这个交换关系有吸引力，才会继续与对方互动。

① Turner Nash. The golden hordes: international tourism and the leisure periphery[M]. London: Constable, 1975.

② Homans G C. Social Behavior as Exchange[J]. The American Journal of Sociology, 1958.

（二）布劳的交换结构主义（Exchange Structuralism）

布劳（1964）[1]认为社会交换理论所关注的焦点在于人际互动行为，提出了两个很重要的概念——信任与承诺。在社会的过程中由于信任、互惠的影响，会吸引并促进双方交换有价值的资源，并持续维持良好的互动关系。布劳的结构交换观点主张个人之间的交换行为并不能推导所有的群体行为，同时认为"对等性"只能解释部分社会交换，而"不对等性"也可以解释另外一些社会交换。

布劳认为，霍曼斯交换行为主义理论的重点是从报酬与成本代价的角度解释社会行为，其研究单位是"个人"，"互惠"与"报酬"是其理论基础，强调人与人之间的社会互动，是一种理性的、会计算得失的资源交换。交换的内容可能是金钱、礼物等具体的物品，也可能是抽象的声望、赞同，甚至是精神安慰。社会交换的过程由于互惠的结果，彼此间会产生感激、责任感和信任。

（三）爱默生交换网络理论（Exchange Network）

继布劳之后，对交换理论做出重要贡献的还有爱默生等人。爱默生运用严密的数理模型和网络分析，阐述社会结构及其变化、社会交换的基本动因和制度化过程，在方法论上进一步充实了交换理论的理论体系。

爱默生（1981）将社会交换关系分为3种：（1）对等型：在谈判或协商交易时，双方在特定条件下进行交换行为，并各取所需。（2）不对等型：在进行某一项利他行为或赠送物品时，较强调一方的贡献，而另一方是否有回报行为则只能取决于对方。（3）合作型：双方无法单独或分开获得报酬，只有在彼此互动的过程中都有贡献时，双方才能同时获得利益。一旦初步的联系形成，他们各自提供的报酬就能够维持和强化彼此的联系[2]。

爱默生（1981）着重于行动者之间的交换关系，由一个行动者注意到交换机会的存在，主动交换及交换行为是相互有利的来往。至于其中所交换的报酬，可以是内含的（intrinsic），例如爱、情感等；或是外加的（extrinsic），例如金钱、体力劳动等。因此，互惠必须是个体双方在较长时间的交换过程中，扮演潜在的利他主义者及互惠的角色。

（四）理论应用

近年来，社会交换理论在旅游社会文化影响研究领域中得到广泛应用。社会交换理论提出，个人对旅游业的态度及其对旅游业发展的后续支持水平将受到他们对旅游、对自己和社区的结果评价的影响，基于"理性人"假设的社会

---

① Blau P. Exchange and Power in Social Life[M]. New York: John Wiley and Sons, 1964.

② Homans G C. Social Behavior: Its Elementary Forms[M]. New York: Harcourt Brace and World, 1981.

交换理论经常被用来解释居民对经济理性行为所涉及的收益和成本的看法①②。因此，旅游研究人员使用社会交换理论来解释居民对旅游的看法。帕拉斯凯韦迪斯和安德里奥蒂斯（Paraskevaidis & Andriotis）研究了东道主社区志愿者的利他主义行为。根据社会交换理论，当经济、环境和社会文化影响被认为是积极的时，东道社区往往会支持旅游业的发展③。努库和拉姆基松（Nunkoo & Ramkissoon）以社会交换理论为基础，检验了社区支持模型。结果表明支持取决于居民对政府行为者的信任和感知的利益。信任反过来又由居民感知的收益和成本及他们的权利水平来预测④。李等借鉴社会交换理论，通过游客与主人的情感团结来研究主人诚意对旅游环境负责任行为的影响⑤。周和彼得里克（Choo & Petrick）利用社会交换理论理论分析了农家乐游客与他人的社会互动如何影响他们的满意度和重访意图⑥。社会交换理论在对旅游社会影响进行分析时，由于其清晰全面的框架，有助于对影响机制进行解释。

五、社会资本理论

社会资本（social capital）概念从 1890 年左右开始被使用，在 20 世纪 90 年代后期被广泛使用。社区与社会现代化和个人主义的争论一直是讨论最多的话题。社会资本在提高社区的整体社会和经济效率方面起着至关重要的作用。

布迪厄（Bourdieu）强调了与经济资本、文化资本相区别的社会资本的价值，将资本划分为三种类型：经济资本、文化资本和社会资本，集中研究了资本间的区分及相互作用，认为社会资本就是"实际的或潜在的资源的集合体，那些资源是同对某些持久的网络的占有密不可分的"。⑦社会资本概念是建立在社会承认的逻辑上的，与地位、身份、声望等利益性和工具性因素密切相关。

① Ward C, Berno T. Beyond social exchange theory: Attitudes toward tourists[J]. Annals of tourism research, 2011, 38(4): 1556-1569.

② Wang Y, Shen H, Ye S. Being rational and emotional: An integrated model of residents' support of ethnic tourism development[J]. Journal of Hospitality and Tourism Management, 2020, 44: 112-121.

③ Kang S K, Lee J. Support of marijuana tourism in Colorado: A residents' perspective using social exchange theory[J]. Journal of Destination2017, 62: 26-37.

④ Nunkoo R, Ramkissoon H. Power, trust, social exchange and community support[J]. Annals of tourism research, 2012, 39(2): 997-1023.

⑤ Li S, Liu M, Wei M. Host sincerity and tourist environmentally responsible behavior: The mediating role of tourists' emotional solidarity with hosts[J]. Journal of Destination Marketing & Management, 2021, 19: 100548.

⑥ Choo H, Petrick J F. Social interactions and intentions to revisit for agritourism service encounters[J]. Tourism Management, 2014, 40: 372-381.

⑦ Bourdieu P. The forms of capital[A]. Richardson J G. Handbook of Theory and Research for the Sociology of Education[C]. New York: Greenwood Press, 1986: 241-258.

　　将社会资本的使用从微观层次过渡到中观层次的是科尔曼。科尔曼（Coleman）构建了一个更加清晰的理论框架[1]，科尔曼从功能角度来界定社会资本，认为社会资本也是生产性的，能够使某些目的的实现成为可能。与物质资本和人力资本一样，社会资本也不是某些活动的完全替代物，而只是与某些活动具体联系在一起。

　　以上两位学者都倾向于从个人层面定义社会资本，认为社会资本是能够提高个人获利能力的社会关系。布迪厄和科尔曼都将社会资本理解为个人或小团体的资产，并将其广义地定义为社会关系中固有的资源，其所有者可以使用它来获取其他资源。

　　普特南（Putnam）以社区和社会组织为重点，构建了社会资本框架，将其定义为"个人之间的联系——社会网络，以及由此产生的互惠和可信赖的规范"[2]。社会组织的独特表现就是人们相互信任、相互规范和积极参与社会活动[3]。普特南的这一概念在旅游领域得到了较大的发展和应用。在此前提下，社会资本被定义为社会组织的特征，如信任、规范和网络[4]。

　　（1）信任。信任是社会资本的核心。信任是指对他人在特定社会背景下的预期反应和愿意承担风险的期望，以及愿意承担风险的意愿，即对某一个体或群体的行为或意识有信心，预期对方会有合理、公平及友善的行为，个人相信其他人会根据自己的期望采取行动，不需要花费大量的时间和金钱去进行监视，可以降低人与人之间的交易成本[5]。

　　（2）社会规范。社会规范是指群体成员认可的共同行为标准及人际社交网络产生的影响。社会规范是互惠的，共同的规范、准则和约束是社区内部一致认同或者正式制定的行为标准，受同一规范约束的双方可以预期对方的行为。只有在社区制定了完善的规范、准则和约束并严格遵守的情况下，个人才有充足的信心参与集体或者团队合作。

　　（3）社会关系和网络。社会网络，指的是个体和群体之间紧密相连的抽象

---

① Coleman J. Social capital in the creation of human capital[J]. American Journal of Sociology, 1988, 94: 95-120.

② Putnam R D. Making Democracy Work: Civic Traditions in Modern Italy[M]. Princeton, NJ: Princeton University Press, 1993: 167.

③ Putnam R D. Tuning in, tuning out: The strange disappearance of social capital in America[J]. PS: Political science & politics, 1995, 28(4): 664-683.

④ Leonardi R, Nanetti R Y, Putnam R D. Making democracy work: Civic traditions in modern Italy[M]. Princeton, NJ: Princeton university press, 2001.

⑤ 刘静艳, 陈阁芝, 肖悦. 社会资本对生态旅游收益与居民环保意识关系的调节效应[J]. 旅游学刊, 2011, 26（08）: 80-86.

关系。社会网络是基于共同信念所建立的社会联系，社会网络有利于群体成员间的信息交流，进一步发挥确保遵守共同规范和维持社会一致性的作用①。社会关系和网络是非常重要的层次，在不同群体之间存在不同类型的网络。

虽然社会资本的价值已得到普遍认同，但社会关系和网络在实践中并没有得到足够重视。社会资本在相关旅游研究中得到了应用②③④。

六、社区增权理论

增权（enpowerment theory）理论一直是社会工作中学者关注和研究的焦点，近四十年来"增权"（empowerment）一词被引入社会学、传播学、教育学等学科。尽管墨菲（ Murphy）在1985年将社区参与的概念引入旅游研究领域，但由于大部分研究者仅仅将社区参与视作达致目标的一种技术手段或行动纲领，而没有深度理解权力在社区参与过程中的作用，因此社区参与旅游的效果也常常不尽如人意。社区增权源于社区参与理论基础，社区参与理念在一定程度上有助于解决旅游发展中社区与开发商之间的矛盾冲突，但这一理念在理论基础及实践的可操作性等方面也存在一些问题⑤。西方学者最先是将社区及其旅游参与当作一种旅游规划方法纳入研究视野。

2003年，澳大利亚学者索菲尔德（Sofield，2003）在《增权与旅游可持续发展》（*Empowerment for Sustainable Tourism Development*）一书中进一步深化了旅游增权的概念。他指出，任何政策的制定都是技术与政治过程的结合，发展并非仅仅是技术性的，发展不可能超越政治。社会发展与经济发展和相应的政治发展不可分割，在任何关于旅游的现代化理论和发展理论的分析中都应当包含对于政治和权力的研究。增权作为一种参与、控制、分配和使用资源的力量和过程，与目的地可持续发展之间存在着密切的联系，增权根植于旅游发展的政治学之中。索菲尔德以南太平洋所罗门群岛及斐济旅游开发为例，发现以

---

① Kuo N, Cheng Y, Chang K, et al. How social capital affects support intention: The mediating role of place identity[J]. Journal of Hospitality and Tourism Management, 2021, 46, 40–49.

② Duk-Byeong Park, Lee Kwang-Woo, Choi Hyun-Suk, et al. Factors influencing social capital in rural tourism communities in South Korea[J]. Tourism Management, 2012, 33(6): 1511–1520.

③ Musavengane R, Roelie K. Social capital: An investment towards community resilience in the collaborative natural resources management of community-based tourism schemes[J]. Tourism Management Perspectives, 2020, 34100654.

④ Zhou L, Chan E, Song H. Social capital and entrepreneurial mobility in early-stage tourism development: A case from rural China[J]. Tourism Management, 2017, 63, 338–350.

⑤ 左冰，保继刚. 从"社区参与"走向"社区增权"——西方"旅游增权"理论研究述评[J]. 旅游学刊，2008，23（4）：58-63.

往的社区参与都是一种单向度的被动参与过程，社区居民在本质上是"无权"的，这正是其在实践上失败的原因。只有进行社区增权（community empowerment）才能真正凸显社区在旅游发展中的主体地位。因此，增权是目的地获得可持续发展的重要前提，增权的观念必须渗透到整个旅游系统中去。

阿克马（Akama）在研究肯尼亚社区参与生态旅游的过程中，率先提出了要实现生态旅游的可持续发展必须对社区居民进行必要的增权[①]；斯彻文思（Scheyvens）将社区增权应用到旅游研究中，提出社区参与旅游过程中必须构建包括政治、经济、心理及社会四个维度的社区旅游增权框架[②]。这一模型在旅游领域获得较广泛的认可。

七、相对剥夺理论

相对剥夺理论（Relative Deprivation Theory）是第二次世界大战后兴起的一种社会心理学理论。相对剥夺感是一种广泛存在的社会心理现象，是指人们通过和选定的参照系，将自己的得失与其他群体或自己过去的经历进行比较后而产生的不公平感，认为自己之所以比他人少是因为自己本应得到的东西没有得到[③]。

"相对剥夺"这一名词首先由美国社会学家斯托弗（Stouffer）于1949年提出。他在研究第二次世界大战期间美国士兵的士气和晋升的关系时，发现士兵不是依据绝对的、客观的标准来评价他们的位置，而是根据他们相对于周围的人所处的位置来评价，如果比较的结果是自己处于较低地位，他们就会有"相对剥夺感"，将个体与参照群体进行比较后所产生的对自身不利地位的感知，以及由此激发的愤怒、不悦等负面情绪称为相对剥夺感[④]。其中，参照群体是指个体进行比较时所选择的比较对象。根据参照群体的不同可以将相对剥夺感分为横向与纵向两种类别，前者是指与他人或他群相比较，后者则指与过去经历相比较，相对剥夺感关注微观个体或群体在与不同参照群体进行比较后所感知到的主观感受及采取的行为表现，其核心心理过程是社会比较。

默顿（Merton）对这一概念做了进一步的阐释，提出了"参照群体"的概

---

① Akama J S. Western environmental values and nature-based tourism in Kenya[J]. Tourism management, 1996, 17(8): 567-574.

② Scheyvens R. Ecotourism and the empowerment of local communities[J]. Tourism management, 1999, 20(2): 245-249.

③ 张朝枝, 陈钢华. 旅游目的地管理[M]. 重庆: 重庆大学出版社, 2021.

④ Stouffer S A, Suchman E A, De Vin ney L C, Star S A, & Williams R M. The American soldier: Adjustment during army life[M]. Princeton. NJ: Princeton University Press, 1949.

念，认为个体或群体对于自身相对状况所持的态度，是一种主观的心理感受，源于人们对自身利益得失的判断和评价。在社会比较中，人们选定与自己某一社会属性相近的其他个人或群体作为参照物，并将自己的利益得失与参照物进行比较，若认为自己本应该得到的东西没有得到，就会产生剥夺感。由于这种剥夺是相对比较后产生的，因此称为"相对剥夺感"①。

朗西曼（Runciman）认为相对剥夺感的产生具备 4 个条件：（1）某人没有某物 X；（2）他发现别人拥有某物 X；（3）他希望得到某物 X；（4）他觉得自己应该而且可以得到某物 X②。郎西曼区分了利己主义和博爱主义的相对剥夺。前者是由于与其他特定群体的境况较好的成员相比处于不利的社会地位，而后者则是由于与其他境况较好的群体相比不利。

20 世纪 70 年代，格尔（Gurr）发展了相对剥夺理论，认为行动者对价值期待和价值能力不一致是相对剥夺感产生的深层原因，将相对剥夺分成三个类型：下降的剥夺、渐进的剥夺和渴望的剥夺③。一般来说，在社会经济转型变化较为剧烈的地区和时期，社会群体之间的利益冲突增多，经济收入差距拉大，社会阶层分化重组，相对剥夺现象较为普遍。因此，在社会变革较为剧烈的地区，如何应用相对剥夺理论建立弱势群体的心理疏导机制，促进社会的和谐发展，具有重要的现实意义。

相对剥夺理论在旅游影响研究领域得到较广泛的应用。西顿（Seaton，1997）是较早应用相对剥夺理论研究旅游问题的学者，他以古巴为例研究了旅游者的示范效应在当地居民中引发的三种相对剥夺现象④。翟等学者（Zhai et al，2020）基于相对剥夺理论，以雪乡声誉危机为例，了解游客二次危机沟通的认知、情感和行为机制，发现游客感知到的群体相对剥夺会引起他们对目的地的基于群体的愤怒和不信任，也可能导致集体行动和消极旅行意图⑤。彭等学者（Peng et al，2016）通过相对剥夺理论研究东道社区居民的态度⑥。

---

① Merton R K, Merton R C. Social theory and social structure[M]. Simon and Schuster, 1957.

② Runciman, W. G. Relative deprivation and social justice: A study of attitudes to social inequality in twentieth-century England[M]. Routledge & Kegan Paul, 1966.

③ Gurr T R. Why Men Rebel[M]. Princeton, N. J.: Princeton University Press, 1971.

④ Seaton A V. Demonstration effects or relative deprivation? The counter-revolutionary pressures of tourism I Cuba[J]. Progress in Tourism and Hospitality Research, 1997, 3: 307-320.

⑤ Zhai X, Luo Q, Wang L. Why tourists engage in online collective actions in times of crisis: Exploring the role of group relative deprivation[J]. Journal of Destination Marketing & Management, 2020, 16: 100414.

⑥ Peng J, Chen X, Wang J. Applying relative deprivation theory to study the attitudes of host community residents towards tourism: the case study of the Zhangjiang National Park, China[J]. Current Issues in Tourism, 2016, 19(7): 734-754.

现有旅游方面相对剥夺感的研究侧重对调查数据的解读性描述，缺少对相对剥夺感影响因素和机制的解释性阐述。同时，相对剥夺感是一个多维度的动态过程，并非在不同发展阶段一成不变，当前仍缺少对多阶段、多类型旅游地的对比研究。尤其在旅游业飞速发展地区，伴随着日益显著的社会变化，旅游冲突现象频繁发生[①]。因此加强相对剥夺感应用研究具有重要现实意义。

八、社会表征理论

20世纪六七十年代，由于主体主义倾向的泛滥，北美社会心理学研究出现了较严重的危机。人们强调实验室研究，忽视了自然情境下的真实问题，忽略和遗忘了人类思想中社会的、集体意义的特性，许多学者意识到社会心理学的理论应整合"社会"的成分[②]。"社会表征"一词最早由法国社会学家涂尔干（Durkheim）的社会学概念——个体表征和集体表征（Individual Representations and Collective Representations）发展而来。

社会心理学是介于心理学与社会学之间的边缘学科，是心理科学研究社会心理现象发生、发展与变化规律的一个重要分支。作为一门社会性很强、应用很广的学科，它与旅游研究的结合也是有其必然性的，特别是其中的"社会表征理论（Social Representation Theory）"，由于对一些旅游现象做出了自己全新的解释，而逐渐开始为国外学界所关注。

社会表征理论在旅游研究中的应用相对晚于社会交换理论[③]。皮尔斯（Pearce）是较早将社会表征理论应用于旅游研究的学者，20世纪90年代，皮尔斯（Pearce）等学者通过著作《旅游社区关系》（*Tourism Community Relationships*）将该理论引入旅游研究，提出理论框架[④]，提出社会表征的产生根源主要有三类：直接经验、社会互动及媒体。社会表征法的研究中格外强调主位研究方法，并研究了社区冲突管理的方法，认为理解社区旅游关系的重要性也是生态可持续发展（ecologically sustainable development）的核心目标，并对可持续旅游目标及其特性进行了分析[⑤]。

对社区而言，旅游的社会表征可以来源于旅游业对社区影响的直接经验，例如社区居民对于正面影响和负面影响的感知，这种感知可以用作表征基础的

---

① 张大钊，马秋芳，赵振斌. 乡村旅游地居民相对剥夺感的前因和后果研究：基于个体心理学视角[J]. 人文地理，2020，35（04）：32-39.

② 彭建，王剑. 旅游研究中的三种社会心理学视角之比较[J]. 旅游科学，2012，26（2）：1-9.

③ 彭建，王剑. 旅游研究中的三种社会心理学视角之比较[J]. 旅游科学，2012，26（2）：1-9.

④ Pearce P L, Moscardo G, Ross G F. Tourism Community Relationships[M]. New York: Pergamon, 1996.

⑤ 孙九霞，保继刚. 从缺失到凸显：社区参与旅游发展研究脉络[J]. 旅游学刊，2006，7：63-68.

信息；对于潜在的或者有望进行旅游开发的社区而言，社会互动和媒体可能成为居民旅游社会表征形成的主要来源。交流互动中可以获取社会表征，而拥有信息传播的主动权的媒体对居民感知存在较大的影响。

近几年来，国内外学者应用社会表征理论来分析旅游感知和态度问题。莎琪拉和韦弗（Shakeela & Weaver）基于社会表征理论探讨了马尔代夫居民对旅游业发展的态度①。法萨里（Farsari）采用社会表征理论的结构方法，使用认知映射方法来分析和比较瑞典伊德雷合作者的心理模型，分析目的地的合作，反映出旅游目的地明显的社会复杂性，以及社会表征的进化特征②。瓦斯勒等（Wassler et al.，2019）基于社会表征理论结合聚类分析、成员检查访谈和专家访谈等多种混合方法分析了居民态度的变化③。国内较早将社会表征理论引入旅游研究的为应天煜，他分析了旅游研究中应用社会表征理论的步骤④。张朝枝等应用社会表征理论研究了开平碉楼和村落世界遗产申报与社区居民的遗产价值认知问题⑤。韩国圣和李辉针对社会表征理论和其他理论进行了比较⑥。

九、前台后台理论

如何调控旅游对旅游地的社会文化影响，高夫曼提出了著名的"前台后台"理论。该学说强调通过居民与游客之间的划界隔离，为保护社区文化提供有效的工具。

（一）起源：社会互动论

高夫曼（1922—1982 年）是美国当代著名的社会学大师，他以戏剧论（dramaturgy）为中心的学说论述对现代社会学界影响极为深远。高夫曼 1956年出版的《日常生活的自我表演》（*The Presentation of Self in Everyday Life*）是社会学领域的经典著作，美国社会学杂志称此书是"对这一代社会心理学最有力的贡献之一"。高夫曼主要是承袭符号互动论（Symbolic interactionism）学

① Aishath S, Weaver D. "Managed evils" of hedonistic tourism in the Maldives: Islamic social representations and their mediation of local social exchange[J]. Annals of Tourism Research, 2018, 71: 13-24.

② Farsari I. A structural approach to social representations of destination collaboration in Idre, Sweden[J]. Annals of Tourism Research, 2018, 71: 1-12.

③ Wassler P, Nguyen T H H, Schuckert M. Social representations and resident attitudes: A multiple-mixed-method approach[J]. Annals of Tourism Research, 2019, 78: 102740.

④ 应天煜. 浅议社会表象理论（Social Representation Theory）在旅游学研究中的应用[J]. 旅游学刊, 2004, 19（1）: 87-92.

⑤ 张朝枝, 游旺. 遗产申报与社区居民遗产价值认知：社会表象的视角——开平碉楼与村落案例研究[J]. 旅游学刊, 2009, 24（07）: 43-47.

⑥ 韩国圣, 李辉. 国外旅游发展社区响应的理论模型述评[J]. 资源科学, 2016, 38（09）: 1643-1652.

派之思想。符号互动论最初是由欧洲传到美国，而后经乔治（George）及赫伯特·布鲁门（Herbert Blumer）将此理论精细化并加以传播。

（二）前台与后台

高夫曼（1959）[①]将表演（performance）定义为"个体在某特定场合所表现出来的所有活动，这些活动会以各种形式来影响每个参与者"，并将日常生活的表演区域分成"前台"（front）及"后台"（backstage）区域。前台和后台是由一条有人监控的通道（guarded passageway）联结，而"前台"及"后台"两种区域以外的所有地方，则称为"局外区域（the outside）"。日常生活中一场成功的表演往往不能单靠个人，而是由一组剧班（teams）共同完成。剧班在"前台"区域表演，在后台预演、休息和隐藏，剧班共同分享了风险和秘密。高夫曼似乎认为地点（location）会影响行为（Manning，1991）[②]。

根据高夫曼（1959）[③]的定义，"前台（front）"及"后台（backstage）"两区域的组成如下。

"前台"一词是指"个体表演时故意或不知不觉使用的标准表达装置"（Goffman, 1959）。而个体的"社会前台（social front）"由"外部布景（setting）"和"个人门面（personal front）"两大部分所组成。

外部布景（setting）指的是表演设施中与景色有关的部分，一般而言，外部布景是固定不动的。外部布景为人们的表演提供必要场景及舞台道具，包括舞台设备、舞台装饰、舞台布局等。人们一离开外部布景，表演亦随之结束。

个人门面（personal front）指的是人们能深入辨识表演者的其他成分，并期待这些成分会与表演者如影随形，包括标志、衣着、性别、年龄、种族特征、身材容貌、姿态、说话方式、脸部表情、身体姿势等。有些是相对固定的，有些是不稳定的（或过渡性的）。个人门面由两类外在刺激所组成：

（1）外表（appearance）。人们可以由此得知表演者处于什么社会地位，亦可得知个体正在从事正式的社会活动工作，或是从事非正式的游憩活动。

（2）举止（manner）。人们可以由此预知表演者在即将到来的情境中扮演什么样的互动角色。

高夫曼（1959）提出"后台"的概念。在后台，前台表演所培养的印象必然会受到故意的否定。在这里表演者不拘小节且轻松随意，可以暂时放下自己的门面，不按台词说话，甚至可以跳脱出自己所扮演的角色，所以后台控制在

---

① Goffman E. The Presentation of Self in Everyday Life[M]. New York: Doubleday Anchor, 1959.

② Manning P. Drama as life: The significance of Goffman's changing use of the theatrical metaphor[J]. Sociological Theory, 1991(9): 70-86.

③ Goffman E. The Presentation of Self in Everyday Life[M]. New York: Doubleday Anchor, 1959.

"工作管理"程序上扮演着非常重要的角色。工作区和娱乐区代表了后台控制的两个区域，另一个区域则是人们满足生物需要的地方。工作人员如不能有效控制后台区域则将产生许多问题。饭店餐厅的厨房区域就是最好的例子。

由于在后台可看见一场表演的重要秘密，因此服务人员自然会想将通往后台的通道封闭或将整个后台区域隐藏起来，这就是一般常用的印象管理（impression management）技巧。

（三）麦坎内尔对前台后台理论的修正

麦坎内尔（1989）[①]根据高夫曼的理论进一步发展旅游行为的"舞台化真实性（Staged Authenticity）"论点。他根据"前台后台"理论提出旅游环境（tourist settings）结构共分为六个舞台形式。

舞台一：相当于高夫曼的前台区域。

舞台二：称旅游前台区域，经过修饰后呈现出后台气氛。

舞台三：一个完全被组合成后台模样的前台区域。

舞台四：一个对外来者（outsiders）开放的后台区域。

舞台五：经过整理和些许修饰的后台，因为游客可偶尔来短暂参观。

舞台六：相当于高夫曼的后台区域。

第四节　环境影响

20 世纪 60 年代以来，随着现代旅游的兴起，旅游已成为一项大众化的活动，由于对环境依存度较高，旅游快速发展不可避免地带来一系列环境问题，引起了人们对旅游环境影响研究的关注。可持续旅游的提出让人们从更深的意义上理解和思考旅游发展与环境的关系，旅游环境影响已成为旅游环境研究中最为突出的一个研究主题。有关旅游环境影响的研究可以追溯到 20 世纪 20 年代，但严格意义上的旅游环境影响研究直到 20 世纪 60 年代才产生，70 年代进入研究活跃期，并创立了第一个长期研究项目。一些有影响的学者如科尔（Cole）、利德尔（Liddle）、贝菲尔德（Bayfield）等是在这 10 年开始了旅游环境影响研究[②]。此后数十年旅游环境影响研究成果迅速增长。

---

① MacCannell D. The Tourist: A New Theory of the Leisure Class[M]. New York: Schocken Books, 1989.

② Cole D. Environmental impacts of outdoor recreation in wildlands[M]//Manfredo M J, Vaske J J, Bruyere B L, et al. Society and Natural Resources: A Summary of Knowledge. Jefferson: Modern Litho, 2004: 107-116.

一、环境承载力

（一）概念的提出及其发展

旅游环境承载力（Tourism Environmental Carrying Capacity，TECC）概念由承载力的概念派生而来的。1921 年美国社会学家帕克（Park）和布格斯（Burgess）在有关的人类生态学杂志中提出了承载力的概念，即"某一特定环境条件下（主要指生存空间、营养物质、阳光等生态因子的组合），某种个体存在数量的最高极限"。1953 年，奥多姆（Odom）在《生态学原理》（*Fundamentals of Ecology*）中，赋予承载力概念较精确的数学形式。后来这一术语被应用于环境科学中，环境承载力又称环境容载力、生态承载力、环境负载定额、环境承载能力、资源承载力等。环境具有与环境污染相对应的环境纳污能力，即"环境容量""环境自净能力"。旅游环境承载力的概念没有一个统一的标准。目前主要有以下 4 种：（1）马西森（Mathieson）和沃尔（Wall）从旅游业对旅游目的地环境影响和游客体验出发把旅游环境承载力定义为"在游客体验和旅游目的地的环境没有出现不可接受的变化之前，旅游地能够接纳的最大游客数"[1]。（2）欧赖利（O'Reilly）从两个不同方面分别阐述了旅游环境承载力。其一，在旅游地的居民没有感受到旅游对他们产生的负面影响之前，旅游目的地接受旅游的能力。其二，从循环理论出发，在旅游地对游客的吸引力降低，游客没有选择替代旅游地之前的游客水平[2]。（3）巴克利（Buckley）认为旅游环境承载力主要是一个生态学的概念，给出的生态学定义为"旅游目的地的生态系统在产生不可察觉的，至少是能够恢复的生态变化之前的旅游数量"[3]。（4）UNWTO/UNEP 给出的定义为"在满足游客高水平体验及没有对旅游地资源产生影响的情况下的旅游地游客水平"[4]。几种概念都认为旅游环境承载力是指旅游地在发生某种改变前的游客水平，主要集中在最大游客数量的计算上。只是对于具体是什么样的改变和游客水平的认识上有不同见解。

《增长的极限》较早把人类发展的环境承载力问题摆到现代科学的面前，使人类对工业社会传统发展模式的不可持续性进行理性思考，最终达成寻求可

---

① Mathieson A, Wall G. Tourism: economic, physical and social Impacts[M]. New York: Longman, 1982.

② O'Reilly A M. Tourism carrying capacity-concepts and issues[J]. Tourism Management, 1987, 7(3): 154-167.

③ Buckley R. An ecological perspective on carrying capacity[J]. Annals of Tourism Research, 1999, 26(3): 705-708.

④ UNWTO/ UNEP. Guidelines: Development of National Parks and Protected Areas for Tourism[R]. Madrid: World Tourism Organization, 1992.

持续发展的共识。1995 年，诺贝尔经济学奖获得者阿罗（Arrow）与其他国际知名的经济学家和生态学家一起，在《科学》（Science）上发表了《经济增长、承载力和环境》一文，在学界和政界均产生了极大的反响，进一步引起了人们对环境承载力相关问题的关注。此后大量的环境承载力理论及实例研究的成果不断出现。2000 年，萨弗里艾德斯（Saveriades）对塞浦路斯（Cyprus）东海岸的旅游承载力进行了研究[1]。环境承载力已广泛地应用于国内外的环境管理与环境规划中[2][3]。环境承载力概念的提出是人类对其自身发展过程中出现的环境问题所做出的反应，这一概念倾向于根据当地管理者和规划者的优先事项对旅游活动进行限制[4]。但由于其本身的复杂性及影响因素的多样性，学者对旅游区环境承载能力的构成缺乏统一的定义。而且其测量还处于定性描述阶段，尚无科学参数[5]。随着研究的发展，环境承载力的外延得到了进一步的衍生，如扎卡里亚斯（Zacarias）认为承载力是基于物理、生物和管理条件，目的地可以维持的最佳游客数量[6]。因此，旅游区环境承载力需要动态引入新的测量因子和标准，进行更多的定量研究。

（二）理论的不足及措施

作为科学理论，旅游环境承载力对旅游地的发展发挥了积极作用。同时也存在一些明显不足。

首先，旅游环境承载力最大的不足在于缺乏一个明确的概念。其次，旅游资源使用水平与其所产生的影响之间的关系并不那么简单。许多因素都与使用水平和影响关系相关，如游客行为、旅游地资源特征特点、管理措施等。它们之间的关系非常复杂，是不能预测的。最后，旅游环境承载力是一个科学、客

---

① Alexis, Saveriads. Establishing the social tourism carrying capacity for the tourist resorts of the east coast of the republicof Cyprus[J]. Tourism Management, 2001(21): 147-156.

② Salerno F, Viviano G, Manfredi E C, et al. Multiple Carrying Capacities from a management-oriented perspective to operationalize sustainable tourism in protected areas[J]. Journal of environmental management, 2013, 128: 116-125.

③ Wang J, Huang X, Gong Z, et al. Dynamic assessment of tourism carrying capacity and its impacts on tourism economic growth in urban tourism destinations in China[J]. Journal of Destination Marketing & Management, 2020, 15: 100383.

④ Canteiro M, Córdova-Tapia F, Brazeiro A. Tourism impact assessment: A tool to evaluate the environmental impacts of touristic activities in Natural Protected Areas[J]. Tourism Management Perspectives, 2018, 28: 220-227.

⑤ Zhong L, Deng J, Song Z, et al. Research on environmental impacts of tourism in China: Progress and prospect[J]. Journal of environmental management, 2011, 92(11): 2972-2983.

⑥ Zacarias D A, Williams A T, Newton A. Recreation carrying capacity estimations to support beach management at Praia de Faro, Portugal[J]. Applied Geography, 2011, 31(3): 1075-1081.

观的概念，但仍存在着无法避免的主观性。关于环境承载力的研究重点局限于使用水平与影响关系、游客数量计算上，忽略了它作为管理目标的作用①。

随着对旅游环境承载力作为科学理论质疑的加深，旅游环境承载力作为管理工具得到旅游地管理者和学者们的重视。主要管理工具有游憩机会谱系（Recreation Opportunity Spectrum，ROS）、游客影响管理（Visitor Impact Management，VIM）、可接受改变的极限（The Limits of Acceptable Change，LAC）、游客体验和资源保护（Visor Experience and Resource Protection，VERP）与游客活动管理程序（Management Process for Visitor Activities，VAMP）。不同的管理工具虽然在机构设置、政策、程序上千差万别，但却有一些基本要素是共通的：它们都描述了一种自然资源和游客体验的"令人向往的未来状态"，都建立了反映旅游体验质量和资源条件的"指标"体系，都确立了最低可接受条件的"标准"，都提出了为保证相应区域的状态满足上述标准如何适时而恰当地采取管理手段的"监测技术"，都开发了确保各种指标维持在特定标准内的"管理措施"。其中应用最广的是可接受改变的极限（LAC）与游客体验和资源保护（VERP）。

二、杜伊姆和卡尔德斯（Duim and Caalders）的概念模型

虽然旅游环境承载力及生态足迹理论都能用于衡量旅游活动对自然环境产生的影响，但都没能更多地说明旅游活动是如何对自然环境产生影响的。

生物多样性（biodiversity）是一个政策性的概念（Musters，de Graaf，Keurs，2000），于1985年被第一次使用，在1988年华盛顿举行的生物多样性国家论坛上出现。《生物多样性公约》于1992年做出如下定义：生物多样性是指所有来源的活的生物体的变异性，来源包括陆地、海洋和其他水生生态系统及其所构成的生态综合体，包括物种内、物种之间及生态系统的多样性。生物多样性是衡量自然环境状况好坏的主要标志。为了更清楚地了解旅游对自然环境的影响机制，杜伊姆和卡尔德斯于2002年建立了旅游对生物多样性影响的概念模型，全面分析了旅游对生物多样性的影响机制，如图12-2所示。

---

① Lindberg K, McCool S, Stankey G. Rethinking carrying capacity[J]. Research Notes and Reports, 1999: 461-465.

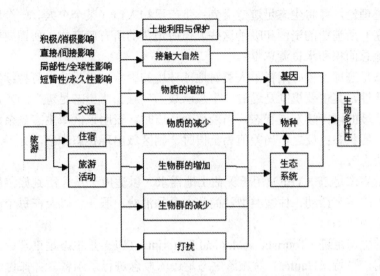

图 12-2　旅游对生物多样性影响的概念模型

资料来源：Rene Van Der Duim, Janine Caalders. Biodiversity and Tourism Impacts and Interventions[J]. Annals of Tourism Research, 2002, 29(3): 747.

　　由于生物多样性是一个复杂概念，要同时达到生态系统、物种和基因多样性的最佳状态是不可能的，需要做出相应选择。另外，测量生物多样性面临着一个困难，即对自然系统的功能及其动态性要进行深入了解。这种了解的缺乏涉及许多方面，表现在以下三点：第一，有关生态系统功能知识的缺乏，比如说，不清楚生态多样性的变化在多大范围内可以看作一种自然现象；第二，对于哪个物种在维持生态系统的稳定方面发挥关键作用不太清楚；第三，毫无疑问，生态环境当前发生的变化在很大程度上和人类活动有关，但很难确定哪些变化是由人类导致的，同时也不容易找出造成生物多样性递减的原因主要有哪些（Sprengers，1995；Keurs，Musters，de Graaf，1997）。由于上述问题还没有完全解决，使得人们不能确定应当监测哪些物种以获得当前整个生态系统状况的准确信息①。这也会使得确定所采取的保护生物多样性措施是否有效变得困难。因此，学者们还需要在这方面倾注更多精力。

三、旅游生态足迹

　　20 世纪 90 年代初，加拿大经济学家威廉·瑞斯（William Rees）最早提出

---

① Rene Van Der Duim, Janine Caalders. Biodiversity and tourism impacts and interventions[J]. Annals of Tourism Research, 2002, 29(3): 743-761.

生态足迹理论，并将生态足迹定义为：生产已知人口（某个个人、一个城市或一个国家）所消费的资源和吸纳这些人口所消费的所有废弃物，所需要的生物生产土地总面积和水资源总量[1]。

生态足迹理论较好阐释了人类对地球环境的影响，也反映出可持续发展理念的重要性。其主要机制是通过"生态承载力"减去"生态足迹"的差值来评价一个区域的可持续发展状态。当差值为正值时，表明该区域生态盈余，处于可持续发展状态；反之，当差值为负值时，则区域出现生态赤字，处于不可持续发展状态[2]。

旅游生态足迹（TEF）用于评估土地需求，以适应于从住所到旅游目的地旅行相关的游客活动、住宿类型及商品、食品消费、服务，以及在每个旅游目的地开展的活动[3]。

旅游生态足迹（Touristic ecological footprint，TEF）是生态足迹理论在旅游中的应用。亨特（Hunter）对旅游生态足迹的概念进行了阐释，并探讨了可持续旅游和生态足迹两者之间的关系[4]；高斯林等（2002）认为生态足迹分析可作为评估旅游可持续性的工具[5]；科尔和辛克莱（Cole & Sinclair）基于生态足迹模型，测算了印度喜马拉雅旅游中心的生态足迹[6]。维克内吉（Wackernage）认为旅游生态足迹是指旅游者在旅游活动的过程中，消耗和占用的各种旅游资源所需要的生物生产性土地面积[7]。旅游生态足迹的计算主要包含了6个方面，分别为旅游餐饮生态足迹、旅游住宿生态足迹、旅游交通生态足迹、旅游游览生态足迹、旅游购物生态足迹和旅游娱乐生态足迹[8]。普马利（Phumalee）等学

---

① Rees W E. Ecological footprints and appropriated carrying capacity: what urban economics leaves out. Environment and Urbanization, 1992, 4(2) :121-130.

② 胡志毅，管陈雷，杨天昊，秦普艳，陈艳. 中国旅游生态足迹研究可视化分析[J]. 生态学报，2020，40（2）：738-747.

③ Luo J, Wu Y. Application of TEF model to quantitative assessment of tourism sustainable development in Jiujiang[J]. Journal of Convergence Information Technology, 2011, 6: 165-172.

④ Hunter C. Sustainable tourism and the touristic ecological footprint. Environment, Development and Sustainability, 2002, 4(1) : 7-20.

⑤ Gossling S, Hansson C B, Hörstmeier O, et al. Ecological footprint analysis as a tool to assess tourism sustainability[J]. Ecological economics, 2002, 43(2-3): 199-211.

⑥ Cole V, Sinclair A J. Measuring the ecological footprint of a Himalayan tourist center[J]. Mountain Research and development, 2002, 22(2): 132-141.

⑦ Wackernage M, Onisto L, Bello P. National natural capital accounting with the ecological footprint concept[J]. Ecological Economics, 1999, 29: 375-390.

⑧ 徐秀美，郑言. 基于旅游生态足迹的拉萨乡村旅游地生态补偿标准——以次角林村为例[J]. 经济地理，2017，37（04）：218-224.

者对穆科苏林国家公园旅游生态足迹进行研究，提出 TEF 的评估是评估旅游业可持续性的指标和环境研究的有效解释工具[1]

尼科鲁奇（Niccolucci）等学者提出三维生态足迹（3D EF）模型[2]，在以前的生态足迹研究方法的基础上，引入了生态足迹深度（EF 深度）和生态足迹大小（EF 大小）测量来表征自然资本存量和流量的水平。彭等学者（2015）将该模型纳入 3E（生态—权益—效率）框架，用于评估北京的自然资本使用情况[3]。董等（2019）学者以中国海南省为例，利用三维生态足迹模型系统综合评价海南省 2005—2016 年自然资本流动和存量利用状况，采用偏最小二乘法揭示自然资本存量变化的驱动因素[4]。

四、旅游生态效率

1990 年，生态效率（eco-efficiency）由德国学者沙尔特格和斯图姆（Schaltegger & Stum）正式提出，其认为生态效率重点在于考察经济活动对环境的影响。1996 年，WBCSD 拓展了生态效率的内涵，认为生态效率能减少物品和服务的物质或能源投入密度；减少有害气体排放，提高物质的循环利用率；延长物品生命周期；最大程度利用可再生能源，提升物品或服务的舒适度[5]。虽然目前学界对于生态效率尚未达成统一的概念共识，但各种定义基本遵循WBCSD 的基本思想，即用最小的环境影响创造最大的价值[6]。

生态效率近年来成为许多学者的关注焦点，由于旅游业是各国经济、社会和文化发展的重要工具，旅游业在为创造就业和收入分配带来多重效益的同时，也会带来一些对环境的负面影响。生态效率的测度是前提，在案例实证分析中，单一比值法、指标体系法、模型法是常见的生态效率测度方法。

利用单一比值法测算旅游生态效率时，一般用旅游碳足迹或者旅游能耗等

① Phumalee U, Phongkhieo N T, Emphandhu D, et al. Touristic ecological footprint in Mu Ko Surin National Park[J]. Kasetsart Journal of Social Sciences, 2018, 39(1): 1-8.

② Niccolucci V, Bastianoni S, Tiezzi E B P, et al. How deep is the footprint? A 3D representation[J]. Ecological Modelling, 2009, 220(20): 2819-2823.

③ Peng J, Du Y, Ma J, et al. Sustainability evaluation of natural capital utilization based on 3DEF model: A case study in Beijing City, China[J]. Ecological indicators, 2015, 58: 254-266.

④ Dong H, Li P, Feng Z, et al. Natural capital utilization on an international tourism island based on a three-dimensional ecological footprint model: A case study of Hainan Province, China[J]. Ecological Indicators, 2019, 104: 479-488.

⑤ WBCSD. Eco-efficiency: Creating More Value with Less Impact[R]. Geneva: WBCSD, 2000.

⑥ 刘军，马勇. 旅游可持续发展的视角：旅游生态效率的一个综述[J]. 旅游学刊，2017，32（09）：47-56.

变量代表环境影响，用旅游经济收入代表旅游产品服务价值。为了避免重复计算，旅游产品服务价值中不包含间接经济效益。具体的旅游生态效率模型为 TEE=TEI/TR。其中，TEE 为旅游生态效率，TR 为旅游收入，TEI 为旅游环境影响。此方法下生态效率值越小，意味着目的地生态效率水平越优，旅游发展可持续性能力越强[1]。另外，模型中环境影响变量可以替换成旅游地土地利用、化石燃料消耗、耗水量、二氧化碳排放、旅游能源消耗等变量，旅游收益则主要指旅游业直接收入[2]。

效率是一个多维度概念，如果投入和产出用财务变量进行衡量，效率则体现为利润指标或财务效率，例如边际贡献百分比、销售回报、经济价值附加等；如果效率模型中投入和产出是采用技术变量进行测量，则技术效率计算中通常涉及的是物理名词和单位，技术效率也叫生产率，其描述变量有人均产量、单位时间产出等。沙尔特格和布里特（Schaltegger & Burritt，2017）基于效率概念的多元化特征，提出了"X-效率"（X-efficiency）的概念，形成了生态效率系列化变量指标体系[3]。

生态效率研究中常用的模型有数据包络分析模型（Data Envelopment Analysis，DEA）、生命周期评价模型（Life Cycle Assessment，LCA)、离散选择实验模型（discrete choice experiment，DCE）、投入—产出模型（Input-output model，IOM）等。DEA 作为一个非参数、多因子分析工具，通过比较各个决策单元（DMU）与最优单元的距离评价投入产出的相对效率。生态效率技术已通过模型计算和创新指标得到扩展。

数据包络分析是生态效率的研究中的一大常用方法。卡斯蒂略（Castilho）等使用两阶段数据包络分析来计算整体生态效率，分析入境人数、旅游资本投资和旅游业对就业的直接贡献对生态效率的影响。发现无论是短期还是长期，旅游人数都会降低生态效率[4]。相反，从长远来看，旅游资本投资和旅游业对就业的直接贡献似乎会促进生态效率。

---

① 姚治国，陈田. 旅游生态效率模型及其实证研究[J]. 中国人口·资源与环境，2015，25（11）：113-120.

② 姚治国，陈田. 旅游生态效率研究进展[J]. 旅游科学，2016，30（06）：74-91.

③ Schaltegger S, Burritt R. Contemporary environmental accounting: issues, concepts and practice[M]. Routledge, 2017.

④ Castilho D, Fuinhas J A, Marques A C. The impacts of the tourism sector on the eco-efficiency of the Latin American and Caribbean countries[J]. Socio-Economic Planning Sciences, 2021: 101089.

第五节　旅游影响评估

在国外，有关目的地居民对社区旅游业发展的认知态度研究早在 20 世纪 60 年代就开始了，从多克西的"愤怒指数"理论（1976）到兰克福德和霍华德的 28 个变量因子的确定（1994），研究案例层出不穷，研究方法和推导步骤不断成熟。到了 20 世纪 90 年代，学术界在旅游影响的衡量尺度方面的研究有所突破。这些量表对于早期对旅游影响进行的定量评估提供了有效的工具，而近年来从复杂系统论视角对旅游影响进行评估成为一种趋势。

一、多克西的"愤怒指数"

就整体而言，居民对旅游的态度在旅游相当发达阶段、旅游开发阶段乃至开发之前的阶段会呈现出不同的阶段性特征，许多学者都是从动态发展的角度来研究居民对旅游所持态度的演变过程，从而总结出每一阶段居民对旅游所持的总体态度。多克西（1976）提出了著名的"愤怒指数"理论，最早提出在旅游发展的过程中，居民的态度会经历以下 4 个阶段：兴高采烈（euphoria）、冷淡（apathy）、恼怒（annoyance）及对抗（antagonism）。后来又在此基础上增加了排外（xenophobia）阶段。如图 12-3 所示。

这一理论认为，当地居民对旅游者的态度改变是由于旅游者数量的不断增加，以及他们的到来给当地原有的生活方式所带来的威胁。随着旅游业的结构性转变和目的地社会受旅游开发影响的范围及时间的变化，旅游对目的地的社会文化影响也会发生相应的变化。

目前，人们并不认为随着旅游的深入发展，目的地居民对旅游的态度一定都经历从兴高采烈到排外 5 个阶段。米利根（Milligan）对葡萄牙格恩西地区（Guernsey）进行了研究，把多克西提出的发展阶段修正为：好奇—接受—恼怒—对抗。赫纳德斯、柯恩和加西亚（Hernadez, Cohen and Garcia, 1995）对波多黎各的伊莎贝拉镇（Isabela）进行案例研究后，明确提出其结果不支持多克西的发展阶段理论。对新加坡进行的一项有关旅游的社会文化影响的研究中（Teo, 1994），对其适用性未进行明确的判断。对于多克西和米利根提出的阶段理论，学术界尚存在争议，如保罗·布伦特（Paul Brunt）明确指出东道社区的居民并不是理想均质的社会群体，这是多克西理论的主要缺陷。

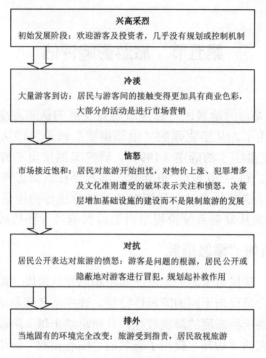

图 12-3　旅游发展的五个阶段（多克西）

资料来源：Kerry Godfrey and Jackie Clarke. The Tourism Development[M]. Handbook, Continuum, 2000.

二、居民态度"生命周期"

与多克西不同，艾伦（Allen）、哈弗特尔（Hafter）、朗（Long）和珀杜（Perdue）等根据旅游、经济的发展状况，划分了以下 4 个阶段：（1）旅游不发达，经济不发达；（2）旅游不发达，经济发达；（3）旅游发达，经济不发达；（4）旅游发达，经济发达。随后，分别研究在不同阶段下居民的不同态度。研究表明，在旅游和经济均不发达的地区，居民期望值很高，对未来旅游的发展充满期待；在经济发达而旅游不发达的地区，由于当地的经济稳定，居民认为没有必要发展旅游业；而在旅游发达、经济不发达的地区，居民对旅游最感到失望，因为旅游发展并没有带来所期望的经济效益；与之相反的是，在旅游发达且经济发达的地区，由于人们看到了旅游发展所带来的切实益处，对旅游发展是持支持态度的[①]。表 12-4 列出了居民态度的"生命周期"。

---

① Allen, Hafter, Long, Perdue. Rural Residents' attitudes toward recreation and tourism development[J]. Journal of Travel Research, 1993, 31(4).

表 12-4　居民对旅游态度的"生命周期"

旅游发展状况	经济发展状况	
	不发达	发达
不发达	居民期望值高	居民认为没有必要发展旅游
发达	居民对旅游很失望	居民支持旅游

资料来源：Allen L R, Hafter P T, Long R, Perdue. Rural Residents' Attitudes Toward Recreation and Tourism Development. Journal of Travel Research, 1993, 31(4).

三、旅游影响态度量表

塞缪尔·兰克福德（Samuel Lankford）和丹尼斯·霍华德（Dennis Howard）设计了一种科学评估居民对旅游态度的量表。通过实证研究和多元回归分析，总结出影响居民对旅游态度的 7 个因素[①]。

1. 对当地户外休闲活动的影响。当居民觉得他们不得不与游客争夺当地的休闲资源和设施时，他们对游客就会有敌对情绪。

2. 进行旅游决策时居民的参与程度。居民所感知的其对当地旅游发展的控制力，对居民的态度有很大的影响力。

3. 与游客接触的程度。游客与居民接触的程度越深，频次越多，双方就越容易建立一种友善的关系。当一位当地居民对游客有了一个具体的印象，而不是泛泛的印象时，他就不容易对游客产生仇视心理。因此，这也就从一个方面解释了为什么可替代性旅游或生态旅游一般不会引起当地居民的敌对情绪。

4. 对当地主要经济的了解程度。对旅游业和当地经济的了解程度，会影响居民对旅游的态度。如果居民对当地经济有更多的了解，他们就会更加支持旅游的发展。

5. 居民居住的年限。居民的居住年限越长，其对游客及旅游业就越持有否定的态度。不过，这一因素的重要性常常被其他更重要的变量减弱。也就是说，如果居民对旅游的依赖程度很高，且他们对社区的发展具有影响力，那么当地居民，尤其是土生土长的当地人，对发展旅游的忧虑和担心就会减弱。

6. 对旅游的依赖程度。居民对旅游的依赖程度越高，他们就越对旅游持有支持的态度。兰克福德和霍华德设计的模型证明，对旅游持赞成意见的人，最有可能是旅游从业者。

7. 社区发展的速度。这也是一个涉及当地居民从旅游中受益的因素。如果

① Lankford S V, Howard D R. Developing a tourism impact attitude scale[J]. Annals of Tourism Research, 1994.

社区随着旅游的发展而发展，当地居民就会持有积极的态度。

该项研究最终得出一套由 28 个变量因子组成的、衡量旅游影响的态度尺度。经过分析，因子一是"对当地发展旅游的关心"，因子二是"个人和社区利益"。前者主要是关于当地推动旅游发展的水平和程度、所感知的影响，以及政府在规划和控制影响中充当的角色；后者主要是社区基础设施、公共服务、个人休闲的机会、旅游在个人和社区发展中所起到的作用。

四、旅游社会—生态系统恢复力

虽然国内外学者倾向于从居民感知角度对旅游影响进行研究，但由于发展旅游业存在许多不同的利益相关主体，各自的诉求和利益均不同，存在复杂性和不确定性，近年来学者们开始从大系统观的视角来重新审视旅游影响[①]。目前旅游研究很多领域已开始从复杂系统角度来进行研究。

恢复力，对应于英文"resilience"一词，本意是跳回原来的地方，进而引申为承受压力的系统恢复和回到初始状态的能力。恢复力是系统能承受的并仍存在于原稳定状态的变化量、系统自组织的能力，以及系统适应能力的程度。恢复力思想发源于生态学，指的是生态系统应对外在扰动的能力。

恢复力的概念先后被引入生态系统、社会系统及社会—生态系统的研究中。恢复力研究从早期的仅关注生态系统的恢复力逐渐扩展到关注社会系统应对外来压力和扰动的能力。社区恢复力理论认为社区应对压力和扰动的能力不仅取决于自然和物质资源，更取决于社会经济因素[②]。剖析社会因素对社区恢复力的影响机制是社区恢复力研究的关键议题。

两种流派在恢复力研究中占主导地位。第一，侧重于探索如何培养社会生态系统（SES）来主动应对意外变化的能力。第二，研究方向位于发展心理学领域，重点是了解那些能够增强个体应对突然和意外变化的能力的因素[③]。对于旅游领域而言，社会不确定性和不安全感的增加及经济和环境冲击和压力因素的交叉认识导致全球许多地区的脆弱感加剧[④]。贝肯（Becken）通过访谈提出了一个旅游特定框架来衡量旅游目的地的弹性和恢复力，描述了旅游目的地

---

① 沈苏彦. 恢复力：旅游影响研究的新视角[J]. 商业时代，2012（03）：4-7.

② 郭永锐，张捷，张玉玲. 旅游目的地社区恢复力的影响因素及其作用机制[J]. 地理研究，2018，37（1）：133-144.

③ Sheppard V A, Williams P W. Factors that strengthen tourism resort resilience[J]. Journal of Hospitality and Tourism Management, 2016, 28: 20-30.

④ Pike A, Dawley S, Tomaney J. Resilience, adaptation and adaptability[J]. Cambridge journal of regions, economy and society, 2010, 3(1): 59-70.

社会生态系统中的 11 个关键维度①。福克（Folke）等指出脆弱性是恢复力的反面，允许就其社会—生态系统的脆弱性评估一个旅游地的恢复力②。研究恢复力的过程有助于理解旅游组织如何利用动态能力在灾害环境背景下进行恢复，因此可通过纵向定性研究深入了解该过程③。从横向而言，霍拉迪（Holladay）从社会、经济、生态和治理四个方面对恢复力提出了一个概念模型④，该模型为从战略角度理解恢复力的框架提供了参考（图 12-4）。

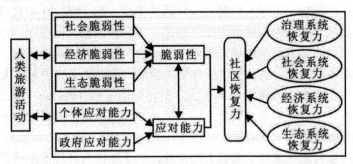

图 12-4 旅游地社会—生态系统社区恢复力认知测度概念模型

资料来源：Holladay P. An Integrated Approach to Assessing the Resilience and Sustainability of Community Based Tourism Development in the Commonwealth of Dominica[D]. Clemson: Clemson University, 2011:31-38.

第六节 旅游影响研究评价

一、理论成果

经济影响研究起步最早，出现了不少成熟的理论，这些理论大多说明了旅游给当地社会带来的正面的经济效益，指出旅游的脱贫致富功能，在早期促进

① Becken S. Developing a framework for assessing resilience of tourism sub-systems to climatic factors[J]. Annals of Tourism Research, 2013, 43: 506-528.

② Folke C, Carpenter S, Elmqvist T, et al. Resilience and sustainable development: Building adaptive capacity in a world of transformations[J]. Ambio, 2002,31(5): 437-440.

③ Jiang Y, Ritchie B W, Verreynne M L. Developing disaster resilience: A processual and reflective approach[J]. Tourism Management, 2021, 87: 104374.

④ Holladay P. An Integrated Approach to Assessing the Resilience and Sustainability of Community Based Tourism Development in the Commonwealth of Dominica[D]. Clemson: Clemson University, 2011: 31-38.

了旅游的发展，但也不可避免会出现诸如飞地旅游等漏损效应。

旅游的社会文化影响较多地受到旅游人类学家和社会学家的关注，其中研究最多的是旅游中的主客关系与旅游活动对东道主社会文化的影响及涵化问题，阐释了旅游与东道主社会文化之间的互动关系。20 世纪 60 年代以来，旅游社会影响的研究方法、理论在不断完善深入。20 世纪六七十年代的人类学案例研究虽然或多或少地存在价值偏向问题，但是这些研究揭示了目的地社会文化受到的广泛影响，引起人们对这一问题的关注。20 世纪 80 年代以后的社会调查研究揭示了影响人们旅游态度（感知）的各种因素。而在 20 世纪 90 年代以后的研究中，学者们越来越重视结合旅游自身特点分析说明问题，有助于相关研究的深入和完善，也产生了更有学术价值、实践意义的研究成果。21 世纪的研究主题和研究工具更是层出不穷，但正如皮尔斯（Pearce）所言，与日新月异的消费、信息等领域的研究不同，回顾早期的旅游影响研究对于今天的问题、观点和方法仍然十分有用[1]。

随着环境问题越来越受到世人的关注，关于旅游对环境产生的影响也出现了不少理论和学说，比如旅游环境承载力理论、旅游生态足迹理论、旅游生态效率等。以上这些理论都在发展旅游获得经济效益的同时，为最大限度地保护当地生态环境做出了突出的贡献。

二、研究总结

经济影响方面的理论虽然已经相对成熟，但是这些理论大多关注的是旅游正面的经济效益，而较少地注意旅游对当地经济的负面影响，比如物价上涨等问题还没有得到足够的关注。

20 世纪 90 年代中期以后，一些学者对旅游社会影响研究的方法、理论进行了反思。其中影响较大的是沃尔的《旅游影响的反思》[2]和皮尔斯等的《旅游社区关系》[3]。沃尔认为，过去几十年的研究使人们清楚地了解了一般情况下旅游对目的地的社会文化影响，但是人们对造成这些后果的旅游活动情况以及目的地的社会背景知道得很少，这使得研究案例之间无法对照比较，阻碍了相关理论体系的建立。为此，今后的研究应该对旅游类型、游客类型、目的地社区特点、主客关系特点等进行更详细的研究。

虽然已有学者构建出旅游对生物多样性影响的概念模型，但仍然不能准确

① Pearce P, et al. Tourism community relationships[M]. Elsevier Science Ltd. UK: Oxford, 1996.

② Wall G. Rethinking Impact of Tourism[J]. Progress in Tourism and Hospitality Research，1996(2): 207-215.

③ Pearce P, et al. Tourism community relationships[M]. Elsevier Science Ltd. UK: Oxford, 1996.

区分出哪种旅游活动或某种旅游活动到何种程度会对环境产生超出环境自我修复能力的影响，为了在更好地保护环境的同时发展旅游业，这个问题有待于旅游学家和环境学家们进一步探讨。另外，当前对旅游资源开发的生态与环境影响评价研究还不充分。国内外关于旅游环境影响的理论主要集中在旅游资源开发和旅游发展对生态与环境的消极影响方面。旅游资源开发和旅游发展与生态、自然环境之间的关系是相互的，一方面表现为旅游开发与发展对生态、自然环境的影响作用（包括消极和积极影响），另一方面也表现为生态、自然环境对旅游开发和发展的制约性。现有关于后者的研究一直较为薄弱。关于生态敏感地区旅游资源开发的生态与环境影响，目前研究也尚处于探索阶段，研究内容多集中在资源环境特点分析与资源经济学分析等方面，而以生态敏感区域单元为研究对象、运用适度评价手段定量阐释生态与自然环境条件对旅游资源开发制约作用的研究，还有待进一步深化研究。

旅游影响及居民对旅游发展认识的衡量尺度问题已经引起国际旅游学术界的高度重视，但具有普遍性的量表还有待进一步开发。因此，对于旅游影响研究成果，采取何种规范的衡量方法与尺度，对其进行归纳、总结和理论升华，使之有效地推动学术进步、贡献于人类知识，仍然是当今摆在旅游影响研究者面前的核心课题。而在大数据时代和复杂系统背景下，如何运用好除问卷量表之外的其他数据挖掘工具进行更科学的测度，也成为值得探讨的前沿议题。

第十三章　旅游学术大师思想综述

第一节　社会学派

一、迪安·麦坎内尔（Dean MacCannell）

（一）个人简介

迪安·麦坎内尔，美国加州大学戴维斯分校风景园林专业教授，旅游社会学研究组织成员，国际旅游科学院成员，国际社会学协会成员。

加州大学伯克利分校人类学学士，加州大学伯克利分校农村社会学硕士，康奈尔大学农村社会学博士。

主要研究领域：应用行为科学、符号学、结构主义和社会文化的变化、社会变革理论、社会学、批判理论、旅游社会学、城市规划、环境设计和景观设计。

（二）主要学术思想和理论观点

麦坎内尔在 1973 年发表了《舞台真实性：旅游情境下的社会空间设置》（Staged Authenticity: Arrangements of Social Space in Tourist Settings），提出舞台化真实性理论。舞台化真实性的探讨延续了高夫曼（1959）的前后台区域（front and back regions）理论，但是麦坎内尔认为在现代社会将旅游布景只分为前后台区是不够的，而他也成为第一位将高夫曼前后台理论进行较完整的理论性延伸的学者。他认为在前后台间应该有不同的社会情境，而且由前台至后台是连续性的过程，这过程中共有 6 种阶段或舞台[①]：

（1）为高夫曼的前台区，游客在此社会空间内可能会想进入后台区。

---

① MacCannell. Staged Authenticity: Arrangements of Social Space in Tourist Settings[J]. American Journal of Sociology, 1973, 79(3): 589–603.

（2）为旅游的前台区，它被装饰成后台区，产生了一种特殊氛围。例如，一海鲜餐厅以渔网点缀墙壁，或超级市场内角落的肉品铺用塑料的奶酪或香肠装饰门面。

（3）为前台区，但是完全被设计成后台区的模样。例如，月球漫步的模拟场景、活生生的性爱秀。

（4）为后台区但是开放给外人。例如，杂志报道名人的私生活，官方将外交谈判机密档案解密。此阶段不同于前两个阶段的后台区，因为它是不对游客开放的。

（5）为后台区，不对外开放或只允许游客偶尔偷瞄一眼。例如，厨房、工厂、交响乐团的预演等。

（6）为高夫曼的后台区，一种可以使游客产生旅游意识的社会空间。

1976 年，麦坎内尔（MacCannell）率先提出旅游的符号意义，他在《旅游者：休闲阶层新论》一书中，从全新的角度系统地提出了旅游吸引物的结构差异、社会功能、舞台化的本真性（staged authenticity）、文化标志及旅游吸引物系统中的象征符号等观点。在该书的思想内容和理论框架中，作者把"旅游者"描述成附属于无处不在、无时不有的旅游吸引物系统之下的、对旅游吸引物系统的符号意义进行"解码"、并追求早已失去的真实意义的现代圣徒。他说："全世界的旅游者都在阅读着城市和风景文化，把它们看作符号系统。"麦坎内尔花了大量的笔墨在旅游吸引物的符号意义研究上，然而最受瞩目的还是书中提到的舞台化的本真性问题，在他之后的很多学者都对旅游中的本真性问题展开了热烈的讨论，当然他提出的旅游吸引物符号系统的观点也被后继者屡次引用。

（三）代表性论文和著作

1. 论文

（1）MacCannell D. The tourist and the local. Tourist Studies, 2015, 1, 8.

（2）MacCannell D. The tourist: A new theory of the leisure class. Contemporary Sociology, 2013, 6(2), 200.

（3）Dean MacCannell. Why it Never Really was About Authenticity. Society, 2008, Vol. 45 (4), p334-337.

（4）Dean MacCannell. The Ego Factor in Tourism[J]. Journal of Consumer Research, 2002, 29(1).

（5）Dean MacCannell. Staged Authenticity: Arrangements of Social Space in Tourist Settings[J]. American Journal of Sociology, 1973, Vol.79(3): 589 603.

2. 著作

（1）MacCannell Dean. The Ethics of Sightseeing[M]. University of California Press: 2019-07-01.

（2）MacCannell D. Naked City: The Death and Life of Authentic Urban Places-By Sharon Zukin. Oxford University Press, 2010.

（3）MacCannell Dean. Empty Meeting Grounds: The Tourist Papers. Taylor and Francis: 2002-09-11.

（4）Dean MacCannell. The tourist: A new theory of the leisure class. New York: Schocken Books, 1976.

二、贾法·贾法里（Jafar Jafari）

（一）个人简介

贾法·贾法里教授，美国康奈尔大学酒店管理硕士，美国明尼苏达大学文化人类学博士，西班牙莱巴利阿里群岛大学名誉博士。现任中国旅游研究院第一届学术委员会委员，美国威斯康星大学斯托特分校旅游与酒店系教员，国际著名学术期刊《旅游研究纪事》主编。曾于 2005 年获得联合国世界旅游组织尤利西斯奖。

贾法里教授担任多项国际学术期刊的要职。他是《旅游研究纪事》（*Annals of Tourism Research*）创刊人，《旅游社会学丛书》（*Tourism Social Science Series*）主编，《创新与旅游丛书》（*Innovation and Tourism*）主编之一，《旅游百科全书》（*Encyclopedia of Tourism*）主编，《信息技术和旅游业》（*Information and Technology and Tourism*）创刊人之一，旅游研究信息网络（TRINET）的创办人之一，国际旅游科学院创办人。

（二）主要学术思想和理论观点

贾法里从旅游学术研究出发，提出了四个"平台"，分别是鼓吹平台、警示平台、适应平台和以知识为基础的平台[①]。这四个"平台"按时间顺序先后出现，每一个"平台"是对前一"平台"的直接响应，这四股潮流而不是此消彼长的，而是和谐共存的。这四个平台的动态变化反映了研究导向和应用导向的人类学之争。

贾法里将第一个平台——"鼓吹平台"定位于 20 世纪 60 年代。这一平台主要是从那些个人或者与旅游既得利益有关的公司、组织，包括商业团体角度出发的一种基本态度，不论是具体的商业团体，还是与旅游经济收入有关联的组织或者部门，会很自然地从某一个方面对旅游加以鼓吹。他们从经济利益方

---

① Jafari J. Research and scholarship: The basis of tourism education[J]. Journal of Tourism Studies, 2003: 6-16.

面列举出旅游活动带给社会的诸多好处，包括增加社会中的劳动密集型企业的就业机会（包括常年性工作、季节性工作、兼职工作和非技术性工作），增加外汇收入，扩大基础建设，发展地方生产，扩大其他经济方面的活动，提供多层次的社会服务体系，扩大教育的层面，提高国际上的相互理解等。总之，鼓吹平台集中展示的是旅游中好的、积极的一面，单方面地强调旅游的经济贡献，较少考虑其他问题。

　　第二个平台是"警示平台"。20 世纪 70 年代，人类学家和其他领域的学者开始质疑"鼓吹平台"表达的过度肯定的观点，贾法里称之为"警示平台"。他们从社会利益的角度进行分析，得出与"鼓吹者"完全不同的情形，他们认为旅游给社会带来环境污染、社会污染、季节性失业增加、文化艺术商业化等不良影响。总之，警示平台集中描述了旅游在环境、社会文化等方面的一系列不好的、消极的、负面的影响，甚至对旅游的经济贡献也提出疑问，并对这些影响提出"警示"。

　　第三个平台是协调前两个针锋相对的"适应平台"。持此观点的研究者认为可以找到一种能够替代现有旅游模式的新型旅游，从而减轻旅游带来的冲击。生态旅游和社区旅游都是从"适应平台"派生而来。这种观点认为，通过加强旅游者对旅游地社区的责任感、提高其对环境和文化因素的敏感性，可以找到不同于大众化、商业化这种"硬"的旅游模式的替代品。

　　但是，以上三个平台都不是根植于实证的研究。现在很多旅游研究人员都意识到，只有把旅游当作一个整体去研究，理解它的基本功能和结构，才能不断地完善和发展其理论体系。因而，当相关的研究成果积累到一定量后，就出现了第四个"以知识为基础的平台"。归属这个平台的学者，宣称这个平台有别于其他平台，坚持用科学的态度研究和理解旅游，提倡旅游或相关方面的研究和论断应基于调查研究而非主观看法和个人情感，呼吁旅游院校的旅游课程应该以这个平台为基础。总体来看，跨学科的"知识库平台"以客观分析为目标，以田野调查为基础，着重对旅游的整体把握。正是这一平台的出现，促使许多人类学家开始涉足于旅游领域的研究，这也意味着单纯研究人类学和运用人类学之间矛盾的渐渐消解。

（三）代表性论文和著作

1. 论文

（1）Jafar Jafari, Noel Scott. Muslim world and its tourisms[J]. Annals of Tourism Research, 2014, 44.

（2）Jafari J . Bridging out, nesting afield: powering a new platform[J]. journal of tourism studies, 2005.

（3）Jafari J, Way W. Multicultural strategies in tourism[J]. Cornell Hotel & Restaurant Administration Quarterly, 1994, 35(6): 72-79.

（4）Jafar Jafari. Tourism models: The sociocultural aspects. Tourism Management, 1987, 8(2), 151-159.

2. 著作

（1）Jafar Jafari. Encyclopedia of Tourism. Routledge, 2003.

（2）Jafari J, Witt S F, Moutinho L. The tourism environment, 1994.

第二节　心理学派

一、约翰·康普顿（John Crompton）

（一）个人简介

约翰·康普顿，美国得克萨斯农工大学休闲、公园、旅游科学学院的教授。1966 年他毕业于拉夫堡大学，获得物理教育与地理双学位。1968 年，他在伊利诺伊大学获得休闲与公园管理的硕士学位。1970 年他又获得拉夫堡大学的企业管理的硕士学位。1977 年，康普顿教授在美国得克萨斯农工大学获得休闲与资源发展专业的博士学位。

康普顿教授曾于 1984 年获得国家休闲和公园联盟的国家文学奖，于2000—2009 年担任科尼利斯·阿米里·帕格斯利奖章委员会主席，并因此在2009 年获得公园与休闲局的总统奖。现在是美国国家休闲基金会理事会理事之一，同时他还是公园与休闲局和休闲科学院的一名学者。

（二）主要学术思想和理论观点

康普顿教授在营销、旅游服务和融资方面的学术研究举世闻名。通过文章和演讲，康普顿教授把工商管理领域中的营销、定价和经济分析的技术带到了休闲和公园的研究领域。他所研究的如何支付休闲服务，成为在过去十几年降低公共税收支持的一项重要研究。他所做出的贡献不仅是高质量的，同时他能够将这些学术研究在实践中大量应用。

康普顿教授的研究广泛而深入，例如他已经在营销战略规划与评估、定价与营销、税收、休闲趋势及游客旅游旅行的态度与期望等方面进行研究。除此之外，他还致力于休闲服务典型发展、趋势预测、经济影响研究、费用和汇率平等在公共休闲服务中所起到的作用等方面的研究。

康普顿教授在1977年将"目的地形象"定义为一个人对目的地的信任、意见及印象的总和。1991年，康普顿和拉夫（Love）用推论的方法研究了节事活动价格上涨的可能反应，他们在文中用了6种相关分析：（1）该节庆在未来的唯一性；（2）主要竞争节庆和它们的价格；（3）持续的长度；（4）个体花费的比例；（5）目标市场的收入水平；（6）参与者所认为的节庆的价值。

1997年，康普顿和麦凯（McKay）对参加节事活动的旅游者动机进行了研究。他们将动机分为文化探索、新奇自然的回归、放松舒适的环境、可以和朋友相聚、拓展社会关系、参加群体活动六大类。通过问卷调查，他们得出在五种不同类型的节事活动（游览、食物、球类、音乐和表演）中表现的动机强烈程度有所不同，同时群体活动这一动机总体表现不是很明显，或者可以将其归到拓展社会关系的领域中去。其余的动机表现得比较明显。

同年，康普顿和柴尔德里斯（Childress）对七种衡量节庆运作质量的方法做了比较研究，同时还分析了供给方的运作质量和游客满意的相关性及差异性。康普顿（1997）也研究了节庆旅游中的主客关系问题，从旅游者的角度出发，对节日演出的表演质量问题进行了探讨，提出了一个基于旅游者满意基础上的演出质量评价标准框架；康普顿教授的实证研究表明，不是所有的形象因素都会影响旅游决策；旅游形象的感知属性可以通过感知的目的地之间的类似性，识别旅游目的地形象相对于其他目的地形象的优势与劣势。康普顿认为通过RG方法对旅游感知形象进行评估，避免了其他方法所产生的固有偏见，使旅游感知形象更利于解释旅游者或潜在旅游者各自特有的旅游环境结构，更有可能成为决策的相关因素。游客旅游动机的关系与角色如图13-1所示。

这一概念图主要明确了四部分的构成：第一，状态失衡。第二，摆脱日常的生活和工作，休息是对状态失衡最直接的表现。第三，三种行为选择，即待在家中进行休息、外出度假或者探亲访友和商务旅行。第四，特殊的动机，这决定了游客对自然或者是文化型旅游目的地进行选择。游客的动机会对目的地的类型和度假的时间产生影响。一旦游客度假的欲望形成，他们的关注就从潜在的动机转变为指令性的动机，这一动机影响游客对目的地类型的选择。多数的出游决定都是由多种动机共同作用所决定的。

丹恩（Dann）、康普顿（Cromptom）、艾泽欧-阿荷拉（Iso-Ahola）、乌伊萨尔（Uysal）和朱洛夫斯基（Jurowski）则根据推拉理论认为旅游者及潜在旅游者的旅游动机，从本质上受制于旅游者对旅游目的地的感知形象，理解旅游者所感知的旅游目的地形象能够更好地研究旅游者及潜在旅游者行为动机和相关因素。

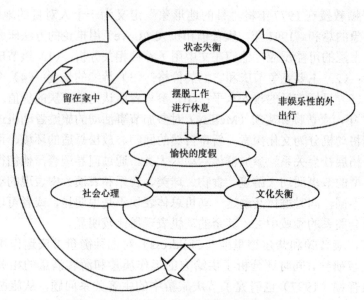

图 13-1　游客旅游动机的关系与角色概念图

资料来源：Crompton J L, Mckay S L. Motives of visitors attending festival events[J]. Annals of Tourism Research, 1997, 24(2): 425-439.

　　甘恩（Gunn）把旅游者或潜在旅游者形成的旅游感知形象概括为原生形象和诱导形象，原生形象指潜在旅游者还未到旅游目的地之前所形成的旅游感知形象，而诱导形象则在旅游者实地旅游之后形成。弗克伊（Fakeye）和康普顿在此基础上，进一步把旅游者和潜在旅游者所形成的旅游感知形象概括为原生形象、诱导形象和混合形象。纽尔（Lue）、康普顿和贾森迈尔（Fesenmaier）关于多目的地旅行的感知行为模式研究，以及纽尔、康普顿和斯图尔德（Stewart）对特定地区的多目的地旅行的感知行为模式的实验性研究，证实了许多因素与多目的地旅行的感知行为模式有关。

　　1998 年，阿佩（Ape）和康普顿在《旅行研究杂志》上发表了一篇名为《建立与测试旅游影响的评估尺度》的文章，提出了一套衡量旅游影响的评估指标体系，该体系分为社会与文化、经济、交通通达度、环境、服务、税收及社区态度七大类，34 个项目。其中，社会与文化领域包括：（1）对历史活动的需求；（2）对文化活动的需求；（3）社区文化设施及活动的多样性；（4）学习其他文化的机会；（5）当地文化和遗产的认知度；（6）该区域娱乐的多样性；（7）保护历史建筑的机会；（8）遇到有趣的人的机会；（9）当地人对不同游客及文化的理解程度；（10）社区的生活及重要性。经济领域包括：（1）当地经济所带来的税收；（2）为社区带来的就业；（3）当地居民的人均收入；（4）当地企业的总收入；（5）该区域不同的购物设施；（6）当地投资与发展的总金额；（7）该区域餐厅的多样性。交通通达度：（1）该地区交通的拥挤程度；（2）游客参加公共活动所限制的人数数量；（3）影响游客在公共区域游览心情时的人数数量；（4）社区噪声程度；（5）游客所带来的交通危险数量。环境领域包括：（1）自然环境；（2）野生动物在当地的生存环境；（3）该地区城市化发展程度。服务：（1）当地安全、消防、医疗的服务能力；（2）服务质量；（3）当地服务的经济来源。税收领域包括：（1）当地税收总数；（2）当地地税总收入；（3）当地消费税总收入。社区态度领域包括：（1）当地居民对游客的积极态度；（2）当地居民的社区精神；（3）当地居民的自豪感。

康普顿倡导公园休闲区域建设的预算应从"成本中心"转为"利润中心"，同时研究发现，公园的建立对于乡村房产价格的影响比传统城区的影响更为明显。在城市化的过程中，大片未开发的开阔地对房产价格的影响相对较弱。同时发现，一些房产价值也因为公园及保护区等设施有所提升。从某种程度上说，房屋销售者并没有通过广泛的税收来支付公园或者保护区的费用，但是他们却能获得"意外的收获"。

（三）代表性论文和著作

1.论文

（1）Crompton. The impact of parks on property values: Empirical evidence from the past two decades in the United States. Managing Leisure, 2005, 10(4), 203-218, 16.

（2）Crompton. Conceptualization and alternate operationalizations of the measurement of sponsorship effectiveness in sport. Leisure Studies, 2004, 23(3), 267-281, 15.

（3）John. Crompton. Structure of Vacation Destination Choice Sets. Annals of Tourism Research, 1992, 19(3), 420-434.

（4）John. Crompton, Paul. Fakeye & Chi-Chuan Lue. Positioning: The Example of the Lower Rio Grande Valley in the Winter Long Stay Destination Market. Journal of Travel Research, 1992, 31(2), 20-26.

（5）John. Crompton. Motivations for Pleasure Vacations. Annals of Tourism Research, 1979, 6(4), 408-424.

2. 著作

（1）John. Crompton. Sponsorship for Sport Managers. Morgantown, West Virginia: Fitness Information Technology, 2014, 278.

（2）John. Crompton. A Memoir: College Station City Council 2007—2011. College Station, Texas: Self-published, 2013.

（3）John Crompton. Parkland Dedication Ordinances in Texas: A Missed Opportunity. College Station, Texas: AgriLife Extension, 2010, 62.

（4）John. Crompton. Measuring the Economic Impact of Park and Recreation Services. Ashburn, Virginia: National Recreation and Park Association, 2010, 68.

二、克里斯·瑞安（Chris Ryan）

（一）个人简介

克里斯·瑞安博士是新西兰怀卡托大学管理学院酒店与旅游专业教授，从1998年开始在怀卡托大学任教，此前他曾任北领地大学旅游专业教授。作为《旅游管理》的主编，克里斯·瑞安教授是全球公认的世界顶尖旅游理论学者，至今已在国际一流学术刊物上发表200多篇论文，出版了14多部专著，在世界顶尖的旅游三大刊物《旅游研究纪事》《旅行研究杂志》和《旅游管理》上发表的论文数排名第二。克里斯·瑞安教授还曾在《旅游管理》从事主编工作长达25年，他目前是《旅游评论：实践与理论》（*Tourism Critiques: Practice and Theory*）的主编，还创办了 SSCI 引用期刊《旅游管理观点》（*Tourism Management Perspectives*），同时担任多种知名旅游国际期刊的编委及评委，还是亚太地区多个国际旅游组织、遗产旅游组织的专家。此外，瑞安教授还是威尔士大学的名誉教授，迪拜阿联酋学院、北京第二外国语学院和香港理工大学的访问学者。

（二）主要学术思想和理论观点

瑞安教授专注于旅游研究方法和认识论，对旅游行为及其对社会、心理和环境的影响很有研究。同时，他对形成这些旅游体验的商业组织也十分感兴趣。他拥有经济学和心理学等方面的社会科学背景，取得了伦敦大学、诺丁汉大学、诺丁汉特伦特大学和阿斯顿大学的学位。

1. 旅游体验偏好聚类分析

在研究旅游者行为时，许多学者将动机视为旅游者行为的一个重要决定因素，大多数动机理论的核心内容是需要的概念。一些旅游研究者将马斯洛需求模型应用于旅游体验的动机研究上。最初，皮尔斯（1985）在马斯洛需求模型的基础上提出了"旅游生涯阶梯"。在这个模型中，包含了5个层次的旅游需要：放松、刺激、关系、自尊与发展和自我实现。而瑞安（1998）却对从风险和安全的维度来理解刺激需要提出了质疑，因为安全动机包括关注他人的安全和关注自己的安全，这两种安全动机存在本质区别。他认为旅游需要应该分成智力需要、社会需要、能力需要和规避刺激需要[①]。

瑞安教授通过市场抽样调查，将旅游者动机分为心灵放松、发现新地方和新事物、改善忙碌混乱的生活、身体放松、寻找安静的地方、增加知识、和朋友度过美好时光、和别人一起出行、增进友谊、发挥想象、获得归属感、挑战自己、参与体育活动、发展亲密关系 14 项，并将这些动机归类为 4 个维度。社交维度，主要表现为在旅游中建立和维持某种关系。放松维度，主要表现为远离生活压力、追求平静等。智力维度，主要表现为在旅游中获取知识，发现新事物。控制维度，主要表现为挑战自我。此外，瑞安教授根据旅游体验偏好对旅游者进行了聚类分析，得出了 11 种类型的旅游者，不同类型旅游者由于旅游动机的不同对目的地属性的偏好也存在很大差异。

2. 对民族旅游原真性的质疑

原真性（Authenticity）概念是麦坎内尔（MacCannell）最先提出的。他认为旅游体验是旅游者用来回应现代生活的方式，是一种寻找生活真实性的体验。原真性可以理解为旅游者对旅游情境的主观判断或赋予它的一种价值。由此，原真性和民族旅游之间的联系也成为讨论的焦点，尤其是在民族旅游过程中关于具象、静态的交流方式（工艺品、建筑等）与动态、抽象的表演交流方式（舞蹈、戏剧等）之间的差异研究。

但瑞安教授（2002）对旅游原真性提出了质疑，他指出许多后现代的旅游者崇尚享乐主义，旅游是为了从紧张的工作中解脱出来，是否符合原真性并不影响他们对旅游质量的评价。而且，对外展演的民族文化和真正的民族文化之间是有区别的。因此，旅游经营者在旅游促销中，应该诚实地说明短暂的旅游经历不可能体验到原真性的民族文化，只能提供一个基于某类文化背景的娱乐氛围。

3. 期望理论

瑞安教授（1991）试图把影响旅游体验质量的各种因素（包括先在因子、干涉变量、行为和结果）纳入旅游期望与旅游体验满足之间的关系模型中。他认为期望能否达到将最终影响旅游体验的质量。

（三）代表性论文和著作

1. 论文

（1）Ryan C . Refereeing articles including SEM-what should referees look for? [J]. Tourism Critiques 2020. Volume 1 Issue 1.

---

① Ryan, Glendon. Application of leisure motivation scale to tourism[J]. Annals of Tourism Research, 1998, 25(1): 169-184.

（2）Ryan, Chris. Future trends in tourism research—Looking back to look forward: The future of Tourism Management Perspectives. Tourism Management Perspectives, 2017: S2211973617301459.

（3）Ryan. Tourist experience and fulfillment: Insights from positive psychology. Annals of Tourism Research, 2015, 52, 195-196.

（4）Ryan. Ways of conceptualizing the tourist experience: A review of literature. Tourism Recreation Research, 2010, 35 (1): 37-46.

（5）Ryan, Rao. Holiday users of the Internet—Ease of use, functionality and novelty. International Journal of Tourism Research, 2008, 10, 329-339.

2. 著作

（1）Hyde, Ryan, Woodside. Field Guide to Case Study Research in Tourism, Hospitality and Leisure, 2012.

（2）Ryan. Battlefield Tourism: History, Place and Interpretation. UK: Elsevier, 2007, 273pgs.

（3）Ryan. Recreational Tourism: Demand and Impacts. Clevedon: Channel View Publications, 2003.

（4）Ryan, Hall. Sex tourism: Marginal peoples and liminalities. London, UK: Routledge, 2001.

（5）Ryan. The Tourist Experience: A New Introduction. London: Cassell, 1997.

第三节　地理学派

一、迈克尔·霍尔（Michael Hall）

（一）个人简介

迈克尔·霍尔现为新西兰坎特伯雷大学商务和经济学院管理系教授，主要研究领域有旅游和人类的流动、地方品牌与营销、葡萄酒旅游等。

霍尔 1982 年于西澳大学取得学士学位，1984 年于加拿大滑铁卢大学取得硕士学位，1990 年于西澳大学获得博士学位。

霍尔于 2007 年成为新西兰坎特伯雷大学商务和经济学院管理系教授。同时，他也是芬兰奥卢大学地理系讲师、瑞典林奈大学商学院客座教授、英国谢菲尔德商学院客座教授。他也是瑞典于默奥大学社会和经济地理系的常客，并在这里获得了名誉博士学位。在此之前他曾任奥塔哥大学旅游学教授、惠灵顿维多利亚大学旅游与服务管理专业教授、苏格兰斯特灵大学市场营销系名誉教授。

（二）主要学术思想和理论观点

霍尔从 2004 年起就将旅游研究与流动、网络、制度、权力、空间等主题和问题紧密结合在一起，改进和修正了已有的旅游研究范式，引起了全球旅游研究者越来越多的关注与积极回应[①]。

霍尔按照时代变化区分了旅游及休闲的主体变化，也按空间分布研究了主体差异。以关联性寻找成员，以整体性建立结构，从而让旅游地理学的主体研究有了结构性的动力机制。人类居住地社会的丰富程度与复杂程度，要高于暂时性与异地性的旅游，所形成的概念系统也相当稳定，将居住地作为不间断汲取知识的来源，不能因为崇尚旅游就否定居住地社会的存在价值。这种理由无疑开辟了旅游主体研究的新视野。

霍尔与佩奇在其书中还提出了一些新的概念与观点，如流动性、时间扭曲、主动与被动、LAC（limit of acceptable change）等[②]。他们立足于对个体流动性深层意义的理解，提出一种将旅游与其他流动形式相关联的思路，涉及迁徙、第二居所、到国外散居、跨国界流动、时间地理、地理隔离等。时间扭曲是指高速的交通压缩了时空，扩大了旅游的范围。他认为被动休闲占据了人们大量的时间，主动休闲区里有娱乐设施、体育中心等，被动休闲区包括野炊场所、步行路径、骑马路径、自行车路径、草地等。LAC 为可接受的改变限度，认为人们虽不能精确地确定承载力，但是可以在其可能存在的范围内确定关注点以及观测指标。

霍尔还从四个方面分析了旅游作为国际关系基本组成部分的表现形态：第一，旅游是国际外交、国家对外政策议程和国际贸易的一部分；第二，旅游成为取得国际合法性和尊重威权制度的一种工具；第三，旅游被当作满足领土要求的一种手段；第四，旅游是和平的动力。

霍尔教授对葡萄酒旅游也有一定的研究，霍尔等（2000）将葡萄酒旅游定义为"对于旅游者来说，是以游览葡萄种植园、葡萄酒酒庄，参加葡萄酒节（Wine Festivals）和品尝与体验本地区葡萄酒品质为目的的葡萄酒展示（Wine Shows）活动"。

---

① 张敦福，阿克巴尔. 旅游研究：以问题为中心，而非以学科为分界[J]. 旅游学刊，2012，27（10）：6-7.
② 迈克尔·霍尔，斯蒂芬·佩奇. 旅游休闲地理学：环境·地点·空间（第 3 版）[M]. 北京：旅游教育出版社，2007.

霍尔（1989，2003）提出葡萄酒节可以促进葡萄酒地区旅游发展，强调了在葡萄酒节和葡萄酒旅游之间的联系。

（三）代表性论文和著作

1.论文

（1）C Michael Hall, Jarkko Saarinen. 20 Years of Nordic climate change crisis and tourism research: a review and future research agenda. Scandinavian Journal od Hospotality and Tourism, DOI: 10.1080/15022250.2020. 1823248.

（2）Hall. Hospitality industry responses to climate change: a benchmark study of tourist hotels. Asia Pacific Journal of Tourism Research, 2013, 18(1-2), 92-107.

（3）Hall. A typology of governance and its implications for tourism policy analysis. Journal of Sustainable Tourism, 2011, 19(4-5), 437-457.

2. 著作

（1）Cooper, Hall. Contemporary Tourism: An International Approach (3rd ed.). Oxford: Goodfellow Publishers, 2016.

（2）Hall. Tourism and Social marketing. New York: Routledge, 2014.

（3）Hall, Page. The Geography of Tourism and Recreation: Environment, Place and Space (4th ed.). Abingdon: Routledge, 2014.

二、皮特·墨菲（Peter Murphy）

（一）个人简介

皮特·墨菲教授是澳大利亚拉筹伯大学（La Trobe University）法与管理学院的副院长，运动、旅游及服务业管理学的奠基人之一，主要研究领域集中在旅游社区、战略管理及旅游景区。

（二）主要学术思想和理论观点

旅游学界对旅游社区的研究始于 1985 年墨菲在其著作《旅游：社区方法》中首次提出的"社区参与"这一概念，并正式地、系统化地从社区的角度来研究旅游发展过程中的社区居民参与性问题。

在旅游社区研究上，墨菲建议应把焦点放在以下 4 个方面：环境、社会、经济和企业。个人和社区都要把社区旅游发展看作一架引导旅游业承诺通往旅游业现实潜力的桥梁。环境和社会因素应把重点放在旅游目的地的自然吸引物及社会、居民的反应上。连同自然环境中本地的动物、植物，共同为潜在的旅游者营造了完整的生态系统和旅游吸引物。企业因素等同于那些来体验旅游吸引物并和居民存在互动关系的旅游者。在自然环境中，旅游者被看作捕获物，他们以自然环境为生并融合到当地居民中去，在这个过程中把自己奉献给旅游业。经济因素是为旅游者服务和提供旅行经历的旅游业，它被看作食肉动物，而旅游者就是它们的猎物。当然，这样分析并不是要消灭旅游者，相反是要让他们满意而归，并成为回头客或景点的友好使者。

在《旅游业策略管理》（*Strategic Management for Tourism Communities: Bridging the Gaps*，2004）一书中，墨菲除了从多个方面补充完善了前书，更侧重于企业管理理论，还提出了协同决策程序，可以确保众多利益者指导、评价旅游计划和战略，从而在实现各自目标的同时，也实现了整个社区的发展目标。

此外，墨菲等（2000）还详细分析了旅游目的地产品的构成要素，构建出用于分析旅游产品竞争力的"旅游产品综合概念模型"，该模型认为旅游产品质量受两个方面因素的影响，即旅游目的地的宏观环境和服务基础设施，并选取加拿大的维多利亚旅游地加以论证，认为旅游目的地竞争力强弱越来越集中于旅游者对于旅游产品质量、价值的感知[1]。旅游产品综合概念如图13-2所示。

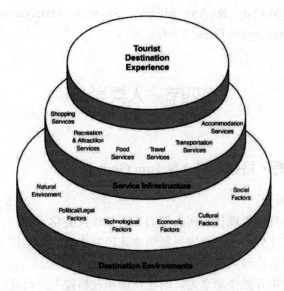

图 13-2　旅游产品综合概念模型

资料来源：Murphy, Pritchard, Smith. The destination product and its impact on traveller perceptions.[J]. Tourism Management, 2010, 21(1), 43-52.

---

[1] Murphy, Pritchard, Smith. The destination product and its impact on traveller perceptions.[J]. Tourism Management, 2010, 21(1), 43-52.

（三）代表性论文和著作

1.论文

（1）Peter Murphy. Tourism as a community industry: An ecological model of tourism development. Tourism Management, September 1983, 4(3): 180-193.

（2）Peter Murphy, Mark Pritchard & Brock Smith. The destination product and its impact on traveller perceptions. Tourism Management, February 2000, 21(1): 43-52.

（3）Julie Jacksona & Peter Murphy. Clusters in regional tourism: An Australian case. Annals of Tourism Research, October 2006, 33(4): 1018-1035.

（4）Peter Murphy. Community driven tourism planning. Tourism Management, June 1988, 9(2): 96-104.

2.著作

（1）Murphy. Tourism: A community approach, 1985.

（2）Peter Murphy & Ann Murphy. Strategic Management for Tourism Communities: Bridging the Gaps, 2004.

第四节　人类学派

一、纳尔逊·格拉伯恩（Nelson Grabun）

（一）个人简介

纳尔逊·格拉伯恩现任加州大学伯克利分校人类学系教授，北美民族学馆长，加拿大研究计划"托马斯巴恩斯明德花园"主席。他是国际旅游科学院创始人，是世界著名旅游人类学家。

他从 1959 年开始在加拿大、阿拉斯加州及格陵兰岛研究因纽特人的民族志学，先后就读于剑桥大学和芝加哥大学，并取得博士学位。

1964 年起，他在加州大学伯克利分校任教，所教授的课程涉及旅游、日本旅游与观光、艺术与现代性。1974 年以来在日本及东南亚地区进行相关研究。

他的研究领域为社会学、人类学、旅游学。最近的研究侧重点于艺术、旅游、博物馆及身份的表达和代表性，重点研究领域是亚洲（主要是中国和日本）。现在还在加拿大魁北克地区因纽特文化组织工作，主要进行因纽特文化保护和自治的研究。

（二）主要学术思想和理论观点

1. 旅游与旅游者

在过去 20 年间，许多研究者曾从多学科领域来研究旅游业。格拉伯恩把重点放到了旅游业对东道国人口的影响及游客自身的研究上。他提出了这样一种观点：旅游是具有"仪式"（ritual）性质的行为模式与游览的结合。他把旅游中的各种行为模式看作一种具有"仪式"性质的活动。人们的精神状况早已在日常生活中变得麻木，经过这种"仪式"，人们从这种麻木的精神中解脱出来，并创造出一种新的精神面貌。所以这种仪式是"神圣"的。这样，旅游者摆脱了日常现实社会生活的单一行为模式，主动进入另一种新鲜的生活之中。这样的生活把精神需求和文化需求放在"首位"。他认为这种活动是一种新生活的开始，是一种"充电"，这对人类的身心健康来说是极端重要的。关于旅游者所具备的条件，格拉伯恩提出了"可供自由支配的收入"及"文化自信"两个观点。他认为经济收入是一个重要的因素，它决定了人们是否能进行一系列的旅游，因为旅游的消费是昂贵的，不论是远距离的旅游，还是一般的离家旅游。而文化自信的关键不在于收入，而在于所属的阶层，特别在于旅游者受教育的程度。根据旅游者的社会、经济、文化背景来进行旅游研究，研究其行为模式，无疑就要涉及心理学、经济学、社会学、地理学、语言学等。而这些研究都属于现代文化人类学的研究范畴，也需要采取文化人类学的研究方法。所以，旅游人类学与其他人类学一样，要研究宗教、亲位关系、地理分层现象、法律等。以上这些，也是旅游人类学家所应当研究的主要内容。

2. 旅游与朝圣

旅游与朝圣的关系是格拉伯恩在他的文章中探讨的又一重要内容。实际上，人类学家在研究旅游史的时候不难看到，早期的旅游与朝圣之间有着非常密切的联系。早期的人们怀着虔诚的心情去朝圣，一路上进行各种各样的活动，与各种人交往。早期的人们在进行朝圣的"旅程"中，原来的纯粹宗教意义上的一切活动，都构成了有旅游性质的一种"礼仪"。人们进行的不单纯是朝圣活动，一路上还有其他的活动，这些活动实际上就是早期的旅游，这表明朝圣与旅游是结合在一起的。不同的游客在进行旅游时追求不同的"神圣"的东西，因而表现出了不同的旅游活动。所以对于朝圣与旅游的关系，格拉伯恩认为值得进行深入、细致的研究，因为它们也涉及了旅游者的目的及动机问题。

3. 模式和行为模式逆转的分析

格拉伯恩在分析不同阶层的行为模式的时候重点分析了中产阶级。格拉伯恩认为，旅游人类学主要就是要研究旅游者，这样才能开发出高层次的旅游资源，满足不同层次、不同阶层游客的要求，不断扩大客源市场。格拉伯恩在他的文章中还提出了一个旅游行为模式中有趣的现象——逆转。逆转是指在一些仪式或旅游活动中，有些所谓"常见行为"的意义和规则发生了变化，有些消失了，有些甚至发生了完全反向的转变。格拉伯恩指出，旅游方式的逆转或变迁不是盲目的，而是阶层之间的竞争，与声望、等级制度、生活方式的转变及一些外在的因素如费用、交通方式等都有联系。当然，旅游变迁的动因，还有许多其他因素，还可以从多方面去研究。

（三）代表性论文和著作

1.论文

（1）Graburn. Key figure of mobility: The tourist. Social Anthropology, 2017, 25(1), 83-96.

（2）Graburn. Ancient and modern: The alaska collections at the hearst museum of anthropology. Museum Anthropology, 2012, 35(1), 58-70.

（3）Nelson Graburn. Learning to Consume: What is Heritage and When is it Traditional. Consuming Tradition, Manufacturing Heritage, 2002, 268-69.

（4）Nelson Graburn. Work and Play in the Japanese Countryside. The Culture of Japan as Seen Through Its Leisure. 1998, 195-212.

（5）Graburn, Nelson. Recreational Tourism: A Social Science Perspective. Anthropological Quarterly, 1993, 66(2), 105-106.

2. 著作

Nelson Graburn. Japanese tourists: socioeconomic, marketing and psychological analysis. Edit ed by Kaye Chon, Tsutomu Inagaki and Taiji Ohashi. Haworth Press, Binghampton, NY, 2000.

二、埃里克·柯恩（Eric Cohen）

（一）个人简介

埃里克·柯恩是以色列希伯来大学社会和人类学系教授，主要研究方向为文化人类学、社会学理论等。

（二）主要学术思想和理论观点

柯恩对旅游体验的考察有两个基点：第一，旅游者对文化、社会生活和自然环境的兴趣与理解对自身有何意义；第二，旅游者在何种程度上体现出对中心的追求，以及"中心"的本质是什么。

柯恩指出，不同的人渴望不同模式的旅游体验，并从宗教人类学的角度将旅游者的体验分为5种主要模式：娱乐型模式（The Recreational Mode）、转移型模式（The Diversionary Mode）、体验型模式（The Experiential Mode）、实验型模式（The Experimental Mode）、存在型模式（The Existential Mode）①，如图13-3所示。

这些模式依次占据了旅游者体验连续带上两端之间的位置，两端分别为旅游者的体验（追求奇异和陌生环境中的纯粹体验）和朝圣者的体验（前往他人的中心寻求体验）。

（1）娱乐型模式

旅游作为一种娱乐体验，本质上和其他形式的娱乐诸如看电影、观赏戏剧、看电视是类似的。与传统的朝圣者在"中心"获得新生相比，旅游者仅仅获得了身心的愉悦，在以放松和娱乐为目的的旅行中，宗教旅行的意义被淡化了。尽管旅游者觉得此次旅行是有趣的，但是对于个人却没有重大意义。由于此类旅游者只追求愉悦，娱乐型体验也最容易实现。

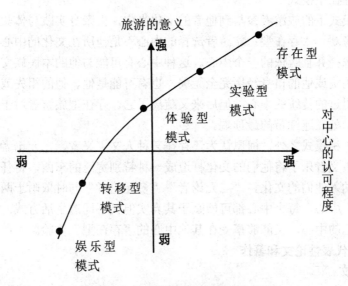

图 13-3　柯恩的旅游体验连续带模型

资料来源：Cohen. A phenomenology of tourist experiences[J]. Sociology, 1979, 13(2): 179-201.

（2）转移型模式

旅游成为转移注意力的一种方式，逃离乏味无意义的日常生活，藏匿于假期带来的忘却当中，这也许能够治愈身体、抚慰心灵，但却不能让人振作起来。

（3）体验型模式

真实性对体验型旅游者尤其重要，这群人力图从体验他人的真实生活中获

① Cohen. A phenomenology of tourist experiences[J]. Sociology, 1979, 13(2): 179-201.

得审美体验。与他人的真实接触所获得的体验是审美的，这可能会让旅游者增加信心、情绪高涨，但是不会给他的生活赋予新的意义和指导。与朝圣旅游相比，体验导向的旅游者即使留心观察别人的真实生活，仍能意识到他们的"他者性"，直到旅行结束之后也保持着这种态度。旅游的"体验型模式"尽管比"娱乐型模式"和"转移型模式"更为深刻，却仍然无法产生真正的宗教体验。

（4）实验型模式

这种模式下的人不再依附于他们自身社会的精神中心，转而去四面八方寻求替代中心。实验型模式下的旅游者参与了那种真实的生活，但是自身拒绝完全投入其中，相反，他更愿意尝试比较不同的选择，希望最终能找到一种符合他特殊需求和愿望的生活方式。他本质上是一个宗教探索者，但自由散漫，没有一个清晰的预设目标。

（5）存在型模式

这种模式下的旅游者参与到他者的文化当中，去亲身实践与体验，而不仅仅满足于旁观。"存在型"旅游者选择的中心不是他所在文化的中心，而是旅游者自己选择并且皈依的一个中心。这种中心有可能与他的本民族文化、他所在社会的历史或他的自身经历完全无关，也有可能是他、他的祖先或同胞在过去曾经依附过的传统的中心，但后来又疏离了它。存在型旅游者对于真实性的要求最高，处在连续带的最顶端。

在这 5 种模式之外，柯恩认为还存在某种人文主义者、二元论者和多元论者。人文主义者乐于将他们的文化打造成一种特别宽泛的东西，将任何人类性的东西都纳入他们的文化。"二元论者""多元论者"同时依附于两个异质性的"精神"中心，每个中心都可能赋予其真实但又不同的生活方式。他们既能不疏离自己的中心，又能够享受在其他中心的"存在型"体验。

（三）代表性论文和著作

1. 论文

（1）Cohen. Authenticity and commoditization in tourism. Annals of Tourism Research, 1988, 15(3), 371-386.

（2）Cohen. The sociology of tourism: Approaches, issues, and findings. Annual Review of Sociology, 1984, 10(10), 373-392.

（3）Cohen. A phenomenology of tourist experiences. Sociology, 1979, 13(2), 179-201. 591.

（4）Cohen E & Cohen S A. Current sociological theories and issues in tourism. Annals of Tourism Research, 2012, 39(4), 2177-2202.

（5）Cohen. Pilgrimage centers: Concentric and excentric. Annals of Tourism

Research, 1992, 19(1), 33-50.

2. 著作

（1）Cohen. International Academy for the Study of Tourism. Springer International Publishing, 2014.

（2）Cohen. Medical Travel and the Quality-of-Life. Handbook of Tourism and Quality-of-Life Research. Springer Netherlands, 2012.

（3）Cohen. Contemporary tourism diversity and change: Collected article. Elsevier, 2004.

第五节　生态学派

一、大卫·韦弗（David Weaver）

（一）个人简介

大卫·韦弗，澳大利亚格里菲斯大学教授，主要研究方向为可持续旅游、邮轮旅游、生态旅游及旅游管理等，担任 7 个学术期刊的编委。

由于其在可持续发展旅游、邮轮旅游及生态旅游研究领域做出的杰出贡献，大卫·韦弗教授获得国际旅游会议组委会授予的旅游研究终身成就奖、澳大利亚格利菲斯大学授予的个人杰出研究成就奖等荣誉称号，并被世界顶级旅游学术组织——国际旅游学术研究协会吸纳为会员（该协会在全球范围内只接受 75 名最杰出的旅游研究学者成为会员）。

（二）主要学术思想和理论观点

大卫·韦弗认为生态旅游包括了范围较广泛的活动内容，其形式可根据人们的行为、活动内容与要求，从主动的严格意义上的硬生态旅游（hard ecotourism）过渡到被动的软生态旅游[1]（soft ecotourism），如表 13-1 所示。

---

[1] Weaver D B. Ecotourism as Mass Tourism: Contradiction or Reality[J]. Cornell Hotel and Restaurant Administration, 2001(4): 106.

表 13-1　生态旅游的范围

硬生态旅游	软生态旅游
强烈的环保责任感	适度的环保责任感
可持续性得到加强	可持续性维持现状
单一旅行目标	多种旅行目标
长途旅游	短途旅行
小规模	大规模
主动参与	被动参与
对旅游服务要求很少	要求提供相关旅游服务
强调个人体验	强调旅游解说
自己安排旅行	依靠旅行社或旅游经营者

资料来源：Weaver. Ecotourism as Mass Tourism: Contradiction or Reality[J]. Cornell Hotel and Restaurant Administration, 2001(4): 106.

实际上不同的生态旅游者其动机和需求是多种多样的，软的生态旅游者也可从某个时空点上从事硬的生态旅游者所进行的活动，反之依然。因此，不同的生态旅游者细分市场所需要的基础设施和需要提供的生态旅游产品也是不同的。

持严格意义硬生态旅游观点的专家学者对软生态旅游项目贴上"生态旅游"标签感到担心，害怕由此对自然环境造成破坏，所以极力反对各种假借"生态旅游"名义大行大众观光旅游的行为[①]。

（三）代表性论文和著作

1. 论文

（1）Weaver, Lawton. A new visitation paradigm for protected areas. Tourism Management, 2017, 60, 140-146.

（2）Weaver. The Sustainable Development of Tourism. The Wiley Blackwell Companion to Tourism. John Wiley & Sons, Ltd, 2014.

（3）Weaver, Lawton. Resident perceptions of a contentious tourism event. Tourism Management, 2013, 37(3), 165-175.

（4）David Weaver. Can sustainable tourism survive climate change?. Journal of Sustainable Tourism, 2011, 19(1), 5-15.

（5）Weaver. Contemporary tourism heritage as heritage tourism: Evidence from las vegas and gold coast. Annals of Tourism Research, 2011, 38(1), 249-267.

---

① 张建春. 生态旅游研究[M]. 杭州：杭州出版社，2007.

2. 著作

（1）Weaver. The Sustainable Development of Tourism. The Wiley Blackwell Companion to Tourism. John Wiley & Sons, Ltd, 2014.

（2）Gossling, Hall, Weaver. Sustainable Tourism Futures, 2008.

（3）Weaver. Ecotourism 2nd edition.

二、拉尔夫·巴克利（Ralf Buckley）

（一）个人简介

拉尔夫·巴克利，博士，教授，澳大利亚格里菲斯大学国际生态旅游研究中心主任，知名生态旅游专家，中国科学院访问教授，多次到访中国并与中国学者进行合作研究。主要研究方向为生态学、生态旅游、探险旅游等。

（二）主要学术思想和理论观点

澳大利亚联邦旅游部 1994 年在制定《澳大利亚国家旅游战略》时，由拉尔夫·巴克利将生态旅游定义为以自然为基础的旅游、可持续发展旅游、环境保护旅游和环境教育旅游的综合，指出"生态旅游是以大自然为基础涉及自然环境的教育、解释与管理，使之在生态上可持续发展的旅游"，并制定了含义广泛的生态旅游概念框架。

拉尔夫·巴克利 1994 年在生态旅游框架（A Framework of Ecotourism）一文中指出，旅游与环境有四方面的主要联系：（1）自然环境因素，这是构成旅游吸引物及产品的基础；（2）旅游管理以减少活动对环境的影响；（3）旅游业对环境保护的支持或贡献；（4）游客对环境的态度及从业者对游客实施的环境教育[1]。据此，他得出一个生态旅游框架。但在他的框架中使用了这样四个词，同时也是对上述四种联系的概括，即基于自然的旅游、可持续管理的旅游、保护支持性旅游（nature-based tourism、sustainably managed tourism、conservation supporting tourism）和环境教育的旅游（environmental educated tourism）。而这四种旅游方式（目前还未有更准确的表达方式）的交集就构成了严格意义上的生态旅游。虽然他比较了上述四种旅游方式的各种描述因素，但并没有完全说明这四种旅游方式与生态旅游之间的关系或隶属问题。假如这四种旅游方式是生态旅游的标准或者内容，那么就不应再使用 tourism 一词。尽管如此，这一框架依然是对过去有关旅游、环境及生态旅游各种不同研究主题的总结。

拉尔夫·巴克利（Ralf Buckley）在 2008 年至 2010 年进行了访谈，调查了

---

[1] Buckley R. A framework for ecotourism[J]. Annals of Tourism Research, 1994, 21(3): 661-665.

两种类型的旅游者，分别是空闲时间少钱多的富人和空闲时间多钱少的穷人。通过半结构化访谈，巴克利证实超过一半的受访者认为，慢旅游可能是对双倍机票价格的最好回应，这说明慢旅游在未来是一种值得考虑的旅游方式[①]。这表明，旅游目的地、旅游运营商、交通和住宿提供商及试图解决气候变化问题的政策制定者应该更加详细地考虑与慢旅游相对应的移动模式。巴克利认为，如果慢旅游成为主要趋势，那么便会出现这样一些旅游者：他们会定期外出旅游，且在目的地停留很长时间，并在旅游过程中继续工作。而且，还会产生一类专门为他们提供住宿、食物、通信和生活设施的人们，这段时间既不像旅馆住宿那么短，也不像典型的住宅租赁那么长。如果是这样，慢旅游可能会成为一个重要的社会现象，更普遍地与人类流动的模式相联系。

（三）代表性论文和著作

1. 论文

（1）Buckley R. Outdoor tourism in China: A foreigner's 30-year retrospective[J]. Progress in geography, 2016, 35(6): 665-78.

（2）Buckley R, Mossaz A C. Decision making by specialist luxury travel agents[J]. Tourism Management, 2016, 55: 133-138.

（3）Buckley R C, Morrison C, Castley J G. Net effects of ecotourism on threatened species survival[J]. PloS one, 2016, 11(2): e0147988.

2. 著作

（1）Buckley. Conservation Tourism CAB International. Wallingford, 2010.

（2）Buckley. Adventure Tourism Management Elsevier, Oxford. 2010.

（3）Buckley. Ecotourism: Principles and Practices. CAB International, Wallingford, 2009.

---

① Buckley R. Tourism Under Climate Change: Will Slow Travel Supersede Short Breaks? [J]. AMBIO, 2011, 40(3): 328-331.

第六节 营销学派

一、迪米特里奥斯·布哈里斯（Dimitrios Buhalis）

（一）个人简介

迪米特里奥斯·布哈里斯教授，英国伯恩茅斯大学商学院国际旅游中心和旅游研究中心副主任，2010 年晋升为特聘教授（为少数精英院士保留的级别）。2016 年 1 月至 2019 年 9 月期间，布哈里斯担任伯恩茅斯大学旅游与酒店系主任，在此期间，该系多次在 QS 世界大学学科排名中名列前茅。布哈里斯是旅游与旅行信息技术国际联合会的创始成员，并在 2010—2014 年间担任联合会主席。他是国际旅游研究院院士，2017—2019 年间担任第一副院长。另外，布哈里斯在 2013—2015 年和 2017—2019 年期间担任世界旅游组织（UNWTO）附属成员的执行委员会成员，他带领伯恩茅斯大学成功通过了联合国世界旅游组织教育质量认证（UNWTO-TedQual）。

布哈里斯教授是 SSCI 旅游学术期刊《旅游评论》（*Tourism Review*）的主编，是《旅游管理和营销百科全书》（*Encyclopedia of Tourism Management and Marketing*）（即将出版）的主编。布哈里斯教授的研究被广泛引用，在谷歌学者（Google Scholar）旅游方面排名第 18 位，在营销方面排名第 30 位，引用次数超过 44000 次，H 指数 89。

（二）主要学术思想和理论观点

布哈里斯教授是战略管理和营销方面的专家，精通信息通信技术在旅游、酒店和休闲行业的应用。目前的研究重点为：环境旅游、旅游的即时性、智慧旅游与智慧酒店、社交媒体背景下的移动营销、增强现实技术在旅游中的应用、旅游体验管理与个性化、旅游声誉和社交媒体策略、银发市场的旅游、无障碍旅游等。

布哈里斯教授对旅游目的地中小企业的战略发展问题十分关注。1993 年他提出了将区域综合计算机信息预订管理系统（RICIRMSs）作为中小企业和目的地发展的一种战略工具，来为某一特定地区提供旅游产品信息，并实现这些产品的预定和购买程序，从而帮助中小企业与目的地实现一体化、范围经济、协同效应和系统收益[①]。布哈里斯认为目的地是旅游产品和服务的综合体，是以目的地品牌的名义进行消费的地方，大多数目的地都由 6 个 As 核心框架组成：旅游吸引物（Attractions）、可进入性设施（Accessibility）、便利设施（Amenities）、可提供的套餐（Available packages）、旅游活动（Activities）、辅助服务（Ancillary services）。布哈里斯还主张应根据目的地类型开发合适的目的地营销组合（详见表 13-2），并将其提供给适当的目标市场。在营销之前，市场调查是必须的，且不应局限于营销活动开始之前，旅游需求的动态变化性要求营销研究不断演变发展，以确定产品的目标细分市场，而且目的地营销应平衡所有利益相关者的战略目标和当地资源的可持续性，不断开拓产品，并与当地的公共部门、私营部门发展伙伴关系，以协调发展[②]。

表 13-2　目的地类型——主要目标市场及可开展的活动

Type of Destination	Customers	Activities
Urban	Business-MICE	Meetings–incentives–conference–exhibitions Education–religion–health
	Leisure	Sightseeing–shopping–shows–short breaks
Seaside	Business-MICE	Meetings–incentives–conference–exhibitions
	Leisure	Sea–sun–sand–sex–sports
Alpine	Business-MICE	Meetings–incentives–conference–exhibitions
	Leisure	Ski–mountain sports–health
Rural	Business-MICE	Meetings–incentives–conference–exhibitions
	Leisure	Relaxation–agriculture–learning activities–sports
Authentic third World	Business-MICE	Exploring business opportunities–incentives
	Leisure	Adventure–authentic–charities–special interest
Unique–exotic–exclusive	Business-MICE	Meetings–incentives–retreats
	Leisure	Special occasion–honeymoon–anniversary

资料来源：Buhalis D. Marketing the competitive destination of the future[J]. Tourism Tribune, 2000, 21(1):97-116.

　　布哈里斯教授致力于研究信息技术在旅游产业的运用。他认为，移动技术的进步增强了营销人员识别消费者即时偏好的能力，社交媒体与情景软件技术的结合为市场营销开拓了新的范围，并提出了社交语境移动营销（social context mobile marketing）的定义与概念性框架（详见图 13-4）。布哈里斯表示，SoCoMo 营销是一种先进的手机情境营销形式，它有助于创建社交媒体授权的情境感知服务和信息。SoCoMo 营销框架解释了 SoCoMo 营销是基于供应商对消费者深度信息的检索，消费者在社交媒体上提供的信息、移动设备从消费者语境中过滤出来的信息和移动设备本身的信息构成了信息来源，透漏了消费者的需求偏好。利用这些信息，旅游供应商可以通过结合社交媒体和移动设备的

---

① Buhalis D. RICIRMS as a strategic tool for small and medium tourism enterprises[J]. Tourism Management, 1993.

② Buhalis D. Marketing the competitive destination of the future[J]. Tourism Tribune, 2000, 21(1):97-116.

语境营销来制作独特的营销信息，从而实现双向受益①。

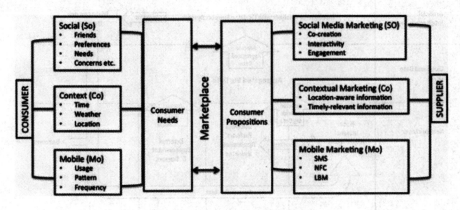

图 13-4 SoCoMo 营销概念框架

资料来源：Buhalis D, Foerste M K. SoCoMo Marketing for Travel and Tourism[M]. Springer International Publishing, 2013.

布哈里斯教授认为互联网和云计算在酒店行业大有可为。他提出了未来智能和敏捷酒店企业的概念，并提出了为所有利益相关者增加价值的智能酒店生态系统（详见图 13-5）。该系统能够完全集成内部和外部应用程序与数据交换，并从大数据中获取近期和历史数据，酒店业主将拥有一个无缝、透明和灵活的基础设施，管理者可以获得全面的内部和外部情况、经验和背景数据，并利用决策支持系统和收益管理软件进行情景测试，以提高酒店的营销和战略规划②。

布哈里斯教授还在无障碍旅游方面颇有见解，他和埃莱尼·米乔普洛（Eleni Michopoulou）研究并验证了残疾用户的需求，包括物理环境的可达性、设施可达性的信息获取和可达性信息。他们确定了三个附加需求：（1）否决原则；（2）目的地内的可达性路径；（3）门到门访问地图。两位教授还研究了目前对创建系统以满足残疾人的旅游信息需求所涉及的技术挑战，即互操作性、内容集成和个性化③。

---

① Buhalis D, Foerste M. K. SoCoMo Marketing for Travel and Tourism[M]. Springer International Publishing, 2013.

② Buhalis D, Leung R. Smart hospitality—Interconnectivity and interoperability towards an ecosystem[J]. International Journal of Hospitality Management, 2018, 71: 41-50.

③ Michopoulou E, D Buhalis. Information provision for challenging markets: The case of the accessibility requiring market in the context of tourism-ScienceDirect[J]. Information & Management, 2013, 50(5): 229-239.

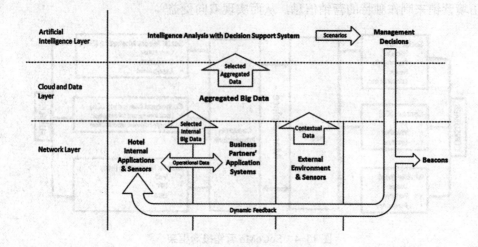

图 13-5　智慧酒店系统架构

资料来源：Buhalis D, Leung R. Smart hospitality—Interconnectivity and interoperability towards an ecosystem[J]. International Journal of Hospitality Management, 2018, 71: 41-50.

（三）代表性论文和著作

1. 论文

（1）Buhalis D. Marketing the competitive destination of the future[J]. Tourism management, 2000, 21(1): 97-116.

（2）Buhalis D, Law R. Progress in information technology and tourism management: 20 years on and 10 years after the Internet—The state of eTourism research[J]. Tourism management, 2008, 29(4): 609-623.

（3）Buhalis D. Strategic use of information technologies in the tourism industry[J]. Tourism management, 1998, 19(5): 409-421.

（4）Buhalis D, Licata M C. The future eTourism intermediaries[J]. Tourism management, 2002, 23(3): 207-220.

（5）Buhalis D, Foerste M. SoCoMo marketing for travel and tourism: Empowering co-creation of value[J]. Journal of destination marketing & management, 2015, 4(3): 151-161.

2. 著作

（1）Mariani M M, Baggio R, Buhalis D et al. Tourism Management, Marketing, and Development[M]. Palgrave Macmillan US, 2016.

（2）Buhalis D, Wagner R. E-destinations: Global Best Practice in Tourism

Technologies and Applications[M]. Springer Berlin Heidelberg, 2013.

(3) Buhalis, Dimitrios, Darcy and Ambrose. Best practice in accessible tourism: inclusion, disability, ageing population and tourism [M]. 2012.

(4) Buhalis D. eTourism: Information technology for strategic tourism management[M]. Pearson education, 2003.

(5) Buhalis, Schertler. Information and Communication Technologies in Tourism 1999[M]. Springer Vienna, 1999.

二、唐纳德·盖茨（Donald Getz）

（一）个人简介

唐纳德·盖茨是哈斯卡夫尼商学院（Haskavne School of Business）旅游和酒店管理项目的教授。他拥有滑铁卢大学（University of Waterloo）学士学位、卡尔顿大学（Carlton University）硕士学位和爱丁堡大学（University of Edinburgh）博士学位，在加入卡尔加里大学（University of Calgary）之前，他在滑铁卢大学的娱乐和休闲研究系担任助理教授，开始了他的教学生涯。唐纳德·盖茨是澳大利亚格里菲斯大学事件管理学的客座教授，也是英国谢菲尔德-哈勒姆大学的客座教授。他主要教授国际旅游、规划和政策制定、度假村管理和活动管理。他正在进行的研究涉及特殊利益旅游（如葡萄酒）和事件相关的问题。唐纳德·盖茨博士所做的研究通常特别关注旅游和娱乐对人、环境和经济的影响。

（二）主要学术思想和理论观点

盖茨教授特别关注了葡萄酒消费者在决定葡萄酒旅游体验时，对不同目的地和旅行属性的重视程度。他通过对加拿大卡尔加里的 161 名葡萄酒消费者进行抽样调查，为因素分析提供了数据，揭示了与葡萄酒相关的核心特征，以及与一般目的地吸引力和文化产品的关系，最终从消费者的角度对葡萄酒旅游体验进行了分析[①]（如图 13-6）。

---

① Getz D, Brown G. Critical success factors for wine tourism regions: a demand analysis[J]. Tourism Management, 2006, 27(1): 146-158.

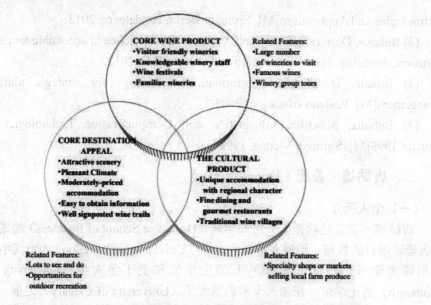

图 13-6 从消费者的角度分析葡萄酒旅游体验的关键特征

资料来源：A D G, B G B. Critical success factors for wine tourism regions: a demand analysis[J]. Tourism Management, 2006, 27(1):146-158.

　　盖茨教授还通过对事件旅游研究的编年史和专题文献的梳理，明确了事件旅游研究的起源和演变，之后采用主题方法来回顾最吸引研究者和从业者注意的三种普遍事件，即商业、体育、节日。在事件旅游模型的基础上（如图 13-7），提供了一套有关事件屡有关键的研究问题和可能的研究方法[①]。

　　盖茨教授基于社会世界理论（social world theory）对事件旅游进行研究[②]，证明人们进行特殊事件旅游的动机涵盖了与他们的特殊兴趣有关的范围，如激情、自我认同、生活方式、自尊和健康，也有关于活动、旅行、网络和通信、活动组合、专业化和开始职业生涯的方面，具体框架如图 13-8 所示。

---

① Getz D. Event tourism: Definition, evolution, and research(J). Tourism Management, 2008, 29(3): 403-428.

② Getz D, Patterson, I. Social Worlds as a Framework for Event and Travel Careers(J). Tourism Analysis, 2013, 18(5): 485-501.

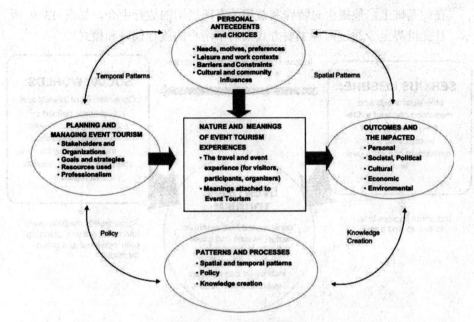

图 13-7　事件旅游的模型

资料来源：Getz. Event tourism: Definition, evolution, and research(J). Tourism Management, 2008, 29(3): 403-428.

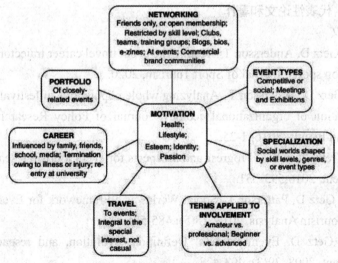

图 13-8　社会世界的主题

资料来源：Getz, Patterson I. Social Worlds as a Framework for Event and Travel Careers(J). Tourism Analysis, 2013, 18(5):485-501.

在此基础上，他提出对特殊利益相关有所影响的旅行中介。如图 13-9 所示，社交世界至少通过两种主要方式来调节用户的旅行偏好和模式①。

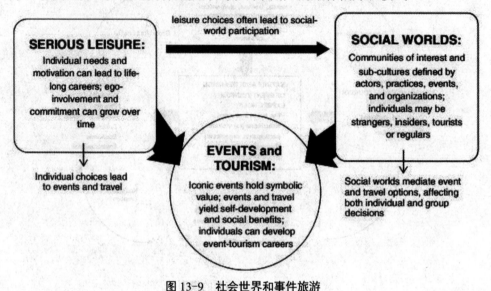

图 13-9　社会世界和事件旅游

资料来源：Getz, Patterson I. Social Worlds as a Framework for Event and Travel Careers(J). Tourism Analysis, 2013, 18(5):485-501.

（三）代表性论文和著作

1.论文

（1）Getz D, Andersson T . Testing the event travel career trajectory in multiple participation sports. Journal of Sport Tourism, 2020.

（2）Getz D, Andersson T . Analyzing whole populations of festivals and events: an application of organizational ecology. Journal of Policy Research in Tourism Leisure and Events, 2016: 1-25.

（3）Getz, Page S J . Progress and prospects for event tourism research. Tourism Management, 2016:593-631.

（4）Getz D, Patterson I . Social Worlds as a Framework for Event and Travel Careers. Tourism Analysis, 2013, 18(5): 485-501.

（5）Getz D, Event tourism: Definition, evolution, and research. Tourism Management, 2008, 29(3): 403-428.

---

① Getz D, Patterson I. Social Worlds as a Framework for Event and Travel Careers(J). Tourism Analysis, 2013, 18(5): 485-501.

2.著作

Getz D. Wine and Food Events: Experiences and Impacts, 2019.

四、塞赫穆斯·巴洛格鲁（Seyhmus Baloglu）

（一）个人简介

巴洛格鲁博士是内华达大学拉斯维加斯分校威廉姆·哈瑞什酒店管理学院旅游与会展系首席教授。他于 1996 年获得美国弗吉尼亚理工学院暨州立大学酒店与旅游管理专业博士学位，专注旅游目的地品牌与营销领域研究，截至 2021 年 7 月，其学术成果在谷歌学术上被引用次数已达到 22427，是全球旅游与酒店管理研究领域的顶级学者。

巴洛格鲁博士是酒店和旅游研究领域的领先学者之一，他的教学领域包括酒店和旅游营销、研究方法、结构方程建模、文本分析和多元统计。他的研究兴趣和学术活动围绕品牌和形象发展、客户忠诚度、在线营销、体验营销、可持续性及通过数据挖掘和文本挖掘建立的客户行为和情感模型。

巴洛格鲁教授的研究成果主要发表在 *Tourism Management*、*Annals of Tourism Research*、*Journal of Travel Research*、*Journal of Business Research* 等学术刊物上。同时，他还是旅游与酒店管理国际顶级期刊的编委会成员，是美国住宿协会认证的酒店教育者（CHE）和全面质量管理导师。

（二）主要学术思想和理论观点

巴洛格鲁博士在 1999 年发表了"A model of destination image formation"，其提出的旅游目的地形象"认知—情感模型"是 TDI 研究领域引用率最高的文章。他认为旅游目的地形象是一种表示旅游者个人态度的概念，它是指个体对旅游目的地的认识、情感和印象[1]。从理论的角度来看，该研究开发并测试了一个目标形象决定因素的概念模型。结果发现，消费者特征和刺激因素都形成了目标形象。它的独特性在于，说明了形象的动态结构和促进了目标形象开发的元素的处理。该研究的另一个重要含义是，目标形象的形成取决于该过程中各因素所扮演的不同作用。关于目的地和游客的社会人口统计学特征的信息源的多样性（数量）和类型影响了人们对目的地属性的感知和认识。在这个过程中，这些感知，加上旅行者的社会心理动机，形成了对目的地的感觉。这些地方主要形成了旅游目的地的整体形象。巴洛格鲁博士证实了霍尔布鲁克（1978）关于信息来源与感知/认知评估之间的关系，以及斯特恩等（1993）在感知/认

---

[1] Baloglu S, McCleary K W. A model of destination image formation[J]. Annals of tourism research, 1999, 26(4): 868-897.

知、情感和整体形象之间的关系方面的发现。

巴洛格鲁博士对旅游中介形象对国际旅游目的地的重要性进行了研究[①]，并检验了美国旅游中介对选定的地中海目的地（土耳其、埃及、希腊和意大利）的结构化（量表项目）和非结构化（开放式）形象的感知。结果发现推广旅游目的地的旅游运营商、旅行社和那些没有推广旅游目的地的旅游运营商、旅行社形象存在显著差别。研究结果表明，旅游经营者和旅行社对这四个目的地的形象存在差异。结构化和非结构化图像有助于识别四个旅游目的地国家的共同和独特特征及优缺点。研究结果为土耳其、埃及、希腊和意大利政府与旅游部门制定针对分销渠道成员的营销策略提供了重要的启示和方向。

此外，巴洛格鲁博士就衡量对旅游目的地的熟悉程度进行了研究。他认为一个旅行者在体验一个旅游目的地后的形象将取决于访问前的知识水平和直接体验的混合。特别是，对于像旅游目的地国家这样的大型环境，目的地不能在第一次或几次访问中完全体验。因此，旅行者仍然会获得在早期访问时没有体验过的目的地产品的信息形象。从概念和实践的角度来看，似乎有理由使用多维而不是单一维度的概念来衡量对旅游目的地的熟悉程度。

（三）代表性论文和著作

（1）Baloglu, Brinberg D. Affective images of tourism destinations. Journal of travel research, 1997, 35(4): 11-15.

（2）Baloglu, McCleary K W. US international pleasure travelers' images of four Mediterranean destinations: A comparison of visitors and nonvisitors. Journal of travel research, 1999, 38(2): 144-152.

（3）Baloglu, McCleary K W. A model of destination image formation. Annals of tourism research, 1999, 26(4): 868-897.

（4）Baloglu, Mangaloglu M. Tourism destination images of Turkey, Egypt, Greece, and Italy as perceived by US-based tour operators and travel agents. Tourism management, 2001, 22(1): 1-9.

（5）Baloglu S. Image variations of Turkey by familiarity index: Informational and experiential dimensions. Tourism management, 2001, 22(2): 127-133.

---

① Baloglu, Mangaloglu M. Tourism destination images of Turkey, Egypt, Greece, and Italy as perceived by US-based tour operators and travel agents[J]. Tourism management, 2001, 22(1): 1-9.

五、王有成

(一) 个人简介

王有成，中佛罗里达大学罗森酒店管理学院院长，主要研究方向集中在酒店营销、目的地营销和管理、客户关系管理、合作战略和技术管理。他在国际知名期刊及会议上发表了 150 多篇论文，并在 *Journal of Destination Marketing and Management* 担任联合主编，在酒店和旅游营销与管理领域的多个国际学术期刊担任编委。

王博士因其卓越的研究成绩，多次荣获国际和国内奖励。其中包括：旅游饭店管理专业研究生教育国际年会最佳论文奖（2003）；国际旅游研究协会（TTRA）年会的最佳博士论文奖（2005）；旅游教育者协会（ISTTE）年会的最佳论文奖（2006）；中佛罗里达大学颁发的杰出学者奖（2005、2006）。

(二) 主要学术思想和理论观点

1. 在线社区（Online Travel Community）

早在 2002 年，王有成博士就认识到旅游组织利用"在线社区"（Online Travel Community）的力量进行关系营销的重要性，致力于从在线社区的定义、功能和作用等维度为在线社区营销的发展提供理论基础。王有成认为在线社区在表现形式上是场所的，在本质上是象征性的，在形式上是虚拟的[①]；并发现在线社区不是一个实体，而是由社区成员定义的过程，在线旅游社区的成功运营取决于社区成员的用户数量基础和社区成员的知识信息贡献量，将其概念化为社区成员的参与水平和积极贡献程度，而成员的参与水平主要是由功能利益、社会利益、心理利益、享乐利益所驱动的，积极贡献程度则受工具性、有效性、质量保证、地位获得、期望（未来回报的可能性）这 5 大因素激励[②]。对于旅游组织来说，在线社区拓宽了他们的营销视野，并对营销、销售、产品和服务开发、供应商网络、信息质量和分销渠道产生了巨大影响，发展在线社区应满足社区成员的参与需求（尤其是社交需求和享乐需求），并使他们能通过做出积极的贡献获得利益来鼓励可持续的参与行为，增强客户关系，促进消费者行为，从而实现关系营销的目标[③]。这系列研究成果阐明了在线旅游社区在与旅行者

---

① Youcheng Wang, Quaehee Yu, Daniel R. Fesenmaier. Defining the virtual tourist community: implications for tourism marketing[J]. Tourism Management, 2002, 23(4).

② Youcheng Wang, Daniel R. Fesenmaier. Towards understanding members' general participation in and active contribution to an online travel community[J]. Tourism Management, 2004, 25(6).

③ Youcheng Wang. Modeling Participation in an Online Travel Community[J]. Journal of Travel Research, 2004, 42(3).

建立长期关系及实现在线互动市场盈利目标的作用机制，为旅游营销组织利用在线社区进行关系营销和品牌建设提供了理论根基（图 13-10）。

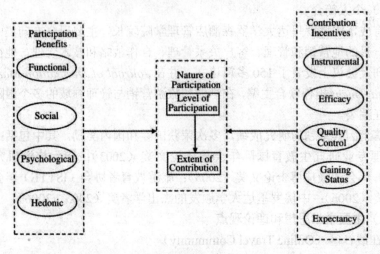

图 13-10 在线旅游社区参与的综合模型

资料来源：Youcheng Wang, Daniel R. Fesenmaier. Towards understanding members' general participation in and active contribution to an online travel community[J]. Tourism Management, 2004, 25(6).

2. 旅游目的地合作营销（Collaborative Destination Marketing）

王有成认为旅游业的分散性对目的地营销的各参与主体间的协调和合作能力提出了更高的要求，因此，王博士致力于探讨合作营销的本质和动力来改善旅游目的地营销联盟的效率。他认为，合作目的地营销是向旅游目的地组织呈现外部力量的产物，这些力量是营销联盟发展的先决条件；而旅游组织加入营销联盟的动机可归为战略导向型、交易成本导向型、组织学习导向型、集群竞争导向型和社区责任导向型 5 类；并认为旅游营销联盟的形成主要会经历 5 个不同的发展阶段，即启动、梳理、实施、评估和转型；而合作目的地营销的合作成果主要包括战略实现、组织学习和社会资本积累[1][2]。此外，王博士还发现任何合作的项目都不是一个静态的，而是一个动态和循环的过程，通常遵循合作—冲突—妥协的发展轨迹，并存在不同的合作、竞争、合作竞争关系；而竞争与合作的动态关系是由多种因素驱动的，例如个人利益与共同利益的平衡、

---

① Youcheng Wang, Daniel R. Fesenmaier. Collaborative destination marketing: A case study of Elkhart county, Indiana[J]. Tourism Management, 2006, 28(3).

② Youcheng Wang. Toward a Theoretical Framework of Collaborative Destination Marketing[J]. Journal of Travel Research, 2007, 46(1).

微观或宏观的思维方式、产品的互补程度等[1][2]。该系列研究提出了一个目的地营销联盟的理论框架，解释了合作目的地营销的本质和动力，为旅游背景下营销联盟的发展提供了强有力的理论基础和实践指导。

3. 目的地网络营销系统（Web-based Destination Marketing Systems）

基于互联网的技术是目的地营销和推广的主要营销工具之一，王有成博士试图从网络营销系统的功能和影响网络营销成功的关键因素等维度为成功的网络营销提供清晰而系统的理论支撑。王博士认为，目的地营销系统应由四个相互关联的部分组成，即虚拟信息空间、虚拟通信空间（VCS）、虚拟交易空间和虚拟关系空间[3]。一个成功的目的地网络营销系统受以下关键因素影响：①网站功能设计；②网站推广；③网站业绩计量；④网络营销影响评估；⑤组织技术环境[4]。此外，目的地营销系统的复杂程度会对基于网络的营销工作的绩效产生积极的影响；目的地管理组织的组织因素（即财务承诺、技术能力、创新能力和吸收能力）不仅决定了其营销系统的复杂程度，还决定了网络营销的成功程度。该系列研究成果为旅游目的地网络营销的发展方向提供了理论依据（图13-11）。

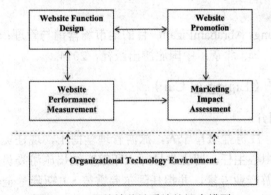

图 13-11　目的地营销系统的概念模型

资料来源：Youcheng Wang, Shirley Monnette Russo. Conceptualizing and evaluating the functions of destination marketing systems[J]. Journal of Vacation Marketing, 2007, 13(3).

---

① Youcheng Wang. Collaborative destination marketing: Understanding the dynamic process[J]. Journal of travel Research, 2008, 47(2): 151-166.

② Youcheng Wang, Shaul Krakover. Destination marketing: competition, cooperation or coopetition? [J]. International Journal of Contemporary Hospitality Management, 2008, 20(2).

③ Youcheng Wang, Shirley Monnette Russo. Conceptualizing and evaluating the functions of destination marketing systems[J]. Journal of Vacation Marketing, 2007, 13(3).

④ Youcheng Wang. Web-based destination marketing systems: assessing the critical factors for management and implementation[J]. International Journal of Tourism Research, 2008, 10(1).

（三）代表性论文和著作

1. 论文

（1）Youcheng Wang, Quaehee Yu,Daniel R Fesenmaier. Defining the virtual tourist community: implications for tourism marketing. Tourism Management, 2002, 23(4).

（2）Youcheng Wang, Daniel R Fesenmaier. Towards understanding members' general participation in and active contribution to an online travel community. Tourism Management, 2004, 25(6).

（3）Youcheng Wang,Daniel R Fesenmaier. Collaborative destination marketing: A case study of Elkhart county, Indiana. Tourism Management, 2006, 28(3).

（4）Youcheng Wang. Collaborative destination marketing: Understanding the dynamic process. Journal of travel Research, 2008, 47(2): 151-166.

（5）Youcheng Wang. Examining the level of sophistication and success of destination marketing systems: Impacts of organizational factors. Journal of Travel & Tourism Marketing, 2008, 24(1): 81-98.

2. 著作

Youcheng Wang, AbrahamPizam. 目的地市场营销与管理：理论与实践[M]. 张朝枝，郑艳芬，译. 北京：中国旅游出版社，2014.

六、蔡利平（Liping A. Cai）

（一）个人简介

蔡利平教授，江苏盐城阜宁人，旅游管理学博士，现任美国普渡大学旅游与酒店管理研究中心主任，博士生导师，印第安纳州旅游委员会委员，世界经济论坛旅行与旅游产业专家，并担任阿尔弗雷德·P.斯隆基金会旅行和旅游产业中心研究中国出境游市场的高级学术顾问。《旅游管理》（*Tourism Management*），《好客业营销与管理期刊》（*Journal of Hospitality Marketing Management*），《度假营销期刊》（*Journal of Vacation Marketing*）等国际期刊编委，2003 年获普渡大学学术奖，并于 2009 年获得国际旅行和旅游教育者协会颁发的四年大学和学院终身成就奖。

蔡利平主要从事旅游与好客业消费者行为研究，开创了乡村目的地合作品牌模式的先河，目前专注于品牌、乡村旅游及中国市场的旅游研究，在《旅游研究纪事》（*Annals of Tourism Research*），《旅游管理》（*Tourism Management*），《旅行与旅游营销期刊》（*Journal of Travel and Tourism Marketing*）等期刊和学术会议上发表论文 200 多篇。

（二）主要学术思想和理论观点

　　蔡利平提出了目的地品牌的概念模型（如图13-12），该模型以传播激活理论为基础，从目的地形象形成过程框架中扩展而来。该模型通过美国新墨西哥州七个乡村县城组成的营销联盟 Old West Country 来作为案例研究，提出并检验了5个假设，然后运用多维尺度感知映射和方差分析，其中有3个都得到了支持。该理论的核心是通过传播激活来建立目的地身份，传播激活是由品牌元素组合、形象塑造、品牌联想（3a）和营销活动（3Ms）之间的动态联系产生的。该模型还规定，目的地品牌必须先考虑现有有机形象、现有诱导形象、目的地规模和构成、定位和目标市场这四个条件。该理论缩小了现有的目的地形象研究框架与当代品牌营销概念之间的差距，为了给目的地树立品牌，必须通过选择最优的品牌元素组合和识别最相关的品牌关联来树立形象，并通过一致和有效的营销活动得以加强[①]。

图 13-12　目的地品牌模型

　　资料来源：Cai L. Cooperative branding for rural destinations[J]. Annals of Tourism Research, 2002, 29(3): 720-742.

　　蔡利平还考察了游客感知的形象和他们的目的地忠诚度之间的关系，他把游客分为初次到访游客（first timer）、偶尔访客（occasional visitor）、常客（frequent visitor）和忠诚游客（loyalist），并提出游客对目的地情感和态度感知与游客的忠诚程度之间存在显著的正相关关系，但是随着游客访问频率的增加，好感度并没有显著增加，而是趋于稳定。四个忠诚群体在其他三种形象构建（独特性、

---

① Cai L. Cooperative branding for rural destinations[J]. Annals of Tourism Research, 2002, 29(3): 720-742.

便利性、设施）上均无知觉差异。另外，研究发现，许多感知变化发生在第一次直接体验中，而不是多次体验或访问过程中①。

蔡利平还致力于消费者行为研究，并以中国出境游游客为研究对象，提出了期望、动机和态度（EMA）模型（图 13-13）。该模型指出被调查者的期望与动机之间存在显著的正相关和因果关系.然而，这种关系的强度是不同的，对新奇事物的期望和动机之间的联系是最强的，然后是放松和购物。期望与态度之间存在显著的正向随性关系，游客在旅行过程的期望使得他们更倾向于认为旅行是愉悦的、满意的。蔡利平还发现了动机对期望与态度之间的关系强度起着部分中介作用，动机对整体效应起着增强的效果，无论该效应是正向的还是负向的②。

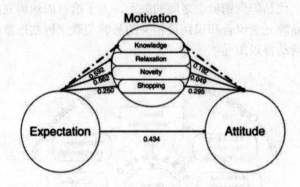

图 13-13　EMA 模型

资料来源：Hsu C H C, Cai L A, Li M. Expectation, Motivation, and Attitude: A Tourist Behavioral Model[J]. Journal of Travel Research, 2010, 49(3): 282-296.

（三）代表性论文和著作

1.论文

（1）Cai L, Wang S, Zhang Y. Vacation travel, marital satisfaction, and subjective wellbeing: A Chinese Perspective[J]. Journal of China Tourism Research, 2019: 1-22.

（2）Cai, Qiu, Huang, & Lehto. Back-to-trueself as an identity element of Indiana rural tourism. Journal of Rural and Community Development, 2018, 13(3), 78-91.

（3）Hsu C H C ,Cai L ,Li M. Expectation, Motivation, and Attitude: A Tourist

① Cai L, Wu B, Bai B. Destination image and loyalty[J]. Tourism Review International, 2003, 7(3): 153-162.

② Hsu C, Cai L, Li M. Expectation, Motivation, and Attitude: A Tourist Behavioral Model[J]. Journal of Travel Research, 2010, 49(3): 282-296.

Behavioral Model[J]. Journal of Travel Research, 2010, 49(3): 282-296.

（4）Cai L A , Wu B , Bai B. Destination image and loyalty. Tourism Review International, 2003, 7(3): 153-162.

（5）Cai L A . Cooperative branding for rural destinations. Annals of Tourism Research, 2002, 29(3): 720-742.

2. 著作

（1）Gartner W C, Munar A M, Cai L A. Bridging Tourism Theory and Practice. Emerald Group Publishing Limited, 2015.

（2）Munar A M, Cai L, S Gyimóthy. Tourism Social Media: Transformations in Identity, Community and Culture, 2013.

第七节　其他代表人物

一、丹尼尔·费森迈尔（Daniel Fesenmaier）

（一）个人简介

丹尼尔·费森迈尔，美国佛罗里达大学休闲及运动管理学院教授、艾利克·菲利德海姆旅游研究所主任、美国国家旅游电子商务实验室主任，主要研究方向为旅游营销、广告评估、旅游发展、智慧旅游等。

费森迈尔博士在旅游研究领域和教学领域获得了很多卓越奖项，2007年获得"杰出学术成就奖章"，2010年获得德拉瓦大学颁发的迈克尔·奥尔森研究奖，2013年获得了旅游研究协会（TTRA）的终身成就奖，同年获得汉斯·韦特纳旅游与科技终身成就奖。

（二）主要学术思想和理论观点

为了更好地理解旅行者如何创造旅游体验，基姆（Kim）和费森迈尔提出了一种以人为中心的方法，利用各种可穿戴的人类特征传感器来提取语境信息[1]。

捕捉旅行者的感官体验是一种挑战。旅游体验的动态性是捕捉旅游者感官体验的主要障碍之一。旅游者的情绪和认知反应不是对特定情境或特定产

---

[1] Kim, Fesenmaier. Measuring Human Senses and the Touristic Experience: Methods and Applications[M] // Analytics in Smart Tourism Design. Springer International Publishing, 2017.

品的简单反应，而是"连续的感官体验"。因此，研究应该尝试捕捉这些情绪和认知变化发生时的波动时刻。此外，研究方法严重依赖于主观和上下文相关的测度。目前可用的生物生理传感器只能检测特定的外部感官能量，而不是感知过程。环境条件的意外改变可能导致一些测量误差。

为了解决这一缺点，他们建议通过可穿戴生物生理传感器测量多种感觉形态来捕捉旅行者的感官体验。他们认为，综合包括游客的移动在内的多个传感数据，为研究旅行者与空间的交互作用打开了新的视野。他们提供了一个解决框架：（1）收集大量的低成本的运动数据；（2）放置一个少量的固定相机在关键接触点；（3）利用移动技术。新技术的进步产生了设备和技术，这使得对不同的传感参数进行客观评价，从而可以更有效地测量。

现在，我们可以通过各种不同感官的传感器来实时调查旅游体验，这就说明了旅游研究中的大数据时代已经到来。捕捉大量的人类感知数据并分析"人类感觉"大数据，有可能改变旅游研究者使用测量旅行者的经验和设计有意义的旅游体验方式。

另外，克洛伊和费森迈尔从当今可穿戴技术如何将日常生活与旅游体验联系起来讨论了量化自我的概念，并提出了一个框架来评估量化自我概念（和可穿戴设备）的潜在应用，并且讨论了这些技术在智能旅游开发中的作用[①]。

该框架由对从量化自我的设备收集的个人大数据进行编码的组件组成。通过解释这些数据，加上不同的语境信息（例如本地信息、天气），可以被推荐系统加以利用和探索。如图 13-14 所示，新兴系统的各种支持功能可以表现在两个坐标轴上，它们支持个人与地点的对比，并且每天都对各种测量方式进行监控，或者仅监控与旅行相关的。例如，为健康而收集的数据是从每天和个人方面收集的，酒店或活动预订的情况与地点和旅行有关。此外，图13-4 还说明（请参阅连接的路线）日常生活的一些方面，如就餐偏好、与家人和朋友的交流等都可以很容易地扩展到使用新兴移动技术的旅行体验中。此框架也可以映射出许多其他的联系。

并且，他们还列出量化旅游者的概念在智能旅游开发中的一些潜在的应用。例如，一个有说服力的推荐系统、自动化和个性化的酒店服务、自动化的旅行相册、实时反馈系统等。

---

① Chloe, Fesenmaier. The Quantified Traveler: Implications for Smart Tourism Development[M]// Analytics in Smart Tourism Design. Springer International Publishing, 2017.

　　"大数据"在旅游者的日常生活和旅行过程中产生，基于这些数据的潜在商业智能，可以作为智能旅游目的地开发的基石。据说，旅游业正处在一场新的革命的边缘，它不仅会改变计划旅行的工具，改变我们创造旅游体验的方式，而且会改变旅游业本身的性质。

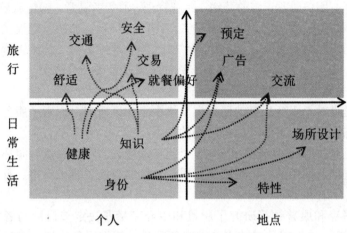

图 13-14　量化旅游者的框架

（三）代表性论文和著作

1. 论文

（1）Kim, Fesenmaier. Designing tourism places: Understanding the tourism experience through our senses, 2015.

（2）Kim, Fesenmaier. Measuring emotions in real time. Journal of Travel Research, 2014, 54(4), 419-429.

（3）Wang, Sangwon, Fesenmaier. The role of smartphones in mediating the touristic experience. Journal of Travel Research, 2012, 51(4), 371-387.

（4）Gretzel, Fesenmaier. Persuasion in recommender systems. International Journal of Electronic Commerce, 2006, 11(2), 81-100.

（5）　Fesenmaier, Jeng. Exploring the travel planning hierarchy: An interactive web experiment, 2000.

2. 著作

（1）Zheng, Fesenmaier. Analytics in smart tourism design. Tourism on the Verge, 2017.

（2）Benckendorff, Sheldon, Fesenmaier. Tourism information technology (second edition). Cabi International, 2014.

二、詹姆斯·彼得里克（James Petrick）

（一）个人简介

詹姆斯·彼得里克，得克萨斯农工大学娱乐、公园和旅游科学系教授，主要研究内容有服务管理、旅游营销、品牌管理、消费者满意、邮轮旅游等。2009年，他被评为国际旅游研究院杰出学者。2014年美国《旅游管理展望》发表的一项研究指出，彼得里克是2004年至2013年全球排名第二的旅游研究人员。2015年，他被任命为《旅行研究杂志》的编辑政策委员会成员。

（二）主要学术思想和理论观点

彼得里克对于服务质量的研究主要集中于实证研究，探索了服务质量、感知价值、态度忠诚、重游意愿等之间的关系。

彼得里克在2002年开发了有25个问项的量表，用于测量旅游环境中感知到的服务价值，其中的5个维度为：质量、情绪反应、货币价格、行为价格和声誉。

彼得里克和康普顿等研究了质量和中介变量在决定节日参与者行为意向方面的作用[1]。该研究是对游客感知服务质量、感知服务价值、满意度和行为意向之间关系的考察。回答者是在得克萨斯州的康罗伊参加鲶鱼节的游客，他们是系统地挑选出来的。调查结果显示：（1）一种将感知服务质量作为一组属性进行操作的结构模型，它比另一种通过访问者对服务整体优势的判断来衡量质量的替代模型更好地预测了游客对节日的访问意愿；（2）在分析的构想中，感知服务价值似乎是行为意向的最佳预测因子；（3）在节日服务质量的四个维度中，一般特征和舒适设施对感知服务质量的影响最大。

李想（Xiang Li）和詹姆斯·彼得里克于2010年将投资模型应用在休闲服务中，并将质量和价值包含在模型当中[2]。他们认为质量和价值作为满意的前因，将以满意度为中介来影响忠诚度，如图13-15所示。他们提出了3个假设：（1）满意度（部分或完全）调解服务质量对态度忠诚的影响；（2）满意度（部分或完全）调解感知价值对态度忠诚的影响；（3）服务质量显著且正向影响感知价值。这项研究的数据来源于美国邮轮乘客的在线调查，调查结果验证了这些假设。这项研究提供了忠诚度建立模型，可能会对忠诚度研究产生新的认识。

2016年，赖（Lai）、朱（Chu）和彼得里克以主题公园的游客为研究对象，

---

① Lee Petrick, Crompton. The roles of quality and intermediary constructs in determining festival attendees'behavioral intention[J]. Journal of Travel Research, 2007, 45(4): 402-412.

② Li, Petrick. Towards an integrative model of loyalty formation: The role of quality and value[J]. Leisure Sciences, 2010, 32(3): 201-221.

考察了感知价值、服务质量、满意度和主题公园重游意愿之间的关系[①]。本研究采用克罗宁（2000）的研究模型对关系进行检验，并采用结构模型（SEM）来检验假设的关系。结果表明，服务质量对感知价值和满意度有直接影响，感知价值对满意度有直接影响，满意度与游客重游主题公园的意愿密切相关。

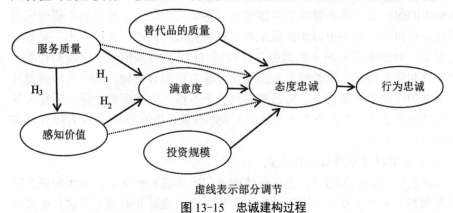

虚线表示部分调节

图 13-15　忠诚建构过程

（三）代表性论文和著作

1. 论文

（1）Lai, Chu, Petrick. Examining the relationships between perceived value, service quality, satisfaction, and willingness to revisit a theme park, 2016.

（2）Li, Petrick. Towards an integrative model of loyalty formation: The role of quality and value. Leisure Sciences, 2010, 32(3), 201-221.

（3）Lee, Petrick, Crompton. The roles of quality and intermediary constructs in determining festival attendees' behavioral intention. Journal of Travel Research, 2007, 45(4), 402-412.

（4）Kim, Petrick. Residents' perceptions on impacts of the FIFA 2002 World Cup: The case of Seoul as a host city. Tourism Management, 2005, 26(1), 25-38.

（5）Petrick. The Roles of Quality, Value, and Satisfaction in Predicting Cruise Passengers' Behavioral Intentions. Journal of Travel Research, 2004, 42(4), 397-407.

2. 著作

（1）Petrick, Durko. Cruise tourism. Springer International Publishing, 2016.

（2）Petrick, Li. Cruise ship tourism. CABI, 2.

---

① Lai, Chu, Petrick. Examining the relationships between perceived value, service quality, satisfaction, and willingness to revisit a theme park[R], 2016.

三、宋海岩

（一）个人简介

宋海岩，香港理工大学酒店及旅游业管理学院副院长、首席教授，英国萨里（SURREY）大学服务管理学院旅游项目协调人。宋海岩教授的主要研究领域是旅游经济学，其中更以旅游需求的建模和预测为核心。他拥有中、英双重教育背景，对于中国旅游业的国外直接投资（FDI）和各种经济问题都有着丰富的研究和咨询经验。宋教授在旅游预测方法方面颇有建树，其许多成果都发表在著名的旅游学术杂志上。宋教授曾执教于苏格兰格拉斯哥大学、顿提大学和英国的萨里大学，之后他进入香港理工大学任教，并于 2004 年 8 月担任酒店与旅游管理学院院长。

（二）主要学术思想和理论观点

宋海岩在 2004 年的《预测国际流向澳门的客流》一文中，利用向量自回归模型预测了 8 个主要客源国和地区的游客对澳门旅游业的需求。这八个来源包括：日本、韩国、菲律宾、英国、美国及中国内陆、香港地区和台湾地区。来自这 8 个国家和地区的游客人数占澳门总游客人数的 98%，游客人数数据是按国籍收集的，因为没有按居住地收集的一致数据。选择这种方法的一个原因是，实证研究表明，风险价值模型可以产生相对准确的中长期旅游需求预测。这种方法的另一个优点是，在获得因变量的预测之前，风险值模型不需要为解释变量生成预测。此外，可以进行脉冲响应分析，这可以为决策提供有用的信息。预测结果显示，在八个来源国和地区中，来自中国内陆的游客预计增长最快。在预测期内，来自中国香港地区的游客预计会减少，这可能是由于来自中国内陆的竞争日益激烈。另一个主要市场——中国台湾地区呈现上升趋势，伴随着一些大的波动，但在期末有所下降。新的拉斯维加斯风格的赌场/主题酒店的开业可能会扭转中国香港和台湾地区游客的下降趋势。对其他五个原籍国的预测显示，在预测期内，这些原籍国的居民对澳门旅游业的需求可能会增加，但增加的规模比中国内陆小得多。这项研究表明，澳门将面临中国内陆居民日益增长的旅游需求。由于中国内陆游客的需求往往不同于其他客源国和地区，特别是西方国家，澳门的商界需要相当重视满足中国内陆游客的需求。在中国内陆游客中，有相对较大比例的独立游客可能是文化、休闲和购物游客。因此，为这些旅行者提供设施将是成功地吸引更多的高级游客从中国内陆来到澳门的关键。

宋海岩 2006 年在《时变参数和固定参数线性辅助：在旅游需求预测中的应用》一文中，以长期静态和短期误差修正两种形式建立了时变参数线性近似理想需求系统模型。在一项模拟和预测英国居民对西欧目的地旅游需求的实证研究中，考察了 TVP-LAIDS 模型相对于原始静态模型和固定参数欧共体模型的优越性，使用卡尔曼滤波算法估计长期静态和短期 EC-LAIDS 模型，使用卡尔曼滤波器估计结果说明了需求弹性随时间的演变。相对于固定参数的 LAIDS，TVP-LAIDS 的预测性能显著提高，这可以通过一年到四年的预测性能评估来说明。在需求水平预测的总体评估中，不受限制的 TVP-LRLAIDS 和 TVP-EC-LAIDS 的表现都优于固定参数的同行，就需求变化而言，TVP-EC-LAIDS 也领先于大多数其他竞争对手。

2011 年，在发表的论文《中国旅游创新与旅游经济增长关系研究——基于空间面板数据模型》中，宋海岩运用空间面板数据模型，选用 1998—2009 年数据，以旅游创新与旅游经济增长之间的关联机制为研究对象，将空间因素纳入模型口，采用空间计量分析方法考察中国省域旅游创新对旅游经济增长的影响。首先，利用空间邻接矩阵和空间自相关系数检验中国省域旅游经济增长和旅游创新是否具有显著的空间自相关性；其次，建立空间面板回归模型进一步检验模型的残差是否具有显著的空间自相关性，并对自相关性的程度和模式进行讨论，力图得出一些有价值的研究结论，以期为旅游产业发展及政策制定提供理论依据。发现中国省域旅游创新与旅游经济增长呈现显著空间集聚性，旅游创新不仅推动当地旅游经济的增长，还通过空间传导机制对邻近区域的旅游经济产生正向的溢出效应。说明应充分重视创新在旅游经济增长中的积极作用，通过旅游创新成果的溢出效应扩大旅游创新对旅游经济增长的作用程度和范围。

（三）代表性论文和著作

1. 论文

（1）Song Haiyan,Witt Stephen F. Forecasting international tourist flows to Macau. Tourism Management, 2004(2).

（2）Song Haiyan, Li Gang. Tourism demand modelling and forecasting—A review of recent research. Tourism Management, 2007(2).

（3）Zhang Xinyan, Song Haiyan, Huang George Q. Tourism supply chain management: A new research agenda. Tourism Management, 2008(3).

2. 著作

（1）宋海岩，吴凯，李仲广. 旅游经济学[M]. 北京：中国人民大学出版社，2010.

（2）保继刚，宋海岩. 旅游研究理论与方法十讲[M]. 北京：商务印书馆，2019.

四、李想（Xiang Li）

（一）个人简介

李想博士在美国德克萨斯农工大学（Texas A&M University）获得游憩、公园和旅游科学博士学位。2006 至 2015 年在美国南卡罗来纳大学历任助理教授、副教授、教授。目前为美国天普大学旅游与酒店管理系教授（终身教职）、沃士本高级研究员、美亚旅游酒店研究中心主任。

李想教授的研究集中在目的地营销、旅游者行为和心理等方面，尤以国际旅游目的地品牌建设、旅游者忠诚度研究、亚洲旅游为主。他的课题合作机构包括世界旅行旅游理事会、美国商务部、加拿大旅游局、中国文化和旅游部、美国旅游行业协会（USTA）、美国旅游协会（NTA）等。李教授获聘澳大利亚、中国大陆和香港地区等多所大学的兼职或客座教职，还在众多国际和业界会议中发表了许多学术报告，并参与了多次国际会议的组织工作。他已发表各类论文逾 130 篇（含近 40 篇 SSCI 期刊论文），其中 27 篇发表在业内公认的顶级旅游、休闲、商业和酒店管理期刊。李教授现任 *Journal of Travel Research*、*Journal of Leisure Research*、*Journal of Hospitality and Tourism Research* 等十多家期刊和一个图书系列的编委，同时兼任中国南开大学中美旅游研究中心主任。李教授曾是 *Journal of Business Research*（"*Advancing Research Method in Marketing*"）、*Journal of China Tourism Research*（"*Chinese Consumer Behaviors and Psychology in Tourism Settings*"）和 *Journal of Travel Research*（"*Emerging market tourist behavior*"）等多期特刊的客座主编或客座共同主编。

李想教授曾获国际旅游研究院（International Academy for the Study of Tourism）2013 年"新兴杰出学者奖"（Emerging Scholars of Distinction Award）、国际旅游学会（International Tourism Studies Association）首个"最佳新兴旅游学者奖"（"Best Emerging Scholar in Tourism" Award）、南卡罗来纳大学研究最高奖"南卡大学教育基金专业学院研究奖"（USC Educational Foundation Award for Research in Professional Schools）等多个奖项，并于 2015 年当选为中国旅游研究国际联合会首批会士。

（二）主要学术思想和理论观点

李想教授探究了三种非绩效因素：品牌均势（brand parity）、品牌市场份额（brand market share）和忠诚倾向（loyalty proneness），实验表明受访者的忠诚度与他们的忠诚倾向显著正相关，行为忠诚与品牌的市场份额显著正相关。品牌均势通过对受访者的行为忠诚有轻微的正向影响进而影响对品牌的忠诚度①。

　　基于社会心理学的投资模型（investment model），李想教授提出将满意度、替代品的质量和投资规模作为忠诚的关键决定因素，并概念化了品牌忠诚（包括态度和行为部分），提出态度忠诚导致行为忠诚②，最终模型如图 13-16 所示③。

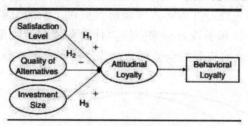

图 13-16　品牌忠诚度形成模型

　　资料来源：Li X, Petrick J F. Examining the Antecedents of Brand Loyalty from an Investment Model Perspective(J). Journal of Travel Research, 2008, 47(1): 25-34.

　　消费者对品牌的忠诚度会因替代品的质量而减弱，但会因消费者对品牌的满意度和投资规模而增强。这一研究显示了满意度、替代品的质量及投资规模是客户品牌忠诚度的关键驱动因素。在两年之后，李想教授将投资模型拓展至休闲服务情境，又将服务质量和感知价值作为满意度的影响因素④（图 13-17）。

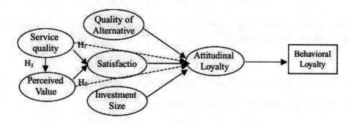

图 13-17　最终品牌忠诚度模型

　　资料来源：Petrick J F, Li X R . Li LS Towards an Integrative Model of Loyalty Formation(J) Leisure Sciences., 2010, 30(4): 37-41

---

　　① Li X. Loyalty Regardless of Brands? Examining Three Nonperformance Effects on Brand Loyalty in a Tourism Context(J). Journal of Travel Research, 2010, 49(3): 323-336.

　　② Li X, Petrick J F. Reexamining the Dimensionality of Brand Loyalty: A Case of the Cruise Industry(J). Journal of Travel & Tourism Marketing, 2008, 25(1): 68-85.

　　③ Li X, Petrick J F. Examining the Antecedents of Brand Loyalty from an Investment Model Perspective(J). Journal of Travel Research, 2008, 47(1): 25-34.

　　④ Li X, Petrick J. Towards an Integrative Model of Loyalty Formation(J) Leisure Sciences., 2010, 30(4): 37-41.

李想教授重视对旅游者行为和心理方面的研究，他采用解释性现象学的方法，考察了在 P2P（peer-to-peer）过程中 Airbnb 客人的生活体验。最后表明，P2P 住宿客人可以同时拥有两种领土感：在自己的领土和在他人的领土。主人的领土行为和客人对主人的领土反应也被确定。这一研究结果突出了 P2P 住宿中人类领土性的相关性，并为客人体验研究提供了新的见解[1]。他还从游客的角度，通过深度访谈和手段分析来回答"什么构成旅游吹牛的权利？"这个问题。他提供了旅游吹嘘权利的全面概念，并最终确定了旅游吹牛权利的七个维度（图 13-18）。

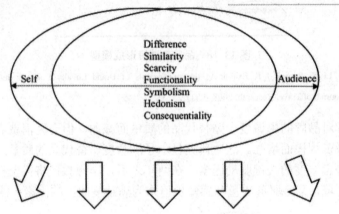

图 13-18　旅游吹牛权利的七个维度

资料来源：Liu H, Li X R. How Travel Earns Us Bragging Rights: A Qualitative Inquiry and Conceptualization of Travel Bragging Rights(J). Journal of Travel Research, 2020.

这些维度位于关注自我和关注受众之间的连续体上，并服务于反映社交媒体发布者（在社交媒体上发布内容的人）个人价值观的若干社会心理功能。旅游吹嘘权的概念化突出了旅游传播者（Travel posters）和观众之间的认知差距[2]。

（三）代表性论文和著作

1. 论文

（1）Li X R, Lai C, Harrill R, et al. When east meets west: An exploratory study

---

① Wang Y, Li X R. Human Territoriality in P2P Accommodation: An Examination of Guest Experience(J). Journal of Travel Research, 2020.

② Liu H, Li X R. How Travel Earns Us Bragging Rights: A Qualitative Inquiry and Conceptualization of Travel Bragging Rights(J). Journal of Travel Research, 2020.

on Chinese outbound tourists' travel expectations. Tourism management, 2011, 32(4): 741-749.

（2）Li X R, Cheng C K, Kim H, et al. A systematic comparison of first-time and repeat visitors via a two-phase online survey. Tourism Management, 2008, 29(2): 278-293.

（3）Li X, Petrick J F. Examining the antecedents of brand loyalty from an investment model perspective. Journal of Travel Research, 2008, 47(1): 25-34.

（4）Li X, Li X R, Hudson S. The application of generational theory to tourism consumer behavior: An American perspective. Tourism Management, 2013, 37: 147-164.

（5）Li X, Pan B, Zhang L, et al. The effect of online information search on image development: Insights from a mixed-methods study. Journal of Travel Research, 2009, 48(1): 45-57.

2. 著作

（1）Stepchenkova S, Kirilenko A , Li R .Barriers and Sentiment of the American Tourists Toward Travel to China, 2018.

（2）Hudson S, Li X. R. Domestic Medical Tourism: A Neglected Dimension of Medical Tourism Research: Hospitality Bridging Healthcare (H2H), 2016.

（3）Liu H, Li X R, Johnson S . Mainland Chinese outbound tourism to the United States: Recent progress, 2016.

五、于良（Larry Yu）

（一）个人简介

于良是乔治华盛顿大学酒店管理学院的教授，1979 获得中国杭州大学学士学位，1984 获得波士顿大学教育硕士学位，1988 获得美国俄勒冈大学博士学位。于良的专业研究领域为知识管理、接待管理和组织文化，主要研究方向有酒店市场分析、旅游产品价值链分析、游客满意度、酒店危机管理。1982 年于良获得国家级优秀导游奖，1993 至 1995 年连续三年被酒店与餐厅管理学院（SHRM）评为杰出学者，1995 担任年白宫旅游会议首席研究员。2010 年 1 月，上海市教委为了表彰其对中国旅游和酒店研究和教育的杰出贡献，颁发了东方学者奖。

（二）主要学术思想和理论观点

2015 年于良等为了探究以主题公园为依托的度假区对周边旅游发展是否具有影响，选取上海迪士尼为案例地，从空间范围和短期时空过程的角度对市场影响进行测度，考察上海迪士尼度假区开放前后的需求溢出对上海及周边苏州、南通市场酒店市场的影响①。研究发现，需求溢出空间范围主要集中在上海市主城区，但从上海迪士尼度假区、虹桥交通枢纽和中心商务区呈现多点扩散。从时间上看，不同地区的酒店市场支配力并没有同步变化，而是呈现出涨落特征。这种时空变化表明，影响需求溢出效应的不仅是地理距离，还有区位本身的作用。该研究进一步论证了一种利用市场支配力分析需求溢出效应时空过程的简单可行方法。

对于时间标志和感知如何影响消费者的旅行动机和意图这一问题②，于良等通过三项实验进行调查研究，研究结果表明公众和个人时间标志可以提高消费者的旅行动机，其效果由消费者的感知驱动。当消费者面临内部归因于消费者自身的目标冲突而不是外部归因于他人的目标冲突时，时间标志对旅行动机的影响会减弱。相关证据表明，价值感知影响旅行意愿，这些感知受到时间标志和内部归因的目标冲突的影响。于良的研究为旅游动机的研究提供了新的思路，特别是从动机的推动方面。过去关于旅行动机的研究已经考察了各种影响因素，如时间、可支配收入、人口统计、目的地营销驱动的拉动因素、当地旅游服务广告、口碑推荐和社交媒体上消费者生成的评论。研究表明，消费者对享乐消费的感知为旅游动机和行为的研究开辟了新的途径。

2006年，为了考察蒙古国近十年来的国际旅游发展情况，分析国际游客对旅游景点、设施、服务和价格的满意度。于良等通过对530名乘飞机旅行的游客进行抽样调查，确定了来自欧洲、美国、日本和其他亚太国家的国际游客的人口统计学特征，对来自四个不同地区的国际游客满意度进行分析比较，找出区域间的异同。研究发现，国际游客对蒙古国感到满意，认为它是一个有趣、独特、有教育意义和安全的目的地，这里有自然美景、游牧生活方式和传统节日。他们对住宿、接待服务、当地员工的态度和当地食物普遍感到满意。然而，他们对其他旅游设施、卫生、交通和夜生活都持批评态度。总的来说，他们对自己在蒙古国的旅行经历感到满意，并会向其他人强烈推荐蒙古国。然而，与日本游客相比，欧洲、美国和其他亚太地区的游客不太可能重游。于良等结合蒙古国的实际情况，提出了相关切实可行的建议，如蒙古国需要重新评估旅游套餐和服务的价格结构，并考虑增加旅游服务和体验的价值等③，该研究对蒙

---

① Weng, Jin, Ding, Yue, and Yu L. Measuring demand spillover of vacation town – A case of Shanghai Disney Resort[J]. Asia Pacific Journal of Tourism Research, 2021, 26(2), 95-108.

② Li, Qing and Yu L. I deserve a break! : How temporal landmarks and the perception of deservingness influence consumers' travel motivation and intention[J]. Journal of Travel and Tourism Marketing, 2020, 37(5), 624-635.

③ Larry Yu and Munhtuya Goulden. A comparative analysis of international tourists' satisfaction in Mongolia[J]. Tourism Management, 2006, 27(6), 1331-1342.

古国的旅游发展有着重要的意义。

（三）代表性论文和著作

1. 论文

（1）Yu L, Stafford Greg and Armoo Alex Kobina. A Study of Crisis Management Strategies of Hotel Managers in the Washington, D.C. Metro Area. Journal of Travel and Tourism Marketing, 2006, 29(2/3):93-107.

（2）Yu L and Munhtuya Golden. A Comparative Analysis of International Tourists' Satisfaction in Mongolia. Tourism Management, 2006, 27(6): 1331-1342.

2. 著作

（1）Yu L. The International Hospitality Business: Management and Operations. Binghamton, Mumbai, India: Jaico Publication House, 2004.

（2）Shepherd Robert J & Yu L. Heritage Management, Tourism, and Governance in China: Managing the Past to Serve the Present. NY: Springer, 2013.

（3）Lew A, Yu L, Ap John and Zhang Guangrui. Tourism in China. Binghamton, NY: The Haworth Press, 2003.

后　记

本书为海峡两岸学者两代人历时 10 多年合作的结晶。2008 年由我发起，联合中国台湾静宜大学高中教授与中国科学院地理研究所钟林生教授，组织学者们共同开启了《旅游学术思想流派》的撰写，旨在为大学教师、本科生、硕士研究生、博士研究生提供国外旅游学术理论著作，系统评介最前沿的旅游思想。每版是在继承前一版的基础上修订而成的，衷心感谢第一版作者奠定的基础，特别是高中、钟林生、刘修祥、张宏政、李长斌、林文嫔、陈芸教授对本书的杰出贡献。2013 年修订后出版了第二版，补充了利益相关者、旅游目的地竞争力、危机管理、节事管理、旅游新业态与旅游学术大师思想等内容。张传统、胡晓晨、刘军、李涛、郑春晖、张芳、王淑芳、万志勇等对第二版做出了很多贡献。第三版修订时按照总论、需求、发展、管理与人物分篇，重点补充了旅游学最新的理论，特别是分享经济、旅游枢纽、黑色旅游等新思想，较为系统地介绍了地格理论，同时对中国轰轰烈烈开展的智慧旅游、全域旅游的理论进行了评介，我们的旅游产业实践开始为世界旅游产业治理提供可供借鉴的中国方案。韩慧林、陈刚、王小方、刘溪宁、赵英英、王畅、杨丽端、晨星、张一帆、赖梦丽、刘柳杉等做出了重要贡献。第四版是在文旅融合与新冠肺炎疫情横行的大背景下修订的，重点补充了文旅融合理论、危机管理理论，系统更新了旅游地格理论，系统介绍了智慧旅游理论，同时关注了研究方法的演变。

第四版修订工作分工如下：邹统钎统筹设计；第一章为邹统钎、吕敏、常梦倩；第二章为郑春晖、张佳、王祎；第三章为邹统钎、刘柳杉；第四章为王国权、吕敏、邹统钎；第五章为李飞；第六章为邹统钎、黄鑫、韩全；第七章为金媛媛；第八章为韩慧林、李颖、张梦雅；第九章为吴丽云、阎芷歆、徐嘉阳、高珊；第十章为傅远柏；第十一章为邓抱林、杨丽宇、邹统钎；第十二章为陈芸、李涛；第十二章为邹统钎、张梦雅、邱子仪、仇瑞、常东芳、苗慧。

邱子仪负责全书文字统稿。

在撰写过程中得到了格里菲斯大学的诺尔·史葛（Noel Scott）教授、伯恩茅斯大学的苍爽教授、南卡罗来纳大学孟方教授、昆士兰大学兼丝绸之路国际旅游大学伊恩·帕特森（Inn Patterson）教授的指导与支持。衷心感谢恩师——夏威夷大学旅游学院院长的朱卓任教授对我旅游学术与教育生涯的指导与帮助，在夏威夷大学的教育改变了我的一生。本书长期作为北京第二外国语学院的旅游管理专业硕士研究生、留学研究生、中美联合培养博士研究生的教材使用，10多年来，学生的意见与建议大大改变了本书的框架与内容。特别感谢笔者在昆士兰大学和伯恩茅斯大学学习期间所得到的两校在校博士生的大力支持与丰富资料。

本书的研究得到了国家社科基金艺术学重大项目（20ZD02）国家文化公园政策的国际比较研究（2020—2023）、国家社会科学基金重大课题（20ZDA067）完善文化和旅游融合发展体制机制研究（2020—2022）、国家自然科学基金项目（71673015/G031031）基于地格视角的旅游目的地品牌基因选择研究（2017—2020）的支持。第四版修订过程中召开了多次研讨会，听取了诸多高校教师与学生的意见。第四版的修订研讨与调研得到了北京第二外国语学院2021研究生前沿教材——旅游学术思想流派（第四版）（11122011013）资助。本书出版得到北京市重点建设一流专业"人才培养质量建设—一流专业建设—旅游管理（其他商品和服务支出 C30072023）"资助。衷心感谢云南大学田为民教授、中国社会科学院夏杰长教授的指导与鼓励。感谢南开大学出版社孙淑兰老师、王冰主任的大力帮助与精心编辑。

全球旅游著述汗牛充栋，由于团队力量与学识有限，本书虽然数次修订，但仍然存在挂一漏万、以偏概全的问题，在修订过程中一方面总觉得旅游学术研究缺乏严谨深度的思考，特别是缺乏对旅游本质规律的发现，同时也越发感觉自己研究的浅显与不足，实践丰富而理论平淡是不争的事实。旅游学者确实需要静下来深度分析总结与批判思考，方能真正给后人带来有益的启迪。

邹统钎

2021 年中秋于北京朝阳定福庄